ブライアン・カプラン

大学なんか行っても意味はない？

教育反対の経済学

月谷真紀 訳

みすず書房

THE CASE AGAINST EDUCATION

Why the Education System Is a Waste of Time and Money

by

Bryan Caplan

First published by Princeton University Press, 2018

Japanese translation rights arranged with
Princeton University Press through
The English Agency (Japan) Ltd., Tokyo

わが家のホームスクール生、エイダンとトリスタンに。
息子たちよ、君たちこそ教育の価値の証明だ。

大学なんか行っても意味はない？▒目次

9 母なる学び舎——教育は魂を涵養するのか 333

10 教育と啓蒙をめぐる五つの座談会 367

結論 401

序文

本書を書き始めた時、山のような研究論文を読まなければならないことはわかっていたが、その山の大きさは予想できていなかった。教育は単に巨大産業というだけではない。研究者にとっては自分の業界であるがゆえに、好奇心も人一倍そそられる。教育はいくつもの学問にまたがるテーマだ。教育学、心理学、社会学、経済学、いずれにも教育を専門とする研究者が多数いる。私自身は経済畑の人間だが、四つの分野すべての論文を幅広く深く読み込むよう努めた。それらを総合した私の主張は世間の常識とは異なるが、私のエビデンスはそうではない。私は教育学、心理学、社会学、経済学のスタンダードな研究結果を収集し、突き合わせる戦略をとった。

エビデンスがこれだけ膨大であれば、強いバイアスのかかったものばかり選ぶのも簡単だっただろう。常に目の前にあったその誘惑に私がどれだけしっかり抵抗できたかは読者にご判断いただきたいが、一つだけ率直に明かしておく。私はハイテクを駆使した統計よりも基本的な統計を意識的に優先している。関連する実験的エビデンスが少ないか存在しない場合（通常はそうだ）、私は制御変数を用いた最小二乗推定法を信頼する。結果が疑わしく見える時は、より豊富なデータを探す。この手法は完璧ではないが、理解しやすく、比較しやすく、操作しづらい。ハイテクな統計は基本的な手法より優れているかもしれないが、その代償は大きい。自分にわかる欠陥を修正するために、たいてい自分にはわからない新たな欠陥を持ち込むはめになる。

社会的な立場から、本書はわが国の教育制度が多大なる時間とお金の無駄だと主張している。しかし利己的な立場から言えば、ジョージ・メイソン大学に籍を置きながら本書を執筆した6年間は実に有意義だった。他の業界であれば、内部告発者は排除される。それにひきかえ、私の業界は内部告発者を諸手を挙げて歓迎してくれるようだ――少なくとも当惑しながらも受け入れてくれる。同僚の何人かからは否定されたが、彼らとの議論はとても楽しかった。他の学校や他分野の研究者たちに連絡を取った時も、関心を持ち寛大に応じてくれたのが心強かった。象牙の塔そのものに感謝したいところだが、実際に感謝すべきは私に知見を提供してくださった研究者、学生、独学者のみなさんである。特に以下の方々にお礼申し上げる。ジョン・アスレルコーン、ジョゼフ・アルトンジ、オマー・アルユベイドリ、クリス・アンドリュー、カーティク・アスレイヤ、マイケル・ベイリー、デービッド・バラン、パトリック・ベイヤー、ジェリ・ベールマン、トルーマン・ビューリー、デービッド・ビルズ、ピート・ベッキ、ドン・ブドロー、ジェイソン・ブレナン、エイダン・カプラン、コリーナ・カプラン、ラリー・カプラン、トリスタン・カプラン、アート・カーデン、スティーブ・セシ、デービッド・チェザリーニ、デイモン・クラーク、グレッグ・クラーク、アンヘル・デ・ラ・フエンテ、ダグラス・デターマン、レイチェル・ドゥニフォン、ジェームズ・ギャンブレル、アンドリュー・ゲルマン、ザック・ゴチナウアー、エリック・ハヌシェク、デービッド・ヘンダーソン、ダン・ハウザー、マイク・ヒューマー、チャド・ジョーンズ、ギャレット・ジョーンズ、ティム・ケイン、ダン・クライン、アーノルド・クリング、マーク・コヤマ、アラン・クルーガー、ケビン・ラング、ジェイコブ・レビー、デービッド・リビングストーン、アドリアナ・レラス＝ミュニー、フィル・マグワイヤ、グレッグ・マンキュー、ケビン・マッケイブ、ジョナサン・メア、スティーブン・モレット、チャールズ・マレイ、ピプル・ナイク、デービッド・ノイマーク、ジョン・ナイ、フィリップ・オレオプーロス、スティーブ・パールスタイン、ラント・プリチェット、ポール・ラリー、ラス・ロバーツ、ファビオ・ロハス、スティーブ・ローズ、ブルース・セイサードート、ジム・シュナイダー、ジョエル・シュナイダー、ジェフリー・スミス、トーマス・ストラトマン、セルジオ・アーズア、リチャード・ヴェダー、エイミー・ワックス、バート・ウィルソン、サム・ウィルソン、ルドガー・ウイスマン、そして連邦取引委員会とジョージ・メイソン大学でのセミナー参加者のみなさん。センター・フォー・スタディ・オブ・パブリック・チョイス〔公共選択研究センター〕およびマーカタス・センター〔いずれもジョージ・メイソン大学内〕には手厚い資金援助をいただき、またナサニエル・ベチホーファーには図表に関して貴重なご助力をいただいた。そして担当編集者のピーター・ドハティ、プリンストン大学出版局のお名前のわからない査読者のみなさん、研究アシスタントのケイレブ・フラー、ザック・ゴチナウアー、コリン・ハリス、ジュリア・ノーガード、スプレッドシートのチェックを買って出てくれた私の応援団のマシュー・ベイカー、デービッド・バラン、ナサニエル・ベチホーファー、ザック・ゴチナウアー、ギャレット・ジョーンズ、ジム・ペイゲルス、ファビオ・ロハスに感謝したい。もしここにお名前を挙げるのを忘れた方がいたとしたらお詫び申し上げる。

　しかし中でも、日々、私の知の旅の道連れとなってくれているナサニエル・ベチホーファー、タイラー・コーエン、ロビン・ハンソン、アレックス・タバロックには最大の感謝を捧げたい。彼らが教育の正体についてどう考えていようと、わが親友たちは教育の理想そのものだ。

序章

いやいや、脳みそは誰にでもあるんじゃ。あたりまえに持ってる物だよ。地面を這ったり海の中を泳いだりしている下等生物にだって脳みそはついている。わしが元いた世界には大学というものがあって、立派な学問の中心、立派な頭脳の持ち主になるために行くところじゃ。そこを出ると学識が深まるが、脳みそがお前さんに比べて増えるわけじゃない。ただお前さんにはないものが手に入る。卒業証書じゃ。

——『オズの魔法使い』(1)

私は学校にもう40年間在籍している。プリスクールに始まって幼稚園、小学校、中学校、高校。それからカリフォルニア大学バークレー校に4年いて学士号を取り、その後プリンストン大学に4年いて博士号を取得した。次が初めての、いうなれば「就職」だ——ジョージ・メイソン大学経済学部教授になった。20年後の今もまだそこにいる。秋には41年生になる。

学校というシステムは私には大変よくできていた。いうことなしだ。一生の理想の仕事を手に入れた。週5時間、年に30週、授業で教えればいい。多くの教授とは違い、私は教えるのが好きだ。だがかりに嫌いだとしても、年間150時間なら負担は軽い。あとの時間は何でも興味のあることについて考え、読み、書いている。これを称して「研究」という。金持ちになるほどの給料は出ないが、ビル・ゲイツと立場を交換したいとは思わない。彼の何十億ドルもの資産で私がまだ持っていない欲しいものが買えるわけではない。それに、引退した今でさえ、ゲイツに私のような気楽さはないにちがいない。

だから個人的には、教育制度に盾突く理由はないのである。むしろありがたいのである。しかし今までの人生経験と、25年分の読書と思索から、私は今の教育制度は大いなる時間とお金の無駄だと確信するにいたった。政治家はみながみな、教育にもっと予算を使うと公約する。内部にいる者としては、「なんで？ この上まだ無駄遣いしてほしいの？」とあっけにとられずにはいられないのだ。

教育制度への批判はたいてい、お金の使い道がまちがっている、ないしは教師面した説教師がわが国の子供たちをまちがった方向に導いている、といったあたりに集中する。[2] それにもある程度共感するが、こうした批判は私が考えるわが国の教育制度の最大の欠点を見逃している。教育のしすぎ、である。典型的な学生は、生産性を上げるわけでも人生を豊かにするわけでもない教科の勉強に何千時間も費やす。もちろん、この時間の浪費は専門家の指導の下に行われる。

学校がおおむね役に立つスキルを教えているのはむろんまちがいない——特に読み書きと計算だ。高校には選択科目として自動車整備やコンピュータプログラミングや木工といった職業教育があるところも多い。ほとんどの大学は工学、コンピュータサイエンス、プリメッド〔医学部進学準備コース〕など職業に直結した専攻を用意している。だが他の科目は？ 他の専攻はどうだろうか？

ある人が高校を中退したと聞けば、「あまり頭が良くないんだな」と思うだろう。ある人が高校中退後すぐGED〔高等学校卒業程度認定試験〕でトップの成績を取ったと聞けば、「相当頭はいいけどよほどの怠け者なんだな」あるいは「相当頭はいいけどかなりの問題児なんだな」と思うだろう。

覚えておいてほしい。たとえ学位のおかげで給料が70%高くなったとしても、受けた教育が「今のあなたを作った」証明にはおよそならない。教室に足を踏み入れた初日の時点でおそらく今のあなたはすでに出来上がっていたのだ。自分の成績証明書を眺めて、これまでの人生で実際にやってきたことと照らし合わせてみてほしい。残念ながら、受けなかったとしても仕事の能力にはまったくマイナスとならなかった授業が山ほどあるはずだ。学校を中退して最初の就職先に飛び込み、「あえて卒業しない選択をしただけで、大卒相当の能力は十分あります」と主張したとしても、雇用主は信じてくれないだろう。「あえて卒業しない選択をしただけで、大卒相当の能力は十分あります」と口で言うなら誰にでもできる。だから会社は誰にでも70%の賃金プレミアムを与えないのだ。

誤解のないよう言っておくが、役に立つスキルを教える、経済学者の言葉で言えば「人的資本を形成する」教育も多少あることを肯定するのにやぶさかではない。学校では読み書きと計算を習う。このスキルは現代のほとんどの仕事で必要とされている。私は大学院で統計学を学んだ。今の仕事では統計学を使っている。本書では人的資本論を批判しているが、学校が人的資本を多少形成するという見方を否定するものではない。本書が否定するのは「人的資本純粋主義」――**a** ほぼすべての教育が仕事で役に立つスキルを教え、**b** その仕事のスキルが教育が労働市場で見返りをもたらすほぼ唯一の理由である、とする見方である。

同様に、本書で教育のシグナリング理論を擁護するからといって、教育のすべてがシグナリングだと主張しているわけではない。教育のかなりの部分がシグナリングであると言っているのだ。「かなりの部分」とは厳密にはいかほどか。第一に、学生が学校で過ごす時間の少なくとも3分の1はシグナリングである。第二に、学生が享受する金銭的な見返りの少なくとも3分の1はシグナリングである。

個人的には、シグナリングが占める割合は50％を超えていると考えている。おそらく80％に近いのではないか。先ほど「かなりの部分」と言ったのはその見解を反映させている。しかし本書を読み進めれば、わが国の教育制度にシグナリングが占める割合がたとえ3分の1程度であったとしても、膨大な時間とお金が無駄遣いされていることがわかるだろう。あなた自身の学校教育と仕事の体験を顧みれば、シグナリングが3分の1というのは実感をこめて断言できる最低ラインであるはずだ。

公平を期するために言えば、人が「人的資本純粋主義者」をわざわざ自認することはあまりない。人的資本純粋主義は基本ポジション、最も抵抗の少ない位置取りだ。政治家や評論家が教育への財政支援を「人への投資」と呼び、教育がそれ以外でありうることをおくびにも出さないのは人的資本純粋主義だ。社会科学者が収入に及ぼす教育の効果を測定してこれを「スキルに及ぼす教育の効果」と呼ぶのは人的資本純粋主義だ。先生や親が教育の大切さについてのお説教を「大人になったとき知っていなければならないことを学校が教えてくれるんだから」というセリフで締めるのは人的資本純粋主義だ。

ここで、「教育が実用的なスキルをほとんど教えないからといって、無駄とは言えない。教育は労働者の質を保証するという大事な役割を果たしていると、あなたも認めているではないか。これで十分役に立っているのでは？」という反論が出るかもしれない。たしかに。だが教育を擁護する者がこれを認めてしまうのは危険である。教育が労働者の質の保証にすぎないなら、みんなが教育程度を下げた方が社会にとってはいいはずだ。考えてみるといい。現在は大卒が学歴分布の上位3分の1にあたるので、上位3分の1の労働者を求める雇用主は大卒の資格を要求する。[4] では全員が一つ下の学歴になったらどうだろう。このような世界では、上位3分の1の労働者を求める雇用主は高卒の資格しか要求しない。労働者の質は今と同様たしかに保証されつつ、1人当たり4年分の教育費用が削減できる。

教育──個人にとっては利益、社会にとっては無駄

本書は、どうせたいして価値のあることを学ばないのだから、教育なんかさっさと切り上げてしまいなさいと奨めるものか。それはまったく違う。シグナリング・モデルでは、仕事と関係ない勉強でも、雇用主に良い印象を与えることによって所得を上げる効果がある。自分だけ教育を早く切り上げるのは、低レベル労働者のグループにみずから飛び込むようなものだ。労働市場はあなたにそれなりの烙印を押す。

個人にとって教育は割に合う。この点で標準的な「スキル形成としての教育」論と「シグナリングとしての教育」論は一致する。ただし、平均的な教育レベルが下がった場合どうなるかについて、二つの理論は異なる未来を予測する。教育が100％スキル形成であれば、平均教育レベルが下がれば人間のスキルは低下して、世界は貧しくなる。しかし教育が100％シグナリングであれば、平均教育レベルが下がっても人間のスキルに変化はなく、世界の豊かさも変わらない。むしろ教育支出を削減した方が、貴重な時間とリソースを消費しないので世界はもっと豊かになる。

平均的な教育レベルが下がれば社会のためになる、という考えに賛同してもらえたとしよう。実現は可能だろうか。おおいに可能だ。政府は教育に多額の助成金を出している。2011年にアメリカ連邦政府、州政府、地方自治体が教育に費やした額は1兆ドルに近い[5]。それなら、教育を減らす一番単純な方法は助成金の削減だ。それで無駄なシグナリングがなくせるわけではないが、少なくとも火に注ぐガソリンの量は減る。

教育支出を削減するという考えにほとんどの人は恐れおののく。「教育はみんなのためになるから」だ。彼らの恐怖の根拠は論理学でいう合成の誤謬――一部にとって真実であることは全体にとっても真実だという思い込み――だと私は断言する。典型的な例を挙げよう。コンサートでステージをよく観たい。どうする？　立ち上がればいい。あなた一人なら、立ち上がればよく観える。だが全員があなたの真似をしたらどうなる？　全員が立ち上がったらよく観えるようになるだろうか。ならない。

教育助成金が一般に支持されるのも同じ誤謬に基づいている。高い教育を受けるほど良い仕事に就ける。教育に効果があるのは明らかだ。だが全員が高い教育を受けたら全員が良い仕事に就けるかというと、そうはならない。シグナリング・モデルでは、より良い仕事に就くためにと全員の学校教育に助成金を出すのは、コンサートでステージがもっとよく観えるようにと全員に立つことを促すようなものだ。どちらも「一人がやれば効果があるが、全員がやると意味がない[6]」。

思いきり乱暴に言ってしまえば、教育がもっと高嶺の花になればみんなもっと幸せになる。教育助成金が大幅に削減されれば、多くの人にとって受けるつもりでいた教育は手の届かないものになる。だが私の考えが正しければ、これは憂慮すべきことではない。労働市場が私たちに高い教育を求めるのは、教育が誰の手にも届くからにほかならないのだ。助成金がなくなれば、手に届かなくなった教育などもはや必要なくなる。

極論を言えば、一番良い教育政策は教育政策をなくすことだ。政府が学校から手を引けばいい。だが私の非常識な極論に賛同しなくても、私の主張の骨子は受け入れてもらえるだろう。教育におけるシグナリングの重要性を認めることと、教育業界に対する政府の多額の援助を支持することは両立可能だ。教育のシグナリングは3分の1にすぎないと結論すれば、望ましい政府の支援レベルは目に見えて低下するものの、ゼロにはなるまい。とはいえ、私の主張に潜む過激な影響力を見くびるつもりもない。もしあなたが私と同じように教育は80%がシグナリングだと考えれば、税金による支援に終止符を打つという「まさか」も愚行ではなくなる。もし私が結論として述べるように、人間性を育てるという教育の意義がほとんど幻想であるとなれば、なおさらそれがはっきりしてくる。

本書の読者はおそらく10年以上学校教育を受けてきただろう。教育業界については実体験を通じてよくわかっているはずだ。これから展開する議論にはあなたの10年を超える個人的体験を最大限に活用させていただく。教育の正体についての本書の主張を、教育にまつわるあなた自身の豊富な経験と照らし合わせてほしい。

これは常識に逆らう私の論旨がすんなり理解できるという意味ではない。むしろ逆だ。だが本書ではおおむね、事実そのものについてのあなたの考えを変えようとはしない。長年知っている事実をどう解釈すべきか、そこのところであなたの考えを変えたいと思っている。私のレンズを通して冷静にご自身の体験を見直せば、私の話に一理あると認めてもらえるにちがいない。

教育業界はおかしな業界だが、身近なせいでそのおかしさが見えない。私はあなたのおかしいものをおかしいと感じる感覚をよみがえらせたい。典型的な高校のカリキュラムを考えてみてほしい。ビジネスでは英語が国際的な共通語なのに、アメリカの高校生はスペイン語、場合によってはフランス語を何年もかけて学習している。高等数学の知識を必要とする仕事はほとんどないのに、高校生の80%以上が卒業するために幾何学を苦労して修了している[7]。学校では何年も歴史の勉強をするが、仕事で実際に歴史を使っているのは歴史の教師くらいではないか。必修科目が学生のニーズにあまりにも合っていない。目の錯覚かと疑うほどに。

このおかしなカリキュラムを「ふつう」として受け入れているのは、それに慣れてしまっているからという面もある。しかしもっと掘り下げると、私たちがわが国の教育制度を受け入れているのはそれが「機能している」からである。上の学校に行って良い成績をとるほど、雇用主は報いてくれる。[8] それ以上何を知る必要があるだろうか。

自分のことしか考えなければ、それでいいだろう。学校に行き、良い成績をとり、たくさん稼ぐ――結構な筋書きだ。だが教育制度が果たして社会のためになっているのかを知りたいなら、あるいは少しでも好奇心があるなら、学生が勉強しているおかしな内容は重要な手がかりとなる。おかしな内容を勉強した見返りとして雇用主が**給料を上乗せ**するという事実もだ。これらの手がかりは、学校へは仕事のスキルを習得するために行くものだという従来の考え方では一顧だにされない。しかし教育のシグナリング・モデルはこれらの手がかりを使って、これまで見過ごされてきた大きな社会の謎を発見し、解き明かす。

1　教育というマジック

あなたを知っている人たちの前で釣った魚の話をするな。特に、魚を知っている人たちの前では。

——マーク・トウェイン(1)

経済学教授としては私の関心の対象は幅広い。経済学以外にも、哲学、政治学、歴史、心理学、教育と広範に文献を読んでいる。だが仕事のやり方について私は何を本当にわかっていると言えるだろうか。

正直なところ、たいしてわかってはいない。中学時代から高校時代にかけて、私は週に数時間、『ロサンゼルス・タイムズ』紙のセクションごとのページ順を手でそろえるバイトをしていた。1990年に住宅メーカーでデータ入力の夏期限定アルバイトをした。それ以来、仕事らしい仕事はしたことがない。今は講義と執筆と思索に対してお金をいただいている。実質この三つが私の唯一の売れるスキルだ。私はめずらしい存在ではない。浮世離れした象牙の塔の学者というステレオタイプが面白いのは、そういう人間が現実にいるからだ。

象牙の塔はお定まりのごとく実社会を無視している。だが不思議なことに、無関心はお互いさまではない。雇用主は大学教授の意見を非常に気にする。といってももちろん、認識論や移民についてのわれわれの意見をではない。経済界のあらゆる雇用主が教師の意見を仰ぐのは、どの学生を面接に呼び、採用し、給料をいくら払うかを判断するときである。一流校のオールAの学生は会社を選び放題。一方、必修科目を一つでも落としたら卒業できない――高給の仕事に就く道はほとんど絶たれる。

たまに金銭的にまったくペイしないと言って教育業界を無謀にも批判する人が現れる。統計の後ろ盾がないため、個別のエピソードを持ち出す。「知り合いに、4年前に文学の学士号を取ったのにいまだにスターバックスで働いている女の子がいる」「うちの息子は哲学で博士号を持っているけどタクシードライバーをやっている」「人形劇の美術学修士号を取得したのに就職できない」。そういうこともたしかにあるが、世の中は広い。問題は教育投資に失敗したエピソードが例外か、それとも一般原則なのかだ。

統計が明快な答えを出してくれている。原則として、教育には見返りがある。高卒者は中退者より給料が高く、大卒者は高卒者より給料が高く、修士号以上の学位を持っている者はさらに給料が高い[2]。平均的に見て、学校生活に耐える時間を1年延ばすごとに仕事人生全般にわたって給料の額が上がる。どれくらい？標準的な数字は約10％だ。教育程度が高いほど金銭以外の報酬も高く、人生の質が上がり、失業率は低い[3]。統計の各種補正を行った後は見かけの報酬は少なくなる。これについては後で見ていこう。しかしどんな補正をしようがやはり、学校教育は労働市場において投資効果があるのだ。

実社会と乖離した教育

実際の仕事スキルのほとんどは正規の教育ではなく、労働者が最初の仕事に就き、その後それぞれの分野で昇進していく途上で、オン・ザ・ジョブ・トレーニングによって身についていく。

――レスター・サロー「教育と経済的平等」[4]

肝心な問題は雇用主が成績や卒業証書を非常に気にするのかどうかではなく、なぜ気にするのか、である。その答えとして単純かつ人気があるのは、学校が生徒に仕事で役に立つスキルを教えているから、というものだ。成績が悪い、あるいは卒業していなければ、スキルも乏しいことになる。この単純かつ人気のある答えは、まったくのまちがいというわけではない。読み書きと計算はたいていの職業で不可欠だ。しかしスキル形成としての教育という説――社会科学では「人的資本論」の方が通りがいい――はどうにも不可解な疑問をはぐらかしている。

最たる疑問は次のようなものだ。幼稚園に入ったときから、学生は現代の労働市場とそぐわない教科を何千時間もかけて勉強する。なぜなのか。英語の授業がビジネス・ライティングやテクニカル・ライティングではなく、文学や詩ばかり取り上げるのはなぜか。高等数学の授業がほとんどの学生がついていけない証明をわざわざやるのはなぜか。典型的な学生が将来いつ歴史を活用するというのか。三角法は？　美術は？　音楽は？　物理は？　「体育」は？　スペイン語は？　フランス語は？　ましてやラテン語など！（信じられないことだが高校ではいまだにラテン語を教えている）[5]。「これが実生活と何の関係があるんですか？」と挑発的な発言をするクラスのお調子者はなかなかいいところを突いているのだ。

カリキュラムと就職市場の乖離には陳腐な説明がつけられている。教育者は自分たちが知っていることを教えている——そして大半の教育者は私と同様、現代の仕事の現場をほとんど知らない。だがこの説明では謎は深まるばかりだ。学校が仕事に役立つスキルを教えて学生の所得を上げているというなら、なぜ学校は学生の教育を実社会とこんなに接点のない人たちに任せているのだろう。教育者は、さまざまな仕事をこなす能力を学生にどうやって身につけさせると期待されているのだろう、自分ではできもしない仕事を？

学校で学ぶスキルと仕事で使うスキルのギャップを私が誇張していると思う人には、私の母校であるグラナダヒルズ高校（現グラナダヒルズ・チャーター高校）の現在の卒業要件を見てほしい[6]。英語を4年間、代数を2年間、同一の外国語を2年間、体育を2年間、幾何学・生物学・物理科学・世界史・アメリカ史・政治経済・ビジュアルアートもしくはパフォーミングアートを1年間履修していなければならない。また10—14の選択科目も修了していなければならない[7]。2科目以上落としたら卒業できない。

以上の全科目を修了して実際に役に立つことは一つある。大学入学だ。グラナダヒルズ高校の卒業要件はカリフォルニア大学システムとカリフォルニア州立大学システム〔カリフォルニア大学ロサンゼルス校、カリフォルニア大学バークレー校、のように単体の大学ではなく大学群を形成しているため「システム」という呼称になっている〕の入学要件とほぼ完全に一致する[8]。だがそれ以外にこの卒業要件は実際何の役に立つだろうか。大学進学を希望する学生の本音は「あまり役に立っていない」。大学卒業後、仕事で高等数学、外国語、歴史、アートを使う者はほとんどいない[9]。大学進学を予定していない学生にいたっては、「ほぼ役に立っていない」が正直なところだろう。大学に行かずに就職した人が仕事で幾何学、フランス語、世界史、演劇の知識を求められることはほぼ確実にないだろう。

私が学士号を取得したカリフォルニア大学バークレー校の卒業要件も同様に実社会と乖離している。あなたが文系学部にいるとしよう。卒業するには全部で１２０単位必要だ——4年間で1学期当たりおよそ四つ授業を取るのに相当する。「全学生必修科目〔breadth requirements. 専攻に関係なく全学生が取らなければならない授業〕」——アートと文学、生物科学、歴史学、国際研究、哲学と価値観、物理科学、社会行動科学それぞれの科目を一つ履修しなければならない。[10] さらに専攻必修科目を履修する必要がある。あなたの専攻が経済学だとしよう。世間で「実践的」「現実的」と見られている教科だ。卒業するには入門経済学、統計学、中級ミクロ経済学、中級マクロ経済学、計量経済学、アッパーディヴィジョン〔3、4年次に履修する専門分野の科目〕の授業を五つ、微積分を1年間履修しなければならない。[11] この授業内容は経済学大学院の進学準備としては妥当だが、学者以外の職業で使いそうなのはこのうちわずか二つだけ——統計学と計量経済学である。それさえも額面通りに受け取るわけにはいかない。エリート校の統計学と計量経済学は実践的な統計演習ではなく、数学的証明に重点を置いているからだ。[12]

象牙の塔の住人は、学生の視野を広げているとよく自画自賛する。だがほとんどの場合、「広げる」とは「実人生で一生使わない教科を学生に一つ余分にかじらせる」という意味だ。火星からやってきた社会学者になったつもりで考えてみてほしい。あなたに課せられた任務は次の通りだ。地球の大学のカリキュラムをもとに、地球の経済社会を推測せよ。火星人はおそらく、カリキュラムが学生を生産性の高い大人に育て上げるという前提に立って推理していくだろう。学生は読解と作文と数学を勉強しているから、地球経済では読み書きと計算の能力が求められるにちがいない。正解だ。ここまではいい。

しかしこの先、火星人の推理は迷走を重ねる。学生は外国語の勉強に何年も費やしている。したがって翻訳者がたくさんいるにちがいない。教師は古典文学と詩に力を入れている。これは文芸批評の市場が活発だからだと考えれば論理的に説明がつく。代数と幾何学は全学生の必修科目だ。一般的な労働者は二次方程式を解いたり、三角形の合同を証明したりする機会がたびたびあるのだろう、と火星人社会学者は結論する。この星の学校カリキュラムにぴったりフィットした経済社会像が描き出されていくが、この経済社会は地球のものではない。

教育が学生のスキルを上げることによって所得を増加させるというのなら、学生が勉強しなくてはならない非実用的な教科に首をかしげるだけではいけない。きわめて実用的な教科を学生が勉強しなくてもよいことも不思議に思わなくてはいけない。教育者はなぜ学生に一般的な職業の報酬と仕事の満足度を教えないのか。各業界に入り込む戦略を。雇用状況が急速に変わりつつあるセクターを。なぜ学校では学生に1年かけて履歴書の書き方ややる気のある姿勢の見せ方を学ばせないのか。重大な不作為の罪ではないか。

謎はカリキュラムと労働市場のつながりの弱さだけではない。カリキュラムと労働市場のつながりが弱いにもかかわらず、学業の成功と就職の成功のつながりが強いことこそが謎だ。わが国の教育制度が学生を賃金労働者に変えるからくりはまるで魔法のように見える。政府は象牙の塔の学者という特権階級にとってもない権力を委ねている。この特権階級は予想通りにその権力を行使している。すべての子供は教師それぞれの得意科目を勉強しなければならない。教育者は授業内容の習熟度で学生を格付けする。学生は学んだことのほとんどをあっという間に忘れてしまう。「その後二度と覚える必要がない」からだ。雇用主は象牙の塔の評価を割り引いて聞くも無視するも自由だ。なのに採用や給与額の判断に学業成績を使う。

このプロセスは、魔法使いの一人になってみるとますます魔法（マジック）のように見える。私は教室に行って学生に私の一風変わった関心事についておしゃべりする。結婚市場からマフィアの経済学や利己的投票者仮説まで諸々。学期末に私は学生たちの知識をテストする。私の見る限り私が教えているスキルで唯一、市場価値があるのは「経済学教授のなり方」だ。ところが雇用主はそうは思っていないらしい。

啞然としなかった人はした方がいい。有能な管理職や銀行員や営業マンになるために、結婚市場やマフィアの経済学や利己的投票者仮説について理解する必要があるだろうか。ない。しかし私がこうしたトピックを教える価値があると判断したがために、雇用主は私の授業の単位を落とした学生を面接する価値はないと判断するのだ。これを魔法と言わずして何と言おう。

多くの手品（マジック）の仕掛けと違って、これは目の錯覚を利用しているわけではない。スローモーションで見直しても謎は解けない。

ステップ1　考える材料になりそうだと思ったトピックについて私がおしゃべりする。
ステップ2　学生が私が話したトピックについて何事か学ぶ。
ステップ3　魔法の作用？
ステップ4　学生の管理職や銀行員や営業マンとしての将来性が多少高まる。

私が博士課程の学生に経済学教授になるためのトレーニングをする場合は、魔法は介在しない。学生は私と同じ仕事をしたがっている。やり方を教えるまでだ。だが私の教え子の大部分は経済学教授にはならない。何の教授にもならない。では私の授業はどうやって教え子たちのエンプロイアビリティ〔雇用される能力〕を高めるのか。私は自分の知らないことは教えられない。教え子たちの大半が就く仕事のやり方を私は知らない。ほとんどの大学教授が知らない。

魔法が報酬を生むからくり

魔法に実体はない。象牙の塔での業績が実社会での成功になぜ結びつくのか、論理的な説明がなければならない。ここでその説明をしよう。学生が学ぶことと労働者がすることに違いはあっても、学業成績の良さは労働者としての生産性の高さの強いシグナルになるのだ。労働市場が報酬を出すのはあなたが習得した役に立たない学問に対してではない。それを習得したことによって示した、あなたにあらかじめ備わっている特性に対して報酬を出すのである。

学生にあらかじめ備わっているスキルを認証するのは実に簡単なので、これまでの人生をずっと世間から隔絶された象牙の塔で過ごしてきた私でもやり方を知っている。どうするかって？　典型的な大学教授がすることをすればよい。自分がハマっているオタク的興味について講義する。学生に宿題をやらせ、試験を受けさせる。学期末に授業内容の習熟度に基づいて学生の成績をつける。奇跡でも起こらなければ、教え子が仕事でマフィアの経済学を活用することはない。それでもいいのだ。私の授業で高成績を取るのにふさわしい資質が仕事で高い業績を上げるのにふさわしい資質と合致している限り、雇用主が単位を落とした学生よりＡを取った教え子を選ぶのは賢い。

当然、私の影響力は同僚の教師たちとシェアしなければならない。教え子のＧＰＡ〔各教科の成績の合計を単位数で割った、学生の成績平均値〕を私が動かせるのは小数点以下程度にすぎない。しかし長年の間に数千人の学生を教えてきたから、塵も積もればである。それに私の落第の宣告には破壊的な威力がある。たった一つＦがついただけでも卒業が危うくなり、雇用主に提出した履歴書がゴミ箱行きになるかもしれない。だから世間的な成功を大事に思う学生は自分の頭の良さと勤勉さを教師に印象づけようと努力する——少なくとも頭の悪さや怠惰さであきれられまいとする。実際の仕事に使えるかどうかはほとんど関係がない。シェイクスピアを仕事に生かすことはないだろうが、適切な成績証明書がなければ、喉から手が出るほど欲しい仕事は永久に手に入らない。

シグナリングの基本

シグナリングはけっして奇抜なアイデアではない。マイケル・スペンス、ケネス・アロー、ジョセフ・スティグリッツ、トーマス・シェリング、エドマンド・フェルプス——いずれもノーベル経済学賞を受賞した錚々たる顔ぶれだ——が少なからぬ貢献を果たしている。[13] ノーベル委員会はマイケル・スペンスの受賞理由としてシグナリングの発見という功績を挙げ、次のように述べている。

重要な例は、労働市場における個人の高い生産性のシグナルとしての教育である。教育そのものに価値がなくてもよい。教育に多大な投資をしたこと自体が高い能力を示すシグナルとなるからだ。[14]

シグナリング・モデルには三つの基本的要素がある。第一に、いろいろなタイプの人間がいなければならない。タイプというのは知力、真面目さ、協調性などの違いだ。第二に、個々人のタイプは見た目ではわからない状態でなければならない。ある人の仕事に対する本当の姿勢はぱっと見では見抜けない。もちろん「あなたの仕事に対する姿勢はどれだけ良いですか?」と聞いても正直な答えは期待できない。第三に、タイプの間には平均に対して目に見えて違いがなければならない、専門用語で言えば「異なるシグナルを発して」いなければならない。平均からの偏差はあってよい。シグナルは決定的である必要はなく、ないよりも良いという程度だ。[15]

この三つの基本的要素を前提とすれば、「この仕事に誰が本当にふさわしいか?」への雇用主の正直な答えは「わからない」に決まっている。入手可能な情報ではこの問いに答えられない。幸い、雇用主は「最も優れたシグナルを発しているのは誰か?」というもっと簡単な問いに答えることによって、わからない部分を迂回できる。[16] 協調性を直接測る安上がりな方法は存在しない。しかし平均的に、スポーツ刈りの男性の方がモヒカン刈りの男性より協調性は高いだろう。そうであれば、賢い雇用主は髪型を協調性のシグナルとして扱う。反抗的な七三分けとルールに従順なヒッピーが一般原則を証明する例外にとどまる限り、髪型で採用を決める方がコイントスで採用を決めるよりいい。

雇用主が生産性のシグナルにすぎないものに報酬を出すとなれば、就職希望者には自分が発するシグナルを手直しする明確なインセンティブができる。自分の行動を良い印象を与えるように仕立てるのだ。何の目的で? 好ましい待遇を獲得するためだ。協調性があると思ってもらえると高い給料が出て、協調性がある人はスポーツ刈りである傾向が高いなら、スポーツ刈りにすれば見返りがある。内心反抗的であっても見返りがある。スポーツ刈りによって協調性がある人物を偽装しているからだ。

シグナリングはみんながやり始めたら結局効果がなくなるんじゃないの、と思ったあなたは早計だ。スポーツ刈りが良い印象を与えて好ましい待遇を引き出せるなら、なぜすべての労働者が床屋に直行しないのか。シグナリング・モデルには単純な答えが仕込まれているのだ。すなわち、実行可能なシグナルは需要の高いタイプほど費用が低くなければならない。この費用はお金か時間で測ることができる。もしくは純粋に気持ちの問題という場合もある。例えばもし反抗的なタイプが「生真面目な」髪型を嫌い、協調性のあるタイプはそうでなければ、髪型は協調性を表すシグナルとして優れているということになる。かりに就職希望者全員がスポーツ刈りになったら、今度はグレーのフランネルスーツで協調性のシグナルをさらに追加できる。協調性のある人物を偽装するのが平均的な人にとってあまりに面倒くさくなり、反抗的なタイプが別人のふりをするのをやめたとき、競争は落ち着く。

この「平均的な人にとって」が足切りラインとして重要だ。優秀な就職希望者のうち10％はスーツが買えないとする。もし雇用主に相手がなぜスーツを着ないで面接にやってきたのかわからなければ、スーツを持っていない就職希望者はスーツを着たくない不適格な就職希望者と同等に扱われてしまう。しかしスーツを買えない優秀な就職希望者の割合が増えれば、着ているもので人となりが判断できるケースが少なくなり、雇用主があなたの服装を気にする傾向も下がる。シグナルが明確であればマイナスの印象も強くなるが、シグナルがあいまいだとマイナスの印象も弱くなる。

教育のシグナリング・モデルを批判する人々はよく、こんなことは変だ、ありえないと言う。だがこのモデルは経済学でいう「統計的差別」（時間とお金を節約するために平均的に正しいステレオタイプを利用すること）の特殊な一例にすぎない[17]。統計的差別はどこにでもある。高齢者の生命保険料が高いのは、高齢者の方が早く死ぬ傾向が高いからだ。タクシー運転手がストリートギャング風の若者よりスーツ姿の若者を乗せたがるのは、ストリートギャング風が強盗に変身する可能性が高いからだ。統計的差別は不公平で非道かもしれないが、変でもありえなくもない。ならば学歴証明書をもとに雇用主が統計的差別をするのを変だ、ありえないとどうして言えるだろう。

教育は何をシグナリングするのか

大学生以下までのレベルを対象とする大半の教師の立場からすると、理想の学生とは行儀がよく、攻撃的でなく、素直で、我慢強く、几帳面で、教師を喜ばせそうな反応が本能的にわかるという意味で共感力の高い学生なのである。

——リチャード・ポズナー「教育の新たな男女格差」[18]

優れたアイデアがたいがいそうであるように、シグナリングも考えてみれば自明のことだ。だがスペンス、アロー、スティグリッツ、シェリング、フェルプスが輝かしいパイオニアであったことを否定する経済学者はほとんどいない。シグナリングを自明のものにしたのは彼らだからだ。しかし、これらノーベル賞学者たちに惜しみない敬意を払いながらも、経済学者たちはシグナリング・モデルを日陰者扱いしてきた。理論家によって高尚なレベルで取り上げられることはあっても、実社会の研究では脚注にでも入れば御の字だ。本書の目標はシグナリング・モデルを日なたに出すこと——そしてこの理論を使って学校と仕事の不釣り合いなマッチングに説明をつけることである。

就職活動中にあなたはたくさんのシグナルを発信する。髪型、服装、時間の正確さ、面接官のジョークに笑ってみせる礼儀正しさ。だが現代の労働市場ではある一つのシグナルが他を圧倒している。それが教育だ。あなたが適切な学歴証明書を持っていなければ、多くの雇用主には応募書類を読んですらもらえない。机上の学問が仕事では使えないことぐらい誰でも知っているのに。

なぜ教育というシグナリングがこれほど主役扱いされるのか。まず思い浮かぶいかにもありそうな答えは、良い仕事は高い知的能力を要求し、教育はまさしく知力のシグナルだから、である。この知力だけに着目した理由づけは表面上はまっとうに見える。情報化時代はこれまで肩身狭く生きてきたガリ勉君が一転、大活躍するようになった時代だ。教育が知力の強いシグナルであるのはまちがいない。テレビのリアリティ番組[19]でスターになった有名人ならいざしらず、今どきのお金が稼げる職業には確実に高い認知能力が求められる。しかし、知力だけに着目した理由づけは少し掘り下げてみると破綻する。次のエピソードを考えてみてほしい。

マークとスティーブは16歳のとき、SATでそれぞれ満点を取った。20年後、マークはMITで博士号を取得したが、スティーブは高校卒業資格しか持っていない。

マークとスティーブについてわかっているのが学歴証明書だけなら、あなたはマークの方がずっと頭がいいと早合点するだろう。しかし二人のSATの得点を知ると、ほとんど反射的にマークの方が努力家だという見方に変わる。スティーブの得点を知ったとたん、瞬時に彼は病的に怠惰なのだろう――あるいは「自由人」なのだろうと推測する。面接で、スティーブは勤勉な働きバチを装うだろう。言い訳をするか、話題を自分の長所に持っていくだろう。だが彼の学歴を見て、一般的な雇用主は不安を覚えるだろう。

となると、教育は知力以外の何についてシグナルを発しているのだろうか。ソクラテスならあなたはすでに答えを知っている、と言うところだ。マークとスティーブのエピソードが示すのは、教育は知力だけでなく真面目さ――学生の自己管理能力、仕事に対する姿勢、高品質へのこだわりなどについてのシグナルを発しているということである。

それだけだろうか。いや、まだ大事な資質を見逃している。次のエピソードを考えてみよう。

ジェンとカレンはSATで全学生の上位4分の1に入る点数を取った。高校卒業後、二人とも就職した。ただしアフターファイブの過ごし方はそれぞれ違っていた。ジェンは週に20時間、夜間大学で勉強した。それに対してカレンは、週に20時間費やして世界最大の毛糸玉の制作に挑戦した。高校卒業から5年後、ジェンは学位を取得し、カレンは世界記録級の毛糸玉を作り上げた。

ジェンとカレンは頭の良さだけでなく、真面目さも同じくらいあるように見える。二人とも余暇時間に難しい取り組みを完遂しようと頑張りぬく力があった。だが、社会的に認められた目標に向かって努力したジェンの方がエンプロイアビリティが高いように思われる。それに対してカレンは、個人的な趣味で始めた一風変わった取り組みを追求した。ジェンの学位は、彼女が社会の期待に従う人間であるというシグナルを発している。彼女はチームプレイヤーだ。上司に「ジャンプしろ」と言われたら「どのくらい高く跳べばいいですか?」と聞くだろう。カレンの毛糸玉が発しているシグナルには、善意に取ってもプラスとマイナスが入り混じっている。彼女は自分がやる気になったことには全力で努力する。だが上司を喜ばせるために努力するだろうか。このエピソードからわかるのは、教育は協調性——社会の期待を理解して従うかどうか——のシグナルでもあるということだ。

ずいぶん遠回しな言い方をしてしまった。私たちの社会では、学業成績こそ社会の期待にほかならない。模範的な労働者は従来型の資格を目指して取得すべしとされている。ほぼどの仕事にも高校の卒業証書が、良い仕事なら学士号が求められる。この期待から外れると、協調性に軽い疑問符がつく。この期待に反抗すれば、協調性ゼロの烙印が押される。卒業証書がない場合、協調性を裏づけるシグナルを発したいなら学歴主義を批判するのではなく、謙虚に黙っているのが正解だ。

はっきりさせておこう、雇用主が労働者に求めているのは抽象的な意味での協調性ではない。人類学者が力説するように、ほとんど誰でも何かに対しての協調性はある。ヒッピーは仲間のヒッピーに外見、話し方、行動を合わせようと努力する[20]。だからといって雇用主にぼさぼさの長髪と絞り染めのTシャツの受けが良くなるわけではない。雇用主は現代の職場の習俗に協調する人間を求めているのだ——現代の模範的労働者らしい外見と話し方と行動を備えた人間を。

現代の模範的労働者とはどんな人間だろうか。チームプレイヤーだ。上の者に敬意は示すが隷従はしない。同僚と仲良くするが、けじめはつける。服装と身だしなみは保守的。人種差別や性差別に類する発言は一切せず、少しでもセクハラと受け取られそうな状況には近づかない。そして最も重要なのは、社会規範の明示が難しかったり気まずかったりする場合でも、自分に何が期待されているかを察して行動できることだろう。雇用主がいちいち社会的に容認されるかどうかを教えなくてすむのが現代の模範的労働者である。

教育というシグナルが発信する三つのおおまかな特性が出そろった。知力、真面目さ、協調性だ。このリストはその気になればいくらでも延長できる。教育は裕福な家庭、国際性、外国映画好きというシグナルも発している。[21]しかし利益の最大化を目指す雇用主にとってリストの延長部分は余計な情報でしかない。学業成功のための資質は知力、真面目さ、協調性の三位一体なのである。[22]学業成績が立派なほど、あなたにこの三つの資質が備わっているという雇用主の信頼感は高まる。

雇用主はなぜこの三つの資質を求めるのだろうか。学業の成功と仕事の成功は同じ資質によって達成されるからだ。知力の高い労働者は呑み込みが早く理解も深い。真面目な労働者は仕事がきちんと仕上がるまで努力する。協調性のある労働者は上司に従い、同じチームの同僚と協力する。学校で成功するのにふさわしい資質が欠けていれば、労働市場で成功するのにふさわしい資質もおそらく欠けている。

もちろん例外は存在する。仕事で大活躍している労働者の中には、家庭が貧しかったために学歴が低い人もいるかもしれない。学生ローンを背負うのが嫌で進学しなかった人もいるかもしれない。「早く社会に出たかった」ため、あるいはシグナリング・モデルを理解していなかったために進学しなかった人もいるかもしれない。だが例外が例外にとどまる限り、シグナリングは有効だ。雇用主は事業を運営しているのであって論理学の授業をしているのではない。採用判断はあらゆる事業判断と同じく、証拠ではなく健全な常識で行うものなのだ。

閉じ込め症候群

教育は明らかに、あなたが仕事で成功するにふさわしい資質を持っていることを雇用主に示す一つの優れた方法だ。しかし多くの仕事では、教育が事実上唯一の就職成功ルートになっている。おかしくないだろうか。知力と真面目さと協調性のシグナルは他にいくらでもあるではないか。ＳＦブログを書いて知力のシグナルを発信することだってできる。辞書を手で書き写して真面目さのシグナルを発信することだってできる。ユダヤ教徒でなくても食べ物の規定（コーシャー）を守って協調性のシグナルを発信することだってできる。しかし就職活動ではこのようなシグナルには価値がない。雇用主が学歴証明書の方にはるかに魅力を感じるのはなぜだろうか。

教育は社会的に望ましい長所がセットで備わっているというシグナルなのだ。クラスでトップになる人にはたいてい知力、真面目さ、協調性の三拍子がそろっている。トップではない学生でも、効果は落ちるが有利なシグナルを発信する。学位を取れるだけの知力と真面目さと協調性はあるわけだから。彼らが三つすべてにおいて平均以上という意味ではない。だがなんとか卒業できている限り、おそらく少なくとも一つには優れているし、三つの中に救いがたいほど欠けているものはないはずだ。

対して、あなたの長所を発信する教育以外のシグナルは自動的に弱点と相殺するように見られる。あなたがSATで高得点を上げながら大学には行かなかったとしよう。雇用主はすぐにあなたは頭がいいと考える。だがそんなに頭がいいなら、なぜ大学に行かなかったのか。真面目さと協調性が人並みにあれば、大学を卒業するくらい朝飯前ではないか。雇用主はあなたのSATの得点を見たとたん、当然のようにあなたの真面目さと協調性は平均未満だろうと推測するのだ。得点が高いほど、学歴がないことが疑惑を呼んでしまう。[23]

例えばSFブログで頭脳の優秀さのシグナルを発信しようとすれば、このことはいっそう明確になる。アイザック・アシモフを読みこなすほどの頭脳があるなら、学校でも秀でているはずだ――もちろん、あなたの「問題点」が邪魔しなければ。

弱点相殺の論理は真面目さのシグナルにも適用される。辞書を手で書き写すほどの勤勉さがあるなら、大学を卒業するのはお茶の子さいさいのはずだ――頭が悪いか、周りとうまくやれない性格でもなければ。だから型通りの学歴のかわりにちょっと変わった真面目さの証拠を提出すると、余計あやしまれる。そんな頑張り屋ならなぜ、4年間学業に励む道を避けたのか。知性か社会性によほど欠けていて、一途な努力だけでは大学生活をまっとうできなかったのではないか。

王道から外れた協調性のシグナルはさらにイタい――まさにジレンマだ。協調性を発信すべきシグナルが「型通りでない」と、非協調性のシグナルになってしまう。型通りの学士号が協調性の標準的なシグナルであると、「型破りな」代替資格はよく言ってもうさんくさい。雇用主に「独学です」とか「できたばかりのインターネット大学を卒業しました」と言うと変わり者と思われる。教育に代わる協調性のシグナルが型通りでないほど、裏目に出てしまう。雇用主に「私はユダヤ教徒ではありませんが、細かい規則に順応できることを証明するために食べ物の規定（コーシャー）を守っています」と言ってみるといい。相手からは変人扱いされるだろう。だから卒業して就職するのが中退して就職するよりはるかに有利なのも当然なのだ。学生は卒業するものとされている。卒業しなければ重大な欠陥があるのではないかと不安がられる。[24]

協調性のシグナルのジレンマはあまりに強力なため、人は良いシグナルでも社会性に欠けると見られたくないがゆえにあえて発しないことがある。自慢をよしとしない社会規範を考えてみるといい。自分の長所は吹聴するものではないとされている。たとえ言ったことをすべて証明できたとしてもだ。自慢屋は大目に見てもプラスとマイナスが入り混じったシグナルを発信しているのだ。本人の言う通り頭が良くて実績もあるかもしれないが、下品な人間だと。

就職市場から顕著な例を挙げよう。雇用主が就職希望者に共通試験の得点を要求することはめったにないが、就職希望者が履歴書にそうした得点を記載するのは自由だ。だが記載する者はほとんどいない。記載して失うものは何だろうか。世間の評価だ。履歴書に高得点を記載すれば、頭は良いが社会性がないことの証になってしまう。[25]「ふつうやらない」ことをやっているからだ。私が以前耳にした、ある教授が大学院生を叱る言葉にもそれが表れている。「履歴書にGRE〔大学院進学のために受ける共通試験〕の得点なんか記載すると学生気分が抜けていないと見られるぞ。学部が採りたいのは前途有望な助教授であって、優秀な学生じゃないんだ」

だが教育の別格たるゆえんは、私たちの社会のほぼ全員が教育は別格だと信じているところだ。現代のアメリカで、実人生で成功するにふさわしい資質のある子供たちが口にする問いは「学校で抜きんでるにはどうしたらいい?」であって「発信できるシグナルは他にないの?」ではない。学業の成功と職業上の成功にはもともと強い結びつきがある。どちらに挑戦するにも同じ強みが必要になるからだ。社会規範がこのもともと強い結びつきを不自然なまでに強くしている。自己強化というプロセスによってだ。

ステップ1　雇用主が学業の成功と仕事の成功の関連に気づき、教育を労働市場への通行許可証代わりに使うようになる。学歴がなくても優秀な労働者が考慮に値するほど多くなければ、雇用主はそのような人は存在しないものと考える。

ステップ2　能力とやる気のある人々が教育の通行許可証としての役割に気づき、職業的野心をかなえるために学業の成功に打ち込む。

ステップ3　能力とやる気がありながら学業成績が悪い人の割合が減り、学業の成功と仕事の成功の関連はさらに強まる。

ステップ4　ステップ1に戻る。

従来型の教育に代わる選択肢はたくさんあるが、標準的な学歴がともなわないと、こうした選択肢は雇用主にまちがったメッセージを発してしまう。問題は、従来型の教育を放棄して「別の選択肢」を選びたがる人々は、労働者として標準以下である傾向が高いことだ。雇用主は類は友を呼ぶとみてあなたを判断する。あなたが従来型の学歴を獲得できるだけの資質を持っている場合は、厳しい選択を迫られる。社会の期待に沿うか、社会から脱落した人たちに囲まれて勝負をかけるか。２００９年の映画『17歳の肖像〔原題 An Education〕』の父娘の会話はそのあたりがよくわかる脚本に仕上がっている。

ジェニー　じゃあ青少年管弦楽団に行くのをやめてもいい？

パパ　だめ、だめ、だめ。青少年管弦楽団はためになるんだから。いろいろ積極的に参加して活動している証明になるだろ。

ジェニー　そうか。そうね。でも一度参加はしたんだから。もうやめてもいいでしょ。

パパ　だめだめ。それじゃ逆効果だ。集団になじめないみたいに思われるよ。そんな人はオックスフォードに入れてもらえないよ。

ジェニー　そう。自分なりの考えを持っているタイプは求められていないのね。

パパ　そうさ、あたりまえじゃないか。[26]

要するに、教育は私が「閉じ込め症候群」と呼ぶ状態に陥っているのだ。労働市場に自分の長所を知ってもらいたければ、そしてあなたと同じ長所を持つ人々に学歴があるなら、あなたも学歴を手に入れた方がいい。そうしないと、雇用主はあなたをまともに相手にしてくれないから、チャンスすらもらえない。そして結局、今の状況に至ったわけだ。頭の固い雇用主が「教育こそ至上のものなり」と言っている経済社会では、カリキュラムと仕事の関連性など二の次なのである。

シグナリングは「理屈に合わない」

教育のシグナリング・モデルへの主な反論は、実際の経験と矛盾するということではない。ほとんど誰もが、労働市場の需要にそぐわない教育を何年も経験している。主な反論はその経験の方が錯覚だと主張している。役に立たない学問を何年も勉強してきた労働者に給料を支払うなど「理屈に合わない」。表向きどう見えようが、シグナリング・モデルが正しいはずがない。

このような攻撃には同じ弱点がある。批判する人々は単細胞的なシグナリング・モデルを想定し、それをこてんぱんにやっつける。しかしこの攻撃が、おかげさまで、次の展開を生んでくれる。単純きわまりない反シグナリング・モデル論のおかげで、もっと洗練され、実情に合ったシグナリング・モデルが浮き彫りにされてくるのである。

シグナリング＝100％のシグナリング

反論の対象に歪んだ解釈を加えて叩く論法の究極が、シグナリングをオール・オア・ナッシングとする見方だ。そうしておいて、学校では読み書き計算を教えているではないかと指摘してシグナリングを「論駁」する。なんと痛烈な反論だろうか……誰も主張していないシグナリング・モデルに対しての。ノーベル賞受賞者のケネス・アローは早くも1973年にこの批判を予想して「100％のシグナリング」を否定している。

私自身は高等教育にふるい分けの役割しかないとは思っていないことを明らかにしておくべきだろう。職業学校が市場で重宝される実務的なスキルを伝授しているのは明らかであるし、大学の科学系の学部も同様だ。人文系の学部の大部分に関しては、そこがだいぶあやふやになってくる。(27)

私の知っている限り、シグナリング・モデルの支持者でこの点についてアローに異論を唱えた者はいない。役に立つ教科がカリキュラムに含まれているのは明らかで、それを学んだことに対して労働市場が報酬を与えるのは当然予想できる。教育のシグナリング・モデルの狙いはわかりきったことの否定ではなく、謎の解明にある。カリキュラムに含まれる多くの教科が役に立つようには見えないのはなぜなのか――にもかかわらず、労働市場がそれらを学んだことに対して報酬を与えるのはなぜなのか。

シグナリング＝「知力のみのシグナリング」

シグナリングを、教育が知力のみについてシグナルするという考え方だと見なして批判する人々もいる。その前提に立ってシグナリングを徹底攻撃するのだ。たしかに卒業資格は知力についてのシグナルを発信している。だがそれなら知能テストも同じだ。[28] 3時間の試験を受けさせてもわかることなら、なぜ雇用主は4年間かけて取得する学士号を求めるのか。[29] 試験を受けさせない企業は資質のある就職希望者を無駄に選り好みしていることになる。

ここから引き出せる正しい教訓は、シグナリング・モデルがまちがっているということではなく、教育が知力以外のシグナルも発しているということだ。シグナリング・モデル陣営のほとんどがとっくにこのことを悟っている。ケネス・アローはいつものごとく、最初からそれがわかっていた。論文「フィルターとしての高等教育 Higher Education as a Filter」では教育を能力のシグナルと呼んでおり、能力には知力だけでなく「社会性」も不可欠だとはっきり述べている。[30] あるいは1年後にピーター・ワイルズが「雇用主が求めているのは知性ある順応主義、言い換えれば限定された範囲内での自立と独創である」と簡潔に語っている通りだ。[31]

シグナリングの効果が出るのに何年もかかるのはおかしい

シグナリング・モデル批判で多いもう一つの論点、それは教育が何年も続くものであるのは「理屈に合わない」というものだ。勤勉なチームプレイヤーが例えば1年の通学で自分の価値についてのシグナルを発信し、すぐに実社会で良い仕事に就けないのはなぜなのか。教育がほとんどシグナリングなら、雇用主はとっくの昔に労働者の質を評価するもっと早くて安上がりな方法を発見しているはずではないのか。

これもまた、単細胞的なシグナリング・モデルを前提とした批判だ。シグナルを労働者の質の決定的証拠と思い込んでいる。いったんシグナルを発信すれば、その真実の輝きは誰の目にもわかるだろうというわけである。だが多くの特性には「これで決まり」とわかるはっきりした印などついてない。雇用主からの信頼獲得のハードルはどこまでも上げられる。競争相手が発信するシグナルがあなたのものより優れていれば、雇用主のあなたへの評価は当然下がる。次のエピソードを考えてみてほしい。

フレッドとデイナはどちらも面接では同じくらい頭が良さそうに見える。二人とも自分が「勤勉でチームプレイヤー」だと言っている。ただしフレッドは大学を1年で中退した。それに対してデイナは学士号を取得している。

労働市場では明らかにデイナの方が好まれるだろう。面接でフレッドとデイナの知力はいずれも雇用主に好印象を与えるかもしれない。ただし真面目さと協調性は装うことができる。フレッドに「あなたは勤勉でチームプレイヤーか」と聞いて「はい」と答えたからといって即雇うわけにはいかない。数時間ばかり働く姿を観察したって同じことだ。就職がかかっているとなれば怠け者でも必死で働くだろう。大学に1年在籍したというのも同様だ。反抗的な怠け者でも高給が約束されているとなれば、2学期くらいはおとなしく勉学に励むだろう。勤勉なチームプレイヤーが自分は本物であるというシグナルを発信するには、格好だけの人間や願望だけの人間より長続きしなければならない。私の同僚のタイラー・コーエンが、ふだんはシグナリングに懐疑的だが、一度だけ次のように認めたことがある。

全員に試験を受けさせて高得点の者を採用するのでは不十分だ。[…] 試験の出来が良くても根気の良さまでは保証しない。シグナルは代償が高くてつらいものでなくてはならない。でなければ最高の採用候補者を選別することができない。[32]

だからシグナリング・モデル批判の人々の言い分とは逆に、教育を受けた期間をもってシグナリングを否定するにはあたらないのである。真面目さや協調性のような簡単に装える特性が貴重だからこそ、教育に何年もかかることに意味がある。シグナリングは参加者がひとりでに脱落していく競争である。早く音をあげたら負け。長く持ちこたえるほど強く見える。勝者――良い仕事を手に入れる者――は最後まで残った学生だ。

「市場はいつまでもだまされてはくれない」

シグナリングはうわべだけのものでしかないのだろうか。雇用主は従業員の本当の生産性を数カ月もあれば見抜く、というシグナリング・モデル批判もある。この短い試用期間が終わったら、市場は単なる資格に大金の報酬を出してはくれなくなると。ノーベル賞受賞者のゲイリー・ベッカーはシグナリング・モデルについて次のように考察している。

ハーバード大学であれフェニックス大学であれ、大学出身者の従業員の生産性を企業が意外にすぐ見抜くことに経済学者が気づくようになったため、[シグナリング・モデルは] 衰退した。早晩、従業員の給料は学歴ではなく本人の生産性に合わせて修正されていく。[33]

研究者らは雇用主が見抜くスピードを明確に測定しているが、このプロセスには数カ月ではなく数年、あるいは数十年かかるように見える——特に大学を卒業していない大多数の人々に関しては。このエビデンスについては後で取り上げる。[34] さしあたってはベッカーの考察が正しいとしよう。雇用主は3カ月で学歴に隠された現実を見抜く。だからといってシグナリングが無駄だということにはならない。むしろ、シグナルを発信する大きな意義が入り口に立てること、つまり最初の就職を優良企業で獲得することにあるのだとわかる。もちろんそれが可能なのは一生に一度だけだが、けっして小さなことではない。まずは入り口に立たなければ、才能も人柄も誰にも顧みられないのだ。「市場はいつまでもだまされてはくれない」のと「市場から永久に目に留めてもらえない」のでは大違いである。

ベッカーは雇用主にはニセモノを見つける——卒業証書が本人の出来に比べて立派すぎる労働者を見抜く能力がある、としている。かりにそれが正しいとしても、彼は問題の逆の面を見落としている。雇用主の「ダイヤモンドの原石」を見つける——卒業証書が本人の出来に比べて見劣りする労働者を見抜く能力だ。[35] これを見抜くには途方もない費用がかかる。就職希望者全員を面接する余裕はないし、ましてや全員を採用するわけにはいかない。[36]

ダイヤモンドの原石としてはどうすべきだろう。「大きなチャンス」をものにするために必要な資格を取ることだ。3カ月後、新しい上司にようやく「本当のあなた」が見破られたからといって、あなたの学歴が突然まちがいに変わったりはしない。その資格がなければ、あなたのキャリアはそもそもスタートすらしなかったのだから。

シグナリングと採用ミス

ベッカーの批判では、期待に届かなかった労働者を雇用主が自動的に解雇する、とも素朴に考えている。労働法や訴訟を考慮しないとしても、企業を経営しているのはロボットではない。[37] 人間同士が肩を並べて働いていれば、互いに情がわいてくる。経営が傾きかけているのでもない限り、多くの雇用主は標準より多少落ちるレベルの労働者でもずっと雇い続ける。かりに上司に情が欠けていたとしても、従業員の大半はそうではないだろう。労働者に不満がたまれば生産性は落ちる。「部下を寒空の下に放り出」せば、今いる者たちの労働意欲がそがれるおそれがある。

チャンスを与えて働きぶりを観察し、基準に達しなければ解雇する。このような「採用して、見て、手放す」人事政策は会社の利益にもなるし公正にも見える。だが集団のアイデンティティと憐みの情が邪魔をする。企業に採用されたら、あなたはチームの一員になる。基準に達していないとしても、あなたを解雇するのはウォルマートにブレンダーを返品するのとはわけがちがう。チームの仲間たちは出来の悪いあなたと一緒に働き続けるか、あなたが去るのを見て胸を痛めるか、選択を迫られる。

雇用主には良心の呵責なしに採用ミスを取り消す方法が一つある。人事の世界ではこれを「退職勧奨」という。[38] 望まれざる労働者を解雇するかわりに、船から飛び降りる手助けをするのである。よそに新たなチャンスを探すよう、それとなく促すのだ。再就職先から照会があれば、真実は隠す――つまり嘘をつく。労働法では自社の従業員について不利な情報を明かす企業に罰則がある。[39] だが法律は社会心理が形になったものであるにすぎない。望まれざる労働者が新たな職場に旅立ったとたん、同僚たちと上司は去った者に胸の痛みを覚えなくてすみ、素直に喜べる。誰もが得をする――再就職先を除けば。[40]

企業が解雇を恐れれば恐れるほど、教育というシグナリングの重要性は増す。雇用主はいったん採用ミスをしてしまうと、やっかいな立場に追い込まれる。学歴に頼るのはその立場を事前に回避する良策なのだ。立派な学業成績は雇用主に「私はあなたに貧乏くじを引いた気分か悪役気分を味わうかの二者択一を迫ったりはしません」と伝えるのである。学歴のない者を門前払いする雇用主は心が狭いように見えるかもしれないが、安心して採用活動を行えるのだ。

ここからわかるのは、雇用主に後から何がばれようが、有利な教育のシグナルがキャリアを支援してくれる力は揺るがないことである。実社会でハーバードの学位に高い報酬が出るのは、ハーバードの卒業生が労働者として優秀だからだ。しかしあなたが世界で唯一、ハーバードの卒業証書の偽造に成功したとしよう。運がよければ、あなたはハーバードの威光で何年間もおいしい思いができるだろう。偽の卒業証書のおかげであなたは人もうらやむ仕事にありつく。上司の前で化けの皮がはがれるころには同僚の何人かと仲良くなっているだろう。上司はかわいそうに思って、あるいは部下たちの労働意欲をそがないために、あなたを雇い続けるかもしれない。いよいよ上司の堪忍袋の緒が切れたあかつきにも、おそらく露骨に解雇はしない。「もっと自分に合った仕事を探したら」とあなたにそれとなく促すだろう。再就職先があなたについて問い合わせてきたら、今の雇用主にはあなたのボロを隠すもっともな理由があるわけだ——こうして会社をだましてがっかりさせるあなたの武勇伝がまんまと繰り返される。

お前にこの謎が解けるかな？

高等教育は、消費者が最小限のコスパを求めようとする唯一の商品である。

シグナリング・モデルの批判陣営は何かにつけシグナリングは「理屈に合わない」と主張する。実際は逆だ。人的資本純粋主義こそ「理屈に合わない」。シグナリング・モデルなしには説明がつかない、あからさまで重大な事実がいくつかある。

——アーノルド・クリング「大学の顧客vs供給者」[41]

世界最高の教育はすでに無償である

エリート大学のありえないほど高い入学金と正気とは思えない授業料への苦言はまったくの的外れだ。実際は、プリンストン大学で誰でも、無料で勉強できる。授業料は年額4万5000ドルを超える[42]が、教室に行って授業を受けるのは誰でもできる。あなたを止めたり、身分を問いただしたり、居づらい思いをさせる人はいない。プリンストンという授業取り放題ビュッフェで学習欲をいくらでも満たせばよい。大学からカードの請求など来ない。アメリカ各地の学校でこうしたことを私は自分の目で見た。

「タダで勉強計画」を人に黙っていれば、教授たちは学生名簿にあなたの名前がないのは事務手続き上の手違いだと思ってくれる。授業に参加していいですかと許可を求めれば、たいていの教授はまんざらでもなく思うだろう。学ぶ意欲のある者を教えるなんてめったにない喜びだ！「モグリ学生」を4年間続けた結果、足りないのは一つだけ。卒業証書だ。正規の学生ではないから、あなたの学業は雇用主には見えない。あまりそそられる話ではないのではないだろうか。

究極の選択を想像してほしい。プリンストンで卒業証書をもらわずに教育を受けるか、プリンストンで教育を受けずに卒業証書だけもらうか。就職市場で有利なのはどちらか。人的資本純粋主義者にすれば、答えは明らかだ。4年間の教育の方が紙切れ一枚よりはるかに望ましい。だが真顔でそう言ってみろというのだ。単細胞ではない洗練されたシグナリング・モデルでは、卒業証書の方が望ましいに決まっているなどとは言わない。プリンストンである程度役に立つスキルを教えているのはたしかなのだから。ただし、教育か卒業証書か選べと言われて即決できず迷ってしまう理由は、シグナリングがなくては説明できない。

「プリンストンで受ける教育は授業以外にもたくさんあるんだ」という反論もできるだろう。だが授業に出席しているなら、自主勉強会や知的な議論や社交活動にだって参加できないはずがない。寮生活は無理でも、少し頑張れば学生仲間との濃密な交流には手が届くだろう。いずれにせよ、私の知る限り、寮生活が労働市場でいくらかでもアドバンテージになるというエビデンスはない。学生はキャンパス外に住むのを贅沢と考えるものだ。職業上の成功をおびやかすものではなく。

だが「モグリ学生」のススメに対する主な反論は「ほとんど誰もその機会を利用しない」に尽きる。そこがまさに私の言わんとするところだ。無料のエリート教育にほとんど誰も手を出さないという事実が、人的資本純粋主義がまちがっている証拠だ。それに対して、シグナリング・モデルでは無料の教育など幻にすぎない。大学がカード請求してこないのは請求する必要がないからだ。モグリの学生が無視していいほどまれであるのは、非正規に受けた教育が雇用主に発信するシグナルが目に見えないからだ――これは言い換えれば、シグナルを発信していないともいう。

落第vs忘却

あなたはたくさんの教科を勉強してきたが、ろくに覚えてはいない。あなたは「卒業試験が終わったら、もうこんなばからしい教科のことを考えずにすむ」と念じて励みにしていたかもしれない。では質問。あなたが忘れてしまった授業すべてに落第していたとしたら、あなたのキャリアはどうなっていただろう。

雇用主がスキルだけを理由に教育程度の高い労働者に報いているなら、落第も忘却もキャリアの上では同じ結果をもたらすはずだ。だがあきらかにそうではない。私を見るがいい。3年間スペイン語の宿題をこなし、スペイン語の試験を受け、スペイン語で発表したのに、ほとんど何も（ナーダ）覚えていない。しかし高校のスペイン語の単位を落としていたら、良い大学に行けず、プリンストンの博士課程に進めず、おそらく大学教授にはなれていなかっただろう。運よく私は成績表にAがつく程度には勉強ができた。その結果、私は夢のような人生を送っている――覚えたスペイン語はすっかり忘れたにもかかわらず。

人的資本純粋主義者がこの事実に対抗する方法は一つある。勉強は教科の具体的な内容をすべて忘れた後も長らく、見えない形であなたを向上させているのだという主張だ。教育心理学者が１００年かけてその見えにくい効果を測定してきた。彼らの言い分は次章で聞くことにしよう。さしあたって、この説は単なるこじつけである。私のスペイン語の先生たちが職務として目指したのは私にスペイン語を教えることだった。スペイン語は先生たちの母国語だった。だが先生方の目標は果たされなかった。では先生方が職務外の何かを私に教えることに成功したと考えるべきだろうか。仕事で本当に役に立つ何かを？　スペイン語の先生方が専門知識をもってしても職務を果たせなかったのに、彼らが私に「仕事のハウツー」を見えない形で教えていたと思うとしたら、あなたはだまされやすいにもほどがある。だが私のスペイン語の先生方が他の先生方と比べて腕が悪かったわけではない――おそらくあなたの先生方と比べても腕が悪かったわけではないだろう。

人的資本純粋主義とは違い、シグナリングはこの事実を、ねじ曲げずとも説明できる。授業内容を学び損ねたことはお粗末なシグナルを発信する。知力と真面目さと協調性のいずれか、あるいはすべてに欠けていたからだ――そしておそらく今も、と。それに対して授業内容を忘れたことは、写真記憶のような特殊能力がないというシグナルを発信するにすぎない。忘れる学生より落第した学生が発信するシグナルの方がはるかにネガティブなので、雇用主は忘れる学生の方を好む。落第した学生の方が忘れる学生より就職市場ではるかに苦労するから、学生たちは卒業試験のために詰め込み勉強をして、社会に出ていくのだ。

楽勝授業

学生はエリート校への入学を勝ち取るために必死で努力する。ところがいったん入学してしまうと、多くを求めない教授を探す。講堂を学生で埋めたい教授はAを乱発して宿題はほとんど出さない[43]。人気サイト「Rate My Professors」では学生が教授の「楽勝度」「支援度」「わかりやすさ」「容姿」で評価点をつけているが、「市場価値のあるスキルを教えてくれたか」や「実社会で使えるか」という項目はない[44]。人的資本純粋主義者の言い分が正しければ、なぜ学生は一流校に入るために努力するのに、入ってからはスキルの習得をわざわざ避けるのだろう。

そこで登場するのがシグナリングだ。大学には全国的な、場合によっては世界的な評判がある。学生も雇用主もプリンストン大学とポダンク州立大学の違いを知っている。しかし大半の教授の評判は局地的だ。ジョージ・メイソン大学の学生なら私が簡単にはAをくれないことを知っている。だが彼らの未来の雇用主は知らない。お金が好きで勉強が嫌いな学生なら二段階戦略を取るに決まっている。卒業後に良い仕事に就けるように合格圏内で一番良い大学を選ぶ。そして卒業まで遊べるように学内で一番楽勝な教授を選ぶ。

カンニング

人的資本純粋主義者の言い分に従えば、労働市場が報酬を出すのは仕事のスキルに対してだけであって学歴に対してではない。それを文字通りに受け取るなら、カンニングには意味がないことになる[45]。落第しそうな学生が優等生の答案を書き写したり、期末レポートの内容をインターネットから剽窃したりして成績を上げることはできる。しかし書き写しや剽窃によって本人の生産性が雇用主にとって上がるのでもない限り、人的資本モデルでは本人への金銭的な見返りはゼロであるはずだ。カンニングなんて、よく言われるように「結局は本人が損するだけ」である。

人的資本モデルでは、自分の時間を無駄にしているのはカンニング学生だけではない。カンニングを阻止しようとする教師も時間を無駄にしていることになる。すべての試験を自宅持ち帰り式で実施してもいいはずだ。試験監督官も時間制限も必要ない。剽窃を罰したり、剽窃を見破るために無作為に選んだ文章をグーグル検索にかけたりする必要もない。勉強した者は仕事のスキルを習得して金銭的な見返りを得る。ズルをした者は因果応報の罰を受ける。

それに対して、シグナリングならばなぜカンニングが得で、学校が対抗措置をとるべきかの説明がつく。シグナリング・モデルでは、雇用主は労働者が有していると思われるスキルに対して報酬を出す。カンニングは雇用主をだまして自分を実際より優秀な労働者と思わせる。学生全員が必ずカンニングをするのでない限り、成績が優秀な学生は平均的に優秀な労働者であるため、カンニングは得なのだ。

ではなぜカンニングを阻止しようとするのか。カンニング学生を発見して罰を与えることによって、大学の卒業証書のシグナリングの価値が守られるからだ。カンニングによって卒業にこぎつける学生が多くなれば、その大学の学生を高い給料と引き換えに採用する企業に、頭が良くて勤勉なチームプレイヤーが入らなくなる。カンニング学生を追放するごとに、大学は過去、現在、未来の卒業生の評判を守れるのだ。カンニングの常習者でさえ、お金さえ払えば学位をくれる大学を忌み嫌う——好きなだけ怠けても、卒業式には学長が値打ちのない紙切れ一枚の卒業証書をくれるような大学を。

なぜ学生は休講を喜ぶのか?

教師が学生を確実に喜ばせる方法がある。休講にすることだ。人的資本純粋主義者の言い分が正しければ、そんなことで喜ぶのはおかしい。仕事のスキルを習得するために学校に行くのだから、休講にされたら詐欺になる。学ぶことが減ればエンプロイアビリティも低くなるのに、大学は授業料を10セントたりとも返金しない。建築の世界であれば、建築会社は屋根職人が屋根の設置をさぼってギャンブルに行ったら小躍りして喜んだりしない。ところが大学では、教師がラスベガスの学会に出席するために休講にすると学生が小躍りして喜ぶ。

学生が教育の機会を失って喜ぶとき、目先のことしか見えないその浅はかさを未熟さのせいにしたくなるものだ。したくはなるが、それは誤りである。大学に入ってしまえば、浅はかで未熟な学生は自主的にいくらでも授業をさぼれるのだ。なぜ教授の公認を待つのか。ほとんどの学生にとって、答えはわかりきっている。自分だけ授業をさぼれば、他の学生に比べて成績が落ちる。教授が授業を休講にすれば、全員がその分勉強しないから、自分の相対的な成績は下がらない。

人的資本純粋主義者はこの「わかりきった答え」を否定しなければならない。雇用主はクラスメートと比べてスキルが高いかどうかではなく、本人が身につけたスキルに対して報酬を出すはずだ。それに対してシグナリングなら「わかりきった答え」をあざやかに説明できる。なぜ休講になったら学生は喜ぶか。GPA

を損なうことなく、1時間の勉学を免れたからだ。なぜ学生は自主的に授業をさぼらないのか。クラスメートが授業を受けているのに自分だけさぼったら、成績が落ちるからだ。学生が勉強よりも成績にこだわるのはなぜか。学生の目当てはお金だからだ。

教育という錬金術

他を考慮せず卒業生の給料の額だけを見るなら、教育は鉛を黄金に変える錬金術だ。飲食店員を入れると経済コンサルタントになって出てくる。教師にしてみれば、自分の手柄とついつい考えたくなる——角帽姿のかつての教え子を眺めて「我ながらよくやった」とほれぼれしたい。だが自分の胸に正直に聞いてみたとしたら、教師は自画自賛をためらうはずだ。われわれは本当に飲食店員を経済コンサルタントに変えたのか——それとも飲食店員に経済コンサルタントの資質があると評価したにすぎないのか。

喩えるなら、一個の石の市場価値を上げる力は彫刻家にも鑑定家にもある。彫刻家は石を作品に作り上げることによって市場価値を上げる。鑑定家は作品の価値を判定することによって市場価値を上げる。教師であるわれわれは「自分がしたことはどの程度が彫刻で、どの程度が鑑定なのか」と自問しなければならない。教師が自問しないなら、かわりに卒業生がそれを問わなければならないのである。

2 実在する謎

無益な教育の遍在

彼はレンブラントが人物一人ひとりの「魂の状態」をいかに捉えたかについて長々と語り、ベートーヴェンの音楽になぞらえた。その比喩を数分間にわたって展開したが、教室の学生たちがベートーヴェンについて何も知らないことに気づいていなかった。夏休みに入って3週間もすれば、大半の学生はレンブラントのことなど何も覚えていないだろう。

——ジェームズ・シュナイダー「飛行機でロサンゼルスへ」[1]

学生が学ばなければならないことと労働者が知っておくべきことの落差があからさまになると、私たちは茫然自失となる。多くの人はシグナリングの説明を受け入れて先に進む。だが気を取り直して面倒くさい質問をし始める者がいる。教育を見かけ以上に有益なものにはできないのか。見かけほどお金に結びつかないものにはできないのか。

シグナリング・モデルで「なぜ労働市場は無益な教育に報いるのか」の謎は解ける。だがいささか先走りすぎだろう。この謎とされているものを解く前に、学生たちが何を学び、雇用主が何に対して報いているのかを精査しなければならない。きっと教育の魔法を解くことができる。

よくあるアプローチがいくつかある。教育者のお気に入りは、何を学ぶかに関係なく、「学び方」ないし「思考法」が身につくという主張だ。世の凡人たちは血と汗と涙の物語を好む。学校で苦労した経験が「自分を律することを教え」たり「人格を形成し」たりするというわけだ。自力で成り上がったイヤミな自信家が、学校で優等生になれるほど頭が良くて自己管理能力があるなら大学など行かず起業したって成功するはずだ、とマウンティングしてくることもある。電気工学の博士号を持っている私の父は「文系」の専攻は食えないぞ、が口癖だった。少年時代の私に父は教育から職業への道筋は二つしかないと植えつけた。工学を学んだ学生は技術者になる。リベラルアーツを学んだ学生はタクシーの運転手になる。

教育の魔法を解こうとするこれらの試みの中に、通用するものはあるのか。あるとすれば、威力はどの程度？　わかりやすくするために、二つの章に分けてエビデンスを示す。この章では学習を取り上げる。次の章で収入に注目する。卒業前に学生が習得するスキルと卒業後に労働者が手にする利益は、果たして折り合いがつけられるのか。学習と収入をじっくり検討すれば、謎の正体がわかるだろう。

カリキュラムの内容

学校ではもちろん価値のあるスキルが身につく（工学、コンピュータサイエンス、シグナリング・モデル）。

——デービッド・オーター「講義ノート18」[2]

どんな学校でも教える内容には有益なスキルとかさまし的な教科、いわゆる「小麦」と「もみ殻」が混じっている。問題は、今の教育の混合割合だ。小麦90％対もみ殻10％か。50対50？　20対80？　内訳を完全に測定することはできないにしても、まずは基本的事実から検証していくとしよう。

高校

9年生から12年生までの生徒は実際に何を学んでいるのだろうか。『教育省統計年鑑 *Digest of Education Statistics*』に高校卒業生が修了する教育課程が科目別に示されている。いずれも、修了すれば高校卒業と大学入学の可能性が高まるという目先の意味では「有益」だ。だが学んだことをいずれ仕事に応用できるというもっと本質的な意味では「有益」だろうか。私はカリキュラムを科目単位に分割し、有益性を「高」「中」「低」の三つのカテゴリーに仕分けした（図2－1参照）。

有益性「高」とはその科目の知識によって幅広い職業で仕事のパフォーマンスが上がるという意味だ。クラスのほとんどの学生が学んだことをいずれ使うだろう。有益性「中」とはその科目の知識によってある程度一般的な職業で仕事のパフォーマンスが上がるという意味だ。クラスの一部の学生が学んだことをいずれ使うだろう。有益性「低」とはその科目の知識によって仕事のパフォーマンスが上がるのは、あってもせいぜいごくまれな職業であるという意味だ。学んだことを応用できそうな学生はその科目の教師になる者だけだろう。

この格付けは40年の学校生活に基づいた私の独断である。しかし幸い、読者もそれぞれいっぱしの専門家として判断を下せるだけの教育を受けた実体験をお持ちだ。私の格付けに疑問があれば、ご自身の格付けに

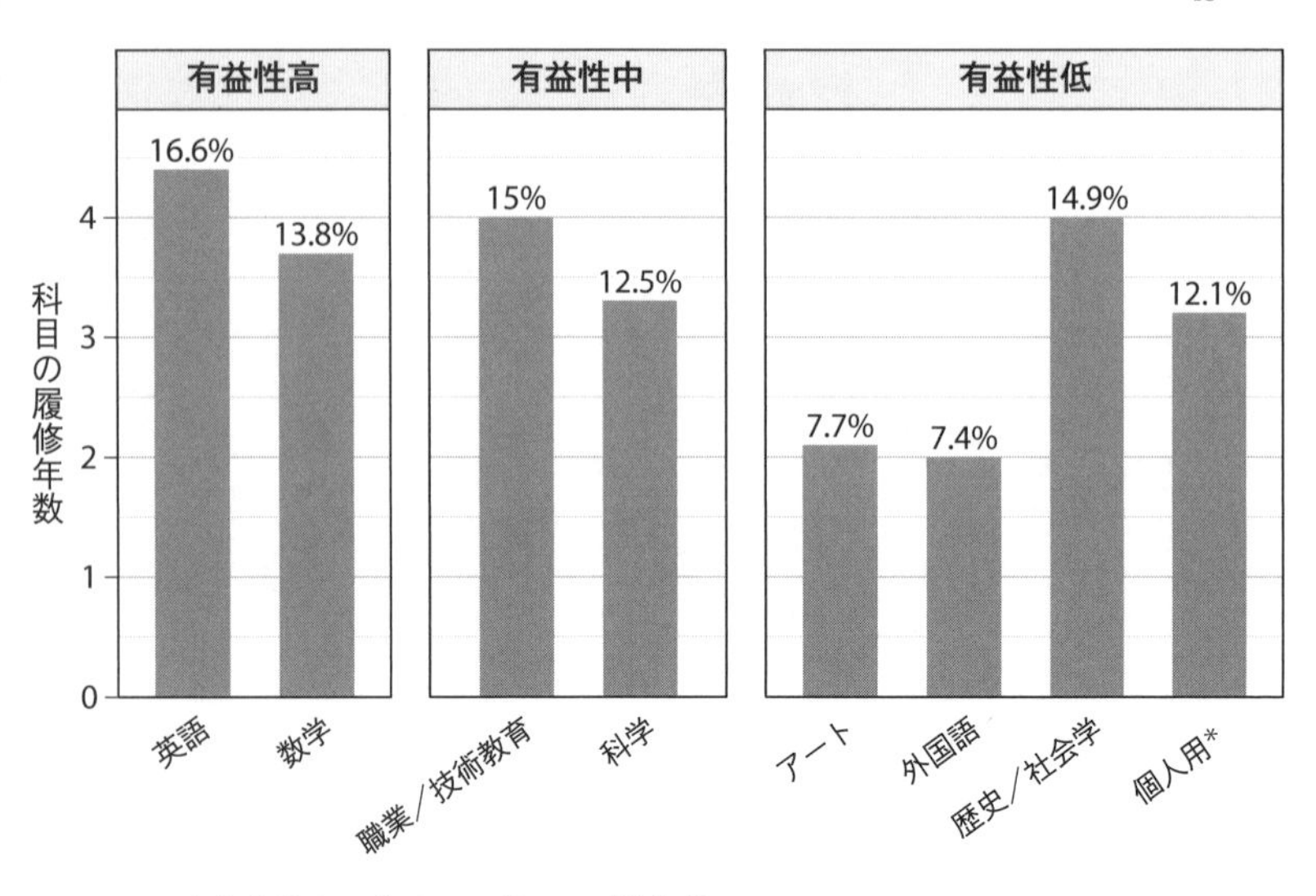

図 2-1　高校卒業生が修了した科目の平均年数（2005 年）

出典：Snyder and Dillow 2011, pp. 228–30, 642.「科目の履修年数」の測定にはカーネギー単位〔高校の基準的な学習単位を授業時間で定めたもの〕を用いた。1 カーネギー単位は 1 教科につき 1 年間で 120 時間の授業に相当する。その教科の単位を取得するには D 以上の成績を取らなければならない。

*他の科目のグラフには含まれない一般的スキル、保健体育、宗教、軍事科学、特別教育ほかの科目が入る。

置き換えていただきたい。以下、私の分類の根拠を示そう。

有益性高――現代の経済においては、ほぼすべての仕事で必要となるスキルは読み書きと計算能力だけだ。従って英語と数学がここに入る。科学が含まれないのは？　たしかに科学は社会には非常に有益だ。だが仕事に科学の知識を用いるのは一握りの専門家だけである。それ以外の私たちは彼らが作ったものに乗っかるのみだ。

有益性中――職業／技術の授業は調理、縫製、金属加工、木工、機械製図、コンピュータプログラミングなど特定の職業に就く予定の生徒にとっては、有益な足がかりになるかもしれない。しかし高校レベルの授業だけではプロの入り口には立てない。高校で調理の授業を取って終わりでは調理師として雇ってもらうには不十分だろう。同様に高校の科学の授業も、科学や工学関連の職業を志すごく少数の生徒にとっての足がかりにすぎない。どれほど少数かと言えば、高校卒業生のうち大学の学士号を取得するのがおよそ3分の1。学士号を取得する者のうち科学ないし工学を専攻しているのは14％しかいない。つまり全体の約5％ほどだ。[3]

有益性低――わかりきったことを繰り返すようだが、アートはまず役に立たない。「芸術で飯は食えない」と言われるのにはそれなりのわけがある。絵画、彫刻、音楽にどれほど傾倒している人でも、職業としてアートの道に進むのは賭けだと知っている。同様に外国語もアメリカ経済においてはほぼ役に立たない。移民のおかげで、雇用主にとってはおよそありとあらゆる外国語のネイティブスピーカー人材が国内でよりどりみどりだ。[4]にもかかわらず、平均的なアメリカの高校生はスペイン語、フランス語、ドイツ語、イタリア語、はたまたラテン語の授業に丸2年間も費やしている。「個人用」教科として最もわかりやすい体育は、ごく一握りの未来のプロアスリートと、次世代の体育教師を育てるにすぎない。[5]そして歴史や社会科学は、その科目の教師になる以外、職業にしようという者はほとんど皆無だ。

教科の半分以上はある程度有益であり、3分の1近くは有益性が高いと主張する人がいるかもしれないが、それは楽天的というものだ。楽天家には私が有益性を相対的に評価していることを心に留めてほしい。「有益性高」の科目ですら、印象とは裏腹に学術性の方が実用性にまさっている。例えば数学。現代のほとんどの仕事ではある程度数学を使う。しかし高校で教え、単位取得に必要なのは教室の外ではめったに使われない数学であることが多い。図2-2に高校の各種数学科目と高校卒業生の修了割合――そして科目別の有益性度合いを示す。

幾何学は数学科目の中で最も一般的で、高校生の5分の4が修了している。ところが三角形の一致の証明を山ほど行わせるこの科目は、実生活には関係ないことで悪名高い。最終試験が終われば、幾何学にお目に

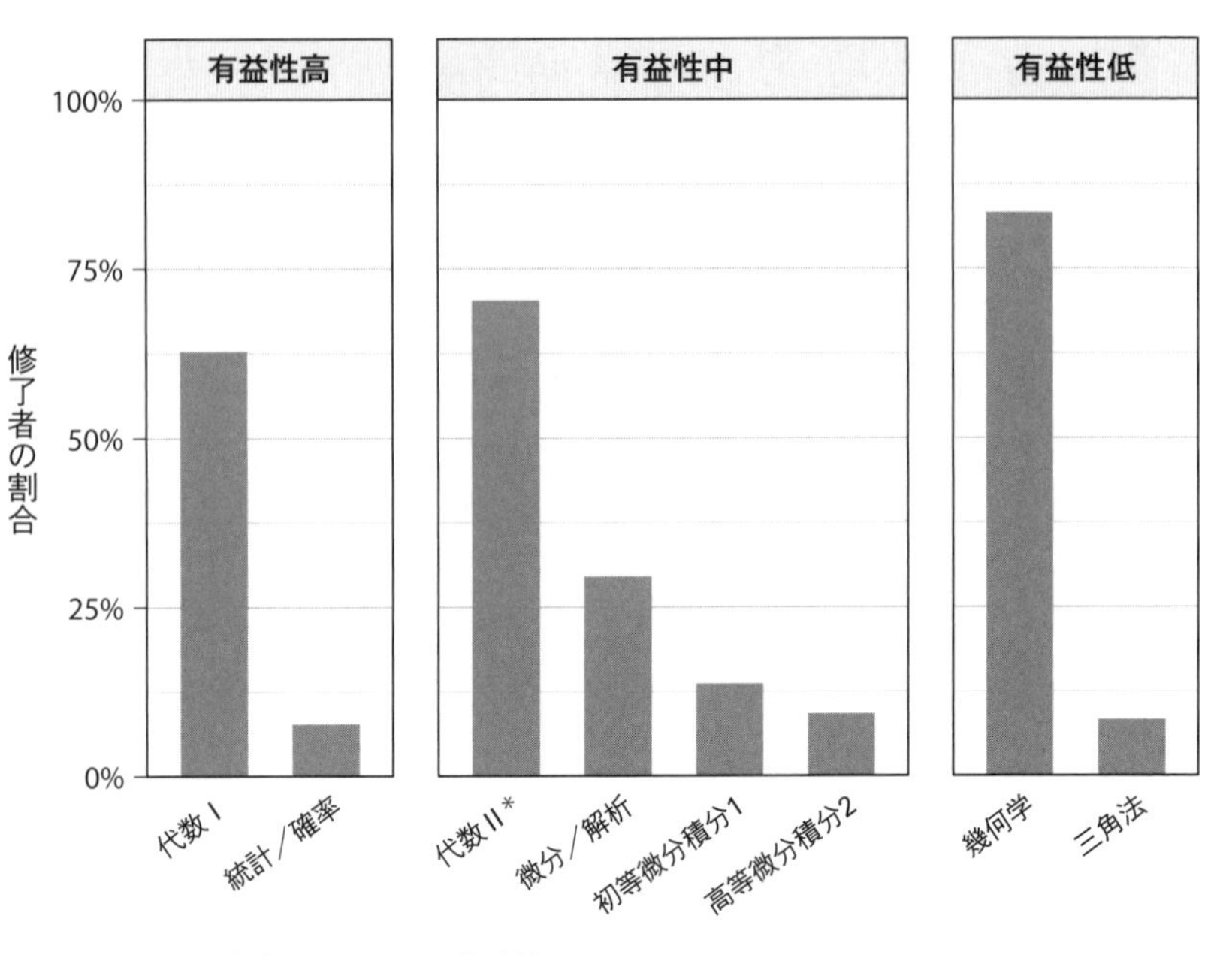

図 2-2　高校卒業生が修了した数学科目（2005 年）

出典：Snyder and Dillow 2011, p. 234.

*代数／三角法および代数／幾何学を含む。[1] 微分積分を学ぶための準備段階の授業。[2] 一段階進んだ微分積分の授業。

かかることは他の数学の授業ですらめったにない。グラフの作成と一つないし二つの変数を用いた方程式を教える代数 I は、実生活への応用度が高い。しかしほとんどの学生は代数 II に進まない。代数 II はおおむね微分積分を学ぶ準備のための科目だ。[6] そして微分積分は大学進学のためのものである。だが大学に入ってしまえば、数学か科学か工学の学位を取得するつもりでもない限り、方程式を微分することはもうなくなる。[7] それに対して、統計の知識は大学に進学するかどうかに関係なく有益だ。ノーベル賞経済学者のダニエル・カーネマンは、実社会の多くの愚かな選択が統計学に無知なせいであることを証明している。[8] なのに高校で統計学を修了した者は 7・7% しかいない。

アメリカの高校の現在のカリキュラムが歴史的に見ても世界的な水準からいってもばかげていると言いたいのではない。今のカリキュラムはラテン語やギリシャ語の「古典教育」よりは実践的だ[9]。問題は、アメリカの高校が私たちが想像しているようなスキル養成の場とはほど遠いことである。1750年当時のオックスフォード大学よりは実社会に近いといっても自慢できることではない。

大学

専攻の分布を見れば高等教育の実用性がおおよそわかる。表2‐1は2008―2009年度に授与された学士号を学問分野別に仕分けし、有益性を格付けしたものである。

有益性高――教育が実社会に関係があると擁護する人々は工学を引き合いに出したがる。工学部の学生はモノを動かす方法を学ぶ。雇用主はモノを動かすために彼らを雇う。工学には明確な分類があり、それぞれに直結した用途がある。電気工学、機械工学、土木工学、原子力工学。話が脱線しないうちに、基本的事実を押さえておこう。工学は難易度が高く、従って不人気な専攻科目だ。心理学専攻の方が工学専攻より数が多い。アート専攻の方が工学専攻より数が多い。社会科学専攻と史学専攻を合わせた数は工学専攻の2倍近い。

なぜ他の専攻が工学と堂々肩を並べることができるのか。評価を甘くしてみよう。技術職として明確に定義される職業に向けて学生を養成することが明らかな専攻科目であれば、「有益性高」とする。この緩い基準に照らすと、「医療看護学」と農学も工学と同じカテゴリーに入る。それでも、有益性の高い学位を取得する卒業生の割合は25％に満たない。

有益性中――経営学、教育学、行政学のような専攻科目はなんとなく職業と関係がありそうで、卒業後に

表 2-1　学問分野別の学士号取得者（2008－2009 年）

学問分野	卒業者数	%
有益性高		
農学および天然資源学	24,988	1.6%
建築学	10,119	0.6%
生物学／生物医学	80,756	5.0%
コンピュータサイエンス／情報科学	37,994	2.4%
工学	84,636	5.3%
医療看護学	120,488	7.5%
法学	3,822	0.2%
その他*	162	0.0%
物理科学／科学技術	22,466	1.4%
統計学／応用数学	1,913	0.1%
小計	384,431	24.1%
有益性中		
経営学	347,985	21.7%
教育学	101,708	6.4%
数学	13,583	0.8%
公園／レクリエーション／レジャー／フィットネス研究	31,667	2.0%
行政学	23,851	1.5%
保安／警備サービス	41,800	2.6%
運輸	5,189	0.3%
小計	567,696	35.3%
有益性低		
地域／民族／文化／ジェンダー研究	8,772	0.5%
コミュニケーション学	83,109	5.2%
英語	55,462	3.5%
家政学	21,905	1.4%
外国語	21,158	1.3%
リベラルアーツ	47,096	2.9%
学際研究	37,444	2.3%

哲学／宗教学	12,444	0.8%
心理学	94,271	5.9%
社会科学／歴史学	168,500	10.5%
神学	8,940	0.6%
ビジュアルアート／パフォーミングアート	89,140	5.6%
小計	648,242	40.5%
合計	1,601,368	100%

出典：Snyder and Dillow 2011, p. 412.
*図書館学、軍事技術、精密製造。

その名が示す職業に就けそうな響きがある。とはいいながら専門的なスキルはほとんど教えないため、専攻外の学生でも簡単に同じ仕事の競合相手となる。だからこれらの専攻科目は「有益性低」のカテゴリーに追いやってしまってもいいのだが、ここはひとつ優しい目で見てあげよう。ビジネスの世界で働くのに経営学の学位は必要ないが、学んだ内容が一つの強みにはなるかもしれない。教職に就くのに教育学の学位は必要ないが、教育を学問として勉強したことが、いずれ教師としての仕事に役立つかもしれない。官僚になるのに行政学の学位は必要ないが、そういう勉強をしたことでより優秀な官僚になれるかもしれない。この基準で選ぶと、専攻科目の約35%が「有益性中」のカテゴリーに入る。

なぜ数学専攻が教育学や「公園／レクリエーション」学専攻と同じ分類に入っているのか。見方によっては、数学ほど技術的スキルが身につく専攻科目は他にない。しかし純粋数学には明確な就職先がない。多くの雇用主は数学専攻学生を、全般的な数学能力を評価して雇う。だが学問の世界以外で、定理の証明に給料を払ってくれるところなどない。

有益性低――この分類に入る専攻科目の大半――美術、哲学、女性学、神学など――は位置づけに異論がないだろう。リベラルアーツ・プログラムは「知のための知」という理想を掲げている。ほとんどは、社会に出たときに備えて学生を育成するという体面を繕うことすらしない。コミュニケーション学と心理学の有益性の評価が低すぎるとあなたは言うかもしれない。これらの専攻科目はジャーナリズムや心理学の仕事に就く学生を養成しているのでは？と。だがそれは「歴史学は歴史学者の仕事に就く学生を養成しているのでは？」と言うに等しい、世間知らずな抗議だ。心理学とコミュニケーション学と歴史学の有益性を「低」にしたのは、有給の仕事を獲得するのが不可能に近い分野で学生を育てているからだ。２００８―２００９年度に心理学の学士号を取得した学生は９万４０００人いるが、国内で心理学者として働いている人の数は17万４０００人しかいない。[10] 同年にコミュニケーション学の学士号を取得した学生は８万３０００人以上いる。記者、特派員、ニュース解説者の仕事の総数は５万４０００だ。[11] 歴史学者は予想通り最も前途が厳しい。歴史学を修めた新卒者は３万４０００人以上いるが、歴史学者として働いている人は全国で３５００人しかいない。[12] これらの学位を取得した学生の大多数は、専門外の分野で就職している。そう考えなければ帳尻が合わない。

　断固たる教育擁護派は科目や専攻を「有益性」で仕分けするという考えを認めない。ラテン語や三角法やエミリー・ディキンソンの知識がいずれ仕事の役に立たないとどうしてわかる？　ある男性は、フランス語の知識があったおかげでパリの空港でアナウンスが理解できたと話してくれた。高校時代にフランス語をやっていなければ飛行機に乗りそびれていただろう。今、数年間投資しておけば、いつの日か空港で数時間を無駄にせずにすむかもしれない。ほら、フランス語の勉強は役に立つでしょう！

　こういう主張を聞くと「ホーダーズ *Hoarders*」〔溜め込む人々の意〕というドキュメンタリー番組を思い出す。番組に登場するのは常軌を逸した所有欲で人生を狂わせた人々だ。猫を集める人、古い冷蔵庫を集める人、自分が出したゴミを溜め込む人もいる。使うわけでもない所有物をなぜ一部でも捨てないのか。お決まりの答えが「いつか必要になるかもしれない」。牛乳の空容器１００本がいつか「必要になるかもしれない」というのだ。

文字通りに取るなら、ホーダーズの言い分は正しい。彼らのゴミがいつか必要になる可能性はある。だが常識で考えれば、家にゴミをぎっしり溜め込むのは大体においてよろしくない。保管費用と役に立つ可能性を天秤にかけるべきだ。

知識についても同じである。たしかに、いつかラテン語が「必要になるかもしれない」。もしかしたらタイムマシンで古代ローマに迷い込むなんてことがあるかもしれない。それでも、ほぼ確実にありえないシナリオに備えて死語になった言語を何年もかけて学ぶのは理にかなっているだろうか。不可知論に逃げてはいけない。「このゴミがいつか役に立つか否かは誰も知りえない」はゴミを溜め込む理由としてナンセンスだ。「この知識がいつか役に立つか否かは誰も知りえない」は知識を溜め込む理由としてナンセンスだ。

学習を測定すると

人的資本純粋主義者にとって、教育に見返りがある唯一の理由は学生の学びにある。何年間も教室に座り続けるだけでは不十分だ。実際に知識を習得しなければならない。教育プレミアムの大きさからすると、人的資本純粋主義者は学生が学校で大量の知識を習得すると考えているはずだ。それだけではない。人的資本純粋主義者は労働者が学校で習得した大量の知識を記憶していると考えているはずである。労働市場はあなたが今持っている知識に対して給料を支払っている――卒業式の日に持っていた知識に対してではなく。人的資本純粋主義者にとって、教育プレミアムの高さと学習／記憶の低さが共存していることは謎だろう。学生の知識と記憶の量が少ないほど、謎は大きくなる。

それに対して、シグナリング・モデルでは教育プレミアムの高さと学習／記憶の低さが共存していることには何の不思議もない。大量の知識を習得し記憶することによって知力、真面目さ、協調性のシグナルは発信できるが、そうする必要はない。良い成績を取るのに足りるだけの学習をすれば雇用主の好感を獲得できる――その後はすべて忘れてしまってもよいのだ。

学校は学生にどれだけ教え、学生はどれだけ記憶しているのか。これを測定するのは難しい。標準試験の得点を使うのは、暗に学生の知識はすべて学校で習得したものであるという前提に立っている。では標準試験の得点の変移なら? 多少ましだが、根本的な問題は残る。学生の成績が向上したからといって、学校教育が向上の理由である証明にはならない。年齢にともなう成熟かもしれないし、余暇時間に勉強したおかげかもしれない。[13] こうした疑いを考慮して、大半の研究者が使うのは圧倒的に対照実験が多い。無作為に選んだ対象の子供に追加の教育を行い、どれだけ知識が増えたかを測定するのだ。[14]

残念ながら、これらの手法ではすべて――対照実験も含め――記憶が無視されている。たとえ学校教育が明らかに学生の得点を上げているとしても、習得した内容は忘れられてしまうかもしれない。先生たちはよく「夏の学習喪失」を嘆く。夏休みが始まった時点の学生の知識が、夏休みが終わるころには減っている現象のことだ。[15] しかし夏の学習喪失はフェードアウトという問題の特殊なケースにすぎない。人間は使用頻度の低い知識を記憶していることが苦手なのだ。[16] 特に卒業後のフェードアウトは研究者から無視されがちだ。3年生の学習内容を4年生がいかに早く忘れてしまうかの測定はしても、12年生〔高校4年生〕の学習内容を高校卒業生がいかに早く忘れてしまうかの測定はしない。

めずらしい――そして残念な――例が一つある。ある主要な研究で約1000人に代数と幾何学の学力試験を行った。[17] 一部は現役の高校生で、残りは19歳から84歳までの成人だった。研究者は被験者の数学の履修歴のデータを持っていた。主な結果は次の通りだ。高校で代数と幾何学を取った人の大半は5年後には学んだ内容の約半分を忘れ、25年後にはほぼすべて忘れる。微分積分まで進んだ人々だけが代数と幾何学の知識をほぼ完全に保持している。

長期にわたって記憶を保持する能力は本当にこれほど弱いのだろうか。長期記憶保存の研究は数が少ないが、簡便でも説得力のある方法がある。成人の知識に教育が及ぼす継続的な効果を測定するかわりに、その効果に上限を設ければよい。手順は二つだ。ステップ1――学校で習うさまざまな科目に関する成人の知識を測定する。ステップ2――学校で学んだことは、その科目に関する成人の知識の100％を超えることはありえない。つまり、現在の知識が、その人が学校で獲得して保持している知識の上限というわけである。

私の提案する簡便な方法は実施が簡単だ。読解、数学、歴史、公民、科学、外国語に関する成人の学力調査はすでにある。結果は惨憺たるものだ。大半のアメリカの成人が保有している学校で学んだ知識は、基本的な読み書きと計算しかないに等しい。平均的なアメリカ人は他の科目の勉強に何年も費やしているのに、それについてはほぼ何も覚えていない。私たちの歴史、公民、科学、外国語の知識がすべて学校で教わったものだとすれば、その成果は情けない限りだ。

読み書きと計算

2003年にアメリカ合衆国教育省が約1万8000人の無作為に選んだ国民に全米成人識字調査〔National Assessment of Adult Literacy（NAAL）〕を受けさせた[18]。NAALの試験対象分野は文章リテラシー（「連続型テキストから情報を探し、理解し、使用するために必要な知識とスキル」）、図表リテラシー（「非連続型テキストから情報を探し、理解し、使用するために必要な知識とスキル」）、計算リテラシー（「印刷物に含まれている数字を識別し、それを用いて計算を行うために必要な知識とスキル」）だった[19]。

表 2-2　NAAL 試験項目例：レベル別

	基礎未満	基礎	中庸	優秀
文章	短い指示を読んで、医療検査の前に飲んでもよいものは何かを理解する。	陪審員候補者向けパンフレットから、市民がどのような仕組みで陪審プールに選出されるのかを説明する情報を見つける。	新聞の求人広告の情報をもとに、特定の仕事に求められる職業経験を要約する。	科学的エビデンスと経済的エビデンスのそれぞれの解釈を対照しながら2本の社説の見解を比較する。
図表	病院の予約票にある予約の日を丸で囲む。	年鑑から特定のトピックについての情報が入っている表を見つける。	放映時間やチャンネルが異なる同じような番組を掲載した新聞のテレビ番組欄を使って、特定のテレビ番組の終了時間を見つける。	各種クレジットカードの違いに関して表に出ている金融情報の比較を行う。
計算	数字を2つ加えてATM の入金伝票を完成させる。	メニューの価格を見てサンドイッチとサラダの合計額を計算する。	事務用品カタログの一ページと注文票を使って、注文する事務用品の合計額を計算する。	社員の所得と家族構成によって健康保険料の月額がどのように変化するかを示す表を使って、ある社員の年間の健康保険料を計算する。

出典：Kutner et al. 2007, pp. 5–7.

この3分野それぞれについて、NAALは回答者の知識に「基礎未満」「基礎」「中庸」「優秀」と鷹揚な成績をつけている。基礎未満、基礎、中庸、優秀とそれぞれ評価される試験項目の公式例を見てほしい（表2－2参照）。二つの価格を合計したり年鑑の中から表を見つけたりするのは基礎項目（基礎未満ではない）とされている。

基準の設定が低いのだから、ほぼすべてのアメリカ人が全分野で中庸ないし優秀レベルで得点できるだろうとあなたは思うかもしれない。大外れだ（図2－3参照）。

NAALで明らかになったアメリカ人の無知にはまさに言葉

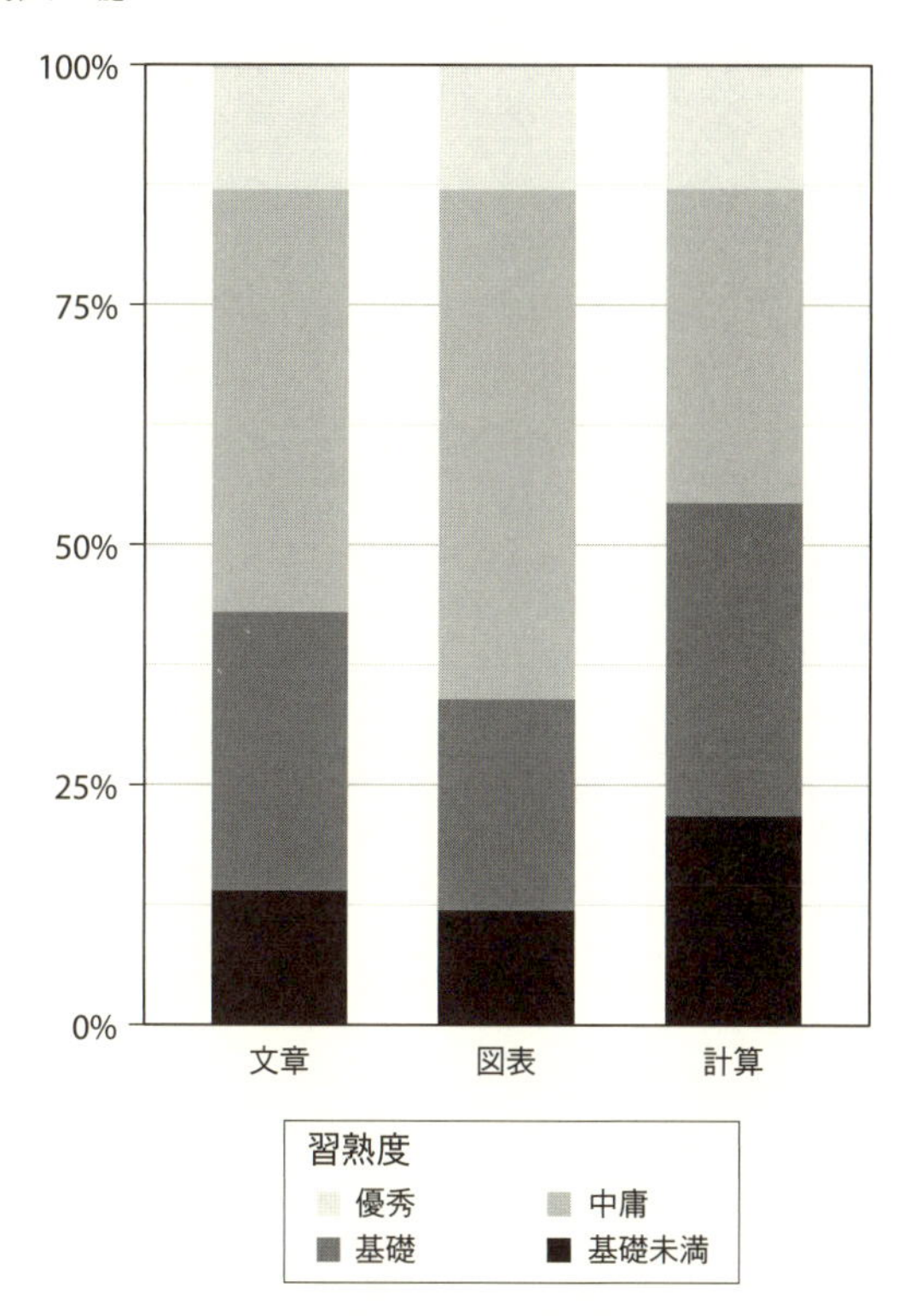

図 2-3　NAAL 結果内訳：アメリカの成人（2003 年）
出典：Kutner et al. 2007, p. 13.

を失う。文章と図表のテストで中庸ないし優秀だったのはわずかに半数を超えるだけ。計算テストで中庸ないし優秀は半数に届いていない。具体的な質問を見るとその無知の深刻さが浮かび上がってくる。ガソリン1ガロンにつき0・05ドル節約すると140ガロンで7・00ドルになることがわかる人は半数ほどしかいない。アメリカ人の35%は内容証明書に名前と住所を正しく書き込めない――スペルミスは減点されなくてもだ！[20] 学校は文章や計算がわからない人をなくすことに、私たちが思いたがっているよりも全然役に立っていない。

とはいえ、「文章や計算がわからないって何と比較して?」という反応はもっともだ。おそらく、英語と数学が教科になければ、すべてのアメリカ人が三つすべてのカテゴリーで「基礎未満」に入っただろう。そう考えれば、NAALでわかったアメリカ人の読み書き計算能力に及ぼす学校の総合効果の上限はかなり高い。アメリカ人の86%が文章リテラシーで「基礎未満」を上回り、88%が図表リテラシーで「基礎未満」を上回り、78%が計算リテラシーで「基礎未満」を上回っている。三つのカテゴリーそれぞれで、実に13%が「優秀」である。典型的なアメリカ人が学校で英語と数学を習う年数を考えるとこの結果は物足りないが、雇用主にしてみればゼロよりもよほど良い。

NAALの結果を学歴別に分けたらどうなるか。「高卒」なら文章と計算で中庸か優秀だと思うだろう。「大卒」なら文章と計算で優秀に入ると思うだろう。その想定は事実とは食い違っている。図2-4に高校中退、高卒、大卒の総合点を示す[21]。

現代の高校中退者はほぼ必ず学校に最低9年間は通っているはずなのに[22]、半数以上が実質的には文章や計算がわからない。高卒者の半数以上が、世間が素朴に期待する最低限のスキルを持ち合わせていない。大卒者は最低17年以上も学校に在籍していたのに、大学1年生の必須レベルと思われる文章能力と計算能力を有しているのは3分の1もいない。

歴史と公民

平均的なアメリカ人は学校で基本的な読み書きと計算以外に何を学んでいるのだろう。私たちが持っている歴史、公民、科学、外国語の知識のうち、厳密にどれくらいが教育によるものだろうか。ここでも、答えの上限を決める上で成人の知識調査が使える。

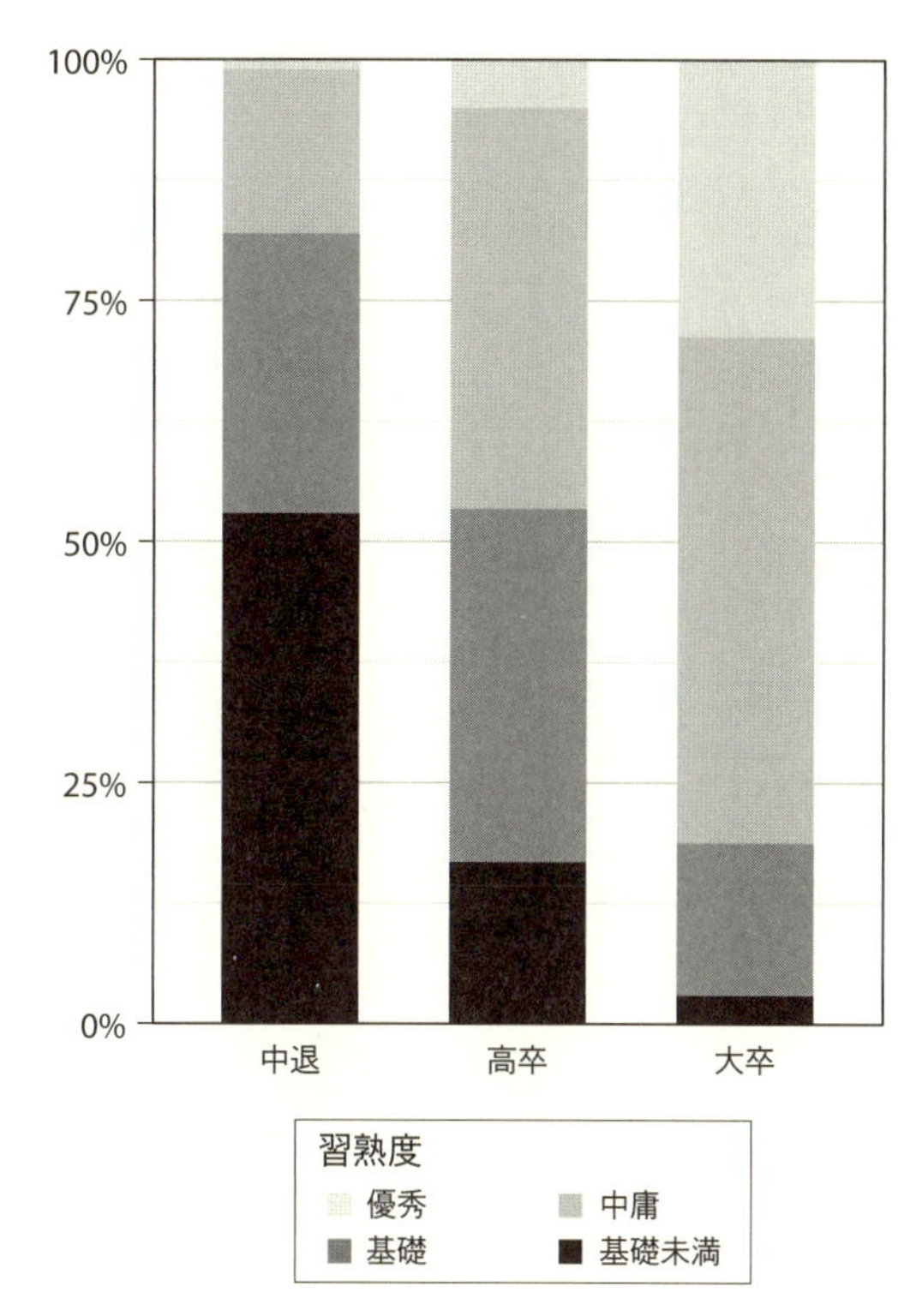

図 2-4　NAAL 結果内訳：アメリカの成人、学歴別（2003 年）
出典：Kutner et al. 2007, pp. 38-39.

まず歴史と公民から見ると、全国調査から重度の無知が明らかになる。アメリカン・レボリューション・センター〔アメリカ独立戦争の記念館〕がアメリカ人の成人1001人を対象にアメリカ独立戦争の知識をテストした。[23] 83%が落第点を取った。インターカレッジエイト・スタディーズ・インスティテュートがアメリカ人の成人2500人以上を対象にアメリカ政府とアメリカ史の知識をテストした。[24] 71%が落第点を取った。『ニューズウィーク』誌がアメリカ人1000人を対象にアメリカ市民権を申請する人が受ける試験を受けてもらった。[25] 38%は自分の国の国民になれるだけの点が取れなかった。２０００年の全米選挙調査では、平均的な人の正解率は48％だった。28％はあてずっぽうと考えられる。[26] これらの結果はアメリカ人の政治知識（の欠落）に関する膨大な学術文献と一致している。[27]

得点が低かったのは受験者の無知のせいではなく試験が難しかったからでは、と思うかもしれない。だが問題を読んでみると、一般人が簡単な多肢選択式問題に手こずっていることに気づく。権利章典が憲法の一部であることを知っているアメリカの成人はどれだけいるだろうか。アメリカン・レボリューション・センターは57％とさびしい数字を報告しているが、実態はもっとひどい。回答の選択肢は四つしかないため、知らなくてもあてずっぽうで正解する人が約25％いると考えられるのだ。アメリカ人が知らないのはこれだけではない。表２－３に、他の基本的な歴史と公民の問題を、あてずっぽうによる正解を補正した得点率をつけて示す。[28]

こうした事実を見て、一般人の歴史と公民の知識は読み書きの能力以上に悪いわけではないと結論するかもしれない。しかしその楽観主義は重要な点を見落としている。ある科目の基本的事実の半分を知らないことは「習熟レベルが中程度」とはならない。アルファベットの文字が半分しかわからなければ文盲だ。なぜか。文章を読むための前提である基本的な事実の知識がないからだ。歴史と公民のイロハについても同じことが言える。三権分立を知らないのは『ハムレット』を知らないのとはわけが違う。「h」という文字を知らないのと同じなのだ。独立宣言の後に南北戦争が起きたことを知らなければ、アメリカの歴史は理解できない。下院と上院を支配する党がどれか知らなければ、アメリカの政治は理解できない。

平均的なアメリカの高卒者は４年分の歴史／社会の教科を修了している。４年だ。歴史と公民のイロハをそらで覚え、アメリカの過去と現在と未来を語るための基礎知識を習得するには十分な時間である。なのに

表 2-3　成人の歴史と公民の知識：代表的な質問例

質問	回答の選択肢	正解者の割合	本当に正解を知っている人の割合
独立革命常識調査〔American Revolution: Who Cares? Survey〕より			
権利章典で保障されていない権利は次のうちどれですか？	言論の自由 陪審裁判 武器を携行する権利 **投票権**	39%	21%
合衆国憲法によりアメリカに成立した政府形態は次のうちどれですか？	直接民主制 **共和制** 連合制 寡頭制	42%	24%
独立宣言の前にあった出来事は次のうちどれですか？	**バージニア州ジェームズタウンの建設** 南北戦争 奴隷解放宣言 米英戦争	49%	26%
アメリカ独立革命の始まりはいつですか？	**1770 年代** 1640 年代 1490 年代 1800 年代	65%	55%
『アメリカの消えゆく遺産 Our Fading Heritage』（Cribb 2008, p. 18）より			
三権分立とは何ですか？	（自由回答）	50%	50%
権利章典が明確に禁止しているのは？	公立校での祈り 人種、性別、宗教による差別 私人による銃の所持 **アメリカの国教の制定** 大統領の歳出法案の個別条項拒否権	26%	8%
政府の中で宣戦布告の権限を持つのは次のうちどれですか？	**議会** 大統領 最高裁判所 統合参謀本部	54%	39%

税額が政府の支出額と等しくなったらどうなりますか？	政府の負債がゼロになる 紙幣を増刷してもインフレにならなくなる 政府による福祉がなくなる **1人当たりの税額が1人当たりの政府の支出額と等しくなる** 税の抜け穴と特定の利益集団のための歳出がなくなる	28%	10%
2000年の全米選挙調査〔American National Election Study〕より			
1992年と比較して連邦政府予算の赤字は現在、小さくなっていますか、大きくなっていますか、同じくらいですか？	大きくなっている 同じくらい **小さくなっている**	58%	41%
アル・ゴアはジョージ・ブッシュと比べてリベラルですか、保守的ですか、同じですか？	**リベラル** 同じ 保守的	57%	44%
選挙の月（今月／先月）以前にワシントンの下院で議員数が最大だったのはどの政党ですか？	民主党 **共和党**	55%	22%
選挙の月（今月／先月）以前にアメリカの上院で議員数が最大だったのはどの政党ですか？	民主党 **共和党**	50%	21%
正解は太字。			

その知識を有する成人はほとんどいない。私たちの歴史と公民の知識がすべて歴史と公民の授業から得たものだとすれば、私たちはほとんど何も得ていないのだ。

科学

科学の初歩がわかっているアメリカの成人はほとんどいない。総合的社会調査〔General Social Survey (GSS)〕がその無知ぶりの何よりのエビデンスだ。近年、この調査は12の基本の科学的事実について一般人の知識をテストしてきた（表2－4参照[29]）。正解した成人は60％だった。低いと思われるかもしれないが、これは大きく水増しされた数字だ。正／誤二択の質問だから、あてずっぽうでも50％の確率で正解できるのだ！

あてずっぽうの分を差し引いたら、一般人の科学知識のなさはあきれるばかりだ。地球が太陽の周りを回っていることを知っているアメリカの成人は半数そこそこしかいない。原子が電子より大きいことを知っているのはわずか32％だ。抗生物質ではウイルスは死なないことを知っているのは14％だけ。進化の知識がある人はゼロをわずかに上回るほどしかいない。ビッグバンを知っている人は実質ゼロを下回る。コイントスで回答した方が正答率が高いくらいだ。あてずっぽうの分を差し引いた補正後の平均を出すと、平均的な回答者が正解を知っていたのは4・6問。これら12の子供向けの質問について成人が知っていることをすべて高校の科学の授業で習ったのだとすると、1年間に学習したのは1・4問ということになる[30]。

大半の回答者がビッグバンと進化を信じていないのを、おそらく教育者はキリスト教原理主義のせいだと言うかもしれない。だが科学の初歩についての無知は宗教とは関係がない。聖書が書かれた通りの真実であることを否定しているアメリカの成人のうち、12問すべてに正解したのはわずか7％なのだ[31]。質問の易しさを考えれば、アメリカ人の科学の知識は可もなく不可もなしと結論づけるべきではない。アメリカ人の科学

表 2-4　成人の科学知識：代表的な質問例

質問	回答の選択肢	正解者の割合	本当に正解を知っている人の割合
総合的社会調査〔General Social Survery〕2006－2010 年より			
地球の中心は非常に熱い。	**正しい** 間違っている	81%	76%
私たちが暮らしている大陸は何百万年もの間移動しており、今後も移動し続ける。	**正しい** 間違っている	78%	68%
地球が太陽の周りを回っている、それとも太陽が地球の周りを回っている？	**地球が太陽の周りを回っている** 太陽が地球の周りを回っている	73%	54%
放射能はすべて人間が作り出したものである。	正しい **間違っている**	68%	50%
電子は原子よりも小さい。	**正しい** 間違っている	52%	32%
レーザーは音波を集中させることによって得られる。	正しい **間違っている**	46%	25%
宇宙は巨大な爆発によって生まれた。	**正しい** 間違っている	33%	－3%
生物のクローンとは遺伝情報が同一のコピーである。	**正しい** 間違っている	80%	71%
赤ちゃんの性別を決めるのは父親の遺伝子である。	**正しい** 間違っている	62%	39%
普通のトマトには遺伝子が入っていないが、遺伝子組み換えのトマトには入っている。	正しい **間違っている**	47%	29%
抗生物質はウイルスもバクテリアも殺す。	正しい **間違っている**	53%	14%
現生人類はもっと以前からいた動物種から発展したものである。	**正しい** 間違っている	44%	2%

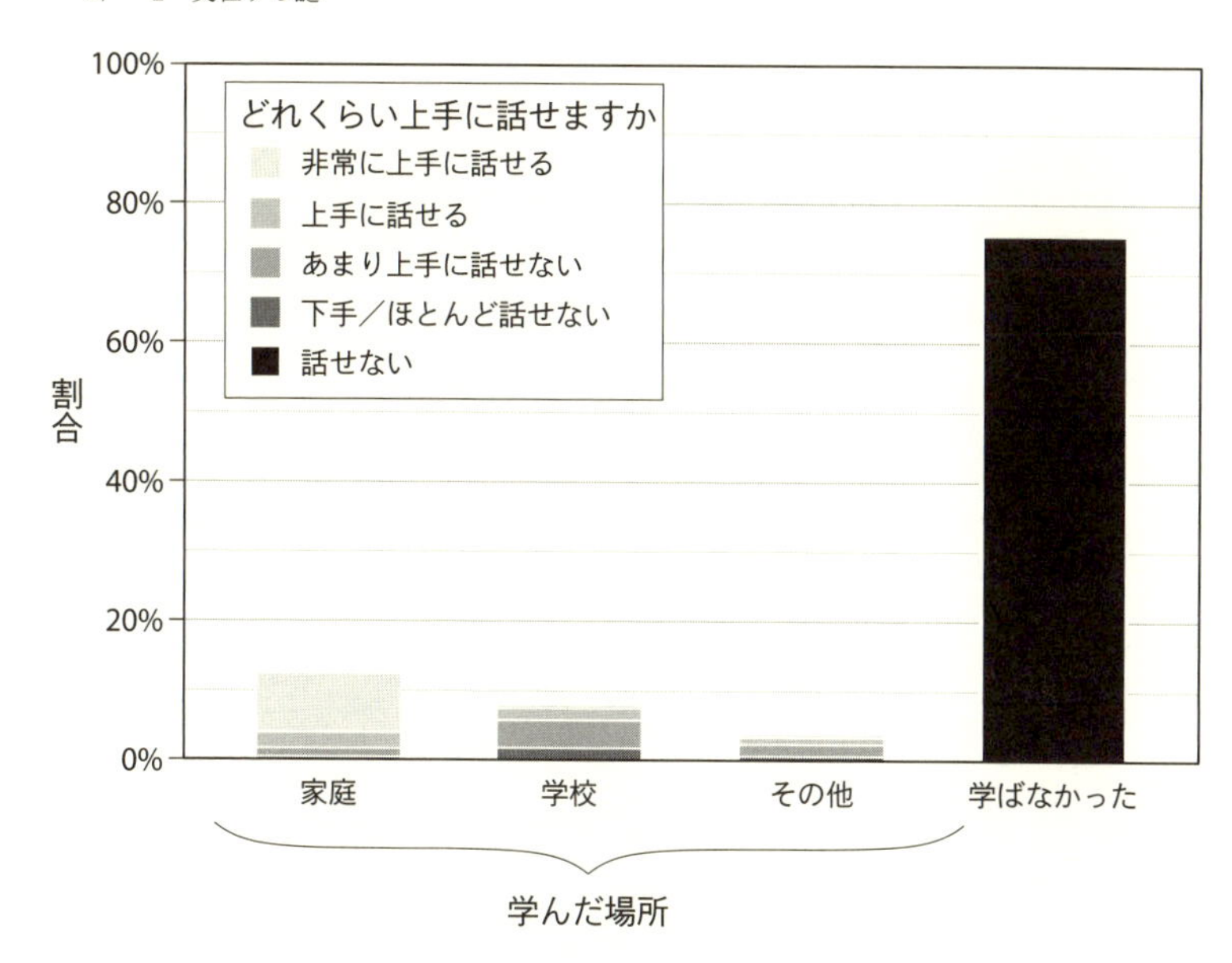

図 2-5　総合的社会調査（GSS）による外国語能力のレベルと学習場所

の知識はほぼ皆無だと結論づけるべきである。

外国語

高卒者は平均2年間、外国語の授業を受けている。成人はいかほどの成果を見せてくれるだろうか。総合的社会調査（GSS）でだいたい正確な推定ができる。この調査では回答者に次の質問をしている。「あなたは英語以外の言語を話せますか？」「その言語をどれくらい流暢に話せますか？」「その言語を初めて習ったのは子供のときに家庭でですか、学校ですか、それ以外の場所ですか？」[32]

結果は、まったくお粗末きわまりない。学校で外国語がペラペラになった人は実質**一人もいない**（図2－5参照）。学校の勉強で外国語が「上手に話せる」ようになったと言う人はわずか0・7％だ。学校の勉強で外国語が「まあまあ上手に」なったと言う人が1・7％。これは自己申告なので、本当の言語能力はもっと低いにちがいない。家庭で習得しない限り、外国語はほぼ確実に身につかない。これが厳しい現実である。

教室に座っている時間は簡単に測定できる。明らかに膨大な時間だ。アメリカ社会ではほぼすべての人が10年以上学校に在籍する。しかしそのことは、学生の知識の習得あるいは知識の記憶が膨大である証明にはほとんどならない。成人の知識が優れた尺度になる。人は明らかに学校の外でも学んでいるが、知識の総計が学校の中で学んだことの上限となるからだ。その結果は実にがっかりするようなものだ。大半のアメリカ人が基礎的な読み書き計算能力を有しているが、優秀と言えるのは13％にすぎない。歴史、公民、科学、外国語となると、初歩を身につけている人すらほとんどいない。学校が「これらの科目を教えている」というのは言い過ぎである。学校は「これらの科目について教えている」だけだ。何年間も授業を受けた結果、アメリカの成人は歴史、公民、科学、外国語というものが存在することは知っている。以上。

アメリカ人の驚異的な無知は人的資本純粋主義への致命傷にはならないかもしれないが、それでも気まずい事実だ。学校で学ぶことがこれほどわずかしかないのであれば、なぜ雇用主はこれほど大きく教育に報いるのだろうか。最も簡単な答えは、雇用主が教師と同様、相対評価をするというものだ。読み書き計算能力が中庸というとインテリは眉をひそめる。だが雇用主から見れば、中庸は基礎や基礎未満よりよほどましである。

この答えの主な欠点は、学校で出来が良かった成人でさえたいてい歴史、公民、科学、外国語の基礎知識がないことだ。それでもこれらの科目を落とせば就職には不利になる。スペイン語を落とせば高校を卒業できず、大学に進学できず、労働市場に冷たくあしらわれる——大半の学士も同じように母国語しか話せなくても。人的資本純粋主義者はこれをどう説明するのだろう。

実生活との関係を問う意味

若者は、大人が仕事でめったに使わない科目の勉強に何年も費やす。子供のころから勉強してきた科目について、大人たちは驚くほど何も知らない。この事実と、雇用主が学歴を評価するのはひとえに習得したことを評価しているからだ、という世に出回っている臆測を、どう一致させたらよいのだろうか。

一致させる方法はある。履修要覧と標準試験では、学生が何を習得するのかほとんどわからないかもしれない。授業は実生活と関係があるのですかと学生が疑問を呈したとき、教師からよく返ってくるのが「私はあなたがたに考え方を教えているのです――考える内容を教えているのではありません」という答えだ。大人の無知もだいたい同じ言葉で一蹴できるわけだ。「大人は考え方を学んだのです――考える内容ではなく」。では、ほとんどの学生が仕事でヨーロッパ史や元素周期表を使わないのだとしたら? 「実生活との関係」を問うのは野暮というものだ。学生が何事かを学んでいる限り、市場価値のあるスキルもついで（アン・パッサン）に知らず知らず身についている。

先生方の言い分が正しいとしたら、教育擁護派にとっては絶対的な論拠となる。「役に立たない」科目が世にあふれているのも、「測定された習得内容」がわずかしかないのも、見かけ上のことでしかない。歴史や科学の授業を活用もせず覚えてもいないのが事実でも、授業が時間の無駄だったことにはならない。歴史の授業では批判的思考（クリティカル・シンキング）が学べるし、科学の授業では論理が学べる。思考――ありとあらゆる思考――は頭の筋肉を鍛える。頭の筋肉が強いほど、将来どんな仕事に就こうとうまくこなせるだろう。

気持ちのいい主張だ。教師の良心を慰め、私たちの疑念を晴らしてくれる。だがそれは本当だろうか――

それとも単なる虫のいい願望？　学習は思考力を身につけると信じている人は、教師の自負を裏づけるたしかなエビデンスを持っているのだろうか。エビデンスは、ほぼゼロだ。教育心理学の「学習転移」〔先に学習したことが、後に学習することに影響を及ぼすこと〕の分野では、1世紀以上にわたって教育の隠れた知的メリットの測定が行われてきた。[33]その最大の発見は、教育のつぶしのきかなさである。概して、学生は教えられた教材しか習得しない……それも運がよければだ。教育心理学者のパーキンスとサロモンの言葉を借りれば、「人はただ単に忘れるだけでなく、一般に自分の知識を教室の外で、あるいは別の教科の授業でうまく転用することができない。学校の中から外へ、ある科目から別の科目への橋渡しはまったくできていない[34]」。

学習転移については多くの実験研究が理想的と思われる条件でなされている。研究者が被験者にまず質問Aの回答法を教える。その直後に被験者に質問Bを出す。質問Aと同じアプローチを使えば簡単に解ける問題だ。ところが、AとBが一見して似ているとわからない限り、あるいは被験者に同じアプローチを使うようにとあからさまなヒントが与えられない限り、質問Aの解き方を習得しても、質問Bを回答する助けになることはめったにない。[35]

ある古典的な実験では、被験者に軍事に関する問題の解決法を教えてから、習得したことを応用して医療に関する問題が解けるかをテストする。軍事の問題は次の通りだ。

将軍がある国の中央に位置する要塞を陥落させたいと考えている。要塞からは何本もの道路が放射状に延びている。すべての道路に地雷が埋められており、少人数の集団であれば無事に通過できるが、大部隊では地雷が爆発してしまう。そのため、全軍を挙げた直接攻撃は不可能だ。そこで将軍は解決策として、軍を少人数のグループに分け、各グループを別々の道路の先端に送り込み、同時に要塞に集結させることにした。

医療の問題。

あなたは医師で、胃に悪性腫瘍のある患者を受け持っている。手術は不可能だが、腫瘍を破壊しないと患者は死んでしまう。腫瘍の破壊には放射線が利用できる。一度に一定の強度で照射すれば腫瘍は破壊される。しかしその強度では、放射線が腫瘍に届くまでに通過する健康な組織まで破壊されてしまう。強度を下げれば健康な組織は被害を受けないが、それでは腫瘍も無傷のままだ。健康な組織を損なわずに放射線で腫瘍を破壊するには、どのような方法をとればよいだろうか。

関連性。

放射線の問題には軍事の問題と類似した「集結」という解決策がある。強度の低い複数の放射線を別々の方向から同時に腫瘍に照射すれば、健康な組織は被害を受けず、強度の低い放射線が集まった効果により腫瘍が破壊される。[36]

被験者はこの二つの話を前後して聞いているのだから、ほぼ全員が医療の問題に集結という解決策を思いつくだろうと思うかもしれない。ところがそうではない。平均的な正答率は30％だ。軍事の問題を聞かされていない被験者のうち約10％が集結策を回答しているので、学習したことを転用した被験者は5人に1人しかいない。正答率を高くする（およそ75％）ためには、被験者に最初の話を教えてから、最初の話を使って

2番目の問題を解けとはっきり言う必要がある。[37]

繰り返すが、このような実験では人間がいかに「思考法を学習するか」を理想の条件下で測定する。つまり、Aを教えた直後にBを質問して、被験者がBを解くのにAを使うかどうかを見る。研究者は答えを誘導しているのだ。心理学者のダグラス・デターマンが次のように述べている通りである。

> 原則を教えるのと転移のテストを密接に関連づければ、被験者に今教わった原則を使えと言うのとそう変わらなくなる。被験者に原則を使えと言ってしまったらそれは転移ではない。相手は指示に従っているだけだ。[38]

もっと条件を下げて実験すると、予想通り転移の成功率はさらに下がる。AとBの相似性を表面上わかりにくくすると、転移が起こりにくくなる。[39] Aを教えてからBをテストするまでに時間差を設けると、転移が起こりにくくなる。[40] Aを教えてから関係のないフェイク問題をはさんでBのテストを行うと、転移が起こりにくくなる。[41] 教室でAを教えた後、実社会でBのテストを行うと、転移が起こりにくくなる。[42] Aを教える人物とBのテストを行う人物が別だと、転移が起こりにくくなる。[43]

学校の勉強を実社会で応用するには、通常これらのハードルを一つひとつすべて乗り越えなければならない。表面的な特徴に惑わされず、その下にある構造を見抜かなければならない。実生活と関連した一握りの学課を選別して、残りは無視しなければならない。実生活と関連した学課を、出合ってから何年か何十年か先まで覚えていなければならない。学習したことを学校とは関係のない場所で、教えてくれた先生（でなくてもいいが先生と名のつく人）の手取り足取りの指導がなくても応用しなければならない。転移に楽観的なロバート・ハスケルのような学者でさえ嘆いているのも無理はない。

学習の転移は重要であるにもかかわらず、過去90年間の研究結果からは、個人も教育機関も、学習の転移に関して特筆すべき水準に達していないのがわかる。[44]

転移の実験は人為的、表層的すぎて、実際の教育についてはよくわからないと抗議されるかもしれない。一つひとつの学課による思考スキルの向上が顕微鏡レベルであっても、思考スキル全般に対する教育の総合効果は大きいかもしれない。例えば、大学の授業を受けると批判的思考のテストの得点が高くなるという一般的な研究結果がある。[45] だがむなしい勝利だ。教育は教室の外まで批判的思考の向上を継続させることはできていないという一般的な研究結果もあるからだ。[46]

思考スキルに対する教育効果の研究で最も印象的なのが、高校1年生、高校4年生、大学1年生、大学4年生、大学院1年生、大学院4年生のサンプルを集めたものだ。[47] 研究者は「テレビの暴力シーンは実社会で暴力が起きる可能性を大きく高めるか」「マサチューセッツ州で提案された、空きびんと空き缶を返却すれば戻ってくる5セントのデポジット料金を課す法律は、ゴミを大幅に減らすか」といった問題について、被験者の日常的な推論能力を口頭でテストした。正解のない問題を意図的に選んでいる。問題に対する被験者の推論能力の質を測定するのがテストの目的だったからだ。「賛否双方の立場で考えを練った議論ができ、意見が分かれるような、高校1年生でも入りやすく、被験者の間で差異の大きな背景知識に依存しなくても分析が可能な」問題が選ばれた。[48] 審査員は回答のオリジナル音声を録音で聴き、**a** 文章の数、**b** 議論の筋の数、**c** 考慮した反論の数、**d** 試験官が被験者にテーマから逸れないようにと注意した回数、を数える。また試験官は被験者に、主張の一つと結論の関連性を説明することも求めた。審査員はその説明の質と、全

表 2-5　推論能力の得点の平均（1－5 段階、5 が最高）

	1 年生	4 年生
高校	1.6	2.1
大学	2.8	2.8
大学院	3.1	3.3

出典：Perkins 1985, p. 566.

体的な推論の質に成績をつけた。

日常的な推論能力に対する教育効果の測定値は、プラスとはいえごく小さかった。高校4年生は高校1年生を少しだけ上回っていた。大学4年生は大学1年生と変わらなかった。大学院4年生は大学院1年生をわずかに上回る程度だった。表2－5に、被験者の推論の質の全体平均を5段階評価したものを示す（5が最高）。

回答者の学歴が高いほど得点は確実に高くなる。しかしポイントは、1年生と4年生の間でほとんど向上が見られないことだ。[49] 推論スキルの高い人々ほど高い教育を修めているが、彼らの推論スキルは最初から優れている。教育が学生に「考え方」を本当に教えているのなら、3年間の勉強で入学時の高い能力がさらに大きく伸びるはずだ。ところが学生の得点はほとんど動かない。

他のエビデンスも同様に失望を誘う。ある研究者がアリゾナ州立大学の学生数百名を対象に、「日常的な出来事についての推論に統計の概念と方法論の概念を適用する」能力をテストした。[50] 例えば、「心理カウンセリングが必要な学生の大多数は食生活が貧しい」、だから学生はもっと栄養のあるものを食べるべきだという主張を、被験者はどう評価するか。被験者は心理的な問題が貧しい食生活の原因である（その逆ではない）可能性に気づくだろうか。実験的証拠の必要性を感じるだろうか。ノーだ。著者の言葉を引用しよう。

結果は衝撃的だった。テストした数百名の学生のうち、その多くは高校と大学で6年以上、実験科学と高等数学から微積分まで取っていたにもかかわらず、ふつうの新聞や雑誌の記事に書かれている日常的な出来事について、方法論を用いた推論と認められる程度の真似事すらできた者はほぼ皆無だった。回答の圧倒的多数は0点だった。「優れた科学的回答」に相当する2点を獲得したのは1％に満たない。被験者は比較対照群、そして第3の変数の制御が必要であることをまったく無視して、「食生活」の例に「きちんと食べるに越したことはない」のような意見で回答していた。[51]

ポイントは、単に大学生が日常の出来事についての推論が下手ということではない。大学生が科学と数学の授業を何年間も受けていたにもかかわらず、日常の出来事についての推論が下手というところが注目点である。「学び方を学ぶ」教育の意義を信じている人は、科学を勉強する学生は科学的手法を身につけ、その有益な手法を世の中の分析に常日頃用いるだろうと期待するはずだ。ところがそんなことはめったにない。大学の科学の授業ではおおむね、シラバスに掲載されているトピックについて考える内容を教えているのだ。世の中について考える方法ではなく。

反例はたしかに存在するが、教師の高い期待に比べれば、効果は低く、範囲が狭く、一方的でしかないことが多い。ある実験では、構造的に同じである **a** 代数の等差数列と **b** 物理学の等加速度のうち一つを無作為に教えた。[52] 研究者らは代数を教えた学生に物理学の問題を解かせ、物理学を教えた学生に代数の問題を解かせた。物理学を教わった学生のうち、学んだことを使って代数の問題を解いたのは10％にすぎなかった。しかし代数を教わった学生はなんと72％が学んだことを使って物理学の問題を解いた。抽象的な数学を具体的な物理学に応用する方が、具体的な物理学を抽象的な数学に一般化して用いるよりはるかに自然にできるのだ。

さらに刮目すべきは、統計学を勉強すると、教室の外で実生活上の質問について統計的に推論する能力が高まることだ。ある研究チームが、統計学入門を履修しているミシガン大学の男子学生193名の自宅に電話をかけた。インタビュアーは統計学を学んだ学生を対象としていることを伏せていた。被験者の半数には、学期の1週目にインタビューを行った。残りの半数には学期の最終週にインタビューを行った。[53] 電話の「表向きの」目的は、スポーツについて学生の意見を聞くというものだった。本当の目的は、統計学の学生が習ったことを学業とは関係のない場所（自宅）で新しいトピック（スポーツ）に自発的に応用できるかを見ることだった。[54] 研究者らは会話を録音し、統計的推論の利用の有無とその質を測定した。

一学期分の統計学の効果は大きかったが、効果の出方にはばらつきがあった。統計学に関連した四つの質問のうち、成果が大きく向上したのは二つだった。新人賞を獲った選手が通常2年目に成績が落ちるのはなぜか？ 学期の最初では、統計学を利用して回答したのは16%だけだった。学期の終わりにはそれが37%になった。最高打率が開幕から2週間後の方がシーズン終盤より高いのはなぜか？ 学期の最初では、統計学を利用して回答したのは50%。学期の終わりにはそれが70%になった。これら二つの質問の統計的推論の質も向上した。しかし統計学に関連した他の二つの質問では、意外にもまったく向上が見られなかった。[55]

大方の実験と比較すると、スポーツ／統計学の研究では目を見張るほどの学習転移が見られた。しかし教師の願いからすると期待外れの結果だ。実験に使われた質問はわざわざ易しく作られ、被験者も国内トップクラスの大学の学生だった。[56] ところが統計的推論の向上が見られたのは質問の半数しかなく、大半の学生は向上していなかった。しかも、研究者らは統計学習のピーク時にあたる学期の最終週に測定しているのだ。統計学入門の学生はこのささやかな強みを、最終試験の数カ月後、数年後にどれだけ維持しているだろう。

大学での専攻は特定の種類の推論能力をある程度は伸ばしもする。ミシガン大学の学部生を対象に1年生の前期と4年生の後期にテストを行った、意欲的な研究がある。[57] テストの内容は言語的推論、統計的推論、条件推論だ。被験者は自然科学、人文学、社会科学、心理学の4種類の専攻学生だった。

それぞれの専攻で、特定の一つの下位テストの成績が突出して向上した。社会科学専攻と心理学専攻の学生は統計的推論——「科学的文脈と日常的文脈」の両方に「大数の法則および回帰の原則ないし基準率の原則」を応用する能力——が大幅に伸びた。自然科学専攻と人文学専攻の学生は条件推論——「～であれば～になる」問題と「～である場合に限り～になる」問題を正しく分析する能力——が格段に上がっていた。

しかし残りの下位テストについては、3年半の大学生活の収穫はまあまあかゼロだった。社会科学専攻学生の言語的推論と条件推論の得点はやや落ちていた。心理学専攻学生の言語的推論の得点はやや上がったが、条件推論は伸びなかった。自然科学専攻と人文学専攻は言語的推論がやや伸び、統計的推論はまあまあ伸びた。

学習転移がゼロであれば、心理学者は心理的な問題を統計的にしか分析できず、自然科学者は科学的専門分野について条件推論しかできないことになる。事態はそこまで壊滅的ではない。研究者が結論づけたように、この結果が示すのは「大学の専攻によって、身につく推論能力の種類と程度は変わる」ことだ。[58] それでもこの結果は、学生が一般的な推論スキルを獲得するという考え方を覆す。学生の能力が伸びるのはもっぱら自分が勉強し修練を積んでいるタスクに関してなのだ。それすら保証はない。人文学専攻学生の言語的推論能力はほとんど変わらなかった。

同じ研究者グループが、大学院での2年間のトレーニングが言語的推論、統計的推論、条件推論に及ぼす効果も測定した。[59] 被験者はミシガン大学の法学部、医学部、心理学部、化学部の大学院生だった。言語的推論能力が大きく向上した者は、法学部の学生も含めゼロだった。化学部の院生の得点は三つの下位テストすべてにおいて変わらなかった。しかし医学部と、特に心理学部の院生は統計的推論能力が伸び、法学部と医学部と心理学部の院生はいずれも条件推論能力が伸びた。

わかったこと――うまくいけば、学生は自分が勉強し修練を積んでいることを身につける。心理学部と医学部の学生は統計を多用するので、統計の能力が伸びる。法学部と化学部の学生は統計に出くわすことがあまりないため、統計の能力が伸びない。化学部の学生が条件推論に上達しないのはなぜか。心理学部や医学部や法学部の学生と違って、化学部の学生は「化学は主に必要かつ十分な原因を扱うため、さまざまな種類の因果関係を識別する必要がほとんどない[60]」からだ。化学部の学生が学ぶのは……化学なのである。

実はこれでも楽観論だ。教育心理学者は私たちの知識の大半は「不活性」であることも発見している。試験で優秀な成績を上げても、実社会にその知識を応用できない。

例えば物理学。ある学生が「運動している物体は教室の中では運動し続けるが、運動場ではやがて静止する」とジョークを言ったことがあるが、教育学の問題は深刻だ[61]。著名な心理学者のハワード・ガードナーは次のように説明する。

ジョンズホプキンス、MITなど評価の高い大学の研究者らが、大学レベルの物理学で優秀な成績を取った学生が、授業で教えられ試験を受けたのとは少しだけ形を変えて出された基本的な問題や質問を解けないことが頻繁にある、と報告している[62]。

コインを投げ上げたら、空中で作用する力はいくつあるだろうか。教科書の答えは「一つ」だ。コインが手を離れた後、コインに作用するのは重力だけである[63]。ところが人気のある答えは「二つ」だ。コインを投げ上げた力がコインを上昇させ続け、重力がコインを下に引っ張るという。誰に人気があるのか？　ほぼすべての人だ――物理学の学生も含めて。[64]　学期が始まった時点で、力学入門の授業を取っている大学生のうちコイン問題に正解するのは12％しかいない。学期が終わる時点でも72％が正解できない。難しい宿題や試験問題のこなし方を覚えた後でも、学んだことを単純な実生活の事例に応用する者は一握りしかいないのだ。生物学、数学、統計学、そして恥ずかしながら経済学の学生も同様である。[65]　私は教え子たちに「経済学者の思考法」を教え、講義と実社会や日常生活を結びつけるよう努力している。労働経済学で教育のシグナリングを教えるときは、学生たちに次のように話す。

これから就く仕事で教育のシグナリングの知識を使うと思うかい？　おそらく使わないだろう。それでも学ばないと、そのせいで君たちは雇用主から敬遠されてしまう。ここに謎があるんだ。

私の試験は記憶ではなく理解を評価するように作っている。完全に持ち込み自由だ。それでも学生の出来は常に安定して私を失望させる。回答の半数はノートから関連がなくもない文章をそのまま引き写して、お情けを期待している。出来のいいクラスで、40人中4人の答案が本当に経済を理解していることを示す。ハワード・ガードナーが私の経験を見事に言葉にしてくれている。

知り合いの教師のほぼ全員が、学生に理解させるために教えていると主張するだろう。もちろん私自身もそのつもりだ。しかし教え子が理解していることを証明せよと迫られたら［…］私たちの自信がいかにもろいものかを思い知らされる。[66]

学習転移の研究者はたいてい、その道に進んだ当初は理想主義者だ。教育心理学を研究する前は、「学生に考え方を教える」力が自分にはあたりまえにあると思っている。教えるプロの間で学習転移はないという常識があるのを知っても、自分がその常識を覆せると思っている。しかしやがて、若き研究者は悲観的になり、賢くなる。科学的エビデンスが彼らをすり減らしていく——とどめを刺すのが教育者としての彼らの実体験だ。心理学者ダグラス・デターマンの教育の世界での遍歴に耳を傾けてみよう。

教え始めた当初は、学生にできるだけ難しい取り組みをさせて、自分たちで原則を発見させるのが大事だと思っていた。原則の発見は、学生が学び新しい状況に転用するために必要な基礎的なスキルだと考えていた。今の私は教育を、大学院の教育ですら、情報の学習と見なしている。学生にできるだけ易しくしようと努めている。良い論文とはどんなものか、以前ははっきり言わないようにしていたが、今は過去のクラスで提出された最高の論文を例として提示する。以前は、具体的な例から一般的な結論を導き出すことを学生に期待していた。今は一般的な結論を示してから、その裏づけとして具体的な例を示している。相手に学んでほしいことそのものを、学習したことを適用する場面になるべく近い状況で教えるべきだという原則に、私はおおむね賛同している。学習転移はあてにしないし、教わったスキルが使えるよと明示的に指摘する以外は、奨励しようともしない。[67]

デターマンは教育心理学者であるにしてもあからさまに運命論者だ。多くの教育心理学者は学習転移のまれな成功例から学ぼうと苦心している。[68] 学習転移に確実につながる新しい教授法を発見したと熱く主張する者もいる。[69] しかしこのような議論は本書の目的からすると本質から外れている。一部の教育心理学者は教育が微弱な学習転移を生み出すはずであることを否定しているが、ほぼ全員が実際には既存の教育が微弱な学習転移をたしかに生み出すことを認めている。結論——学校で学ぶことと仕事ですることの間の断絶を人的資本純粋主義者が否定しても、説得力がない。教育が実社会と関係あるかどうかはおおいに関係してくるのだ。学校で学ぶことに実社会での明確な使い道がなければ、おそらく一生使わないだろう。まれに三角法を使うチャンスがドアを叩いたとしても、そのノックの音は弱すぎて聞こえない。

「学び方を学ぶ」という教師の大言壮語と1世紀にわたる綿密な研究の食い違いは喧々囂々の議論になっている。だが常識的な懐疑は一足飛びに専門家の一致した結論にたどりつく。「測定できるものを教える力は凡庸でも、測定できないものを立派に教えている」という教師の弁解は滑稽なくらい便利だ。この商品には目に見えにくいが大きなメリットがあるのだと言われたら、まず疑ってかからなければならない——目に見えやすいメリットが小さい場合はなおさらだ。

教室で、教師は南北戦争の主要な事実を教えるといった、目に見える自己完結型の目標を達成することに取り組んでいる。「考え方」を学生に教えるという目に見えない、上限のない目標の達成に教師がより優れていると私たちは信じるべきだろうか。教師に明確な目標を与えて成果を測定すると、結果は期待外れだ。測定不能な結果の達成に教師がより優れているのを信じるべきか。こちらが意図的に教えようとした授業内容の大半を、学生はたちまち忘れてしまう。こちらが何もせずとも獲得してくれると願っているスキルを、彼らはより多く維持してくれると信じるべきだろうか。

常識に対して常識で反論することもできる。「学び方を学ぶ」説を信じる最大の理由は、これもまた常識的な主張だ。

肉体の運動によって体の筋肉が鍛えられるのだから、頭の運動によって頭の筋肉が鍛えられると当然期待できるはずだ。

しかしよく考えると、これは「学び方を学ぶ」説を信じない理由にもなる。足の運動ではベンチプレスはうまくならない。同じ足でも、右足の運動では左足は強くならない。鍛えたい筋肉を運動させなければならないのだ。「頭の筋肉」も同じように具体的なものではないのか。しかも、ジムに通うのをやめれば体の筋肉はすぐ衰えてしまう。[70]「頭の筋肉」の衰えにもっと時間がかかるはずがあるだろうか。運動の類推で証明できることがあるとすれば、それは教育制度が教育者のうぬぼれ――私たちが何であれ自分の関心事を学生に教えれば、学生は人生で成功するために必要なスキルを恒久的に獲得する、という虫のいい言い分――の上に成り立っていることである。

教育で人は賢くなるのか

教育者が学生に考え方を教えると請け合うのはよく聞くが、学生の知能を高めると明言することはめったにない。「生徒をより賢く」しようとするなど思い上がりに感じられる。しかしＩＱ――心理学者による知能の標準指標――のデータを見ると、教育は重要だ。夏休み、欠席の多さ、入学の遅れ、中退はいずれも知能をある程度低下させる。[71] 逆に実験的な早期教育プログラムによってＩＱが30ポイント以上伸びた例がある――子供たちの成績が同じ年齢集団の下位２％から中央値まで移動したのだ。[72] 教育年数が延びると通常はＩ

読者カード

みすず書房の本をご愛読いただき，まことにありがとうございます．

お求めいただいた書籍タイトル

ご購入書店は

・新刊をご案内する「パブリッシャーズ・レビュー　みすず書房の本棚」（年4回 3月・6月・9月・12月刊，無料）をご希望の方にお送りいたします．

（希望する／希望しない）

★ご希望の方は下の「ご住所」欄も必ず記入してください．

・「みすず書房図書目録」最新版をご希望の方にお送りいたします．

（希望する／希望しない）

★ご希望の方は下の「ご住所」欄も必ず記入してください．

・新刊・イベントなどをご案内する「みすず書房ニュースレター」（Eメール配信・月2回）をご希望の方にお送りいたします．

（配信を希望する／希望しない）

★ご希望の方は下の「Eメール」欄も必ず記入してください．

・よろしければご関心のジャンルをお知らせください．
（哲学・思想／宗教／心理／社会科学／社会ノンフィクション／
教育／歴史／文学／芸術／自然科学／医学）

(ふりがな) お名前　　　　様	〒
ご住所　都・道・府・県　　市・区・郡	
電話　（　　　）	
Eメール	

ご記入いただいた個人情報は正当な目的のためにのみ使用いたします．

ありがとうございました．みすず書房ウェブサイト http://www.msz.co.jp では刊行書の詳細な書誌とともに，新刊，近刊，復刊，イベントなどさまざまなご案内を掲載しています．ご注文・問い合わせにもぜひご利用ください．

郵便はがき

料金受取人払郵便

本郷局承認

3078

差出有効期間
2021年2月
28日まで

113－8790

東京都文京区
本郷2丁目20番7号

みすず書房営業部
行

通信欄

（ご意見・ご感想などお寄せください．小社ウェブサイトでご紹介させていただく場合がございます．あらかじめご了承ください．）

Qも伸びるようだ[73]。学生の教育期間を綿密に測定した研究では、学校に行っている期間の方が行っていない期間よりもIQが高くなることが示されている[74]。これは教育が人を賢くするという決定的なエビデンスではないだろうか。

必ずしもそうとは言えない。事実は揺るがないが、解釈は揺れ動く。大きな懸念の筆頭が、練習すればほぼどんなテストでも成績が大幅に伸びるのではないかということで、練習はたとえ少しでも大きくものをいう。ある主要なレビュー論文が、認知力テストに対する練習の効果に関連した研究を50集めた。平均すると、「最初のテストで得点が中央値であった被験者は2度目のテストでは上位40位の得点を上げ、3度目のテストでは29位の得点を上げる」[75]。「テスト対策を教える」という明確なコーチングを行うと、成果はさらに上がる[76]。

早とちりな楽観主義者は、数時間の練習で人間の知能は激増すると思って大喜びするかもしれない。だがぬか喜びである。IQテストの前に答えのヒントを渡せば、凡庸な学生を天才に変えられるだろうか。ほとんどの研究者が、試験対策は「実態のともなわない得点増」しか生まないと冷水を浴びせるような結論を出している[77]。準備しても測定された知能が伸びるだけで、本物の知能は上がらないのだ[78]。

試験対策で大幅に得点は伸びるが実態がともなわないという事実は、必ずしも増加分のすべてが実態をともなわないことの証明にはならない。それでも、準備の効果を知れば懐疑的にならざるをえない。教育によってIQが上がるのは、教育がIQテスト対策を薄めたようなものだからではないか。心理学者のスティーブン・セシが次のように説明している通りだ。

子供たちがよくあるIQテスト（その他の能力テスト）に出てくる多くの質問の答えを学ぶのは［…］直接教わ

ることによってである。例えば、同じ学年レベルの中であれば、受けた授業の総時間数と言語および数学の能力テストの得点には正の相関関係がある。同様に、授業に教師もしくは学生が欠席した総時間数とテストの得点には負の相関関係がある。また、数学能力と言語能力に関する設問の得点には、在学年数および課業に取り組んだ総時間数と強い正の相関関係がある。だから、IQテストをはじめ能力テストで問う知識の大半は、学校教育の実体験を通じて蓄積されるという直観的な解釈が成り立つ。ウェクスラー式知能検査で「エジプトがあるのは何大陸?」『ハムレット』の作者は誰?」「水の沸騰点は何度?」「ニューヨークからロサンゼルスまでは何マイル?」といった質問の答えは、おそらく直接教授法によって学んだものだ。教師にはIQテストの質問への答えを教えている自覚がないかもしれないが、歴史、読解、文学、地理、数学の授業で教師が行っているのはまさにそれなのである。[79]

セシは、学校が学生にIQテストに有利なタイプの答えをするように教えているとも指摘している。リンゴとオレンジの共通点は何か?「どちらも丸い」「どちらも食べられる」「どちらも種がある」といった事実として正しい答えに、IQテストでは部分点しかもらえない。満点をもらうには、「どちらも果物である」と答えなければならない。さらに学校では学生にじっと座って集中する訓練をする。これもテストの得点には役立つが、言葉の通常の意味での「知能」にはあてはまらない。[80]

教育によって本当に知能が上がるなら、教室の中でも外でも、認知力を試すあらゆるタイプの課題で成果が上がるはずだ。現実には、得点増にはムラがある。IQに対する教育効果の研究として最も優れているのはおそらく、18歳のスウェーデン人男性10万人の得点を調査したものだろう。[81] 学生全員の年齢とテストした日がわかっているので、在学年数の正確な測定結果が出ている。主要な発見は、在学年数によって同義語と技術理解力の下位テストの得点は大きく伸びるが、空間把握力と論理力の下位テストの得点は伸びないことだった。研究論文の著者らは、教育は「結晶的知性」は伸ばすが「流動的知性」は伸ばさないと推論している。しかしそれよりも、教育は特定のスキルは伸ばすが、知性そのものを高めるわけではまったくないと解釈する方が妥当だろう。学生が通常学ぶ量の少なさを考えれば、スウェーデンの学校が同義語と技術理解力の下位テストに測定されるほどの効果を上げたのはまことに立派だ。とはいえ、特定の科目の得点増をもって知能が上がったと見なすのは過大解釈という気がする。

「実態のともなわないＩＱスコア増」への懸念が少々哲学的なものであるのはたしかだ。しかし、ＩＱに対する教育効果へのもう一つの大きな懸念は、完全に現実的なものである。話の都合上、ＩＱで本当の知能が完全に把握できるとしよう。ＩＱが上がれば、本当の知能も同調して自動的に上がる。だとしても、ＩＱに対する大きな教育効果がすごいのは、それが継続する場合に限っての話だろう。『アルジャーノンに花束を』という短編小説で、チャーリー・ゴードンという知的障害者の男性が実験的な治療を受ける[82]。その結果チャーリーの知能は天才レベルに高まるが、悲しいことにその変化は長くは続かなかった。物語の最後には、チャーリーの知的進化はすべて無に帰してしまう。ある意味で実験は成功した。しかし根本的には失敗したのだ。

『アルジャーノンに花束を』はＳＦだが、人生は芸術を模倣する。ＩＱを高めるのは簡単だ。高めたＩＱを持続させるのは難しい。研究者はこれを「フェードアウト」と呼ぶ。早期児童教育のフェードアウトは特に文献が充実している。有名なミルウォーキー・プロジェクトでは、実験開始から6年後に被験者のＩＱはコントロール群より32ポイント高かった。しかし14歳になると優位性は10ポイントに落ちた[83]。ペリー・プリスクール研究では、被験者はＩＱが13ポイント高まったが、8歳までに優位性はまったく消失している[84]。へッドスタート〔低所得層の子供たちに早期教育を行うプログラム〕では未就学児のIQが数ポイント上がるが、幼稚園を終えるころには効果が消えている。[85]

未就学児は幼いだけに学んだことを忘れやすいのだと反論されるかもしれないが、このパターンは高校まで一貫して続く。「夏の学習喪失」に関する大規模な研究が、学生の学年終了時の得点と次の学年の開始時の得点を比較している。平均的な学生は、3カ月の夏休みの間におよそ丸1カ月分知的に後退する。[86] 成績の下がり方は学年が上がるほど急になる。最も顕著な読解力の場合、1年生と2年生では実は夏の間にやや向上する。ところが中学校に上がってからは、夏休みの間に3カ月分の進歩が帳消しになってしまう。[87]

「夏の学習喪失」を学校改革派は、長い休みのないイヤーラウンド制の学校を推進する根拠にしたがる。夏休みのせいで学生がバカになるなら、夏休みを廃止すればいい。しかし彼らの思考には落とし穴がある。全員がいずれ卒業するのだ。卒業したらもう学校には通わない――そして学習喪失が始まる。「タイガー・マザー」〔同名タイトルの著書でアメリカ版教育ママとして名をはせた〕ことエイミー・チュアの言葉を引用すれば、「練習を怠れば、日ごとになまっていく」[88]。

教育には本当の知能に多少なりとも効果があるのか。数十年前から研究されているにもかかわらず、これは解明されていない。わかっているのは、教育は見かけよりもずっと効果が低いことである。知能に対する教育の効果はまったくなくはないかもしれないが、ほぼないといってよい。知能に対する教育の効果はまったく一時的なものではないかもしれないが、ほぼ一時的なものといってよい。

ともあれ、学校に通ったおかげでIQスコアが大盤振る舞いの3ポイント分も恒久的に賢くなったとしよう。標準的な推定に従えば、それによって収入が約3%増加することになるが、教育プレミアムの大部分は依然として説明がつかない。[89]

仕事力はどうやって身につくのか

学校が仕事のスキルをほとんど教えず、学習転移がおおむね願望の域を出ず、知能に対する教育効果にもほぼ実体がないとすれば、人は仕事力をいったいどうやって身につけているのだろうか。カーネギーホールの舞台に立つのと同じだ。練習あるのみ。人は特定のタスクを繰り返し行うことによって学ぶ。飛行機の操縦がうまくなるためにはひたすら飛ぶ。産科医として腕を上げたければ、ひたすら赤ちゃんを取り上げる。大工の腕を磨きたければ、住宅建設の場数を踏む[90]。

もともとスキルのない人間が進歩するのはたやすい。常識的な条件の下なら、ほとんど保証されているようなものだ。専門性研究の世界的な第一人者、K・アンダース・エリクソンによれば、素人の能力が向上する条件は以下の四つだという。「**1** 目標が明確に定められたタスクを与えられる、**2** 向上のモチベーションが与えられる、**3** フィードバックをもらう、**4** 反復し、自分のパフォーマンスを徐々に洗練させていく機会を豊富に与えられる[91]」。しかしまもなく、練習するだけでは効果が頭打ちになる。仕事の腕が本当に上がるためには、意識的に練習する段階に進まなければならない。コンフォートゾーンを出る——つまりハードルを上げ、乗り越える努力をし、それを繰り返す必要があるのだ。エリクソンと共著者らが次のように説明している。

専門能力を発達させるためには特定の種類の練習、すなわち意識的な練習をする必要がある。たいていの人は練習するとき、やり方をすでに知っていることに意識を向ける。意識的な練習はそれとは違う。自分がうまくできないこと、あるいはまったくできないことに特化して、継続的な努力を相当量、積まなければならない[92]。

チェス、音楽、数学、テニス、水泳、長距離走、文筆、科学で世界に通用する専門性を獲得するためには、長年にわたる意識的な練習が必要なのだ[93]。幸い、労働市場は小さな頂点を体験できる機会をたくさん提供してくれる。意識的な練習を数千時間行ってもスーパースターにはまずなれないが、たいていの職業で腕を上げるにはそれでも十分だ[94]。人は10程度の教科をかじることによって仕事力を身につけるのではない。選んだ職業に何年も身を投じること――実際に仕事をして上達しようと努力することによって、仕事力を身につけるのだ[95]。

しつけと社会性

「俺を雇ってくれるところなどあるのか、本気で疑問に思う」
「なぜまたそんなことを？　あなたはいい教育を受けた好青年じゃないの」
「雇用主は、自分たちの価値観を俺が否定しているのに感づくよ」

――ジョン・ケネディ・トゥール『劣等生同盟』[96]

教育者は自分たちが生徒に考え方を教えていると豪語する。だが子供たちが学校で何を身につけているのか、素人に好まれやすいのは、それよりもっと冷めていて信用性の高い説、すなわちしつけと社会性だ。人生はピクニックではない――今風にいうならソリティアゲームではない。学校は学生に定時に登校させ、じっと座らせ、おしゃべりをさせず、指示に従わせ、寝させないことによってしつけをしている。学校は学生に協調させ、対立をおさめさせ、チーム作業をさせ、身だしなみを整えさせ、きちんとした言葉遣いをさせることによって、社会的スキルを身につけさせている。ふつうの労働者は階層制組織の中で退屈な仕事をして日々を送る。おそらく教育は子供たちを将来担う役割に慣らしているのだ。

すべてもっともらしい主張だ。学生が耐えている何千時間もの苦役と人づきあいを考えれば特に。しかししつけと社会性を身につけさせるという説は重大な疑問を見落としている。学生が学校に行かないとしたら、かわりに何をするだろう？　10代を自宅でビデオゲームばかりして過ごす若者は野放図に育つかもしれない。でもその10代を働いて過ごしたとしたら？　仕事でしつけが身につく。仕事で社会的スキルが身につく。なぜ教育が仕事の世界そのものよりもうまく仕事の世界に備えさせる、などと言えようか。

学校が教え込むのは労働倫理というより学校の倫理だ。この二つの倫理は完全に一致するわけではない。たしかに学校も仕事も、指示に従い他人と協調することを教える。だが成功の定義と尺度はそれぞれ違う。学校は現実的な成果よりも抽象的な理解、市場テストに通るよりも試験に通ること、銭金よりも公正さを重んじる。このせめぎあいをアンドリュー・カーネギーが辛辣に指摘している。

> 人は子息を大学にやってギリシャ語やラテン語のような、実用性のなさではチョクトー語〔ネイティブアメリカンの一部族の言葉〕と大差ない知識の獲得にエネルギーを浪費させてきた。[…]蛮族同士のささいで取るに足りない小競り合いの詳細を詰め込まれ、悪党の集団を英雄とあがめたてまつるよう教え込まれる。それをもって私たちは「教育を身につける」と呼んできた。「教育を身につける」と、まるでこの地球とは別の惑星での人生が宿命づけられるかのようだ。[…]若者たちが身につけた代物は、彼らに誤った考えを吹き込んで実人生に嫌悪感を持たせる働き

をしてきた。[…] 大学に行っていた数年間を実業の世界で過ごしていたら、本当の意味での教育が身についていただろう。若者の情熱とエネルギーは踏み消され、有為の人生ではなく無為の人生をいかにうまく生きおおせるかが彼らの大命題になってしまっているのだ。[97]

カーネギーを前時代的だの俗物だのと言って片づける教育者が、まさに私の正しさを証明している。学校は、倫理的な価値はともかくとして、仕事での成功を邪魔する態度を山ほど教え込む。子供に大人になる準備をさせるのであれば、1年間学校に通わせるより1年間仕事を経験させた方が、もっとふさわしいしつけと社会性が植えつけられる。

学校の倫理と労働倫理のズレが特にはなはだしいのが現代のアメリカの大学だ。50年前の大学は学生にフルタイムで学業に取り組ませていた。平均的な学生は週40時間、授業を受けるか勉強していた。[98] 1960年代前半以降、その取り組みは全般的に崩れた。「フルタイムの」大学生は週平均27時間を学業に費やすが、そのうち勉強時間は14時間にすぎない。この問題の主要な研究者は次のように説明している。

この傾向に逆らう集団はないようである。[…] 勉強時間はすべての専攻で、全体でも期間別でも減少した。リベラルアーツ系大学の学生は他の学生に比べると勉強時間が長いが、どのタイプの大学でもおしなべて勉強時間は減少している。[…] 最後に、SATの得点と学校規模のデータも [全学力レベルの学生、あらゆる規模と難易度の大学で、勉強時間が減少していることを示している。[99]

増えた自由時間で学生は何をしているのか。遊んでいる。階層制組織で退屈な仕事をする人生向きの社会性を身につけるかわりに、遊んで自己表現する人生向きの社会性を身につけているのだ。リチャード・アラムとジョシパ・ロクサは著書『漂流する学業 *Academically Adrift*』で冷ややかに述べている。

早朝の授業に遅刻し、時として起き抜けのような身なりで現れることを考えると、1日の睡眠時間はたっぷり8時間とっているとしておこう。そう仮定した場合、週85時間が他の活動に充てられることになる。[…]この浮いた時間は何に使われているのだろうか。大半は社交とレクリエーションに費やされているようである。[100]

現代の大学で1週間も過ごせば、学生は人生がピクニックであることを覚えてしまう。

カリフォルニア大学の学部生を対象とした最近の研究は、学生が週13時間を勉強、12時間を友達づきあい、11時間を遊び目的のコンピュータ使用、6時間をテレビ視聴、6時間をエクササイズ、5時間を趣味、3時間をその他の娯楽に使っていると報告した。[101]

優雅な学生生活の仕上げが成績のインフレ現象で、学生は厳しい評価にさらされない。平均GPAはいまや3・2だ。[102] 大学は学生に規律を守らせ服従させるかわりに、大事に真綿でくるんでいる。これでは学生を将来の役目になじませるどころか、むしろなじめないように仕向けている。大学が学生の期待を非現実な高さにまで引き上げ、新卒者に現実を教える面倒な仕事を未来の雇用主に押しつけているのだ。

もちろん、いざとなれば「自宅の地下室にこもって一人でビデオゲームをしているのに比べたら、大学で人格は陶冶される」という奥の手が持ち出せる。だがその場合、代替策としてふさわしいのはフルタイムの仕事だ――それに比べれば、大学などジョークのようなものだ。工学や医学のようなまれにしかない厳しい進路さえ避ければ、4年間の休暇というぬるま湯に浸っていられる。これを「社会性を身につける」というなら、とんだ社会性だ。

ともあれ、学校と仕事には若者を仕事の世界になじませるための人格形成に同質の効果があるとしよう。どれだけの効果があるのだろうか。労働経済学者が数十年かけて仕事経験の報酬を測定してきた。1年の経験で所得は平均すると2―3％上がる。[103] この結果の一部はしつけと社会性ではなく、その仕事に特化した学習に対するものと考えなければならない。それが半分を占めるとしよう。すると、人格陶冶の1年分の価値は1―1・5％の昇給に相当する。大半の推定では1年間の教育の方がはるかに儲かるという結果が出ている。つまり、どれほど多めに見積もっても、しつけと社会性で説明できる教育プレミアムはごくわずかしかない。

人脈づくり

労働者の約半数が、現在の仕事に就くのに知り合いのつて――親戚、友人、知人――を使っている。[104] 教育が「測定された学びがわずか」であるにもかかわらず高い報酬を得る理由として、何を知っているかを測定するのはまちがいで、誰を知っているかを見るべきだという反論が可能かもしれない。おそらく勉強は過大評価されているのだ。学生の将来性は勉強よりも友達の数と影響力で決まる。良い学校に行くほど、卒業後の人脈の価値も高い。

この説は一面の真実を突いており、場合によってはまさにその通りである。とはいえ、全体としては弱い。

現代の経済は広大で多様性に富んでいる。大学で知り合った学生のうち、自分と同じ職業に就く者はごくわずかだろう――たとえ専攻が同じでも。だからおそらく、彼らが自分を助けてくれる立場になることは決してない。良い仕事を探すなら、求めるべきは一般的な人脈ではない。その仕事に関係のある人脈を求めるべきだ。[105]

自分が狙いを絞った職業に友人がいればとても有利だ。[106] 上司になる人物を知っているか、あなたの人物を保証してくれる年配の男性の身内（父親、叔父、祖父）がいるのも有利だろう。[107] しかし「人脈」ないし「社会的ネットワーク」の平均的メリットを推定した複数の研究で、雇用と賃金に対する効果はプラスとゼロとマイナスに結果が分かれている。[108] まさかと思うなら、次のことを心に留めておいてほしい。いとこや大学のルームメイトのおかげで「就職先が見つかった」としても、同じかそれ以上に条件の良い仕事は自力でもすぐ見つけられたかもしれないのだ。

学校で実際に役に立つ人脈に出会えるのはどんな人だろうか。教職を目指しているなら、学校は人脈作りに最適の場だ。私は経済学教授になろうと決めてから、経済学の教授たちに知り合いを作る努力をした。その一人、タイラー・コーエンのおかげで私は職を得た。（他にも哲学、歴史学、法学の教授に大勢知り合いができたが、これまでキャリアの役に立った人物はゼロである）。法学か医学の専門職学位の取得を目指しているか、工学のような職業に直結する専攻を取っているなら、いずれ仕事探しで同級生と助け合える可能性は高いだろう。スタンフォード大学でコンピュータサイエンスを専攻したことが、シリコンバレーへのパスポートになるかもしれない。一部のエリート校では、大学の友愛会がメンバーを金融機関やコンサルティング会社に送り込むパイプになっている。[109] 入会後の地獄の特訓に耐えればウォール街に行けるかもしれない。しかし通常は、有利な人脈ができるのは卒業して広大な現代経済の中に自分のニッチを見つけた後である。

教育の偽りの約束

私たちは若者に、学校で何か大事なことを学習した記憶があるかとたずねた。大半の若者が答えに悩むようだった。質問の後、よく長い沈黙と困ったような笑いが返ってきた。

――エリナ・ラッヘルマ「学校は友達と出会う場所[110]」

教育には見返りがあるかのように見える。これについての人的資本純粋主義の説明は、教育が有益な仕事のスキルをたくさん教えるから、の一点張りだ。つい信じたくなる説だ……学校が何を教え、学生が何を学び、大人が何を知っているかを精査するまでは。これがわかってしまうと、人的資本純粋主義は単に誇張というだけでなくジョージ・オーウェルの描いたディストピア風に見えてくる。学校が教えることの大半は労働市場では何の価値もない。学生には教えられたことの大半が身についていない。大人は学んだことの大半を忘れている。この不都合な事実を口にすると、教育者はミラクルで反論してくる。何かを勉強した経験によって何でも上手にできるようになるのだと。教育心理学者の1世紀にわたる研究によってそのミラクルが気休めの神話であると暴かれたことぐらい何だというのだ。

たしかに楽観的に見れば、私がまとめた事実は別のとらえ方もできる。学校が教えることの大半が労働市場では何の価値もないとすれば、学校で教えることの一部には価値がある。学生が教えられたことの大半を身につけられないとすれば、教えられたことの一部は身についている。大人が学んだことの大半を忘れているとすれば、学んだことの一部は覚えている。

異論はない。だが疑問は残る。学校で学ぶささやかな仕事のスキルで、卒業後に獲得する報酬の上乗せ分の説明はつくのだろうか。答えの決め手はプレミアムの大きさだ。少なくとも表面上は、現代の教育は非常にお金になる。ささやかな学びが本当に法外な所得に結びつくのだろうか。それとも、教育の一見すると莫大な見返りは統計上の幻影なのか。

3 実在する謎

無益な教育の大きな見返り

世の中には使えない専門家があふれている。南北戦争なり『スター・トレック』なりの全知識をマスターしたとして、雇用主はあなたにそんな難解な知識があっても「何もできない」と一蹴するだろう。学生が耐えてこなしている無益な教育課程はオタク趣味と同程度の金銭的見返りしかないのではないか、と推測したい誘惑にかられる。日常生活を見回せばその誘惑はさらに大きくなる。大卒なのに無職の人、博士号を持っているのにレジ打ちをしている人、どれも従来型の大学のカリキュラムが市場テストではじかれている証拠ではないか。

しかし所得統計を精査すれば、まるで異なる風景が見えてくる。教育程度が上がると給与も上がる。収入格差は絶大だ。2011年に、修士号以上の学位を持つ人は高校中退者の3倍近くも稼いでいた。学歴が一段階上がるごとに大きな効果があるようだ。この情報化時代に高卒の資格などたいした意味がないように思われるが、高卒者は中退者より30%も給与が高い[1]。国勢調査局からそのまま持ってきた数字だ。表3-1でフルタイムの通年成人雇用者の給与パターンを見てほしい。

信頼できる統計だが、その意味するところは何だろうか。教育擁護の主流派はこの数字を額面通りに受け

表 3-1　教育達成度別平均収入（2011 年）

	高校中退	高校卒業	学士号	修士号
平均収入（$）	31,201	40,634	70,459	90,265
高卒資格に対するプレミアム（割増率）	−23%	+0%	+73%	+122%
出典：米国国勢調査局 2012a。				

取りがちだ。大卒者は高卒者より所得が73％高いのだから、大学を修了すればきっと給料が73％アップするだろうと。天邪鬼な教育否定派はこの数字の価値をゼロと見なしがちだ。おそらく大卒者は実際にはキャンパスに一度も行ったことがなくても73％多く稼ぐのだろうと。双方が互いをけなし合う。教育擁護派は「教育に大きな金銭的見返りがあるのだから、教育によって仕事のスキルがたくさん身につくにちがいない」と言い、教育否定派は「教育で身につく仕事のスキルなどないに等しいのだから、教育に大きな金銭的見返りがあるはずはない」と言う。

　前章で私は教育否定派側につき、今の教育で学生をスキルの高い労働者に変身させることはできないとした。しかしこの章では擁護派側につき、今の教育で学生を裕福な労働者に変身させることができる、と論じる。学習に関する擁護派の行き過ぎた楽観を引き戻したから、今度は賃金に関する否定派の行き過ぎた悲観を引き戻す番だ。

　教育の金銭的な見返りを肯定すると、シグナリング・モデル批判派はよく混乱する。仕事の現実にそぐわない教育に市場が報いると主張するのは矛盾ではないかと。矛盾ではない。断じて矛盾ではない。シグナリング・モデルの目的はひとえに、教育が仕事のスキルよりも所得を上げる理由に説明をつけることである。教育が仕事のスキルよりも所得に及ぼす効果の方が大きいのでなければ、シグナリング・モデルの意義はない。かりに学生が学校で何も学んでこなかったのに、雇用主が卒業生を王様のような待遇で迎えるなら、これがシグナリング・モデルの最強の論拠となる。

賃金に関する楽観に批判の余地がないなら、私の任務は簡単だ――この章も短くてすむ。しかし残念ながら、ことはそう単純ではない。表3−1の生データが教育の金銭的な見返りを誇張していることはほぼまちがいない。あなたが耳にしたことがある統計への不満の大半――そしてあなたが聞いたことがないいくつか――は正しい。しかし生データの大きな不備をすべて修正してもやはり、収入に対する教育の絶大な効果は残るのである。

認めるべきは認めよ――能力バイアスという名の亡霊

人的資本モデルもシグナリング・モデルも、所得に教育が及ぼす効果を当然のように受け入れている。もっと疑いを持つべきではないだろうか。疑うべきポイントは、労働市場が学校教育と生来の能力という二つの特性が連携した複合効果に報酬を出しているという点だ。ノーベル賞経済学者のジェームズ・ヘックマンが述べているように、「能力と教育は別個のものであり、それぞれに経済的な見返りがある」[2]。教育が収入に及ぼす効果を正確に測定し、経済学者のいう「能力バイアス」を回避するためには、能力が同じで学歴は同等でない労働者を比較しなければならない[3]。

ハーバード大学中退者として最も有名なビル・ゲイツを考えてみよう。彼に学業を修了するだけの能力があったのは明らかだ。ゲイツは2年生ですでにプログラミングの賞を獲得していた[4]。だから、彼が並の大学中退者を大きく上回る収入を得たのは何の不思議もない。表3−1を見て「ゲイツがもし大学を卒業していたら収入が73％増えていたはずだ」などと言うのは愚かである。

同じことはビル・ゲイツ以外のすべての人にあてはまる。典型的な高校中退者は成績が平均以下の高校生だった。だから、中退者が卒業まで残っていたら自分はいくら稼げたかと考えるなら、平均的な高卒者と比

表3-2　人的資本、シグナリング、能力バイアス

説	スキルの可視性	スキルに対する教育の効果	所得に対する教育の効果
純粋な人的資本	100%	外見通り	外見通り
純粋なシグナリング	ゼロ	ゼロ	外見通り
純粋な能力バイアス	100%	ゼロ	ゼロ
人的資本1/3、シグナリング1/3、能力バイアス1/3	2/3	1/3*外見通り	2/3*外見通り

較してはいけない。平均以下の高卒者と比較すべきなのである。同様に、典型的な大卒者は高校時代の成績が平均以上だった。学士号を持つ者が今の収入のどれだけが大卒の資格のおかげかと考えるなら、平均的な高卒者と比較してはいけない。平均以上の高卒者と比較すべきだ。

所得に対する教育の効果は、スポーツにおける練習の効果に似ている。練習する人ほど上達する。プロのアスリートは練習量もパフォーマンスもトップレベルだ。だからといって、私がプロ並みに練習すればプロのフットボール選手になれるかといったらそうではない。なぜか。プロは二つの点で私より優れているからだ。それは練習量と生来の運動能力――体力、体格、敏捷さ、果敢さ、若さ、苦痛への耐性など――である。能力バイアスを回避してフットボール練習の効果を正確に測定するためには、たくさん練習しているプロと私を比較してはいけない。たくさん練習している体重75キロで46歳の膝の悪い頭でっかちと比較すべきなのだ。

本書ではここまで、人的資本モデルとシグナリング・モデルを競合させてきた。能力バイアスはその両方のモデルに挑戦状を叩きつける。人的資本とシグナリングと能力バイアスは、教育とスキルと所得に関して三者三様の互いに相容れない説なのである。三つの説は純粋な形にすると一番理解しやすい――そしてそれぞれに、三つの課題に対して異なる立場を取っている（表3－2参照）。

課題1　スキルの可視性　純粋な人的資本説と純粋な能力バイアス説では、スキルは目に見える。雇用主は労せずして、たちどころに、確実に、労働者に何ができて何ができないかがわかる。反対に、純粋なシグナリング説ではスキルは目に見えない。雇用主は履歴書からスキルを推測しなければならない。

課題2　スキルに対する教育の効果　純粋な人的資本説では、学校教育がスキルを高める。学歴の高い労働者の方が学歴の低い労働者よりスキルが高い唯一の理由は、まさしく学校教育なのである。外見通りというわけだ。反対に、純粋なシグナリング・モデルと純粋な能力バイアス・モデルでは、学校教育がスキルに及ぼす効果はゼロである。学生が何がしか有益なことを学んだとしても、就職するまでにすべて忘れてしまう。

課題3　所得に対する教育の効果　純粋な人的資本説では、学校教育はスキルを高めるから所得も上げるとする。純粋なシグナリング説では、学校教育はスキルの証明をするから所得を上げるとする。どちらも、学校教育が所得を上げるという基本線は同じだ。学歴の高い労働者の方が学歴の低い労働者より賃金が高い唯一の理由は、まさしく学校教育なのである。外見通りというわけだ。ところが純粋な能力バイアス説では、学校教育が所得に及ぼす効果はゼロであるとする。スキルは雇用主の目に明らかであり、学校教育でスキルは上がらないのだから、学校教育に金銭的な見返りはない。

明快に説明されれば、人的資本とそのライバル説が対立することはほとんどの人がすぐ理解するだろう。しかしシグナリングと能力バイアスは、専門家でさえ時々混同する。どちらの説も、雇用主が労働者のスキルを重視すること、学校教育が労働者のスキルを高めないことでは見解が一致している。二つの説が分かれるのは可視性についてだ。純粋なシグナリング説では、雇用主の目にはスキルがまったく見えない。だからたとえスキルが学歴に見合わなくても、労働市場はスキルではなく学歴に対して報酬を出す。それに対して、純粋な能力バイアス説では、雇用主にスキルは一目瞭然だ。だからスキルが学歴に見合わない場合、労働市場は学歴ではなくスキルに応じた報酬を出す。

人的資本、シグナリング、能力バイアスは純粋な形でとらえると最も理解しやすいが、実際にはほぼ必ず三者が混在している。配分が人的資本3分の1、シグナリング3分の1、能力バイアス3分の1としよう。この場合、雇用主は本当の実力を見抜くのに時間がかかり、誤りもおかしやすいので、労働市場はスキルと学歴の両方に対して報酬を出す。優秀なら卒業資格がなくても出世できる。とはいえ、ビル・ゲイツほどのスーパースターでもない限り、それなりの卒業資格を持っていた方が出世は早いしもっと上に行けるだろう。

能力バイアスの補正――外見は中身より立派

能力バイアスはどれだけ大きいのか。最も説得力のある答えは、**a** 能力を測定してから、**b** 能力が同じでも学歴が異なる人々の所得を比較すれば、出せる。統計学的に言うと、能力で補正して教育が収入に及ぼす効果を推定したいわけである。確実な答えを出すためには、重要な能力すべてを確実に測定しなければならない。

実際のところ、能力バイアスを懸念する教育経済学者は認知能力、特にＩＱで測られる一般的知能を偏重する。ＩＱテストは不完全ながら頭の良さを測定し教室の内外での成功を予測する誠実な試みである。[5] 多くの研究者が、ＩＱを始めとする認知能力測定で補正を行った後、教育プレミアムを再計算してきた。ほぼすべての研究に共通する結論が二つある。

第一に、ＩＱには金銭的な見返りがある。学歴が同等である場合、ＩＱが１ポイント高ければ収入は約１％上がる。[6]

第二に、ＩＱが同等である場合、教育プレミアムは縮小するが消えはしない。１９９９年に行われた、それまでの研究の包括的なレビューで、ＩＱで補正すると教育プレミアムは平均18％縮小することがわかった。[7] 研究者がＩＱテストとして特に質の高い米軍入隊資格試験（ＡＦＱＴ）の得点で補正したところ、教育プレミアムは平均20―30％縮小した。[8] 数学能力で補正すると縮小率はさらに大きくなるかもしれない。これを行った研究で最も有名なものは、教育プレミアムが男性で40―50％、女性で30―40％下がったと報告している。[9] 国際的に見ると、研究対象となった23カ国すべてにおいて、認知スキルで補正すると教育に費やした年数への見返りは20％下がるが、学校教育の年数のみへの見返りは明確に残ることが明らかになっている。[10] 最も厳密に行われた推定では、学生の12年生レベルの数学、読解、語彙の得点、自己認識、自覚された教師の格付け、家族歴、居住地で補正すると、教育プレミアムが50％縮小することがわかった。[11]

それより小規模なある研究では、真面目さや協調性などいわゆる非認知能力の重要性を測っている。[12] 結果はＩＱと同様だ。非認知能力にも金銭的な見返りがあり、非認知能力で補正すると教育プレミアムが縮小する。[13] ＡＦＱＴ、自尊心、運命論（努力よりも運が重要という考え方）で補正すると、教育プレミアムは合計30％縮小する。詳細な性格テストで補正を行った唯一の調査では、教育プレミアムが13％下がっている。[14] 知力と経歴で補正してから、態度（失敗への恐怖心、自己効力感、信頼など）と行動（教会に通う習慣、テレビ視聴、清潔さなど）で補正した最も厳密な推定では、教育プレミアムの減少がさらに大きく37％となっている。[15]

こうした基本的な結果を疑う大きな理由が、明らかに二つある。因果の逆転と能力の見落としだ。前者は能力バイアスの重要性を体系的に過大評価している可能性がある。後者は能力バイアスの重要性を体系的に過小評価している可能性がある。二つの欠陥は、考慮する必要があるだろうか。

因果の逆転

能力Xで補正した教育プレミアムを推定する場合、教育によってXは向上しないという前提に立っている。その前提がまちがいであるとしたら、Xで補正すると収入に対する教育の効果を誤って低く推定する結果になる。この「因果の逆転」問題を是正する最善の方法は、まず能力を測定してからその後の教育が収入に及ぼす効果を推定することだ。

認知能力バイアスの研究では必ずこの是正手段を適用しているが、因果の逆転のエビデンスはほとんど見つかっていない。前述した包括的なレビュー論文は、研究を学業修了前にIQを測定したものと、学業修了後にIQを測定したものの二つに分類した。因果の逆転が働くとすれば、学業修了後のIQをもとにした研究は学業修了前のIQをもとにした研究よりも能力バイアスが大きいと報告しているはずだ。しかし実際は、どちらからも同程度の認知能力バイアスの推定値が出ている。[16] AFQTおよび関連のテストを利用した研究者らも同様の結果に達している。1980年に認知能力で補正した際、テスト後に受けた教育の金銭的見返りはテスト前に受けた教育の金銭的見返りと少なくとも同程度に縮小している。[17] 高校最終学年の数学能力で補正すると、男性で大学教育のプレミアムは25―32％減少し、女性で大学教育のプレミアムは4―20％減少する。[18]

非認知能力に対する教育の因果の逆転はどうだろう。実は、これに関する研究は少ない。この問題に取り組んだ論文は数本あるが、結果はバラバラだ。[19] しかしほとんどの研究では非認知能力と教育を同時に測定しているか、テスト前とテスト後の教育の効果を区別していない。エビデンス不足から因果の逆転が重大な問題であることはほとんどわからないが、注意はしておくべきである。

能力で補正しても、関連のある能力すべてを測定しなければ能力バイアスを完全には排除できない。見過ごしている重要な能力はないだろうか。

能力の見落とし

可能性があるのは家族歴――生まれや育ち――だ。裕福な家庭はお金を使って子供が良い教育を受けて良い職に就けるよう手助けするだろう。富裕層の子供にとって大学は4年間の休暇であり、親にとってはステータスシンボルかもしれない。大家族の子供は親から教育や就職の手助けをおそらくあまり手厚くは受けられないだろう。学歴の高い労働者は社会的地位の高い家庭の出身かもしれない――そして学校教育がなかったとしても高い地位を獲得していたかもしれない。そのメカニズムを特定するのは難しいが、ほとんどの研究者が家族歴で補正すると教育プレミアムが0―15%減少するとしている。[20]

だがよく考えれば、家族歴で補正するとおそらく「重複計算」になる。認知能力と非認知能力は大なり小なり遺伝的なものなのだから、家族歴が学校教育の金銭的な見返りを過大評価させていると結論づける前にまず、個人の能力で補正すべきである。[21] この点は重要だ。知力と家族歴の両方で補正した一握りの研究では、知力の補正だけで十分だと結論している。[22] 認知能力と非認知能力の二本立ての測定がきちんとそろっているなら、おそらく家族歴は無視して支障はないだろう。[23]

最も困ったエビデンスの乖離は、研究者がたいてい非認知能力の測定を凡庸な尺度ですませてしまうことだ。非認知能力で補正している研究のほとんどが、簡単に測定した一つ二つの特性に依拠して、能力バイアスはさほど大きくないとしている。[24] だが雇用主に聞けば、労働者の態度とモチベーションは重要だと言うだ

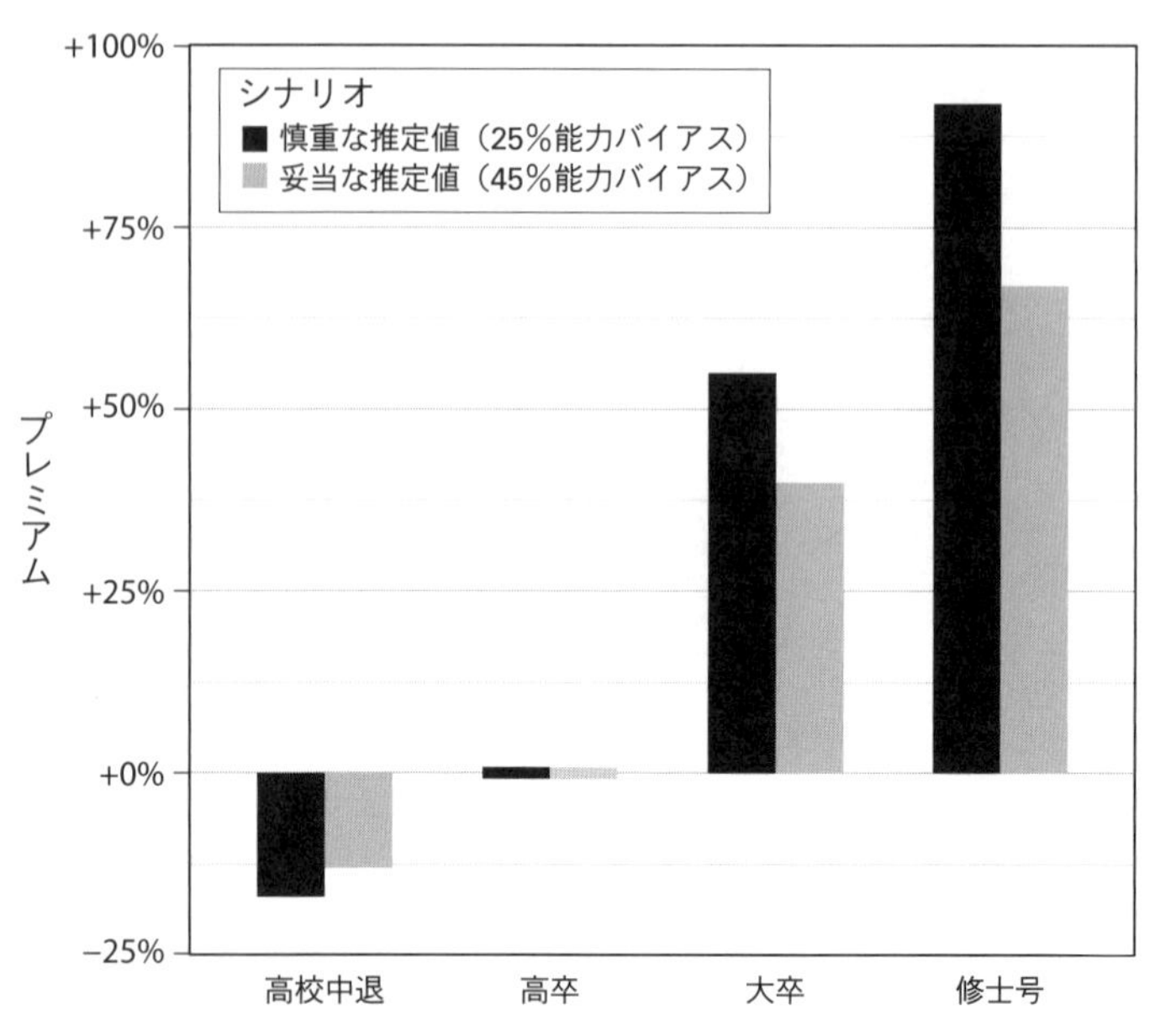

図 3-1　二つの能力バイアスシナリオ
出典：表 3-1 と本文。

ろう――そして非認知能力で最も質の高い尺度を使った研究では、大きな能力バイアスが認められているのだ(25)。もっと良質な測定尺度が現れるまでは、既存の研究結果は確実な推定値ではなく非認知能力バイアスの下限と見ておくべきだろう。

さて、総合すると能力バイアスはどれだけ大きいのか。認知能力バイアスは慎重に見積もって20%、妥当な線は30%だろう。非認知能力は慎重に見積もって5%、妥当なのは15%だろう。図3－1に両方の能力で補正した教育プレミアムを示す。学歴ごとに相応のバイアスの推定値をつけている。能力で補正すると教育プレミアムはかなり削減されるが、ゼロにはならない。どのシナリオでも教育には大きな金銭的見返りがある。ただしあなたの目に映っている金銭的見返りは、実際に得ている金銭的見返りより大きいのだ。能力バイアスの妥当な推定値が認知能力30%と非認知能力15%とすれば、高校中退すると所得は15%減り、大卒の資格があると所得は40%増え、修士号があると所得は70%近く上がる。教育の熱烈なファンが補正前の教育プレミアムを吹聴するとき、「大卒者と高卒者は教室に座っていた時間の長さ以外にも、違いはたくさんある」と抗議する懐疑派は正しい。しかし、目に見える違い、あるのではないかと疑われる違いをすべて考慮して補正した後も、教育にはやはり見返りがある。

労働経済学者vs能力バイアス

労働経済学者は能力バイアス説に単に同調しているだけではない。かねてから能力バイアスを測定する職業的責任を感じてきた。しかし過去四半世紀の間に、労働経済学者は意外にも測定するほどのバイアスは存在しないという見方に流れた。著名な経済学者のデービッド・カードが行ったよく知られるエビデンスのレビューでは、能力バイアスは小さいか、存在しないか、むしろマイナスでさえあると結論づけている[26]。この判断を私はカード・コンセンサスと呼んでいる。多くの、おそらくは大半のエリート労働経済学者はこれを受け入れているだけでなく、実務上の指針として頼りにしている。『ジャーナル・オブ・エコノミック・リテラチャー *Journal of Economic Literature*』のような一流学術誌にもカード・コンセンサスが見られる。

義務教育ないし学校建設計画などの理由で教育が1年延長した場合の収益率は、従来の推定方法による学校教育の収益率に比べ、低くなるよりも高くなりやすい[27]。

カード・コンセンサスはブルッキングス研究所のハミルトン・プロジェクトのような一流の政策イニシアティブにも見られる。

大卒者は個々に適性と意欲が異なる可能性があり（むしろその可能性が高い）、家庭の資源へのアクセスレベルさえ異なる場合がある。こうした要素のすべてが収入に影響を与えうる。しかしエビデンスは、これらの要素が大学教育の収益率を大きく押し上げはしないこと、大卒者の稼ぐ力の増大は教育投資によると見られることを示唆している。[28]

カード・コンセンサスを引用していない分析者でさえその庇護を受けている。世に出回っている「大学の価値」の算定はたいがい能力バイアスをまったく無視している。[29] カード・コンセンサスはこの黙殺への批判を封じてしまう。単純化しているだけで実害はない、と多数の専門家が擁護派に控えている状況で、暗黙のうちに存在する「能力バイアス0％」の前提が致命的な欠陥だなどとどうして非難できるだろうか。

これは知的な混乱を生む状況である。統計学に不案内な素人は相関関係から因果関係を推測する。大卒者が高卒者より収入が73％多いのなら、73％の増収分は大学のおかげなのだろうと。労働を専門にしていない経済学者は素人の単純さを笑う。大きな能力バイアスがあるのはあたりまえだと考える。ところが労働を専門にしている経済学者はおおむね素人側につく。能力バイアスは直観的にあっておかしくないのに、カード・コンセンサスが「気にするほどのものではないから、無視してよい」と教えるからだ。

前項で紹介した、強い能力バイアスの存在を発見した膨大な研究はどうなるのか。カード・コンセンサスはほとんど意に介さない。[30] なぜか。労働経済学者が最もよく持ち出す論拠は、学業と職業の成功要因となる能力すべてを測定するのは不可能だからというものだ。ごもっとも。だがそれは、能力バイアスが見かけ以上に強いということにほかならない。カード・コンセンサス支持者は能力の高い学生が学校を早くに去る場合についてもしばしば次のように考える。

もっとすぐお金になる活動を追求しようと学校教育を早く切り上げる人々がいる。サー・ミック・ジャガーは1963年にザ・ローリング・ストーンズの名で知られるグループと一緒に演奏活動をするため、ロンドン・スクール・オブ・エコノミクスでの学業を放棄した。［…］それに劣らず目を引くのが、スウェーデンのフェンシング選手、ヨハン・ハルメンベルグが1979年にMITを2年で中退し、MITの卒業証書のかわりに1980年のモスクワ・オリンピックで金メダルを獲得したことだ。ハルメンベルグはその後、バイオテクノロジー企業の幹部になり研究者として成功した。これらの例から、音楽、スポーツ、起業その他の高い能力に恵まれた人々が、教育の恩恵を受けなくてもいかに経済的に成功する可能性があるかがわかる。これはつまり［…］能力バイアスは容易にプラスにもマイナスにもなりうるということだ。[31]

真っ向から反論すると、では高い教育を受けた者に欠けがちな能力を何でもいいから挙げていただきたい。飛び抜けた例外は必ずいる。だが平均的には、高い教育を受けた者の方が全般的に能力が高い。誰かが高校や大学を中退したと聞いて「それは才能のある子だね」と言う人などいないだろう。

善意に解釈したとしても、カード・コンセンサスはつじつまを合わせるために都合の悪い膨大なエビデンスを不用意に捨てていることになる。しかし実態はそれよりたちが悪い。カード・コンセンサスは最も優れたエビデンスを不用意に捨てているのである。あらかじめ備わった能力によるものを不当に学校のおかげとするのが心配？　それなら統計上の明快な補正法がある。能力は同じで学歴が異なる人、と条件をそろえて元々の能力を測定すればよい。ところがカード・コンセンサスが推奨する補正法は不明瞭きわまりない。研究者にもっと優れた能力測定尺度を探させるかわりに、「疑似実験」――実験を模倣するような状況が自然に発生したケースを探させるのだ。

結果、労働経済学者は教育の疑似実験とされるものを雑多に収集した。例えば双子の研究。一卵性双生児が能力は同等で学歴が異なれば、収入の差を学歴の差で割れば教育の本当の金銭的見返りが算出できることになる。[32]生まれた時期の影響を研究した学者もいる。同じ学年の中で周りよりも幼い子供は法律で中退が認められている年齢より早く中退してしまう傾向があるという説だ。[33]２０００年以降、研究者たちが最も注目してきたのが義務教育法の変更である。学校を中退していたはずの生徒が政府の強制力によって学校に残った場合、卒業後の彼らの所得はどうなるのか。[34]専門的には面白いが、これらの論文からは答えが見出せるどころか疑問がわくばかりだ。例えば、義務教育法の変更を疑似実験として扱うには、各州が無作為に――少なくとも労働市場とは無関係の理由で法律の変更を行うという前提に立たなければならない。

さらに、疑似実験アプローチが勢いづくと、批判勢力によってたいてい大きな欠陥が見つかるものだ。学歴の異なる一卵性双生児の能力は同一ではない。双子のうち、学歴が高い片割れの方がたいていは頭が良い。[35]生まれた時期は無作為ではない。健康、地域、そしておそらくは所得と相関性がある。[36]詳細に見れば、アメリカの義務教育法の成果とされるものは、関連性のない地域トレンド（特に南部の）を見えにくくしている。[37]だからといって教育プレミアムの疑似実験研究に価値がないとか、それに対する批判が必ずしも的を射ているわけではない。[38]しかし既存の能力を直接測定するのと比較すると、このような研究は不確かで説得力がない。明快なアプローチで強い能力バイアスの存在が明らかになり、雑音の多い代替手段では結果がバラバラであることから、カード・コンセンサスを排して能力バイアスは実在するという常識的な考えを選択すべきである。

小麦vsもみ殻？

教育はこれほどまでに仕事の能力と無関係なのに、なぜこれほどまでにお金になるのか。明快な説明が一つ存在する――小麦／もみ殻理論と呼ぼう――シグナリングに訴えない説だ。この理屈では、教育には金銭的見返りの高い小麦（読み書き、計算、批判的思考（クリティカル・シンキング）、技術教育）と金銭的見返りのないもみ殻（歴史、ラテン語、体育、フランス語詩）が混じり合っている。学校教育がお金になるのは公式統計では「実務に直結した」授業と「実務に直結した」専攻を「お遊びの」授業と「お遊びの」専攻と一緒にしているからだ。

小麦／もみ殻理論は現状を絶対的に支持するものではない。「カリキュラムにはきわめて貴重な仕事の下地作りと仕事とは無関係の埋め草が入り混じっている」とすれば改善の余地はおおいにある。小麦／もみ殻理論は教育制度を褒めているようで実はけなしているとも言えるかもしれない。それでも、もしこの説が正しいなら、教育制度は――欠点はあるにせよ――本当に学生を錬金術で優秀な労働者に変身させていることになる。

しかしエビデンスを見ると、小麦／もみ殻説はよくいっても誇大宣伝だ。小麦がもみ殻より金銭的見返りが高いのは明らかだが、もみ殻にも確実に金銭的見返りがある。ほとんどの教育課程では入学か卒業に（あるいは両方に）膨大なもみ殻の履修が必須なのだから、もみ殻に金銭的な見返りが発生すると考えるのは当然だろう。

小麦ともみ殻と授業

いくつかの研究チームが高校の成績証明書を使って成人になってからの収入を予測している。[39] 最初期の最も影響力のある論文の一つが、あらかじめ備わった能力を無視した場合、数学、外国語、技術の授業を追加して取ると収入がわずかに上がる——が、英語、社会、美術の授業を追加して取ると収入はわずかに下がることを明らかにした。しかし能力で補正すると、数学の授業を追加したことによる割増分は大幅に減少する。外国語を1年追加した方が、数学および科学を1年追加した場合の複合効果を上回る金銭的見返りがある。[40]

その後の研究ではだいたい数学に大きな金銭的見返りがある——ただし科学にはない——ことが発見されている。ある共同研究では、高校数学を追加で取ると女性の大卒者の賃金が上がることがわかった。しかし男性と大卒未満の学歴の女性では、数学を追加した金銭的見返りは定かではない。[41] 別の研究チームは、能力で補正すると、次の科目で成人後の収入が増加すると報告している。すなわち代数／幾何学（1・9％の増収）、標準英語（1・5％の増収）、英文学（1・5％の増収）、上級英語（2・5％の増収）、外国語（1・6％の増収）[42]だ。イギリスでは、高校の数学でAレベルを獲得すると、卒業の6年後に10％近く収入が高くなる。しかし自然科学は人文学や社会科学と比べて有利なわけではない。[43] 高校数学の便益を最も楽観的に推定したケースとしては、学生時代に高等数学まで取らされた人はその後21％収入が多かったというデンマークの例がある。理由は、高等数学を取る学生は大学に進学する可能性が高いからだ。高等数学を取っても大学に進学しなかったデンマーク人は見返りをほとんど、あるいはまったく得ていない。[44]

全体として、これは小麦／もみ殻理論の信者が期待すべきパターンではない。なるほど、数学の授業は増収につながる。しかし自然科学の授業はどうやらそうではない。なるほど、英語の授業は時としてお金になる場合があるようだ。しかし外国語の授業は一貫してお金になるようだ。あくまで小麦／もみ殻理論にこだわる人なら、物理は「お遊び」科目でフランス語は「実務に直結した」科目だと言い張るかもしれない。だが、小麦／もみ殻理論は大げさだと言うのが説明としては自然である。雇用主が卒業証書を評価し、卒業にもみ殻科目である以上、もみ殻科目には金銭的見返りがあるのだ。

小麦ともみ殻と専攻

小麦／もみ殻理論は一点においては正しい。専攻が重要ということだ。工学専攻は金銭面で格付けするとトップに近い。経営学専攻はまあふつう。教育学専攻は底辺に近い。大規模なアメリカ地域社会調査［American Community Survey（ACS）］ではすべての大学の専攻科目について卒業生の収入を測定している。世間でおなじみの科目はもちろん、聞いたこともない科目も多い。

教育学専攻者には幸いなことに、大学プレミアムは平均して高い（図3－2参照）。アメリカ地域社会調査（ACS）では、大卒者は高卒者より78％多く稼いでいる[45]。最もありふれた専攻である経営学はほぼ平均的。だから、悲観論者が「経営学専攻者の方が教育学専攻者より収入が40％多い」と言っても、楽観論者が「教育学専攻者は高卒者より収入が27％多い」と主張しても、両者は同じだけ正しい[46]。

毎度のことながら、こうした数字を額面通りに受け取ってはならない。専攻プレミアムは大学プレミアムと同様、能力で補正すると大幅に減少する。優秀な学生は収入の高い科目を専攻する傾向がある。例えば自然科学専攻者はSATの数学領域と言語領域の両方で社会科学専攻者と人文学専攻者の得点を上回っている[47]。教育学ではなく工学を専攻した場合の本当の効果を測定するには、標準試験の得点、高校時代の成績、数学の学習歴などで補正する必要がある。これらの重要な補正を行った研究では、大学の専攻による金銭的な見

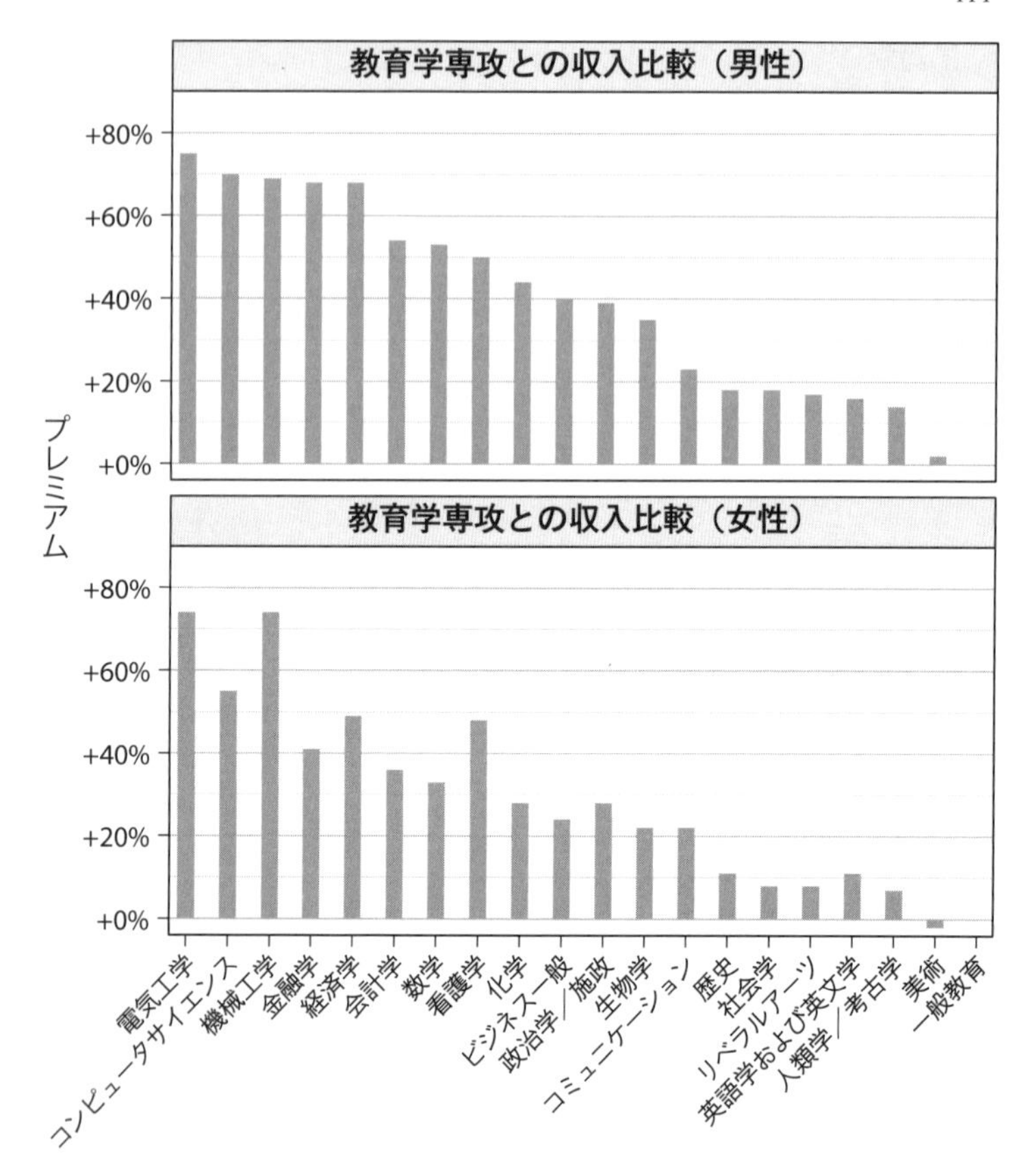

図 3-2　大卒者の収入：教育学専攻と他の専攻の比較

出典：Altonji et al. 2012a, p. 216. 選択した専攻は修得した最高学歴で補正している。対象者は学士号以上を持ち、週 34 時間以上、年間 40 週以上働いている 23 − 59 歳。元の文献の結果を対数ドルからパーセンテージに変換した。

返りは約半分に減少する。[48]

工学を例にとろう。図3－2を単純に解釈すると、平均的な教育学専攻学生が工学専攻に転向すれば75％収入が上がると読める。しかし平均的な教育学専攻学生のSATの得点、高校時代のGPA、数学の素養を見ると事情は違ってくる。工学に転向した平均的な教育学専攻学生の収入増は本当はどれほどだろうか。10本の別個の論文の推定は25％増から60％増と幅があり、平均すると44％増となる。この補正値は実は楽観的だ。教育学専攻学生に工学のカリキュラムを修了する能力があることを前提にしているからだ。実際は、熱意のある工学専攻学生ですらもっと楽な専攻に逃げてしまうことがよくある。[49] 私がカリフォルニア大学バークレー校の学部生だったとき、「GPAの下限が0に近くなったら政治学に行け」という文字の入ったTシャツが流行っていた。元工学専攻の学生たちには笑えないユーモアだったが。

それはさておき、小麦／もみ殻理論の真偽を正しくテストするには、収入の高い専攻を収入の低い専攻と比較すべきではない。小麦／もみ殻理論はもみ殻が労働市場では**価値がない**と言っているのだから、収入の低い専攻を高卒と比較するのが正しいテスト法である。図3－3は大学プレミアムと専攻プレミアムをあらかじめ備わった能力で補正した場合、各専攻がどれだけ収入を得られるかを示す。

収入が最も高い専攻だけを見れば小麦／もみ殻理論には信憑性がある。しかし小麦／もみ殻理論をテストするには、収入が**最も低い**専攻まで見なければならない。結果はどうか。大学便覧に掲載されている収入が最も低い専攻の収入プレミアムは約20％である。世間でばかにされる多くの専攻――人類学、考古学、英語、リベラルアーツ、社会学、歴史、コミュニケーション――は収入を約30％押し上げる。政治学専攻学生は経営学専攻学生とほぼ同等の収入で、どちらも生物学専攻学生よりわずかに収入が高い。

経済学教授として最も目をむいた小麦／もみ殻理論への反撃材料は、経済学専攻が工学専攻とほぼ同じく

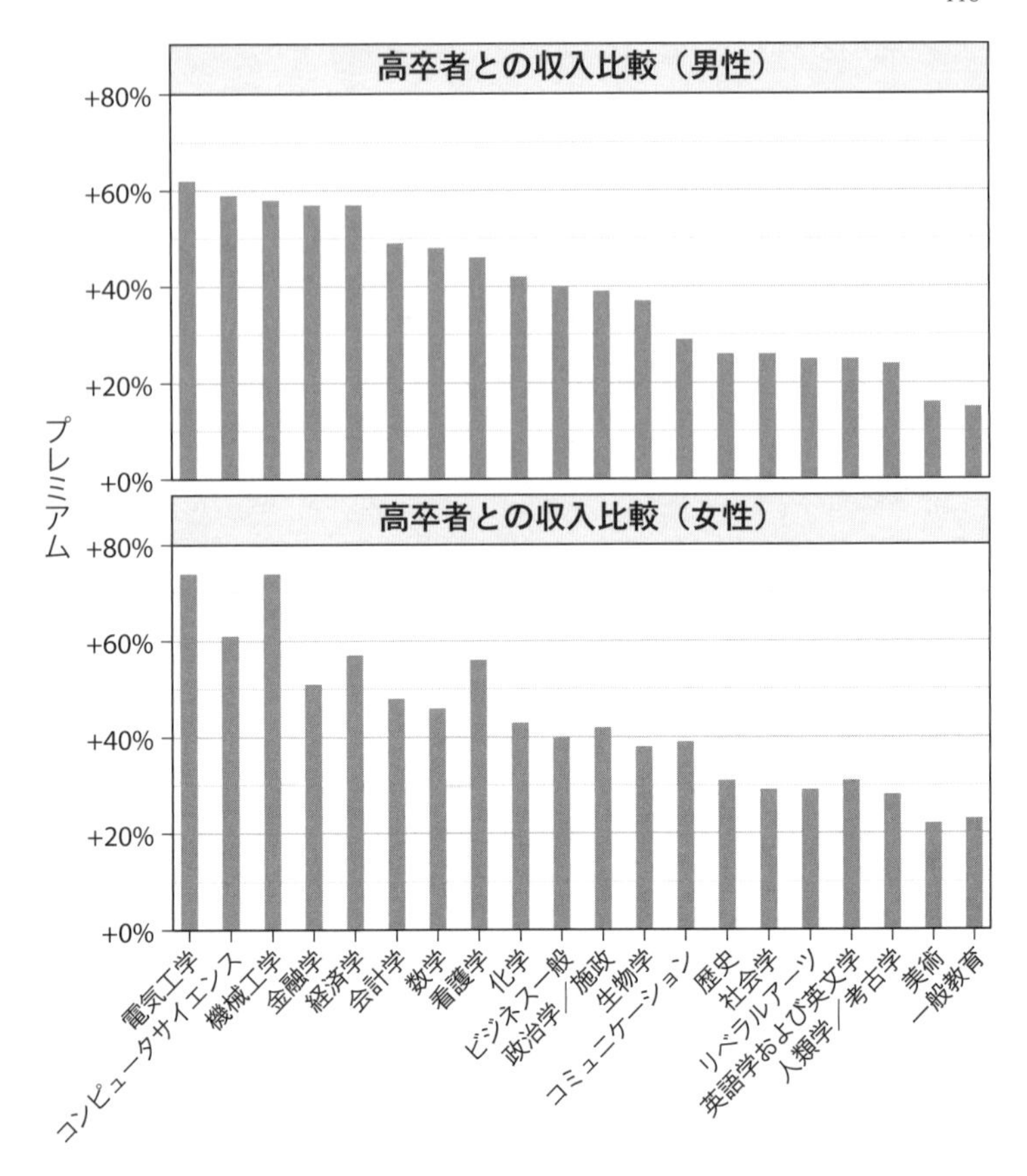

図 3-3　能力で補正した大卒者と高卒者の収入比較

出典：図 3-2 と本文。以下を前提としている。

(a) 大学プレミアムと専攻プレミアムには 45%能力バイアスがある。

(b) 男性の経営学専攻学生は男性の平均的なリターンを獲得している。女性の経営学専攻学生は女性の平均的なリターンを獲得している。

元の文献の結果を対数ドルからパーセンテージに変換した。

らい稼いでいることだ。[50] 私の職業が労働市場に備える訓練を学部生に施す努力をほとんどしていないことは、私が保証する。カリフォルニア大学バークレー校やプリンストン大学のようなエリート大学ですら学生たちに甘い。率直に言って大半の経済学教授は昔のソ連のジョーク「国は賃金を払うふりをし、国民は働くふりをする」ではないが「われわれは教えるふりをし、彼らは学ぶふりをする」を実践している。4年間の勉強期間の間に、優秀な学生であれば売れるスキルを二つだけ身につける。初等統計学と、割引現在価値を計算する能力だ。

では経済学教授は8期の授業を何で埋めているのか。教授陣を魅了しているトピックを水で薄めた内容だ。すなわち需要と供給の問題、数理経済学、経済成長、そして呼称から期待するほどには「応用」されていないあまたある分野――マクロ経済学、産業組織論、労働経済学、規制論、公共選択論、経済史。仕事のスキルという観点からすると、経済学の学位はほぼすべてもみ殻である（経済学教授を目指す者以外にとって）。ところが、私たちが経済学専攻学生に職業訓練を施せていないにもかかわらず、労働市場は卒業生を工学専攻学生と同等に遇している。

小麦／もみ殻理論に公正を期して言うが、経済学は外れ値である。最もお金になる専攻は職業に関わる傾向が高い。工学専攻学生とコンピュータサイエンス専攻学生は文句なしのトップであり、金融学、会計学、看護学がほぼ互角で後に続く。しかしそれでも、役に立たない楽勝科目を専攻して4年間遊び暮らした学生が、「時間の無駄だから大学には行かない」という同世代より25％高い収入を当然のように期待できるという事実は残る。

小麦ともみ殻とミスマッチ

仕事と専攻はどの程度の関係があるのだろうか。大卒者の約55％が「密接な関係がある」、25％が「まあまあ関係がある」、20％が「まったく関係ない」と答えている。この回答はおそらくエゴによって歪められている。自分の仕事と専攻が「まったく関係ない」と白状したい人がいるだろうか。しかしそれでもこの回答には意味がある。ミスマッチを認めている人々は、専攻に合った仕事に就いている平均的な人よりも収入が10―12％低い。職業と関連のある専攻ほど、ミスマッチのリスクは低い[51]。

これらの事実はすべて小麦／もみ殻理論と一致するが、一つ重大な矛盾がある。職業と関連性の高い専攻ほど労働市場においてミスマッチが不利になるのだ。工学専攻学生とコンピュータサイエンス専攻学生の場合は20％以上、医療系の専攻学生は30％近く収入が減る。それに対して職業と関連性の低い専攻の場合、ミスマッチによるペナルティはほぼゼロである。英語専攻と外国語専攻ではミスマッチによって収入が約1％減少する。哲学専攻と宗教学専攻の場合はミスマッチによって収入はなんと20％増える！[52]「実務に直結した専攻」のメリットを十二分に享受するためには、受けた訓練を使う仕事に就かなければならない。それに対して「お遊びの専攻」のメリットを十二分に享受するためには、大学の学位を求める仕事に就けばよいだけだ。そして小麦／もみ殻理論とは裏腹に、お遊びの専攻のメリットはばかにならない。

小麦／もみ殻理論の提唱者として最も有名なのはおそらくコメディアンのジェイ・レノだろう。レノいわく、「大学で哲学を専攻する学生は、コップの水が半分入っているのか半分空なのかを研究する。後にウェイターの仕事に就く下準備をしているわけだ[53]」。レノが言っていることはあながちまちがいではない。哲学は収入の低い専攻であり、哲学専攻学生の一部は実際にウェイターの仕事に就く。しかし統計的には、レノの言葉は誇張である。平均的な哲学の学士号取得者は、能力は同等でも大学に行かなかった者より30％近く収入が高い[54]。学位は仕事の能力を上げる役には立たないかもしれないが、良い仕事に就く役には立つのだ。哲学だけが特別なのではない。何であろうと勉強すれば、何も勉強しないより金銭的な見返りがある。

学歴偏重主義は国が作った？

無益な教育に雇用主が報いるのはなぜか。シグナリング・モデルでは雇用主がみずからの自由意思でそうしていると仮定する。学歴は優秀な労働者と劣悪な労働者を見分ける最も費用対効果の高い方法だから、企業は学歴でふるいにかけているのだと。しかし突き詰めれば悪いのは政府だと主張する者もいる。無益な教育に金銭的見返りがあるのは、誰もがうらやむ公務員の仕事が学歴を求めるからではないか。無益な教育に金銭的見返りがあるのは、良い仕事には職業資格が必要だから――そして政府がその資格の授与を学歴のある人のみに制限しているからではないか。無益な教育に金銭的見返りがあるのは、政府がIQテストの実施に圧力をかけ、雇用主がかわりに学歴に頼るよう仕向けているからではないか。これらの説はどの程度事実なのだろうか。

政府の学歴偏重主義

第三世界の政府の中には、国内の高学歴労働者の大部分を雇用しているところがある。1960年代のエジプトは大卒者全員に政府の職を保証することで悪評高かった。1988年時点でエジプトの男性大卒者の3分の2、女性大卒者の80％が公共セクターで働いていた[55]。世界全体で見ても、公共セクターの労働者は民間セクターの労働者より学歴が高い傾向がある[56]。アメリカでは、学士号以上の学位の取得者は公務員の52％、

表3-3　アメリカの教育プレミアム、公共セクターと民間セクター比較

	連邦政府			民間セクター		
	平均総報酬額（ドル／時間）	昇給	高卒以下に対する教育プレミアム	平均総報酬額（ドル／時間）	昇給	高卒以下に対する教育プレミアム
高卒以下	$39.10	—	—	$28.70	—	—
大学中退	$45.70	$6.60	+17%	$34.70	$6.00	+21%
学士号	$57.20	$11.50	+46%	$49.70	$15.00	+73%
修士号	$65.30	$8.10	+77%	$60.50	$10.80	+111%
専門職学位または博士号	$73.20	$7.90	+87%	$89.60	$29.10	+212%

出典：Falk 2012, p. 11.
推定値は職業、経験、デモグラフィック特性、場所、雇用主の規模で補正した。

これに対して民間企業の従業員は34％だ。[57] 高校中退者が就ける政府の職はほぼ絶滅した。１９６０年から２０００年にかけて、高校を修了せずに公共セクターで働いているアメリカ人の割合は34％から３％に減っている。[58]

無益な教育に金銭的な見返りがある理由が本当に政府の学歴偏重主義のせいだとすれば、教育プレミアムは公共セクターの方が民間セクターより高いと予想される。政府が高学歴者に実際の価値以上の賃金を払っているとしても、民間の雇用主が真似をする必要はない。企業は「政府がそうまでして学歴のある労働者を欲しいなら、ご勝手に」と泰然と構えていればよい。むしろ、もし政府の学歴偏重主義が教育プレミアムを人為的に煽っているのなら、膨らみすぎた公務員の給与に合わせるのを拒むのが利益最大化につながる対応である。

ところが現実には、民間セクターは公共セクター以上に教育の価値を評価する。さまざまな研究では一貫して政府の給与体系が「平準化」されているという結果が出ている。つまり、政府は最も学歴の低い労働者には高すぎる給料を支払い、最も学歴の高い労働者には低すぎる給料を支払っている。[59] アメリカ連邦政府が代表例だ（表３－３参照）。

社会の議論は「われわれ国民は連邦政府職員に払いすぎていないか?」という問題におおむね終始する。平均を見れば答えは明らかに「イエス」だ。しかし「われわれ国民は連邦政府職員の学歴に対して払いすぎていないか?」は別の問題で、その答えは「ノー」である。学歴が最も低い連邦政府職員は宝くじに当たったようなものだ。狭き門だが、就職してしまえば学歴に対する報酬の上乗せはわずかしかない。連邦政府では、平均的な大卒者の給料は大学に行かなかった平均的な労働者より時給にして18・10ドル多い――46%のプレミアムである。民間セクターでは、平均的な大卒者の給料は大学に行かなかった平均的な労働者より時給にして21・00ドル多い――73%のプレミアムである。連邦政府では、専門職学位もしくは博士号取得者の給料は学士号取得者より時給にして16・00ドル多い――28%高い。民間セクターでは、専門職学位もしくは博士号取得者の給料は学士号取得者より時給にして39・90ドル多い――80%も高くなる。研究者らはアメリカの州政府や地方自治体政府、海外の政府においても同様のパターンを発見した。[60] これには公務員労働組合の出現に大きな要因があるようだ。[61] しかしいきさつがどうあれ、次の事実に変わりはない。もし民間セクターが公務員の給与体系を採用したら、教育の金銭的見返りは増えるのではなく、減る。

いずれにせよ、無益な教育に金銭的な見返りがある理由の説明となるほど政府の職は多くはない。たしかに政府は雇用主として規模が大きい。大卒者の4分の1近くが連邦政府、州政府、地方自治体政府で働いている。[62] しかし前章で見たように、大学の学位の4分の3以上は職業に結びつかない。単純計算すれば、そのような学位を取得した人の大半が民間セクターに就職することになる。もし民間セクターが職業に結びつかない学位を相手にしなければ、学位はずっとお金にならないはずだ。

資格

職業資格はいまや1950年代のピーク時の労働組合加入率よりも普及している。アメリカ人労働者の30％近くが、合法的に仕事をするために政府の資格を必要とする。[63] 資格の最もわかりやすい効果は、競争を制限することによる賃金上昇だ。金銭的見返りは仕事によって異なるが、平均的な資格は所得を10―15％上げる。[64]

なぜこんな話を持ち出したか。教育と資格はセットになっていることが多いからだ。資格を必要とする仕事に就いている高校中退者は12％しかいない。それに対して修士号以上の学位を持っている者は44％もいる。[65] 職業によっては資格に学歴が必要になる。こうした事実を踏まえると、「シグナリング・モデルなんていらないんじゃないの？ 雇用主が無益な教育に報酬を出すのは政府が強制するからでしょ」とも言える。

だがこの説には致命的な欠陥がある。教育プレミアムは資格プレミアムより圧倒的に大きいのだ。資格によって所得が15％上がるとしよう。修士号以上の学位取得者は高校中退者より資格を必要とする率が32パーセンテージポイント高いため、資格は修士号以上の学位取得者の収入を平均5％上げるはずである。[66] しかし能力で補正したとしても、修士号取得者は高校中退者より92％も収入が多いのが実態なのだ。[67]

資格は労働市場全体に大きな影響力を持っている。これは研究者、政策担当者、有権者がもっと関心を持ってしかるべきトピックだ。規制緩和にはおおいに正当性がある。政府が質の低い理容師や花屋や室内装飾家から国民を守る必要が本当にあるだろうか。とはいえ、かりに職業資格を今日から廃止したとしても、無益な教育に対する労働市場の報酬はほとんど変わらないだろう。

IQ「ロンダリング」

人的資本純粋主義者はよく「労働者がなぜ3時間のIQテストではなくわざわざ4年間の学位で能力をシグナリングするのか」と言って抗議する。雇用主がIQは高くても真面目さと協調性に欠ける低学歴の就職希望者を恐れるのは当然ではないか、が私の答えだ。しかし教育産業に批判的な人々はもっとあっさりした答えを用意している。アメリカの雇用主がIQテストより学歴に頼るのは、IQテストが実質的に違法だからだと。

1991年に公民権法に条文化されることになる画期的な判決となった1971年のグリッグス対デューク・パワー社裁判のおかげで、IQで採用する会社は高額な訴訟リスクを負う。なぜか。IQテストには黒人およびヒスパニック系の就職希望者に差別的効果があるからだ。責任を問われないためには、雇用主はIQテストの実施を「業務上必要」であると証明しなければならない(68)。この法的なハードルを乗り越えるのはほぼ不可能であるため、雇用主は労働者のIQスコアを「ロンダリング」する〔合法的な体裁で確保する〕方法として高学歴に頼っているのである。ジョナサン・ラストがいみじくも述べている通りだ。

> グリッグス裁判では、人種的マイノリティのIQテストの成績が相対的に低い場合、雇用主はIQに類するテストに依存してはならないという判決が下った。〔…〕
>
> そこで雇用主が行っているのは、テストスコアの取得を大学を通してロンダリングすることだ。大学はこのような考課材料の利用を許されているからである。大学は裕福になり、学生と親は借金をし、みんなはアクミ・ウィジェッツ社がマディソンを採用するのは彼女がハバフォード大学から授与された社会学の学士号を評価したからであって、ハバフォード大入学が彼女の優秀さを証明しているから――3時間の筆記試験でも証明できたはずの事実――ではないふりをする。グリッグス裁判が逆の結果になっていたら、大学制度はひとたまりも

なかっただろう。[69]

ＩＱロンダリング説には一片の真実がある。法律を文字通りに取れば、ＩＱに基づいた採用を行う「業務上の必要性」の基準を満たすなど不可能に近い。[70] しかしこの主張は勇み足だ。法律を文字通りに取れば、ＩＱの「ロンダリング」のために卒業証書に頼るのだって違法になるではないか。元となったグリッグス裁判では、ＩＱテストと学歴には両方とも差別的効果があるのだから、雇用主が業務上の必要性を証明できなければどちらも許されないとはっきり判決を下している。[71] しかし現実には、雇用主は何一つ証明する労をとらずに学歴を要求している。

なぜ雇用主は責任を免れているのか。法制度は通常、法律の条文を無視するからだ。[72] 見かけは大層でもグリッグス裁判は何も「禁止」していない。どちらかと言えば受けのよろしくない採用方法に課す税金のようなものだ。ＩＱロンダリング説の擁護派は、法律の条文を読み上げても自説の正しさを立証できない。ＩＱに基づいた採用への課税が、頭の良い労働者をお得価格で採用するより学歴の高い労働者を高値で採用した方がいい、と雇用主に思わせるほど高いことを証明しなければならないのである。

ＩＱロンダリング説はしょっぱなから不都合な事実に直面する。大手雇用主の10―30%が認知能力試験を利用していることを認めているのだ。[73]「試験税」がなければ認知能力試験はもっと一般に普及しているはずだ、という反論は当然あるだろう。では試験税の負担はどうすれば測定できるか。訴訟の数、損害賠償の規模、訴訟費用、原告の勝訴の可能性、といった法執行の調査をすればよい。包括的なデータはどこにもないが、既存の研究からおおよその数字は出る。

連邦裁判所に提訴された雇用差別事例の総数は１９９８年に約２万３０００件でピークに達し、その後徐々に減少して2007年には約1万4000件になった。[74] 勝訴した場合の平均賠償額は大きい――1990―2000年で約110万ドルだ。[75] だが申し立てのうち実際に裁判に至って勝訴するのは2％にすぎないから、年間の賠償金額の合計は6億ドルに満たない。[76] 原告の過半数――58％――は裁判外の和解で決着をつけている。[77] 和解はふつう表に出ないが、平均和解金額は裁判による平均賠償金額の5％ほどだ。[78] 従って、年間の和解金の総額は8億ドル未満となる。[79] 原告側の弁護士に40％の成功報酬を支払い、被告側の弁護士にかかる費用がその3倍としても、雇用主の訴訟費用は総額で17億ドルを超えない。1990年代半ばのこれらの数字にインフレを加味して今の費用を出すと、雇用主の訴訟負担の総額は年間50億ドル未満となる。

人件費の総額と比べれば、50億ドルなど取るに足らない金額である。50億ドルが雇用差別訴訟すべての費用を高く見積もった額であることをここで思い出してほしい。IQテスト実施への課税はそれよりはるかに少ない。1987年から2003年にかけて連邦裁判所に提訴された差別案件のうち、差別的効果を主張したのは4％のみだ。[80] 形態を問わずすべての採用試験に対する訴訟を合計しても、年間1000件に満たない。差別的効果の訴訟費用が通常の訴訟と同じとすると、雇用主の試験税の合計は年間2億ドル足らずだ。[81]

雇用主全体が大卒者に支払う上乗せ分の総額に比べれば、これはごくわずかである。もし本当にIQテスト実施によって大卒レベルの労働者を高卒者と同じ賃金で雇えるなら、賢い雇用主は自由にIQテストをして、たまに起こる訴訟は少額の事業経費として扱うだろう。思い出してほしい。能力で補正した場合、大卒者は高卒者より40％収入が多いのだ。高学歴が果たす主な役割がIQロンダリングであれば、法廷が試験税を100倍に引き上げてもIQテストを実施した方が得ということになる。[82]

私の知る限り、IQロンダリング説の支持者でこの計算に取り組んだ者はいない。彼らの主要なエビデンスは時期だ。教育プレミアムがめざましい上昇を始めたのが、1971年のグリッグス判決が出てまもなくだというのがあやしいという。しかしよくよく見れば、彼ら自身のデータが大学プレミアムはほぼ10年間変化なしであることを示している。[83] ＩＱロンダリングのごくわずかな兆しですら、現れるまでに何年もかかるのはなぜだろう。

長期にわたって歴史的に見ると、ＩＱロンダリング説はさらに信憑性を失う。差別禁止法が制定される何十年も前から、雇用主は大卒資格に報酬をたっぷりと支払っていた。１９１４年から２００５年にかけて、アメリカの大学プレミアムはだいたいU字型を描いている。第二次世界大戦前の30年間は高く、第二次世界大戦後の30年間は下がり、その後再び上昇しているのだ。[84] 戦前を基準にすれば現在の大学プレミアムは正常である。なぜ大学プレミアムの上昇を、歴史的な低下への反動ではなく差別禁止法への遅れた反応と見るのか。

ＩＱロンダリング説の支持者は、労働市場が抜け道を積極的に探そうとしないこともおかしいと思うべきだ。世の中にはＩＱテストの代わりになるようなものがたくさんある。雇用主はＩＱテストを「職業知識」「スキル」「問題解決」のテストで置き換えることもできるはずだ。記録に残したくない？　それなら知力を試すような面接でＩＱを測定すればよい。雇用主側が何もできないとしても、野心のある就職希望者なら喜んでルール違反に加担し、履歴書に自分のＳＡＴの得点を添えてくるだろう。他の経済分野であれば、規制が強ければ工夫を凝らした回避策が出てくるものだ。労働市場にそれがないはずはない。

ＩＱロンダリング説の最も明白な欠陥は、労働市場が大学の卒業証書ではなく合格通知に報酬を出すと示唆している点だ。[85] テストの得点をロンダリングするためなら、大学に10万ドル払うかわりに大学出願料に１００ドル払えばいい。「合格通知は優秀なＩＱのシグナリングになるが、大学を中退したら人格に難があることをシグナリングしてしまう」と反論したあなたは、私の説にようこそおかえりなさい。教育がシグナリングである根本原因は、1971年の訴訟ではなく、情報の不完全さという時代を超えた問題なのだ。差別的効果法理はスピード制限のようなものだ。法律を文字通りに取れば、ほぼすべてのドライバーが法律違反を犯している。なぜか。スピード制限は差別的効果法理と同様、きわめて不便で施行は緩いからだ。雇用主が本当に就職希望者のIQをテストしたければ、IQに基づいた採用は「最高速度」が時速55マイルなのに時速60マイルで運転するのと同じくらい一般的であるはずだ。

IQロンダリング説を完全に退けるべきではない。もし差別的効果法理が突然廃止されたら、IQテストの実施は少しだけ広まり、教育プレミアムは少しだけ下がるかもしれない。雇用主はおそらく試験税を過大に考えている。はっきりと合法化すればその不安はおさまるだろう[86]。求職者の知力をテストする方法はアメリカ以外ではもっと普及している[87]。さらに、試験税は平均すれば低いが、多くの企業は平均値ではない。著作権違反はどこでも行われているが、それでも著作権訴訟によってナップスターは破産した。もしウォルマートが堂々とIQテストを実施したら、ナップスターと同じ運命をたどるかもしれない[88]。とはいえ全般的に見れば、IQロンダリングは本末が転倒した説だ。雇用主が数億ドル程度の訴訟費用を避けるために、数千億ドルの労働コストを余分に払っているとは信じがたい。

教育の便益を見くびっている？

労働市場は本当に無益な教育に報酬を出しているのだろうか。それに対して、懐疑派はいろいろと疑いを並べる。注意深く検証してみると、たしかに部分的には当たっているものが多い。しかしその疑いをすべて加味して大幅に補正しても、教育にはまだ金銭的な見返りがある。美術の学位でさえもだ。

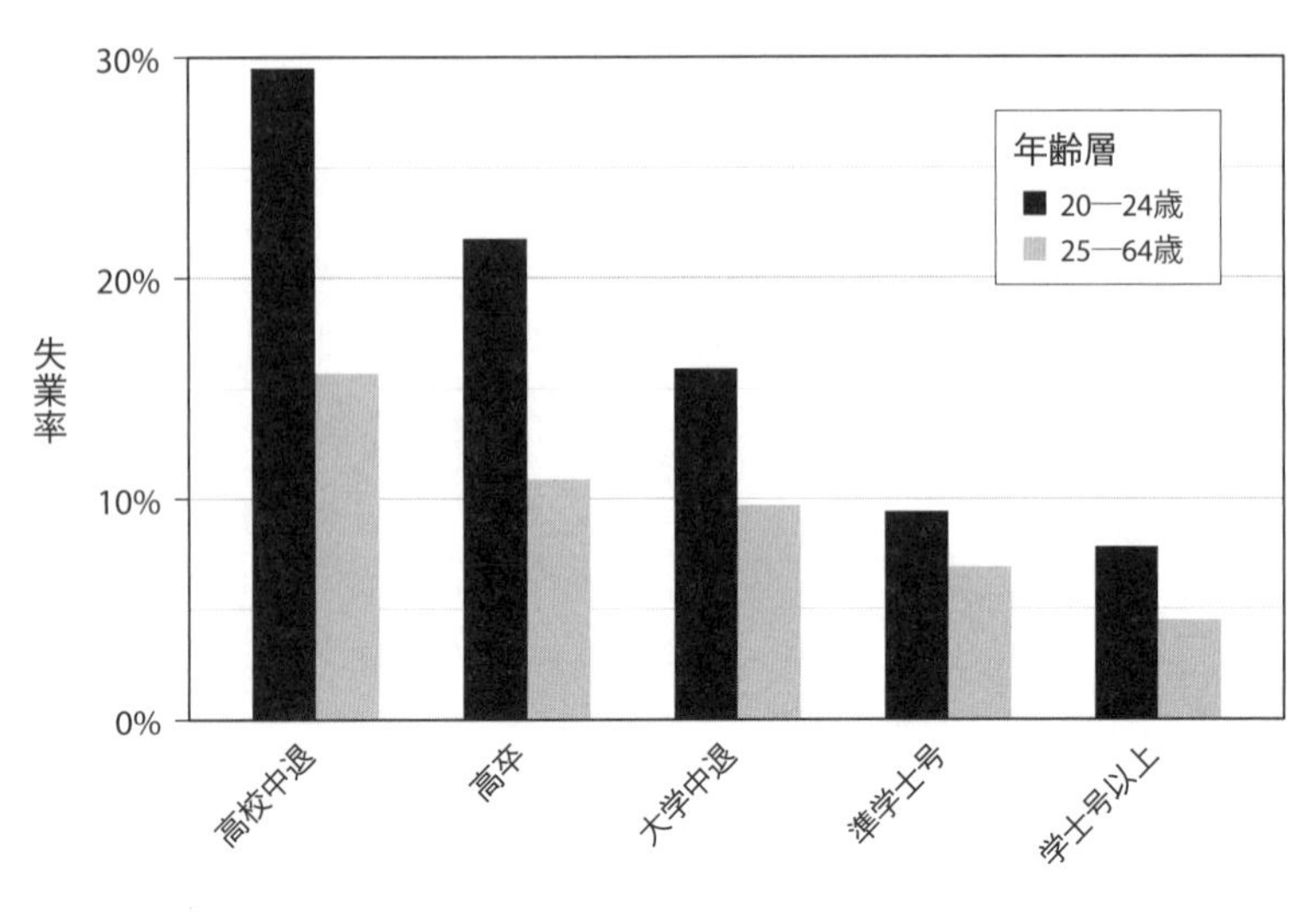

図 3-4：学歴別の失業率（2011 年）
出典：Snyder and Dillow 2013, pp. 620, 622.

しかし美術の学位の金銭的な見返りを公正に測定するには、その学位が見かけほどお金にならない主な理由を検証するだけでは足りない。美術の学位が見かけ以上にお金になる主な理由も検証しなければならない。目に見えない便益については本書の後半で考える。今は、むきだしの物質主義に徹しよう。

失業

学歴のある労働者は一般的に失業しにくい。１９７２年から２０００年にかけての平均失業率は高校中退者が８％近く、高卒者が４％弱、大卒者が約２％だった。[89] 世界不況以降、メディアには大卒者の失業や新卒者の就職難の記事であふれている。[90] だが学歴が高い労働者の方が職にあぶれにくいという世の習いは時代を通じて今も変わらず、新卒者も例外ではない（図３－４参照）。

本当の問題は、例によって、高学歴労働者の方が失業率が低いかどうかではなく、それはなぜかである。能力バイアスにはさまざまな形がある。高学歴者は大学に入学する前から職を見つけて維持するのに長けているのかもしれない。
　繰り返しになるが、能力バイアスへの対処としては、能力を測定してからその能力を加味した補正を行う方法が最も優れている。このような研究は残念ながら数が少ないが、ある質の高い調査が、アメリカ人の教育が失業に与える影響を多数の能力で補正して測定している。[91] ＩＱで補正すると、教育が失業に与える影響の29％が消失する。ＩＱ、運命論、自尊心、反社会的行動で補正すると、教育が失業に与えると思われた影響の半分未満しか残らない。

福利厚生
　健康保険、年金などの従業員給付はいまや民間セクターの給与総額の３分の１近く、公共セクターの給与総額の３分の１以上を占めている。[92] 学歴の高い労働者ほど有利な福利厚生を得ている。[93] ２０１０年版の青年全国縦断調査〔National Longitudinal Survey of Youth（ＮＬＳＹ）〕では、学歴の高いアメリカ人の方が医療保険、生命保険、歯科保険、育児休暇、追加退職金制度、フレックスタイム、研修、保育サービスの福利厚生をすべて受けている傾向が高い。[94] 知力で補正すると教育の影響は減少するが、それでも通常はゼロを大きく上回る影響が残る。[95]

測定ミス
　研究者は人々の教育程度をどのように測定しているのだろうか。ほとんどの場合、究極の情報源は「あなたは何年間教育を受けましたか」あるいは「最終学歴は何ですか」と聞くことだ。人はまちがえたり嘘をついたりするから、教育に関する実地データにはすべて不備がある。
　教育懐疑派はこの否定しようのない不備を盾にとって、私たちが教育の金銭的見返りについてわかっているつもりでいることをすべて一蹴できるかもしれない。ところが統計的推論を正しく行うと、ほぼ逆の結論になる。Xの測定方法に信頼性が低い場合、直観に反して、Xの本当の影響はもっと大きい。[96]測定ミスを無視すると競合する要素が教育の功績を「盗み」、教育の本来の価値が過小評価されてしまうからだ。

5人の労働者が高卒の資格、5人が大学の学位を持っているとしよう。高卒資格のある労働者は年収5万ドルである。大学の学位を持つ労働者はその2倍を稼いでいる。しかし高校でも大学でも調査にきちんと回答しろなどと教えてくれない。世論調査で学歴を問われ、双方のグループそれぞれで1人がまちがった欄にチェックを入れる。

するとどうなるか。データは高卒者の収入を過大評価し、大卒者の収入を過小評価するのだ。測定された収入は高卒者が6万ドル（高卒と答えた1人が大学に行っているため）、大卒者が9万ドル（大卒と答えた1人が大学に行っていないため）になる。収入の本当の差は5万ドル。本当の大学プレミアムは＋100%だ。ところが人為ミスのせいで、測定された差はたった3万ドル、測定されたプレミアムはたった＋50%になる。この例から、教育程度の測定ミスは認知された教育プレミアムを縮小させるという一般原則がわかる。労働経済学者はよくこの歪みを補正して、教育が所得に与える本当の影響は見かけより約10%大きいと結論している。[97]

しかし詳細に見ると、このアプローチには教育に有利な操作がある。労働経済学者は競合する要素が教育効果の功績を「盗む」のを防ぐために教育の測定ミスで補正することはよくあるが、教育が知力効果の功績を「盗む」のを防ぐために知力の測定ミスで補正することはめったにない。[98]労働経済学者は教育が性格効果の功績を「盗む」のを防ぐために性格の測定ミスで補正することはめったにない。[99]というか彼らは教育以外の何についても測定ミスの補正をめったにやらないのだ。その結果、労働経済学者は大事な問いを避けている。実際のところ教育は被害者なのか泥棒なのか[100]？　知力、性格、その他が教育の功績から盗む分の方が、教育がそれらから盗む分よりも多いのか？　この課題に取り組んだ希少な論文では、測定エラーはめくらましであると結論している。[101]　教育が所得に与える本当の影響は見かけ以上のものではない。

教育の本当の見返り

実践的スキルと世間的な成功のつながりは、現代教育について主流を占める擁護派や天邪鬼な反対論者が想像するよりも微妙だ。スキルのある者は良い仕事をする。成功した者は良い仕事を持っている。スキルに及ぼす効果が薄いとはいえ、教育はいまだに現代経済において成功への確実な階段である。あなたの知り合いに裕福な中退者と貧しい大卒者がたくさんいるとしても、それはあなた個人が非典型的な人をたくさん知っているにすぎない。

好きなだけデータに反論してみればよい。頭脳、モチベーション、家族歴、専攻の選択などで補正してみよう。教育プレミアムは目の前でたちまち縮んでいく。しかし教育プレミアムが消失するだいぶ手前で縮小は止まる。職業と関連のある専攻は特にお金になるが、考古学の学位でさえ所得は25%高くなる。

抜け目のない、お金にシビアな雇用主が考古学を修めた人間にそんな法外な報酬を支払うのはなぜだろう。天邪鬼な教育反対論者はたいてい政府が悪いと言うが、その言い分は論理が破綻している。公務員はおいしい仕事か？　民間セクターが教育に支払う上乗せ報酬は公共セクターより多い。規制？　資格職と非資格職の教育プレミアムはほぼ変わらない。訴訟？　法原理はあっても、ＩＱテストの「試験課税」などごくわずかだ。

天邪鬼な反対論者は「シグナリング」という最も明快な説明から逃げるのをやめるべきだ。スキルを証明するために学校へ行くのは、スキルを高めるために学校へ行くのと同じくらいお金になる。考古学の学士号取得者が高卒者より労働者として優秀なら、雇用主は「考古学の教育課程が本当に教えている有益なスキルは何だろう」と考えて時間を無駄にする必要はない。「考古学を修めた人間に25％報酬を上乗せすれば、金額に見合った価値が得られる。以上」と一足飛びに結論が出せる。

天邪鬼な教育反対論者も世の主流である教育擁護論者も、同じ一つの幻想を抱いている。どちらも一石二鳥の理屈があると思っているのだ。反対論者は教育が職業スキルにほとんど効果がないことがわかっているから、教育が世間的成功の確率を大幅に高めるというエビデンスを無視する。擁護論者は教育が世間的成功に大きな効果があるのがわかっているから、教育が職業スキルをほとんど高めないというエビデンスを無視する。両陣営とも、自分たちにわかっているエビデンスから離れない限りは説得力の高い主張ができる。

すべてのエビデンスをきちんと取り上げるのが賢明なアプローチだ。教育を理解するためには、スキルと成功、学習と収入の両面に目を向けなければならない。仕事と関係のない教育に金銭的な見返りがあるのは事実だ。人的資本純粋主義ではその事実を否定して思考停止状態になるという反応しかできない。しかしシグナリング・モデルには、幸いにも、彼らが放り出したその謎を解く覚悟と意欲と力がある。

4

シグナリングの証拠

あなたがまだ納得していないなら

つまり、あなたが誰であろうと、
この結論には同意するでしょう、
誰もが誰かであるならば、
誰でもある者など誰もいません！
――W・S・ギルバート、アーサー・サリバン、歌劇『ゴンドラの漕ぎ手』(1)

現代の世の中、生まれてから四半世紀までの人生は実に変てこだ。最初の数年間はとても有益なスキルを学んで過ごす。歩き方。話し方。人づきあい。すべては順調だ……この子は大きくなったから学校に入れようと親が考えるまでは。学校ではとても有益なスキルをもういくつか教わる。読み書き計算。だが一日の大半は単なる時間つぶしだ。親も先生も他の大人たちも、正規教育は大人になってからの人生に必須の準備だと請け合う。13年後、大人たちは学校をやめる選択肢を与えてくれるが、少なくともあと4年続けてからにしなさいと熱心に奨めてくる。学校で勉強しなければならないことと仕事のつながりは謎のままだ。だがようやく卒業する時になって、大人たちの知恵はまちがいなかったことがわかる。成績証明書の見栄えが良いほど労働市場でのチャンスが豊富になるのだ。

変な体験をすると疑問を持つものだ。本当に変なのはどちらか。世の中なのか、それとも自分か？　教育に関しては、これまで見てきたように、答えは世の中だ。学校で有益なスキルをほとんど学ばないのに、笑いが止まらないほどお金がもらえる――それがあたりまえ。教育のシグナリング・モデルはこの不可思議をあざやかに説明する。シグナリングは単に学習という心理学と収入という経済学の折り合いをつけるだけではない。シグナリングに思い当たる節があると思った瞬間、人生の最初の四半世紀がついに腑に落ちる。シグナリングは私たちの実体験に符合するのだ――学習に関する事実と収入に関する事実のつじつまを合わせるのに、他の方法はまず考えられない。

しかし、これまでに取り上げたエビデンスは本当にこの勝ち誇った気持ちを裏づけてくれるだろうか。多くの賢い人々はまだ疑っている――実体験をあまり信用していない人は特に。彼らには、学習と収入に関する間接的なエビデンスでは不十分だ。彼らは教育のシグナリング効果を直接的に確証する社会科学を求める。

本章ではそんな懐疑派に、彼らが求める社会科学を捧げる。経済学、心理学、社会学を網羅した4本の主要な研究文献が、明示的ないし暗示的に教育のシグナリングの発見と測定を試みている。これら四つのアプローチの背後にある論理をひもとき、それぞれが明かしているものを吟味していこう。

シープスキン効果

あなたはあと1単位で学士号が取れるとする。授業の内容は完全に修得したと自信を持って、あなたは最終試験に自転車で向かっている。そこへ突然、自動車が突っ込んでくる。軽傷ですんだが、試験は受けられなかった。教授に追試を認められず、あなたは単位を落として卒業できなかった。怒りがおさまってから、あなたは目の前の選択肢を検討する。もう1学期登録して卒業証書を手に入れるべきか、あきらめてそのまま社会に出るべきか。

純粋な人的資本モデルは大学をやめることを奨める。事故で卒業証書は取得できなかったが、卒業証書に見合うスキルはすべて身につけている。「大卒レベルの仕事」にあなたを採用するのは通常、まったく合法である。雇用主は卒業証書ではなくスキルを評価するのだから、単位を落とした授業を受け直すのは時間とお金の無駄だ。

それに対してシグナリング・モデルは、入学した大学を卒業せよとアドバイスする。私たちの社会では、卒業は神聖なる里程標だ。卒業は雇用主に「私は社会の規範を真面目にとらえています——しかも頭脳も規範を守る労働倫理も備えています」というメッセージを伝える。中退は雇用主に「私は社会的規範をなめています——あるいは頭脳も規範を守る労働倫理も欠けています」と伝える。卒業すれば、市場はあなたを勝者の仲間として扱い、特別な卒業ボーナスを払ってくれる、とシグナリング・モデルは言う——これが世に言う「シープスキン効果」である。かつては卒業証書が羊皮紙（シープスキン）に印刷されていたからだ。中退すれば、市場はあなたを敗者の仲間と見なしてシープスキンへの報酬を与えない。結局のところ、雇用主はあなたが学位を修了できなかった理由など知るよしもない。あなたが学位を修了できなかった事実しか相手にはわからないのだ。

労働経済学者は通常、シープスキン効果を無視する。教育を受けた年数はすべて同等であるとデフォルトで想定し、その上で教育を受けた1年当たりの収入に対する効果を推定する。[2] しかしシープスキン効果に目配りして研究を行った経済学者はほぼ必ず、卒業時に収入が急増することを発見している。[3] 高校卒業で収入グラフの波形は突出して高くなる。12年生の終了時点の給与は9年生、10年生、11年生の終了時点を合わせたよりも高いのである。パーセンテージに換算すると、平均的な調査で卒業学年の収入は途中学年3・4年分の価値があることがわかっている。大学卒業で収入グラフの波形はさらに大きく突出する。大学4年の給与は1年、2年、3年を合わせた金額の2倍にもなる。[4] パーセンテージに換算すると、平均的な調査で卒業学年の収入は途中学年6・7年分の価値があることがわかっている。修士号以上の学位でも結果は同様だ。いくつかの研究でわかったその金銭的見返りはシープスキン効果以外の何者でもない。[5]

給与が急上昇するのは学歴も急上昇する時だ。「学位を取って、後はずっとそれで食べていこう」が昔からの学生の戦略だ。アメリカ国民の3分の1は学校に12年間いて、高卒の資格を取ったらそこでやめる。11年生を終えた直後に高校をやめる者は2%しかいない。7分の1は16年間学校で過ごし、学士号の学位をとったらやめる。3年生を終えた直後に大学をやめる者は2%しかいない。[6]

シグナリングならいずれの急上昇にも即座に説明がつけられる。学位を取得する年に給与が急上昇するのはなぜか。卒業は中退よりはるかに良いシグナルを雇用主に送るからだ。学位を取得する年に教育程度が急上昇するのはなぜか。フィニッシュラインのすぐ先に見えている多額の賞金を手にしようと、学生たちが走ったり歩いたり這ったりするからだ。

シープスキン効果についてもっとよく感触をつかむために、総合的社会調査（GSS）の労働者を詳細に見てみよう。1972年に開始され現在も続行中のアメリカ国民の大規模調査、GSSはシープスキン効果を抜き出すのにうってつけである。参加者の99・5%が自分の教育年数と最高学歴の両方を回答しているからだ。学位を無視した場合、GSSには大きな教育プレミアムが見てとれる。在学年数が1年増えると給与

表4-1　総合的社会調査（1972－2012年）のシープスキン効果

	収入に対する効果	
教育	教育年数のみを見た場合	卒業資格も見た場合
教育年数	＋10.9％	＋4.5％
高校卒業資格	—	＋31.7％
短大卒業資格	—	＋16.6％
学士号	—	＋31.4％
大学院学位	—	＋18.2％

結果はすべて年齢、年齢の二乗、人種、性別で補正している。対象者は労働人口のみに限られている。対数ドルをパーセンテージに変換している。

は10・9％上がる（表4－1参照）。しかし学位で補正すると、この1年分の金銭的見返りは4・5％に急落する。[7] 教育プレミアムの60％以上がシープスキン効果であったことがわかる。高校の卒業資格と四年制大学の卒業資格は特にお金になる。それぞれの節目を越えるたびに所得が3分の1近く上がる。予想通り、最もお金になる年数は最も人気のある年数でもある。30％がきっかり12年間の学校教育で高校卒業資格を取得している。11年生まで修了して12年在学しなかった者は5％しかいない。11％がきっかり16年間の学校教育で学士号を取得している。3年生まで修了して4年在学しなかった者は3％しかいない。

シープスキン効果の存在がまだ疑わしかった古き良き時代には、経済学者たちはシープスキンとシグナリングのつながりをあたりまえに受け入れていた。シープスキン効果を発見した論文はすべてシグナリングに一票を入れ、シープスキン効果を発見できなかった論文はすべて人的資本に一票を入れた。だがシープスキン効果の存在が明らかになった今、一部の経済学者たちはそのエビデンスを再解釈してシグナリングの勝利を否定している。

なぜシープスキン効果がシグナリングの反映でない
いということになるのか。最も単純な説は学校が最大の目玉を最後にとっておくというものだ。卒業学年に余分の見返りがあるのは、卒業学年になって突然、学校

表4-2　総合的社会調査（1972－2012年）のシープスキン効果と能力バイアス

	収入に対する効果	
教育	教育年数のみを見た場合	卒業資格も見た場合
教育年数	＋10.3%	＋4.2%
高校卒業資格	—	＋32.0%
短大卒業資格	—	＋10.4%
学士号	—	＋29.8%
大学院学位	—	＋17.8%

結果はすべて年齢、年齢の二乗、人種、性別、認知能力で補正している。対象者は労働人口のみに限られている。対数ドルをパーセンテージに変換している。

が市場価値のあるスキルを集中的に教えるからだという。私の知る限り、この考えを擁護する者は誰もいない。卒業学年は「羽を伸ばせる」年であって、「ついに何がしかの仕事のスキルを学べる」年ではない。

ほとんどの懐疑派は、シープスキンとシグナリングのつながりをまったく別の角度から攻める。能力バイアスだ。[8] たしかに、卒業はお金になるように見える。だがその理由は、卒業生には元から中退者よりはるかに良い仕事に就ける見込みがあったからではないのか。もし能力バイアスでシープスキン効果が完全に説明できるなら、タイミングの悪い自転車事故で卒業がフイになっても、就職に支障は出ないはずだ。

例によって、能力バイアスをテストするには能力を測定して補正を行うのがベストだ。シープスキン効果をテーマとした複数の論文がそのようなテストを実施している。能力で補正した後にシープスキン効果が消えたと結論した論文は1本もない。[9] むしろ、能力で補正すると通常は教育年数と卒業資格の両方の効果がわずかに落ちる——つまり、卒業資格の相対的な金銭的見返りは変わらない。[10]

総合的社会調査（GSS）の結果がその典型だ。表4-2に、表4-1を認知能力で補正した後どうなるかを示す。目立った結果は、短大のシープスキン効果が約3分の1も落ちたことだ。それ以外はあまり見るべきものがない。高校卒業資格、学士号、大学院の学位の見返りを単独で見た結果はほぼ変わらない――そして相対的に見ればむしろ上がっている[11]。

能力バイアスでシープスキン効果を説明するのは、統計上のエビデンスと一致しないばかりか、学位取得の年に教育程度が急上昇するという明白な事実とも一致しない。労働市場が卒業資格を無視するのであれば、なぜこれだけ多くの高卒者が大学に進学しない選択をし、これだけ多くの大卒者が大学院に進学しない選択をするのか。国民の3分の1が高校を修了するだけの能力がありながら大学に進学しないことを信じろというのだろうか[12]。国民の7分の1が大学を修了するだけの能力がありながら大学院に進学しないことを?「大学は高校よりずっと難しいから、その多くの出来のいい高校生も大学では落第するだろうと分をわきまえた判断をするのだ」という言い分もあるかもしれない。だが今どきの大学のカリキュラムは高校のカリキュラムと実は重複している。一般的な学部生の約40%が、少なくとも一つはレメディアル講座〔学力不足のまま大学に入学した学生のための、基礎学力を補習する授業〕を取っているのだ[13]。

熱烈な人的資本信者は必ず「もっと優れた能力測定法を用いればシープスキン効果は消滅する」という言い分で抗議するかもしれない。だが率直なところ、そんな「たられば」は意味のない仮定だ。シープスキン効果は巨大に見える。これが虚偽であることを証明するには、研究者たちは途方もなく説得力があるのに見逃されていた能力を特定しなければならない。それだけではない。その見逃されていた能力で補正すれば、学位の金銭的見返りは大幅に削減されるが教育年数の見返りは削減されないことも条件になる。かりにでもこれにあてはまる能力とは何だろう。

シープスキン効果のすべてのエビデンスを整理したところで、あなたは名裁きで知られるソロモン王になったつもりで裁きを下せるかもしれない。あなたの前に進み出るのは人的資本とシグナリングである。両名は自分たちそれぞれに教育プレミアムを分割していただきたいとあなたに請う[14]。説得力のある判決は「人的資本には教育年数の金銭的見返りの功績を認め、シグナリングには学位の金銭的見返りの功績を認める」。

つまり、人的資本とシグナリングの分割比はおおよそで高校が60対40、大学が40対60となる。

だがよく考えると、ソロモン裁きでは人的資本の功績を認めすぎである。シープスキン効果でシグナリングの測定値は出ない。シープスキン効果でわかるのはシグナリングの下限である。ソロモン王はシグナリングに卒業資格の金銭的見返りのすべてに加えて教育年数の金銭的見返りの一部も与え、残りを人的資本に渡すべきなのである。

そのわけを知るには、「卒業」という概念のない世界を想像してみてほしい。そのような世界では教育のシグナリングはなくなると、安心して断言できるだろうか。[15] もちろんできない。卒業資格がなくても、教育が知力、真面目さ、協調性のシグナルを発することに変わりはない。この想像上の世界と現実の世界の大きな違いは、シグナルの上がり方がなめらかな点だ。教育をもう少しだけ受ければ、エンプロイアビリティがもう少しだけ高く見える。

現実の世界には卒業というものがあるから、私たちは卒業生と中退者を別の人種と見なす。しかしだからといって、修了しなかった教育を無視するわけではない。私たちの社会では、卒業資格が人をおおざっぱに定義づけするが、教育年数は価値ある詳細情報を追加する。次のエピソードを考えてみてほしい。

ジェーンは高校卒業資格を取得後、大学には行かなかった。ドリスは高校卒業資格を取得後、大学に1年だけ通ってから退学した。あなたはどちらを雇いますか?

ドリスは大学で職業スキルをまったく学ばなかったとする。それでもあなたは彼女の方がジェーンより優秀な労働者だと期待するだろう。なぜか。ジェーンは最低限の社会の期待に応えたが、ドリスは期待を超えたからだ。一歩踏み込んだ努力をする労働者が欲しければ、ドリスの方が見込みがある。だから一部のシープスキン研究が大学の1年目にそれなりの報酬があるとしていても、驚いてはいけないのである。[16]労働市場は挑戦しないより挑戦して失敗する方を評価するのだ。

象牙の塔の住人でない人の目には、シープスキン効果の研究など今さらと映るかもしれない。労働市場が卒業に高い報酬を出すことぐらい、ふつうの人は研究などしなくても知っている。学歴主義を身をもって体験しているからだ。象牙の塔の住人であれば、シープスキン効果研究の今さら感はもっとあるかもしれない。大学教授は学歴主義者が世界一多く生息している環境で暮らしているからだ。大学は「相応の」学位のない人間など絶対に雇わない。卒業資格に本当に金銭的見返りがあるかどうかを疑問に思うはずがあろうか。

それでも、シープスキンの学問的研究には意義があった。現代の生活でシープスキン効果が大きいことはわかっているが、その大きさがどれほどかがわかるのは学問的研究のおかげである。また、学問的研究は、学校中退者が億万長者になる時代に卒業資格などもはや重要ではないという誘惑的な考えに対して免疫をつけてくれる。だがおそらく最も重要なのは、シープスキン研究が世の中の実感と社会科学が合致することを示してくれた点だろう。実体験をばかにできても、結局は誰もがわかっていた結論に至るのだ。

不完全就業と学歴インフレ

高度な教育を受けたのに仕事に生かしていない労働者は多い。素人はそういう人を「学歴過剰（オーバークオリファイド）」と呼ぶ――受けた教育が仕事の内容に比べて立派すぎるという意味だ。研究者はそういう人をしばしば

「不完全就業（マルエンプロイド）」と呼ぶ——受けた教育に比べて仕事の内容が不十分という意味だ。[17] どちらも言わんとするところは同じである。あなたに給仕してくれたウェイターが天文学の博士号を持っているとしたら、どこかでとんでもないボタンのかけ違いがあったのだ。

研究者が用いる不完全就業の測定方法は大きく三つある。[18] まず、受けた教育が就いた職業に対して並外れて高いかどうかを見る「非典型教育」法。[19] この方法では通常、不完全就業率が10—20%となる。[20] 非典型教育法の大きな欠点は、その職業に就いている典型的な労働者の学歴が高すぎる可能性を排除していることだ。もしバーテンダーが全員、博士号を持っているとしたら、「非典型教育」法ではバーテンダーの不完全就業率は0%になってしまう。

「自己報告」法は、研究者が労働者に、自分の職業に対して受けた教育が過剰か、不足しているか、十分かを問うものだ。この方法では通常、不完全就業率が20—35%となる。[21] 自己報告法の大きな欠点は、「学歴過剰」と申告するのは失敗を認めることになってつらいので、本当の比率はもっと高い可能性があることだ。

最後の「職務分析」法では、研究者が職業を一つひとつ解剖し、その職業に「本当に要求される」教育程度を判断した上で、労働者の教育がその要件に対して過剰かどうかを確認する。[22] この方法でも通常、不完全就業率は20—35%となる。[23] 職務分析法の大きな欠点は、スキル要件が時代によって上がったり下がったりすることだ。イノベーションによってかつては難しかった仕事が簡単になることもあれば、かつては簡単だった仕事が難しくなることもある。

どの方法がいいと思うにせよ、三つの方法はすべて、不完全就業がけっしてめずらしくないことを明らかにしている。これは経済学者と社会学者の考えが一致する数少ないトピックでもある。不完全就業の遍在を否定するには、「労働者が身につけた教育は当然ながら、必要だから受けた教育であるはずだ」と杓子定規に言い張るしかない[24]。それを天文学の博士号を持っているウェイターに言ってみろというのだ。

　不完全就業が増えているのは、ほとんどの研究者の見解が一致するところである。ある主要な研究チームは、アメリカの大卒者の不完全就業率が2000年の25・2％から2010年には28・2％に上昇したとしている。世界的な不況のどん底期、最若年の大卒者の不完全就業率は40％に迫った[25]。別の研究者チームは、500の職業カテゴリーにおける教育歴の長期的な変遷を取り上げた。1970年代初めから1990年半ばにかけて、労働者の平均的な教育歴は1・5年延びた。この増加分の約20％――0・3年には、高スキル職への転職が反映されている。残りは学歴インフレによるものだ。個々の職業内の平均的な教育歴は1・2年延びた[26]。1972―2002年と長期を追った研究もほぼ同率の結果となっている。平均的な教育歴は1・75年延びたが、高スキル職の増加が要因となったのはそのうちの19％にすぎない[27]。学歴インフレは学問の世界そのものにも猛威を振るっている。今の教授が博士号を持っている確率は1960年代よりはるかに高い[28]。情報化時代についての常套句とは裏腹に、仕事より労働者の方がはるかに変化が早いのである[29]。

　不完全就業それ自体は、人的資本モデルと矛盾しない。なぜか。学校で市場価値のある仕事のスキルを習得できなければ、卒業後「不完全就業」状態になりうる。つまり不完全就業の卒業生は、カリキュラムの学習と記憶に失敗した可能性がある。全米成人識字調査（NAAL）で、高卒者の50％以上、大卒者の20％近くは、読み書き計算能力が中庸レベルに届いていないことを思い出してほしい。あるいは、不完全就業の卒業生は仕事と関係のないカリキュラムを学習した可能性がある。高校の教科の40％以上、大学の専攻の40％以上が有益性で「低」評価がついたことを思い出してほしい。学士号を持っているバーテンダーが「なぜ、いったいなぜ、私はもっと良い仕事に就けないのでしょうか」とたずねたら、人的資本は「なぜなら学歴があっても、あなたはもっと良い仕事をする方法を学ばなかったからだ」とにべもなく答える。

シグナリングが打ち出すのは、それとはまったく逆——不完全就業は労働者が互いに相手より上を目指す終わりなき闘争の表れである、という説である。労働市場を軍拡競争としてイメージしてほしい。教育程度が上がると、自動的に学歴インフレが起きる。学歴が世にあふれれば、雇用主に自分の採用を説得するために、もっと一生懸命、もっと長く勉強しなければならない。誰もが学士号を持っているディストピアでは、用務員を志望する者はトイレ掃除の仕事にありつくために用務員学の修士号が必要になるかもしれない。[30] 学士号を持っているバーテンダーが「なぜ、いったいなぜ、私はもっと良い仕事に就けないのでしょうか」とたずねたら、シグナリングは「あなたより見栄えのいい学歴を持っている競争相手が多すぎるからだ」と気の毒そうに答える。これを裏づけるように、二人の著名な社会学者が次のように説明している。

学歴過剰な労働市場では、雇用主は「最高レベルの」仕事に「最高レベルの」学歴を持つ者を採用するだろう。教育過剰とは高い教育を受けた労働者が多すぎるということなので、その中には必然的に「中級レベルの」仕事を割り当てられる者も出てくる。このプロセスが中級レベルの学歴を持つ者についても繰り返される。中級レベルの仕事の数が足りないため、多くの者が低レベルの仕事を奪い合わざるをえない。[31]

人的資本とシグナリングがともに不完全就業を容認しているのなら、なぜこの問題を持ち出すのか。この二つの説がある重要な一点で意見を異にするからだ。すなわち、労働市場は使わない教育に対して労働者に報酬を出すのかどうか。人的資本はノーと言い、シグナリングはイエスと言う。学士号を持っているバーテンダーを例に取ろう。大学が優れたバーテンダーを養成する機関ではないとあたりまえの想定をすると、人的資本モデルは学士号ではバーテンダーの所得を上げることができないと予測する。シグナリング・モデルは逆の予測をする。学士号を持っているバーテンダーは学士号のないバーテンダーより収入が高くなるはずだ。なぜか。すべての企業がそうであるように、バーも知力が高く、真面目で、協調性のある労働者を求めており、学士号はまさにこうした特性をシグナリングするからだ。だから目の前に選択肢があれば、バーは大学のカリキュラムが勤務内容と無関係でも学士号を持っている就職希望者を優先する。

労働市場は使わない教育に対して労働者にどれだけ支払っているのだろうか。この問いに関する最も優れたデータが、皮肉にも、大学教育の普及を熱心に推進する機関から出ている。ジョージタウン大学の教育・労働力センターの研究者らが２００７―２００９年のアメリカ地域社会調査（ＡＣＳ）を使い、５００の職業カテゴリーの労働者25万人以上について、学歴レベル別の収入を集計した。[32] 彼らのデータは二つのパターンを力強く立証している。

第一に、ほぼすべての職業で高卒者は高校中退者より収入が多い。彼らが調査した５００の職業のうち、２１４の職業に10名以上の高校中退者と10名以上の高卒者が含まれている。それらの職業のうち93％で高卒者は高校中退者より収入が高く、収入プレミアムの中央値は＋37％である。

第二に、ほぼすべての職業で大卒者は高卒者より収入が多い。同じ５００の職業のうち、２７０の職業に10名以上の高卒者と10名以上の大卒者が含まれている。それらの職業のうち90％で大卒者は高卒者より収入が高く、収入プレミアムの中央値は＋28％である。

しかし人的資本とシグナリングのどちらが有力かを比較するには、伝統的なカリキュラムとの関連が薄いか皆無と思われる職業に注目しなければならない。異論のあるケースは多いにせよ、労働者が明らかに学校で学ばない一般的な仕事がある。バーテンダー、レジ係、料理人、用務員、警備員、ウェイターになるために高校に行く者はほとんどいない。このような仕事に備えるために四年制大学に行く者はいない。ところが

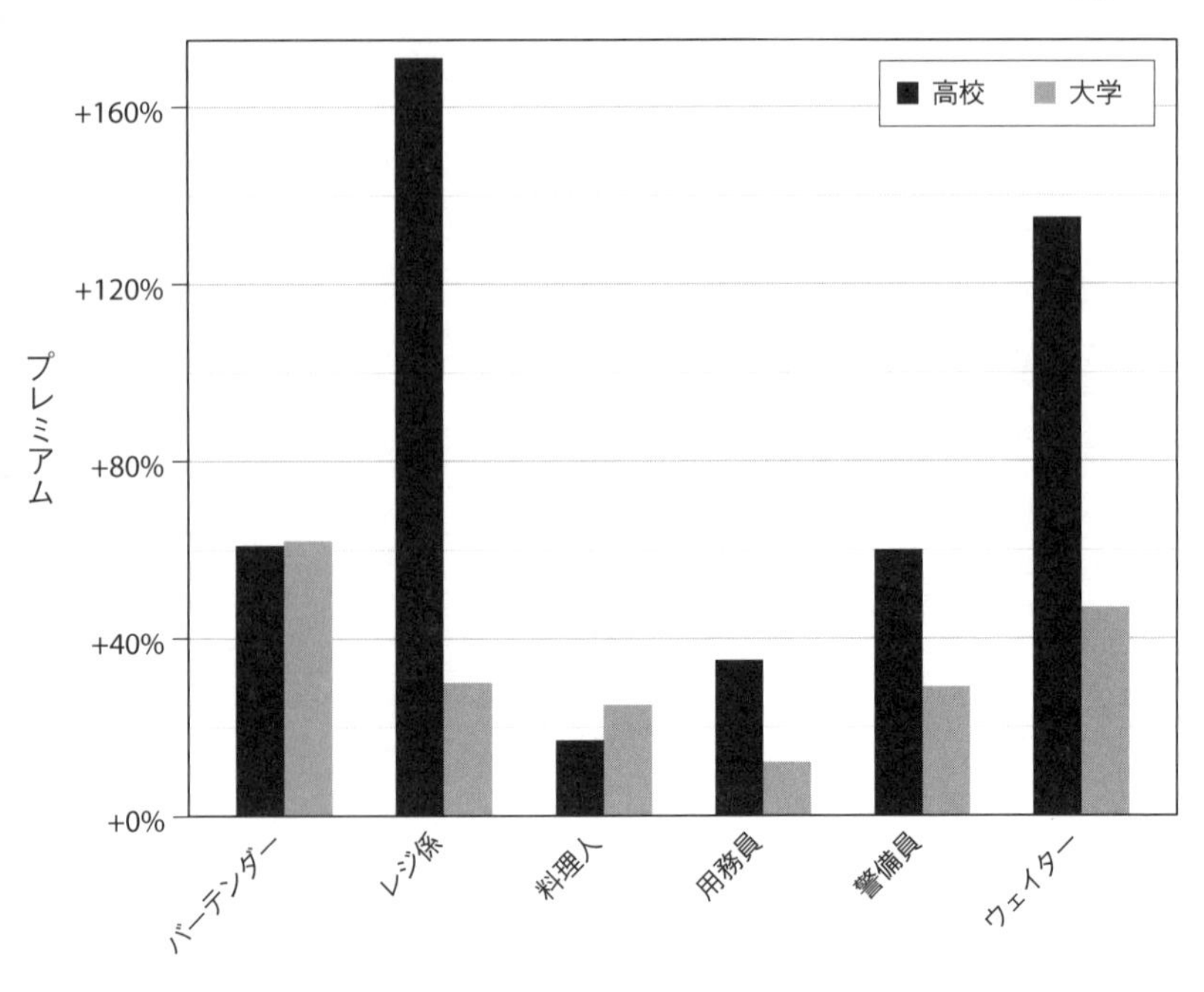

図 4-1　学業と無関係な職業における教育プレミアム

出典：Carnevale et al. 2011 の補足データ、著者の一人 Stephen Rose より提供。

高校プレミアム＝[（高卒者の収入の中央値）/（高校中退者の収入の中央値）]－1

大学プレミアム＝[（大卒者の収入の中央値）/（高卒者の収入の中央値）]－1

図4－1が示すように、労働市場はバーテンダー、レジ係、料理人、用務員、警備員、ウェイターに、高校卒業資格や大学の学位に対して金銭的見返りを与えている。

これらの職業はいずれも特異な外れ値ではない。たしかに、ほとんどのバーテンダー、レジ係、料理人、用務員、警備員、ウェイターは大学の学位を持っていない。しかし現代の経済においては、すべて大卒者があたりまえに就いている仕事だ。レジ係（大卒者が就いている仕事の上位48位）やウェイター（50位）として働く者の方が機械技師（51位）より多い。警備員（67位）や用務員（72位）として働く者の方がネットワークシステム／コンピュータシステム・アドミニストレーター（75位）より多い。

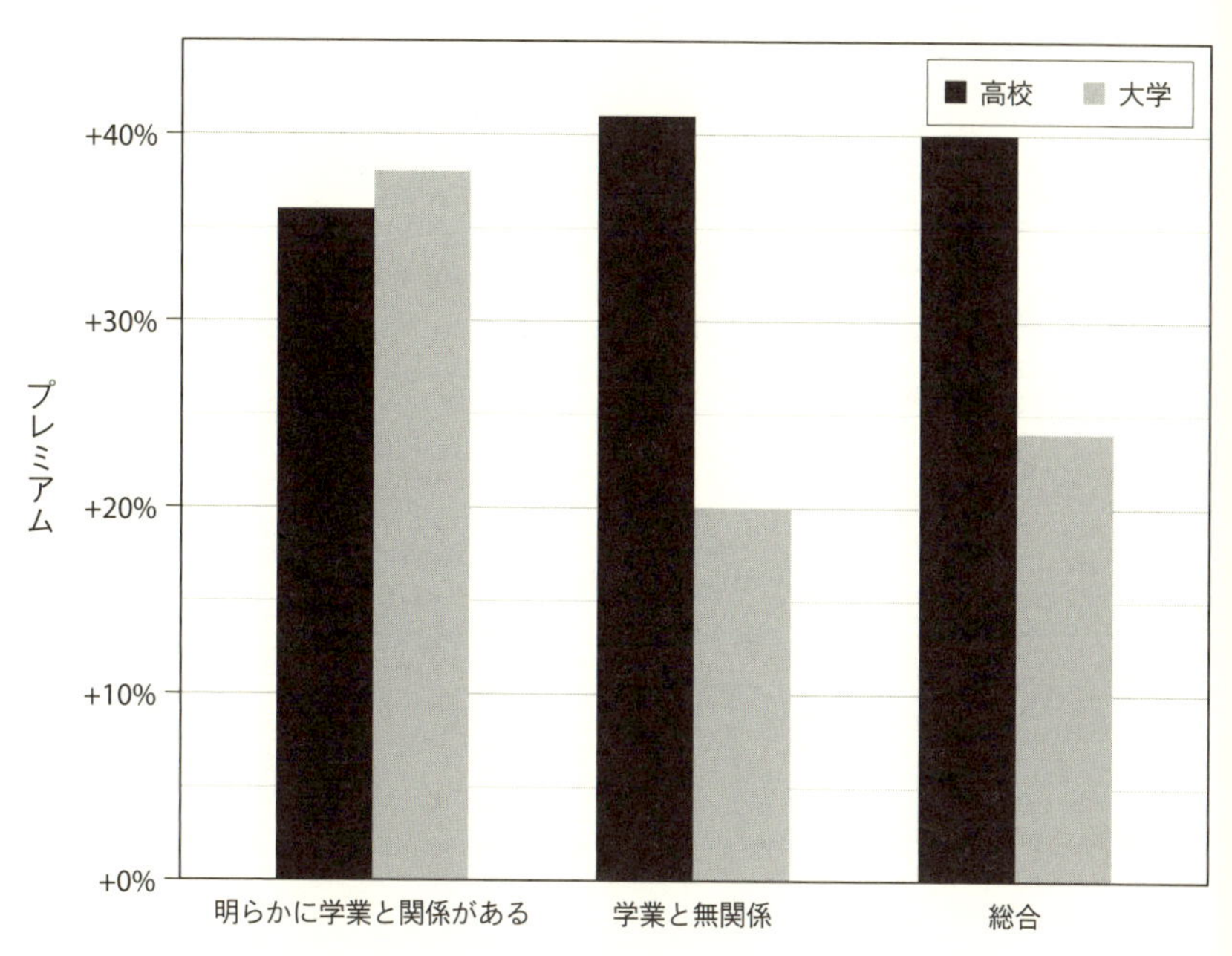

図 4-2　職業カテゴリー別の教育プレミアムの中央値
出典：Carnevale et al. 2011 の補足データ、著者の一人 Stephen Rose より提供。

料理人（94位）やバーテンダー（99位）として働く者の方が司書（104位）より多い。私は図4－1の職業をなるべく反論の余地が少ないように選んだ。人的資本純粋主義者なら、大学が電気工、不動産業者、秘書になるために有益なトレーニングを提供していると主張することもありうる。だがいかに熱烈な人的資本説の信奉者でも、「大学は次世代のレジ係や用務員を養成している」と皮肉抜きで言い放つのは難しかろう。[33]

視野をもう少し広げてみよう。アメリカ地域社会調査（ACS）の対象となった職業の約3分の1に、主な学歴カテゴリー（高校中退、高卒、四年制大学卒）それぞれにあてはまる労働者が最低10名含まれている。その職業の少なくとも約3分の1が、明らかに伝統的な普通課程を前提に成り立っている。[34]残りの職業はカリキュラムとの関係がひいき目に見ても薄い。図4－2は「明らかに学業と関係がある」職業と「学業と無関係な」職業の教育プレミアムの中間値を比較したものである。
人的資本論者は、明らかに学業と関係がある職業の大学プレミアムが学業と無関係のほぼ2倍であるという事実に慰めを得られるかもしれない。だがさほど大きな慰めにはならない。学業と無関係の職業では高校プレミアムがわずかに高いからだ。高校中退者と大卒者が同じ仕事に就いていた場合は、大卒者の方が通常70―90％収入が多い――高校と大学が眼中に入れていない職業でさえもだ。

ソロモン王は結局、人的資本とシグナリングにどんな裁きを下すだろうか。総合プレミアムは人的資本とシグナリングの合計だ。それに対して、学業と関係のないプレミアムはおそらく純粋なシグナリングに近い。シグナリングの分割比はいかほどになるだろうか。ソロモン判決は学業と関係のないプレミアムを総合プレミアムで単純に割る。すると高校ではシグナリングがほぼ１００％、大学で80％になる。

明らかに学業と関係のない職業でさえ、学歴がこれほどお金になるのはなぜか。このデータをまとめたジョージタウン大学の研究者らは、とてもではないが信じがたい選択肢を提示している。**a** 雇用主が愚かであるか、**b** 学校教育はほぼあらゆる職業の生産性を上昇させる、というのだ。

> 同じスキルセットに対して、雇用主が一部の者に給与を多く支払っている――経済合理性のない行為だ――と解釈するのでない限り、学士号を持っている労働者は付加されたスキルを高給に変換できるということになる。また、数十年前には大学の学位のない労働者が就いていた仕事は、もっと多くのスキルを要する仕事に変わったのである。これはそうした職の賃金プレミアムが証明している。[35]

シグナリングが第三の選択肢なのは明らかである。[36] 学校はエンプロイアビリティを証明するのだ。たしかに、4年間授業を受けるよりも実際に給仕を4時間した方が、ウェイターの仕事について学べる。だがカリキュラムとフードサービス業界の乖離は問題ではない。雇用主の目から見て肝心なことは一つだけ。すなわち、優等生を採用するのが優秀なウェイターを獲得する近道である。ウェイター側にとっても同様に、肝心なことは一つだけ。優等生になることが良いレストランに就職する近道である。

シグナリングの影響を逃れる方法はないのか。懐疑派は能力バイアスに頼るかもしれない。大学の学位を持つ高給のウェイターは、学校に行かなかったとしても同じだけ成功していたはずだと。だがこんな極端な説を信じる根拠はない。能力で補正した場合、教育プレミアムは縮小しても消滅はしないからだ[37]。いずれにせよ、総合的な教育プレミアムと学業に関係のないプレミアムはほぼ等しい。平均以上の能力を持った労働者が学識を仕事に生かす可能性が低いのでなければ、両者が等価である説明はつかないだろう。逆も言える[38]。シグナリング批判派は、教育は「人格を形成する」のだから、学校が生徒を優秀なバーテンダー、レジ係、料理人、用務員、警備員、ウェイターに仕立て上げると主張するのはおかしくないとも言い張るかもしれない。この説の最大の欠陥は、すでに見た通り、仕事の経験と教育がどちらも「人格を形成する」ところにある——学校に1年いた方が仕事を1年やるよりも労働倫理がよく身につくなんて、そんなばかな話はない。

不完全就業は、単に英語専攻学生の親を脅かすことを意図して奇をてらった誇大報道ではない。仕事に就くために必要な教育の量は実際に、仕事をするために必要な教育の量よりも増えた。バーテンダー、レジ係、料理人、用務員、警備員、ウェイターはいまや大卒者があたりまえに就いている仕事である。ほぼどんな職業でも、教育は出世の役に立つ——仕事に教育を生かしても生かさなくてもだ。テクノロジーのおかげでレジ係のような知力を必要としない多くの仕事はさらに簡単になったが、労働市場は学歴のあるレジ係にいまだに高いプレミアムを支払っている。

こうした不可解な事実のつじつまを合わせられるのはシグナリング説だけだ。私たちの社会では、教育は承認印なのである。雇用主はそれを知っている。労働者もそれを知っている。承認印が世にあふれれば、労働者は競争相手より目立つためにさらに承認印を必要とする。勉強したことの大半は一生使わないだろうが、それがどうしたと？　学業の成功がチャンスの扉を開けてくれるのだ。まともとはいえない試合だが、プレイヤーとして参加しなければ、労働市場から敗者の烙印を押されてしまう。

雇用主の学習速度

教育のシグナリング理論は経済学者が「統計的差別」と呼ぶ特殊な例である。これは、時間と費用を節約するために平均的に正しいステレオタイプを使うことをいう。若い男性ドライバーが安全運転していても法外な保険料をとられるのは、私立探偵を雇って一人ひとりの運転の安全性を評価させるのは費用対効果が悪いからだ。平均に従うのは保険会社の知恵である。

統計的差別という考え方自体を不快に感じる人は多いが、誰もがやっていることだ。「すぐ大金が稼げます」というメールを読まずに削除したり、ガタイのいい刺青男を避けて道路の反対側に渡ったりするたびに、あなたは統計的差別をしている。メールはまっとうなビジネスチャンスかもしれないし、ガタイのいい刺青男は気のいいサーカス団員でただ道を聞きたいだけかもしれない。だが事実を詳細に検証するまで判断を差し控えるという理想主義者は、理想を貫くために高い代償を支払う。

理想主義者のやり方は惜しいところで残念な結果になっている。統計的差別は少しずつ段階的にやめていくのが有益だ。誰かと交際を始めると、こまごまとした情報が流れ始める。パートナーと接するたびに、あなたは相手のことを少しずつ知っていく。時が経つにつれ、世の中の平均値と目の前の現実の相違に気づいてくる。その相違を意識して自分のふるまいを修正していくのが知恵というものである。若い男性ドライバーが5年間無事故であれば、抜け目のない保険会社は上客を逃がさないために保険料率を下げる。

　このわかりきった道理は教育シグナリングに敷衍される。学歴は採用段階ではまぎれもなく重要だ。だが採用されてからは、雇用主はあなた個人を知るようになる。学歴以上にスキルが高ければ、上司はあなたを手放すまいと考える。大幅な昇給か、ことによっては昇進が期待できよう。スキルが学歴に見劣りする場合、雇用主はあなたを手放したいと考えるかもしれない。ろくな昇給がない、ことによっては解雇通知を覚悟しよう。時が経つにつれ、雇用主はたかが学歴に関心をなくすはずだ。

　筋は完璧に通っているが、この論理は大事な問いを避けている。雇用主はやがて本当のあなたを知る。「やがて」っていつ？　雇用主は最後にはあなたの本当の価値に見合った報酬を出す。「最後」っていつ？経済学者は20年かけてその答えを探してきた。彼らのいうところの「雇用主の学習速度」を測定しながら。

　この問題に取り組む際、経済学者は雇用主の学習を直接測定しない。雇用主がどれだけ支払っているかで、雇用主がどれだけ知っているかを推測する。労働者が経験を積むにつれ、教育の金銭的見返りが減り、認知能力の金銭的見返りが増えるだろうか。であれば、研究者は雇用主の学習を次のように推測する。雇用主が労働者のことを知るにつれ、表面的な学歴に対する報酬を減らしていき、本来の実力への報酬を増やしていくはずだと。教育に対する金銭的見返りと認知能力に対する金銭的見返りの増減が止まったときが、雇用主が労働者の本当の価値を知ったときだと結論づけられることが多い。

　このアプローチによって何がわかるだろうか。ほとんどの労働者について、雇用主が学習するまでには数年か、ことによったら数十年かかる。数カ月ではない。雇用主の学習を取り上げた有力な二つの研究では、就職後最初の10年間で能力プレミアムが急増し、教育プレミアムは25―30％落ちることがわかった。[39]その後出た、ある受賞論文は、教育プレミアムと能力プレミアムは就職後およそ10年で増減が止まることを明らかにした。教育プレミアムは下げ止まり、能力プレミアムは上げ止まる。[40]

雇用主は大卒者に関しては、それより学歴の低い労働者よりはるかに早く見抜くようだ。ある初期の研究者が、学業能力はブルーカラーとホワイトカラーいずれにおいても、仕事のパフォーマンスの強力な予測因子であることを確証した。しかし高卒者は大卒者とは異なり、就職後最初の8年間は学業能力に対する仕事の報酬をほとんど、あるいはまったく獲得していない。[41]最近注目を浴びたある研究では、雇用主が大卒者の能力を、就職後まもなく「ほぼ完璧に」見抜くと主張している。[42]しかし同じ研究では、それより学歴の低い労働者は能力に対して完全な評価を得るまでに10年以上かかるともしている。[43]雇用主の学習の論理は、キャリアが進展するほどシープスキン効果が薄らいでいくことも示唆している。[44]この予測をテストした唯一の論文は、シープスキン効果が消滅するまでに約20年かかるとしている。[45]

すべてのエビデンスに鑑みて、私は雇用主の学習は遅いと予想する。たしかに、雇用主が「完璧」あるいは「ほぼ完璧」に見抜くとしている研究はいくつかある。しかしよく読むと、なんとも時間のかかるプロセスが書かれている。雇用主が大卒者の能力を「ほぼ完璧に」見抜くと挑発的に主張している研究を例に取ろう。同じ論文が、高校中退者、高卒者、大学中退者は就職時に能力に対する金銭的見返りがほぼゼロであると報告している。能力に金銭的見返りが完全に追いつくには10年以上かかる。[46]言い換えれば、世間で正当に評価されるには、就職して10年以上働くか、四年制大学を卒業するかの二択となる。学歴よりも高いスキルを備えた「ダイヤモンドの原石」タイプの人々には悲報だ。

雇用主の学習に関する研究は、シグナリングの重要性をおおまかに見積もるのに使える。ただしその前に、大事な注意点が三つある――一流の研究者なら絶対に否定しないが、一般読者はなかなか気づかない注意点だ。

雇用主の学習に関する研究は非認知能力を無視している

研究者が「雇用主は労働者の能力について完全な情報を7年後に手にする」と言う場合、その意味はほぼ必ず「雇用主は労働者の知力について完全な情報を7年後に手にする」だ。最終的に明らかになるかもしれない他のすべてを研究者は見ようとしない[47]。研究者が真面目さと協調性のような知力以外の能力を測定していたら、雇用主の学習速度の推定値は大幅に下がる可能性がある――おそらく下がるだろう。結局のところ、知力はごまかしにくいが、真面目さと協調性はほとんど誰でも一時的に装うことができる。「上司が来たぞ、忙しく働いているふりをしろ！」は有効なアドバイスだが、「上司が来たぞ、利口なふりをしろ！」はアドバイスとして意味がない。

学習が頭打ちになるのは知識が完全になったことを示唆するわけではない

一般読者は学習曲線が水平になったことと知識が完全になったことを同一視しがちだが、学習が頭打ちになったからといってすべてを知り尽くしたとは限らない。水平状態の学習曲線は完璧になった知識を表す場合もあれば、まったくの無知を表す場合もある。私のスワヒリ語の知識は生まれてこのかたゼロから動いておらず、この先向上するとも思わない。もちろん、ゼロと完璧の間のどの地点からでも、学習曲線は水平になりうる。

同じことが雇用主にも言える。雇用主の知識はどこからでも水平状態になりうる。上司があなたの給与を調整するのには、上司があなたのことをさらに知ったからという理由がある。だが上司があなたの給与をいじるのをやめたときに、これが自分の真価なのだと考えるべきではない。教育プレミアムが底を打ったのは、雇用主にすべてがわかったとかシグナリングが消滅したと断定すべき理由にはならない。研究対象となったヨーロッパ諸国の大半で、教育プレミアムは時間の推移とともに減少してはいない。だからといって、ヨーロッパの雇用主は即座に労働者の実力を見抜くと結論して本当にいいのだろうか？(48)

労働者が就職してからの最初の10年で、教育プレミアムが年間10―5％下がり、その後下落が止まって水平状態になるとしよう。これについて、あなたが就職してからの10年間で、雇用主があなたについてすべて学習したという解釈も可能だ。この仮説では、人的資本とシグナリング・プレミアムの比率は人的資本5％、シグナリング5％から始まり、人的資本5％、シグナリング0％のところで落ち着く。分割比は50対50から100対0になる。しかしもっと現実的なのは、あなたが就職してからの10年間で、雇用主があなたについて便宜上知りうることはすべて学習するという解釈だ。この仮説では、人的資本とシグナリング・プレミアムの内訳は人的資本が1％、シグナリングが9％から始まり、人的資本1％、シグナリング4％のところで落ち着く可能性がある。分割比は10対90から20対80になる。

雇用主がいつまでも無知だなどと信じがたいなら、結婚を考えてみればよい。配偶者について新しいことを学習しなくなったからといって、あなたが配偶者について完璧に知っていることにはならない。「20年も連れ添った妻が突然離婚を言い出した」とうろたえて叫ぶ輩がどれだけいるだろう。同じことは労働市場であればなおさらあてはまる。夫が妻を「本当にはわかっていない」ことがありうるなら、雇用主が長く働いている労働者一人ひとりをすべて「本当にわかっている」などとどうして期待できよう。

シグナルは雇用主が真実を知った後もなお給与に影響する可能性がある

雇用主の学習の研究者は、あたかも雇用主が労働者の本当の価値を知ったとたんにシグナリングの金銭的見返りがなくなるかのように言う。もっと慎重になるべきだ。まず、企業は新規採用者に貴重なオン・ザ・ジョブ・トレーニングを行うことが多い。結果として、シグナリングが間接的に労働者の生産性を高める可能性がある。ステップ1　学校でシグナルを発信する。ステップ2　良い仕事に就く。ステップ3　仕事で有益な仕事のスキルを身につける。ステップ4　高収益が継続する。あなたのシグナルがスキルに比べて少々過大であったら、雇用主はまもなく、別の人を採用すればよかったと思うかもしれない。だが雇用主が採用ミスに気づいたときには、あなたが新たに獲得した市場価値のあるスキルがその後ずっと高い給与をもらうことを正当化するのだ。[49]

だがシグナルが給与に影響を与え続けるもっと根本的な理由は、たとえ雇用主が見抜いても抑えた対応をするからだ。なぜか。不当だと思われずに給与と知覚された生産性を一致させたいからである。[50]雇用主は成績が思わしくないと気づいたら、すぐに減給、降格、解雇で対応することができる。しかし落とし穴がある。そのような「不当な」対策は従業員たちの士気を下げ、雇用主も後味が悪い。[51]

昇給額を抑える方がまだ嫌がられないが、毎年そうしていると、同じ職務内容の労働者同士に「不公平な」ほど大きな給与格差が出てしまう。ほとんどの企業は正式な給与体系ではこのような不公平を避ける。すべての職務には給与等級があり、すべての給与等級には一定の金額の幅が定められている。[52]職務が変わらない限り、優秀な労働者はやがて最高限度額に達し、出来の悪い労働者はやがて最低限度額に達する。このプロセスは意外に時間がかかる。実力だけで昇給を決める会社は少ないからだ。それよりも全従業員を一律に昇給し、その中でも高い成績を上げた者に成果分の昇給を上乗せするところが多い。[53]結局、公平であろうとする雇用主は労働者の出来が悪いとわかっても控えめな対応をせざるをえない。

結果は次のようになる。平均以下の労働者は、雇用主が真価を見抜いてからも長い間、見栄えのいい学位から収益を得られる。学位のおかげで良い仕事に就ける。実態がばれれば、一般的な雇用主は減給や降格というあからさまな形ではなく、昇給額を抑えるという対応をとる。これによってシグナルの価値は徐々に失われていくが、優しい企業は給与が成績に見合うようになるはるか前に引導を渡す。いざ雇用主が働きの悪い従業員を追い出そうと決めた場合は、トラブル回避の知恵と温情から、露骨に解雇するのではなく非公式な形で「辞めていただく」。平均以下の社員が書類上のペルソナにふさわしい職にありつき続ける限り、失望、温情、だましのサイクルが繰り返される。

雇用主の学習についての研究という材料が手に入ったところで、再びソロモン王裁きに臨もう。エビデンスに最も合致する人的資本とシグナリングの分割比とはいかほどだろうか。2本の主要論文がこれに正面から応える。第一の論文は、当初の人的資本とシグナリングの分割比が50対50であれば、生涯の分割比は60対40から70対30の間になると思われる、としている。[54] 第二の論文は、生涯の分割比を約50対50から100対0の間と推定しているが、著者が好む推定値は人的資本86%、シグナリング14%である。[55] 2本の論文の結論は異なるが、どちらも私が推奨してきた20対80の分割比とはかけ離れている。[56] 私の答えは二つの要素からなる。第一に、どちらの論文も自分たちの出した結果が脆弱であることを認めている。前提を変えればシグナリングの割合はずっと大きくなる。[57] 第二に、どちらの論文のアプローチも明らかな穴を避けている。どちらも学習の速度を推定したと主張しているが、彼らが学習の速度を測定したのはわかりやすい認知能力についてのみであり、目に見えにくい非認知能力は無視しているのだ。

雇用主の学習についての研究は最初は有望に見える。雇用主はその知恵で統計的差別を徐々にしなくなる、という。しかし一般読者の印象に反して、このわかりきった道理に立脚した研究は、シグナリング・モデルの死亡を証明していない。学者が雇用主は「早く」あるいは「完璧に」見抜くと断言するときは、裏を読まなければならない。シグナリング・モデルの功を否定するために、学者らは不合理な仮定を重ねざるをえないのだ。その仮定を取り除けば、シグナリングは生き残る。

教育プレミアム――個人vs国家

純粋な人的資本モデルに従えば、教育は生産性を上げることによって所得を増加させる。労働者の教育程度が上がれば、その労働者の生産性と所得が上がる。国民の教育程度が上がれば、その国民の生産性と所得が上がる。人的資本という考えが真実なら、まごうことなき、掛け値なしの真実なら、教育は個人と国家とともに繁栄に至る道だ。教育はパイを大きくするから、個々の労働者の取り分も大きくなる。

純粋なシグナリング・モデルに従えば、教育は生産性が上がったように見せかけることによって所得を増加させる。労働者の教育程度が上がれば、その労働者の生産性は変わらないが所得は上がる。国民の教育程度が上がった場合は、その国民の生産性と所得はともに同じレベルにとどまる。個人への効果と国家への効果が異なるのは、シグナリングが競争だからだ。国で一番優秀な労働者に見せかけることができるのはたった一人だけ、上位25%に見せかけられるのは労働者の25%にすぎない。シグナリングという考えが真実なら、まごうことなき、掛け値なしの真実なら、教育は個人にとっては繁栄、国家にとっては停滞に至る道だ。教育はパイを大きくできないから、誰かの取り分が大きくなれば、別の誰かの取り分は小さくなる。[58]

実際の教育はこの両極端の間のどこかにある。だが、純粋な人的資本と純粋なシグナリングという両極のケースから、人的資本とシグナリングの分割比を突き止めるもう一つの方法が浮かび上がってくる。ステップ１　個人の１年分の教育が個人の所得に及ぼす効果を推定する。ステップ２　国民の１年分の教育が国民所得に及ぼす効果を推定する。ステップ３　両者を比較する。国に及ぼす効果を個人に及ぼす効果で割った値が、真実のうち人的資本が占める割合となる。[59] 残りがシグナリングだ。

個人の１年分の教育が個人所得を10％上げたとする。国民の１年分の教育が国民所得に及ぼす効果がわかれば、人的資本とシグナリングの分割比が推定できる。国民所得への効果が10％であれば、分割比は１００対０だ。６％だったら？　60対40だ。０％なら？　０対１００となる。とはいえ、このような比較は口で言うほど簡単ではない。今挙げたステップを実際に踏んでみて、結果を見るとしよう。

ステップ１――個人の１年分の教育が個人の所得に及ぼす効果を推定する

すでにまる一章使って、教育が個人所得に及ぼす効果を検証した。一言でまとめると、教育はお金になるが、見かけほどお金になるわけではない。現代のアメリカでは、１年間教育を受けると収入は５―10％上がる。しかし国際比較すると、アメリカを典型と見なすことはできない。幸い、国別の教育プレミアム効果を調査した研究チームがいくつかあり、そこから二つの大きな事実がわかっている。

大きな事実その一――アメリカの教育プレミアム効果は富裕国としては異常に高い。特に過去数十年間が顕著だ。アメリカはＯＥＣＤ（経済協力開発機構）諸国の中で高卒プレミアムが最大であり、大卒プレミアムも最大に近い。[60] 二つの研究チームが、アメリカの大卒プレミアムは先進国中で最大の部類に入る――その中で最大ではないにせよ――と確認した。[61] さらに、先進27カ国およびフィリピンの教育プレミアムを推定した別の調査がある。平均的な国では、１年分の教育によって男性で収入が４・８％、女性で５・７％増える。

ところがアメリカのプレミアム効果はその50％以上は高かった。[62]

大きな事実その二――教育のプレミアム効果は国が裕福なほど低くなる。50カ国を対象とした総合調査で、平均的な1年分の教育プレミアムは高所得国で7・4％、中間所得国で10・7％、低所得国で10・9％、世界全体で9・7％という結果だった。[63] 能力バイアスで補正すると、世界の教育プレミアムはアメリカの教育プレミアムとほぼ一致する。[64]

ステップ2――国民の1年分の教育が国民所得に及ぼす効果を推定する

個人が受けた教育が個人所得に及ぼす効果は否定の余地がない。世界のどの経済でも同じだ。教育程度が上がるほど収入は上がる。たしかにあやしいデータもあるし、頭のいい連中が統計をごまかしている場合もあるかもしれない。だが世界一質の高いデータを完膚なきまでに分析しつくしたとしても、最初の筋書きはひっくり返らない。個人の利己的な立場から言えば、教育は報いてくれる――少なくとも平均では。

ところが国レベルに目を移すと、こうした明白な結果は見えなくなる。[65] 一部の著名な経済学者は、国民の教育程度が上がると国は豊かになるどころか少し貧しくなるとしている。[66] わずかなプラス効果を報告している経済学者もいる。代表的な推定値は、教育程度が1年分上がると国民所得が1・3―1・7％増えるというものだ。[67] その他の論文は中程度のプラス効果があるとしている。国民の教育程度が国民所得に及ぼす効果は個人の教育程度が個人所得に及ぼす効果とほぼ同等であるという。[68] いずれの結果でも、自分の説はきわめて不確実だと研究者たちは一様に告白している。[69]

結果に大きなばらつきが出るのは第三世界の統計に難があるせいかもしれない。ニジェールやボリビアやアゼルバイジャンのデータを分析する際は、プログラミングの世界で昔から言われてきた「不正確なデータ

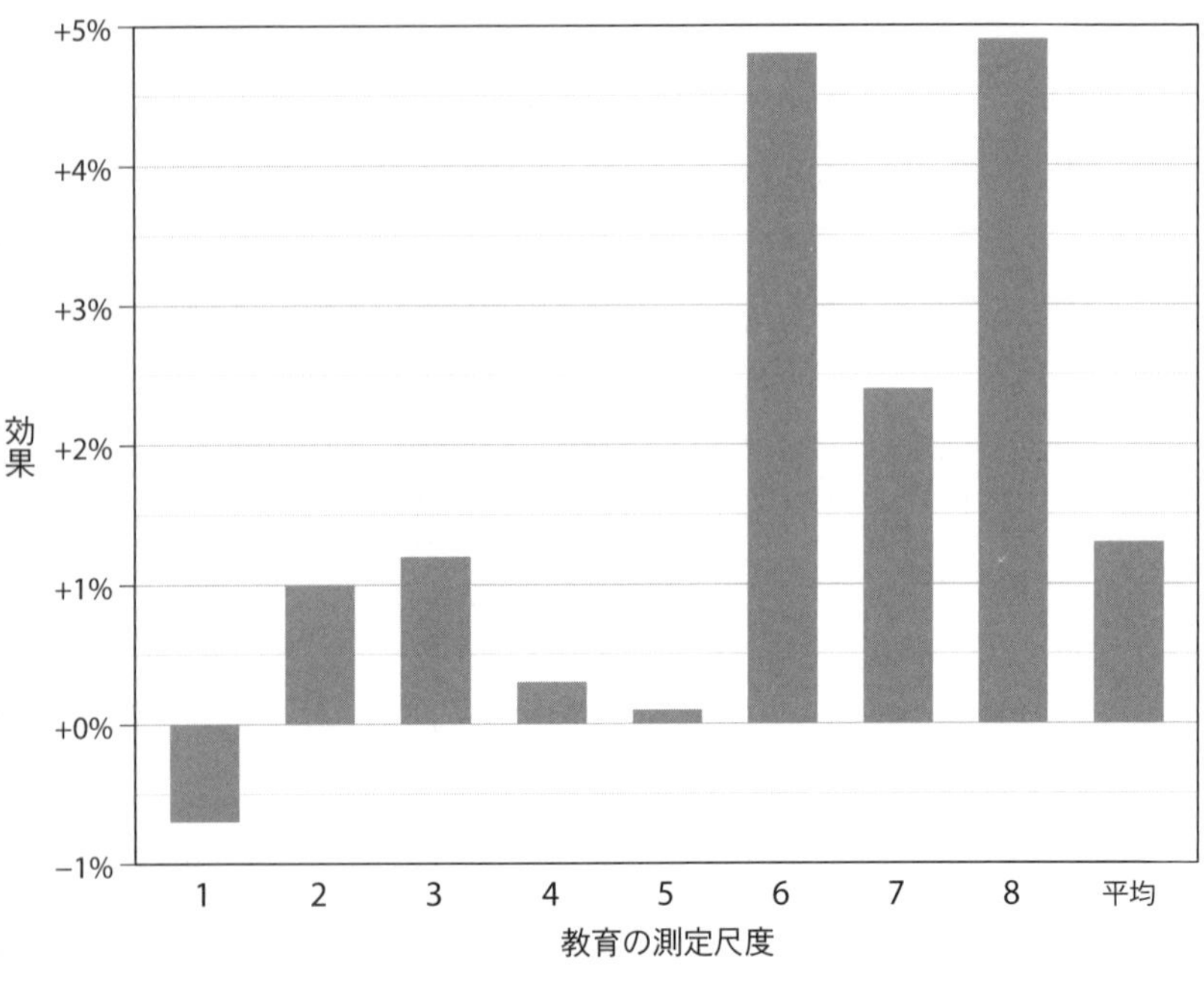

図 4-3　国民の 1 年分の教育が国民所得に及ぼす効果
出典：de la Fuente and Doménech 2006b, appendix, p. 52, table A.1.f.

を入力すれば、不正確なデータが出力される」を念頭に置かなければならない。だが先進国でも答えは錯綜している。あるめずらしく徹底した調査が、五つの別個の研究チームが提案した8種類の教育の尺度を用いてOECD21カ国を検証している。[70] 国民の教育程度が国民所得に及ぼす効果の推定値は、わずかなマイナスから中程度のプラスまでの間に分布している（図4－3参照）。8つの尺度による結果を均すと、効果は雀の涙ほどのプラス1・3％となる。

尺度の質が高いほど推定値は大きくなるか？　その答えは研究者によって変わってくる。予想できることだが、研究者は自分のデータを高く評価する。最新の3種の尺度を考案した研究者はそれを改良版の新しい尺度として熱心に売り込む。[71] 中立的な第三者はもっと冷静だ。「最も優れた教育データ」を競うコンテストの上位候補者を比較したあげく、ある主要なレビュー論文は「入手可能な一連のデータのうち、他より明らかに好ましいと確信できるものは一つもない」と結論づけている。[72]

ほとんどの経済学者はこうした結果に浮かぬ顔をする。「不可解な」もしくは「落胆」さえする結果なのだ。[73] 明確な答えがないことを嘆く向きもあるが、大多数が渇望するのは教育の効果をはっきりと断定する結果である。[74] 教育が発展に不可欠なのはわかりきっているではないか。なぜデータはこうもあいまいなのか。[75]

そこで彼らがすがるのが、国レベルの教育に関するデータは測定誤差だらけだという指摘だ。この欠陥を補うため、いくつかの研究チームは難解な統計手法を用いている。[76] なかでも最も有名な研究チームは大きな成果を報告している。データを修正したところ、1年分の教育が国民所得に及ぼす効果はプラス1・3からプラス6・7に跳ね上がったという。ところが、この答えの不確実性はさらに増している。チームの報告によると、真の効果がマイナス26％からプラス40％の間である可能性が95％もあるのだ。[77] さらに悩ましいのは、難解な統計上の補正方法が、教育以外のすべての因子は完全に正しく測定されていると想定している点だ。[78] こんなばかげた想定では、教育の見せかけの効果が、実際の効果とは関係なく、自動的に増幅されてしまう。[79]

経済学者たちは教育が過小評価されていると主張したいがために、教育が過大評価されていると考えるべき強固な理由を無視している。いわゆる因果の逆転である。「国が学校教育に投資するほど国は豊かになる」ではなく、「国が豊かになるほど学校教育にお金を使う」が本当かもしれないのだ。個人レベルの話であれば、ほとんどすべての人が因果の逆転をすんなり受け入れる。なぜ、富裕層は学費の高い私立高校や高額化した大学の授業料に人より多くお金を使うのか。使えるお金が人より多いからだ。

よく考えれば、この因果の逆転は国レベルではさらに説得力を持つはずだ。教育費の大部分を負担しているのはそもそも個人ではなく政府である。義務教育の13年間を考えてみればいい。アメリカの子供たちの大半は公立校に行くから、２００８年の生徒１人当たりの民間支出は平均約９００ドルだった。[80] それに対して政府の支出は生徒１人当たりおよそ1万１０００ドルにものぼった。アメリカが突然10％裕福になり、民間セクターと公共セクターともに教育支出が10％増えたらどうなるか想像してみよう。個人支出の増加分は生徒１人当たりわずか90ドルにすぎない——因果の逆転としても取るに足らない。政府の支出は１人当たり１００ドルに跳ね上がる——因果の逆転ならば重大だ。

直観的にも、国が豊かになったから学校教育が発展すると考えるのが自然だ。税収に余裕があるのに教育支出を増やそうとしない国など現実にあるだろうか。しかし因果の逆転に関する本格的な研究は情けないほど貧弱である。[81] このテーマで書かれた主要な論文は私の推理を強く支持し、「国民所得に対する教育の効果」とされているもののうち、本当にそうであるのは3分の1にすぎないと結論づけている。[82] とはいえ正直なところ、この研究論文が根拠としている前提には疑わしいものが多すぎて、素直に納得できない。[83]

これよりも危なげのないアプローチは、短期推定値と長期推定値を比較することだ。その根拠は、獲得した富が教育予算に「トリクルダウン」するには何年もかかり、教育予算の増加によって平均的な労働者の学校教育の年数が目に見えて延びるまでにはさらに何年もかかる、という説である。この説は事実と合致するように思える。国の労働者の教育程度が上がると、国民所得に対する明確な効果は5年間では小さく、10年間で中程度になり、20年間で大きくなる。[84] となれば、因果の逆転による歪みを抑える一つの方法は、短期的な成果だけを見ることだ。

ステップ3——両者を比較する

世界レベルでは、平均的に見て個人の教育が1年長くなると、個人所得は8―12%増えるようだ。それに対して、平均的に見て国民の教育が1年長くなった場合、国民所得は1―3%しか増えないようだ。この両者の増加幅の差は人的資本とシグナリングの分割比の幅と同等だが、シグナリングは一貫して人的資本をしのいでいる。ソロモン王が人的資本とシグナリングの分割比の厳密な特定を迫られたとしたら、やはり20対80がおおむねいい線をいっているのではないだろうか。[85]

シグナリング・モデルを批判する人々は、よく国際的なエビデンスを持ち出してシグナリング・モデルの信憑性を否定する。「シグナリング効果がそれほど大きいなら、なぜ教育程度の上昇が国の経済成長にこんなに大きな影響を及ぼすのか?」というわけだ。この問いは出発点からしてまちがっている。彼らはがっかりするだろうが、マクロ経済学者は教育は経済成長に明白な効果をもたらしていないと結論づけている。個々の研究ごとに答えの幅は大きく異なるが、平均すれば、マクロ経済学者の答えはシグナリング・モデルが導き出す予想と合致するのである。

シグナリング・モデル批判派はマクロ経済のエビデンスの質を批判してもいいはずだ。そうすべきである。研究者が用いる教育の尺度が異なれば、答えも変わってくる。統計の方法が違えば、答えも変わってくる。研究対象の国や時代が違えば、答えも変わってくる。[86] しかしそのいずれも、教育は繁栄への道であるという自信たっぷりの決まり文句を担保しない。「エビデンスによって教育の効果がごくわずかであることがわかっている、したがってシグナリングの役割が圧倒的であることを認めざるをえない」。これが研究に対する一つの妥当な反応である。「エビデンスによって教育の効果にはばらつきがあることがわかっている、したがって私は従来の常識をあくまで支持する」という反応もありだろう。しかし理にかなっているのはその中間をとることではないだろうか。「この程度のものであっても、エビデンスによって教育の効果は小さいことが示されている。シグナリングのほうに分がある」と。

シグナリング効果を裏づける決定的な論拠は何だろうか。そんなものはない。「なぜ教育に見返りがあるか」は一筋縄ではいかない現実社会の問題であって、微積分の問題ではないのだ。そして繰り返すが、本書は「教育にはシグナリングしかない」ではなく、「教育はほとんどがシグナリングである」と主張するものだ。こう判断する根拠としている一連の議論はすべて、現状の教育は純粋な人的資本よりも純粋なシグナリングにより近いことを示唆している。表4－3に主な議論をまとめた。

テストの得点はどうか？

社会科学者は通常、学校教育の履修年数という手抜きな方法で教育を測定する。しかしこの10年で、トップ研究者はレベルを上げてきた。学生が学校にどれだけの時間を費やしたかを勘定するかわりに、学生が学校からどれだけの知識を獲得したかを測定したらどうなるか。さらには、成人してからの成功や国の繁栄を予測できる知識を特定したらどうなるか。

その努力の成果は興味深い。『ロサンゼルス・タイムズ』紙がロサンゼルス市の教師たちの「付加価値」――受け持った生徒のテストの得点が1年間でどれだけ上がったか――をチェックした。付加価値には大きな開きが出た。「最も効果が高い」カテゴリーに入る教師たちは、担任クラスの算数の得点を11パーセンタイル以上、英語の得点を6パーセンタイル以上も上げている。[87] 学業で得た知識はだいたい数年で消えてしまうが、研究者らは成人後の成功に対する効果は持続することを突き止めている。評価の高い経済学者ラジ・

表 4-3　シグナリングまとめ

問題	純粋な人的資本説	純粋なシグナリング説	どちらに分がある？
学習と収入の関係	職に関連した学習にだけ見返りがある。	職に関連しない学習にも、生産性と相関性があるかぎり、見返りがある。	シグナリング
大学の排他性	大学はモグリの存在を許さず、学生に授業料を払わせている。	大学はモグリの存在を黙認している。どうせ労働市場で見返りはないのだから。	シグナリング
落第 vs 忘却	雇用主は労働者の頭の中に今も入っている授業内容に対してのみ報酬を支払っている。	雇用主はかつて労働者の頭の中に入っていた授業内容にも報酬を支払っている。	シグナリング
楽勝で取れる A、休講、カンニング	学生は卒業要件や成績ではなく市場価値のあるスキルにしか関心がない。	学生は市場価値のあるスキルではなく卒業要件と成績にしか関心がない。	シグナリング
シープスキン効果	卒業年度は特にお金になるわけではない。	卒業年度は特にお金になる可能性がある。	シグナリング
不完全就業	仕事に就くために必要な学位は仕事をするために必要なスキルだけで決まる。	仕事に就くために必要な学位は、その学位がありふれたものになってくるとレベルが上がっていく。	シグナリング
雇用主の学習	雇用主は労働者の真の生産性をすぐに見抜いてふさわしい報酬を出す。	雇用主には労働者の真の生産性を見抜くこともふさわしい報酬を出すことも決してない。	シグナリング
個人のリターン vs 国のリターン	教育は個人と国を等しく豊かにする。	教育は個人を豊かにするが国は豊かにしない。	シグナリング

チェティと共著者らによる「幼稚園研究」は、K3〔プリスクール年齢の3—6ないし7歳まで〕のクラスで高得点を上げた子供たちは、その後の大学進学率や収入も高いことを発見している。[88] チェティと共著者らは3—8年生を受け持つ高付加価値の教師について同様の効果を報告している。[89] 優れた教師の平均的な効果は生徒一人につき年間数百ドルにすぎない。しかし生徒30人の一生の労働年数で掛け算すれば、測定された便益は数十万ドルに達する。

付加価値研究とシグナリングの間には重大な対立があると見る向きが多い。しかしどこが対立しているだろう。一部の教師の力によって収入が高くなるという事実は、一部の高校の科目や大学の専攻によって収入が高くなるという事実と同様、さしたる情報ではない。楽観論では、優れた教師は生徒に人的資本を少し余分に与えるということになるだろう。テストの知識はすぐ忘れてしまうから、優れた教師はおそらく少しばかり真面目さと協調性を育てるのだろう。悲観論では、優れた教師は生徒にこの先も続くシグナリング競争で少しだけ強みを与えるということになるだろう。優れた教師は、学校は成功に不可欠だからよく勉強して学業を長く続けるように、それがいずれ雇用主に好印象を与えると生徒に納得させるのだろう。どちらの説も、教育はほとんどがシグナリングであるという私の結論とは噛み合わない。

一方、エリック・ハヌシェクと共著者らをはじめ、全国テストの得点が国の繁栄の強力な予測因子になるという実証を行っている研究者もいる。[90] 教育年数とは異なり、テストの得点は個人の繁栄より国の繁栄により重要である。[91] ハヌシェクと共同研究者らは、全国テストの得点が高いと経済成長率が大きく上がると主張している。わずかでも学業で得た知識はいずれ、アメリカを数十兆ドル豊かにするだろうというのだ。[92] ハヌシェクらは、特に数学と科学の得点について、この天文学的な数字には正当な因果関係があると主張している。[93]

とどのつまり私は納得していない。現代の仕事の大多数は数学をほとんど、科学は実質的にまったく使わないのが大きな理由だ。[94] それならなぜテストの得点がこうも有力に見えるのか。おそらく、ほぼすべての職業で成功を後押しする根源的な——そしてずっと鍛えづらい——能力、つまり知力を反映しているからだろう。[95] しかしかりに教育にできることについてのハヌシェクの説が完全に正しいとしても、教育が現状やっていることの大半についてはシグナリング・モデルの言い分が正確だ。教育資源がテストの得点にほとんど効果を与えていないことには、ハヌシェク自身が気づいている——世界中の雇用主が学校に通った年数だけを理由に多額の報酬を出しているにもかかわらずだ。[96] いずれのパターンもシグナリングならあざやかに説明がつく。

労働経済学者 vs シグナリング

シグナリングは経済学者のわりあい成功した知的輸出品目の一つである。1970年代にスペンスとアローが教育のシグナリング・モデルを発展させるとたちまち、この考え方は社会学、心理学、教育研究に広まった。[97] 完全に転向した専門家は数少ないが、大半はこの考え方には一理ありエビデンスは示唆に富んでいるとして許容している。ところが不思議なことに、シグナリング・モデルをほとんど、あるいはまったく評価に値しないと見ている専門家の一派がいる。それが労働経済学者、特に教育を専門とする人々だ。[98]

応用労働経済学では、人的資本理論がいまや堂々の主流派である。大半の学者がシグナリングを的外れな雑音と考えている。20対80の分割比でシグナリングが優勢であるとするアプローチなどほとんど誰も味方しない。『教育経済学ハンドブック *The Handbook of the Economics of Education*』の有名なある章が、労働経済学者の一致した見解をよく表している。「労働市場シグナリングに関する入手可能な実証的エビデンスをレビューした結果、観察された教育のリターンの説明として就職市場シグナリングを裏づけるものはデータにほとんど存在しないという結論に至っている[99]」

穏やかならぬ知の動向である。経済学者には盲点が多々あるとはいえ、経済理論の研究には何年も費やしている。労働経済学者はシグナリング・モデルを明確に理解していると期待してよいはずだ。ところが40年間研究されてきたにもかかわらず、最も近くにいる専門家が最も信じていない。労働経済学者たちから洟も引っかけられないことにまったく動じていないと言ったら嘘になる。彼らの方が正しいなら、私がまちがっているのだ。

厳密にはどこで私は労働経済学者の主流派と決裂したのだろうか。彼らの実証的エビデンスは大部分――特に標準的で透明性の高い統計手法に依存している部分は、認めている。不満なのは、主流派の労働経済学者が解釈においてダブルスタンダードを用いている点だ。彼らは人的資本モデルを裏づけるエビデンスはそのエビデンスを額面通りに受け取る。シグナリング・モデルを裏づけるエビデンスについては、シグナリングにどんなわずかな功績すら認めまいと知恵を絞る。

シープスキン効果を例に取ろう。卒業に大きな金銭的見返りがあることはシグナリングを裏づけ、人的資本説を覆すことはほとんど誰もが感じるだろう。学位の修了に対する報酬が不確かであった間は、労働経済学者はシープスキンとシグナリングのつながりを当然のように受け止めていた[100]。ところが大きなシープスキン効果のエビデンスが否定できなくなると、労働経済学者はゴールポストの位置を動かした。理論的には、シープスキン効果は純粋な選抜によるものである可能性がある。学位を修了した学生は、たとえ卒業の1日前に退学していたとしても同じだけ高い給与を得ていたかもしれない。もちろん、シープスキン効果は標準的な能力で補正された場合、無傷で生き残る。ところが人的資本純粋主義者は「まだ測定されていない能力で補正しなかったではないか」と異議を唱えることができる。[101] 労働経済学者がこんな対応不能な難しい証明を潔癖に要求していたら、この学問分野は消滅するだろう。

あるいは国際的エビデンスを見てみよう。シグナリングは教育が国よりも個人にとってお金になると予測している。これは研究者らがまさしく一律に発見していることだ。ところが「今回はシグナリングの勝ちだ」と嫌々でも認める労働経済学者はほとんどいない。そのかわり、自分がどこでまちがったかの解明に走る。より質の高いデータかより優れた統計手法でなんとかならないか。ならない？　それならこの問題はお手上げだ。次に行こう、ここには見るべきものがない。私が言いたいのは、国際的エビデンスは人的資本対シグナリングの議論に決着をつけられるほど強力だということではない。だがもしエビデンスが人的資本純粋主義を裏づけていたら、労働経済学者は自分の研究成果を後から疑問視せず、ここぞとばかりシグナリングを攻撃したはずだ。

労働経済学者は単に自分たち自身のエビデンスの解釈を誤っているだけではない。他人のエビデンスもすべて無視している。心理学、教育学、社会学いずれも人的資本対シグナリングの議論に有益な知見を有しているが、引用から判断するに、労働経済学者はそれらの研究をあまり読んでいない――あるいは存在を認めていない――典型的なＮＩＨ症候群〔発祥が自分たちのところではないものを認めたがらない心理〕である。

例を挙げよう。人的資本は教育が有益なスキルを伝授することによって所得を上げると言う。シグナリングは教育が有益なスキルを伝授することなく所得を上げると言う。それなら二つの説を天秤にかけるためには、学生が何を学習し記憶しているかを調査しなければならない。こうした問題について頼るべき専門家は心理学者と教育研究者だ。ところが労働経済学者はその頼るべき専門家にまず頼らない。彼らの知見を仰げば、学習と収入の間には途方もない落差があるというえげつない話を聞いただろう――まさしくシグナリングが予測している通りの。

労働経済学者の根本的な問題は、エビデンスを調査する前から教育年数に惚れこんでしまっていることだ。人的資本理論に出会うと、彼らはたちどころに信者になる。彼らが大好きな二つのもの——教育と繁栄が仲良くセットになっているからだ。新進気鋭の労働経済学者がシグナリングを発見すると、すぐさまつぶしにかかる。労働経済学者のほとんどが、第1章で紹介した「シグナリングは筋が通らない」とする薄弱な論拠のどれかにしがみつく——いわく、「雇用主はそれなら単純にＩＱテストをすればいい」「雇用主を長くはだませない」「もっとお金のかからない方法があるはずだ」。学問研究の調査をする時点でもう、シグナリングを公平な目で見られなくなっている。

教育への愛がなかったとしても、個人的体験から労働経済学者の判断が曇るのはまちがいない。なぜか。学者が学校で学ぶことと仕事でやることのつながりは、気持ち悪いほど密接だからだ。私はこれを「知の近親交配」と呼んでいる。私たちは教室に座って何らかの教科を学び、その後、自分が勉強したその教科を教える仕事に就く。大学教授は先代の教授たちの講義ノートをリサイクルすれば「人的資本を獲得」できるのだ。結論、われわれ学者が自分の人生を振り返れば、学校はほぼ自動的に「仕事に関係がある」ように見える。教授たちが労働市場をはっきり見通すためには、学問の世界には入らない大多数の学生たちが歩む異質なキャリアパスに思いをはせなければならないだろう。

私が主流派の労働経済学者と議論すると、相手はカッカとしてくる。「すべてシグナリングなのか？ 労働者が自分の資質を証明するためにもっとお金のかからない方法を見つけられないとは、とても思えない」と彼らは言う。私は「すべて人的資本なのか？ ラテン語を勉強することで優秀な銀行員になれるとは、とても思えない」と切り返したくなる。だが建設的な答えはこうだ。もちろんすべてがシグナリングではない。

学生はたしかに有益な仕事のスキルを学んでいる。学校教育は10年以上も続く。学校を出る前に何がしか有益なものが身についていなかったとしたら、その方がおかしい。私の主張は、教育がほとんどシグナリングであるということだ。すべてのエビデンスを踏まえれば、人的資本とシグナリングの分割比は20対80とするのが妥当に思われる。正確な数字については喜んで議論しよう。しかし労働経済学者たちが人的資本純粋主義を捨てるまでは、彼らのアプローチを真面目に受け取ることはできないし、誰も真面目に受け取るべきではない。

5　それがシグナリングかどうか、誰が気にするのか

教育の利己的なリターン

人的資本は教育がパイを大きくすると言う。シグナリングは教育がパイの取り分け方を変えると言う。だがそこからどんな違いが生まれるのだろうか。人的資本とシグナリングの分割比が50対50だろうと、20対80だろうと、0対100だろうと、誰が気にするのか。答えは、教育を利己的な視点から分析するか、社会的な視点から分析するかで変わってくる。

利己的な立場から言えば、人的資本とシグナリングの内訳などどうでもよい情報である。パイが大きくなる？　取り分が大きくなる？　知るか。利己的な学生にとって喫緊の問題は「自分が受けている教育には見返りがあるのか」であって、「なぜ自分の受けている教育には見返りがあるのか」ではない。たしかに、なぜかを知るのはたまに役に立つ。人的資本は甘い成績をつける悪い先生より厳しい成績をつける良い先生を奨める。一方、シグナリングは逆を奨める。とはいえたいていの場合、野心家にとっては理論など無視してお金を追いかける方が無難だ。

しかし社会的な立場から言えば、人的資本とシグナリングの分割比はきわめて重要だ。人的資本純粋主義に近づくほど、教育が人類にもたらす恩恵は大きくなる。シグナリングの比率が上がるほど、教育の社会的

恩恵は消えていく。純粋なシグナリングの極点に近づくと、教育は誰もかれも特別に見せようとする無駄な努力に社会のお金と時間と頭脳を燃やし尽くす焼却炉ということになる。

個人が自分の資源の使い道を思案する場合、たいていは利己的な視点に立つものだ。私とて同じである。カリフォルニア大学バークレー校に入学したとき、私は人類にもたらす結果など考えなかった。わが身を一番に考えた。それに対して、個人が税源の使い道を思案する場合、たいていの人は世の中を良くすることを意識する。[1] 公立校への財政支援を議論する国民が「自分は子供がいないから、公立校への財政支援は打ち切るべきだ」とか「自分は教師だから、固定資産税を上げて教師の給料を倍にすべきだ」と公言することはまずない。政治討論は政策の社会的な結果が焦点になる。全体にとって何がベストか？

自己啓発の大家は利己的な視点を大前提にしがちだ。政治オタクは社会的な視点を大前提にしがちだ。利己的と社会的、どちらの視点が「正しい」のか。難しい質問だ。どちらかの味方につくかわりに、これからの二章で双方の立場からのエビデンスを検証し、読者にわが身を一番に考えることと世の中を良くすることの適正なバランスを選んでいただこう。

この章では次の問いを立てる。自分の教育に投資する場合、その投資は自分にどれだけ見返りがあるか？意外に難しい問いだ。所得、福利厚生、失業リスク、仕事の満足度、健康などなど――自己啓発系の講演家が何と言おうと、「全力で打ち込めば何でも成し遂げられる」わけではないという事実も忘れずに――を考慮しなければならない。

次の章では教育を社会的な視点から再考する。自分の教育に投資する場合、その投資はみんなに――自分も含めて――どれだけ見返りがあるか？　シグナリングの力を踏まえると、教育を擁護する社会的な論拠は個人的な論拠と比べると格段に弱い。「あなたはもっと教育を受けるべきだ」と言う自己啓発の大家と「私たちはもっと教育を減らすべきだ」と言う政治オタクは、両方とも正しいのかもしれない。

教育の利己的なリターン——入門編

『メリー・ポピンズ』を歌えば今から退職時まで所得を0・1％上げられるとしよう。歌うのは一度だけでいい。この架空の世界では、人々の所得とミュージカルの歴史を知っている研究者であれば0・1％の「ポピンズ・プレミアム」を発見するはずだ。見返りは良いだろうか。もちろん！　ミュージカルを歌うには3時間かかる。年間給与が5万ドルなら、0・1％のプレミアムは退職まで毎年50ドルの上乗せになる。たとえディズニーの名作映画が嫌いだとしても、悪い取引ではない。

もし『メリー・ポピンズ』を正規料金のディズニー・クルーズの船上で歌わなければならないとなったら、当然、答えは揺らいでくる。あらかじめバケーションにディズニー・クルーズに乗る計画だったのでもない限り、あなたにとってこの船旅の価値はおそらく料金ほどではない。2000ドルのクルーズ料金があなたにとって800ドルの価値しかないとしよう。さて、0・1％のプレミアムを獲得するには、3時間にプラスしてクルーズの費用からバケーションの価値を差し引いた1200ドルを差し出さなければならない。この取引にはさらに難点がある。0・1％の所得プレミアムが始まるのは、パフォーマンスを披露した5年後以降と想像してほしい。

要はこういうことだ。教育の価値を検討する際は、教育の便益がわかっているだけでは不十分である。費用とタイミングもわかっていなければならない。教育に投資するとしたら、いくら戻ってくるのか（いわゆる「収益率」）——そして回収するまでどれだけ待たなければならないのか。二つの質問に対し、経済学者は数字一つで答える。その数字を経済学者は「教育の収益率」あるいは単に「教育のリターン」と呼ぶ。

経済学者が債権、住宅の断熱、大学の評価に単一の数値指標——収益率——を使うと、素人は嫌悪をあらわにする。お金がすべてじゃないと誰かに教わらなかったのか！　表面的な答え方をすれば、教育を投資として思い描く人間は決して経済学者だけではない。学生を見るがいい。カリフォルニア大学ロサンゼルス校高等教育研究所（ＨＥＲＩ）が１９７０年代から大学1年生に目標をたずねてきた。大多数はあからさまに出世第一主義者かつ物質主義者だ。２０１２年には90％近くが「より良い仕事に就けること」が大学進学の理由として「非常に重要」または「不可欠」だとしている。「経済的に恵まれること」（80％以上）と「より多くお金を稼ぐこと」（約75％）も同じくらい人気が高い。「意味のある人生哲学を作り上げること」について同様に言う者は半数もいない。[2] 理想主義を誇張して考え、利己主義を過小に見なす人間の性を思えば、この結果はなおさら衝撃的だ。[3] 学生はおそらく自覚している以上に世俗的な成功を重視している。

素人の批判にもっと踏み込んだ回答をするなら、経済学者はお金がすべてではないことを重々わかっている——そして公式の解決策を用意している。すなわち、気になるものすべてについて、価値を評価するのである。つまりはこういうことだ。あらゆる便益について、「それを手に入れるために自分はいくらなら支払うだろうか」と考える。あらゆる費用について、「それを避けるために自分はいくらなら支払うだろうか」と考える。あなたは年収５０００ドルのやりがいのある仕事は価値があると見なし、年間授業料３０００ドルのつまらない授業は価値がないと見なすかもしれない。たいていのものに目に見える値札はついていないが、頭の中で値札を貼りつけることはどんな対象であれ必ずできる。皮肉屋とは神聖なものに値段をつける者ではない。神聖なものに安い値段をつける者である。

教育のあらゆる便益と費用に値段をつけたら、教育を他の投資と同様に分析できる。世界一シンプルな投資と言えば1年ローンである。１００ドル貸す。1年後に１００ドルの投資金にいくばくかの利息が乗って戻ってくる。利息を最初の投資金で割ると収益率が出る。１００ドル貸して7ドルの利息が入れば、リターンは7％である。利息が2ドルならリターンは2％になる。利息なしならリターンは０％だ。利息なしで最初の投資金額のうち90ドルしか取り戻せなければ、リターンはマイナス10％となる。最悪のシナリオは完全なデフォルト〔債務不履行〕、つまり１００ドル貸して戻ってくるのが0ドルという場合で、リターンはマイナス１００％である。

シンプルな1年ローンは、投資の世界のいうなればロゼッタストーンだ。1年ローンのリターンが理解できれば、ありとあらゆる投資のリターンが解読できる。ある複雑な投資が「収益率7％である」とする。翻訳すると、その複雑な投資は、1年ローンを利息の1ペニーにいたるまですべて再投資しながら継続し、7％の利息が得られるのと同じ収益率ということだ。

10年で満期になる１０００ドルの投資を想像してほしい。5年間は何も返ってこない。6年目から5年間にわたって年間３００ドル戻ってくる。３００ドルの小切手を受け取るたびに、あなたはそれを貸し出す。10年目の最後に、貸したお金をすべて回収し、総額を数える。リターンの計算として、１０００ドルの1年ローンを、利息を1ペニーにいたるまですべて再投資しながら繰り返すという別のシナリオを想像してみよう。そして自問してほしい。両方の投資戦略で儲けを同じにするには、利率をいくらにすればよいか。どんなスプレッドシートを使っても吐き出す答えは同じ、5・2％だ。5・2％の利率であれば、どちらの投資法でも10年目の最後に１６６５ドルが手に入る。

教育投資は複雑きわまりない。主な便益と費用を一覧表にするだけでも忍耐力を試される。実際には、ほとんどの経済学者が簡便な抜け道を使っている。教育の利己的な（つまり「個人的な」）リターンを計算する際、彼らは一つの便益——教育プレミアム——と二つの費用——授業料と放棄所得だけに注目するのである[4]。

教育プレミアム　能力バイアスで厳正に補正した後でも、教育は収入を上げる。肝心の問題は、いくら？である。経済学者は答えを出すにあたって、慣習的に教育年数のすべての年度は平等であると想定し、「その」教育プレミアムを計算に用いる[5]。

学費　学費は教育の費用として最もわかりやすいが、寮費や食費は学費とは区別するよう注意が必要だ。学生でなくても生活費はかかるのだから、これらは本当は「教育の費用」ではない。正確を期すためには、学校でかかる生活費と学校に行かずに同等の生活をした場合の費用の差額のみを勘定に入れるべきである。

放棄所得　学校に行っていれば定職には就きにくい。両方をフルタイムで両立させている者は少ない。そのため、もう一つの大きな教育の費用は、学校に行っていなければ稼げたはずの所得である。

この三つの因子がすべてであれば、教育の収益率を計算するのは簡単だ。まずフルタイムの仕事に就いてから稼いでいる年収総額を出す——5万ドルとしよう。能力バイアスで厳正なる補正を行って推定した、学校教育1年分のプレミアムを計算式に入れる——これを10％としよう。学費1年分の費用を算出する——1万ドルとしよう。すると、就職してから退職するまで毎年5000ドル余分に稼ぐために、あなたは基本的に6万ドル——5万ドルの放棄所得に1万ドルの学費を加算した額——投資したことになる。今から40年後に退職するとしよう。数学の達人なら教育のリターンを暗算してしまうだろうが、凡人のわれわれはスプレッドシートのお世話になってもいい。答えは7・9％だ。直観的には、もう1年仕事を続けて6万ドルまるごと貯金し、その虎の子を年利7・9％で繰り返し投資すれば、結果は同じになるのではないか。

教育のリターン入門編は技術的なただし書きなしには完成しない。教育のリターンの推定はインフレ調整を加味して出すこと。経済学用語で言えば、教育のリターンは「名目」ではなく「実質」なのである。それに対して、通常の投資の公表されている収益率はインフレ調整を加味して算出されることはめったにないから、自分で調整を行わなければならない。近年、30年物の国債の名目金利は約4％だった。予想インフレ率を差し引くと、実質リターンは2％しかない。[6] よく引き合いに出される「株式投資の長期的な収益率は10％」も同様で、長期的なインフレを差し引くと約7％に下がる。

最後の問いは、いくらなら収益率が高く、いくらなら低いことになるのか、だ。「それは現在の金利、リスク、リスク許容度、流動性、レバレッジ、ポートフォリオ構成、などなどによる」とうまくはぐらかした答え方もあるだろう。まったくその通りだが、まったく役に立たない答えである。このあいまいな答えのかわりに、私はおおざっぱだが役に立つ次の評価を用いる。インフレ調整後のリターンが10％なら秀。リターンが7％なら優――株のおおよその平均収益率と同じだ。5％は良。3％ならまあまあ。2％が可。1％以下は不可だ。

教育の利己的なリターン――大事なものをすべて勘定に入れると

入門編はこれで十分だろう。教育のリターンを思いきり単純化したが、宿題の問題としては上出来だ。しかし実際的な指針を求めるなら、教育の便益はきっかり一つ、費用は二つぽっきりと無邪気に想定してはいけない。大事なものをすべて勘定に入れるよう努めなければならない。

この制限なしの計算式はまず、ブレーンストーミングから始まる――ありそうに思われる教育の便益と費用をすべて特定する。[7] 幸い、多数の研究者が何十年もかけてブレーンストーミングを行ってきた。教育は報酬と雇用機会だけでなく、仕事の満足度、健康、幸福度なども向上させると考えられる。しかしこうした便益を獲得するには、学費と放棄所得以外のものも必要になる。貴重な仕事の経験を逃し、退屈な授業という苦痛に耐えなければならないかもしれない。しかも、大きな罠がある。学位を取得できない場合も、教育の費用の一部、ほとんど、あるいはすべてを支払うことがありうるのだ。

ブレーンストーミングの際、避けなければならない主な落とし穴が二重計算である。[8] 教育はより高い所得につながり、より高い所得はより良い家、より良い車、より良い医療などより良いものにつながる。しかし教育の便益の総計を出す場合、「所得」と「所得で購入できる良いもの」は便益として別個のものではない。同じ便益を別の角度から見たものである。仕事の満足度や健康など、一般に教育の便益とされているものについても同様と考えられる。

多数の便益と費用が出そろい、二重計算がないかチェックした——研究者の本当の仕事はここからだ。すなわち、教育の効果とされていることが本当かどうかの調査である。本当なら、能力バイアスを厳正に補正して効果の大きさを測定しなければならない。次に、一つひとつの効果すべてについて、おおよその価値をドルで見積もらなければならない。そしてようやく、教育のリターンを公正に算出する材料が得られる。あまりに骨の折れる作業なので、私は二部構成に分割した。第一部で、架空の「優等生君」の教育のリターンを丹念に分析する。第二部では、高いリターンと低いリターンの主要因を丹念に分析する。その結果、数字の裏づけがあり、あなた自身も含め誰にでも適用できるカスタマイズされた教育のアドバイスができあがる。

ただし、注意点。数字の裏づけがあるアドバイスと絶対確実なアドバイスは別物である。教育のリターンを計算するのはプランク定数を測定するのとは違う。この計算には必ず当て推量が入り、出るのは正確な予測ではなく平均値、ないし「期待値」だ。だが不安がらなくてもいい。当て推量はできる限り標準的なデータと綿密な学術研究に基づいて行う。計算の大きな構成要素についてはすべて、そのようなデータと研究が入手可能だ。しかし小さな構成要素に関しては、データと研究が手薄なことが多い。この点については、学者の常として不可知論を言い訳にするのではなく、私なりに最善の推測値を出している。計算のいずれかの構成要素に関する私なりの「最善の推測値」が外れていると思ったら、あなたご自身の最善の推測値で置き換えていただきたい。いずれ完全無欠の知識が出てくるのを待つという選択肢はなしだ。教育に関する決断は学生、労働者、有権者、政策担当者にとって喫緊の問題である。当て推量をせずにすむ人生を空想するかわりに、慎重に推量を行う努力をしようではないか。

教育の利己的なリターン――「優等生君」の場合

9年生から教育に関するアドバイスを求められたら、正直に答えるべきだ。でなければ相手は耳を貸さないだろう。しかしこれはあなたの方で頭を使わなくてもいい口実にはならない。優れたアドバイザーはアドバイスを受ける側の身になって、複雑かつデリケートな諸々を慎重に比較検討する。そうすることによって、理解しやすいだけでなく、真理を突いた助言になる。これから入り組んだ教育の便益と費用を丹念にひもとき、少々計算をして、「優等生」の典型タイプにどんな知恵を出せるか見てみよう。

「優等生君」とは正確なところ、どんな人物だろう。便宜上「彼」と呼ぶが、男性でも女性でもよい。彼はぶらぶら遊んではいない。フルタイムの学生か、フルタイムの労働者――就職市場が許せばだが――である。独身で子供はいない。学校はすべて近所の公立だ。最大のポイントとして、大学院や専門職学位を取るための進学をしなかった、学士号取得者の人物像に当てはまる人として「優等生君」を思い浮かべてほしい。「人物像に当てはまる」というのは何でもひっくるめている。「優等生君」の認知能力、性格、経歴などなどすべてが学士号取得者の平均的なそれであるとした。現実にはこうした情報をすべては知りえない。手に入る限りの情報でベストを尽くさなければならない。測定された認知能力に関しては、「優等生君」は73番目パーセンタイルに位置する。[9]

この前提に従うと、学士号を修了した「優等生君」は実社会で平均的な大卒者に見合った結果を享受する。しかし「優等生君」が高校を中退した場合は、典型的な学士号取得者の人物像に当てはまる高校中退者並みの結果を手にすることになる。[10]「優等生君」が高校までで学業を終えたとしたら、典型的な大卒者の人物像に当てはまる高卒者並みの結果を手にする。修士号を修了したら、典型的な学士号取得者の人物像に当てはまる修士号保持者並みの結果を手に入れる。

報酬

教育が報酬に及ぼす効果に関して三つの重要な事実はすでにわかった。第一に、能力バイアスがあるため、教育の経済的便益——金銭的なものも非金銭的なものも——は見かけよりも小さい。見かけのプレミアムのわずか55%が本物だと推定するのが妥当である。[11]第二に、教育の経済的便益の大半はシープスキン効果である。割合で考えると、高校の最終学年はそれ以外の学年の約3・4倍の価値があり、大学の最終学年はそれ以外の学年の約6・7倍の価値がある。修士課程のシープスキンの実績データは乏しいため、私は学士号と同じ割合と想定している。[12]第三に、非金銭的な福利厚生は大きい。報酬は所得を平均44%上回っている。[13]学歴の高い労働者の方が大きな福利厚生を獲得しているが、所得に対する福利厚生の比率は教育程度が上がるほどわずかに落ちていく。[14]

これは「優等生君」にとって何を意味するだろうか。大学を卒業した時点で学業を終えたら、当然ながら、彼は大卒者の平均的な報酬を獲得する。「優等生君」がそれより早く学業を終えたら、あるいはそれより長く学業を続けたらどうなるだろうか。その場合は、表3－1のフルタイムの通年雇用者の元データの収入に、能力バイアスとシープスキン効果で調整を行って、所得に対する教育の効果を推定することができる。[15] 非金銭的な福利厚生に対する教育の効果を算出するには、連邦議会予算局による民間セクターの労働者の福利厚生／所得比をもとに計算を行う。福利厚生に対する能力バイアスとシープスキン効果と、所得に対する能力バイアスとシープスキン効果は一致していると仮定する。[16]

図5－1にその結果を示す。途中学年――高校、大学、修士課程――は年間報酬を2000ないし3000ドル上げる。しかし学業のフィニッシュラインを通過すると収益率ははるかに高くなる。高卒で年間増加分は9000ドル、学士号で2万ドル、修士号で1万3000ドルだ。

雇用

図5－1にフルタイムの通年雇用者の所得を示す。定義としては年間最低50週以上働いている者とする。[17] しかし現実の労働市場では、通年働きたいと希望している人々が、そもそも就職に苦労している場合もある。労働統計家は職に就いていない状態を二通りに区別している。求職中だがまだ職が見つかっていない場合は「失業者」、求職活動をしていない場合は「非労働力」である。教育のリターンを計算する際、研究者によっては両方の形態の無業者で調整を行っている。[18] よく考えると、これはまちがいだ。失業のリスクを減ら

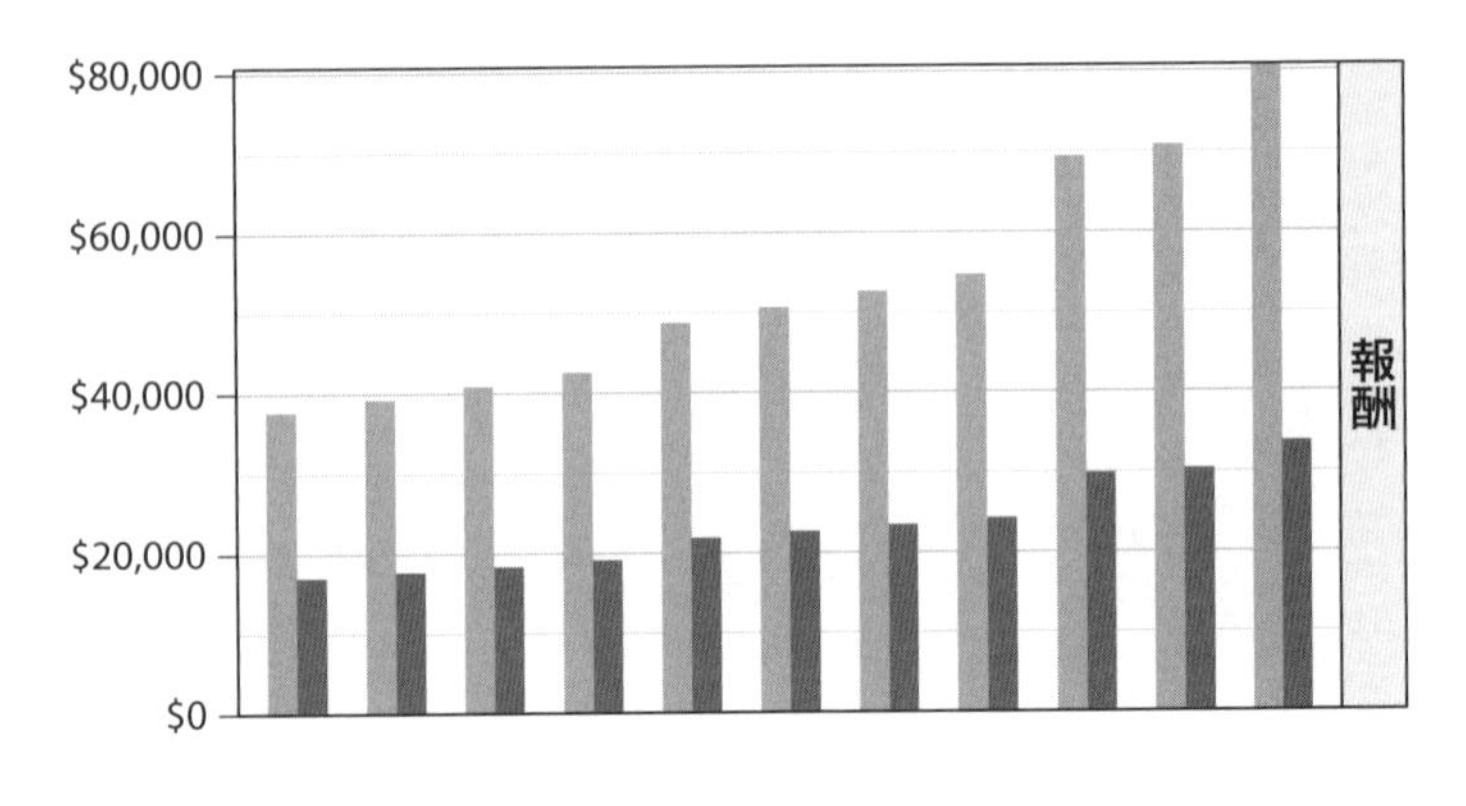

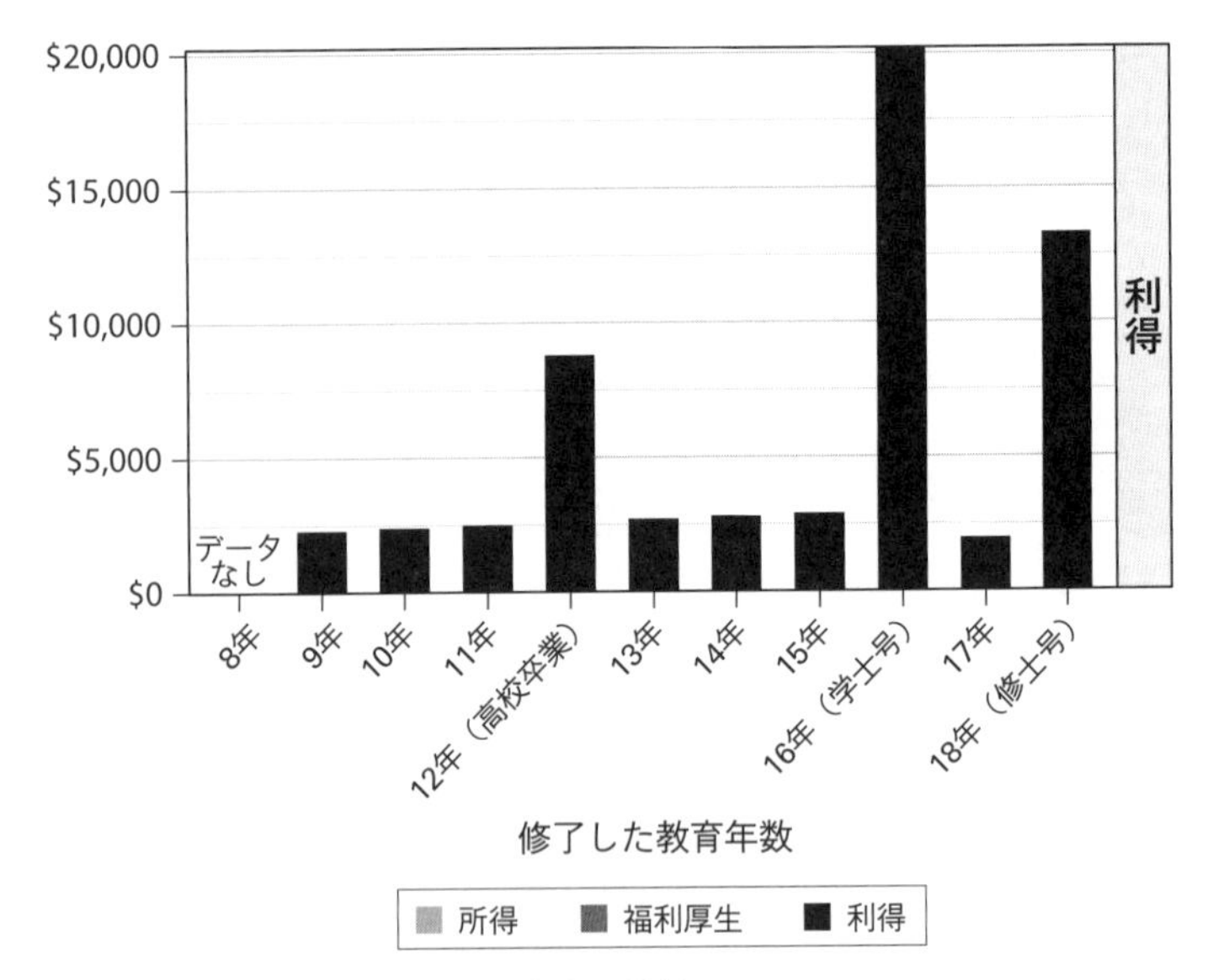

図 5-1 「優等生君」の報酬に対する教育の効果（2011 年）

出典：United States Census Bureau 2012d, 2012e。以下の想定を行っている：

(a) フルタイムの通年雇用者である。

(b) 男女比率は 50/50。

(c) 能力バイアスは 45%。

(d) 民間セクターの学歴別の金銭報酬に対する総報酬の比率は Falk 2012, pp. 6, 10 のものを用いた。

(e) 高校の最終学年を修了すると、パーセンテージで効果が途中学年の 3.4 倍になり、大学の最終学年を修了すると、パーセンテージで効果が途中学年の 6.7 倍になり、修士課程の最終学年を修了すると、パーセンテージで効果が途中学年の 6.7 倍になる。

すことは明確な利益である。希望すれば職を得る可能性が高いという意味だからだ。それに対して、非労働力になるリスクを減らすことは明確な利益とは言えない。それは単に就職を希望するようになる可能性が高いという意味でしかないからだ[19]。

すべての労働者に失業のリスクがあるが、教育程度が上がるにつれそのリスクは下がっていく。2000年から2013年にかけて、平均失業率は高校中退者で10・0％、高卒者で6・3％、大卒者で3・4％、修士号取得者で2・7％だった[20]。定義上、学士号を修了しただけの「優等生君」は大卒者の平均失業率3・4％に該当する。別の学歴の「優等生君」の失業率を予測するには、能力バイアスとシープスキン効果で元データの収入の差を調整する。残念ながら失業に対する能力バイアスを推定した論文はほとんどなく、失業に対するシープスキン効果を推定した論文は――私の知る限り――皆無だ[21]。エビデンスが不足していることを踏まえると、雇用に対する教育の影響は報酬に対する影響と同様であると仮定するのが自然なアプローチである（図5－2参照）。

税金と所得移転

新たに取得した学位によって高収入の職に就けたとしても、収入の上昇分がすべて自分のものになるわけではない。一部は国に納めなければならないからだ。学位を持っていないためにレイオフされたとしても、寒空の下で飢えに苦しむことにはならない。国から失業給付がもらえるからだ。このような税金と所得移転は教育の金銭的見返りにどう影響するだろうか。

アメリカの税法と社会保障制度の複雑さはつとに有名だ。連邦税の概算を出すために、2011年の税法を適用して労働者の期待所得を出してみよう[22]。計算では、労働者が標準的な控除を受け、追加で一律10％の

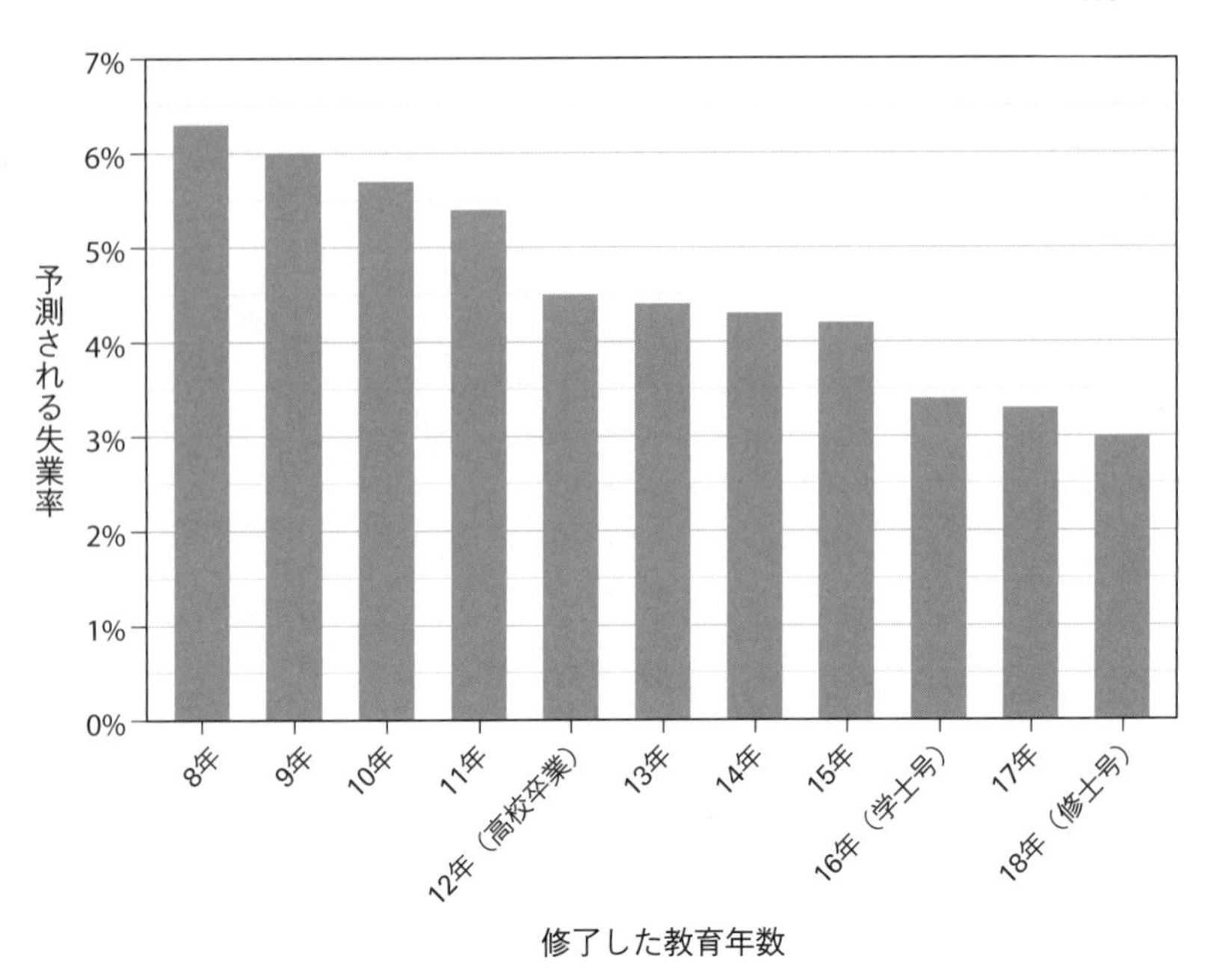

図 5-2 「優等生君」の失業に対する教育の効果

出典：Federal Reserve Bank of St. Louis 2015。以下の想定を行っている：

(a) 男女比率は 50/50。

(b) 能力バイアスは 45%。

(c) シープスキンの内訳は図 5-1 の通りである。

州税と地方税を支払っていると想定する。非金銭的な福利厚生には課税されない。「優等生君」は独身、子供なし、フルタイム労働者という想定なので、対象となる重要な所得移転は一つだけ、失業給付のみである。[23] 計算では、失業中の労働者は二〇一一年の平均週三〇〇ドルの失業給付を受けると規定する。[1] 州ごとの決まりではこれまでの収入が高かった労働者ほど給付額は大きいが、給付レベルは法律によって下限と上限が定められているため、フルタイム労働者への支給額の幅はかなり小さい。[25]

仕事の満足度

私は一生の理想の仕事に就いた。思索をめぐらせ、自分の考えを学生に伝え、親友たちとランチをして給料をもらっている。この仕事に就けたのは教育のおかげだ。博士号がなければ、ジョージ・メイソン大学には就職できなかっただろう。大学院に進まなければ、別の職業に就いてもっと稼いでいたかもしれないが、仕事の満足度はがくんと落ちていたはずだ。

私はどうやら典型から外れているらしい。労働者は学歴が高いほど仕事への満足度が少しだけ高い。しかしその大部分は収入の高さによるものだ。所得が同等で学歴が同等でない労働者を比較すると、仕事の満足度に対する教育の効果は不明確である。[26] 教育程度が上がると仕事の満足度はむしろ下がるという研究もある。[27] 一つ考えられる理由は、教育によって期待値が上がることだ。大卒者は他の大卒者と自分を比較して「良い仕事」に就く権利があるように感じるため、なかなか満足しない。しかし全体のバランスを考えれば、教育が仕事の――所得以外の――満足度に及ぼす効果は平均してゼロであるという穏当な立場を守るべきだろう。

幸福度

学歴の高い人の方が平均して幸福度が高い。[28] 本当に教育によって人の幸福度は高まるのだろうか。二重計算を避ける限り、エビデンスは弱い。教育は、所得で補正したとしても、幸福度を多少は上げるかもしれない。ある研究チームが、大卒者は高卒者より2パーセンテージポイント、高卒者は高校中退者より4パーセンテージポイント、幸福度が高い傾向があると報告している。[29] しかし所得と健康の両方で補正した研究では、教育はむしろ幸福度を下げる可能性があるとしている。[30] この場合も、おそらく教育は期待値を膨れ上がらせているのである。大卒者は客観的に見て比較的幸運であるため、世の中が自分に敵対しているという主観的な感情を持たずにすんでいるのにちがいない。エビデンスは両方の結果が混在しており弱いため、計算では幸福度に対する教育の効果をゼロとする。

学習の苦痛と恍惚

私が大学教授だと知ると、人はよく、知的な生活を送っていた自分の学生時代を思い出す。「大学に行ったおかげで今幸せです」と言う人はめったにいない。だが古き良き昔をなつかしがる人は多い。「また学生に戻れたらなあ、毎日新しい考えに触れる刺激を満喫したいね！」と。しかし大学生を見ると、満喫している様子はない。耐えがたいほどに退屈しきった学生たちが教室を埋めている。いや、「埋めている」は正確ではない。教室に姿も現さない者が多いからだ。

「学校が好きな学生もいるし、嫌いな学生もいる。それだけの話だろう」という反論は単なる言い訳である。概して学生たちは痛々しいほど退屈している。高校生の学校に対する感情の調査としておそらく白眉であろう高校生エンゲージメント調査〔The High School Survey of Student Engagement〕は、高校生の66%が毎日授業で退屈していると答えたと報告している。17%は毎日、すべての授業で退屈していると答えた。授業に退屈しないと言っているのはわずか2%だ。なぜそんなに退屈なのか。82%が授業内容に関心がないからと答え、41%が授業内容が自分と関係ないからと答えている。[31] 別の研究チームが中学生に電子端末を渡し、リアルタイムで彼らの気持ちをとらえようとした。生徒たちは授業時間の36%で退屈を感じ、対して授業以外の活動時間では17%で退屈していた。[32] ゲイツ財団の大規模調査が退屈を高校中退の最も重大な理由と位置づけたのもうなずける。[33]

大学生の退屈に関する研究は少ないが、退屈は続いていることを確証している。イギリスの大学生を対象としたある調査では、59%が講義の半分以上で退屈していることがわかった。退屈な講義は一つもないと答えたのは2%にすぎない。[34] 大学では授業への出席は任意なので、どう思っているかを問うだけでなく学生の行動からも推測することができる。出席率を見てみよう。25―40%が授業に出てこないところに、学生からの授業の嫌われぶりが表れている。[35]

授業に不満を持ってサボる学生がいる一方で、大学からしっかり吸収している熱心な学生もいるという反論があるかもしれない。甘い考えだ。思い出してほしい。大学生は一般的にどの講座も登録していなくても聴講できるのに、モグリよりサボリの方がはるかによく見られる。私の授業は評価が高く、私は自分の講座はすべて誰が受けてもいいと公言している。それでも外部からの受講者は5％にも満たない。

ということは、大半の学生が学校で苦痛を感じているのが厳しい現実なのだ。自分の学生生活を知の饗宴だったと回想してなつかしむ人たちは嘘つきか変わり者である。『ザ・シンプソンズ』風に言えば、優等生の娘リサより劣等生の息子バートの方が圧倒的に数が多い。しかしシンプソン一家の中で最も典型的な学生に近いのはお父さんのホーマーだ。「ブッシュ vs シンプソンズ Two Bad Neighbors」の回より。

ホーマー　マージ、退屈だ……。
マージ　それなら本でも読めば？
ホーマー　あのね、俺は退屈を減らしたいの。[36]

「優等生君」の教育のリターンを計算する際は、彼が教室で味わう苦痛を算入しなければならない。これには重要なただし書きがつく。学校と仕事の比較検討をしているのだから、学問の苦しみをすべて算入すべきではない。学校のつらさと仕事のつらさを比較して、感じ方の差をドル換算すべきである。仕事のつらさが学校のつらさに勝るのであれば、学生の苦痛を算入すると教育のリターンはむしろ上がる。

仕事と学校の相対的な快不快に関して、入手可能なエビデンスとして最も強いのはプリンストン感情・時間調査〔Princeton Affect and Time Survey（PATS）〕である。調査員はアメリカ人の中から無作為に抽出したサンプルに電話をかけ、前日について思い出してもらいながら、**a** 回答者が時間ごとにどう過ごしたか、および **b** それぞれの活動をどう感じたか――楽しい、ストレスフル、悲しい、面白い、苦痛――を聞き出す。PATSではすべての感情に0（その感情をまったく感じない）から6（その感情を非常に強く感じる）までの等級をつけている。

主な結果――各活動を快不快で格付けすると、仕事と教育はともに最下位を争う。ただし仕事の方がわずかに優勢である。仕事時間中、人々はストレスと悲しみは若干少なめ、退屈さは同じ、苦痛は少し多めに感じている。[37] 最大の違いは楽しさだ。仕事の楽しさは平均3・83――それに対して教育は3・55である。教育は、苦痛で最下位の高齢者介護よりギリギリ上に位置している。[38]

学校の感情コストにいくらの値札をつけるべきだろうか。自分の本業（仕事または学校）の幸福度を0から6までのまる一段階引き上げられるとしよう。フルタイム労働所得の5％が取引条件として妥当と考えられる。フルタイム労働所得が2万ドルであれば、学校で勉強する苦痛は仕事をする苦痛より年間280ドル分大きい。無視してよい程度の少額だが、最初の計算にこれを含めておき、後であらためて、教室にいるのが楽しい――またはつらい――学生にとってのリターンを再計算しよう。

健康

私は小さなころから教育を推奨する売り文句を聞かされてきた。その間、「高校を出ておかないとしょっちゅう病気にかかるよ」とか「大学に行けば長生きできる」とか「健康に悩みがあるなら、修士号こそ特効薬だ」という説教は一度も聞いたことがない。しかし世間ではまったく語られていないのに、医学、経済学、社会学の数十年にわたる研究で、教育が体にいいことがわかっている。質の高い研究では意識的に、健康に及ぼす教育の効果を所得で補正して測定し、教育によってたとえ良い仕事に就けなくても、体を健康にしてくれるかどうかを確認している。

素人は教育に健康上の便益があるように見えるのを眉唾だと考えがちだが、研究者の一致した見解はそうではない。所得、知力、真面目さ、期間、リスクテイキングなどで補正した後も、教育は長寿と健康実感をもたらしてくれるようなのだ。これらの便益の大半は、シープスキン効果には見えない。教育による健康上の便益は――職業上の便益とは異なり――調査結果にムラがない[39]。

まずは基本の生存率からいこう。複数の研究チームが全国縦断死亡研究〔National Longitudinal Mortality Study〕を使って、教育がアメリカの死亡率に及ぼす効果を推定した[40]。調査設計はそれぞれ異なるが、すべてが年齢、デモグラフィック特性、所得で調整を行っている。これらの特性で補正すると、典型的な結果では教育年数1年で平均余命が0・1―0・4年延びる[41]。だが正直なところ、結果のばらつきは大きい。ある有名な調査では、所得と生活習慣で補正すると、教育はむしろ平均余命を短縮する可能性があるとしている[42]。逆方向に極端な研究では、教育年数1年で平均余命が「1・7年も」延びるとしている[43]。別の研究チームは死亡率に大きなシープスキン効果があることを発見している。途中学年に大差はないが、高校卒業によって平均余命は1年以上延び、大学卒業はさらに大きな効果があるという[44]。

これらの数字はすべて、出典の多くが認めている通り、おそらく誇張がある。一つ重大な問題点は、所得は教育と異なり、年によって変動することだ。その結果、本来は長期的に見て所得のものとすべき功績の一部を教育が「盗んで」いる[45]。さらに、健康に対する教育と所得の効果と見られるものは、因果の逆転かもしれない。つまり、不健康が学業と職業の成功を妨げているのだ[46]。

さらに掘り下げると、教育によってもたらされる健康には個人にとって負担になる費用がともなうという問題がある。学歴の高い者ほど健康なのは、生活習慣が健康的だからという面が大きい[47]。高学歴者の方が飲酒や喫煙の量が少なく、体重も少なく、運動量は多い。そこで浮かび上がるのは、酒を飲んだり、タバコを吸ったり、食べたり、ぐうたらしたりするのが楽しいなら、健康的な生活習慣は本当に「便益」と言えるのかという疑問だ。教育が原因で交際相手がおらず、それによって性病のリスクが一切なくなるので平均余命が延びるとしよう。交際相手がいないがゆえの長寿を明確な「教育の便益」と呼ぶのはやはり違和感があるだろう。運動量が多いこと――あるいは飲酒、喫煙、食事の量が少ないこと――を明確な「教育の便益」と呼ぶのも同じくらい違和感がないだろうか。

ここでついしたくなるのは「教育の健康上の便益」は健康的な生活習慣そのものではなく、健康に関する意思決定を豊富な情報に基づいてできることだ、という反論だろう。健康に関する知識が豊富なほど、健康になるための個人的な費用は低くなる。しかし研究者らが健康の知識を直接測定したところ、生活習慣にはほとんど効果がないとわかった[48]。信じがたいと思われるなら、喫煙の危険性は数十年前から周知されてきたにもかかわらず、現在でも喫煙率は教育程度が上がるとともに急激に下がることに留意されたい。アルコール、肥満、運動――そして独身生活――の健康への影響についても同様だ。これらの材料を総合すると、1年の教育年数が生存率に与える実際の便益は、ゼロから5分の1年といったところだろう。そこで、計算には間をとった0・1年を用いる。

健康は生存率だけでは測れないため、研究者は「健康状態（ウエルネス）」に対する教育の効果も精査している。通常の手法としては、健康の評価尺度を示して自分の状態を答えてもらう。総合的社会調査（GSS）では「あなたの全般的な健康状態は非常に良い、良い、ふつう、悪い、どれですか？」とたずねている――4段階評価だ。5段階評価や7段階評価を用いている調査もある。段階の数が増えるほど、1段階当たりの増大幅は小さい。この方法は主観的すぎて使い物にならないのではと思われるかもしれないが、健康の自己評価は客観的な健康状態の優れた予測因子である――死亡率さえもわかる。[49]

教育程度が上がるほど、健康の自己評価も上がる。例えば総合的社会調査（GSS）の4段階評価では、教育年数が1年延びると健康の自己評価は約0・08ポイント上がる。競合する因子で補正すると測定された効果は縮小するが、ある程度の健康上の便益はほぼ必ず残る。総合的社会調査（GSS）では、所得とデモグラフィック特性で補正すると、教育の便益は1年当たり0・08ポイントから1年当たり0・04ポイントに半減する。[50] 別のデータソースを使用した研究チームでも同様の大きさの結果が出ている。所得、デモグラフィック特性、さまざまな他の因子で補正すると、教育年数1年当たりの健康の増大の推定値は、高いもので5段階評価の0・07段階から低いもので7段階評価の0・01段階までの幅がある。[51]

これらの健康の自己評価に対する効果も、寿命に対する効果が誇張されているのと同じ理由で誇張がある。所得は年によって変動するため、教育は長期的な所得の部分的な代理変数である。測定された「健康に対する教育の効果」の一部は、おそらく「教育に対する健康の効果」だ。[52] そして教育が人に健康であると感じさせるのは、ストイックな生活習慣による面がかなり大きい。研究者らが生活習慣で調整を行うと、自覚された健康に対する教育の効果は約3分の1減少する。[53] これらの材料を総合すると、1年の教育年数が健康に与える実際の便益は、ゼロから4段階評価の0・02段階といったところだろう。そこで、計算には間をとった0・01段階を用いる。

教育のリターンを計算するのが目的なので、最後の手順としてこれらの健康上の便益に値札をつける。まず寿命からいこう。費用便益分析を行う者が標準とする「健康的な1年間の生活の価値」は5万ドルだが、これは余暇時間を無価値と扱っており不合理である。[54] 潜在的年収――フルタイム所得のおよそ2倍――に等しい値を設定する方が賢明だろう。そこで、教育年数1年が寿命を0・1年延ばし、フルタイム所得が年5万ドルとすれば、平均余命の便益は1万ドルということになる。年1万ドルではない。合計で1万ドルだ。

健康の自己評価に関しては、研究者の間で「ドル換算した標準値」がまだ定まっていない。そもそも、この問題が取り上げられることがめったにない。しかし妥当と思われるおおまかな計算をすれば、健康の4段階評価の1段階がフルタイム所得の20％に相当する。そこで、1年の教育が健康の自己評価を0・01段階上げ、フルタイム所得が年間5万ドルとすれば、生活の質の便益は100ドルということになる。合計100ドルではない。年間100ドルだ。[55]

授業料その他の経費

エリートたちは教育に目の玉が飛び出るような金額を支払っている。名門高校フィリップス・エクセター・アカデミーの年間の授業料と諸経費は現在3万7000ドルだ。[56] ハーバード大学の授業料の正価は年間4万5000ドルを上回る。[57] 大学寮に入ればもっとかかる。特権階級の子供が初めて就職するまでにかかる教育費は軽く50万ドルにもなりうるのだ。

近所の公立校に行くという想定の「優等生君」の費用はそれより大幅に安い。エクセターの年間3万7000ドルにひきかえ、彼が行く高校は無料だ。ハーバードの年間4万5000ドルにひきかえ、彼は地元の大学に州内授業料〔大学所在地と同じ州出身の学生には安く設定されている〕を支払う——そしてエリートとは異なり、学資援助もたくさん受ける。総費用を出すために、カレッジボードが毎年出している『学費の傾向 *Trends in College Pricing*』にあたろう。この報告書は大学の授業料の正価を集計し、学資援助の平均額を差し引いて「実質授業料」を算出している。「優等生君」の最終的な学費はびっくりするほどお手頃だ。[58] 四年制大学の1年間の自己負担費用——

授業料、諸経費、教科書代、学用品から学資援助を差し引く——は、合計3662ドルになる。[59]

寮費を加えるとこの金額は3倍以上になる。大学寮の平均費用は8890ドル。だがほとんどの研究者はこのような費用を公然と無視している。どこに住んでも住居費と食費は必ずかかるものだからだ。とはいえ、「優等生君」は近所の大学に行くという前提なので、親元で暮らしていてその分のお金はかからないと想定してよい。そこで大学の追加費用は3662ドルちょうどに設定しよう。

あなたがエリートか準エリートだったら、大学の年間費用が3662ドルなんて詐欺に聞こえるだろう。「そんな学費の人、一人も知らない」とあなたは一蹴するかもしれない。だがこの金額を否定するより、自分が世間知らずだと自覚すべきだ。あなたのような人が公立大学に行く場合は、正価に近い金額を自己負担する。だからといって、ハーバード大学の半期分にも満たない費用で四年制大学の学位を取得する人々がいるという事実はなくならない。

もちろん、自宅通学の大学生は大学寮に住む学生ならではの日々の社交や娯楽にあふれた典型的な「カレッジライフ」は送れない。研究は少ないが、多くの学生がこうした学業以外の経験を満喫しているのは明らかだ。しかし当然、それには追加費用というマイナス面がある。この問題に対処するために、私は二つの想定を立てた。第一に、自宅通学の学生は実家暮らしの労働者と同程度に娯楽を楽しんでいる。第二に、寮生活の学生は寮体験を費用と評価するため、キャンパスでの社交と娯楽の純便益はゼロである。外向的で楽しいこと好きな学生にはあまりに悲観的な想定だが、裏を返せば気性が正反対の学生にはあまりに楽天的な想定ともなりうる。

修士号以上の学位についてはどうか。実質授業料についてのまとまった統計は少ないが、学資援助は豊富にある。[60] 総合的に見て、大学院生の実質授業料は学部生の実質授業料と同等と設定するのが許容範囲の近似値だろう——これを使う。

放棄所得

たとえ授業料がゼロだとしても、学校教育はタダではない。「優等生君」はフルタイムで学校に行くかわりにフルタイムで働くこともできたはずだ。在学中に稼ぎ損ねた報酬はすべて教育の費用である。実質授業料のお手頃感を考えれば、実は在学中に稼ぎ損ねた報酬こそが主要な教育の費用である。

いくら「稼ぎ損ねた」かを測定することなどできるのか？ すでに測定はすんでいる。図5－1をもう一度見てほしい。「優等生君」が在学年数を延ばした場合に将来いくら稼ぐかを推測するためにこの表が使えるなら、「優等生君」が在学年数を減らした場合にいくら稼いでいたはずかを推測するのにもこの表が使える。

フルタイム労働者はフルタイムの所得とフルタイムの福利厚生を稼ぐ——もちろん、失業していなければだ。フルタイムの報酬に雇用確率を掛ければ、学生が稼ぎ損ねたものすべての適正な測定値が出るだろうか。ほぼ出る。主に疑問が残るのは、多くのフルタイム学生がアルバイトをしている点だ。フルタイムの放棄所得からアルバイト代を差し引くべきだろう。それでも、アルバイト代は安い——無給のインターンシップが横行しているのは言うにおよばず——ため、調整額はごくわずか——フルタイム報酬の10％といったところか。

経験を考慮する

仕事を持ったとき、獲得するのは所得だけではない。仕事の経験によって仕事のスキルが上がる——そして労働市場は追加されたスキルに対して昇給で報いる――これを「経験プレミアム」ともいう。在学期間が長いと、職場でスキルを身につけるのもお預けとなる――スキルの獲得を先延ばしするほど、それによる給与の追加分も積み上がっていく。

経験の見返りを出すのは……複雑だ。平均的に、収入は1年間で2―3％上がる。[61]しかし詳細に見ると、キャリア初期の経験は実りが数倍大きく、キャリア末期の経験はほぼ無価値だ。[62]収入のパスをより現実的に見ると収益率は同等であるため、私の計算では一律2・5％で増加していくものとする。[63]

修了の確率

銀行が1年ローンに10％の利息を請求するとしよう。これは平均的なローンで銀行が10％の利息を稼ぐという意味ではない。借りた人の一部は借金を踏み倒す。借りたお金を使い切ってから、行方をくらましてしまったり、破産宣言したりする。めったになくても債務不履行は貸し手の収益率を損なう。借り手20人のうち1人が返さなければ、銀行のリターンは55％下がる――10％から4・5％に落ちるのだ。[64]

教育投資にも同じハードルが立ちはだかる。学校教育に1年間トライすることは必ずしも成功を保証しない。授業料を払って1年間無為に過ごし、最終試験に失敗することはありうるし、実際そういうことは起こっている。学校教育1年間が失敗に終わる小さなリスクは、ローンが債務不履行になる小さなリスクと同様に、教育のリターンを大きく損なう。教育のリターンのまっとうな推定値はこうした学業の「破産」を考慮しなければならない。[65]シープスキン効果はこの真理をさらに強化する。フィニッシュラインに至るまでの障害をすべて飛び越えなければ、フィニッシュラインを通過したことに対する特大の賞金は勝ち取れない。もちろん、落第したら同じ年をやり直させてもらえることも多いが、これは1年分の時間と授業料を浪費した学生に、もう1年分の時間と授業料でギャンブルをするチャンスを与えるにすぎない。どこのカジノも条件は同じである。

考えの浅い研究者が他意なく学業の未修了を見過ごしてしまうのは、自分自身の経験とはまったく縁がないことだからだ。研究者は学位を取得した。周囲の知り合いもほぼ全員、学業を無事終えている。実際のところ学生はどれくらい脱落していくのか。暗然たる数字だ。アメリカのすべての教育レベルで、中退すなわち「未修了」率は高い。高校生の約25％が4年後の卒業に失敗している。フルタイムの大学生の約60％が4年後の卒業に失敗している。修士課程以上の学生の半数が修了できていない。[66]

これらは平均値にすぎない――そして「優等生君」の修了の確率は平均的であると期待してはいけない。高校での「優等生君」は井の中の蛙で、修了する確率は通常よりも良い。ところが修士課程に進学すると、「優等生君」は大海に出た井の中の蛙となり、修了する確率は通常より悪くなってしまう。

どれくらい良いのか。どれくらい悪いのか。難しい質問であり、研究もあなたが期待するより手薄である。入手可能なエビデンスをレビューした結果、巻末の「技術付録」で「優等生君」に次のような確率を割り当てざるをえなかった。すなわち、高校を4年後に卒業する確率92・3％、学士号を4年後に修了する確率43・5％、修士号を2年後に修了する確率32・7％だ。しかし脱落率は漸進的である。教育の年間の金銭的見返りを正確に出すためには、年間の修了確率が必要だ。単純化するため、私の計算では中退率を一律であると想定する。[67]

「優等生君」の結果

すべての数字をスプレッドシートに打ち込んで計算するときがきた。あなたが「優等生君」だとしたら、

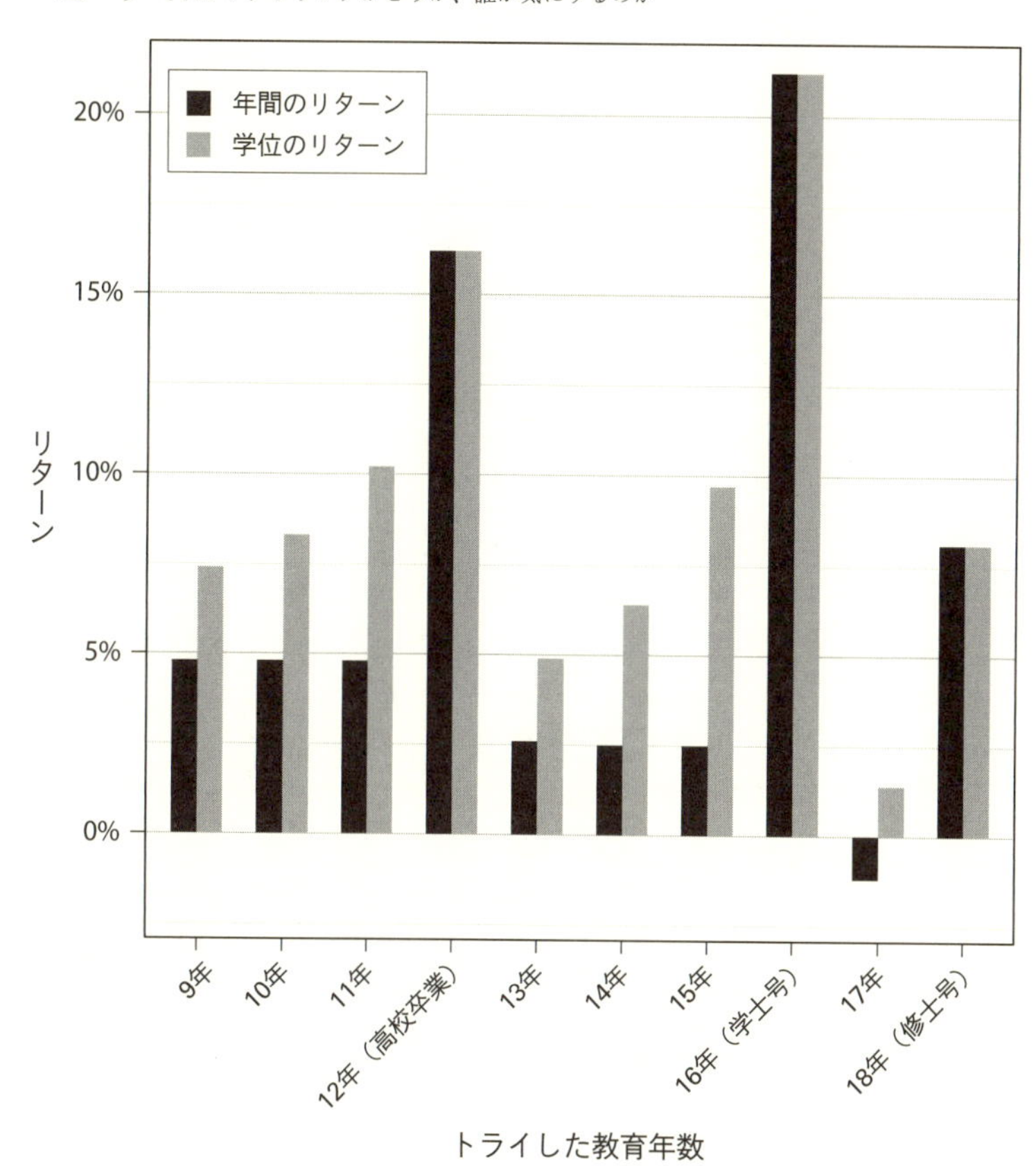

図 5-3　「優等生君」の教育の利己的なリターン
出典：図 5-1、図 5-2 および本文。

教育の金銭的見返りはいかほどだろうか。図5-3に、年間のリターンと学位のリターンという二つの切り口から見た結果を示す。年間のリターンは「失敗のリスクも織り込んですべてを考慮すると、今年1年間教育にトライする価値はいくらか」という問いに答えるもの。学位のリターンは「失敗のリスクも織り込んですべてを考慮すると、次の学位目指して学業を継続する価値はいくらか」という問いに答えるものだ。[68]

年間のリターンは「これが学生をやる最後のチャンスだとしたら、学業に臨むべきか」の決断に役立つ。学位のリターンは「これが学位取得の最後のチャンスだとしたら、この課程に残るべきか」の決断に役立つ。

「優等生君」が高い年間のリターンを享受するのは明らかだ。これがインフレ調整されていることに留意してほしい。高校卒業の年と大学卒業の年は株よりはるかに収益率が高い。修士課程の最終年度のリターンさえ、株式市場にほぼ匹敵する。高校の途中学年の収益率4・8％もかなり良い。収益率約2・5％の大学の途中学年も悪くはない。唯一の大きな期待外れは修士課程1年目のマイナスのリターンである。

学位のリターンもおいしい。「優等生君」が9年生になってからの4年間の年間リターンは平均7・4％だ。高校を1年修了するごとに、学位のリターンは上がっていく。12年生になれば、学位のリターンは年間のリターンと同じ16・2％になる。学年が上がるにつれ学位のリターンが上がるのはなぜか。教育を1年無事に終了するごとに、フィニッシュラインの向こうで待っている成功に一歩近づくからだ。

大学の見返りは相対的に小さいが、それでもかなりの大きさだ。「優等生君」が大学に入学した時点で、4年間の年間のリターンは平均4・9％である。これはインフレ調整後の数字なので、大学にトライするのは社債を購入するのに等しい。楽勝とはいかないが、堅実な投資であるのはまちがいない。修士号の見返りはこれに比べるとかなり悪い。初日の授業に出た時点で「優等生君」が期待できる学位のリターンは1・4％と微々たるものだ。

修士課程は別として、「優等生君」にとって教育はこれだけお買い得に見えるから、あなたは「教育の利己的なリターンについてこの本が呈している疑念はすべて、的外れな学者の屁理屈では？」と思うかもしれない。それに対する一つの答えは、この後すぐに見ていただくが、教育は「鈍才君」はもちろん「凡才君」にとってもそれほどお金にならないということだ。残りの答えを言うと、私の主な疑念——能力バイアスと

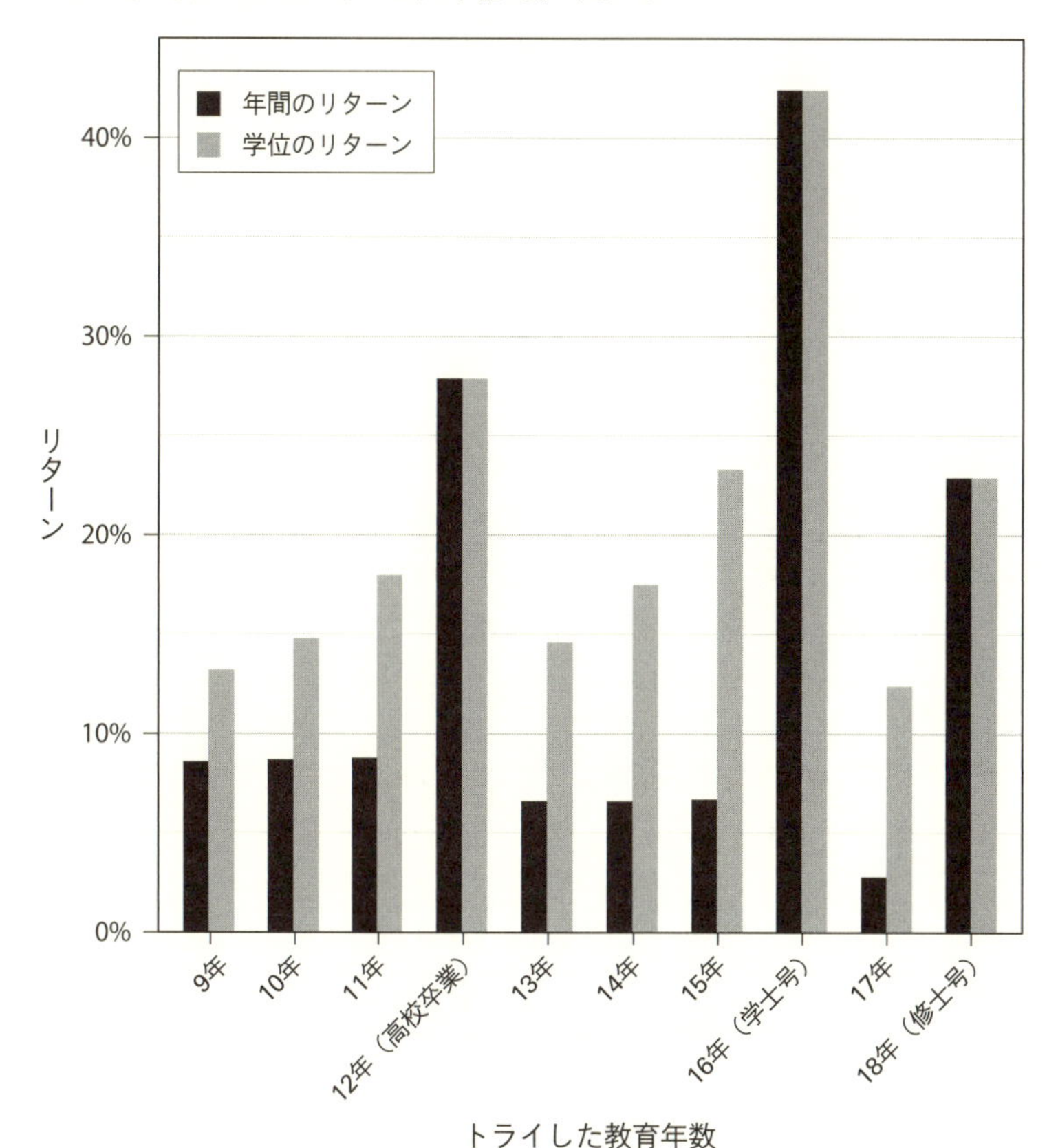

図 5-4　素朴に考えた全学生の教育の利己的なリターン
出典：図 5-1、図 5-2 および本文。

修了の確率――を無視した場合、教育は天文学的な利益率になる。中退者と博士号取得者の元々の能力が同等で、学生の100%が最初に入った学校を修了したとすれば、教育の利己的なリターンはこのようになるだろう――「優等生君」だけではない、すべての学生にとってだ（図5－4参照）。

この二桁の財務成績をご確認いただきたい。卒業学年はいずれも年間のリターンが20%を超えている。高校入学時の学位のリターンの見込みは13%だ。大学では15%である。修士課程でまた12%に下がる。私の疑念を織り込んでも、教育はほとんど損な取引にはならない。ところが私の疑念を織り込まないと、教育は正真正銘の一攫千金をうたう詐欺に早変わりする。「こんなうまい話があるものかと感じたら、それはたぶん詐欺である」という警句をきっと聞いたことがあるだろう。

教育の利己的なリターン――他のみんなの場合

途中駅までたどりついた。ブレーンストーミングとエビデンス収集によって、「優等生君」の教育の利己的なリターンの推定値が出た。さて、最終目的地まであともう一息だ。ほぼすべての人にとっての教育の利己的なリターンを算出する。この先の道も歩きづらいから、一度に一歩ずつ、能力、専攻の選択、学校の質、学校に対する感情によって利己的なリターンがどう変わるかを、仕事や性別や既婚未婚で比較しながら、進んでいこう。計算の基礎となるスプレッドシートはすべてネット上にあるから、読者は計算内容を確認するだけでなく、前提に手を加えて自分用のガイドを作ることも可能だ。(69)

能力と教育の利己的なリターン

「優等生君」は定義上、大学院や専門職学位を取るための進学をしなかった、典型的な学士号取得者の人物像に当てはまる人物である。今度は新たに三つの能力別典型モデルを定義してみよう。「秀才君」「凡才君」「鈍才君」だ。「秀才君」は典型的な修士号取得者の人物像に当てはまる。「凡才君」は典型的な大学進学をしない高卒者の人物像に当てはまる。「鈍才君」は典型的な高校中退者の人物像に当てはまる。繰り返しになるが、概念上、「人物像に当てはまる」というのは何でもひっくるめたもので、認知能力、性格、経歴などすべてが入る。測定された認知能力としては、「秀才君」は82番目パーセンタイル、優等生君は73番目パーセンタイル、凡才君は41番目パーセンタイル、鈍才君は24番目パーセンタイルあたりに位置する。[70] 図5－5にそれぞれの典型モデルに期待される報酬（収入および福利厚生）を示す。

教育の絶対的な便益は能力の高い学生ほど大きい。8年生以降に高校を中退した「鈍才君」は、修士号まで進んだ場合と比べると、年間約4万ドル失っている。同じ行動を取った「秀才君」であれば年間約6万5000ドル失う。しかしこれは、「鈍才君」が「秀才君」に比べて、投資収益率が低いという意味ではない。「鈍才君」がフルタイムで勉強するために仕事を辞めた場合に失う所得は、「秀才君」が同じことをした場合よりはるかに少ない。

この推論から、著名な労働経済学者らは学生の能力を度外視して教育——特に大学教育——を推奨してきた。[71] 彼らの論理には重大な欠陥がある。図5－5が示しているのは、学生が1年間の教育の修了に成功した場合のみの結果だ。学業の成功は確実なものではなく、学力に大きく依存するのが厳しい現実である。能力に依存するとはどの程度か。巻末の「技術付録」で理想とはほど遠いエビデンスを比較検討した。図5－6が私の出した最善の推測値である。

この修了確率をもとに、図5－7に能力別の学位のリターンを示す。

結果は一般的な感覚とぴたりと重なる。四つの典型モデルすべてにおいて、高校が最もお金になる。「鈍才君」でさえ、リソースを高校に投資すれば高利回り債より高い収益率を順当に期待できる。[72] それに対して大学は、「秀才君」と「優等生君」にのみ手堅い取引だ。大学に進学した「凡才君」は主に卒業できない確率が高いことから、投資の収益率を2・3％と低く見込むべきである。「鈍才君」にいたってはわずか1％

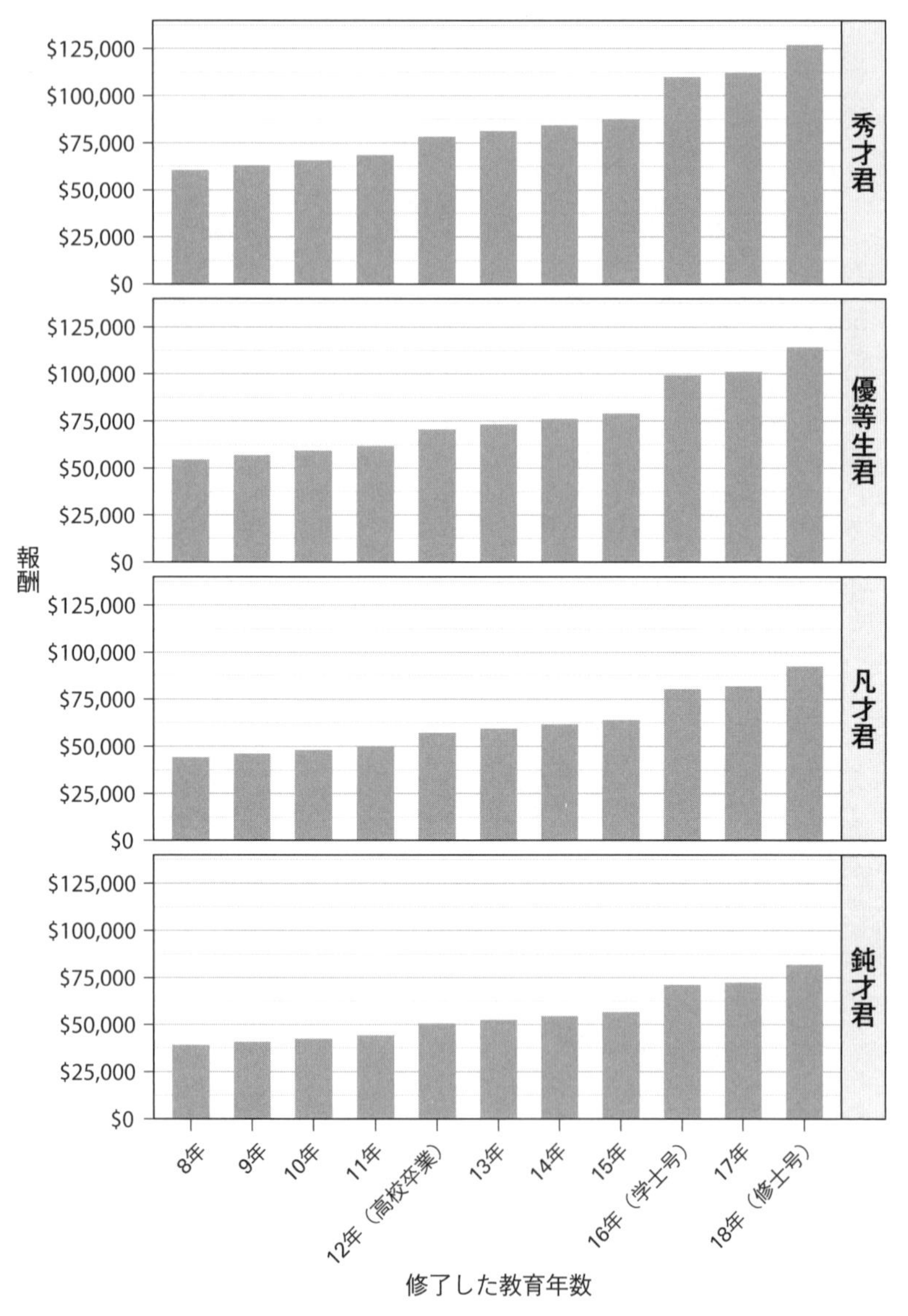

図 5-5　学生の能力別に見た報酬に対する教育の効果（2011 年）
出典：図 5-1 および本文。

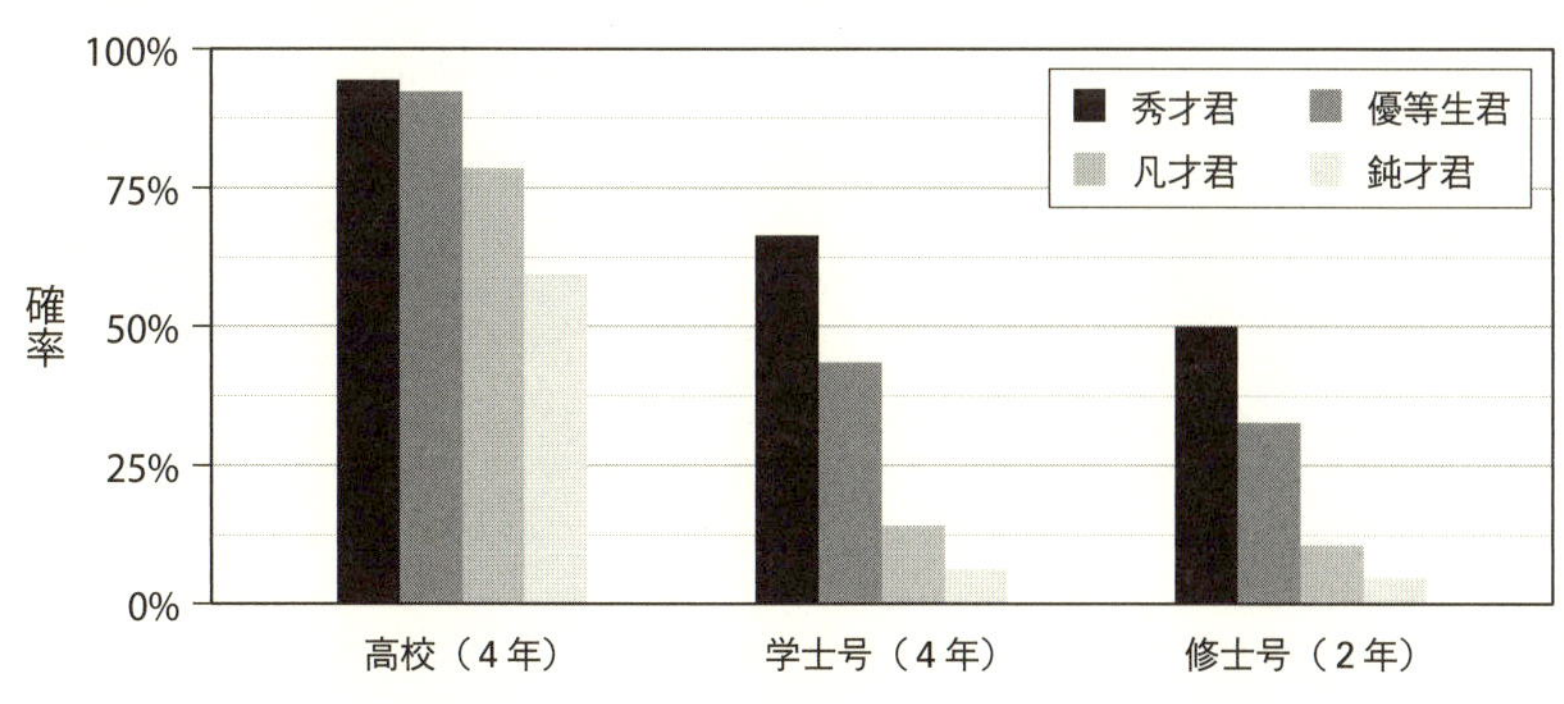

図5-6　学生の能力別に見た学位の修了確率
出典：巻末「技術付録」参照。

だ。最後に修士号は、「秀才君」にとってはまあまあ、「優等生君」にとっては損な取引、「凡才君」と「鈍才君」にとっては金をドブに捨てるようなものである。

専攻と教育の利己的なリターン

教育のリターンという言い方は、便利だが誤解を招く。金銭的見返りは何を勉強するかで決まるのだ。同じことがおそらくどんな学歴でも言えるだろうが、研究者は主に大学生の専攻に注目してきた[73]。私は主要な専攻科目すべてを検討するかわりに、経営学――「ふつうの」専攻の典型モデル――を、キャリア展望の明暗が分かれることで知られる二つのケース、電気工学および美術と比較する（図5－8参照[74]）。

結果は親の知恵そのままである。電気工学の学位は、特に優秀な学生であれば、金銭的見返りがきわめて大きい。美術の学位は、特に出来の良くない学生だと、金銭的見返りはきわめて小さい。注意点として、ゼロおよびマイナスのリターンは、美術の学位が労働市場で無価値だという意味ではない。美術の学位は期待所得を20％以上引き上げる。リターンがゼロおよびマイナスというのは、「凡才君」と「鈍才君」にとって所得の増加分を獲得するのにその価値以

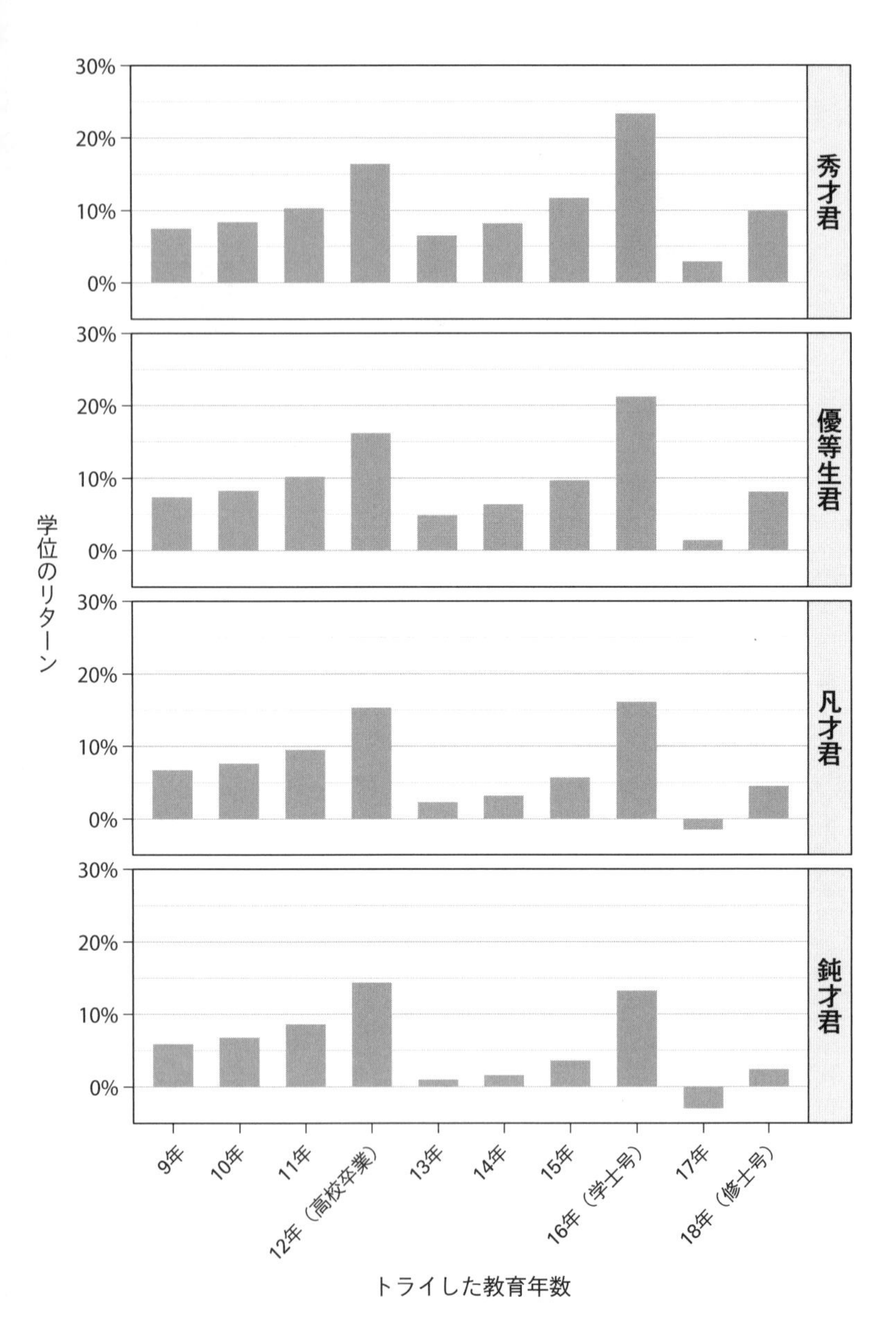

図 5-7　学生の能力別に見た利己的な学位のリターン（2011 年）
出典：図 5-5、図 5-6 および本文。

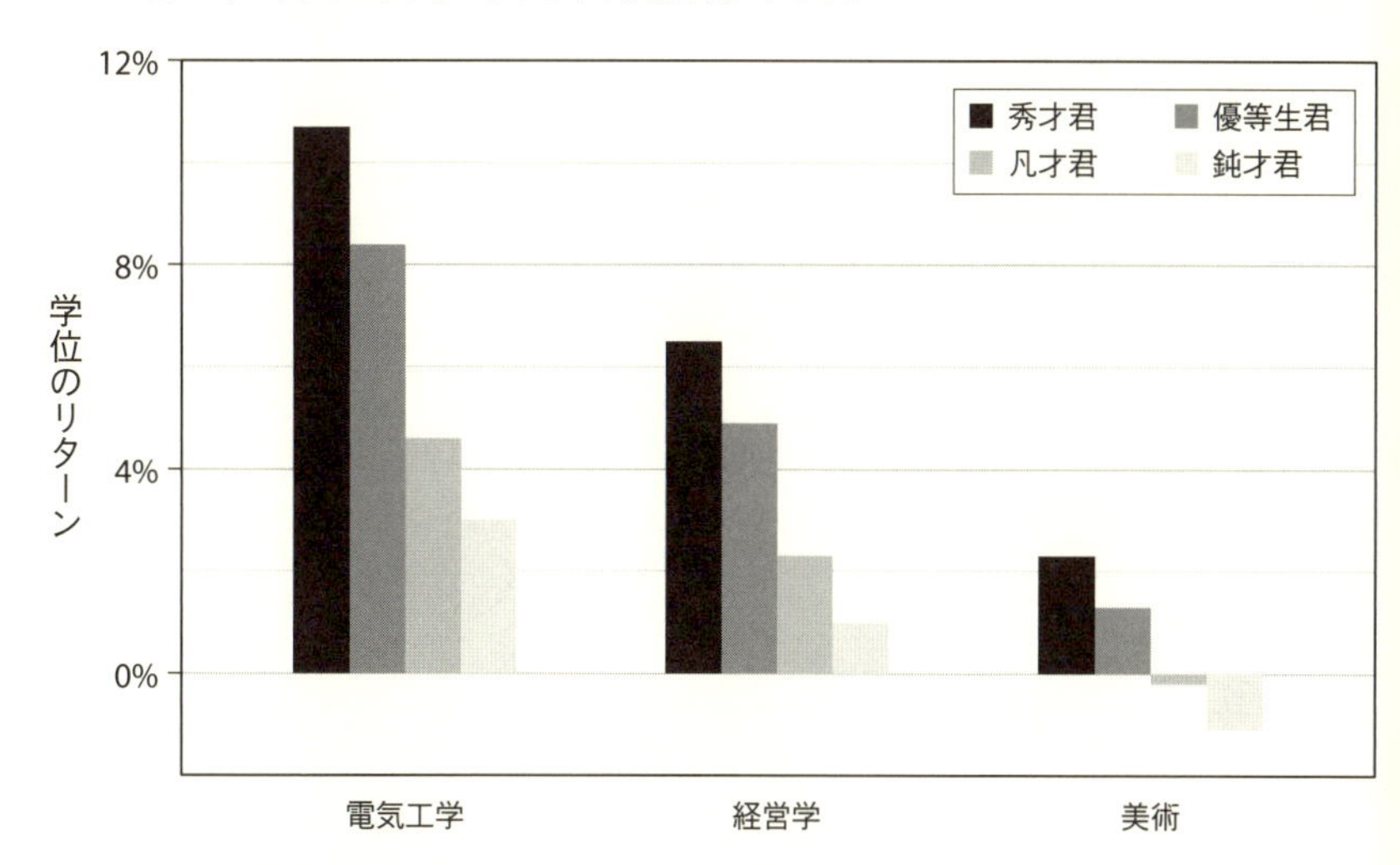

図 5-8　専攻別に見た大学 1 年生の利己的な学位のリターン
出典：図 5-7 および本文。

上の労力をともなうという意味である。

いずれにせよ、これは経済的な観点からの話だ。あなたが美術の勉強が好きで――美術の仕事に就きたいと願っているのなら――収益率が壊滅的に低く見えても甘んじるかもしれない。あなたの気持ちをドル換算し、私のスプレッドシートを変更して、あなたに合わせてカスタマイズした数字を再計算してみてほしい。その際は、好きな専攻を見つける方が、好きな専攻を使う仕事を見つけるよりもたやすいことを頭の片隅に入れておいてほしい。

大学の質と教育の利己的なリターン

何を勉強するかは労働市場で大きな影響を及ぼす。どこで勉強するかについてはどうだろう。教育ママと教育パパは「一流校」にわが子を入れようとやっきになっている。あなたの母校のランクはどれくらい重要だろうか。研究結果は不可解なほどプラスマイナスが混在している。[75] 見解が一致しているのは、どこで勉強するかは何を勉強するかほど重要ではないという点だ。

初期の研究者らが述べたように、「子供をハーバードに入れるのが良い投資だと思われているが、地元の州立大学に入れて工学を専攻させ、数学の科目をたくさん受講させ、なるべく高いGPAをとらせる方がもっと有利な投資である[76]」。

しかし踏み込むと専門家の意見は分かれていく。一流大学の学生はきわめて成功するが、能力バイアスの亡霊が影を落とす。アイビーリーグ大学に行くような学生は素質が優れているのだから、ポダンク州立大学を卒業していても抜きんでるのではないかという予想もできる。この能力バイアスに対処するため、研究者らはSAT、高校時代のGPA、家族歴などの条件を統計的に均等にしてから、さまざまな大学の卒業生を比較している。さらなるハードルは「大学の質」（「入学難易度」ともいう）が一般に思われているよりあいまいなことだ。評価基準としてSATの平均点を使う研究者もいれば、『バロンズ』誌の格付け、あるいは授業料を見る研究者もいる。

出てくる答えの差は激しい。ステイシー・デールとアラン・クルーガーの有名な2本の論文では、大学の格はほぼ無価値だとしている[77]。二人が注目したのは一部の主に難易度の高い大学ではあるが、代表サンプルで同様の結果を得ている[78]。彼らの最も驚くべき発見は、質の高い大学に多数の願書を提出する学生は、実際にそれらの大学に進学したかどうかに関係なく、キャリアで飛び抜けた成功を果たしていることだ[79]。理由は、まさか労働者が17歳のときに送った願書の数をもとに雇用主が給与を決めているからではないだろう。大学受験で上を目指して相応の努力をする人には野心と意志の力――この二つは労働市場が高く評価する特性である――が強い、と解釈するのが妥当だ。デールとクルーガーの結果が信じがたいと思うなら、ハーバードにも入れるくらい優秀な一人の学生に、デラウェア大学が学部を挙げて目をかけ支援するところを想像してみてほしい。

デールとクルーガーの研究は興味深いが、とはいえ外れ値である。他の専門家はほぼ全員が、大学の格に何らかの金銭的見返りを発見している。実際、デールとクルーガーも大学出願に関する情報を度外視すれば、同じく大学の格に金銭的見返りを発見しているのである。『バロンズ』誌の格付けで大学の質を測定した研究者は概して、「トップ」大学の卒業者は「底辺」大学の卒業者より約20％収入が多いとしている。[80] SATの平均点で大学の質を測定した研究者は、SATの平均点が100ポイント上がると、卒業生の所得は1％から11％上がるとしている。[81] 授業料で大学の質を測定した研究者は、授業料が1000ドル上がるごとに卒業生の収入は0―1％上がり、10％上がると卒業生の収入は0―1・4％上がるとしている。[82] 私立校と公立校の比較も行われているが、結果はばらつきがある。[83] なかでも目を引く研究は、さまざまな測定尺度を丹念にまとめて大学の質の総合指標を作成している。[84] 最終結果。底辺からトップの四分位数に移動すると、男性の収入は約12％、女性の収入は約8％上がる。[85]

ということは、貪欲に稼ぎたい人が大学に行くなら、入れる中で最も難易度の高い大学に入学すべきなのだろうか。そうとは限らない。直観的には、いい学校ほど難しく、難しい学校ほど修了の確率は低いと考えるだろう。カリフォルニア工科大で果たしてやっていけるのか？　卒業率を見ると、良い大学ほど学生の修了確率はふつうよりも高いのがわかるが、[86] これにはわかりやすい説明がつく。トップ校の学生は指折りに難しい授業を楽々とこなせるほど優秀だからだ。

不思議なことに、この話題になるとほとんどの専門家が結局、この常識感覚による説明を否定する。専門家の一致した見解は、一流校は入った者勝ちだということだ。プリンストン大学に無作為にどんな学生を入れても、卒業の確率と卒業後の給与は自動的に上がる。[87] なぜか。勉強と怠けは伝染するからではないだろうか。周りが勤勉な学生ばかりだったら、怠けていると孤立してしまう。一流校の学生たちには研究者が見落

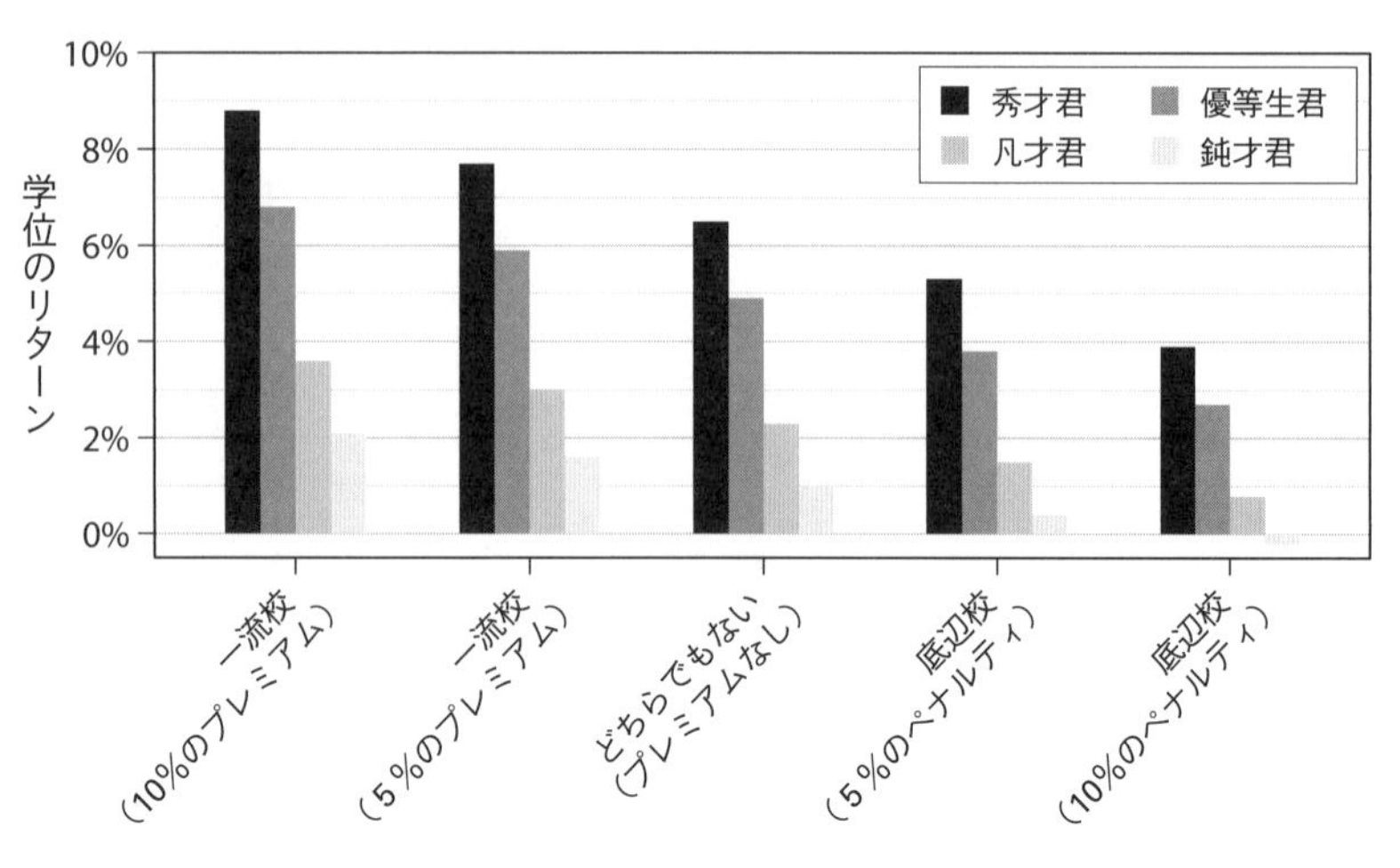

図 5-9　大学の質別に見た大学１年生の利己的な学位のリターン
出典：図 5-7 および本文。

としている別の優位性があるのではないかと私は個人的ににらんでいる。[88] それでも、エビデンスに照らして、私の収益率の計算では大学の質と修了の確率は無関係とする。

では、底辺校ではなく一流校から卒業する分のリターンはどれだけあるのか。研究結果がばらついているため、図５－９では大学の質プレミアムの推定値を低、中、高で出している。低い推定値は大学の質プレミアムをゼロとしている。中程度の推定値では一流校を卒業すると報酬が５％高く――底辺校では５％低く――なる。[89] 高い推定値は一流校で＋10％に、底辺校で－10％である。当面、授業料は年間３６６２ドルで固定していると想定しよう。

大学の質が上がっても授業料は上がらず修了の確率が下がらないとすれば、学生にとって考慮に値する選択肢は二つだけとなる。入れる中で最高の大学に行くか、大学には進学しないかだ。ここで興味深いインプリケーションがある。大学の質プレミアムが上がるほど、大学は「秀才君」と「優等生君」にとっては得な取引になり、「凡才君」と「鈍才君」にとっては損な取引になるのだ。

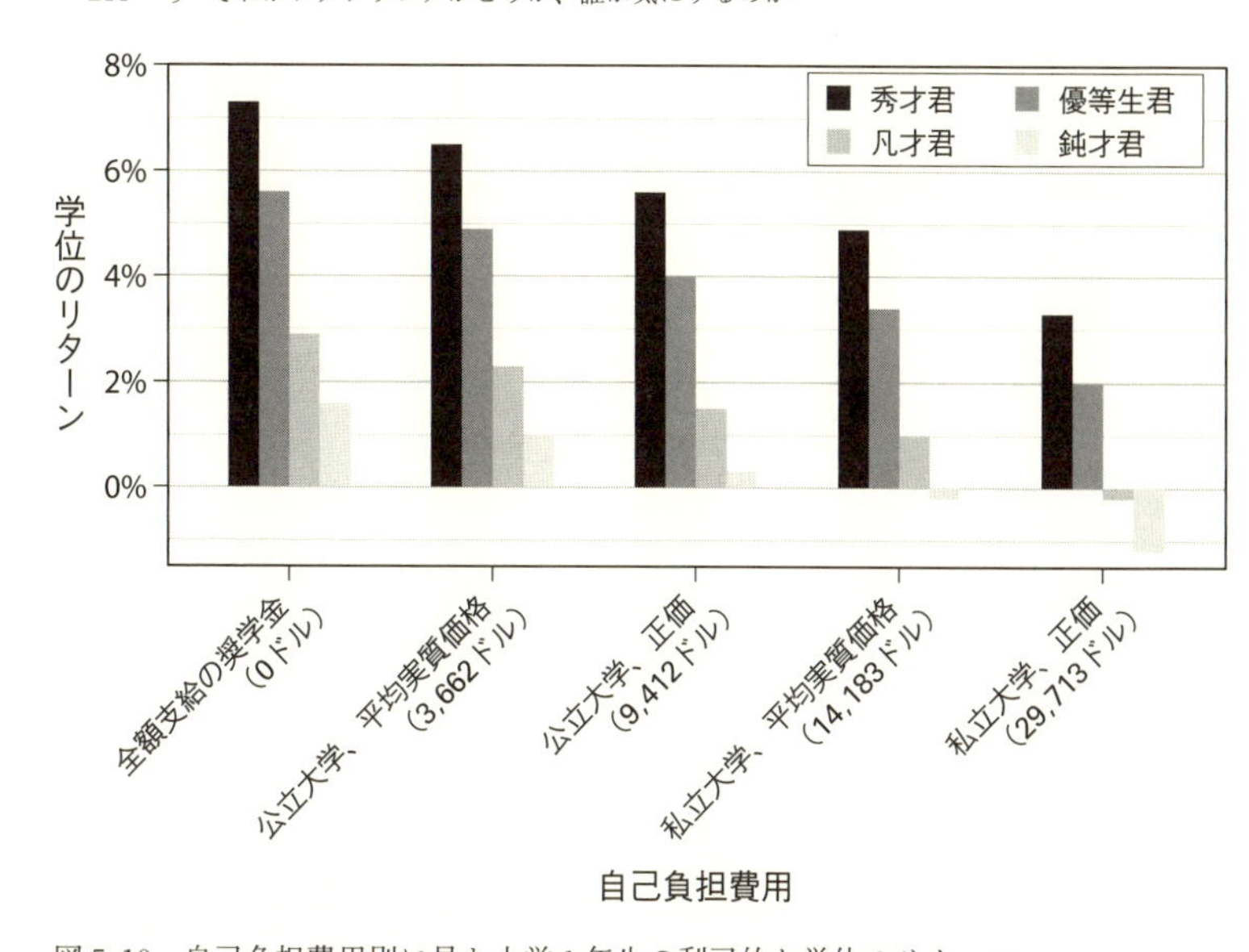

図5-10　自己負担費用別に見た大学1年生の利己的な学位のリターン

出典：図5-7、S. Baum and Ma 2011、本文。「正価」＝「授業料および諸経費」＋「教科書代および学用品」。「平均実質価格」＝「正価」－「連邦政府の給付型奨学金および税控除」－「州の給付型奨学金」－「大学の給付型奨学金」－「外部の給付型奨学金」（S. Baum and Ma 2011, pp. 6, 15）.

なぜか。優秀な学生は良い大学に入れるが、出来の良くない学生はそれほど良くない大学で妥協しなければならないからだ。出来の良くない学生を受け入れてくれる中でレベルが一番の大学は、進学する価値がおそらく今ひとつだろう。

自己負担費用と教育の利己的なリターン

学士号と修士号についての私の計算では、全学生が公立大学の実質授業料である年平均3662ドルを支払うと想定している。では、全額支給の奨学金を利用したり、私立大学に正価を支払ったりする場合、リターンはどう変わるだろう。[90] 図5－10に、大学の質が費用に依存しない（あるいは労働市場が大学の質に対して金銭的見返りを与えない）場合、自己負担費用によってリターンがどのように変動するかを示す。

数字はほぼあなたの予想通りだ。「凡才君」と「鈍才君」にとっては、全額支給の奨学金でさえ大学は得な取引とはならない。公立大学に正価を支払うのは「秀才君」にとっては得な取引、「優等生君」にとってはまあまあ得な取引、「凡才君」と「鈍才君」にとっては価値のない取引である。「秀才君」でなければ、私立大学の投資価値はよくても並程度——標準的な授業料の減免を勘定に入れてもだ。[91] 計算をさらに複雑にするのは、ほとんどのエリート大学が、低所得家庭で成績がトップクラスの学生には非常に気前の良い学資援助を行っていることだ。例えば世帯所得が7万5000ドル未満の場合、ハーバード大学が請求する授業料は通常、ジョージ・メイソン大学の公式の州内授業料より安い。[92] 貧しい家庭の「秀才君」は一流大学に出願するのがお奨めだ——そして最も安い授業料を請求してきた大学に行けばよい。

授業料が高いほど有利な学位を買えるわけではないのか？　これはまったくわからない。『バロンズ』誌の格付けで測定しても、SATの平均点で測定しても、多くの公立大学——例えばカリフォルニア大学バークレー校、バージニア大学、ミシガン大学——は序列の最上位に近い。地元の州で一番の公立大学が入学させてくれるのなら、余分な授業料を払うべき明確な理由はない。[93]

最後の論点。授業料を喜んで出してくれる親は多いが、わが子に「現金の方がいい？　交換条件なしで」と聞く親はあまりいない。この親の援助という隠し玉ゆえに、教育は家族にとってはしょっぱい投資かつ子供にとってはおいしい投資になりうるのだ。あなたが私立大学に行っている「優等生君」で、親が全額出してくれているとしよう。家族の学位のリターンは2％だ。しかしあなた個人で見ると、あなたは図5‐10の「全額支給型の奨学金」と同じ5・6％のリターンを獲得する——うまくすれば親がお小遣いまでくれるかもしれない。

学校観 vs 仕事観と教育の利己的なリターン

私のお気に入りの学生たちは明けても暮れても経済学に熱中しているが、彼らは変わり者である。ほとんどの人間は仕事も勉強も嫌い、ただし仕事に対する嫌悪感はまだ少ない。多くは学校があまりにも退屈だから退学して仕事を探す。仕事があまりにも退屈だから退職して学校を探す人は少ない。だが、平均値をひとまずおいて外れ値を考察した場合、どうなるだろうか。

本章ではあなたの本業（仕事ないし学業）を0—6の段階評価で1段階楽しくすると、フルタイム所得の5%の価値に相当すると仮定した。そこで、二人の人物を想像してほしい。一人は最大限に学校が好きで最大限に仕事が嫌いであり、フルタイム所得の30%を支払ってでも学校にいたい。もう一人は最大限に学校が嫌いで最大限に仕事が好きであり、フルタイム所得の30%を支払ってでも学校にいたくない。学校好きと学校嫌いのそれぞれ両極端な感情は、学位のリターンをどれだけ変化させるだろうか（図5－11参照）。

最も明白にわかること。高校中退はほぼ万人にとって賢くない。学校が大嫌いな鈍才君でさえ、5%近いリターンが見込めるのだ。他にわかること。進学は、たとえ学校を嫌悪していても「秀才君」にとっては得な取引だ。しかし「優等生君」になると、学校に恨みつらみがある場合、進学は損とも得とも言い切れない。逆のケースを見てみよう。学校が心から大好きな「凡才君」にとって、大学はまあまあな取引だ。学校が好きではない場合、「凡才君」と「鈍才君」にとって進学は賭けである。運に恵まれでもしない限り、就職してお金を貯めた方がよほど将来の備えになる。最後に修士号は、学校を愛している「秀才君」なら悪くはない取引だ。それ以外の人は慎重になった方がいい。

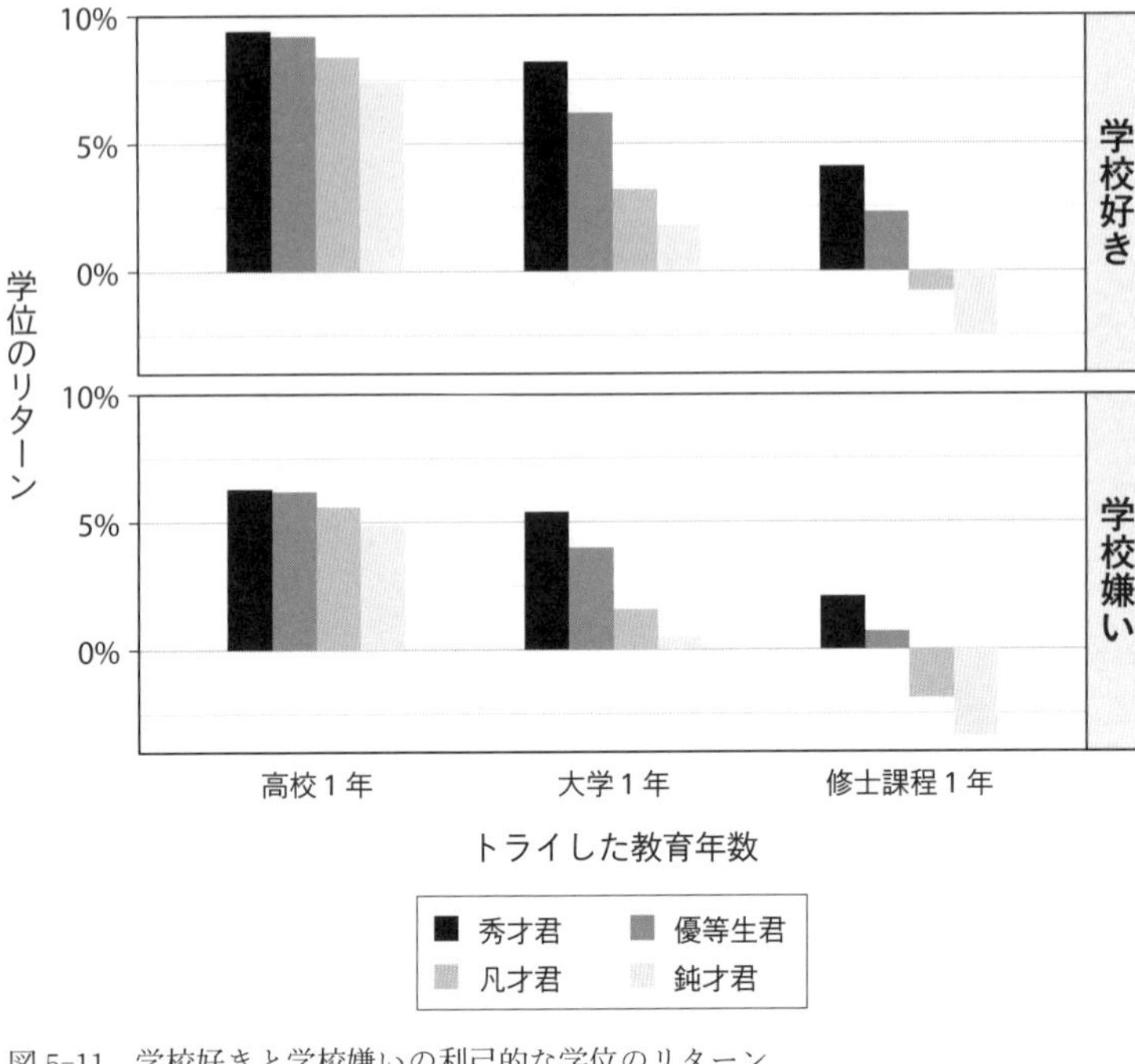

図 5-11　学校好きと学校嫌いの利己的な学位のリターン
出典：図 5-7 および本文。

性別と教育の利己的なリターン

すべての労働者が卒業してから引退まで仕事を続けるという仮定に従った場合、教育のリターンを男女で比較するとどうなるだろうか。女性の収益率の方が通常は高くなる。女性の大きな優位点は、女性の方が入った学校を修了する確率が高いことだ。女性の高校卒業率は現在、男性より8％高い。四年制大学の卒業率は男性より33％も高い[94]。それまでの学業成績が男性と同じでも、女性が修了する確率は男性を上回っている[95]。どの学歴レベルでも女性の給与は男性より少ないが、高校と大学を卒業することで得る給与の増加分は割合にするとわずかに高く、リターンの計算ではこれが重要だ。図5－12にこれらの事実をまとめた。

女性の優位性は高校で最大である

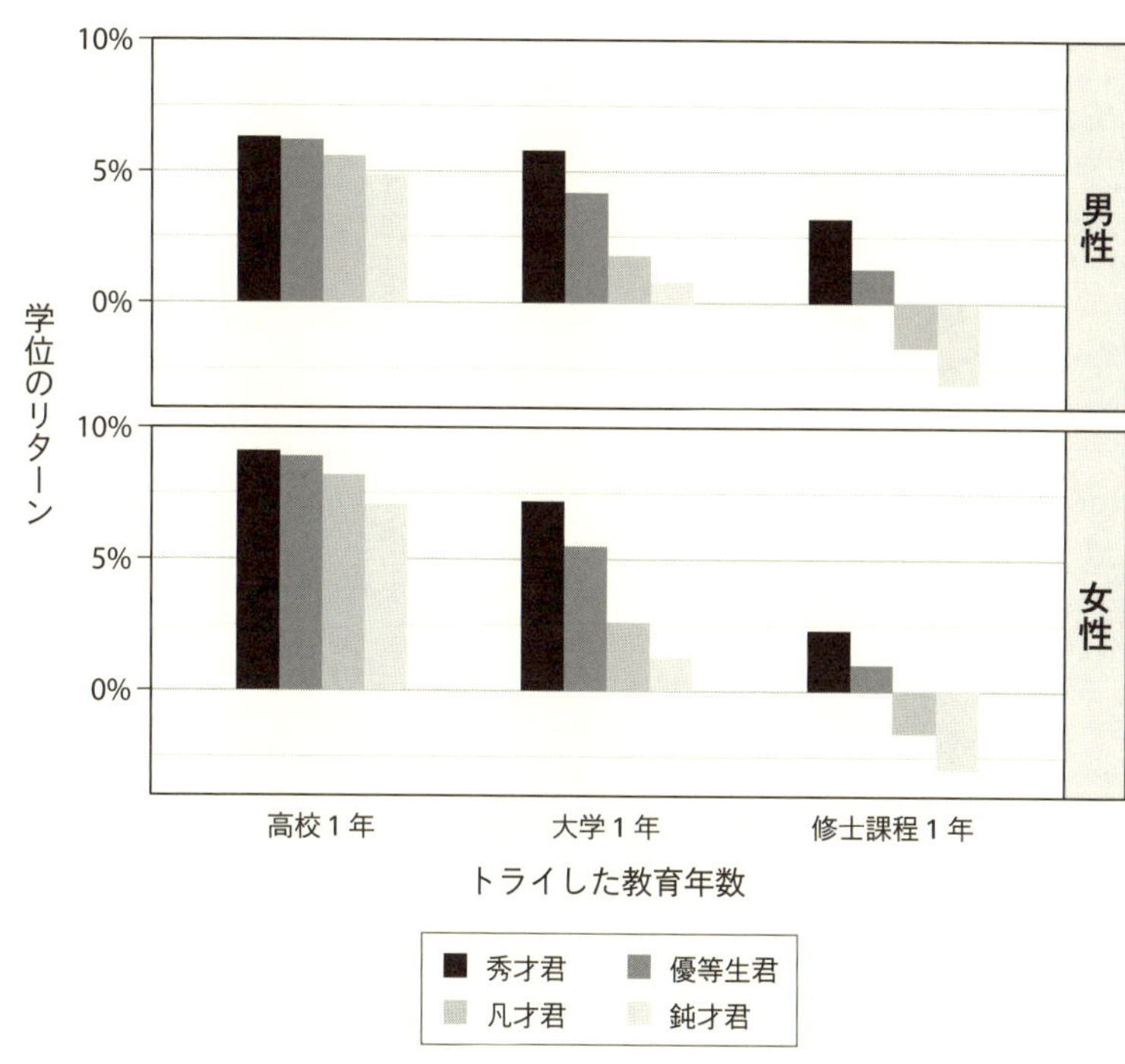

図 5-12　男性と女性の利己的な学位のリターン
出典：図 5-7 および本文。

――どの能力レベルでも2パーセンテージポイント上回っている。大学に入ると女性プレミアムは減少する。男性の方が給与総額が高く、その分が授業料を上回る可能性が高い。修士号になると、男性の方が優位になる。修了する確率は男性の方が低いが、修了すれば給料の上昇分は女性より大きい。

結婚と教育の利己的なリターン

私は最初から「優等生君」は独身であるという設定で話を進めてきた。だがほとんどの人はいずれ結婚する――そして結婚によって教育のリターンは激変する。主な理由は、不朽の真理として似た者同士が結婚するからである。教育程度が上がると、より高い給料が見込めるだけではない。より高い給料を稼ぐ配偶者も見込める。優秀な学生にとっては朗報だ。結婚はトリクルダウン経済の最も純粋な形態の一つだからである。配偶者の追加所得の多くが、経済的な浸透現象によってあなたの追加所得になるのだ。

キャンパスで意識的に玉の輿もしくは逆玉を狙う人はあまりいないかもしれないが、それでも教育程度が上がるほど玉の輿／逆玉に乗る確率は上がる。人生で逆はまずありえない。つがう（メイティング）には出会う（ミーティング）必要がある[96]。われわれの社会では、上の学校に進学するほど、裕福な――あるいは将来裕福になる――人々に囲まれて日々を過ごす可能性が高まる。相手を選ばずに知り合いと結婚するとしても、高学歴は高所得の配偶者と結ばれる確率を高めるのだ。

そして相手を選ばずに結婚する人はごく少ない。人は自分と似通ったパートナーに惹かれる。年齢、宗教、民族、階級、趣味……そして学歴[97]。互いに惹かれ合う力は強い。あなたの教育年数が1年延びれば、あなたの配偶者の教育年数は通例0・5ないし0・6年延びる[98]。この効果は、知力、年齢、年度、人種、性別、宗教で補正しても約80％残る[99]。総合的社会調査（GSS）を使うと、実のところシープスキン効果のシープスキン効果が発見できる。高校を卒業すると高卒者と結婚する確率が30パーセンテージポイント上がる。大学を卒業すると大卒者と結婚する確率が25パーセンテージポイント上がる。アメリカ人の結婚は卒業証書を基準としたカースト制なのだ[100]。

従来、結婚に対する教育のリターンは女性にとってのみ大きかった。女性の多くは卒業後まもなく結婚してキャリアを追求しなかった。私がカリフォルニア大学バークレー校の学部生だったころは、学業の振るわない女子学生を評して、あの子たちは永久就職の資格を取りに来てるんだね、という失礼なジョークがまだささやかれていたものだ。今は世の中がすっかり変わった――現代女性が永久就職の資格を取らなくなったからではなく、現代男性が永久就職の資格を取り始めたからだ[101]。

結婚に対する教育の金銭的見返りはどれほど大きいのだろうか。女性に関しての研究は意外に少なく、男性に関してはほとんど存在しない[102]。高所得の男性が高所得の女性と結婚するようになっていることに学者は十分に気づいているが[103]、「在学期間が1年延びると金持ちと結婚する確率はどれだけ上がるか」という発想にはなかなか至らない。だがこの疑問を実際に深掘りした少数の学者は金塊の山を掘り当てている[104]。

研究が少ないことの一つの説明は、結婚に対する金銭的見返りがゼロサムと見られるからだ。夫婦が世帯所得を均等に分け合い、自分の取り分を別々に消費する場合、収入が少ない方の金銭的利益は自動的に、収入が多い方の金銭的損失に等しくなる。妻の収入が6万ドルで夫の収入が4万ドルであれば、結婚によって夫は1万ドル豊かになるが、そのかわり妻は1万ドル貧しくなる。

しかしよく考えれば、夫婦は共同で消費することによって多額の節約ができる。「一人口は食えぬが二人口は食える」のことわざはさすがに言い過ぎだ。とはいえ、一人世帯二つより二人世帯一つの方が住居費、家具類、交通費、光熱水道費、雑費、さらにはコストコのような量販店のおかげで食費すら節約できるのは明らかである。夫婦はいくら節約になるのか。学者はこの下世話な疑問をさまざまな手法で分析している[105]。その結果わかった節約は20―40％で、最も信頼性の高い推定値は約35％である[106]。結婚は収入が低い方の配偶者を自動的に豊かにし、収入が高い方の配偶者を豊かにする潜在的可能性がある。

総合的社会調査（GSS）を使って結婚に対する教育のリターンの概算を出そう。第一に、自分の学歴によって結婚相手の学歴がどれだけ上がるかを推定する。第二に、配偶者が学歴に応じた平均であるとして、自分の学歴によって配偶者の所得がどれだけ上がるかを算出する[107]。第三に、夫婦が生活費を折半して35％節約すると想定して、自分の教育の学位のリターンを計算する。計算を複雑にしないために、a 25歳で結婚、

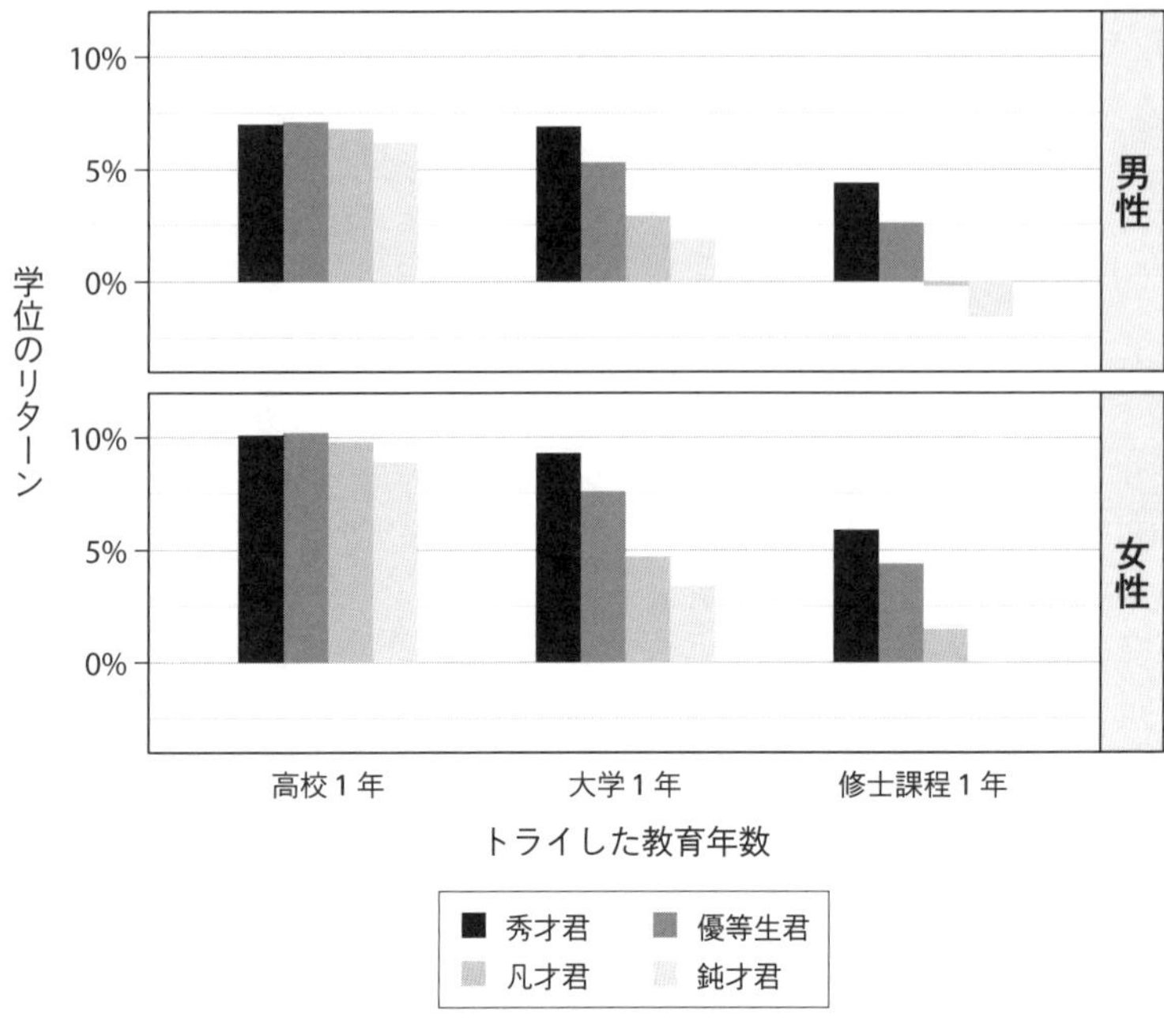

図 5-13　既婚男性と既婚女性の利己的な学位のリターン
出典：図 5-12 および本文。

b　ずっとフルタイムで働いている、

c　結婚生活を継続している夫婦だけを対象とした（図５－13参照）。

予想通り、結婚は男女ともすべての能力レベルにおいて教育のリターンを増やす。結婚のおかげで、教育のリターンは男性で約１パーセンテージポイント、女性で２パーセンテージポイント上がる。この変化だけで進学に賭けることを決断するにはたいがい十分だ……ただし、若いうちに結婚するとわかっている限りにおいてだが。

ちなみに、高額な私立大学にお金を払うおそらく最強の理由が結婚市場である。ハーバード大学に行けば、人より良い仕事に就けるとは限らないが、一生有効な高級会員制の出会いの場にほぼ確実に入れたことになる。このトピックに関する明らかに少ない研究が、わかりきった事実を確証している。ある研究チームは、女性にとって大学の質の金銭的見返りの半分以上は結婚によるものとしている[108]。学校が本人以上に配偶者をグレードアップするという考えは直観的にもうなずける。ハーバード大学に行けば、あなたは別人になるわけではないが、エリートと出会う。

「お金のために結婚するな。お金持ちが集まる場所に行って、恋愛結婚をしなさい」という世間の知恵がある。古くさい考え方に聞こえるかもしれないが、不朽の真理だ。男女の差が縮まるにつれ、女性にとって結婚に対するリターンは重要性が薄らいできたが、逆に男性にとっては結婚に対するリターンが価値を発揮するようになった。弁護士と結婚した大学教授として、私はよく知っている。

労働参加率と教育の利己的なリターン

ここまで、すべての学生が卒業から引退まで、中断なくフルタイムで働くことを希望していると想定してきた。専門用語で言えば、すべての推定値は「100％の労働参加率」および「100％のフルタイム労働」を前提としている――卒業生は時折、職探しに苦労するものの、65歳まで正規の労働時間で働こうとするのをやめない。「自分の教育は受けるだけの価値があるか」とわざわざ問う人なら、卒業後は本格的なキャリアを望むと仮定している。

これは過大な仮定である。最もモチベーションが高い学生でも、子育て、「自分探し」、あるいは慢性疾患の治療のために労働市場を退出する可能性はある。さらに重要な点として、人に教育についてのアドバイスをする場合、アドバイスされる側の多くはモチベーションが高くはないだろう。受けた教育を活用しようとするのをいずれやめる者もいるだろうし、そもそも最初から活用しない者もいるだろう。労働参加率は学歴とともに上がるが、いずれも100％には遠く届かない数字だ（図5－14参照[109]）。

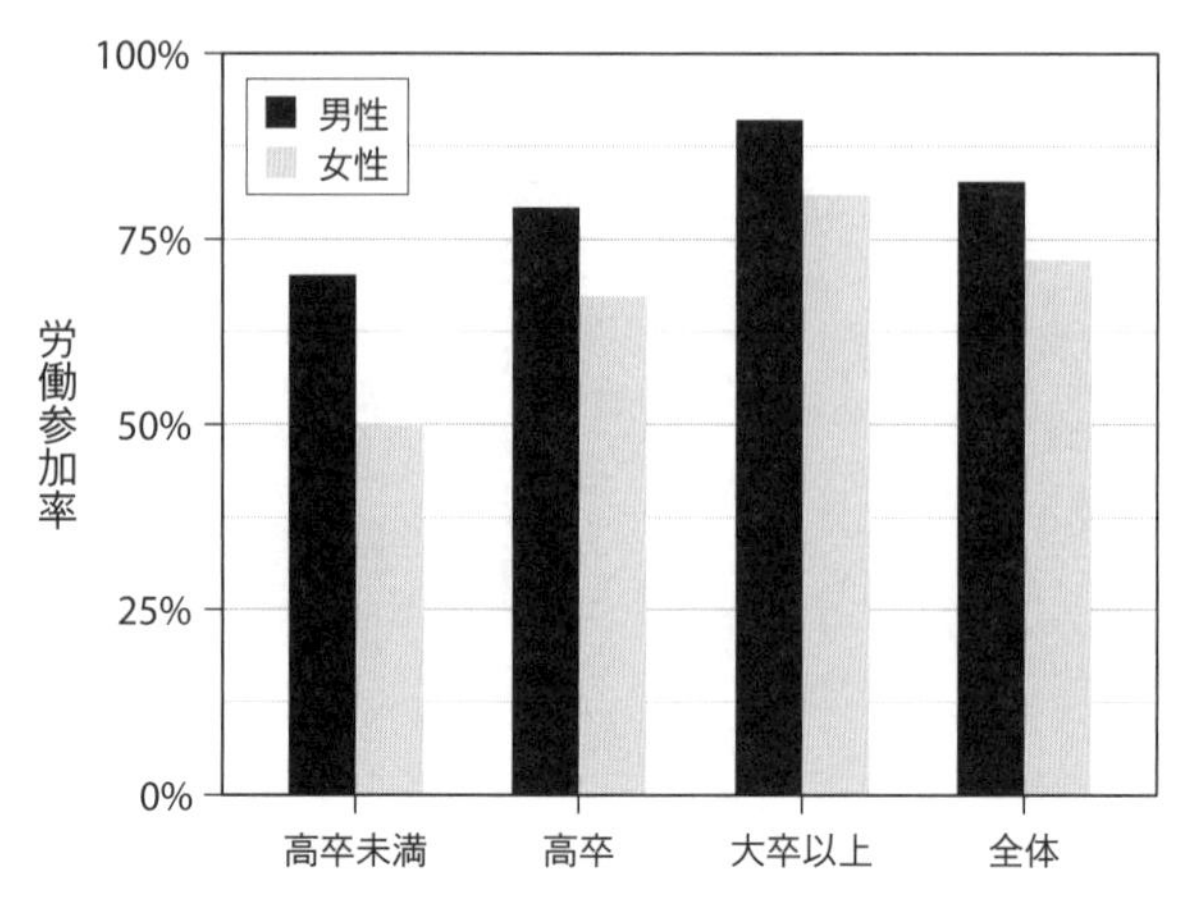

図 5-14　25－64 歳の学歴別労働参加率（2011 年）
出典：Snyder and Dillow 2013, p. 620.

さらに問題を複雑化する要因は、労働市場参加者のうち少数派とはいえかなりの数の人々――男性の約9%、女性の22%――がパートタイムでしか働いていないことだ[110]。パートタイマーの収入はフルタイムの給与に比べごくわずかである。男性でフルタイム給与の31%、女性で38%だ[111]。単純化するため、私の計算ではパートタイム労働者をフルタイム労働者の一部として扱う。つまり、男性パートタイマーはフルタイマーの31%としてカウントし、女性パートタイマーはフルタイマーの38%としてカウントする[112]。

パートタイムによる複雑化要因は別としても、労働参加者の数を額面通りに受け取ってはいけない。この差の一部には能力バイアスがまちがいなく反映されている。卒業まで勉強を継続する人々は、卒業後に仕事を継続する傾向も高い。残念ながら、労働参加率と能力バイアスに関する研究はきわめて少ない。最も信頼性の高い手法は、能力バイアスとシープスキン効果の標準的な補正を適用し、再計算することだ（図5－15[113]）。

基礎的な数学がわかれば、学位のリターンが一律に下がっているのが確認できるだろう。注目すべきは低下率だ。

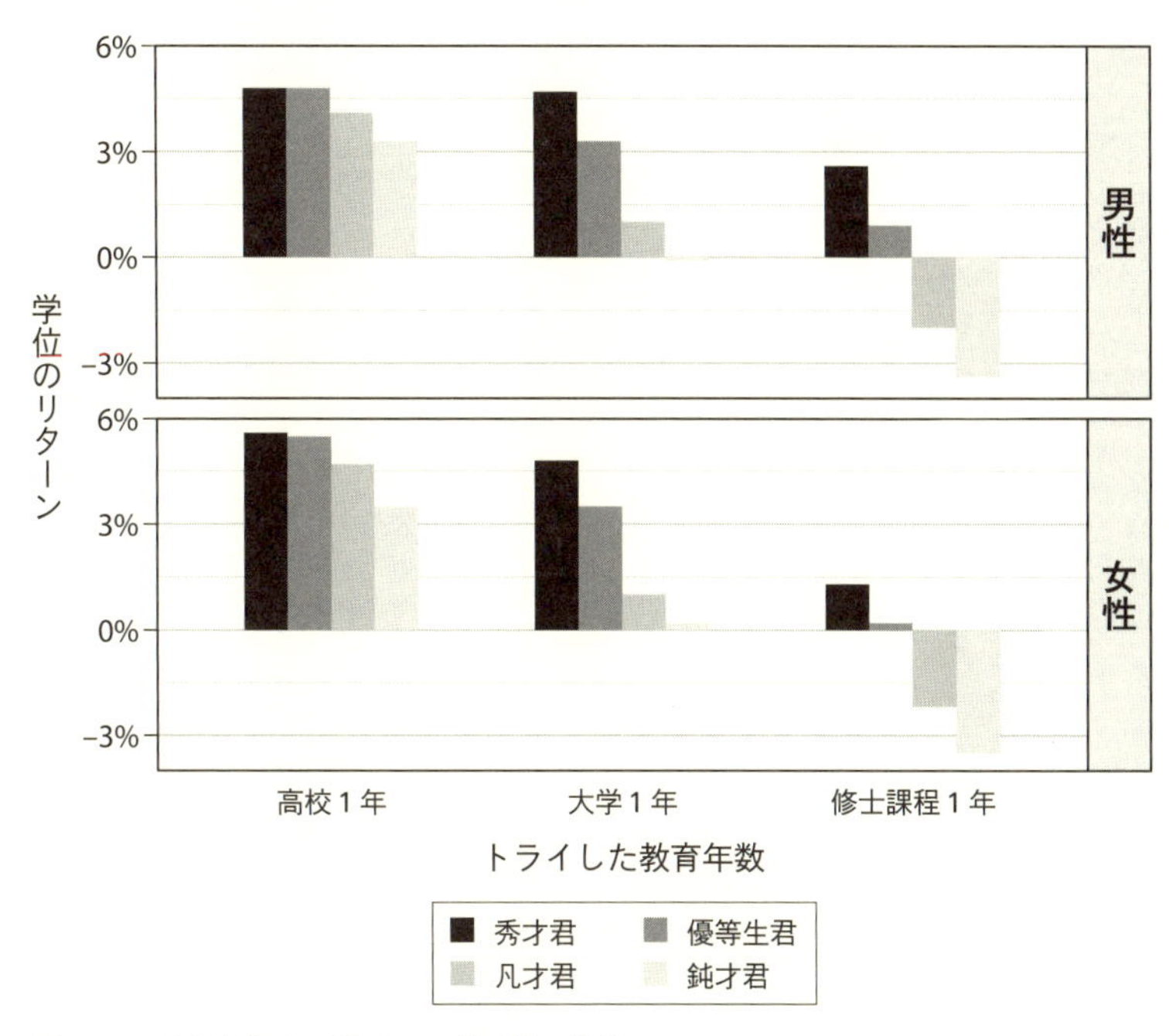

図 5-15　労働参加率で補正した利己的な学位のリターン
出典：図 5-12、図 5-14、本文。

労働参加率を考慮すると、女性の学歴の優位性はほとんど消えてしまう。「キャリア女性」は「キャリア男性」に比べ、高校教育と大学教育から得る利益が大きい。ところが平均的な女性の平均的な男性に対する優位性は、高校では少なく、大学ではゼロに近い。もう一つの注目点は、高校は「鈍才君」にとって当然行くべきところではなくなることだ。女性の「鈍才君」の場合、学位のリターンは７・１％から３・５％に落ちてしまう。なぜこんなに変わるのだろうか。フルタイムの仕事で自分が受けた教育を生かすのは、このような女性の半数にも満たないからだ。

「答えだけ教えてくださいよ」と学生がごねると教師は嫌がる。学者にとって、簡潔な解決策は徹底した説明の衣装を着せなければ体裁が悪いのだ。しかし教育に関する決断はリスクが高いので、私は体裁をかなぐり捨てよう。そして私の計算には非金銭的な価値が含まれているので、このアドバイスは見かけの印象以上に効き目が強い。世の中はチャンスに満ちているし、人は一人ひとり違う。絶対誰でも成功する戦略というものはない。一般論には必ず例外がつきものだ。だが、他を選ぶよりも賢明な学歴の選択というものは存在する。それが、こちらである。

あなたがよほどの劣等生でない（または定職に就くことを望まない）限り、高校には行け。卒業後に定職に就きたいなら、ほぼどんな学生にとっても高校は得な取引である。高校に入学した初日の時点で、「秀才君」「優等生君」「凡才君」、そして「鈍才君」でさえ、最低５％の学位のリターンをあてにできる。学歴と経験のない労働者の給与は低いので、たとえ負けるのが通例でも、若者は安い賭け金で学業の成功に賭けられるのだ。

たとえ厳しいシナリオでも、高校の金銭的見返りは大きい。独身主義者と「鈍才君」と教室に座っているのが苦痛な人々にとって学校は実りが小さいが、結婚するつもりがなく学校嫌いの男性の「鈍才君」でも学位のリターンは４％ある。高校に行かずに低スキル職に就いた方がいいグループは大きく分けて二つしかない。第一のグループは、卒業後フルタイムで働くつもりのない「鈍才君」だ。第二のグループは「鈍才君」より下の学生である。学業成績が下位10—15％であれば卒業の見込みはあまりに低いので、退学して働き始めた方がいい。くれぐれも、ＧＥＤを受けようかなどと思わないこと。魅力的な妥協策に思えるかもしれないが、ＧＥＤの役目など「私は頭脳はありますが高校を卒業するだけの気力に欠けています」と雇用主に伝

えるのが関の山である。(114)

あなたが優秀な学生であるか特殊なケースに限り、大学に行け。次の三つのシンプルなルールに従えば、「秀才君」と「優等生君」にとって大学は損のない取引だ。第一に、「実務に直結した」専攻を選べ。STEM〔科学・技術・工学・数学〕は明らかに「実務に直結」している。経済学、経営学、政治学も含まれるといってよいだろう。第二に、評判のいい公立大学に行け。おそらく正価は請求されないだろうし、たとえ請求されたとしても払うだけの価値はある。第三に、卒業後はフルタイムでしっかり働け。大学卒業後に非正規で働くのは、自分が種を蒔いた作物を半分収穫し損なうようなものだ。この三つのルールが守れない者は痛い目を見る。

出来の良くない学生にとって、大学は通常は損な取引だ。「凡才君」なら、特殊なケースのみ進学するといい。工学のような科目を専攻するつもりか？　エリート大学から奇跡的においしい奨学金を提示されたか？　女性で絶対に結婚するつもりか？　それなら学業成績にムラがあっても、大学進学はありかもしれない。そうでなければ進学はやめて就職することだ。最後に、「鈍才君」は問答無用で大学に行くべきではない。

よほどの条件がそろわない限り、修士号は取るな。「秀才君」でさえ、修士課程に進んだ初日の段階で、学位のリターンはわずか2・6％の見込みになる。だから不利な勝率を克服できると思える確実な理由――あるいはそれなりの理由が複数――ある場合にのみ進学すべきだ。まずは、学力が「秀」を超えていなくてはならない。修士課程は脱落者が出るのがあたりまえで、フィニッシュラインを通過することが確信を持って期待できるのは学生のうち上位5―10％しかいない。専攻分野も非常に重要だ。科目別の卒業生の収入に関するデータは少ないが、工学、コンピュータサイエンス、経済学の方が美術、教育学、人類学よりはるかにリターンが高いことはほとんど疑いがない。美術、教育学、人類学の学位は、あなたが周りの修士課程の学生と比べても専攻科目に心底入れ込んでいる場合にのみ意味がある。最後に、女性の場合、将来結婚するかどうかも重要になる。「秀才君」であることが前提だが、結婚する女性なら修士号は悪くない取引、しかし独身を貫く女性にとっては益のない取引だ。

私の助言は多くの人の気持ちを逆なでする。「エリート主義的」「俗物」、あるいは「性差別的」として否定する人もいる。正確に評すれば「率直」である。教育の見返りが卒業に左右されるのは私のせいではない。過去の学業成績から卒業の可能性が高い確度で予想できるのは私のせいではない。美術の学位の金銭的見返りが低いのは私のせいではない。既婚女性の方が独身女性より教育から利益を得られるのは私のせいではない。あまりに多くの卒業生がフルタイムで働かないのは私のせいではない。私はただ伝えているだけだ。事実を正直に報告するのが私の仕事なのである。特に、実生活上とても重要な、歓迎されざる事実を。

しかし私のアドバイスに対する最もよくある反射反応は、私を偽善者と糾弾することだ。「なるほど、彼は他人の子供に大学進学を考え直せとアドバイスしている。だが自分の子供には絶対そんなことを言わないはずだ」と。そういう人は私を知らない。私はわが子にもまったく同じようにアドバイスする。私は伝える内容を相手の身の丈に合わせている。学生の学業成績、モチベーション、志している学問分野、結婚の意思などを聞き出す。その上で、その人物像に当てはまる人には通常どんな進路の選択肢があるかを教えている。わが家の上の子二人は成績優秀で経済学に興味があるので、当然ながら大学を奨めるだろう。下の子二人は学校に上がったばかりなので、まだ判断は下せない。もしどちらかが成績が振るわなければ、私は優しくも断固として高校卒業後は定職に就けとアドバイスするだろう。

最後に、私の処世訓はどれ一つとして、人が教育のリターンを緻密に計算して進学の決断をしているとは想定していない。むしろ逆だ。人が教育のリターンを緻密に計算して進学の決断をしているなら、とっくにそうしているのだから私のアドバイスなど必要ないだろう。私たちの進学の決断は世間知らずと人並み意識とプライドに深く毒されている、と私は踏んでいる。その毒を一掃して——せめて薄めて——読者に無駄な時間とお金と涙を出させないのが私の目指すところである。

疑問点

教育の利己的なリターンを計算した論文は何千とある。なぜ他の人が出した数字より私の数字を重視すべきか。第一に、私の知る限り、能力バイアス、シープスキン効果、修了の確率をすべて考慮した研究者は私一人である。この三つの要因はいずれも非常に強いので、一つでも無視すれば、答えの信頼性が落ちる。第二に、私の知る限り、私の数字が最も包括的である。私は教育の便益と費用として多少なりとも可能性のあるものはすべて検討し、確認できたものはすべて計算に入れてリターンを出した。第三に、私はけっしてわからないと言って逃げない。あらゆる関連分野から最善の入手可能なエビデンスを集めようと努めている。最善のエビデンスにばらつきがあったり弱かったりする場合は、私なりの最善の推測値を明示し、その数字で計算している。

不確実なことについては黙っているという姿勢を取らない私は、他の学者にはあきれられるかもしれない。だが実社会は確実になるまで待つという贅沢を許してくれない。研究者が自分なりの最善の推測値を学生に示さずにいれば、学生は*彼ら自身*の最善の推測値で動かなければならない——それが世間知らずと人並み意識とプライドに毒されていても。とはいえ、私も学者の端くれとして不完全なエビデンスを根拠にしていることを懺悔したい。知識人としての良心をなだめるために、これから私が組み立てた理論について私自身が抱いている最大の疑問点を告白しよう。

修了の確率　修了の確率は、特に出来の良くない学生に関しては明確に低いが、エビデンスが非常に少ない。結局、高校について一つのモデル、学士号についても一つのモデルに依拠せざるをえなかった。学歴ごとの修了の確率について10の標準モデルがほしかったが、私の知る限り手に入らなかった。

学校観と仕事観　学生が学校と仕事それぞれに対してどのような感情を持っているかについての研究は不足している。ほとんどの成人がどちらについても長い経験があるが、両者を真剣に比較する研究者は少ない。仕事の満足度についても同様である。

教育と健康　教育が健康に及ぼす影響についての研究は乱立している。私の懸念は、多くの医療経済学者が効果は「大きい」としていながら、その数字が私からすると小さく見えることだ。この差は、私が健康に対する効果につけたドル換算値に起因している可能性がある。もし人々が1年の寿命の延びを1年間のフルタイム所得の2倍以上の価値と評価している、あるいは「問題のない」健康状態の人が「良好な」健康状態になれるなら生涯のフルタイム所得の20%以上を捨ててもよいと考えている、と想定するなら、教育のリターンは過小評価されている。

無視されている修士号　修士号についてのエビデンスはほとんどない。シープスキン効果の推定値は数が少なく結果も大きくばらつきがあるため、修士号のシープスキンの内訳は学士号と同等と設定している。修士号の修了確率は学士号より低い。しかしそれ以前の学業成績によって修士号の修了確率がどう変化するかを推定した統計モデルが見つからなかった。大筋は疑いないが、学生の能力で補正した場合、修士号の金銭的見返りが専攻によってどう変わるかについての信頼できるエビデンスも見つからなかった。

割愛の罪　論考をやりやすくするために、私は準学士号、専門職学位、博士号の三つの主要な学歴を無視している。しかしこの判断は当然である。準学士課程の修了確率はきわめて低い。公式には2年間を要するが、フルタイムの学生に限っても6年間で卒業する確率は58％しかない[115]。かりに修了しても、労働市場の准学士号に対する見返りは——看護のような専門課程を大きな例外として——ごくわずかである[116]。それに対して、専門職学位と博士号はほとんどの専攻で見返りが大きい。ただし残念ながら、大多数の学生が修了までたどりつけない。博士課程の学生の大半はそれまでずっとクラスのトップを走ってきたが、それでも半数が学位審査に臨む前に脱落してしまう。専門職課程の修了の確率はそれよりは高い。例えば、医学生の80％以上が規定の年数で学位を取得している[117]。ただしこのような数字を維持するために、専門職大学院は超難関の入学基準を設けている。平均的な大学の卒業生には挑戦のチャンスすら与えない。

数量化すると確度と精度が高いかのような錯覚が生まれる。いずれも否定しておく。教育の利己的なリターンについての私の推定値は、学問的手法に基づいた推測にすぎない。しかし忘れてほしくない重要な事実は、大事な判断をする上で、学問的手法に基づいた推測が根拠として最も優れていることだ。問題は、学問的手法に基づいた推測に頼るべきか否かではなく、私のそれに頼るべきか否かである。私はもちろんあなたがそうすべきだと考えている。異議があれば、本書と競合する論文を確認して、それらが無視しているものをすべて見ていただきたい[118]。

あなたのスプレッドシート

あなたのキャリアは学歴にかかっている。どんな進路を選ぶにせよ、人生の中の数年間——そして時として数万ドルものお金を賭けているのだ。決断は自分の勘に従うも世間に倣うも完全にあなたの自由である。

だが、教育投資の「サブプライム化」が広まっていることを考えると、どちらも信用するべきではない。自分の勘を再検証しよう。世間を再検証しよう。人生の指針となる数字が出るまで計算しよう。

たしかに、知恵とお金は別物だ。だが、あなたが気になるものすべてをドル換算してみて、そのもののドル価値を最大化するのは一つの知恵である。[119] あなたは期末レポート、美術史、あるいはプリンストン大学の美しいキャンパスを散策するのが好きだろうか。講義、じっと座っていること、あるいは失敗が嫌いだろうか。よろしい。気になるもののすべての側面を一つひとつドル換算しよう。数時間、将来としっかり向き合おう。私のスプレッドシートをあなたの条件に置き換えて自分にフィットするまで修正し、出てきた選択肢を比較検討してほしい。

このスプレッドシートの精査にどれだけ時間をかけてもかまわないが、教育の利己的なリターンを計算していることは忘れないでおこう。完璧な数字を出しても、あなたの教育が人類を豊かにするかどうかはわからない。教育の社会的なリターンを計算するなら、すべての数字を再考しなければならない。「私の教育は私にとってどれだけの費用になるのか」のような問いを、「私の教育は社会にとってどれだけの費用になるのか」のような問いに置き換えなければならない。そして何よりも、シグナリングの力を思い出さなければならない。私が出した教育の利己的なリターンの推定値は、多少の悲観にとどまっている。しかしシグナリングを真面目に考えれば、多少の悲観ではなく、私の明らかに過激な教育反対論に移らざるをえなくなる。

6　シグナリングなのかどうか、そこが気になる

教育の社会的なリターン

教育の利己的なリターンはずばり個人の投資評価である。あなたの時間とお金の犠牲はどれだけの実りをもたらしたか。このような公徳心の欠如は、目的によっては擁護できる。私の子供に「社会にとっての最善」を得々と説教するような指導教員など私は信用しない。私の子供にとっての最善を語るか、それができないなら黙っていていただきたい。

しかしまた目的によっては、わが身を一番に考えるのは指針としてよろしくない。もし連邦政府と州政府と地方自治体が「無教育撲滅戦争」を開始して高等教育への支出を3倍に増やせば、大学教授である私は大変得をする。しかしブライアン・カプランを儲けさせることは「無教育撲滅戦争」を行う論拠として最悪である。このような運動に説得力ある評価を下すためには、私だけでなく万人の利益を考慮しなければならない。

「万人の利益を考慮する」とは、全体をひとからげに考えればよいように聞こえるが、そうではない。広い社会を考えることは計算を綿密にやり直す理由にはなっても、計算機を放り出す理由にはならない。利己的なリターンを測定するには、1人の学生が気になるすべてのものをドル換算する。同等の社会的なリター

ンを測定するには、誰もが気になるすべてのものをドル換算する。

前章ではシグナリングの「シ」の字も出さなかった。触れなかったのにはわけがある。利己的な立場から言えば、肝心な点は「私の教育に金銭的見返りがあるのはなぜか」ではなく「私の教育の金銭的見返りはどのくらいか」だからである。本章でシグナリングは堂々復活を果たす。覚えておこう、雇用主が採用候補者の格付けに十分な情報を得た後は、それ以降のシグナリングは純粋な再分配である。教育の利己的なリターンを計算する際、このわかりきった道理は無視していい。たとえ元をただせば他人の給料から出たものであろうと、お金はお金だ。しかし社会的な観点からすると、再分配は価値を生まない。教育の社会的なリターンを計算する際は、シグナリングの金銭的見返りは幻影と想定すべきだ——社会的な立場から言えば、通常はその通りだからである。

教育の社会的なリターン——入門編

教育の利己的なリターンを計算するのは難しかった。教育の社会的なリターンの計算はそれに輪をかけて難しい。実際問題として、大半の経済学者は楽な方法を取る。まず利己的なリターンを出し、簡単な二つの方法でそれに手を加えて、完了とする。[1] なぜまず利己的なリターンを出すのか。大半の経済学者は人的資本純粋主義を暗に信奉しているからだ。教育によって所得が1000ドル上がるなら、それは教育によって生産性が1000ドル分上がったということだ。シグナリングは？　ふん、そんなの机上の空論だろう。

しかし、人的資本純粋主義者でさえ、社会的なリターンと利己的なリターンには乖離があることを認めている。学生は自分の教育の総費用を支払うわけではない。〔公立のK－12〔幼稚園から高校卒業までの義務教育〕は全額、公立大学のかなりの額、私立大学も一部を納税者が負担している。また、労働者は自分が受けた教育の便益をフルに得ているわけではない。労働市場で教育の恩恵を受ける分、税金は上がり――政府からの所得移転（失業保険など）は減らされる。このようなひずみを処理するため、研究者は通常 **a** 納税者による支援を教育の社会的費用と見なし、**b** 労働者の市場報酬の総額を教育の社会的便益と見なしている。

こうした調整は方向的には正しい手続きだ。だが教育の社会的なリターンの推定値を本気で出そうとするなら、これではまったく不十分である。教育の利己的なリターンを出すのに安易な方法を使わなかったのだから、社会的なリターンでもそうすまい。かわりに正攻法を取ろう。ブレーンストーミングを行い、あると思われる教育の便益と費用をすべて検討するのだ。

教育の社会的なリターン――大事なものをすべて再計算する

幸い、ブレーンストーミングの半分はもう済んでいる。前章で教育の個人的な便益と費用と思われるものの棚卸しをしたので、この調査の段階は抜かしてよい。では社会に対する効果と個人に対する効果は、費目ごとにどう異なるのか。わかりやすい例を挙げよう。教育は結婚に対するリターンが大きい。しかし社会的な立場から言えば、これはゼロサムだ。あなたは学位のおかげで裕福な配偶者をつかまえる。しかしあなたが学位を取得しなかったとしても、裕福な配偶者は別の誰かと結婚してその相手を裕福にしただろう。この論理では、教育の結婚に対する見返りは社会的なリターンから排除すべきとなる。

しかし教育の個人に対する効果を社会的な観点から再考するだけでは不十分だ。教育の利己的なリターンを考えるとき、考えられる便益の多くは決して出てこない。なぜなら――本当かどうかはさておき――それらは純粋に社会的なものだからだ。教育によって暴力犯罪が減るとした場合、受益者は学生ではない。被害者になったであろう人全員——そして言うまでもなく警察、裁判所、刑務所の財源を負担する納税者である。そこで、教育の社会的なリターンを抽出するには、ブレーンストーミングで純粋に社会的な効果を探し出し、一つひとつ検証していかなければならない。

報酬から生産性へ

教育の利己的なリターンは報酬に左右される。あなたは在学中にその期間に得られたであろう給与をどれだけ失い、修了後どれだけ給与を余分に獲得するだろうか。それに対して、教育の社会的なリターンは生産性に左右される。社会はあなたが在学中にその期間に得られたであろう生産物をどれだけ失い、修了後どれだけ生産物を余分に獲得するだろうか。

純粋な人的資本説では、報酬と生産性はどんなケースでも必ず等しい。あなたが自分の生産力以上の給与を要求すれば雇用主はあなたを雇いたがらないし、雇用主もあなたの生産力以下の給与を提示すればあなたを雇えない。

それに対して、純粋なシグナリング・モデルでは、報酬と生産力は平均においてのみ等しい。あなたの学歴が能力と合致していれば、あなたの生産性は給与と合致している。そうでない場合、給与と生産性には乖離が生じる。もし学歴があなたの能力に比べて著しく低ければ、あなたの収入は生産力に比べて少ない。もし学歴があなたの能力に比べて著しく高ければ、あなたの収入は生産力に比べて多い。(2)

そこで、教育の社会的なリターンを計算するには、教育が給与と福利厚生を上げるのはなぜかを知らなければならない。教育によって報酬が上がるのが、教育が労働者の生産性を上げるためだけであれば、社会の利得は労働者の利得と等しい。教育によって報酬が上がるのが、教育が労働者の生産性を示すためだけであれば、社会の利得ははるかに少ない。ほとんどの場合、むしろ社会の利得はゼロだ。たしかに、雇用主がどの労働者が優秀でどの労働者がそうでないかを知っていれば、経済の生産性は上がる——そして社会はより豊かになる。[3] 知識は富である。だから学生の格付けには社会的な価値がある。しかしひとたび学生が適正に格付けされてしまえば、社会的価値は消える。労働者の質に関する雇用主の知識は、もし全員が一つ下の学位を持っていたとしても本質的に同じはずだろう。経済学用語で言えば、たとえシグナリングの社会的な総便益は大きくても、その社会的な限界便益はほぼゼロである。[4]

収入と雇用に対する教育の効果に、シグナリングが占める割合は正確にはどれくらいだろうか。これまでの章で検証したエビデンスから、シグナリングの役割について慎重な見方と妥当な見方が導き出される（図6－1参照）。慎重な見方はシープスキン効果を100％シグナリングの功績としているが、それ以上のものはシグナリングに認めていない。本書のシープスキンの内訳を踏まえると、高校で38％、学士号で59％、修士号で74％がシグナリングの割合となる。[5] しかし、途中学年ごとのリターンの一部もシグナリングであると考える方が妥当だ。教育年数が1年長いことは、あなたについて多くを伝えはしないかもしれないが、何がしかは伝わる。どれくらい伝わるだろうか。複数のアプローチで、妥当な推定値はシグナリングが総合で80％とされている。シープスキン効果がすべてシグナリングであれば、学年ごとのシグナリングの割合は高校で57％、学士課程で47％、修士課程で25％となる。

生産性に対する教育の効果を得るには、論を進めるための前提として、労働者が平均的に自分の価値に見合った収入を得ているとする。学士号を持っている「優等生君」は自分の生産力に見合った収入を得ている。なぜなら定義上、「優等生君」は学士号を持っている平均的な労働者の能力を持っているからだ。しかし同

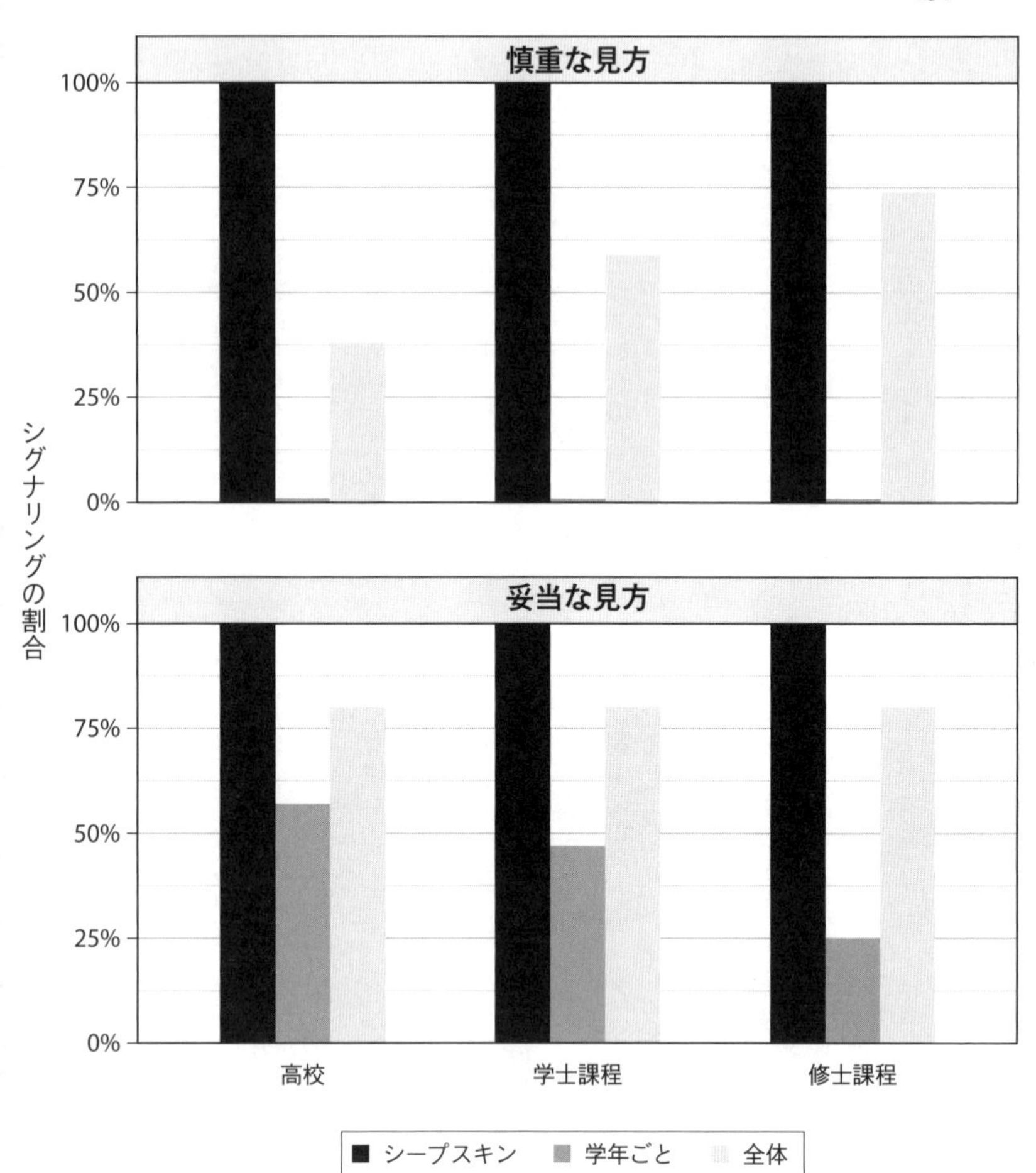

図 6-1　シグナリングの二つのシナリオ
出典：本文参照。

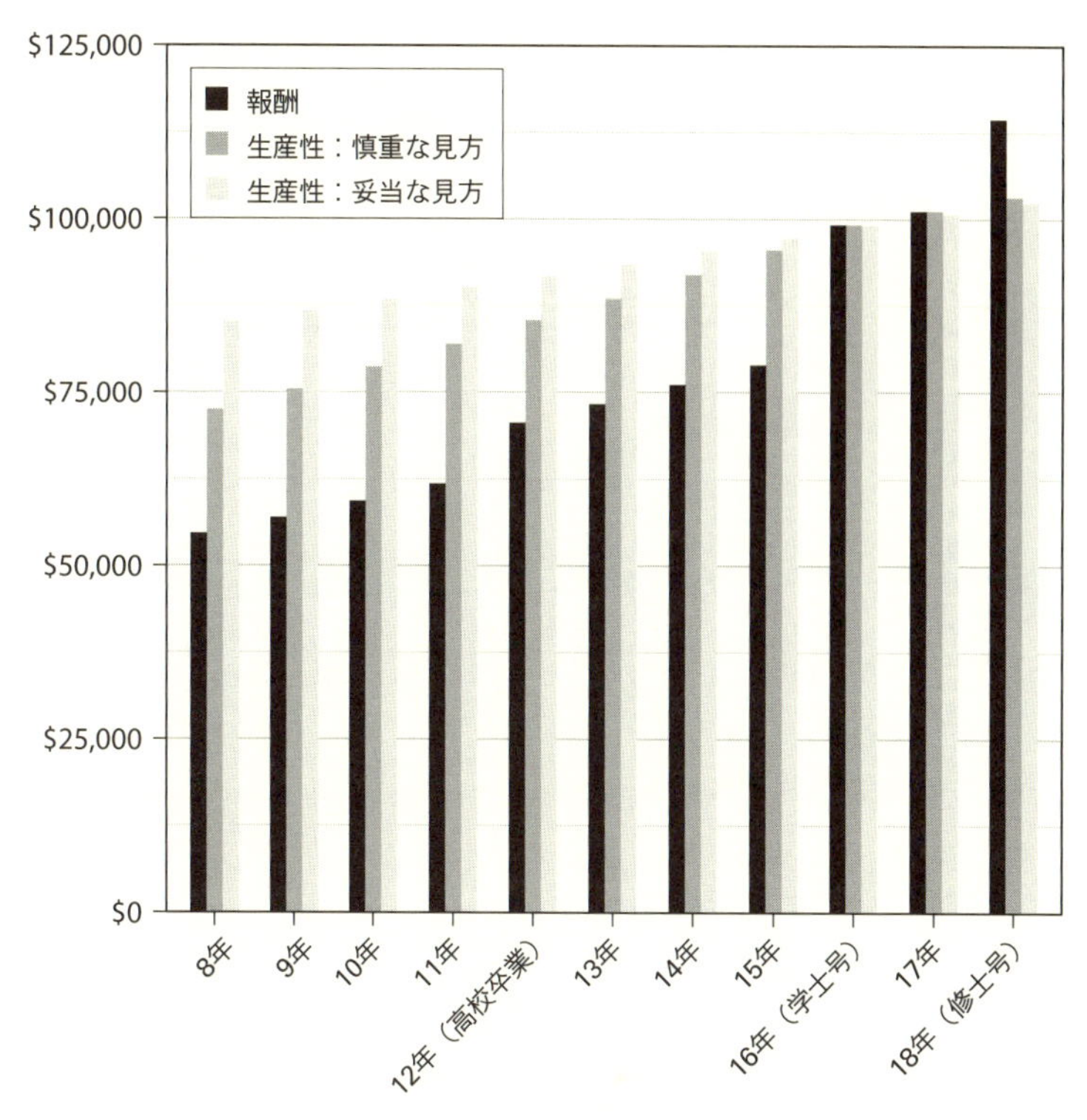

図6-2　報酬と生産性に対する教育の効果、「優等生君」の場合（2011年）
出典：図5-1および図6-1。

じ学生が高校を卒業してすぐ就職した場合、市場は彼に単により安い給与を支払うだけではない。彼の生産力に比べて安い給与を支払うことになる。なぜか。学歴が彼を実力以下に見せているからだ。同様に、もし「優等生君」が修士号を取得した場合、市場は彼に単により高い給与を支払うだけではない。彼の生産力に比べて高い給与を支払うことになる。なぜか。学歴が彼を実力以上に見せているからだ。シグナリングの割合が高くなるにつれ、生産性と給与の乖離も大きくなっていく。図6-2に「優等生君」の場合のパターンを示す。

利己的な観点からすると、在学中に得られなかった給与と、卒業後に獲得する給与の上乗せ分は釣り合いが取れている。得られなかった給与はすべて個人的費用だ。獲得する給与の上乗せ分はすべて個人的便益だ。しかし社会的な観点からすると、重要なのは給与ではなく生産性である。学校の社会的費用はあなたが生産しなかった生産物である。学校の社会的便益はあなたが学習によって余分に生産できるようになった生産物だ。教育の金銭的な見返りの80％がシグナリングで、教育年数1年で年収が５０００ドル上がるとすれば、社会にとっての真の利得は１０００ドルしかない。残りの４０００ドルは、雇用主に対して自分の価値を過小評価していると説得することによって得たあなたの見返りである。

雇用

大学の4年間で失業のリスクが9％から４％に下がるとしよう。教育の見返りの80％がシグナリングだとすれば、大卒者の失業リスク減少分の20％——1パーセンテージポイント——が生産性が上がったおかげということになる。残りはゼロサムだ。あなたの大学の学位は、学位を持っていないライバルたちの失業リスクを上げることによって、あなたの失業リスクを下げている。

税金と所得移転

教育によってキャリアが向上するほど、政府はあなたから取るお金を増やし、あなたに対する支援を減らす。しかし社会的な観点からすると、このような調節はゼロサムだ。教育によってあなたの生産性が１０００ドル上がれば、社会は１０００ドル豊かになる——たとえ税引後あなたの手元に残るのが５００ドルしかなくても。教育のおかげで政府があなたへの社会保障費を１０００ドル減らしたとしても、社会が貧しくなるわけではない——たとえあなたにとっては１０００ドルのマイナスでも。そのため、ある意味では社会のリターンは個人のリターンより単純である。複雑怪奇な税法とつぎはぎだらけの社会保障制度に気を取られてはならない。肝心なのは生産力である。(6)

仕事の満足度、幸福度、学習の喜び

教育程度の高い人の方が仕事の満足度と幸福度が高いが、その理由は主に物質的なものだ。教育程度の高い人が仕事と人生を楽しむのは、キャリアのやりがいが大きいからではなく、稼ぐお金が多いからである。(7)教育が仕事の満足度や幸福度に単独で及ぼす影響はあるだろうか。わずかな便益を見出した研究者もいれば、学歴の高い者はお金以外では人生に対する満足度が低いことを発見した研究者もいる。あなたが生活のためにタクシー運転手をしたら、大卒の学歴があるばかりに、バックミラーに映る自分が人生の落伍者に思えてしまうだろう。

社会的な観点からすると、仕事の満足度と幸福度に対する教育の効果はさらに疑わしい。人間は地位——序列の中での高い格付け——を楽しむ。私たちの社会では、地位は教育に大きく左右される。(8)残念ながら、地位はほぼその定義からいって、ゼロサムだ。(9)社会の教育程度が上がると、社会的に優位であると感じるために必要な教育程度が上がる。ただし不穏なインプリケーションがある。教育は個人を幸福に導く道筋ではあっても、社会の幸福にとってはどこにもたどりつかない袋小路かもしれない。

この懸念に関する研究は数少ないが興味深い。総合的社会調査（ＧＳＳ）によると、教育は個人の仕事の満足度と幸福度をわずかに引き上げる——所得が同じでもだ。なぜか。ヒエラルキーを上げてくれるからだ。

地位で補正すると、仕事の満足度に対する教育の効果は消え、幸福度に対する効果は3分の2縮小する。[10] 教育が一人の人間の仕事または人生に対する満足度を上げる理由がほとんどないなら、教育が人類の仕事または人生に対する満足度を上げる理由はなおさらない。私の利己的なリターンがすでに仕事の満足度と幸福度に対する教育の効果をゼロに設定しているのだから、私の社会的なリターンも同様である。

授業体験についてはどうだろうか。前章で述べたように、概して学校は人から最も好まれない活動の一つである。仕事も好かれてはいないが、学校の方がもう少しだけ嫌われている。社会的な観点からすると、この感情は額面通りに受け取るのが妥当であろう。あなたが先生の授業に死ぬほど退屈していたら、他の数百万人の学生も同じように退屈しているのがわかったからといってたいした慰めにはならない。

健康

健康の研究者は通常、教育を衛生と同等に扱う。誰もが手洗いをすれば誰もがより健康になるように、誰もが試験に合格すれば誰もがより健康になるというわけだ。しかし学者は時々、「健康に対する教育の効果」が隠れた「健康に対する地位の効果」ではないかと考えることがある。動物実験で、地位が体に良い影響を与えることが確認されている。ある動物の序列内のランクを変えると、その動物の健康状態は同じ方向に変わるのだ。人間の健康も同様に作用する可能性がある。[11] 利己的な立場から言えば、これは単なる好奇心の問題でしかない。教育によって元気になれるなら、そのメカニズムは別にどうでもよい。しかし社会的な立場から言えば、教育と地位と健康の相互作用はきわめて重要だ。学校教育が地位を引き上げることによって健康を向上させるとしたら、教育の健康に対する便益はゼロサムである。他人のランクが下がらなければ自分のランクは上がらないのだから、他人を病気にしなければ自分が健康になれないことになる。

研究者の調査では一定して、人間の健康と地位は連動していることが確認されている。[12] しかも、教育の健康に対する便益は――少なくともその一部は――実は地位に対する便益である。[13] 地位で補正すると、自己申告による健康状態に対する教育の効果と見られていたものの20％から60％が消滅する。[14] 総合的社会調査（GSS）の４段階の健康尺度では、地位で補正すると、私が先に出していた教育の健康に対する便益は１年当たり０・０４から１年当たり０・０２に半減してしまう。[15]

前章で、教育の健康に対する真の便益が見かけ以上に小さいと考える理由を複数挙げた。[16] 社会的な立場から見た便益は、地位のエビデンスによって最後にもう１段階下げなくてはならない。利己的な健康に対する便益が小さく、地位による効果は大きいので、私は教育の健康に対する社会的な便益をゼロに引き下げる。学業成績は衛生とは違う。もしすべての人が学士号以上を持っていたら、学士号しか持っていない人は社会階層の最下位ということになり、健康状態もそれ相応となるだろう。

授業料その他の経費

利己的な立場から言えば、教育の費用として突出しているのは放棄所得である――授業料その他の納付金ではない。公立高校はいまだに無料だ。公立大学の平均的な正価は現在９０００ドルを超えているが、割引や助成金の大盤振る舞いのおかげで、典型的な学生の負担は４０００ドルに満たない。しかし社会的な立場から言えば、この金額は学生にとっての費用ではなく、みんな――特に公教育における「忘れられた男」、納税者にとっての費用だ。

まずは公立のK－12〔幼稚園から高校卒業までの義務教育〕の総費用からいこう。生徒１人にかかる金額は州によって大きく異なる。最新データとして入手可能な２００９―２０１０年度に、ユタ州は７９１６ドル、ワシントンDCはその3倍の総額2万3816ドルを支出した。アメリカの平均は1万2136ドルである。[17] この数字は包括的なもので、授業、支援業務、食費、事業運営費、設備投資、利息支払いの費用も入っている。[18] しかし典型的な高校生の教育に社会が負担する費用を計算する場合、この数字は完全に正しいとは言えない。

大きな欠陥。公表されている数字には特別教育が含まれており、特別教育はお金がかかる。現在、学校は生徒の約13%を障害児と分類している。標準的な推定値を見ると特別教育は普通教育の2倍の費用がかかる。[19] 公表された統計を額面通りに受け取ると、障害のない生徒を教育する社会的費用は平均の88%にすぎない。[20] しかし一般的な感覚としてアメリカの生徒の13%に明らかな障害があるというのは違和感がある。この一般的な感覚としての懐疑を裏づけるように、学校には障害児童の数を膨らませたい強いインセンティブがあるとする批判がある。[21] 特別教育のカテゴリーのうち最も解釈に幅のある「特定の学習障害」を差し引くと、障害児童の割合はもっと信憑性のある8・2%に下がる。[22] このトーンダウンした数字を使うと、典型的な高校生は平均の92%、総額1万1165ドルの費用がかかることになる。[23]

もう少し小さい欠陥。高校以下の社会的費用から食費は除くべきである。大学の個人的費用から寮費と食費を除外するのと同じ理由だ。子供は学校に行っていてもいなくてもごはんは食べる。食費を差し引くと、生徒1人当たりの社会的費用はさらに405ドル下がり、1万760ドルになる。2011年現在のドル価値に換算すれば1万1298ドルだ。[24]

大学の社会的費用の総額を計算するのにも特有の難しさがある。正価を使いたいところだが、それは誤りだ。法外な正価と大幅な割引の合わせ技が大学の標準的な財務戦略である。大学はこの割引を気高い善行としてアピールしているが、要するにこれは経済学でいう「価格差別」――相対的に裕福で相対的に選択の余地が少ない顧客から余分に利益を搾り取るための価格調整だ。[25] 乗客が当日の飛行機のチケットに高額の料金を支払う理由はたいてい価格差別である。当日の飛行機料金では「飛行機旅行の本当の費用」がわからないように、正価の授業料で「学校教育の本当の費用」はわからない。

このように見ると、「大学の給付型奨学金」――大学自身による授業料の減額措置――と、国、州、個人、雇用主の給付型奨学金には根本的な差がある。大学の給付型奨学金は社会的資源を実際に消費するわけではない。大学が授業料の減額を提供しているのは、教育の費用が提示している正価よりも少ないからにほかならない。それに対して、国、州、個人、雇用主の給付型奨学金は、自分の教育の費用を負担できない、あるいは負担したくない学生を入学させて利益を得させ、社会的資源を消費する。

とすれば、大学の社会的費用の総額を測定するには、まず正価を出し、そこから平均的な大学の給付型奨学金を差し引く。これについても、カレッジボードが関連する数字をすべて提供している。公立の四年制大学は学生1人当たり1133ドルの大学の給付型奨学金を出している。[26] 正価は9412ドルなので、社会的費用は8279ドルということになる。[27] 修士課程の学費のデータは少ないため、ここでも大学院と学部の教育の費用は同等と見なす。少人数制の大学院の授業は学生1人当たりの費用が高いはずなので、これはどちらかと言えば楽観的な見方である。

経験を考慮する

訓練を積んだ労働者ほど学校に戻るのに抵抗が大きい。経験値が高いほど稼ぐお金も増える。稼ぐお金が増えるほど、仕事を休止する犠牲は大きくなる。社会的な観点から見ても同じだ。労働者の経験値が上がるほど生産力は上がる。労働者の生産力が高いほど、労働者が仕事から離れた際の社会的な犠牲は大きい。そこで、社会的なリターンには前章の年間の経験プレミアムの数字をそのまま採用し、2・5%とする。

修了の確率

社会の投資には、個人の投資と同様、常に失敗のリスクがある。リスクの確率を考慮して期待される便益を1％縮小する。投資がもし成功した場合、個人的な便益を1000ドル、社会的な便益を200ドル生み出すとしよう。大失敗するリスクが20％とすると、期待される利己的な便益は800ドルに下がり、期待される社会的な便益は160ドルに下がる。前章ですでに修了の確率を推定した。今回の計算でも、社会的なリターンにはこの確率を織り込まなければならない。

政府プログラムによって教育の失敗リスクが低減するとしたらどうだろう。他の条件がすべて同じであれば、利己的なリターンと社会的なリターンは上がる。ただし「他の条件がすべて同じ」が鍵だ。高校の卒業率を上げる最も安くて確実な方法は、全生徒に無差別に卒業証書を与えることだ。しかしやがて、この無制限の温情措置によって卒業の利己的および社会的な利得は消滅してしまう。誰でも卒業証書をもらえるなら、卒業証書の価値はなくなるからだ。第7章で、修了の確率を上げる建設的な方法を考察する。[28] 当面は、想定上の教育ではなく現状の教育を評価することを目指す。

教育の社会的なリターン——純粋に社会的な便益

経済学者による教育の費用のはじき出し方は、眉をひそめたくなるほど視野が狭いことがある。ふつうの人間——経済学者ではない人ともいう——はもっと全体的な見方をする。教育の利己的な便益をいじっても教育の社会的な便益など測定できない。それより「私たちはどのような社会で暮らしたいのか——教育を受けた社会か、無教育な社会か」と自問すべきだ。

ここはふつうの人間の方が確実に分がある。教育が広い意味でどのような社会的インプリケーションを持っているのかは検討が可能だし、すべきだ。しかしこれは、すでにわかっているデータを捨てる言い訳としては弱い。教育の広い意味での社会的効果に関するエビデンスは、教育の狭い意味での効果に関するエビデンスに置き換えるのではなく、補足資料として用いるべきである。いずれにしても、全体像を見ることは数字を無視する言い訳にはならない。教育によって殺人が減るなら、それは教育に有利な材料だ。しかし、**a** その分どれだけ教育費用がかかるのか、**b** 教育によって殺人を何件予防できるのか、の概算を出すまでは、その有利さは不完全だ。何でも数字にして計算する人をばかにせず、あらゆることを厳密に数字化すべきだ。

経済成長

新しいアイデアは進歩の根幹である。現代人の生活が1800年当時よりずっと向上しているのは、現代人の知識が1800年当時よりずっと増えているからだ。1800年当時の地球にだって飛行機やiPadの製造に必要な材料はすべてそろっていた。だが適切なアイデアが生まれるまで、材料は眠っていた。人類は適切なアイデアが現れるまで、なぜこれほど長く待たなくてはならなかったのか。答えの一端として、アイデアはひとたび生まれてしまえば安価に模倣できるということがある。その結果、イノベーターは自分たちが創造した価値のほんのわずかな一部を手にするにすぎない[29]。

このわかりきった道理が「教育は活力ある社会の基盤である」という感動的な説教につながる。大半の生徒に創造性はないが、高校までの教育に大きく投資すれば、全員にイノベーションの知的ツールが与えられて、社会の潜在的な創造力が豊かになる。同様に単科大学や総合大学に大きく投資すれば、優秀な学生が研究の最前線に送られ、イノベーションを引っ張る人々に雇用や資金が与えられる。国民所得の10％を一貫して教育に投資し、年間成長率が1％から2％に上がれば、それ以上の便益が何もなくても社会的なリターンは11％にもなる。[30]

残念ながら、この感動的な説教は虫のいい願望である。すでに第4章で国の教育プレミアムに関する研究をレビューした。[31] エビデンスは混在しているが、教育は個人に比べると国への効果は低いようだ。国家レベルでは、教育が生活水準を上げるかどうか、まして教育が国の生活水準の向上を速めるかどうかは定かではない。動くかどうかわからないなら、それは永久運動機関ではないと考える方が無難だろう。教育が進歩を加速するかどうかを具体的に検証している研究者らは、ほとんど成果を出していない。[32]

長期的なマクロ経済学データに欠陥があることを踏まえれば、学術研究を無視して一般的な感覚を大事にすべきではないか、と答える人もいるかもしれない。だが一般的な感覚で実際に何がわかるだろうか。「教育を受けた人々はイノベーション力がある」という言葉がそれらしく聞こえるのも、カリキュラムが実社会といかに乖離しているかを思い出すまでの話だ。高校で生徒が数学と科学に費やす時間は全体の4分の1ほどしかない。大学で工学を専攻する学生は約5％、コンピュータサイエンスは2％、生物学と生物医学は5％だ。[33]「イノベーションを起こすために必要な知的ツールを学生に与える」というのは、善意に解釈しても後付けの理屈である。しかも現代の世の中では、最も頭脳明晰な学生たちは大学教授になり、創造性を商業的価値のあるトピックより学問的に関心のあるトピックに注ぎ込むことが多い。たしかに、象牙の塔で好きな研究に没頭した結果、ある産業に革命を起こす場合もある。しかし一般的な感覚からすれば、有益なアイデアを発見する最善の方法は、有益なアイデアを探すこと以外に考えられない――興味のおもむくままに研究して、それがいずれ役に立てばと祈るよりも。[34]

労働参加率

教育程度が上がると労働参加率も上がる——つまり、職を求める可能性が高まる。言い換えれば、教育程度が上がると、自発的な失業率が下がる。[35] これには部分的に能力バイアスが反映されている。自分の責務を最後まで果たそうとする頑張り屋もいれば、つらくなったら辞めてしまう根性なしもいる。それでも、教育の見かけの効果が部分的には本物であると考える理由はおおいにある。教育を受けるほど働く意欲は強くなる。

利己的な立場から言えば、これは喜ばしく思うようなものではない。自分の優先事項が変わることのどこがいいのか。教育によって家族と過ごす時間が減り、働く時間が増えるとしよう。この変化がなぜ、教育の利点と見なされるのか不明確だ。しかし社会的な立場から言えば、自発的な失業でさえ社会保障制度により他人にとっては負担になる。働いていない人はメディケイドやフードスタンプのような制度を通じて、自分が生産する以上のものを得る。働いている人は所得税や給与税のような賦課金のために、自分が生産するよりも得るものが少ない。だからといって、全員に働かせることが「社会にとっての最善」と言いたいのではない。子育て中の専業主婦／主夫、定年退職者、プータローだって社会の一部であることに変わりはない。要するに、労働参加率が上がることが個人にとっては損な取引でありながら社会全体にとっては得な取引になりうるのだ。教育によって労働参加率が上がる場合、社会的なリターンには個人が利己的な立場からは無視するもの、すなわち支払うようになるすべての税金と、受給しなくなるすべての所得移転を考慮しなければならない。[36] 直観的な理解として、あなたは働いていない間に政府から年間1万ドル支給されるとしよう。働いた場合、税引前のあなたの生産性は3万ドルだが、5000ドルを税金として支払い、所得移転として

1万ドル徴収されるとする。あなたが自分のことだけ考えるなら、自分の時間の価値は1万5000ドル未満だと考えれば働くだろう。みんなのことを考えるなら、自分の時間の価値は3万ドル未満だと考えれば働くだろう[37]。

税金の計算は簡単だが、所得移転の計算は難しい。労働者がフルタイムで働いており子供がいない場合、8年生までの教育しかない人でも、通常は失業保険その他の受給対象にはならない程度の収入を得ている。しかし労働者が労働市場を退出すると、労働による収入はゼロになる。大半の人はたちまち、これまで本書が無視してこられた政府プログラムの受給対象者になる。

所得移転プログラムの主なものはメディケイド、TANF（貧困家族一時扶助制度、いわゆる「生活保護」）、SNAP（補充的栄養支援プログラム、いわゆる「フードスタンプ」）である。医療費負担適正化法〔ACA、通称オバマケア〕が成立し、子供のいない単身の成人で所得のない人は確実にメディケイドの適用対象になった。その費用は年間4362ドルと見積もられる[38]。TANFは子供のいる世帯に限られているため、子供のいない単身の成人は受給できない。SNAPの規定は複雑だ。子供のいない成人には期間制限か就労要請が課されるが、州政府には例外措置を取る裁量がある。2011年に、受給資格のある単身の成人で所得のない人が受給したフードスタンプは約2192ドルだった[39]。私が行った社会的なリターンの計算では、失業中の人すべてにこのメディケイドとSNAPの支払い総額を割り当てている。

シグナリングは、例によって、最後のひずみである。個人により高い教育を与えると、より良い仕事のオファーを受けるので、就労を望む可能性が高まる。すべての人により高い教育を与えれば、学歴インフレが起きる。ありえないと思われるだろうか。考えてみてほしい。1950年に高校を卒業するのは成人男性の33%しかいなかったが、男性の労働参加率は現在より高かった[40]。

犯罪

アメリカ人受刑者の約65％が標準的な高卒資格を取得していない。[41] ２００６―２００７年に16―24歳の男性の高校中退者の８・７％が収監されている。[42] 白人男性の高校中退者の約15％、黒人男性の高校中退者の70％が30代半ばまでに刑務所入りを経験している。[43] これらの比率は高卒男性では約３分の２低下し、大卒男性になるとごくわずかである。この大きな差を考えると、社会は刑務所で犯罪の懲罰を与えるのではなく学校で犯罪の予防ができるのではないか、との期待が高まる。これらの数字からすると、高校卒業が普及すれば犯罪の半数はなくなるのではないか。

その見込みは薄い。例によって、教育の成果は見かけほどではない。高校中退者の問題は学校をやめるずっと前から表れている。早い段階からトラブルを起こしてもいる。[44] 未来の高校中退者は停学になったり逮捕されたりする確率がはるかに高い。喫煙、飲酒、ドラッグ使用、性体験が相対的に多く、こうした危険な習慣を始める年齢が低い。そのため、データに観察される犯罪率の違いを教育の功績とする前に、あらゆる形の能力バイアスを考慮しなければならない。「高卒者と比較して高校中退者はどれくらい法律を守るのか」の前に「両者のＩＱ、成績、性格、素行が同じ場合、高卒者と比較して高校中退者はどれくらい法律を守るのか」を問うべきなのである。

ＩＱと成績で補正しても、教育の犯罪予防効果はわずかしか低下しないように見える。[45] 影響が大きいのは犯罪的人格だ。未来の犯罪者は、未来の高校中退者と同様に、衝動的、攻撃的、反抗的で、それを行動でも表す。[46] 彼らの違法行為歴は通常、在学中から始まる。[47] 研究者が若年期の反社会的態度と行動で補正すると、測定された教育の犯罪に対する効果は急落する。[48] 素朴な推定では、教育年数を１年増やすと一生のうち刑務所で過ごすと見込まれる時間が約4週間短縮し、服役自体の確率は約2パーセンテージポイント下がる。しかしデモグラフィック特性、知力、階層、人格、若年期の逸脱行動で補正すると、教育年数を1年増やしても一生のうち刑務所で過ごすと見込まれる時間の短縮は1週間未満、服役の確率は約0・5パーセンテージポイントしか下がらない。[49]

しかしこれだけ小さくなってしまった効果でも、社会的価値はおおいにある。すべてをひっくるめた犯罪の社会的費用は莫大だからだ。1人の犯罪者を収監する現在の予算費用は年間約3万ドル。[50] しかし実行された犯罪の件数は服役の対象となった犯罪の件数を大きく上回る。殺人は別として、違法行為が逮捕、まして収監にまで至ることはほとんどない。収監に至るのはレイプ、強盗、加重暴行のわずか3―5%――窃盗の1%未満――しかない。[51] しかし暴力犯罪や窃盗犯罪にはすべて、少なくとも1人の被害者が存在し、しばしば大きな苦痛を受ける。被害を避けるために実費をともなう予防措置を講じれば、その人は余分な費用を負担することになる。被害者のいない犯罪を別とすれば、犯罪の社会的費用の最も包括的な総額は2011年ドルでアメリカ人1人当たり年間3728ドルになる。[52]

社会の構成員が被る犯罪の総費用は、社会の構成員が発生させる犯罪の総費用と等しくなければならない。であれば、犯罪行為が収監件数に比例するという想定の下で、学歴別に犯罪の費用の年間平均を算出できる（図6－3参照）。元の差が非常に大きいので、75%の能力バイアスを差し引いても社会的な便益は大きい。

しかし、教育の鎮静化作用の推定値を慎重に見積もるべきもっと微妙な理由がある。それがシグナリングである。シグナリングの力が大きければ、教育は個人の犯罪行為は取り除けても社会の犯罪行為にはほとんど効果がない。そのメカニズムはいやというほどおなじみのものだ。1人の不良少年に高卒の資格を与えれば、彼が雇用主に与える印象は良くなる。しかし不良少年全員に高卒の資格を与えれば、学歴の価値はなく

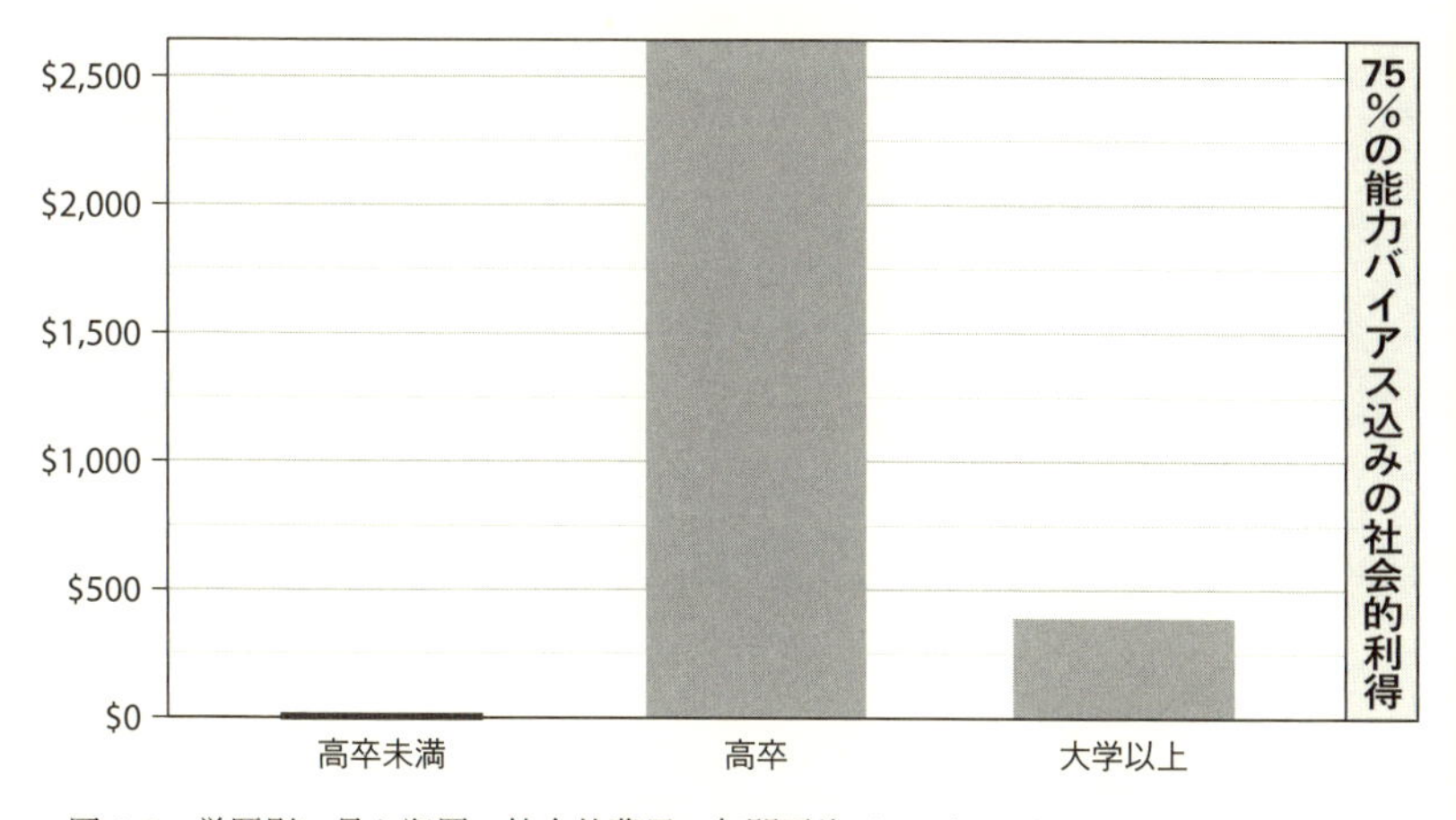

図 6-3　学歴別に見た犯罪の社会的費用の年間平均（2011 年ドル）
出典：犯罪の費用総額は D. Anderson 1999; 学歴別の収監人数は Harlow 2003.

なる。合法的な所得が増えないため、犯罪の魅力はそれまでと変わらない。大げさな想定だと思うだろうか。男性の高校中退者が高卒者を2対1の割合でしのいでいた1950年当時も、アメリカの殺人発生率は現在と変わらなかった[53]。シグナリングならこれをあざやかに説明できる。1950年当時、平均的な高校中退者は学業成績の33番目パーセンタイルだったから、雇用主が高校中退者に押す烙印もそれほど厳しくなかった。現在の平均的な高校中退者は学業成績の10番目パーセンタイルであるため、雇用主の高校中退者に対する評価が厳しく、真面目に努力するかわりに犯罪に走る方が魅力的になっている。

シープスキン効果——学業のフィニッシュラインを越えると特大の利得がある——がシグナリングの目に見える兆候であることを思い出してほしい。もし本当に教育が法と秩序を尊重する気持ちを植えつけるのであれば、卒業に特別な意味はないはずだ。しかし犯罪データでは、高校の最終学年が突出している。米国国勢調査によると、高校を中退した男性は中卒の男性と収監率がほぼ同じである。しかし12年生を修了した男性になると、収監の確率は50%近く下がる[54]。この犯罪のシープスキン効果に関する研究は実質的に存在しない。しかし公表された論文を発展させると明白な結果が出る。あらゆる形の能力バイアスで補正すると、高校の最終学年だけ犯罪が減少するのだ[55]。このエビデンスでは弱いため、犯罪のシープスキンの内訳は所得のシープスキンの内訳と合致すると想定する。高校の最終学年は途中学年の3・4倍、それ以上の学位の最終学年は途中学年の6・7倍に相当するとしよう。

最後の複雑化要因。犯罪はもっぱら若者が手を染めるので、もし教育が犯罪を抑制するのであれば、抑制効果のほとんどはすぐに表れる。社会的なリターンは早期の見返りをより重視するので、収益率にはこの「前倒し」を考慮しなければならない。今後の計算ではこのひずみを、年齢別の逮捕統計に人口の年齢内訳を統合して扱う[56]。

政治

教育とともに民主政治への参加率は上がる。高い教育を受けた者ほど投票率が高く、政治に関心を持ち、政治団体に加入しやすい。話の都合上、政治参加率の向上が１００％教育の成果だとしよう[57]。それでも残る大きな疑問がある。参加率の向上は公共政策の改善につながるのか、それとも改悪につながるのだろうか。この大きな疑問に答えるためには、残念ながら **a** 最も優れた公共政策を探し出し、次に **b** その政策に対する有権者の支持率が教育によって高くなったかどうかを測定しなければならない。あなたの政策観がどうであれ、政治参加の社会的な価値は参加の質にかかっている[58]。

本書では一貫して、知的な責任を他人に委ねない方針を通してきた。しかし教育についての本の途中で最も優れた公共政策を探し出そうとするのは、とんでもない脱線になってしまう。この本の中でこんな大きな問題を解決する妥当な方法など、とてもではないが、ない。第9章で価値観――政治的価値観も含む――に対する教育の効果を分析している。その効果も、例のごとく、見かけより小さい。しかし大小にかかわらず、この評価は読者に委ねたい。

子供（の質）の考察

大卒者の子供と高校中退者の子供を比較すると、一つのめざましい違いがある。大卒者の子供の方がはるかに学業に成功しているのだ。１９５０年以降に生まれたアメリカの成人を例に取ろう。両親が二人とも高校を中退している子供のうち、高校を修了するのは37％、学士号を取得するのはわずか２％しかいない。同時期に、両親が二人とも大学を卒業している子供のうち、高校を修了するのは98％、そして56％が学士号をらく莫大な波及効果があるのだ。

取得している。[59] 学業の成功率の差は長じて経済面、キャリア、結婚の成功率の差につながる。[60] 教育にはおそ

残念ながら、この波及効果が本物かどうかを判断するには、生まれか育ちか、すなわち遺伝か生育環境かという昔からある議論を避けて通れない。子供はあらゆる測定可能な面で両親に似る。背の高い両親の子供は背が高い。同様に、成功者である両親の子供は成功者になる。なぜか。成功者である両親の子供が成功者になる可能性があるのは、育て方のおかげだ。しかしこれに対抗する説がある。成功者である両親の子供がになる可能性があるのは、両親から授かった遺伝子のおかげだという。100%育ちによるものとする説では、成功の波及効果は見かけ通りの大きさである。高校時代の恋人同士が卒業すれば、二人の家庭は成功者の育成器になる。100%生まれによるものとする説では、成功の波及効果は幻想である。高校時代の恋人同士が卒業すれば、良質な住宅地に家庭を構えるだろうが、二人が子供に伝える遺伝子に変化はない。

知能研究の歴史において、生まれか育ちか論争はほぼ膠着状態にあった。典型的な家庭では子供は生みの親に育てられるため、生まれと育ちは絡み合っており解明はお手上げだ。しかし数十年前から、科学者らが生まれか育ちかを科学研究として前進させるために、非典型的な家庭――特に養子や双子を育てている家庭――の研究に力を入れ始めた。研究者らは生育環境の力を特定するために養子を研究した。もし生物学的な関係のない親に無作為に子供を割り当てても、親子で明らかに似た部分が現れたら、そのメカニズムはほぼ育ちであるはずだ。また、研究者らは遺伝子の力を特定するために一卵性双生児と二卵性双生児を研究した。一卵性双生児の方が二卵性双生児よりも類似性が高ければ、そのメカニズムはほぼ生まれであるはずだ。

「行動遺伝学」と呼ばれるこの手法では一貫して、生まれの効果が強く広範に、育ちの効果は弱く散発的に確認されている。先進国では、生まれは身長、体重、寿命のような肉体的な特性に関して育ちの効果を上

回るだけでなく、知力、幸福感、人格、教育、所得のような心理的な特性に関しても育ちの効果を上回っている。[61] 受精の時点であなたが両親から受け継いだ遺伝子の方が、その後に両親があなたに与えた有利な条件をすべて合わせたよりも、あなたの成功にはるかに大きな効果を及ぼすのだ。

行動遺伝学者らは教育年数、成績、所得に対する育ちの効果を特定した。[62] 養子研究でも双子研究でも概して、育ての親の教育年数が1年増えると子供の教育年数は約5週間伸びることがわかっている。[63] 言いかえれば、世代から世代に波及する効果は10分の1に縮小する。同様の研究では育ちが成績に与える効果はゼロとしている。[64] 学業成績が親から子に受け継がれるのは、成績は生徒の才能、態度、行動に左右されるからで、そのいずれもが遺伝子次第である。養子研究と双子研究では、育ちの効果は教育よりも所得においてさらに小さいという驚きの結果も出ている。所得が10％高い家庭で育っても、成人したときの所得は0―1％しか高くならない。[65]

こうしたエビデンスすべてに照らせば、何にせよあなたの所得を10％上げる要素は、あなたの子供の所得を0・5％上げ、それ以降の子孫への効果はほぼゼロであると推測するのが妥当である。しかも落とし穴がある。子供が実際に働き始めるまで、労働市場から子供に対してあなたの努力への見返りは出ない。現代においてこれは数十年先の話になるから、教育の社会的なリターンへの波及効果はごくごくわずかだ。私の計算では丸めてゼロとする。[66]

子供（の量）の考察

教育程度が上がるにつれ、持つ子供の数は減る。人口統計学者はよく「完結出生数」を測定する――女性が40歳までに産む子供の総数だ。２０１２年に高校を中退した女性は大学を修了した女性よりも産んだ子供の数が50%近く多かった。子供のいない女性は高校中退者でわずか12%、それに対して大卒者は21%だった[67]。

話の都合上、教育がこの出生数の差の唯一の原因だとしよう。それでも疑問は残る。社会の構成員の数が減ることは社会の便益か、それとも社会の費用になるのか。これはけっして官僚が考えるような問題というわけではない。これまで延々と繰り返されてきた論争のどちらかの側につかなければ、答えの端緒すらつかめない。

従来の考え方では人口増が環境に与える危険が重視されるが、経済的な利益——特にイノベーションがそれを相殺すると強調する批判もある[68]。新しいアイデアは経済成長のエンジンであり、そのアイデアを生み出すのは人だ。あなたの好きな作家、音楽家、科学者、起業家の半数が生まれてこなかった世界を想像してほしい。人口増を批判する人々は「人の多さ」を憂慮することも多い。しかし人の多さがそんなに悪いなら、都会の家賃がこれほど高いのはなぜだろう。人が多いことには機会、選択、刺激ある活気などすばらしい副次効果があるからだ。明らかな「社会のぶらさがり」が生まれることとさえ、その「ぶらさがり」が私たちの大半と同様に生きる喜びを感じているなら、純粋な社会的便益になりうる。

これらの問題を取り上げたのは解決するためではなく、問題を隔離するためだ。教育に関する本は人間の価値のプラスマイナスをジャッジする場ではない。第9章で教育が子供の数に及ぼす真の効果に迫る[69]。しかし出生数の低下が良いか、悪いか、どちらでもないか、どのような場合にそうなのかは読者に判断してほしい。

社会的なリターンの算定——シグナリングを慎重に見積もった場合

次の途中駅までたどりついた。教育の利己的な効果を社会を視野に入れて再考した後、ブレーンストーミングを行い、教育の純粋に社会的な効果に関するエビデンスをふるいにかけた。ここからは最終目的地に向かう。ほぼすべての人にとっての教育の社会的なリターンを算出する。いつも通り、私の計算の基盤となるスプレッドシートをネットに上げておくので、読者はその過程をチェックし、さまざまな想定のもとでいろいろ遊んでみてほしい[70]。

予想通り、社会的なリターンはシグナリングの力に左右される。覚えておいてほしいのは、シグナリングの割合が大きいほど、教育の社会的なリターンは下がることだ。純粋なシグナリングの最大値に近づくにつれ、教育の社会的なリターンはゼロに近づいていく——さらにはマイナスになる。明快にするために、まずは教育の力を比較的認めてシグナリングを慎重に見積もった想定から始めよう。慎重な想定に従うと、シープスキン効果以外の教育の便益はすべて人的資本によるものとなることを覚えておいてほしい。

「優等生君」の場合・再考

「優等生君」は定義上、元々の能力が典型的な学士号取得者のレベルである。「優等生君」の教育の利己的なリターンはすでに検討した。「優等生君」の教育は、みんなの利益を考慮するとどれだけの価値があるだろうか。図6－4で慎重なシグナリングが示唆する利己的なリターンと社会的なリターンを比較した。

社会的なリターンと利己的なリターンの違いは大きく二つある。利己的なリターンとは異なり、それぞれの学位を取得するための教育課程の中では社会的なリターンにはほとんど変化がない。卒業学年は学生にとっては収益率が著しく高いが、人類にとっては特に実りはない。さらに重要なのは、社会的なリターンよりもはるかに低いことである。シグナリングの役割が小さいことを考慮すると、社会的な

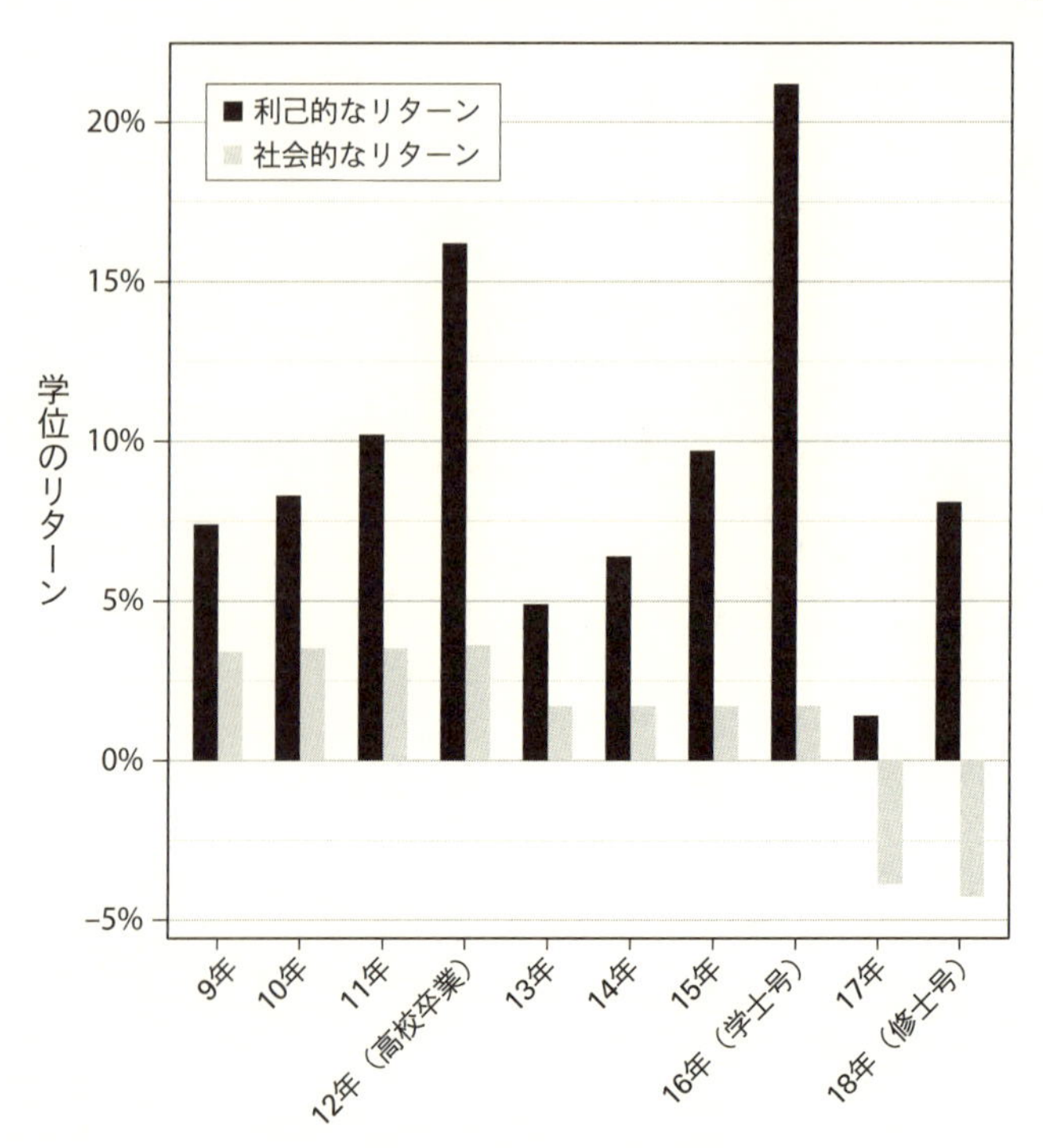

図 6-4　シグナリングを慎重に見積もった場合の「優等生君」の教育の学位のリターン

出典：図 5-3 および本文。以下を前提とする。

(a) 所得、福利厚生、失業、労働参加率への効果に対して 45%の能力バイアス。

(b) 犯罪への効果に対して 75%の能力バイアス。

(c) 教育のシープスキン効果はシグナリングを反映している。それ以外の教育の効果は人的資本を反映している。

学位のリターンは利己的な学位のリターンの半分にも満たない。高校の社会的なリターンはまあまあの3・4%だ。大学の社会的なリターンは低い――2%もない。修士号の社会的なリターンはなんとマイナス4%という惨状である。

たとえ教育が社会全体に多数の便益を提供するとしても、リターンが低いのは必定だ。どんな計算をしても、教育が労働者の生産性と労働参加率を上げ、失業と犯罪を減らす結果になる。ではなぜ社会的なリターンは低いのか。総合的な便益の価値が低いからだ。世の中にはもっと効率のいい投資がいくらでもある。政府は道路、ガン研究、治安維持、児童手当、債務返済にもっとお金を注ぎ込むこともできる。あるいは減税することだってできる。民間の投資家なら長期的にはほぼ必ず3・4%を上回るリターンを上げられるはずだ。

能力別の社会的なリターン

「優等生君」への教育資源の投資だけが特別悪いわけではない。慎重な見積もりでは、教育投資は通常、学生の能力に関係なく見返りが低い。大学のリターンは能力別に低からマイナスまでの幅があり、修士号のリターンは軒並みマイナスとなる（図6－5参照）。

社会的なリターンは、利己的なリターンと同様に、通常は学生の能力に従って上がる。能力の高い学生ほど、どのレベルであれトライした教育を修了する確率が高く、修了した教育を活用する。ただし一つだけ大きな例外がある。「鈍才君」を高校に入れるのは社会にとって最高の投資で、収益率は6・1%にもなるのだ。「鈍才君」は犯罪に走りやすく、犯罪は莫大な社会的費用をともない、犯罪者の大半は若者であるため、「鈍才君」の犯罪行為を抑制することには元を取る以上の見返りがある。

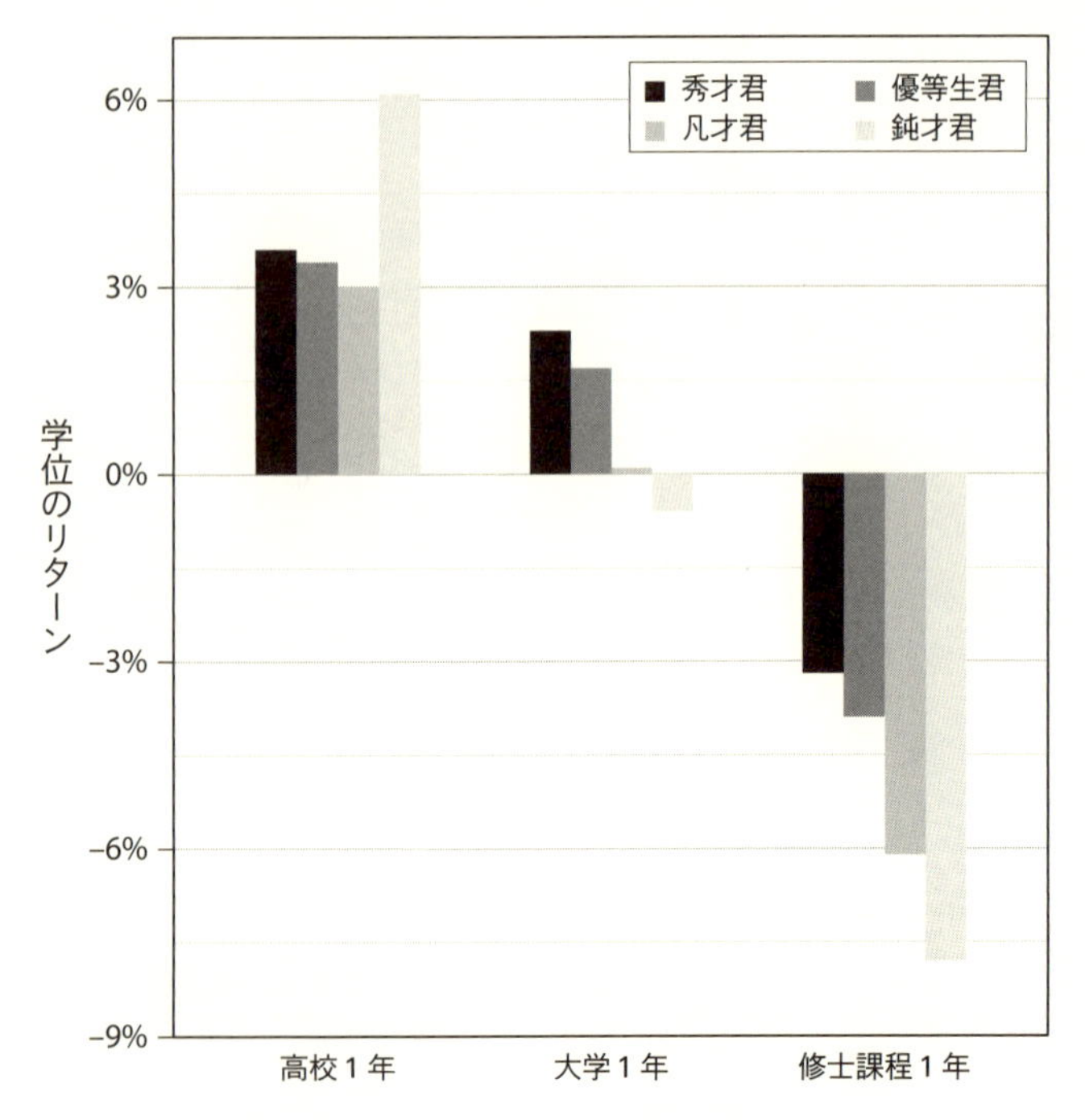

図 6-5　シグナリングを慎重に見積もった場合の教育の社会的な学位のリターン

出典：図 5-7 および本文。以下を前提とする。

(a) 所得、福利厚生、失業、労働参加率への効果に対して 45%の能力バイアス。

(b) 犯罪への効果に対して 75%の能力バイアス。

(c) 教育のシープスキン効果はシグナリングを反映している。それ以外の教育の効果は人的資本を反映している。

シグナリングを慎重に見積もると、教育はたいてい誰もが想像するより、社会資源の活用法としてはっきりと劣っている。子供を高校にやるのはまずまずの見返りがあるが、考えるまでもなく良いとはとても言えない。成功する見込みが高くても、子供を大学にやるのは損な投資だ。失敗する見込みが高い場合に子供を大学にやるのは大損である。大学を卒業した学生に修士課程への進学を奨めるのは愚の骨頂だ。

社会的なリターンの算定――シグナリングを妥当に見積もった場合

シグナリングを慎重に見積もった想定の難点は、先に論じたように、慎重すぎることだ。教育の年数は――卒業だけでなく――すべて、何がしかの良いシグナルを発信する。妥当な見方――すなわち教育の便益の80%をシグナリングが占めるとした場合、教育の社会的なリターンはどうなるだろう（図6－6参照）。

結果は悲惨きわまりない。すべての学歴レベル、すべての学生の能力レベルで社会的なリターンは非常に低い。「鈍才君」を高校にやってもたった0・2%の利益にしかならない。それ以外の教育投資はマイナスのリターンを生む。繰り返すが、これは学校が学生を向上させられないという意味ではない。学校は学生を向上させることができる。言いたいのは、社会が時間とお金の初期支出を回収する前に学生はたいてい寿命が来て死ぬということだ。学校教育のあまたある社会的な便益も、その莫大な社会的費用の前には色あせてしまう。

利己的なリターンはかなり高いのに、社会的なリターンがこれほどまでに低いのはなぜだろうか。それはシグナリングの仕組みが再分配だから、つまり個人の取り分は大きくなってもパイは大きくならないからだ。「教育の収益率が高いと、世の中が教育過剰になるのはなぜ？」ときくのは、「自動車が便利だと、大気汚染が過剰に発生するのはなぜ？」ときくようなものだ。

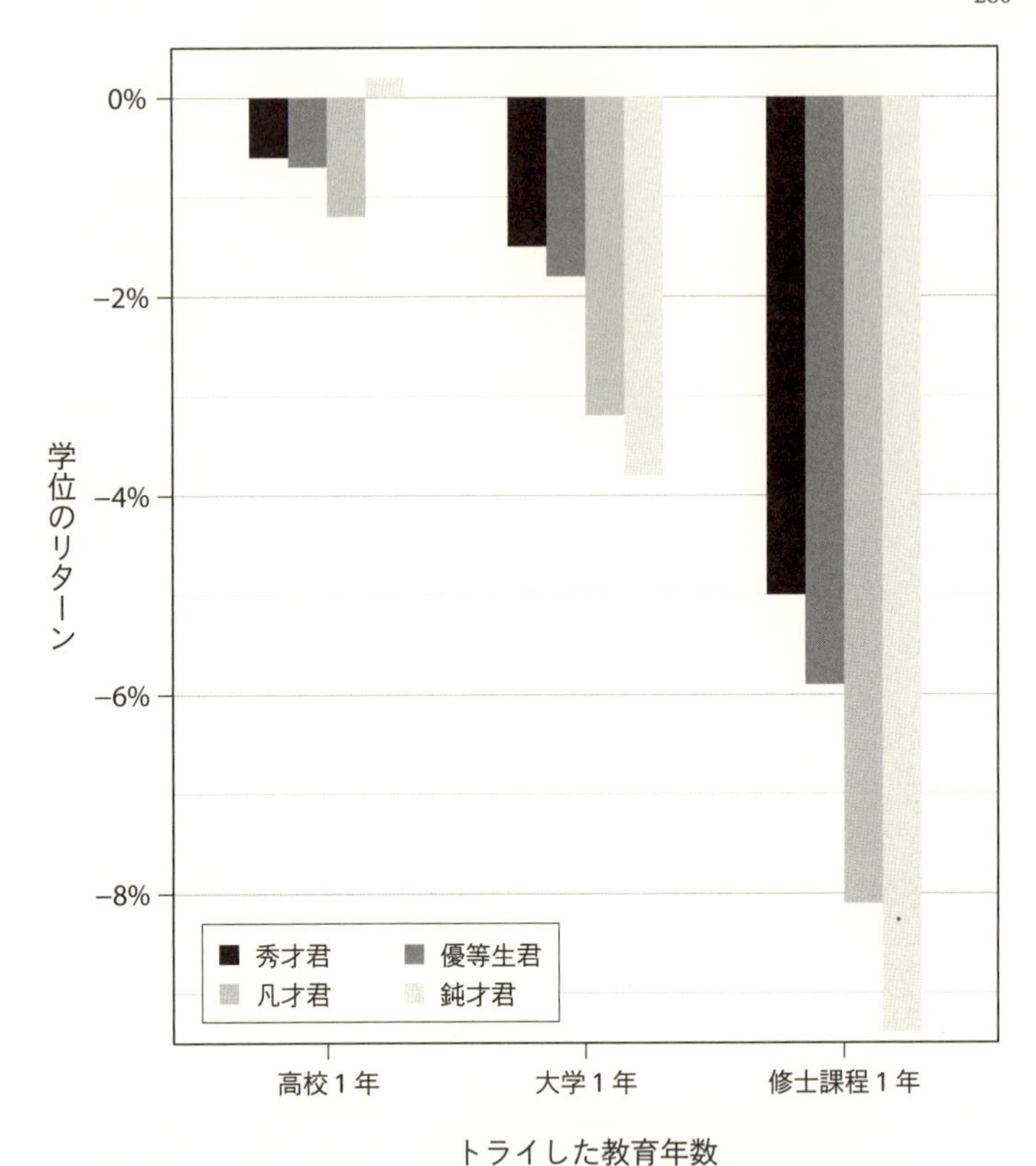

図 6-6　シグナリングを妥当に見積もった場合の教育の社会的な学位のリターン

出典：図 5-7 および本文。以下を前提とする。

(a) 所得、福利厚生、失業、労働参加率への効果に対して 45%の能力バイアス。

(b) 犯罪への効果に対して 75%の能力バイアス。

(c) 教育の効果の 20%は人的資本を反映している。

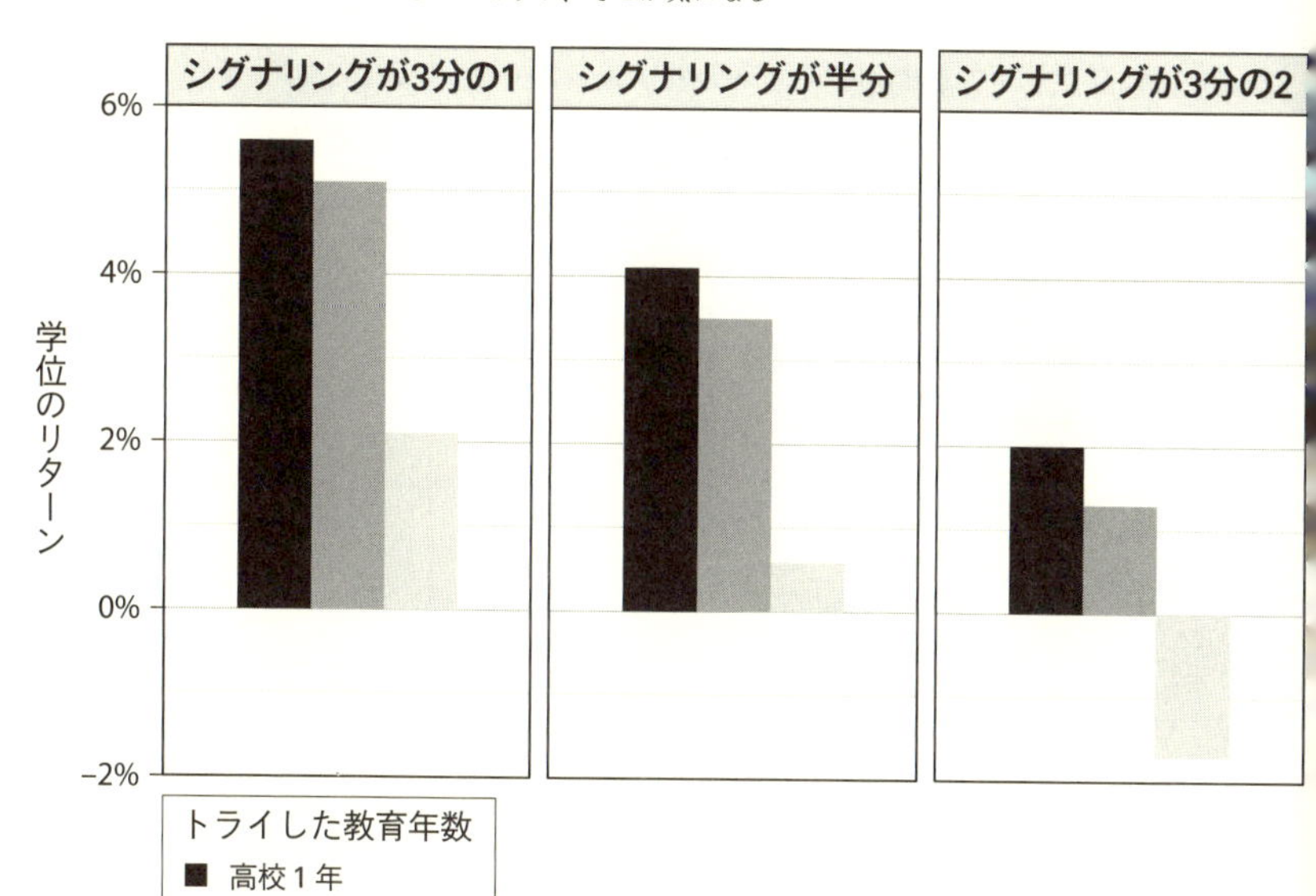

図6-7　シグナリングの割合別に見た社会的な学位のリターン、「秀才君」の場合
出典：図6-6および本文。

社会的なリターンの算定
——これを妥当と言えるのか

あなたが最も有力と考えるシグナリングの割合の推定は私のとは異なる可能性がある。実際、私もシグナリングの割合が高いことは確信しているものの、「妥当」と考える80％の推定値は流動的だ。シグナリングの遍在度合いに従って結果はどれだけ悲観的になっていくだろうか。図6－7と6－8に、シグナリングの割合が3分の1から2分の1に、さらに3分の2に増えた場合の優秀な学生の社会的なリターンがどうなるかを示す(71)。

シグナリングの割合が3分の1しかない場合、高校はお得な取引、大学はまあまあお得、修士課程は無駄になる。教育のリターンとして悪くないように聞こえるが、これは優秀な学生の話だ。シグナ

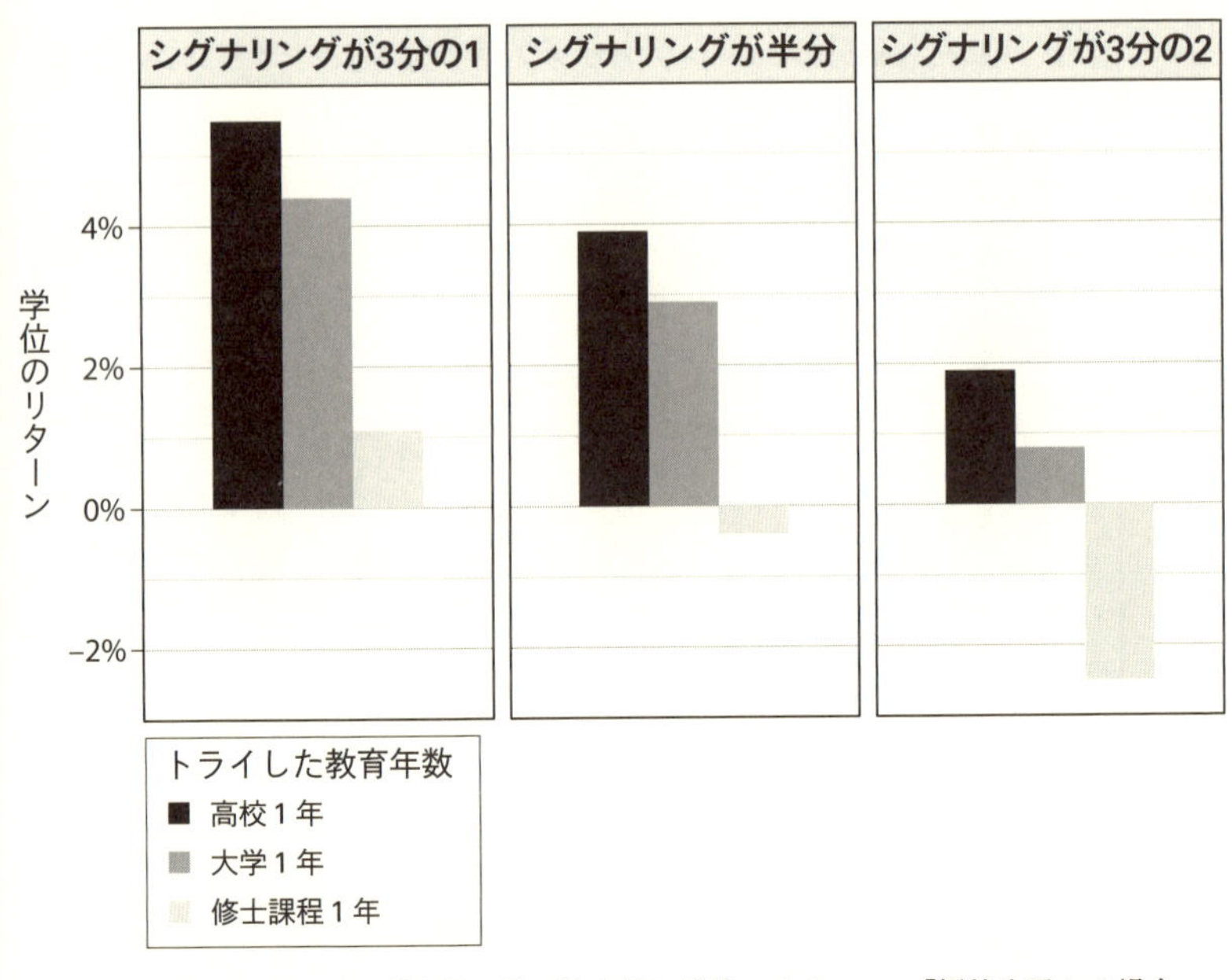

図 6-8　シグナリングの割合別に見た社会的な学位のリターン、「優等生君」の場合
出典：図 6-6 および本文。

リングの割合が2分の1に達すると、高校はまだ有利な取引、大学はまあまあ、修士課程は大損になる。シグナリングの割合が3分の2になると、「秀才君」と「優等生君」でさえ社会的なリターンは激減する。私たちの社会の神話では特権的な地位にある今の高校も、社会的資源の使い道としてはお粗末であることがわかる。

出来の良くない学生となると、結果はさらに厳しい（図6−9および6−10参照）。シグナリングの割合が3分の1であれば、高校はお得あるいは非常にお得だが、それ以上の教育は損得どちらとも言えないか、損になる。シグナリングの割合が2分の1になると、高校の社会的なリターンは「凡才君」ではまだ許容範囲、「鈍才君」の場合は大きい。しかしそれ以上の教育は無駄である。シグナリングの割合がさらに3分の2に増えると、もう希望の余地はかき消え

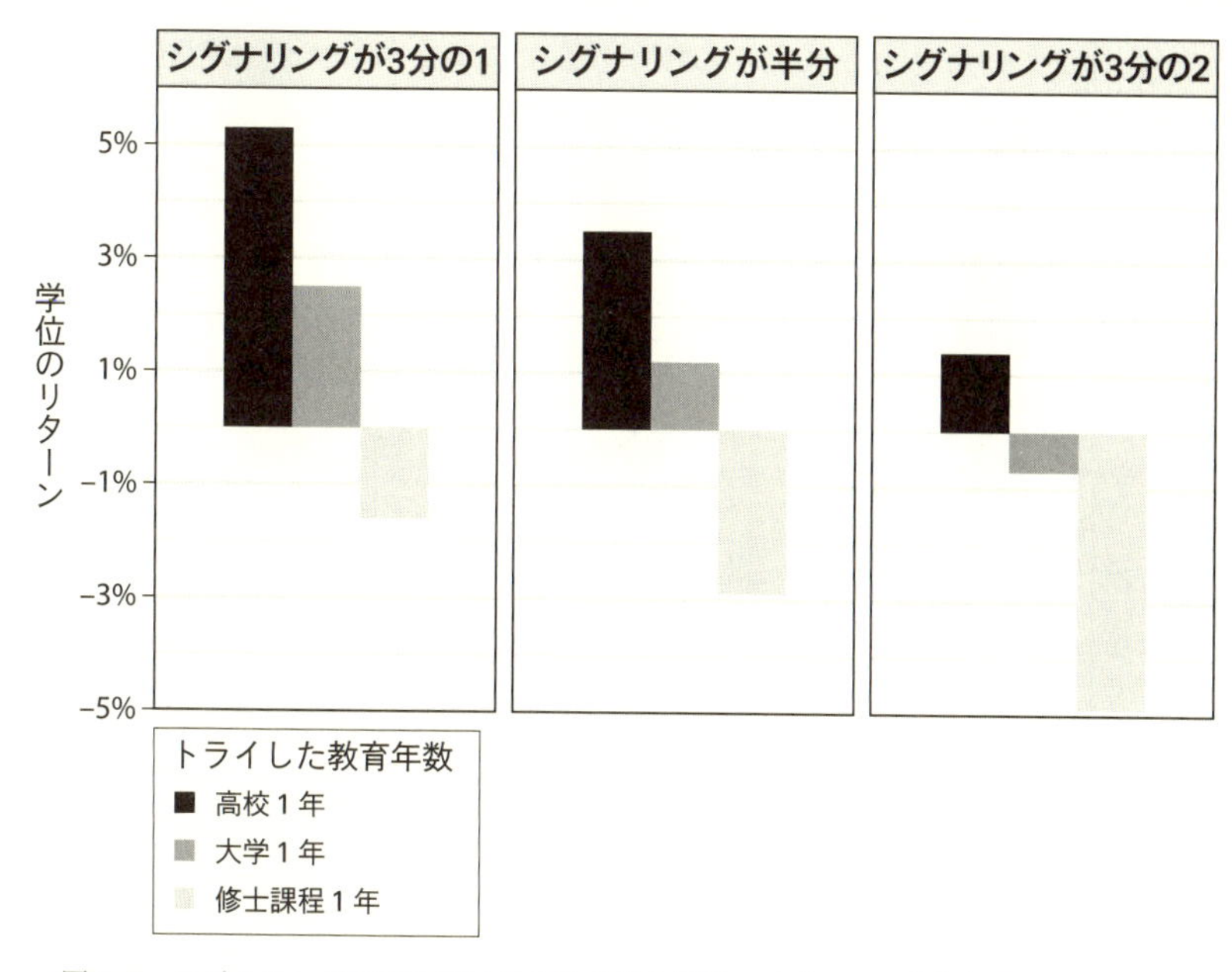

図 6-9　シグナリングの割合別に見た社会的な学位のリターン、「凡才君」の場合
出典：図 6-6 および本文。

る。「鈍才君」を高校にやるのは愚策ではないが、見返りはとりたてて言うほどの大きさではない。

だから、シグナリングの割合を80％とする見方を「妥当」として受け入れないとしても、一般的な感覚にはそぐわないほど悲観的な結果なのである。今の主流の基準に照らせば、シグナリングの割合が３分の１でも教育は面目が立たない。ほぼ全員が高校には進学すべきだが、大学は「秀才君」にとってのみ得な取引で、「凡才君」と「鈍才君」にはまったく損だ。修士課程にいたっては全滅である。シグナリングの割合を50％とすると「秀才君」でも大学進学の損得は疑わしくなり、高校の社会的価値は下がる。高校の明確な社会的便益が「鈍才君」が犯罪に走る困った傾向を多少抑制すること、というのは情けない。シグナリングの割合が３分の２に上がるともはや教

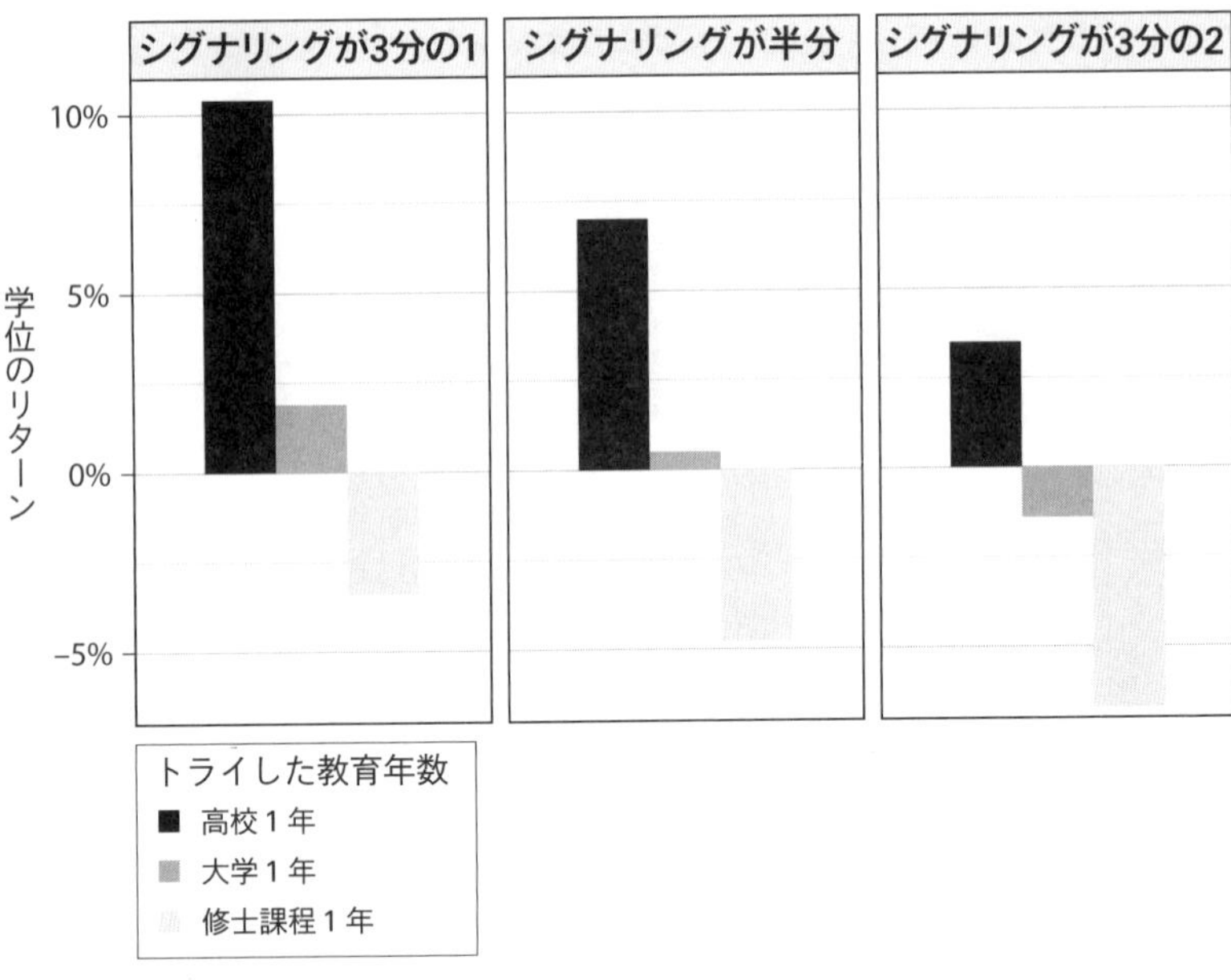

図 6-10　シグナリングの割合別に見た社会的な学位のリターン、「鈍才君」の場合
出典：図 6-6 および本文。

育反対論はほぼ完成する。「鈍才君」にとって高校は許容できる程度の見返りがあるが、それ以外の能力レベルの見返りはどんな組み合わせでもごく低いか大損だ。

社会的なリターンを探して

平均値によって隠されてしまうものは多い。シグナリングの力にも負けず社会を豊かにする教育投資はないのだろうか。

専攻、難易度、態度と社会的なリターン

市場価値のある仕事のスキルを教える「実務に直結した」専攻と、仕事に関係のないくだらないことを教える「お遊びの」専攻を峻別するのが親の知恵だ。予想されるように、「実務に直結した」専攻を取った労働者の方が労働市場でうまく生き抜き、利己的なリターンも高い。つい、専攻プレ

ミアムは100%スキルだと推論したくなるところだ。美術専攻が高卒より高い収入を得られるのはシグナリングのおかげかもしれないが、工学を専攻した者がダンス専攻より高い収入を得られるのは人的資本のおかげだと。

しかし検証してみると、スキル獲得説は過大評価である。STEM専攻の約4分の3――そして工学専攻の半数――は受けた専門教育を使わない職に就いている。[72] STEMの学位は幅広い雇用主に好印象を与え、技術だけでなく金融やビジネスのキャリアにも門戸が開かれる。これは社会的なリターンにとっては何を意味するだろうか。慎重なシグナリングでは、電気工学のような収入の高い専攻を修めた「秀才君」と「優等生君」はまだ有利だ。しかし妥当なシグナリングでは、最もお金になる専攻を勉強した最も能力の高い学生でも、社会のお荷物のままである。[73] 難易度が高いが学費がお手頃な大学の、学校が好きな学生でもこれは変わらない。彼らの教育に対する社会の投資は相対的に見れば見返りがあるが、絶対的に見れば無駄なのである。[74]

性別と社会的なリターン

働く女性は通常、働く男性よりも教育の利己的なリターンが高い。しかし社会的な立場から言えば、大きな相殺要因が二つ現れる。第一に、職に就こうとする女性は相対的に数が少ないため、女性は学校で学んだ仕事のスキルを活用する確率が低い。第二に、女性は教育程度に関係なく、犯罪率がほぼゼロに近い。男性の大卒者の方が女性の高校中退者よりも犯罪に走りやすいのだ。[75] 従って、女性の犯罪行為を抑止する社会的な価値は低い（図6-11参照）。

パズルのピースをつなぎ合わせたら、男女の社会的なリターンはどう比較できるだろうか。高校では、男

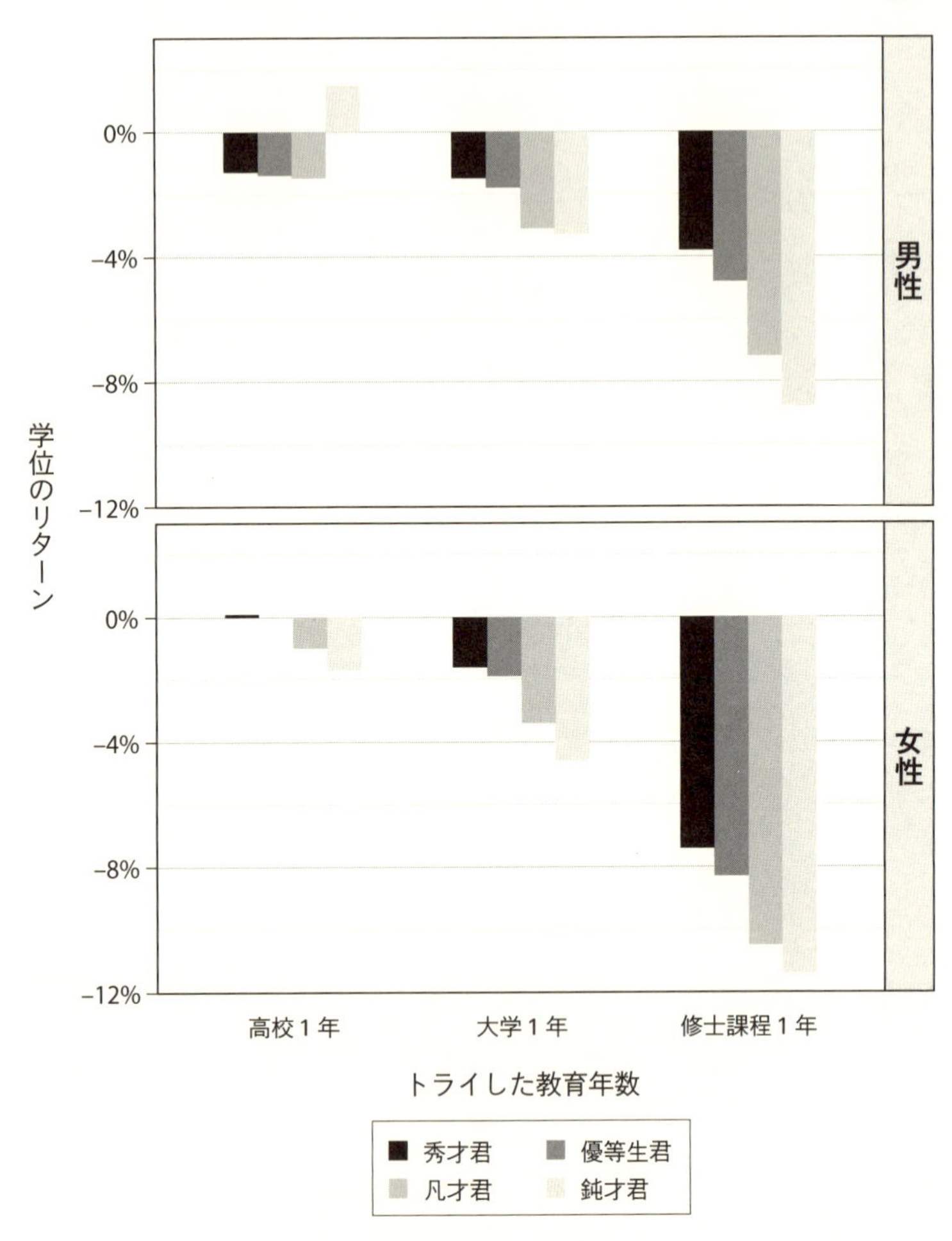

図 6-11　シグナリングを妥当に見積もった場合の男女別の社会的な学位のリターン
出典：図 5-12 および本文。以下を前提とする。
(a) 所得、福利厚生、失業、労働参加率への効果に対して 45%の能力バイアス。
(b) 犯罪への効果に対して 75%の能力バイアス。
(c) 教育の効果の 20%は人的資本を反映している。

性の「鈍才君」を大きな例外として、女性に投資する方が通常は見返りが高い。これは「鈍才君」に限って女性の道徳性が男性に比べて投資価値が低いからではない。まったく逆で、女性の「鈍才君」に投資しても社会的に利益がないのは、女性は自力で悪事を避けるからである。高校以降は男性への教育投資の方が軒並みパフォーマンスが良い——もっとも、「良い」とは「無駄ではない」という意味にすぎない。

疑問点

本章のすべての項はエビデンスの学際的研究をもとに成り立っている。しかしエビデンスが混在しているか弱い場合は、私の最善の推測値を示して先に進めている。他の学者には眉をひそめられるかもしれないが、率直さは慎重さに勝る。われわれ研究者が有権者や政策担当者に最善の推測値を示さずにいれば、有権者や政策担当者は**彼ら自身**の最善の推測値で動かなければならない——それが世間に浸透した教育信仰に毒されていても。

だが率直さとは結論を包み隠さず述べることだけではない。疑念も包み隠さず認めることだ。私が出した社会的なリターンの数字には、私が出した利己的なリターンの数字と同じ欠点があり、さらにいくつか欠点の上乗せがある。これは「赤信号」ではなく「黄信号」と考えてほしい。解消しきれず、さらに踏み込んだ調査をすべき懸念として。

シグナリングの割合

私の最善の推測値ではシグナリングが教育のリターンの80%を占めるとした。これに「妥当」という位置づけまで与えた。とはいえ、修正するのにやぶさかではない。この数字を60％にまで下げたり、90％にまで上げたりすべきではないかと考えさせる優れた研究もいくつかある。慎重な想定ではシグナリングの割合の下限を高くしているが、将来、これが見かけより小さいことを証明するシープスキン効果研究が出てくるかもしれない。有能な未来予測家であれば誰でもそうであるように、私はシグナリングを格下げする計画はないが、シグナリングはあまりにも研究が進んでいないため、精力的な研究者によってあっという間にわれわれの知識の総量が倍増し、大きな再考を迫られる可能性はある。

労働参加率と能力バイアス

社会的なリターンは「労働参加率」——働きたいと望む卒業生の割合——に左右される。教育を受けた労働者の方が相対的に労働参加率は高い。その一部は能力バイアスから生じているが、ではどれだけか。社会的なリターンを出すにはそのものずばりの答えが必要だ。しかし残念ながら、そのものずばりの答えは少ない。「平均的な大卒者がかりに大学に行かなかったとしたら、いくら稼げるはずか」を問う論文はたくさんある。ところが「平均的な大卒者がかりに大学に行かなかったとしたら、労働参加率はどれくらいか」を問う論文はほぼ存在しない。この研究の落差を埋めるために、私は労働参加率の能力バイアスを収入の能力バイアスと等しく設定したが、この便法がまちがいであることを証明する優れた論文が現れるかもしれない。

犯罪、シグナリング、シープスキン効果

出来の良くない男子学生を学校で教育する社会的な便益は、犯罪の抑制が肝である。犯罪に関する私の計算ではまず、犯罪の総費用を出している。次に、教育程度、年齢、性別による犯罪行動の分布を組み入れる。

最後に、能力バイアスとシグナリングで補正する。それ以外の方法は考えられないが、二つの主要な疑念があることは否定できない。

第一に、犯罪の社会的費用の総額を綿密に計算した資料が少ない。最も包括的な研究は、暴力犯罪率が現在より約50％高かった1997年のものだ。第二に、犯罪研究者がシープスキン効果を検証することはまずないため、私は犯罪に対するシープスキン効果を収入に対するシープスキン効果と比例するものと想定している。しかし、予備研究では、犯罪に対する教育の効果のすべてがシープスキン効果で説明できてしまう。慎重なシグナリングではシープスキン効果は社会的に価値のないものとして扱うため、私の計算が犯罪抑制効果として認めている社会的便益は幻かもしれない——となると、教育反対論はいっそう強固になる。

教育版ドレイクの方程式

カール・セーガンの畏敬に満ちた言葉によれば、銀河一つひとつに「何十億個もの」星がある。[76] しかし銀河に無数にある太陽系の中で、生命を有するものは一つしか確認されていない。私たちの星だ。銀河にこれほどまでに生命の可能性が少ないのはなぜだろうか。天文学者のフランク・ドレイクがそれを明らかにするエレガントな方程式を発表した。ドレイクの方程式という。[77] 方程式の主旨をひらたく言えば、生命が発生するための途方もない数の必要条件が、生命が発生する途方もない数の機会を相殺している。人類が外の世界に発信する技術を持っているのは、私たちの太陽系に生命を維持できる惑星が存在し、その星に実際に生命が誕生し、知的生命体に進化し、その知的生命体が惑星間通信技術を発達させ、私たちがまだ自滅していないからにすぎない。このような条件のすべてを別の太陽系が満たさない限り、異星の文明との交信は永久に実現しないだろう。宇宙がこれほどさびしく見えるのも無理はない。

同じ心構えで向き合えば、教育の統計もセーガンのような畏敬の念を呼び起こす。高校中退者の人生を見てみよう。彼らの貧困、無職状態、犯罪に引き寄せられるさまを。それを工学の学位を取得した大卒者の人生と比較しよう。彼らの裕福さ、キャリアに打ち込み、法を守るさまを。両者の人生の隔たりは天文学的だ。高校中退者が全員、工学の学位取得者に変わったら私たちの社会がどんなユートピアになるか想像するがいい。ハーバードの元学長、デレック・ボックはかつて「教育が高額だと思うなら、無教育を試してほしい」という名言を吐いた[78]。利得がこれほど大きいのに、なぜ費用のことで騒ぐのか。

教育が社会を変える力が銀河系級に過大評価されているからだ。例えば高校中退者と工学の学位取得者の間に観察された格差は、教育版ドレイクの方程式とでも呼べるものの一つの項にすぎない。労働者にとって教育の社会的な便益は、高校中退者と工学の学位取得者の間に観察された格差に教育を無事に修了する確率を掛け、格差のうち元の能力差のせいではない割合を掛け、格差のうちシグナリングのせいではない割合を掛けたものに等しい。

平均的な工学の学位取得者の社会への貢献度を総合すると平均的な高校中退者の3倍であり、教育版ドレイクの方程式の他の項がそれぞれ50%だとしよう。すると教育の真の効果を算出するには、観察された格差の＋２００%に、修了の確率50%を掛け、能力バイアスによらない50%を掛け、シグナリングによらない50%を掛ける。出た答えはたった＋25%だ。

なぜ私の方法では一般的な感覚にはそぐわないほど情けない社会的なリターンになるのだろう。細かい部分の惨状はおくとしても、つまるところ教育版ドレイクの方程式のせいである。私は他の教育研究者が同様に観察した格差からスタートした。しかし他の研究者は――通常は暗に、時として明白に――教育版ドレイクの方程式の他の項をすべて１００％に設定しているのだ。全員が進学したら必ず卒業し、能力バイアスによる格差はゼロ、シグナリングによる格差はゼロ、全員が働く。これではご本家のドレイクの方程式のすべての項を１００％に切り上げておいて、銀河系には高度文明を有する星が数十億あると発表するようなものだ。たしかに高い教育を受けた者は模範的市民——スキルが高く、定職に就き、法を守る——だが、教育は模範的社会への道ではない。むしろ教育版ドレイクの方程式に理にかなった数字を当てはめれば、模範的社会への道はＵターンから始まることがわかる。教育支出を大幅削減しても人間は変わらないが、節約した数十億ドルがあれば大変革が起こせる。

7　部屋の中の白い象

教育はもっと減らすべき

白い象：維持に莫大な手間と費用を要するがほとんど利益を生まない資産。

——メリアム＝ウェブスター大学辞典

部屋の中の象：人々が話し合ったり存在を認めたりするのを避けている、誰の目にも明らかな大きな問題ないし課題。

——メリアム＝ウェブスター辞典(1)

世界のどの国の政府も教育を支持している。言葉の上では大絶賛して支持し、経済的には税金を注ぎ込んで支持している。「無償の義務教育」という理想——子供たちが望もうと望むまいと、無料で学校教育を受けさせる——は世界中に広がっている。民主主義国も独裁国も、教育の種類は違っても、金額的には同等の費用を投じている。(2)産業政策——「勝てる」産業を選んで保護し助成金を出す——はたいがい論争を生む。ところが教育に対する産業政策は世界中で大変受けがよい。ある大規模な国際的意識調査では、すべての国で過半数の人が教育予算の増額を支持した。[3] 私の知る限り、大半の国民が教育予算の緊縮を求める国など世界のどこにもない。

アメリカ人の意見は典型的だ。総合的社会調査（GSS）では、74％が教育への財政支援の増額に賛成し、21％が現状維持を望み、削減に賛成したのはわずか5％だった。教育は党派を超えて支持されている。リベラルは「教育にもっとお金を使え」ではなく「医療と教育にもっとお金を使え」と言い、保守は「教育のかわりに国防にもっとお金を使え」ではなく「国防と教育にもっとお金を使え」という。「大きな政府」反対派を自認する人も、教育に関しては例外だ。共和党の強硬派の60％が教育にお金を使うべきという社会通念に従っており、わが国は使いすぎていると主張するへそ曲がりは12％しかいない。[4]

私と同様に教育を批判する人でさえ通常は、教育支出削減を支持するのではなく、支出増に反対の論陣を張る。[5] ダリッジ女性男爵で『教育は重要か？ *Does Education Matter?*』の著者、アリソン・ウルフを例に取ろう。

わが国の教育制度が巨大な無用の長物（ホワイト・エレファンツ）の寄せ集めでしかないと知ったらおかしいと思うだろう。しかしだからといって、全額公金でまかなっている教育の廃止を、あるいは予算の25％削減ですら、本気で主張する人はいない。[6]

このイデオロギーを超えた教育への愛はどこからわくのだろう。教育支援の産業政策は圧倒的に人気があるため、提唱する人々は理由を言う必要すらあまり感じていない。しいて聞かれた場合、素人が挙げる理由は感情的には強いが論理的には体をなさない。「人に投資すべきでしょ！」（反論――重要な投資は通常、自由市場に調達を依存している。教育についても同じことができるはずだ。）「教育以上に大事なものはないじゃないか！」（反論――食料の方がもっと大事であるが、それも自由市場に依存している。）「貧困層の子供でも良い教育を受けられるよう、政府が責任を持つべきだ！」（反論――この問題は資産調査つきバウチャー制度で安価に対処できる。政府が学校を経営したり、貧困層ではない子供たちに授業料の助成を行ったりする必要はない）。素人の主張が「教育支出はどこからが過剰なのか？」という問いを突きつけられることはほとんどない。「教育にはもう十分やりつくした」という主張は「四肢麻痺の退役軍人にはもう十分やりつくした」と同じくらい異端なのだ。

政治家は素人の好感度を争うものだから、こうした大衆受けする常套句を無批判に繰り返す。ジョージ・ブッシュが親子ともども「教育大統領」として知られたいと願ったことを思い出そう。[7] わが国の子供たち、国民、国家、われわれの未来への投資に誰が反対できるだろう。傑作風刺サイト「ジ・オニオン」が以前、「アメリカ政府がわが国の青少年への長期低利回り投資を終了」という記事を掲載した。[8] 記事の中で、教育省長官ロッド・ペイジは政治家生命を終了させかねない冷徹な分析的アプローチをとっている。

「試験は政府が歳出の意思決定を行う際の事前調査としてまさにふさわしい」とペイジは語った。「どの人が健全な投資対象であり、どの人がわが国の時間とお金の無駄になりそうかを知る方法はそれ以外にない」

政治家として成功した人物が慇懃に迎合する大衆感情を何食わぬ顔で踏みにじっているところが、この記事の笑いのツボだ。

教育を支持する最も優れた主張のどこがおかしいか

公正を期すなら、意見はそれを支持する最も優れた主張で判断すべきだ——が、世間に出回っている主張が最も優れているためしはめったにない。教育研究者が教育産業政策について、素人や政治家よりはるかにしっかりした擁護論を展開している。そのバリエーションは無数にあるが、彼らの主張をおおまかに分類すれば、非合理性、資金制約、正の外部性、の三つになる。非合理性説と資金制約説では利己的なリターンと社会的なリターンを暗に同等と見なした上で、利己的な利益を生み社会的にも価値のある教育投資を自由市場が活用せず放置していると主張する。外部性説では、利己的なリターンと社会的なリターンを明確に区別した上で、教育投資は社会的に価値があっても利己的な利益を生まないため、自由市場が活用できていないと主張する。

非合理性　非合理性説では、自由市場が学生に利己的な利益のある教育投資をするよう説得できていない。[9] 学生は教育の金銭的見返りを過小評価しているのかもしれないし、視野が狭くて遠い未来の金銭的見返りを考えられないのかもしれないし、若すぎて「投資」とは何かが理解できていないのかもしれない。理由が何であれ、放置すれば、非合理な学生は本人にも私たち社会にも損な教育の途中放棄をしてしまう。政府が教育支援をして教育の便益を見過ごせないほど大きくすれば、判断力のない学生もまたとない機会に目を留めるようになる。

資金制約　資金制約説では、自由市場が学生に利己的な利益を生む教育投資を行う機会を与えることができていない。[10] 通常の市場金利が4％だとしよう。「教育のリターンが4％を上回る限り、学生は学校にとどまるだろう」という推論は机上の空論だ。現実社会には、生活費をまかなう余裕がなく、まして授業料など出せない学生が大勢いる――彼らは信用格付けが低いため不足分を借金することもできない。未成年者に関しては、これは否定できない。高校の学費のためといって14歳の子供に5万ドルまで融資限度枠を拡大しようなどと誰が思うだろう。貸し手は教育のリターンが4％を上回ることを知っていても、担保がないから借金を断るかもしれない。放置すれば、資金制約のある学生は本人にも私たち社会にも損な教育の途中放棄をしてしまう。政府が教育支援すれば、経済的に苦しい学生に自己投資の元手を与えられる。

外部性　教育助成金を支持する最後の有力な主張では、自由市場が学生に社会的に価値のある教育投資をするインセンティブを与えることができていないとする。合理的で信用格付けの高い学生は利己的な利益を生む教育の機会を貪欲に利用する。問題は、彼らの教育が赤の他人――世俗的な意味では援助のお返しをすべき理由がない人々――を利するかどうかという場面で発生する。学生は聖人でもない限り、自分を援助してくれなかった赤の他人に対して、その人たちの利益を無視するという形で報いる。「それは自業自得でしょ」と反応する前に、私たちは全員、誰かにとっては赤の他人だということを思い出そう。放置すれば、利己的な学生は私たち社会にとって損な――本人にはそうでなくても――教育の途中放棄をしてしまう。政府が教育支援すれば、そのような学生に社会的な価値のある教育継続の動機を与えられる。

非合理性、資金制約、正の外部性。三つの説はいずれももっともらしく見える。他の要因がまったく混じらない真空の世界でなら、教育を支える産業政策の強い論拠となる。ただ、一つだけ小さな問題がある。私たちが生きているのは真空の世界ではないことだ。相殺要因を考慮しなければ知的にまともな論拠にはならない。学生の非合理性は両刃の剣だ。教育のリターンを過小評価する学生は、自分の卒業の可能性を過大評価しやすいところがある。[11] 視野が狭くて遠い未来の金銭的見返りを考えられない学生は、友人たちへの見栄から、あるいは両親を失望させないために、高望みしすぎた学位を取ろうとするかもしれない。外部性についても同様だ。専門用語で言えばシグナリングは負の外部性である。学生が雇用主に好印象を与えるために学業を続ける場合、労働市場で相対的に見劣りする赤の他人に損をさせる。教育支援政策を擁護するなら、すべての要因を挙げて総合評価しなければ誠実な態度とは言えないだろう。

自由市場において、一部の教育支援政策の論拠を評価するのは簡単だ。教育の社会的なリターンを評価し、それが市場金利を上回るかどうか見ればよい。上回らない場合は、教育に対して何もしない方が何かするよりも良い。上回る場合は、教育に対して何かする方が何もしないより良いかもしれない。なぜ「かもしれない」でしかないのか。政府がやりすぎる可能性があるからだ。政府は社会的なリターンが市場金利に達するまで細心に教育を育成するかわりに、酔っぱらった船乗りよろしく豪快に散財して、社会的なリターンを市場金利未満に下げてしまうかもしれない。

教育を自由市場に丸投げする政府はないから、教育支援政策の存在そのものの論拠を評価するための単純な方法はない。たしかに、教育の社会的なリターンを評価し、それが市場金利を上回るかどうか見ることもできる。しかし本書の立場を踏まえると、この比較では現在の政府の教育支援が多すぎるのか、少なすぎるのか、適正かしかわからない。かりに産業政策を大規模に実施しても、教育の社会的なリターンが市場金利を上回り続けるなら、政府の施策はまだ足りないことになる。もし教育の社会的なリターンが市場金利を下回るのであれば、政府はやりすぎていることになる。

前章で、教育の便益と費用を丹念に集計した。学生にとっての経済的効果だけでなく、社会にとっての総合的な効果を集計した。その結果、教育の社会的なリターンは市場金利より「わずかに低い」から「大幅に低い」までの幅があった。シグナリングの役割を慎重に見積もった場合、政府は高校に過剰投資しており、それより上の学校にははなはだしく過剰投資している。シグナリングの役割を妥当に見積もった場合、政府は高校以上の学校にきわめて過剰投資している。どちらの場合も、男性の「鈍才君」を高校に行かせるのだけを例外として、出来の良くない学生に対する政府の投資は特に無駄が大きい。

教育研究者たちによる教育支援政策の擁護論は、それだけ見れば正当かもしれない。私の計算には複数の正の外部性を組み入れている。それで社会的なリターンが低かったりマイナスになったりするということは、標準的な教育支援の主張が不完全なのだ。それらの主張はまがまがしい輝きを放つ教育版ドレイクの方程式に向き合っていない。大事なものをすべて計算すると、教育支援の産業政策は明らかに行き過ぎである。アメリカ――そしておそらくアメリカ以外の全世界――は教育過剰なのだ。

魂を陶冶する場としての学び舎？

教育擁護論の中でも特に目立つ真摯ないくつかは、利己的なリターンにも社会的なリターンにも触れない。立派な価値観を植えつけ、人格を高めるものとして教育を称揚する。教育は魂を養うのだ。どうして値段などつけられようか。経済学者は「予算が無尽蔵にあるならいざ知らず、すべてのものに値段をつけないわけにはいくまい」と鼻で笑うかもしれない。だがほとんどの人々――私も含め――はそれでも、「魂を陶冶する場としての学び舎」の理想に心を惹かれずにはいられない。

この理想はあまりに魅力的なため、実際に本書で一章を割いている。政策提案を読む前にこの理想にどう答えているかを知りたかったら、途中を飛ばして先に第9章を読んでほしい。いずれにせよ、もしあなたが「魂を陶冶する場としての学び舎」が、本章と次の章で提案している教育改革への決定的な反論になると思っているなら、私が最後にその挑戦を受けて立っていることを覚えておいていただきたい。

あなたの象の大きさは？

「いつか学校に必要な予算が全額充てられ、空軍が爆撃機購入のために手作り菓子のバザーを開かなければならない日が来ますように」と書かれたバンパーステッカーが昔からある。しかしアメリカにはとっくにその日は来ているといっていい。空軍はバザーをやっていないかもしれないが、教育支出の総額は軍事費の総額をはるかに上回っている。2010―2011学年度に教育がアメリカ経済に占めた割合は、国防費の4・7％に対して7・5％だった。教育支出は1兆1000億ドル超え、国防費は7000億ドルちょっとだ。学校が軍を追い越したのは1972年で、冷戦後は急激に差を広げた。[12]

世間一般の見方からすれば、これは良い話だ。強硬なタカ派でさえ、自分たちの今を守るために子供たちの未来を犠牲にしていないのを喜ぶ。教育に潤沢な財政支援をすることに誰が反対するというのか。そこへ立ちはだかるのがシグナリングの存在を信じる者だ。年間1兆1000億ドルは莫大な額だ――数字で書いたら1 100 000 000 000ドルだ。アメリカ人一人当たり3600ドルに相当する――いいですか、学生1人当たりではない、アメリカ人全員である。「投資」と口で唱えて現実に投資になるなら世話はない。半分がシグナリングとして無駄だとしたら、私たちは年間2分の1兆ドル以上をドブに捨てている。しかもこれは予算費用だけだ。損害を詳細に挙げたら、精神的に負担で社会的には成果のない、教室で過ごす数百億時間も含まれるだろう。

国防と教育の一つ注目すべき違いは、国防費は全額政府の支出だが、教育支出には一部民間からのものも混じっていることだ。政府が教育に一切支出しなくなっても、教育への支出はなくならない――無駄なシグナリングもなくならない。とはいえ政府の支援がなければ、現代の教育は見る影もないだろう。政府はお金持ちの伯父さんのように私たちの散財に手を貸してくれるのだ。私たちが自分のお金を教育に無駄遣いできなくなったり、あるいはしなくなったりしたら、待ち構えていた連邦政府と州政府と地方自治体が私たちのかわりに納税者のお金を無駄遣いしてくれる。

アメリカ政府の本当の教育支出額はいくらだろうか。難しい質問だ。公立校が政府の支出で私立校が個人の支出、と早合点してはいけない。公立校の中には民間から多額の資金援助を受けているところもある。私立校の中には政府から多額の資金援助を受けているところもある。連邦政府、州政府、地方自治体の支出を安直に合計すればいいというものでもない。上位政府は自分たちの教育予算を下位政府への助成金に回すことが多いからだ。そのため、二重計算か三重計算するリスクがある。連邦政府がカリフォルニア州に100億ドルの教育費を与え、カリフォルニア州がそれをそっくり地元の学校に渡した場合、政府の教育支出の合計は100億ドルだ。300億ドルではない。

確実な測定を行うには、アメリカ国勢調査を出発点にするのがベストだ。国勢調査では州政府と地方自治体の直接的な教育支出の推定値を出している。これには高校以下、その上の教育、および「個人、私立の小中学校、私立の単科大学と総合大学への援助や助成金、その他の教育費用」への支出がすべて含まれている[13]。2010―2011年度の数字は8610億ドルだ。ここには、連邦政府の助成金を財源とした州政府と地方自治体の支出がすべて算入されている。ただし、連邦政府から個人への直接の教育支出ないし助成金は含まれていない。

連邦政府の直接の教育支出は特定が難しいが、おそらく無視してよい程度の少額だろう。それに対して、個人への連邦政府の援助は1000億ドルを超えている。計算を面倒にしている大きな要因は、連邦政府が主に提供しているのが助成金ではなくローンであることだ。政府が市場金利を要求しているのであれば、学生ローンによる納税者の費用負担はゼロと主張できる。しかし、金利が高すぎるという不満の声は大きいものの、「助成金を受けていない」学生が負担する金利でさえ市場金利よりもはるかに低い。融資保証は初期費用として見えづらいが、私の個人的な借金の連帯保証をあなたはおそらく無償ではしたくないはずだ。議会予算局によると平均的な助成金交付率は12%。つまり学生「ローン」1ドル当たりに、目には見えない納税者からの贈与が12セント含まれている。[14] 図7－1は国勢調査の数字、個人に対する連邦政府の助成金、学生ローンに含まれる目に見えない助成金を集計している。

多くのアメリカ人が、公教育は雀の涙ほどの予算で運営されていると想像している。それに対して、私学教育はあまりに高価で、政府の力でそれを手頃な価格にするのは無理に見える。どちらの認識も現実とは大きくかけ離れている。図7－2でそれぞれの数字を俯瞰できるようにした。教育支出の全額の5分の4以上は政府によるものだ。政府の教育支援は、評判の悪い肥大化した国防費を軽々と超えている。対テロ戦争のまっただなかでさえ、軍事より教育に政府のお金が多く費やされていた。政府の教育支出は経済全体の約6%を占める。[15]

そのお金はいったいどこに使われているのか。アメリカ政府は、世界中の国の政府と同じく、大学より高校以下を優先している。しかし高等教育は見かけ以上に納税者に依存している。なぜなら「私学の」学費の

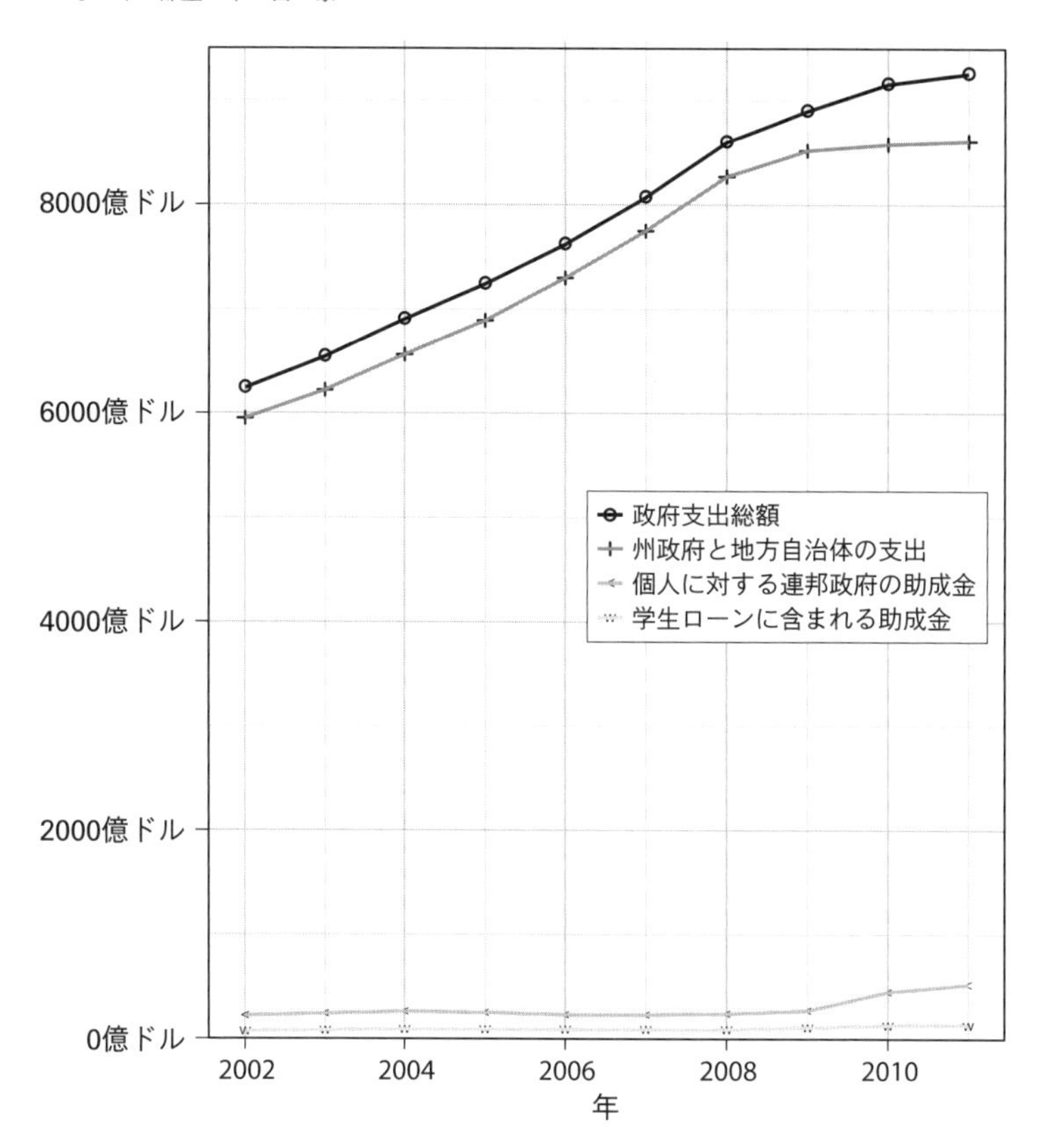

図 7-1　アメリカ政府の教育支出総額（10 億ドル）

出典：Snyder and Dillow 2015, pp. 58, 60–61, Snyder and Dillow 2013, p. 57, S. Baum and Payea 2012, p. 10. 州政府と地方自治体の教育支出から公共図書館は除外している。対象年度から図書館予算の平均割合である 1.3%を差し引いた。助成金とローンの数字は恒常ドルから現行ドルに換算した。

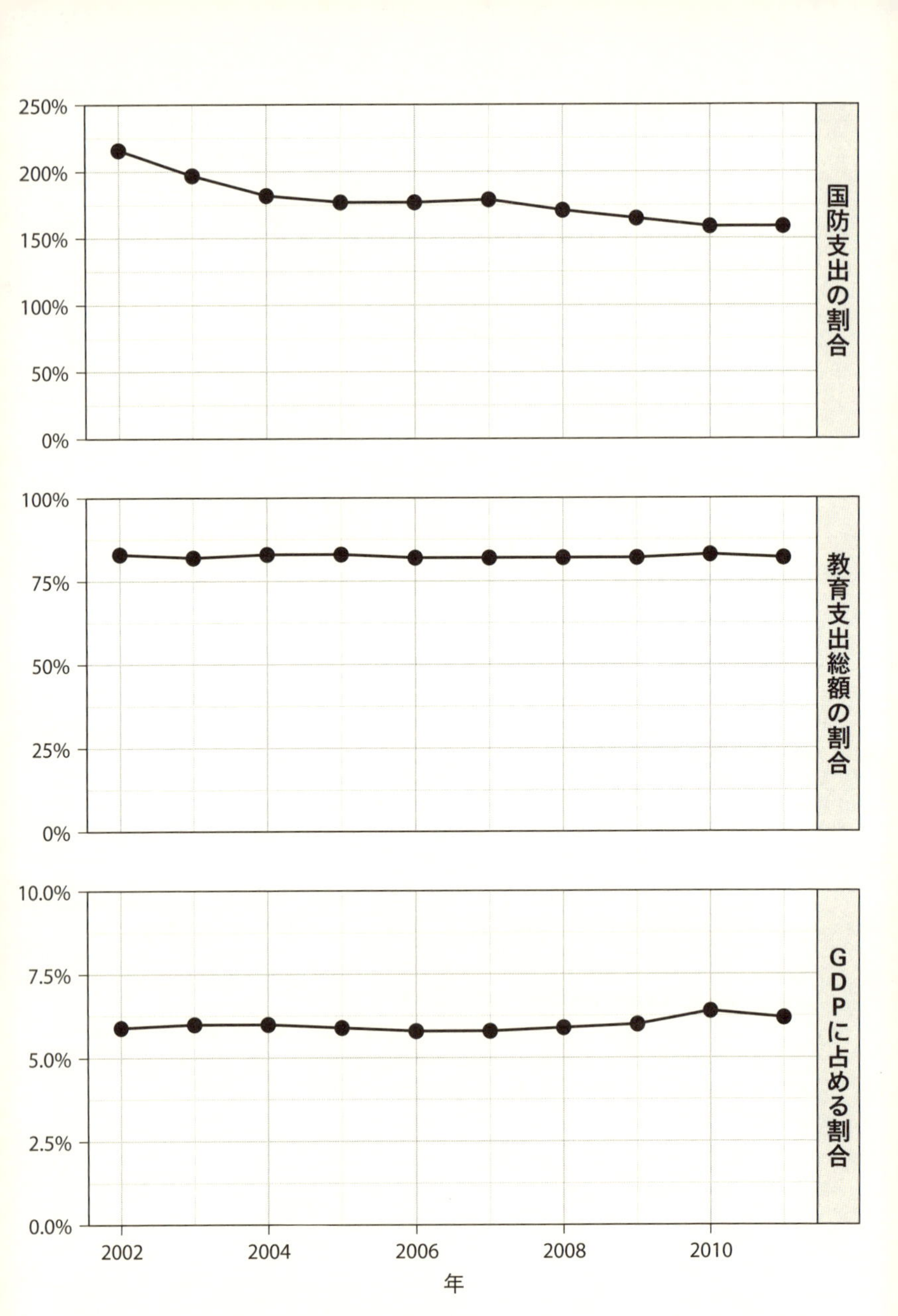

図 7-2　アメリカ政府の教育支出総額の概観

出典：図 7-1 および Office of Management and Budget 2014, pp. 57-58.

あまりにも多くが、出所をたどれば政府に行きつくからだ。2010―2011年に政府は幼稚園から12年生までに少なくとも５６５０億ドル――全体の87％――を費やし、それ以上の教育に少なくとも３１７０億ドル――全体の67％を費やした。[16]「手作りお菓子のバザー」なるバンパーステッカーは時代錯誤だ。アメリカは軍隊を養うために学校を干上がらせてはいない。どちらにも豪勢に大盤振る舞いしている。

政府が教育投資の撲滅に取り組むと想像したら国民が不安になるのはよくわかる。幸い、外部の敵に立ち向かう必要はない。漫画『ポゴ』の有名なセリフにあるように、「敵に遭遇したぞ。相手は僕たちだ」からだ。[17]教育の無駄に対するほぼ失敗のない是正策を政府はもう持っている。支出の削減だ。公教育の予算をカットし、私学教育への助成金をカットすればよい。いったん国民が教育の財政緊縮を受け入れたら、核心となる課題は「どうすべきか」ではなく「どこから手をつけるべきか」になる。

教育の削減――なぜ、どこで、どのように

> セントルイスで行われた公開講義で、州政府の規模はどの程度であるべきかを質問され、コースは次のように答えた。「体重４００ポンドを超えている人を見たあなたから、その人の体重が何ポンドであるべきかを聞かれたら、私の答えは……減らしなさい、です」
>
> ――ジョン・ナイ「評論ロナルド・コース」[18]

私が教育はほとんど無駄なシグナリングだと主張すると、たいていの相手は折れる。一斉に抵抗が始まるのは、「政府の教育支出を削減して無駄を減らそう」と続けたときだ。教育支出の無駄をしぶしぶでも認め

たら、必然的に財政緊縮を支持するものではないかと思うかもしれないが、そうではない。典型的な反応として、相手は「教育予算を削減するのではなく、使い道を変えるべきだ」と自信満々に言い出す。

この自信は見当違いだ。無駄な支出がわかったからといって、建設的な代替案が魔法のように見つかるわけではない。二つの段階を踏んで対応するのが分別あるやり方だろう。ステップ1　資源の無駄遣いをやめる。ステップ2　良い使い道が見つかるまで、その資源をとっておく。資源の無駄遣いをしないのは簡単だし早い。ボーッとしていないでさっさと手をつけよう。資源の良い使い道を見つけるのは難しくて時間がかかる。いきなり手をつけず、考え抜こう。心に留めておいてほしいのは、節約した資源はどこに充ててもいいことだ。教育に浪費していた時間とお金で道路の敷設、ガンの治療、減税、子育て支援、財政破綻する前に政府債務を返済したり、あるいは納税者がもっと良い住宅、車、食事、旅行にお金を使えるようにしたりもできる。

あなたの爪水虫の塗り薬が効かないことを私が証明するとしよう。私は「そんな効かない薬にお金を浪費するのはやめなさい」と助言する。あなたは「効く薬が見つかるまではやめない」と反対するだろうか。そんなはずはないだろう。効く治療薬を見つけるのはその値打ち以上の手間がかかるかもしれない。永久に見つからないかもしれない。治療薬が手に入るまでいんちき薬にお金を浪費し続けるなどばかげている。「治療薬があってしかるべきだ！」と言うのは子供じみているし教条主義的だ。足の爪のことはもうあきらめて、浮いたお金をマイアミ旅行に使うべきではないだろうか。

シグナリング・モデルは教育支出を緊縮する望ましい方法を二つ示唆する。第一は、カリキュラムの贅肉を落とすこと。第二は、授業料の助成金を削減すること。両方見ていこう。

カリキュラムの贅肉を落とす

現代の学校を少々ひねくれた視点で検証すれば、大人になってから使うわけないだろうと笑いたくなるような科目が山ほど見つかる。贅肉は幼稚園から早くも現れる。歴史、社会、美術、音楽、外国語。高校にもなれば、すでに見たように、学生は時間の少なくとも半分を贅肉に費やす。大学の多くの専攻は贅肉でできている。歴史、コミュニケーション、あるいは「学際研究」を考えてみればいい。卒業生の約40％が笑えるほど——泣き笑いというべきか——役に立たない学問の学位を取得する。最難関の専攻ですら高尚な理論と一般教養科目に多大な時間を割いている。

利己的な視点からは、これまで私が何度も言ってきたように、どれだけ無益な科目でも利益を生む。しかし社会的な視点からは、このような利己的な見返りは勘定に入らない。無益な科目を一掃するのが社会への責任を果たす是正策である。納税者の大きな犠牲のもとに若者から取り上げた時間を返そうではないか。まだ幼くて子供だけで家に帰せない間も、生徒たちが運動場で体を動かしたり図書館で静かに過ごしたりする時間を増やせば、かなりの額が節約できる。ベビーシッティングが不要な年齢になったら、役に立つ勉強が終わりしだい授業終了にして、さらに節約できる。

もっと穏健な改革は、無益な科目を必修にするのをやめることだ。歴史、社会、美術、音楽、外国語は選択科目にしよう。この穏健策の主な問題点は、受けなくてよい科目を取ると有利なシグナルが発信されることだ。多くの学生が——親にたきつけられて——他の学生より目立とうと頑張ってしまう。この無駄な軍拡競争を抑えるためには、武装を選択制にする以上の策が必要だ。戦闘の機会を制約しなければならない。

建設的な制約案の一つは、水準を大きく上げてほとんどの学生をすぐに脱落させることだ。ただし、学生が卒業後に活用できる科目でこれをやるのは愚策である。まったく文字が読めない人よりは、読むのが苦手程度の人の方が生産性が高いからだ。しかし学生が卒業後に忘れ去るような科目であれば、水準の厳格化は時間とお金を節約するための格好の隠れ蓑になる。例えば音楽。音楽を選択制にすると、多くの学生が音楽に無駄に何年も費やす。しかし、もし音楽の入門クラスの先生が下位80%を落第にしたら、無駄はほとんどなくなる。何度足切りが行われても生き残る学生はひょっとしたら将来、音楽の道で成功さえするかもしれない。

一番すっきりしているのは当然、税金を使って非実用的な教科を教える授業を廃止することだ。高校以下で歴史、社会、美術、音楽、外国語を教える必要は、実際のところない。学生がどれだけ忘れるかを思い出せばいっそう明らかだろう。何年も学校で勉強してきたにもかかわらず、アメリカの成人は南北戦争の年代が言えず、自分の国の議員の名前を知らず、絵も描けなければ歌も歌えず、フランス語も話せない。じゃあ教育にもっと力を入れるべき、ではないのはなぜか。成功したところで期待できる便益は低く、費用が高いから――定番の理由である。

同じ論理は大学の専攻にも通用する。なぜ美術を勉強するという選択肢に公費をかけて納税者が負担しなければならないのか。それより、公立大学の非実用的な学部は閉鎖し、政府の助成金やローンを受けられない私立大学に非実用的な専攻の学科を創設すればいい。非実用的な選択肢を奪われたら、学生の中には実用的な学科に転向する者もいるだろう。それ以外の多くの学生は、選択肢が狭まったことによって、学校に通う期間を早く切り上げるのではないか。うまくいけばそうなる。学生が公的資金の無駄遣いを許されなければ学業を続けられない、というのであれば、納税者はニセモノが見抜けるわけだ。

たしかに現実には、「贅肉」も程度の問題である。大半の学生が卒業後に高等数学や科学を一生使うことがないのはあらかじめわかっている。しかし新進気鋭の金融工学の専門家にとってこうした科目は実用に即している。カリキュラム改革者はどう対応すべきだろうか。順番にやればいい。明らかな贅肉はすべて、すぐに削減する。次に、ほぼ贅肉とわかっているものを簡単に検討し、疑惑を返上できなかったものをすべて削減する。それから、議論の余地のある贅肉を綿密に検証し、慎重に削減する。とにかく、どちらとも言えないケースで判断に迷うからといって、単純明快なケースでためらうべきではない。

カリキュラムから贅肉が消えたら、学生はいやおうなく、労働市場に優秀さをシグナリングする別の方法を見つけるだろう。それならカリキュラム改革は無意味ではないか。無意味ではない。シグナリングの中には、他と比べれば社会的な無駄の少ない形のものがあるからだ。贅肉をなくせば、「実務に直結した」授業でもっと勉強に励むという一本の道筋が学生の前にはっきりと示される。アメリカの成人の読み書き計算能力の嘆かわしい低さを考えれば、これは進歩だ。

授業料の助成金を削減する

カリキュラム改革には一つ大きな障害がある。教育官僚には贅肉を削減するインセンティブがほとんどないことだ。自分たちの財源が安定している限り、多くの科目や専攻が税金で支えるに値しないと申告する理由がどこにあるだろう。彼らの選択の結果として現状があるのだ。彼らが築き上げたシステムに大鉈を振るう仕事を、本人たちに委ねるのはお人よしすぎる。有権者が既存のリーダーを熱心な緊縮論者に入れ替えることも可能だ。しかし、世間の関心は時とともにうつろい、旧体制が復活するだろう。

このような怖れから、もっと不正操作しづらい教育削減法に目がいく。教育の費用を納税者から学生とその家族に転嫁するのだ。公立大学の授業料を値上げする。助成金をカットする。助成金をローンに変える。借りた学生には市場金利を請求する。公立校にせめていくばくかの授業料を課す。通常の観点からすると、このような提案は「進学率が下がる！」と、とんでもないといわんばかりの反応を引き起こす。シグナリングの観点からは「進学率を下げるのこそが目的です」が正しい反応である。

費用の転嫁によって教育の社会的なリターンはどのように上がるか。需要と供給だ。学校の価格を上げれば進学率が下がる。進学率が下がれば、教育を受けた労働者が希少になり、その価格が上がる。シグナリングのせいで、社会的な便益の上昇は利己的な便益の上昇より少ないが、社会的な便益と利己的な便益の動きはそれでも連動している。どこかの時点で、教育プレミアムは学業の振るわない学生を社会にとって優良な投資物件に変えるだけの高さに達する。

インフレ調整後の社会的なリターンがまずまずの高さ――例えば４％に達するには、教育プレミアムはどれだけ上がる必要があるだろうか。社会的なリターンには不確定要素が多いので、この質問はなかなか難しい。例えば、教育プレミアムが上がると、学生が卒業しようと勉学に力を入れる可能性が上がるため、修了率は上がる。それでも、概算では教育プレミアムの上がり方の方がはるかに大きい。教育を受けた労働者の供給の減少が報酬にのみ影響し、他の結果はすべて同じとしよう。さらに、高校中退者の質が上がって供給増を相殺するため、高校中退者の報酬は一定であると推定する。社会的な学位のリターンが４％に達したとき、教育プレミアムがどうなるかを図７－３に示す。

シグナリングの度合いが結果を左右する。慎重なシグナリングの想定なら、高校プレミアムの上昇はごくわずかでよい。「鈍才君」はプレミアムが下がってもかまわない。仕事のスキルの獲得が最小限でも犯罪の減少の方が価値が高いからだ。しかし高校より上の教育にはすべて、前例のないプレミアムが必要になる。学士号と修士号は最低でも１００％だ。妥当なシグナリングの想定で「秀才君」の場合は、高校プレミアムは２倍以上、大学プレミアムは３倍近く、修士号のプレミアムは４倍以上となる。それより出来の良くない

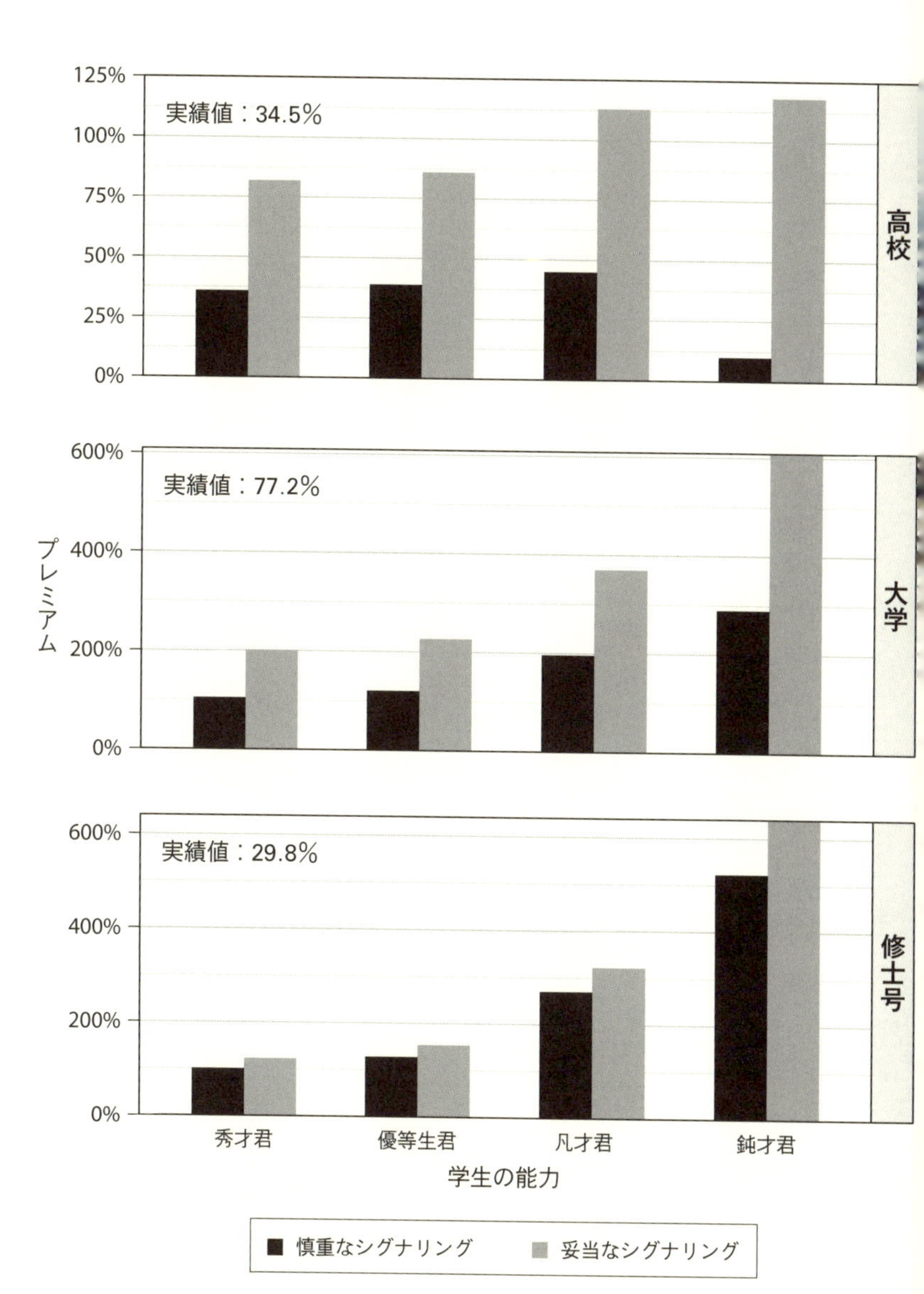

図 7-3　社会的なリターンを 4%にするために必要な教育プレミアム
出典：図 6-5、図 6-6 および本文。

学生の教育を正当化するためには、さらに大きな上げ幅が必要だ。

どこまで削減したら十分とわかるだろうか。私の「妥当な」シグナリングの想定がその名に値する限り、ひとまずの答えは、高卒者が中退者の2倍稼ぎ、学士号取得者が高卒者の3倍稼ぎ、修士号の取得者が学士号取得者の2倍稼ぐようになった時点で、となる。プレミアムがこの高さに達するには、学校教育をどれだけ削減しなければならないだろうか。労働市場の有名な、ただし単純化しすぎたモデルでは、アメリカの高校と大学の修了率はどちらも約20パーセンテージポイント高すぎる。[19] もっともこれだけの大変化を目指す場合、モデルをうのみにするわけにはいかない。ただ明らかなのは、進学率を大きく下げなければならないことだ。

進学率が急激に下がるなどありうるのだろうか。もちろん――政府が断固として財政支援を削減すれば。助成金が教育達成度に与える効果を研究者らが熱心に研究している。高校まではすでに無償なので、研究の対象となっているのは大学だ。[20] 金銭的費用が上がると、大学進学率と修了率はどれだけ下がるだろうか。答えはかなり狭い範囲内におさまる。現在のドルで、学生1人当たり年間1000ドル授業料を減らすか助成金を増やすと、大学の卒業率は2―4パーセンテージポイント上がる。[21] 学生ローンに含まれる助成金にも同等の効果がある。[22] それに対して、助成金の補助のない学生ローンには進学にも卒業にもほとんど効果がない。[23]

大学財政の専門家はよく、「大学教育を受けた労働者のストックを構築する」安価な方法を模索していると公言する。[24] だが彼らの予測を逆手に取って次のようにも言える。学生1人当たり年間1000ドル授業料を減らすか助成金を増やすと全人口に占める大卒者の割合が2―4パーセンテージポイント上がるなら、大学の年間費用を5000~1万ドル上げることによってその割合を20パーセンテージポイント下げられる。「正価」ではない――実勢価格をだ。価格感度が同等であると想定すれば、高校についても同じである。高卒者が人口に占める割合を20パーセンテージポイント下げるには、年間授業料を５０００〜１万ドル上げなければならない。ただしこれは非常に時間のかかる解決策だ。授業料を５０００〜１万ドル上げれば、新卒者のフローはすぐに減るが、既卒者の「過剰ストック」は何世代にもわたって残る。

授業料の高額化が出生率に与える効果についてはどうか。人口過剰を憂慮する人は子育ての費用を納税者から親に転嫁することを積極的に支持すべきだ。だがいかに頑迷な産めよ殖やせよ論者でさえ、教育への助成金が出産そのものへの助成金の代わりにはおよそなりえないことを認識しているだろう。教育支出を削減して、大型の児童税額控除か、じかに支給される児童手当の資金源に回す方が簡単だ。(25)

もちろん、教育支出を削減するというとほとんどのアメリカ人はとんでもないと考える。恐ろしい、頭がおかしい、意地が悪い、愚かだと言うだろう。教育の財政緊縮案は世間一般的には異端であり、社会の「まともな」一員なら抱くはずのない考えだ。こんな根深い抵抗に遭えば、私も表現をとりつくろいたい誘惑にかられる。だが私は耳触りのよさより明快さを優先する。異端者にチャンスをいただきたい。教育シグナリングが遍在していることを認めたら、私の主な結論は論理的に導き出される。

苛酷な教育支出削減は、特にアメリカのような豊かな社会にとって、本当に良策なのだろうか。いや、これを「苛酷な」と呼ぶのは論点のごまかしである。教育投資から投入額に見合う価値が得られていないのなら、大幅削減を「苛酷」と呼ぶべきではない。現状を「野放図」と呼ぶべきである。豊かな社会には数兆ドルを浪費する余裕はある。だがそれに甘んじていていいのか。豊かな社会には無数の機会がある。子供たちを退屈させることに費やしている数兆ドルで、ガンを治療したり、無人運転車を購入したり、世界の飢餓を終息させたりできるかもしれない。国民全員で現状に満足しているのは一見無害なようだが、不作為に人を殺しているのだ。

高額の授業料と学生の借金の秘められた謎

高額の授業料と学生の借金は当然、教育擁護派に問題視されている。いわく、教育は良い投資なのだから、政府は万人が教育を受けられるようにすべきだ。ところが不思議なことに、教育批判派も高額の授業料と学生の借金反対の大合唱によく加わる。いわく、教育は割に合わない投資なのだから、国民の自己負担を政府は期待すべきではない。批判派のピーター・カペッリの言を借りよう。

> ローンを利用して大学の費用を払うのは、経済学者にとって非常に魅力的な考えである。なぜなら、金銭的な便益を受ける人々——卒業後に良い仕事に就く人々——自身が将来、高給の仕事に就いたときに、その費用を支払うと考えられるからだ。しかし、学位から大きな金銭的見返りがない場合、その主張は成り立たなくなる。[26]

だがもし議会で大学の無償化が決まったらどうなるだろうか。現状では授業料と学生ローンの支払いを理由に進学をあきらめている人々が全員、その決断を見直して、進学率が急激に上がるだろう。もし批判派が主張するように、大学生の数がすでに多すぎるとすれば、これはまずい。「授業料と借金反対」とポピュリストの大合唱に加わっている場合ではない、教育批判派は自説を守るために立ち上がるべきだろう。

授業料は無益な進学を抑制しているだけではない。専攻の最適化にも役立っている。現時点ですでに、実用的な専攻は非実用的な専攻より利己的にも社会的にも収益率が高い傾向があるが、授業料が学問分野によって差をつけられることはめったにない。だから、授業料が値上げされれば、進学者を真っ先に失うのは非実用的な専攻である。美術家志望の学生たちは専攻を考え直すかもしれない。大学進学そのものを考え直すかもしれない。どちらにせよ、全体の値上げによって学生たちは無駄の少ない進路へと誘導される。

学生の借金にも同じメリットがある。教育費をいずれ自分で払うのだとわかっている学生でも、愚かな選択をする可能性はある。しかし少なくとも、選択肢を比較検討し――人類学の学位を取得してどうやって借金を返済するのかと思案するインセンティブはある。ポピュリストの主張とは裏腹に、学生ローンは現行制度の中で最も機能不全になっていない部分の一つだ。助成金に支援されたローンはたしかに大学進学率を促進するが、大きな促進効果を上げるには助成の割合が少なすぎる。納税者による教育支援全体と比較すると、学生ローン制度は丸め誤差程度でしかない――その理由の一つはもちろん、学生の借金が破綻を免れているからだ[27]。

学生ローンを批判する人々からたまに「ベネット仮説」が持ち出される。学生ローンが需要を押し上げるため、逆に授業料の高騰をもたらしているというのだ[28]。ローンによって教育を受ける機会を拡大しても、学校が授業料でその機会を制限する対応を取るなら何の意味があるだろうか。しかしシグナリングの観点からは、その逆効果にこそ期待をかけるべきだ。教育の根本的な問題は教育を受ける機会が少なすぎることではなく、進学者が多すぎることなのだ。ローンを拡充して授業料インフレが起きれば、学歴インフレは減る。

学生ローン制度には改善の余地がある。政府は金利を上げるか、融資を自由市場に任せるべきだ。しかしほとんどの教育改革論者は逆の方向を目指したがる。金利を下げたり、ローンを給付型奨学金に置き換えたり、納税者に肩代わりさせて債務を免除したりしろと言う。教育ファンがこのような改革を志向するのは理解できる。彼らは大学の費用を安くして進学者を増やしたいのだから。しかし教育批判派が教育ファンの提案に同調するのは不可解だ。大学進学者が多すぎるというなら、破産法を周知することで入学者数を適正な方向に仕向けられる。「若者たちよ、覚えておくように。学生ローンが免除されることはまずありえないぞ」。破産法を緩和すると、入学者数はまちがった方向に向かう。「若者たちよ、いいことを教えてやろう。もし学生ローンの返済に困ったら、返済しなくてもよくなるかもしれないぞ」

修了率を上げる?

学生が入学した教育課程を必ず修了すれば、教育の社会的なリターンは大きく上がる。研究者は修了率を上げるための有望な方法をいくつか見出している。[29] 教育支出を削減するより、学生たちにフィニッシュラインを越えさせることにもっとお金をかけるべきではないか。

ノーだ。修了率は若干上げられるかもしれないが、それは主に過去の学業の成功を反映しているにすぎない。[30] 中退させないことに力を入れても、「鈍才君」の成績が「凡才君」並みに、「凡才君」が「優等生君」並みに、「優等生君」が「秀才君」並みになるわけではない。たとえそうなっても、教育の社会的なリターンは全体的に悪いのだから、多少ましになるだけである。修了率を急激に上げる唯一の現実的な方法は学業の水準を大幅に下げることだが、これは人的資本説でもシグナリング説でも自殺行為だろう。

楽天的な教育改革論者に「修了率の引き上げは難しいように見えるかもしれないが、われわれは驚異的な効果のある特別プログラムを考え出した」と抗議されると「みんなそういうこと言うよね」と鼻であしらいたくなるものだ。だがもっと真髄を突いた答えがある。すなわち、修了率は何十年も前から低かった。もし驚異的な効果のあるプログラムが採用されないままなら、教育制度は健全に機能していないのだから、これ以上のお金を委ねるわけにはいかない。まず削減から始めるのが筋だろう。驚異的な効果のないプログラムをすべて廃止したまえ。その後で――必ずその後で――浮いたお金の一部を輝かしき例外に配分したまえ。それが常識というものだし、託したお金を長年無駄遣いされてきた納税者への誠意でもある。

学校を高額化することへの最も強い反論は、むしろ裏目に出る、というものだ。経済的な困難によって学生が勉強に集中できず、修了率が下がるとしよう。となれば財政支援を削減すると、教育の社会的なリターンは今よりさらに悪くなってしまう。納税者がしかるべきリターンを得るためには、惜しみなくお金を使って学校を完全に手の届く価格にし、学生を勉強に集中させるのが一番良くはないだろうか。

良くはないかもしれない。学生に学校の費用を負担させた方が、自分も「一枚嚙む」ことによって学業へのモチベーションが上がる可能性だってある。このような賛否と呼応するように、財政支援と修了率の関係を示すエビデンスも混在している。2005年までの研究のレビュー論文によれば、大半の研究が給付型奨学金は修了率をわずかに上げるとしているが、効果がない、あるいは逆の効果があるとしている研究も少なくない。[31] 2013年のあるレビュー論文は、付帯条件のない給付型奨学金に関してのエビデンスは混在しているが、成績連動型の給付型奨学金（平均Bの成績を維持することを受給の条件とするなど）にはプラスの効果があるとしている。[32] とはいえ、成績連動型の効果もそれほど大きくはない。授業料のほとんどまたは全額をまかなう奨学金で大学の卒業率を3、4パーセンテージポイント上げる程度だ。[33] 成績連動型の財政支援の方が付帯条件のない財政支援よりは無駄が少ないが、修了率が若干高くなるくらいでは、教育の立場を有利にするには足りない。まったく不十分だ。

シグナリングと社会正義

もうまもなく、1965年の高等教育法に私は署名する。［…］この法律により、アメリカ全国の高校3年生は50州のどの単科大学、あるいは総合大学にも出願でき、家庭が貧しいという理由で不合格になることはなくなる。

——1965年11月8日、リンドン・ジョンソン大統領(34)

ほとんどの人が、教育の費用を納税者から学生に転嫁することに単に反対するだけではない。そのような考え方をタブー視している。授業料値上げによって進学率が抑制される場合、進学を最も阻まれやすいのは誰か。貧しい人々だ。教育の社会的なリターンを気にするより、社会正義——恵まれない人々に対する社会の責任に目を向けるべきではないのか。

教育の内容がおおむね有益な仕事のスキルを教えることであれば、このような懸念にも十分な根拠がある。そのような世界で授業料を値上げすれば、労働者のスキルが落ちるだけでなく、スキル格差も拡大する。貧しい人ほど学習できず、収入も低くなる。

しかし教育はほとんどシグナリングなのだから、社会正義というお題目を唱えるのは筋違いだ。たしかに、一人の貧しい若者に全額支給奨学金を出せば、労働市場に有利なシグナルを発信する手助けをすることによってその学生を裕福にできる。だがすべての貧しい若者に全額支給奨学金を出せば、教育のシグナルの意味が変わり、もっと裕福な競争相手が自分たちの優位性を維持するためにさらに高い教育を追求するようになる。その結果が、私たちが見てきた学歴インフレだ。教育程度が上がるにつれ、労働者たちには——貧しい者も含め——同じ仕事を得るためにより高い教育が必要になる。そのどこに社会正義があるというのだろうか。[35]

政府が貧しい人々の結婚指輪に助成金を出したと想像してほしい。[36]結婚を控えた人は誰でも、国内のどの宝石店に行っても、所得に関係なくダイヤモンドの指輪が買える。問題は、ダイヤモンドの指輪が一般的に結婚の誓いのシグナルであることだ。ダイヤモンドがプラスチック並みに安かったら、結婚指輪を飾るのは別の宝石になったことだろう。ダイヤモンドに価値があるのは高価だからだ。とすれば、もし政府が誰でも買えるものにしたら、ダイヤモンドの指輪が発するシグナルは無に等しくなってしまう。これで「条件を平等に」したことになるだろうか。なるのはほんの一瞬だろう。貧しくない人々はダイヤモンドの指輪に昔のようなシグナルがなくなったと見るや、世間と差をつけようともっといい指輪を買うようになる。政府の助成金のおかげで、結婚を申し込もうとする人は誰でも結婚指輪が買えるようになるが、それが何になるだろう。社会の構造的な不平等は以前と何も変わらない。

助成金は学歴インフレを煽って貧しい人々に損害を与えるだけでは終わらない。雇用と昇進も貧しい人々にとって不利な形に変わる。人口の半数が経済的な理由で大学に行けない社会を思い浮かべてほしい。この設定では、良い仕事を大卒者だけに限定するとビジネスが回らない。「大学に行かなかったが十分な能力のある就職希望者がたくさんいる」は希望的観測ではなく文字通りの事実だ。教育が何らかのシグナルを発することには変わりないが、教育の欠如が命取りにはならなくなる。「なぜ大学に行かなかったのですか」と聞かれたとき、「経済的理由です」は立派な言い訳になる。しかし手厚い助成金を出したら、逃げ場がなくなる。言い訳できなくなってしまうではないか。「試験が苦手だから」？「大学に行く気分じゃなかったから」？「仕事の方がよく学べると思ったから」？　良い言い訳がなくなってしまったら、雇用主が鷹揚に構える理由もほとんどなくなってしまう。

もっと専門的に言うと、助成金は教育達成度とエンプロイアビリティの相関を高める。それだけを見るなら、助成金は能力が高く所得の低い学生を助ける――リンドン・ジョンソンが示唆した通りだ。しかし残念ながら、教育と能力の相関が高まると、教育が雇用主に対して説得力を持つようになる――だから教育の収益率は高くなる。金銭的な見返りが大きくなれば、学生たちは高学歴を目指すようになる。もし親の所得だけが学歴の決定要因なら、教育が雇用主に発するシグナルは小さく、誘発する無駄も小さいだろう。

助成金が社会正義を促進するように見えることは認める。博士課程時代の私の親友は貧しい地方出身者だった。もし一流州立大学が彼に学士課程の全額支給奨学金を出していなかったら、彼がプリンストンで私と席を並べることはおそらくなかっただろう。大学のキャンパスを歩けば、同じように目に見える成功例に出会えるはずだ。社会正義にとっての助成金の負の側面に気づくためには、学歴インフレによって貧しい人々が失った機会に思いをはせなければならない。大半のアメリカ人が高校も出ていなかった時代には、高校中退者は労働市場で落伍者のレッテルを貼られることがあまりなかった。今は厳しい烙印を押されてしまう。大学を卒業するアメリカ人が少なかった時代には、高卒者が出世の階段を上がる可能性も夢ではなかった。しかしもう不可能だ。かつてと今の大きな違いは「経済の変化」ではなく、教育水準が上がり、労働者が競争するために高学歴を必要とするようになったことである。

このような考えは、社会正義の追求を理念上は一切傷つけない。要するに、学歴競争の過熱化は社会正義の追求の本道から外れていると言いたいのである。[37] 世界は明らかな社会的不正にあふれている。飢える子供たち、希望を失った大人たち、戦争や独裁政権の国から逃れてきた難民たち。アメリカ社会が毎年教育に無駄遣いしている数千億ドルで、これらの悲惨な問題に大きな効果を上げられるかもしれない。かりにあなたの社会正義への関心が国内にとどまっているとしても、節約した数千億ドルをアメリカの底辺層（アンダークラス）の人々に回せばよいではないか。人的資本純粋主義者は、わが国の将来を支える種を食いつぶす行為だと抗議するかもしれない。だが貧しい人々に種を食べてもらった方が、シグナリングを発信し合うために種を燃やすよりはましである。

私の本音

自分が多数派の側に立っていることに気づいたら、一息入れてよく考える頃合いだ。

——マーク・トウェイン(38)

本書は教育政策についての本であり、政治理念の本ではない。私の最大の政策提言——財政緊縮——は、一部の政治理念からは抵抗がまだしも弱い。しかし私の中心論題——教育の大半はシグナリングなので社会的なリターンが低い——が受け入れられさえすれば、ほとんどすべての政治理念が削減を叫ぶはずだ。リベラルと保守は互いを悪の権化のようにけなし合っているかもしれないが、納税者のお金を浪費するのは良くないという点では双方一致する。

だが政治理念は結局は避けて通れない。理念によって立場が作られるからだ。教育を重んじる政治理念も、現状維持を重んじる政治理念もある。それらの観点からすると、立証責任は削減を主張する側が負わなければならない。これは超えられる壁である。教育や現状維持を重んじる立場を踏まえて出した社会的なリターンの推定値でも、教育支出の20%削減は十分に正当化される。それでも、これらの立場は抜本的な改革を阻む。抜本的な改革の具体的な実績が非常に少ないからだ。支出を80%削減すればその利益は大きいと推測できても、立証責任を求められると、推測では克服できない。

それでも私は抜本的な改革を支援する。理念上は私は頑固なリバタリアンだ。納税者が教育を支援することに対して絶対に反対するわけではないが、納税者が何かを支援することに対して反対する確固とした倫理的立場をとる。なぜか。私は他者への非介入を支持する確固とした倫理的立場だからであり、課税は他者への介入例の極致だと考えているからだ。たとえ税金が民主主義的に全面支持されていても、立証責任は課税を望まない少数派ではなく、課税を望む多数派が負うのが筋だ。これも超えられる壁である。課税が明らかな惨事を避ける唯一の方法であるなら、税金を取ればよい。だが社会的な便益が小さいか、便益があるかどうかわからないプログラムに資金を出すために国民から税金を取るのは、私にはおおいにまちがっていると思われる。

リバタリアニズムが現代の政治思想として異端であるのはわかっている。なぜ私のような変わり種の考え方をする人間がいるのか、興味がある方には哲学者マイケル・ヒューマーの『政治的権威の問題 *The Problem of Political Authority*』を紹介することで説明に変えさせていただく[39]。とはいえ、読者から「理想的な教育政策はどのようなものか？」と聞かれて「あなたの持っている理念による」と答えたのでは、責任逃れもはなはだしいだろう。私の教育反対論の、理念に左右されない核心部分から目をそらす便利な言い訳にはなるが、読者にはすべてを知る権利がある。

すべてを考え合わせた結果、私は学校と国家は完全に切り離すべきだと思う[40]。政府はいかなる種類の教育も税金を使って財政支援するのをやめるべきだ。各種学校は――小学校、中学校、第3期教育〔高等教育〕、いずれも等しく――学費と民間の慈善活動だけでまかなうべきだ。このような政策（というか無策？）はリバタリアンの基準からしても極端である。ほとんどのリバタリアンはバウチャー制度を夢想している。学校を民営化し、公費でまかなうというものだ[41]。しかし私からすると、バウチャー制度――もっと一般的な呼び方では「学校選択制」――では現状がごくわずかに改善されるにすぎない。教育は大半がシグナリングなのだから、主要な問題は質の低さではなく量の多さである。アメリカの学校は、スポーツスタジアムと同様、無用の長物（ホワイト・エレファント）なのだ。政府による莫大な支援の大きな難点は、これらの無用の長物がうまく運営されていないとか競争力がないことではなく、数が多すぎ、お金をかけすぎていることだ。政府はどちらの産業も自由市場に委ね、大量倒産を市場の失敗ではなく市場による調整と見るべきである。

学校と国家の完全分離というと教条主義的に思われるかもしれないが、穏当な提案よりも実利的に優れている。ユーモア作家のP・J・オルークの言葉を借りれば、「政府に金と権力を与えるのは十代の若者にウィスキーと車のキーを与えるようなものだ[42]」。公的資金で財政支援された教育の過去の実績は悲惨で、毎年数千億ドルを浪費している。完全分離すれば、透明性を確保した状態で政府の信用ならない手を教育産業のコントロールパネルから遠ざけておける。それに対して「95%の分離」政策では監視しづらく、教育が別の形で不正利用される可能性をなくせない。先ほどの比喩を使って、十代の男の子に飲酒運転の前歴があるとしよう。この少年から運転する権利を95%取り上げるというやり方もたしかにある。飲酒検査にパスし、昼間だけ運転を許可し、十代の同乗者を乗せないという条件をクリアしなければハンドルを握らせないのだ。しかしどんなルールを課しても彼がうまくすり抜けるリスクがついてまわることを考えれば、危険運転する人間から車のキーを没収する方が賢明なやり方ではないだろうか。

学校と国家の分離を提唱する者は、その主張を教会と国家の分離によくなぞらえる。両者を比較するのは変だが、筋は通っている。国家が後ろ盾となった宗教がろくでもないことになるのは歴史を見ればわかる。それに対して、政府の宗教的な役割を「小さく」制限すればいい、という反論もありうる。しかし「小さい」はあいまいな概念だから、簡単に不正利用を許してしまう。政府と宗教のつながりを完全に断ち切る方が賢明なやり方だ。政府の宗教的な政策にすべて反対するのは、理論上は教条主義的に思われるかもしれないが、現実にはうまくいく。政府がくる年もくる年も数千億ドルを無駄遣いしてきたことを認めれば、学校と国家の分離は当然の対応である。

初等教育に対する政府の財政支援への反対論は、高校以上に対する政府の財政支援への反対論よりもたしかに弱い。アメリカではほとんど全員が少なくとも高校に入学はするので、それ以前の学年の利己的なリターンを計算する単純明快な方法はない。K－8〔8年生、中学校まで〕のカリキュラムに関する全国的なデータも不足しているため、中学校までの教育に占めるシグナリングの割合を概算したり、社会的なリターンを推定したりする明確な方法もない。税金で財政支援されている教育に一つだけ最後の砦を残してやらなければならないとすれば、初等教育向けの少額の資産調査つきバウチャー制度を選ぼう。

しかし、たとえ個別的な例外を残しても、反対の声はトーンを落としつつもなくならないだろう。民間の慈善活動は19世紀のイギリスとアメリカで貧しい人々の教育に功績を残した。[43] イギリスが1880年に5—10歳を対象に初めて義務教育を施行したとき、すでに15歳以上の95％以上は読み書きができた。19世紀半ばのアメリカの識字率も、少なくとも南部以外では同じくらいあった。[44] 現代社会の方がはるかに裕福なのだから、民間の慈善活動が恵まれない人々を無学から救う力は以前より高まっている。たしかに、バウチャー制度の方が明らかに効果の高い解決策だ。しかし「明らかに効果の高い解決策」では、税金を使うべきではないとする私の確固とした倫理的立場を覆せない。

賛成できない？　ほとんど誰もがそうだ。それでかまわない。あなたは私の倫理観は拒絶できても、私の説は拒絶できない。社会科学を受け入れるのにリバタリアンになる必要はまったくない。私個人の話をすると、教育の社会的価値に対する私の疑念は、自分の政治理念を自覚するはるか以前から芽生えていた。なぜ疑いを感じるようになったか。自分の実体験からだ。幼稚園に入ってまもなく、私は先生から教わっていることのほとんどは一生使わないだろうと子供心に気づき始めた。しかし従っているふりさえすれば、明るい未来が待っているとも。雇用主が欲張りだがバカではないと理解できる年齢になった私がシグナリング・モデルと出合ったのは、ほとんど定めだったのだ。

なぜ教育に課税しないのか

高等教育に正の外部性があるとの見方は変えていませんが、高等教育には負の外部性もあることを私はかなり意識するようになりました。高等教育に政府が助成金を出すことが果たして正当か、『資本主義と自由』を書いた当時よりも今は疑問を感じています。PC［ポリティカル・コレクトネス］が現在広まっていることは非常に強い負の外部性であると思われますし、1960年代の学生デモはまちがいなく高等教育による負の外部性でした。こうしたことを徹底的に分析すれば、高等教育にはそれがもたらす負の外部性を相殺するために課税すべきという結論に導かれるかもしれません。

――ミルトン・フリードマン「リチャード・ヴェダーへの手紙[45]」

教育を抑制するのがこれほどの名案なら、助成金がゼロになった時点でなぜやめるのか。もっと踏み込んで、教育に課税してはどうか。このアイデアは「政治的に不可能」かもしれないが、これまで検討してきた最善の改革はすべてそうだった。世間受けしない以外に、教育に課税してまずい点はあるだろうか。

正面きった反論は、教育は１００％シグナリングというわけではない、というものだ。繰り返すが、私の最善の推測値では教育は約80％がシグナリングで20％がスキル形成である。教育にまるごと課税すると、角（シグナリング）を矯めて牛（スキル形成）を殺す危険がある。しかしよく考えれば、これは反論としては弱い。たしかに教育税によってシグナリングもろともスキル形成まで失う可能性はある。だが助成金をカットすることにもまったく同じマイナス面がある。１％の課税が抑制するスキル形成は、助成金の１％カットと同程度であるはずだ。

さらに強い課税反対論は、政府が長年にわたって無駄な教育に多額の後援をしてきたという指摘から始まる。その実績を踏まえれば、逆の行為を政府に任せてしまうのは考えが甘い。たとえ理想の政府なら積極的に教育を抑制するはずであっても、現実の政府にその権限を与えるのは愚かだ。教育税が専攻や学校のランクによって変わる場合、税法がどれだけ複雑になるか――法を悪用する機会がどれだけあるか――を思い浮かべてみればいい。それに代わる透明性の高い方法は、政府を教育に関わらせないことだ。

だがこの新種の税に対する決定的な反対論は、ほぼすべての倫理的な立場がこれに反対しているということだ。教育への課税は教育や現状維持を重視する伝統的な立場と衝突するだけではない。国民に介入しないことを重視するリバタリアンの立場ともぶつかる。この提案はまだ試されたことがないため、効果は臆測の域を出ない――そして、効果があるとわかるまでは試すべきではない。

オンライン教育という偽の救世主

私たちは株式市場バブルと住宅バブルを経験した。何年間も利益を生んできた投資が崩壊した。教育も同じ運命をたどるだろうか。多くの親と専門家がうすうすそれを予感している。しかし新世代のテクノロジー至上主義者たちにとっては、もう結論が出ている。彼らは教育バブルは高等教育を皮切りに、いまや崩壊寸前であることを確信している。[46] なぜ今？　今日のインターネットは旧来の学校より上手に、しかもわずかな費用で教えられるからだ。従来型のレコード会社、新聞、小売業者はすでにネットの競争相手に敗れた。次は従来型の学校の番だ。

テクノロジー至上主義者たちが正しければ、教育支出についてコップの中の嵐のような論争をする意味はなくなる。納税者は時代遅れのビジネスモデルに何十億ドルも無駄に費やしているが、沈みかけた船をめぐる言い争いをして何になるだろう。破壊的イノベーションの力を政府は止められない。世の中を変えたいなら、教育政策など忘れてしまえ。オンライン教育のスタートアップ企業を創業して、理想とする変化をみずから起こせばよいのだ。

私がシグナリングの大きさを説明すると、相手はよく、私がテクノロジー至上主義者の説を推奨しているのだと考える。それはまったくの誤解だ。教育はバブルでは*ない*、安定的な浪費である。従来型の教育が納税者から毎年数千億ドルの支援を受けている限り、現状は変わらないままだ。オンライン教育は徐々にニッチ市場を開拓していくだろうが、せいぜいその程度だろう。

もし教育の機能が仕事のスキルを教えることだけであれば、テクノロジー至上主義者たちの言い分には説得力があるだろう。オンライン教育は教えるという点で従来型の教育に対して明らかに優位性がある。コーセラ、カーン・アカデミー、マージナル・レボリューション大学、そして彼らのライバルたちは世界最高の教師を雇っている。[47] 学生は自分のペースで学ぶことができる——じっくり考えたいときはいつでも停止できるし、聴き直したいときはいつでも前に戻り、教材をマスターすれば早送りできる。わからなくなったらレベルを落とせばよく、それで落ちこぼれ気分を味わうこともない。退屈に感じたら上のレベルに飛び越えてもよく、それでガリ勉に見られたりはしない。オンライン教育は人的資本の形成に最適な方法だ。

残念ながら、学生は人的資本を渇望してはいない。シグナルを渇望しているのだ。なぜか。労働市場が報酬を出すのは主に獲得した学歴に対してであって、学んだスキルに対してではないからだ。何年間も誇大宣伝をしてきたあげく、トップ層のテクノロジー至上主義者たちはようやくこの事実を受け入れ始めた。シンクタンク「ニュー・アメリカ・ファウンデーション」のケビン・ケアリーは知の世界の変化を次のように説明している。「3年前は、技術が高等教育に変革をもたらすはずだった。それがどうなったか」

MOOCs［大規模公開オンライン講座］が高等教育に破壊的変革をもたらすことに失敗したのは、講座自体の質のせいではない。講座の多くはきわめて質が高く、さらに向上しつつある。大学が技術の導入に二の足を踏んでいるのは、MOOCsが提供するのが一流の教授陣にどこも勝てない低価格でアクセスできること、それだけだからである。しかしMOOCsでは就職に必要な正式な大学の学位が取得できない。そしてそれこそが、大学生が授業料を払う主な理由だったのだ。(48)

オンライン教育のファンはやればできる精神にあふれているから、ケアリーの真実を突いた言葉にも動じない。教育の実態がほとんどシグナリングだって？　結構結構。それならオンライン教育はいずれ学生に、労働市場に対して従来型の学校ではとうていかなわないほど正確で詳しいシグナルを発信させるようになる。雇用主は頭の良さや真面目さを知りたいのだろう？　大丈夫。オンライン学校は世界一の知力と真面目さのテストを考案し、雇用主に信頼性の高い方法で得点を伝える。それで卒業生が成功し、入学者数が激増するのを見守ろうじゃないか。

たった一つ、重大な問題がある。オフラインでの特性のテストが何十年も前から格安で行われてきたことだ。大手企業は筆記試験の費用を何百万人もの学生に拡散させている。限界費用は学生側の数時間と少々の紙とインクだ。学生が学校に投下してきた時間とお金の総量と比較すればごくわずかである。なぜ学生たちは燃料の投下をやめないのか。雇用主は学歴のない就職希望者が提出した標準試験の結果などまともに見ないからだ。試験はオフラインよりオンラインの方が安く実施できるだろうが、もともと安価なテストをさらに安くしたところで、雇用主の考え方が変わるだろうか。テクノロジー至上主義者は、これまでオフライン試験に革命が起こらなかった理由も説明できないのに、オンライン試験で革命が起こせるなどと予告すべきではない。

覚えておいでかもしれないが、教育が発信するシグナルは頭脳と仕事に対する姿勢についてだけではない、というのが私の説明だ。教育は協調性――社会の期待に従順であることについてのシグナルも発信する。ここで学生はジレンマに陥る。従来とは違う形で協調性のシグナルを発信しようとすれば、協調性のなさのシグナルを発信してしまうのだ。私たちの社会では、成功に価値を置くならば大学に行くものとされている。前途有望な十代が進学を拒めば、自分に期待されていることを知らないか、気にしていないことを示してしまう。「なぜかわりにオンラインで協調性のシグナルを発信してはいけないの？」と抗議すれば、その子が協調できない、あるいはする気がないことの証拠の上塗りになってしまう。原理上は、社会の期待は時とともに進化しうる。それでも、従来の教育を捨ててオンライン教育に乗り換える学生の第一陣が変わり者扱いされる限り、進化はしても時間がかかるだろう。革命が始まるのは前途有望な学生が「学校をやめてオンラインで勉強することにした」と言い、大人が皮肉でなく「それはいいね！」と応じるようになったときだ。

なぜテクノロジー至上主義者より私を信じるべきか。彼らの見立てがまちがっていたのはここ数年だけではない。拡大して解釈すれば、彼らは長年にわたってまちがってきた。40年前に、世界の一流教師のビデオテープが平凡な生身の講師にとってかわってもよかったはずだ。だがそうはならなかった。１００年前に、雇用主は従来の卒業証書を標準試験に置き換えてもよかったはずだ。だがそうはならなかった。これはよくある「あなたの新しいアイデアが優れているとしたら、とっくに使われているよ」式の主張ではない。どんな新しいアイデアも軌道に乗るには時間がかかる。テクノロジー至上主義者のアイデアは多少違う形ですでに何十年も前から試されてきたが、どれ一つとして定着しなかった、要はそういうことなのだ。

オンライン教育ははっきり二方向に向かって急速に成長している。一つは従来型の学校の中での活用だ。学生は講義の一部を家や寮の部屋で受講できるようになりつつある。もう一つが無数にできた教育ウェブサイトだ。だがどちらが成長しても、教育の現状にとってはたいした脅威ではない。従来型の学校で学生にオンラインでも受講できる選択肢を与えるのは便利ではあるが、大学の固定費はほぼ変わらない。教育ウェブサイトの主な競争相手はブログ、ポッドキャスト、その他のオンライン上の教育的要素のあるエンターテインメントだ。従来型の卒業証書がなければ、「オンライン授業をたくさん取りました」と言っても労働市場では「ブログをたくさん読みました」と同様にほとんど価値がない。

テクノロジー楽観主義者は私の批判を古くさい宿命論だと一蹴するだろうが、「意見の違い、ということでもういいでしょ」とため息をつく必要はない。ラディカルな変化がもうそこまで来ていると自信をもって予見している人は誰でもぜひ、私の石頭をダシにひと儲けしていただきたい。私は「教育バブル」を信じている人に、ブログ上で繰り返し賭けを呼び掛けている。条件は「今から10年後、四年制の大学に入学する18—24歳の割合は10％以下に下がる」で賭け率は五分五分だ。これまでに乗ってきたのは一人だけ——まだ募集中である。

社会的望ましさのバイアスによる政治

アメリカ人は学校や大学について不平を言ってばかりいるが、教育支出の削減を望む人はほぼ一人もいない。私が主張するように教育が無駄ならば、なぜ普遍的な人気を誇っているのだろう？　「大衆の知恵」はあてにならないが、あらゆる主要な文化圏の数十億の人々が一致して同じまちがいを犯していると本当に信じるべきなのだろうか。かなり覚悟してかからねばならない話だ。

しかし覚悟してかかってみると、肩透かしを食らう。衆愚は起きるようにできているのである。知的な見返りを秤にかけてみよう。自分の個人的な資源を費やす場合は、世間一般の考えを疑ってみるべき明らかなインセンティブがある。ベストセラー商品が価値のないがらくたであると気づいた消費者は一方的に自分のお金を節約できる。気に入らない？　では買わなければいい。それに対して、集団の資源を費やす場合、世間一般の考えを疑うのは利己的には無益である。世間の支持を集めているプログラムが価値のないがらくたであると気づいた納税者も、他のみんなと同じように税金を払わなければならない。気に入らない？　あなたはたかが一個人にすぎない。世論を引っくり返すほどの名声やカリスマでもない限り、異議を唱えてもお金を節約するどころか、敵を作ってしまう。

教訓。政治において批判的思考（クリティカル・シンキング）は慈善行為である。客観的な真実は生き延びるためにお情けの小銭を請わなければならない。このようにインセンティブがねじれているために、たいがいの政治思想は一度人気を得たら、その人気を維持する傾向がある。[49] たとえまちがっていても。これまでずっとまちがいであっても。

まちがった考えがそもそもなぜ人気を得るのだろう。なぜなら、人間は醜い真実を表明する――あるいは信じる――のを嫌うからだ。私たちは言葉や考えが「耳に心地よい」見解に引き寄せられる。心理学ではこれを社会的望ましさのバイアスという。[50]「バカな子供などいない」の方が「子供の10%はバカである」より耳に心地よい。「われわれは対テロ戦争に勝利する」の方が「対テロ戦争によりテロが減少する確率は50%、何も変わらない可能性は30%、テロが激化する可能性は20%ある」より耳に心地よい。「耳に心地よいこと」が時として真実である場合はないのか。もちろんそういう場合もある。やせている人から「私、太ってる？」と聞かれたら、バイアスのない答えは「そんなことないよ」である。社会的望ましさのバイアスが「私、太ってる？」への答えを歪めるのは、私たちがすべての人に「そんなことないよ」と言いたがるからだ。

社会的望ましさのバイアスにはさまざまな形がある。あからさまな嘘――愛してもいないのに「愛してる」と言うような――は一つしかない。もっと一般的なのは、知的怠惰と一体になったバイアスである。言う本人が信じていたら、それは嘘ではない――そしてじっくりと熟慮することから逃げていれば、ほとんど何でも信じられる。

これが教育と何の関係があるのか。教育と社会的望ましさのバイアスは相性抜群なのだ。「魚を一匹与えれば、その日一日は食べられる。魚の獲り方を教えれば、一生食べていける」は耳に心地よい。「現代社会では、すべての子供に最高の教育を受けさせなければならない」もまたしかりだ。「教育は子供の未来のための最も重要な投資だ」、とてもいいことをしている気分になれる。「本人のためになるなら誰にでも大学進学を保証してやらなければならない」、うっとりできる言葉だ。

このような言葉はまったくの誤りというわけではない。だが私たちが真偽に頓着せずこうした言葉を拙速に受け入れがちなのは、感情に訴えるからである。知的セキュリティがこれだけ緩ければ、教育の利点そっちのけで教育万歳のスローガンが私たちの文化に浸透するのもむべなるかなである。この状況を収拾するには、世間受けを度外視して数字を見るしかない。

教育万歳という感情の遍在を、社会的望ましさのバイアスではどう説明できるだろうか。主力の説が三つある。一つは人間の普遍性に原因を求めるものだ。背負っている文化は多様であっても、一皮むけば私たち人間はよく似ている。[51] 世界中のホモ・サピエンスが母性、砂糖、吸いつくような美しい肌に惹きつけられる――「現代社会では、すべての子供に最高の教育を受けさせなければならない」といった思いやりにあふれ、未来志向で理想を掲げたスローガンにも。ポピュリズムが世界のどこでもよく似ているのは、大衆の好みが世界のどこでもよく似ているからだ。

それを補足するのが、次の説だ。大衆の考えを何でもかんでも「誤謬」と呼ぶのは社会的に望ましくない――そして人間の心は生まれつき合成の誤謬を犯しやすい。教育は利己的なリターンが高いため、社会的なリターンも同等にあると早合点してしまう。一部に言えることは全体にも言えるはずでしょう？　社会的望ましさのバイアスは、カリキュラムが仕事に即していないという実体験からの知識を使って私たちがこの誤謬に異議を唱えるのを阻む――ひそかに心の中で思うことさえも。

最後の説は世界的なエリート文化に原因を求める。非欧米出身のエリートは二つの世界に身を置いている。欧米のエリート文化と自分の出自である伝統文化だ。欧米のエリートは19世紀に教育に惚れ込んだ後、欧米の大衆と非欧米のエリートもその価値観に取り込んだ。その後、非欧米エリートも自国の文化に教育という福音を徐々に伝えていった。教育万歳という感情が世界に遍在しているのは、アブラハムの宗教〔世界三大宗教のユダヤ教、キリスト教、イスラム教〕が世界に遍在しているのと同じく、何ら不思議ではないのだ。

社会的望ましさのバイアスの何がそんなに悪いのか？　無駄で生産性を下げる政策の元凶だからである。

そのメカニズムは知っての通りだ。世界中のほぼすべての政府は大衆の支持を必要とする。民主主義国では、大衆の支持を失ったリーダーはリーダーの座にいられなくなる。独裁国では、大衆の支持を失ったリーダーには権力にしがみつくことはできるが、しがみつかざるをえなくなるわけだ。いずれの国でも、リーダーには大衆の支持を得られることなら何でもする——つまり大衆におもねる強いインセンティブがある。

「それで万事うまくいくのでは？」というのは甘い考えだ。世界を見渡し、人間の感情を考えてみればよい。多くの優れた政策は耳に心地よくない。多くの愚策は耳に心地よい。政治家は本能的に、社会的望ましさのバイアスに立ち向かうかわりに迎合してしまう——デマゴーグに走るのだ。「現代社会では、すべての子供に最高の教育を受けさせなければならない」？　すばらしい。子供たちのために年間1兆ドル支出しよう。かわりに可能だったはずの他の施策はどうなる？　いや、トレードオフなどない。教育に支出する額が多いほど、将来豊かになるのだから。異端の政治家ならこのごまかしを甘い考えだと言えるかもしれないが、デマゴーグに加担する方がデマゴーグを打破するよりはるかに楽である。

8　1>0
もっと職業教育が必要だ

高校で教えたことのある人なら誰でも証言するだろうが、最高レベルの高校に通う子たちの中にさえ、学校嫌いは多い。彼らは良い成績を取ったことがなく、学校に意義を見出せず、宿題にまったく手をつけず、常習的に授業をさぼるか不登校になっている。[…] 政策担当者がこのような態度や行動を示す生徒たちの存在を否定したがっているように見えるのはなぜだろう。

——ケネス・グレイ「もう高校の職業技術教育の時代ではないのか?」[1]

人的資本の熱烈なファンはふつう、現状のままの教育を擁護する。既存の学校が学生の仕事のスキルを大きく向上させるというのだ。従って彼らはシグナリング・モデルを私たちみんなを豊かにする制度への攻撃と受け取る。しかし原理上、人的資本ファンはシグナリングの遍在を受け入れた上で改革を叫ぶことだってできるはずだ。人的資本モデルを現在の教育のありのままの姿として扱うかわりに、教育の崇高なあるべき姿として扱ってもよいはずだ。学校を時間つぶしからスキル工場に変えようではないか。[2]

どうすればそれが実現できるだろうか。学生に読み書き計算を教える、もっと優れた方法を探すのが常道だ。すでに大勢の研究者と現場の先生方がこの問題に取り組んでおられるから、私から新たに提案できることはほとんどない。しかし総論として、私たちは基本スキルの向上には悲観的であるべきだ。なぜか。昔から世間に支持されている目標で、昔から多大な研究がなされているにもかかわらず、基本スキルは凡庸の域を出ないままだからである。[3] そこから論理的に推量できるのは、**a** 基本スキル向上の方法を特定するのが難しい、あるいは、**b** 効果のある方法を学校が受け入れようとしないことだ。例えば、質の低い教師を解雇するのが理にかなっていると頭ではわかっていても、それがあたりまえになると予想する人がいるだろうか。[4] 学業が進歩しているサインはあっても、[5] それはたいがい「テスト対策の教え方」であるように見える。、、、、、、、指導を受けていない大人の読み書き計算の試験の得点が上がるまでは、基本スキルのレベルは変わっていないと推測すべきだ。

この章では、基本スキルを伸ばすべきという主流派の声に乗っかるより、見過ごされているが有望な別の選択肢に光を当てる。職業教育だ。「職業技術教育」とも呼ばれる職業教育は体裁はさまざま——教室での授業、見習い実習、オン・ザ・ジョブ・トレーニング、実際の仕事経験——だが、共通点は多い。すべての職業教育は特定の仕事のスキルを教えるものであり、すべての職業教育が人に聴いて学ぶのではなくみずから体を動かして学ぶことを主眼としている。

「学生に仕事のやり方を教えて将来に備えさせる」は文句のつけようがなく聞こえる。職業教育の中で最も成功した形のもの——特にドイツのすばらしい徒弟制度——はその事情に詳しいほぼすべての人にとって羨望の的だ。[6] ところが職業教育は長らく劣勢を強いられてきた。職業教育に反対するきれいごとで飾り立てた主張が、職業教育を支持する地味な主張をかき消している——そして議論全体をむしばんでいるのが社会的望ましさのバイアスだ。

標準的な職業教育擁護論は苦い現実を出発点にしている。多くの子供たちが学業は困難で退屈だと感じている。そのような学生にとっては大学卒業——エリート職はいうにおよばず——は非現実的である。[7] 従って彼らは配管工、電気工、機械工の訓練を受けた方が幸せだ。それに対して標準的な職業教育反対論は耳触りのいいスローガンを出発点にしている。大学を目指す教育によって学生は「人生でやりたいことを何でも選べる」下地ができる。世の中には「遅咲きの人」がたくさんいる。どんな子供でも大人になったら大統領になれるかもしれない。

職業教育の擁護派の方が根拠はしっかりしているが、通常は両陣営とも人的資本純粋主義を前提にしている。つまり二つの教育形態が同等に収益率が高いなら、その二つは同等に社会に便益をもたらすという考え方だ。シグナリングは議論を新たな次元に引き上げる——そして職業教育重視に大きく議論の舵を切る。シグナリング・モデルは「なぜこの教育の収益率は高いのか？　その教育は学生により良い仕事をする方法を教えているのか、それともより良い仕事を獲得するのを助けているだけなのか」と問いかけることを私たちに迫る。仕事のスキルを身につけさせる教育の方が、雇用主に好印象を与えるだけの教育より社会的な価値が大きい——たとえどちらの教育形態も学生本人にとっては同等に利益をもたらすものであっても。

なぜ職業教育の勝ちなのか

職業技術教育は一部の学生にとって、別の一部の学生にとっての飛び級や成績優秀者向けの特別クラスにあたる。

——ケネス・グレイ「もう高校の職業技術教育の時代ではないのか？」[8]

大学のファンは平均的な大卒者を平均的な高卒者と比較したがる。職業教育のファンは配管工、電気工、機械工として成功している人々を英語学の学位を持っている借金まみれのバリスタと比較したがる。このような比較は最初の設定からしてまちがっているというだけではない。もっとだめなのは社会的なリターンを見落としている点だ。望ましい教育政策を探す際はまず、学生のキャリアに与える効果の測定を出発点にするべきである。だがシグナリングの占める割合を推測しなければ、この作業は片手落ちになる。

職業教育の利己的なリターン

賛成派から見ると、職業教育は給与を上げ、失業の可能性を下げ、高校の修了率を高める。研究は多くはないが、いずれの点についても賛成派の主張を裏づけている。核心を突いた洞察は、職業教育を受ける学生はその進路に進む前から典型的な「学業の振るわなかった学生」であることだ。測定尺度として正しいのは、「職業教育を受ける学生は平均的な学生と比べてどうか」ではなく「職業教育を受ける学生はその道に進まなかった同等レベルの学生と比べてどうか」なのである。この測定尺度に照らせば、職業教育の効果は高い。普通課程に進ませるより給与が上がる。[9] 普通課程に進ませるより失業の可能性が下がる。[10] 高校の修了率さえ高くなる。学業に適性のない学生は、すべての授業が嫌だと感じていなければ学校をやめにくいからだ。[11] 職業教育は犯罪さえ抑止するように見える。[12] 学問教育と職業教育の最もお金になるミックスを研究している人はたいてい、学生が学問教育に偏りすぎていて本人のためになっていないことに気づく。大半の学生は、普通課程の一部——すべてではない——のかわりに職業課程を履修した方が将来の収入が増えるはずだ。[13]

職業教育には長期的に見ると不利益があると指摘する研究者も時々いる。ある有名な論文は、労働者が50代に入ると、職業教育課程出身という経歴が就業率をわずかに下げるとしている。[14] しかし50歳未満の労働者にとっての職業教育の利点を考えれば、玉に瑕程度のものだ。高賃金、高就業率、高修了率、この三点を合わせれば、高校で職業教育を行うことの利己的なリターンは普通課程より少なくとも一桁パーセンテージポイント高い。出来が良くなく学校嫌いの学生にとっての見返りは特に大きい。

職業教育の社会的なリターン

利己的なリターンと社会的なリターンに差が出る理由はシグナリングだけではない。公的な財政支援、課税、再分配、犯罪その他も作用している。だがそれらの作用の軸になっているのがシグナリングの割合である。職業教育の利己的な便益のうち、どれだけの割合がシグナリングから生まれているのだろうか。

推定値の下限は、不思議なことに職業教育の批判派から出されている。その多くがシグナリングの割合をうかつにもマイナスに設定している。なぜか。批判派は職業教育によってマイナスの印象がつくことを恐れているのだ。[15] 自動車修理を専攻することはあなたのイメージに傷がつく。社会はあなたが「それくらいしか能がない」と推測するからだ。シグナリング用語で言い換えれば、職業科に進むと元々の能力について悪いシグナルを発信してしまうのである。

このシナリオでは、職業教育は職業科に進んだ学生よりも社会の方を豊かにする。社会は生産性の向上を獲得するが、学生が得るのは生産性の向上からマイナスの印象を差し引いた分だ。あなたが職業科に進むことを考えている平均的な学生だとしよう。学問教育を受けた場合、あなたの生産性は1日１００ドル相当になる。それに対して職業教育を受けた場合、あなたの生産性は1日１２０ドル相当に増える。ただし残念な

表8-1　利己的な便益と社会的な便益とマイナスの印象

	普通科	職業科	利得
所得	$100	$110	+10%の利己的な利得
生産性	$100	$120	+20%の社会的な利得

がら平均的な職業科の学生の元々の能力は平均より10ドル分低い。あなたが職業科に進んだ場合、雇用主はあなたがその人物像に当てはまるものと考える。スキルとマイナスの印象はワンセットなので、あなたの収入は1日110ドルとなる――平均的な職業科出身者の生産性に等しい――あなた個人の生産性が1日120ドル相当であってもだ（表8-1参照）。

職業の勉強は本当にそんなにもイメージに傷をつけるのだろうか。「結論はまだ出ていない」と言いたいところだが、「そもそもまだ議論すらされていない」という方が真相に近い。私の知る限り、これほど嘆かれているマイナスの印象はまだ未調査なのである。なのに批判派はたぶん先走りすぎている。私たちの社会では、どんなに救いがたい学歴至上主義者でも職業科出身者を高校中退者よりは高く評価する。職業教育が発信するシグナルは悪いのではなく、弱いのだ。

いずれにせよ、教科の内容を求人と照合するのが、職業教育のシグナリングの割合を概算する最も直接的な方法であることに変わりはない。どんな授業も学生を何らかの仕事に備えさせる。自動車修理なら学生に自動車を修理する方法を教えるし、歴史なら歴史をする方法を教える。シグナリングの立場からは、問題は「学生は学んだスキルをどれくらいよく使うか」の一点である。職業教育に軍配が上がるのは、学生を世の中にごまんとある仕事に備えさせるからだ。労働統計局によれば、アメリカには大工が約90万人、自動車整備士が70万人、配管工が40万人いる。文学、外国語、歴史などの典型的な大学進学コースの授業がこれに及ばないのは学生を世の中にまれにしかない仕事に備えさせるためだ。アメリカ全国でライターとして職を得ているのはわずか12万9000人、翻訳者は6万4000人、歴史家は38

00人しかいない[16]。

　では職業教育のシグナリングの割合はいくらか。マイナスの印象と仕事との関連性を念頭に置くと、普通科の半分が妥当な推定値だろう。私が先に出した80％というシグナリングの数値が正しければ、職業教育の金銭的見返りの40％がシグナリングから生まれていることになる。次に職業を学ぶことの利己的な利点——所得の増加分、就業率の高さ、高校修了率の高さ——を無視すると、職業教育の社会的なリターンは普通高校を少なくとも4パーセンテージポイント上回る。「鈍才君」——特に男性の「鈍才君」——の社会的なリターンは7％を超える。シグナリングの推測値をいじれば当然、収益率も変わってくるが、従来型の学校教育のシグナリングの割合が50％を上回る限り、それを半減させた社会的なリターンの増加分も大きい。

　職業教育の社会的なリターンがこれほど高いのはなぜだろうか。社会的地位はゼロサムだが、スキルはそうではないからだ。従来型の教育で学生が得をするのは主に社会的地位が上がるからだが、地位の平均は上がりようがない。しかし職業教育で学生が得をするのは主にスキルが身につくからであり——スキルの平均は上がることが可能だ。「鈍才君」の社会的なリターンが特に高いのはなぜか。職業教育はこのような犯罪に走りやすい学生に生産的な仕事のトレーニングを行う一方で、深刻な学歴インフレを起こすことがないからだ[17]。

児童労働がなぜいけない？

児童労働はこれまで必ずしも悪と考えられてきたわけではない。子供にとっては不快だが、それでも望ましい、いうなれば現代の教育に似たものとして扱われていた時代もあった。

——カウシック・バスー「児童労働[18]」

職業教育の場は学校だけではない。学校で仕事のスキルを学ぶのが良いのなら、職場で仕事のスキルを学ぶ方がもっと良くはないか。残念ながら、子供が職場で仕事のスキルを学ぶことには、その名の通りではあるが人聞きの悪いレッテルがある。「児童労働」だ。

文明国の大人はこの名称に眉をひそめる。幸せな子供は無機質な作業場で歯車の一つになって一日じゅう労苦にあえいでいてはならないはずだ。子供は子供、ロボットではないのだから！　なるほど、その無機質な作業場が「学校」と呼ばれ、歯車たちに賃金が出なければいいわけだ。子供たちが自由時間をバスケットボールやバイオリンに捧げるのはかまわないが、有給雇用は大人のもの。児童労働への敵視は「子供」が大人に近づくにつれやわらいでくるものの、それでも16歳が学校をやめてフルタイムで働くという考えはもってのほかというのが世間の常識とされている。

児童労働法にはこうした国民感情が反映されている。連邦規則集が取り決めているのは未成年者を危険な仕事から除外することだけではない。家業、農業、新聞配達、芸能以外で14歳未満の子供が働くことは一律禁止されている。合衆国連邦法では14、15歳の労働に対して、学校のある日は1日3時間まで、学校のある週は週18時間までと上限を設けている[19]。それより厳しい規制のある州も多い。カリフォルニア州法では16、17歳は学校の許可がない場合、または学校のある日に4時間以上は働いてはいけないことになっている[20]。

学校が苦行となっている子供について、大人はあわてて正当化する。子供を机に向かわせて退屈な課業をやらせるのは酷に見えるかもしれないが、その苦しみが将来のためのトレーニングになる。ではなぜ児童労働がこうも悪者にされるのか。汗水たらして働くのは楽しくはないかもしれないが、これもまた将来のためのトレーニングになる。

児童労働には負の側面がある。[21] しかしそれを言うなら、学校教育もまた同じだ。私の母が女学生時代、担任の修道女は遠慮なしに生徒たちを棒で叩いた。いずれもはるか昔のいまわしい虐待だと判断するのは愚かだ。今の時代に、就職して仕事のスキルを学ぶことから子供たちを遠ざけるべき大義名分はあるだろうか。

最もばかばかしい反対理由は企業が子供たちを「搾取」して、労働に対して雀の涙ほどの報酬しか出さないというものだ。学校が生徒にお金を払うことを期待する者はいない。子供が受けるトレーニングが十分に報酬になっているからだ。企業がなぜそれ以上の報酬水準を設けるだろうか。大学生が無給のインターンシップをめぐって熾烈な競争をしているのは、トレーニングが価値のある報酬だからだ――そして現金に限らない総報酬が重要なのだ。[22] いずれにせよ、若者の賃金が本当に不当な低さであったら、彼らを雇えば利幅が異常に大きくなり、競争原理によって、異常に利幅が大きいビジネスモデルは長続きしない。

別の反対理由は、子供は未熟だから不当な雇用条件を示されてもわからないというものだ。4人の子供の父親として、私はそれを否定しない。だがふつう、未熟な子供を守るのは親の務めだ。現在のアメリカの法の下ではすでに、パパとママが息子や娘をほとんど好き勝手な条件で雇用することができる。[23] その当然の理屈は、血を分けたわが子を不当に働かせたいと望む親などほとんどいないことだ。例外はあるにせよ、親が子供の最大の保護者である。自分の子に正当な報酬を出すかどうかの判断を親に任せているのなら、他人が自分の子に正当な報酬を出しているかどうかの判断をなぜ親に任せないのか。

もう少し思慮深い反対理由は、仕事も良いが学校の方が良いというものだ。子供を働かせると、学業という本分がおろそかになる。つまり、学業の方が確実に上であるから、学生に学校より仕事を優先する選択肢を与えるのは危険だ、という大前提に立っているわけだ。一見するとそれに沿った事実がある。働いている学生は平均的に成績が低く、素行が悪く、警察の厄介になる傾向が高い。

しかしよくよく見れば、事情はまったく異なる。働いている学生に見られる問題点は雇用される以前から存在するのだ。研究者が働いている学生を働いていない同等の学生と比較したところ、仕事には明確なプラス面があり、明確にマイナスと言える面はない。若いうちの仕事経験には持続的な余得があり、卒業後の収入が少なくとも10年間は5、10、ないし20%も上がる。[24] それに対して、仕事と学業の関係は弱い。[25] 犯罪その他の素行の悪さも同様だ。[26] ある興味深い研究によれば、児童労働法が緩くなると教育と犯罪の両方が減少する。本来仕事に向いている学生を学校に閉じ込めると、彼らは閉塞感を「行動で示す」しかなくなる。[27] 在学中に働いてみようとさえしない16―19歳の3分の2は大きなチャンスを逃している。[28]

誤解のないように。これらの研究はどれ一つとして、十代の若者に学校をやめて定職に就けと推奨してはいない。若いうちの仕事経験に長期的には職業上の便益があると認めている研究者らも、週30―40時間の「本格的な」労働には依然として懐疑的だ。利己的なリターンに関して言うなら、彼らはおそらく正しい。私たちの社会では、高校中退者は大きなマイナスの印象を背負う。

しかし公共政策にとって、利己的なリターンは雑音であり、大事なのは社会的なリターンだ。マイナスの印象が傷つけるのは利己的なリターンだけなので、賢明な政策アナリストは無視する。かわりに政策アナリストは学生が教室で学ぶスキルと職場で学ぶスキルを比較する。率直に言って、まったく比べものにならない。どんな仕事でも、やれば身につく。[29] ハードルが低すぎるのではないかと思うなら、今日びは高校中退者の半数近くと高卒者の3分の1が仕事探しすらしないことを思い出そう。彼らをどんな雇用形態であれ慣れさせれば、ステップアップになる。

最低賃金は年齢や経験によって変わるわけではないので、若者が「搾取される」心配はしなくてよい。私たちが心配すべきは、若者――特に「鈍才君」がそもそも雇用されないことだ[30]。現行法では訓練を受けていない労働者が利益を生むには、１時間につき自分の訓練費用プラス７・２５ドルを生産しなければならない[31]。これは、特に学習の遅い者にとっては大変なジレンマである。生産性の高い労働者になるためにはトレーニングが必要だが、企業はすでに生産性の高い労働者でなければトレーニングしてくれないのだ。

無給のインターンシップは巨大な抜け穴ではないだろうか。法律の文言を真に受けてはいけない。営利セクターに対して、アメリカ労働省は「トレーニングを提供する雇用主がインターンの活動から直接の利益を得ない」場合に限り無給のインターンシップを認めている[32]。変なルールだ。営利企業が直接の利益をまったく得られない労働者をなぜわざわざ雇うだろうか。ＣＥＯにインターンシップ制度の導入を説得したいなら、「わが社に直接の便益を何ももたらさない未経験の労働者を大勢雇いましょう」という売り込み方はしないはずだ。

無給のインターンシップが生き残っているのは、法律の文言など形だけで、当局が守らせることができていないからだ。インターンが大学生か新卒者で大学生向きの仕事を覚えている限り、政府は見て見ぬふりをしている。マクドナルドが無給の研修生など雇ったら、あっという間に告発されるだろう。ただし急いで付け加えておくが、正統派の批判者とは違って、私は法律の形骸化がもっと必要であると言いたい。大学生インターンのただ働きのお目こぼしをやめるより、それをすべての学生に広げるべきだ。

政策担当者はそのほかに何をすべきだろうか。規制緩和して児童労働の悪いイメージを払拭することだ。早いうちに仕事を経験することは子供のためにも社会のためにも良い。搾取を根絶する方法として親の監督では不完全だが、生活の他の部分もほぼすべて親の監督に頼っているではないか。子供がどれだけ嫌がっても、子供時代をスポーツや音楽に捧げさせることが親にはできる。子供を登山に参加させることだって親にはできる。危険な国に連れて行くこともできる。家業以外の仕事に従事させることを登山より厳しく規制するのはナンセンスだ。

児童労働が合法化されたら、十代の中には定職に就く者も現れるだろう。親の許可を得ているなら、そうさせればよい。そのために高校を中退することになっても、私たちは条件反射的な恐怖心をぐっとこらえて、それも許してやるべきだ。利己的な立場から言えば、平均的に見て中退は過ちだ。だが、仕事が好きで学校が嫌いという物言わぬ少数派（サイレントマイノリティ）を筆頭に、平均から外れた学生もたくさんいる。夢中で働く方が無気力に勉強するより利己的なリターンはおそらく高い。労働市場は通学にではなく卒業に報いるものだからだ。いずれにしても、教育政策はシグナリングを見過ごすべきではない。働くために学校をやめる学生たちのおかげで学歴インフレは抑制され、学校に残る仲間たちのチャンスが広がる。「卒業証書がなければ良い仕事は手に入らない」のだから。ビル・ゲイツはハーバード大学を中退したことによって、一攫千金を手にしただけではない。学歴インフレにも一撃を加えた。

正式な徒弟制度を立ち上げるのはどうだろうか。優れた制度なら最高だが、よく知られている通り簡単に模倣できるものではない。ほとんどの国はドイツのようにはなれない。国際的に見ると、徒弟制度の方が成人向けの職業研修制度より一貫して優れているが、そんなのは言わずもがなだ[33]。税金を使って徒弟制度をいきなり始動させる前に、政府は邪魔な手出しをやめて、労働市場が提供しているすべての機会を吟味すべきである。

非職業教育、あるいは1>0

今日のわが国の教育慣行において、ラテン語を4年間、ギリシャ語を3年間、英語を4年間、古代史と中世史を2年間、数学を2年間、数理物理学を1年間受けた高校生が「一般教養（リベラルカルチャー）」科目の学問を修めたと言うことほど大きな言葉の過ちはおそらくないだろう。実際にはこの科目には狭い専門性しかなく、ごく限られた数の職業にしかつながらない。さらに教養がついたともまったく言えない。この高校生は自分が生きている現代社会のことなど何も知らないのだから。

——エルウッド・カバリー「現在の職業教育志向は一般教養への脅威か？」[34]

大半の教育専門家は職業教育をまだ疑わしく思っている。主な反対理由は、近視眼的だからというものだ。職業科では最初に就く仕事に必要な特定のスキルを学生に教える。普通科ではあらゆる仕事に必要な一般的なスキルを学生に教える。全員を普通科に送り込むのが賢明なアプローチだ。子供たちが特定の職業を目指す前に、一般的なスキルを最大限に伸ばしてあげよう。

この反対理由にはいろいろ矛盾がある。読み書き計算はまさしく一般的なスキルだが、ほとんどの普通科の授業はきわめてまれな職業の職業トレーニングにあたる。大学進学コースに典型的な文学、歴史、社会科学、外国語を考えてみてほしい。こうした授業が教えるスキルを使う職業はほんの一握りしかない。科学と高等数学ならまだ仕事と関係があるが、大卒者でもこれらのスキルを仕事に使うことはあまりない[35]。STEMは金融工学の専門家や科学者にとっての職業トレーニングであって、労働者にとっての一般的なトレーニングではない。

とどのつまり、二種類の職業教育をめぐる議論ということになる。「従来派」は全員を作家、歴史家、政治学者、翻訳者、物理学者、数学者のような、なれる確率が低く社会的地位の高い職業に向けてトレーニングしたがる。いわゆる職業教育重視派は、本人が就く可能性の高い職業に向けてトレーニングしたがる。従来ルートであれば教育者に痛みはない。自分が先生から教わったことを学生に教えればよい。職業ルートは教育者の痛みをともなう。学生の適性と労働市場を常にチェックしなければならないからだ。結構なことではないか。こちらを選択すれば若者を現実的な将来に備えさせるために、教育者に痛みを感じてもらおう。

従来型の学問を擁護する人々は、将来の不透明さをよく引き合いに出す。労働市場は変化がめまぐるしい。学生が雇用されるのは２０２５年ないし２０５０年の経済環境の中なのに、２０１５年の経済環境に向けて備えさせる意味がどこにある？　おっしゃる通りだが、これは昔ながらの普通科の授業を支持する論拠にはならない。先が見えないことは、ほぼ確実に就かないであろう職業に学生を備えさせる言い訳にはならない。仕事の未来について今わかっていることがあるとすれば、作家、歴史家、政治学者、翻訳者、物理学者、数学者の需要は低いままだろうということだ。

しかし職業教育重視に対する世間受けのいい反対理由は、知識習得の観点からではなく平等主義に訴えたものだ。全員を普通科に入れた方が、子供たちを「適性」で選別して「ふさわしい」トレーニングをあてがうよりも平等に見える。平等などすでに幻想だと言うこともできる。すべての人が大学を目指せるという虚構が出回っていても、大学がまともに相手にするのはオナーズクラスとＡＰクラス〔ともに高校の成績上位者向けの履修コース〕の生徒だけだ。しかしあくまで高い理想を掲げる平等主義者は「それなら全員をオナーズクラスとＡＰクラスに入れよう」と言い出すだろう。

いかにもいい考えに聞こえるが、実際はうまくいかない。平等主義者は大学進学コースを何の犠牲もともなわないように思い描いている。普通科の勉強についていけなかったら職業科に転向すればいいのだから、全員をまず普通科から始めさせるのがいいと。これは、普通科で落ちこぼれた子が気落ちして職業を学ぶ気もなくなるという憂慮すべき可能性を考えていない[36]。こういう生徒が最初から普通科コースに入った場合、身につく仕事のノウハウはゼロである。それに対して、最初から職業科コースに入れば、おそらく一つの仕事についてはノウハウが身につく。

膨大な数のアメリカのアンダークラスが、この憂慮すべき可能性が理屈で考える以上にありうることを示している。退屈し鬱屈した子供たちを普通科に縛りつけるのは逆効果だ。彼らは職業訓練に「ダウンシフトする」かわりに非熟練労働に甘んじる――あるいはさらに転落していく。アメリカ人の約20％は標準的な高校の卒業証書を取得しないことを思い出してほしい[37]。高校を中退しそうな生徒を12歳か14歳の時点で中程度のスキルの仕事ができるようトレーニングするのは、万事解決とはいわないまでも、彼らが「遅咲きの」スターになると期待するよりは現実的だ。では、そのような生徒から社会的に上昇する可能性を奪わないだろうか。議論の余地はある。それでも、彼らが市場価値のあるスキルを持たぬまま大人になるリスクは大きく減らせる[38]。

仕事のノウハウが身につかないのは高校中退者だけではない。高校や大学を卒業後に自分が社会に通用しないことを痛感する学生はたくさんいる。「英語学の学位を持っていて何ができる？」という昔からある問いを考えてみればよい。多くの人にとってその答えは、すでに見たように、バーテンダー、レジ係、料理人、用務員、警備員、ウェイターになることだ。杓子定規に見て、倉庫の警備に英語学の学位を活用する人などもちろんいない。実際のところは、受けた教育が現実の職業への備えにならなかったため、彼らは仕事の現場で倉庫の警備を学んでいるのである。

かつて教師が学生をトレーニングしたのは、聖職者、法律家、医者という三つの特定の職業に就かせるためだった。現代のカリキュラムはもっと汎用性があるが、教育者が思いたがっているほど大きく変化してはいない。今の学校は学生を作家、詩人、数学者、科学者、美術家、音楽家、歴史家、翻訳者、プロアスリートとしてのキャリアを目指すべく養成している。ところがこうした職業に就く学生の割合などほんのわずかだ。教育を支持する人気の言説とは裏腹に、学校は「一般的なスキル」にはほとんど時間を割いていない。かわりに、学生は志望者が少なく実際に就く者はさらに少ない仕事に向けたトレーニングに日々を費やしている。その結果、多くの人が高校、大学、大学院を卒業してさえ、現実のキャリアの選択肢はゼロなのだ。幸い、ほとんどの人は職場で有益なスキルを吸収して挽回する。しかしそうではない少数派も無視できないほどたくさんいる。子供たちが学校で過ごす年月は、全員に最低でも一つの仕事のノウハウを教えて余りあるほど長い――そして、一つでも仕事のノウハウが身についていた方が、何も知らないより個人にとっても人類にとってもよほど良い。1>0（1はゼロに勝る）。

子供について考え直そう

養豚農家、電気工、配管工、橋梁塗装工、ジャム職人、鍛冶職人、醸造職人、炭鉱夫、大工、カニ漁師、石油掘削作業員……彼らから私は同じことを何度も、繰り返し耳にしました――わが国は国の基盤を支える労働者と切り離されてしまっていると……。

失業率は依然として高いままなのに、生活に不可欠な職業は全般的に人気がなくなり、企業は必要なスキルを備えた労働者を探すのに苦労しています。その原因は明らかに思われます。私たちはあまりにも狭い教育観にとらわれているのです。四年制大学の学位が取れないトレーニングや勉強は今では「非主流（オルタナティブ）」と決めつけられています。かつてはなりたいと憧れられた多くの現実的な職業が、今では「残念賞的な職業」と見なされており、現政権がこの4年間で「創出」しようとしてきた仕事の多くは、親や教師がわざわざ子供たちに志望を思いとどまらせるような仕事なのです。（300万の「シャベルを手にとればすぐに始められる職」の約束が、もはや人々にシャベルを手にとることを奨めない社会に対してなされたところに、どうやら不幸があると私は常に思ってきました。）

——マイク・ロウ「最初の4年が最も難しい」[39]

後進国の子供たちは働いている。先進国の子供たちは勉強している。文明が進むにつれ、子供が有給雇用から隔離されて過ごす年数が増えていく。現代は仕事が学校の妨げになることが懸念され、学校が仕事の妨げになることは懸念されない。このようなルールが自然の法則かと思われるくらい深く浸透している。

わかるようでわからない理屈だ。社会が発展するに従って、子供たちにいろいろな職業を教えるのが常識だろう。職業を教えないで卒業後に子供たちが労働市場に適応することを期待するのは常識ではない。どれほど進んだ社会になろうと同じだ。子供たちに10年以上も実社会と関係のない教科を勉強させるのは、時代に関係なくおかしい。

非主流（オルタナティブ）とは何だろう？　職業教育を再起動させようではないか。就職市場の未来予測を立てようとするかわりに昔から定着したカリキュラムを守り続けるのは、よそで落とした鍵をこっちの方がよく見えるからという理由で街灯の下で探すようなものだ。もちろん、正真正銘の一般的スキルである読み書き計算は教えるべきだ。だがそれ以外については、学校は将来のキャリア機会に関して裏づけのある予測を立て、適性を見きわめた上で学生を現実性の高い職業に触れさせるべきだ。子供の雇用を「搾取」だの学業がおろそかになるリスクがあると見るのでなく、仕事を最も純粋な形の職業教育として称揚すべきだ。子供が本格的に仕事をするために学校をやめても、嘆くべきではない。そういう子たちがガンの治療法を発見することはないだろうが、少なくとも自立した社会の一員にはなるのだから。

暗鬱なディストピア的未来構想だろうか。まったくそんなことはない。16歳の子供たちが実質的な仕事のスキルを身につけて、自活できるだけの収入を得る世界を思い浮かべてほしい。学業に向かない十代前半の子たちが、不良ではなく見習い職人に憧れる世界を思い浮かべてほしい。学生が自分の受けている授業を実生活で役に立つか面白いと思える世界を思い浮かべてほしい。生産的で自立し、社会参加した新しい世代を育てることができたなら、今の退屈し、子供扱いされた若者と比べて大きな進歩と言えないだろうか。

ディストピア的な未来を恐れるよりも、ディストピア的な現在を見つめるべきだ。現代社会では、成功を目指す子供たちは20年近くも学校で過ごす。ほとんどの子供はカリキュラムを途方もなくつまらないと思っている。この長期にわたる苦行の間、学生は貧乏生活を送るか親に経済的に依存している。卒業してようやく「実社会」に出ても、活用するのは勉強したことのほんの一部だ。そして自身の子供ができれば、長々しい未熟な期間を今度は親の立場で再体験する。私たちの現状は『一九八四年』や『すばらしい新世界』とは違う。だがもし今の教育制度に慣れきっていなかったら、誰がこんなものを望むだろう？

9 母なる学び舎
教育は魂を涵養するのか

大学卒業生はよく誇らしげに自分の母校（アルマ・マータ）の名を口にするが、この言葉にある世界観が含まれていることをわかっている者は少ない。ラテン語の「アルマ・マータ」とは「養い育てる母」を意味する。含蓄のある隠喩だ。養い育てる母は実用的なスキルを教えたり給与の高い仕事に就く手助けをしてくれたりするだけではない。全人格を育み、物事の善悪を教え、生きることの奇跡を示してくれる。プリンストン大学の元学長ウィリアム・ボウエンとハーバード大学の元学長デレック・ボックが証言している通りだ。

> 教育とは特別な、きわめて政治的な、神聖とさえ言える国家事業である。それは何も知らない者に事実を提供するという単なる技術的な事業ではない。この世をいかに気高く生きるべきかの理想を多感な心に訴えかける、倫理的かつ美的な事業である。(1)

ほとんどの経済学者は教育の熱烈なファンだが、それでもこのような高尚な言葉にはあきれ顔をする。経済学者が教育を推奨するのは社会的なリターンが高いと思っているからで、魂を涵養すると思っているからではない……魂の涵養とやらが何であるにしても。時折、哲学者肌の経済学者が教育は「価値財」――顧客が支払いたいと思う以上の価値がある製品――なのかもしれないと考察する。[2] しかしそのような考察が実際主義の経済学者らに理解されることはめったにない。

経済学者の実利主義は人文主義者（ヒューマニスト）たちから厳しい批判にさらされる。リベラルアーツ教育の保守的なファンは「あなたがたは社会的なリターンの高さを根拠に教育を支持している。だがカプランがその「社会的なリターン」はマイナスにならないまでもごく低いことを説得力をもって証明しているぞ。剣を使えばその刃は翻って己を刺すのだ」と言ってたしなめることもできよう。人文主義者はそのまま私に向き直ってこう付け加えることもできるだろう。「あなたの勝ちでもない。あなたは仲間の経済学者を同じ土俵で負かしたかもしれないが、そもそもこれは戦う価値のない勝負だ。人文主義の伝統が最も有意義な考え方であることには変わりない。金銭よりも思想と文化の方が大切だ」

人文主義者の批判は真摯に受け止める。因襲に逆らう精神はあれど、私は思想と文化をこよなく愛する者だ。「非実用的な」思想と「商業価値のない」文化がわが人生である。無知だった人が知に目覚めていく話に私は感動する。例えば、刑務所で独学したマルコムXの物語は心を魅了してやまない。

> 私は自分にできる最善のこととして辞書を手に入れようと考えた――勉強するため、言葉を覚えるためだ。
>
> [...]
>
> 2日間は辞書のページをおぼつかない指でめくるだけで過ぎた。こんなにたくさんの言葉がこの世に存在するなんて知らなかった！　どの言葉を自分が学ぶ必要があるのかもわからなかった。ようやく、とにかく何か行動を起こそうと、私は書き写し始めた。[...]

翌朝目覚めてから、それらの言葉について考えた――一度にあんなにたくさん書いたことだけでなく、この世にあるのさえ知らなかった言葉を書いたことがとてつもなく誇らしかった。[…]
すっかり心を奪われた私はやり続けた――辞書の次のページを書き写したのである。そのページを勉強すると、また同じ感動がやってきた。ページを書き写すごとに、私は歴史上の人物や場所や出来事も学んでいった。実際、辞書とは小さな百科事典のようなものだ。とうとう辞書のAの項でメモ帳がすっかり埋まると、私はBの項にとりかかった。私はこうやって筆写を始め、ついには辞書をまるごと書き写した。[…]
語彙が広がったとき、初めて本を手に取って読み、その本の内容が理解できるようになったのは自然ななりゆきだろう。たくさん本を読んできた者なら、目の前に開かれた新しい世界を想像できるはずだ。[3]

さらに、ほとんどの経済学者とは異なり、私の個人的趣味を超えて思想と文化には価値があると私は考えている。哲学とオペラは本当に価値財だ。デービッド・ヒュームの『人間知性の研究・情念論』を読む方がE・L・ジェイムズの『フィフティ・シェイズ・オブ・グレイ』を読むより本質的に良い。リヒャルト・ワーグナーの『トリスタンとイゾルデ』を聴く方がトビー・キースの「ホワイト・トラッシュ・ウィズ・マネー」を聴くより本質的に良い。人文主義者の教育ファンは典型的な経済学者が浅はかに否定する深い知性を理解している。

しかし保守的な人文主義者の主張はおおげさだ。教育はたしかに魂を涵養することができる。だがだからといって、既存の教育がその高尚な目的を実際に達成している証明にはならない。現実には、教育は愛情深く育むよりも育児放棄したり虐待したりする母であるとわかることが多いのだ。

価値財としての教育

子曰　古之学者為己　今之学者為人〔昔の学者は自分を向上させるために勉強したが、今の学者は人から認められるために勉強している〕

——孔子『論語』(4)

実用的な教育は気持ちを高揚させるものである必要はない。学生が教室の外で応用できるスキルを身につけて卒業するのであれば、勉強の苦労も価値ある目的を果たしたことになる。道具的価値を備えているなら、内在的価値は必要ない。ただし、教育そのものが価値を持つためには、もっと高い基準を満たさなければならない。教育が価値財となりうるには、三つの要素が必要である。

第一の要素は相応の内容である。偉大な思想と輝かしい文化について学ぶと魂が高揚する。未熟な思想とそこそこの文化を学んでも魂はあまり高揚しない。リベラルアーツの伝統には過ちに取り組むことを尊ぶ知恵があるが、これは議論を尽くし、考え抜かれた過ちに限り言えることである。

第二の要素は上手な教え方である。教科に精通した熱意ある教師から教われば、魂は高揚する。教科書を棒読みするだけのやる気のない教師から教わっても、魂はあまり高揚しない。凡庸な教え方は実用的なトレーニングであれば許容されるが、知性や芸術的な感性を刺激する役には立たない。

第三の要素は生徒側の意欲である。偉大な思想と輝かしい文化は、それに魅力を感じる学生に伝えてこそ魂を高揚させる。まったく関心のない学生にむりやり詰め込んでも魂はあまり高揚しない。むしろ、そんな形だけの勉強は学生も教師も教科そのものもだめにしてしまう。オペラは至高の芸術だが、ロックファンをオペラ劇場に連行するのは無益なだけでなく残酷でもある。多くの教育者は、若いうちの詰め込み教育はいずれ大人になってから興味がわくという形で開花すると主張して良心をごまかしている。かりにその通りだとしても、詰め込み教育は価値財そのものではなく、大人になってからの興味という価値財への残念な回り道だといわざるをえない。

既存の教育を実際にこのような価値基準に照らすと、どう評価できるだろうか。あなたがおおよそ典型的な教育を受けてきたのであれば、もう答えはわかるだろう。教育の内容はひいき目に見ても玉石混交だ。優れた教材が点在し、周囲を無味乾燥な時間つぶし的課題が埋めている。教え方はお粗末だ。率直に言って、大半の教師は退屈な授業しかできない。学生はもっとひどい。教師がどれほどすばらしくても、知を渇望する学生などほとんどいない。私学教育は明らかにまだましだが、しょせんは公教育と同じ穴のむじなだ。ハーバード大学のスティーブン・ピンカー教授が、世界最高レベルの学生が世界最高レベルの教師の授業であくびするさまを悲哀たっぷりに報告している。

学期が始まって数週間もすると、講堂は半分空になる。私がハーバード大学卒業アルバムの教授の人気投票で何度も選ばれていても、講義がビデオ録画されていなくても、講義が試験に出る唯一の確実な情報源であってもだ。自分のせいではないと思うようにしている。講義に出てこなくなるハーバードの学生が大勢いるのは周知の事実だ。彼らは一回授業をさぼるたびに親のお金を50ドルずつドブに捨てている。(5)

今の教育に中身がないという私の判定は、単なる私見ではない。あなたの意見もおそらくは同じだろう。正直なところ、あなたが魅力を感じる教育者がどれだけいるだろう。自分が感じていた以上の魅力を子供たちが教育者に感じているとあなたは本気で思うだろうか。不適切な答えを口にしたがらない人でも、率直な真実を行動で語る。現代教育の筋金入りのファンだって、ユーチューブで凡庸な教師の動画を観て魂の涵養をしようとはしない。誰しもそうだ。学生の退屈について今挙げた実体験から、あらかじめわかっていたことが改めて浮き彫りになる。心を刺激する授業は一般原則を証明する例外なのだ。[6]

実利主義の経済学者に対する人文主義者の批判は一面の真実を突いてはいるが、経済学者には強力な反論がある。すなわち、費用(コスト)が大事だ。オペラが本当に魂を涵養し、教育が本当にオペラを愛する心を育てるとしよう。子供をオペラ愛好者に変える1人当たりの費用(コスト)を知るまでは、このような事実にはほとんど意味がない。「人ひとりをオペラに触れさせることにはお金に換算できない価値がある」というのは無責任な言い草だ。自分の懐を痛めるときには絶対に費用を気にするだろう。納税者のお金を使うとなったら費用が気にならなくなるのはどうしたわけか。使われたどの1ドルも、別のことに使えたかもしれない1ドルである。

この経済学者らしい反論が今はかつてない説得力を持っている。私たちはサイエンスフィクションの時代を生きている。裕福な国のほぼすべての国民——地球上の人口の約半分——が、ほとんどあらゆる質問に答え、ほとんどあらゆるテーマについて教えてくれる機械にアクセスできる。[7] インターネットは好奇心を満たしてくれるだけではない。自分と同じ好奇心を共有するグローバルなコミュニティと私たちをつなげてくれる。そのグローバルなコミュニティは単なる素人の集まりではない。世界の一流の教師たちも数多く含まれている。[8] インターネットは関心のおもむくままに知るチャンスを与えてくれるだけでなく、優れた正規の授業も提供してくれるのだ。この果てしない知の饗宴は、わずかな例外を除いて無料である。教育が価値財であるとすれば、インターネットは価値製造機だ。

思うに、この価値製造機が伝統的な人文主義者の教育政策を急速に時代遅れにしつつある。誰もが無料で魂を涵養できるようになれば、魂の涵養に対する政府の助成金は根拠を失う。「しかしほとんどの人は魂の涵養のためにインターネットを使うわけではない」という反論は、意欲ある学生がごく少ないことを認める自殺行為に等しい。助成金を受けた教育の本当の目的は、思想と文化を関心のある誰もがアクセスできるようにすることではなく、関心のない全員に強制することなのだ。

インターネットの隆盛は、知の強制摂取はやがては真価を発揮するという、目的のためには手段を選ばず的なセリフの価値も引き下げる。今の大人は抽象的な思想とハイカルチャーに10年以上強制的にさらされてできた人間だ。もし教育の強制摂取が功を奏していれば、教育を受けた大人のほとんどがそのオタクな世界をあがめ、熱心にインターネットからその世界を再訪しているはずだ。遠慮がちな言い方をしても、そのようなことはめったにない。グーグルの検索ヒット件数は「キム・カーダシアン」が「リヒャルト・ワーグナー」の約20倍、「デービッド・ヒューム」の約200倍もある。[9]「目的が手段を正当化する」という言い分は、目的への進歩がほとんど見られなければ滑稽だ。

実利主義者ならこう答えるかもしれない。「大人がネットで思想や文化をわざわざ学ぼうとしないのは当然だ。そんなことをしてもお金にならないのだから」。だが本章は実利主義者ではなく、既存の教育が実際に魂を涵養するとして擁護する人に向けて書いている。インターネットの隆盛には、彼らの不安をかきたてる教訓が二つある。第一に、人文主義者による教育助成金の擁護論は、インターネットによって実質的に無料で啓蒙が可能になった現在は根拠薄弱である。第二に、思想と文化の消費が低調なのは貧困や手間ではなく無関心が原因であることがインターネットによって証明されたのだから、人文主義者による教育助成金の擁護論はそもそも根拠薄弱であった。見よ、啓蒙の値段がゼロに下がっても、知の世界は閑古鳥が鳴いている。

魂の妥協案

教育を労働生産性への効果だけを根拠に正当化しなくてもよい。プラトンやド・トクヴィルはもちろんそのような主張をしていないし、私たちもそうする必要はない。学生が公民や美術や音楽を教わるのは労働生産性を向上させるためだけではなく、むしろ人生を豊かにしてより良き市民になるためである。
——アンドリュー・ワイス「人的資本とシグナリングで比較した賃金の説明」(10)

「実利主義者」と「人文主義者」の中間の立場もある。節度のある教育理想論者は、人文主義の伝統は学生の精神生活を過大視していると非難するかもしれない。たしかに、学生が魂の涵養を自覚することはめったにない。だが「魂の涵養」を大人として望ましい態度や行動の醸成であると実用的にとらえてはどうか。その観点からすると、教育が目に見えて社会を正しい方向に変えている限り「教育は魂を涵養する」は本当と考えてよい。

これはそそられる妥協案だから、掘り下げてみよう。社会の変化として何が「正しい方向」かの判断は読者にお任せする。しかし社会に対する教育の効果の概算は私にお任せいただこう。

先に予告しておく。教育はたしかに学生の価値観を変化させるように見えるが、教師や親が喧伝するほどではない。しかし教育の社会に対する影響だけを抽出するためには、教育がどのように学生を動かすのかを解明しなければならない。そのメカニズムとは「指導」——教師の考えを学生の頭に植えつけることなのか？　それならば教育は社会を作り変えるだろう。そのメカニズムは「ピア効果」——若者たちをそれぞれに特色ある集団に振り分けることなのか？　だとすれば、教育は社会を作り変えることなく再編するのが主な役割となる。[11]

大学に若者を一人送り込むとする。その学生はこれまでとはまったく違うピア集団に所属することになる。人間の協調性を考えると、その1年生は新しい仲間たちに溶け込もうとする可能性が高い。例えば、大学に通う若者は宗教心はどちらかと言えば薄いので、その学生は世俗的な方向に傾いていくと予想される。しかしだからといって、大学が社会の宗教心を薄れさせるわけではない。大学の存在は若者を正反対のピア効果を持つ二つの下位文化に分ける。大学に通う若者が平均的な若者より宗教心が薄いのであれば、大学に通っていない若者は平均的な若者より宗教心が篤くなるはずだ。それぞれの下位文化の構成員は所属集団になじむために自分の行動を調整する。大学に通っていない集団にかかる宗教への同調圧力が、大学に通う集団にかかる世俗への圧力を相殺する。社会の宗教心への正味の効果は？　かりに大学が明らかに学生の宗教心を薄めるとしても、不明だ。

指導とピア効果はいずれも存在するが、ピア効果が指導を上回ると考えるべき大きな理由が三つある。第一に、学問的な指導が最も強いと思われる局面において、教育が態度と行動に与える効果は弱い。第二に、学校はお説教の対象をわずかな問題に絞っているが、教育は数多くの局面において態度と行動を変えている。実際に、この後まもなく見るように、教育を受けた者の見解は時として教育界で合意されていることを否定する。第三に、個人への効果と社会への効果が「加算」されることはめったにない。通常は個人の教育程度を上げた場合の個人の変化の方が、社会の教育程度を上げたことによる社会の変化よりはるかに大きい。

聞き流されるだけのハイカルチャー

教育者は手を変え品を変えて魂の涵養を目指す。だが高校と大学で何よりも明示的かつ精力的に行われている涵養の方法が一つある。ハイカルチャーの鑑賞眼を養わせることだ。英語の授業では有無を言わさず古典小説、戯曲、詩を教える。ウィリアム・シェイクスピア、ワシントン・アーヴィング、エドガー・アラン・ポー、マーク・トウェイン、イーディス・ウォートン、シンクレア・ルイス、ロバート・フロスト。音楽の授業では伝統音楽、特にクラシックを問答無用で聴かせる。アントニオ・ヴィヴァルディ、ルートヴィヒ・ファン・ベートーヴェン、ウォルフガング・アマデウス・モーツァルト、そしてもちろん外せないジョン・フィリップ・スーザ〔『星条旗よ永遠なれ』などの代表作があるアメリカの作曲家〕。美術の授業はもう少し実践的だが、それでも一流美術館に収蔵されている視覚作品のステータスを上げるべく努めている。学校では因襲打破の精神さえ保守的だ。カリキュラムにカート・ヴォネガット、アルノルト・シェーンベルク、ジャクソン・ポロックが取り上げられることは多くても、ジョージ・R・R・マーティン〔SFファンタジー作家〕、レディー・ガガ、フランク・ミラー〔漫画家〕はめったにない。ハイカルチャーに特に力を入れる学校こそあっても、カリキュラムは明らかに反ポップカルチャーに偏っている。

この偏りがハイカルチャーの醸成にどれだけ効果を上げているだろうか。本書の前半で、教育の寄与が私たちの知識の100%を超えることはありえないというわかりきった道理を訴えた。同じ原則をもとに、教育が文化に及ぼす影響の上限を定めることができる。教育の寄与が社会によるハイカルチャー消費の100%を超えることはありえない。

手始めに本からいこう。消費者の需要は全体として衝撃的に低い。アメリカ人が読み物すべてに費やす金額は所得の０・２％、１世帯で年間１００ドルちょっとである。[12] かつてはもう少し読書にお金を使っていたが、それでも多くはない。１９９０年、インターネットがさかんになるはるか以前には、世帯予算の０・５％が読み物に消費されていた。[13] 今のアメリカ人は読書の約4倍をタバコに、5倍をアルコールに費やしている。[14] こんな小さな池の中でも、ハイカルチャーは決して大きな魚ではない。表9－1に英語で書かれたフィクションの史上ベストセラーランキングを3種類示す。販売数には学校の授業で使われたり指定図書になったりしたものも含まれるので、その作品の本当の人気は割り引いて見なければならない。

販売数に明らかな不備があるにせよ、三つのリストには大衆の長期的な文学趣味が同じように表れている。ハイカルチャーはニッチ市場でしかない。ディケンズの『二都物語』は三つのリストのうち二つで一位だ。『キャッチャー・イン・ザ・ライ』『ベン・ハー』『アラバマ物語』『風と共に去りぬ』『ロリータ』はいずれも少なくとも一つのリストには登場している。しかしリストに君臨しているのは圧倒的にファンタジー小説――トールキン、ローリング、ルイス――である。ここで言いたいのはファンタジー小説に文学的価値がないということではない。私の評価では『指輪物語』の方が『キャッチャー・イン・ザ・ライ』より優れている。[15] 言いたいのは、高校と大学が文学的価値が高いと認めている本が、はるかに地位の低いジャンルに負けているということだ。文学の教師は概して、教室の学生という逃げ場のない聴衆に「思いを届け」られていない。読書への愛に火をつけることも、ましてすばらしいからと奨めているジャンルを愛好させることも、ままならない。

音楽では、ハイカルチャーに対するポップカルチャーの勝利はさらに決定的だ。『3大テノール 世紀の競演』はクラシックのアルバムとして史上最高のベストセラーだ。[16] しかし１２００万枚を売り上げたこの作品も、史上売上ベストアルバム50位にすらランクインしていない。[17] 全体の販売枚数を見ると、クラシック音楽

表9-1　英語で書かれたフィクションの史上ベストセラー

ランキング	ウィキペディア	Ranker	How Stuff Works
1	『指輪物語』(トールキン)	『二都物語』(ディケンズ)	『二都物語』(ディケンズ)
2	『ハリー・ポッターと賢者の石』(ローリング)	『指輪物語』(トールキン)	『指輪物語』(トールキン)
3	『そして誰もいなくなった』(クリスティー)	『ホビット』(トールキン)	『ハリー・ポッターと賢者の石』(ローリング)
4	『ホビット』(トールキン)	『そして誰もいなくなった』(クリスティー)	『そして誰もいなくなった』(クリスティー)
5	『洞窟の女王』(ハガード)	『ライオンと魔女と衣装だんす ナルニア国物語』(ルイス)	『ライオンと魔女と衣装だんす ナルニア国物語』(ルイス)
6	『ライオンと魔女と衣装だんす ナルニア国物語』(ルイス)	『洞窟の女王』(ハガード)	『ダ・ヴィンチ・コード』(ブラウン)
7	『ダ・ヴィンチ・コード』(ブラウン)	『ダ・ヴィンチ・コード』(ブラウン)	『ハリー・ポッターと謎のプリンス』(ローリング)
8	『ハリー・ポッターと謎のプリンス』(ローリング)	『キャッチャー・イン・ザ・ライ』(サリンジャー)	『ハリー・ポッターと秘密の部屋』(ローリング)
9	『キャッチャー・イン・ザ・ライ』(サリンジャー)	『赤毛のアン』(モンゴメリ)	『キャッチャー・イン・ザ・ライ』(サリンジャー)
10	『ハリー・ポッターと秘密の部屋』(ローリング)	『黒馬物語』(シューエル)	『ハリー・ポッターと炎のゴブレット』(ローリング)
11	『ハリー・ポッターとアズカバンの囚人』(ローリング)	『シャーロットのおくりもの』(ホワイト)	『ハリー・ポッターと不死鳥の騎士団』(ローリング)

12	『ハリー・ポッターと炎のゴブレット』(ローリング)	『ピーターラビットのおはなし』(ポター)	『ハリー・ポッターとアズカバンの囚人』(ローリング)
13	『ハリー・ポッターと不死鳥の騎士団』(ローリング)	『ハリー・ポッターと死の秘宝』(ローリング)	『ベン・ハー』(ウォレス)
14	『ハリー・ポッターと死の秘宝』(ローリング)	『かもめのジョナサン』(バック)	『ロリータ』(ナボコフ)
15	『ロリータ』(ナボコフ)	『天使と悪魔』(ブラウン)	『ハリー・ポッターと死の秘宝』(ローリング)
16	『赤毛のアン』(モンゴメリ)	『ケインとアベル』(アーチャー)	
17	『黒馬物語』(シューエル)	『アラバマ物語』(リー)	
18	『鷲は舞い降りた』(ヒギンズ)	『人形の谷間』(スーザン)	
19	『ウォーターシップ・ダウンのウサギたち』(アダムズ)	『風と共に去りぬ』(ミッチェル)	
20	『シャーロットのおくりもの』(ホワイト)	『ソーン・バーズ』(マッカラ)	

出典：Wikipedia 2015c, Ranker 2015, HowStuffWorks 2015. ノンフィクション作品および非英語作品は除外。

はアメリカの音楽市場のわずか1・4%しか占めていない。カントリーは8倍、ロック/ポップスは30倍以上も人気がある。[18] 世界全体ではまだ健闘しているものの、それでも世界の音楽市場のシェアはたった5%だ。まあ、少なくともジャズには勝っているが。[19] ここで言いたいのはクラシック音楽だけが美的に価値があるということではない。バッド・レリジョン〔パンクロックバンド〕はバッハではないが、良いものは良い。言いたいのは、学校の美的な優先順位づけが文化に与える影響など取るに足りないことである。

たとえアメリカのクラシック音楽消費がすべてアメリカの学校のおかげだとしても、総力を挙げてようやくクラシック音楽の市場シェアを0％から1・4％に押し上げる程度なのだ。

なぜハイカルチャーは社会の主流から取り残されてしまったのか。人文主義者は売り込み方が下手なせいにしたくなるかもしれない。教師にさえ恵まれれば学生はシェイクスピアやブラームスが好きになったのではないかと。だが身も蓋もない話をすれば、ハイカルチャーを鑑賞するためには知的努力を要する――そしてたいていの人間は知的努力を嫌うのである。学生にとってシェイクスピアはどうしようもなく退屈だ。たぐいまれなハイカルチャーのファンはおそらく「ザ・バード」〔シェイクスピアの別称〕を自発的に愛好するようになるのだろう。学生たちは自分の成績がかかっているときに少しだけハイカルチャーを味見する。しかし大多数の学生は最終試験の答案を出してしまえば、教養とは縁のない気楽な世界に引き返してしまう。

本書を読むような人はおそらく毛色の違うタイプだろう。あなたは高尚な楽しみに開眼するきっかけをくれた先生方の名前さえ覚えているかもしれない。私がクラシック音楽好きになったのはザイナー先生（一般音楽、7年生）のおかげだし、文学が好きになったのはラガス先生（上級英語、11年生）のおかげだ。しかし基本的な事実をざっと見渡せば、私やあなたの経験はふつうではないことがわかる。私たちのクラスメートの大多数は、数年間の文化の強制摂取を経ても美に対する味覚は変わらずじまいなのだ。

政治的な正しさ（ポリティカル・コレクトネス）というこけおどし

アメリカの教育者は左寄りである。これはまぎれもない事実だ。K－12〔幼稚園から高校卒業までの義務教育〕の公立校の先生たちの支持政党は偏っていて、おおよそ45％が民主党、25％が支持政党なし、30％が共和党という内訳になっている。[20] 大学の内訳は完全に偏っている。大学教授全員――二年制大学の教授も含む――を対象とした全国調査では、51％が民主党、35％が支持政党なし、14％が共和党だった。[21] 四年制大学を対象とした同様の調査は50％が民主党、39％が支持政党なし、11％が共和党と報告している。[22] エリート校ほど左派勢力が強いようだ。[23]

大学の偏りが最も顕著なのが最も政治色の強い科目で、人文学では共和党支持者1名に対して民主党支持者は約5名、社会科学では共和党支持者1名に対して民主党支持者は8名というバランスになっている。[24] 2006年という最近でも、人文学教授の5％、社会科学教授の18％がみずから「マルクス主義者」と名乗っている。[25] 保守に対するリベラルの割合がそこまで極端でないのは、おそらく――支持政党とは異なり――「リベラル」が相対的な言葉だからだろう。[26] 同僚の18％がマルクス主義者であるのを見て、多くの主流派の民主党支持者が自分は「中道」だと感じるのは当然のことだ。

こうした事実が、教師や教授が教室を使って学生の「啓蒙」や「洗脳」をしている証拠になるわけではない。だが啓蒙や洗脳を行う条件はかなりそろっている。教育者の特有の世界観は学生の考え方に影響を与える強い動機となる。逃げ場のない教室は学生の考え方に影響を与える絶好の機会となる。あからさまな布教は自重するとしても、イデオロギー上の中立を保つには鉄の自制心が必要だ。ごくわずかな偏りでも、何年も続けば、やがては学生の心と頭が取り込まれはしないだろうか。

見たところそのようなことはない。データ上は、教育程度の高い人々のリベラル寄りの度合いはごくごくわずかにすぎない。総合的社会調査（GSS）は回答者に、1を「非常にリベラル」、4を「中道」、7を「非常に保守的」とした7段階で自己評価させている。教育年数が1年延びるごとに、人は0・014段階リベラル寄りになるようだ。[27] 額面通りに受け取れば、イデオロギーを1段階動かすためには70年以上の教育が必要である。統計上の補正によってこの効果は強くなるように見えるが、それでもたかが知れている。[28]

イデオロギーへの影響がわずかである一方、政党支持にはねじれた影響が出ている。というのも、教育程度が上がるにつれ、人々はわずかに民主党離れを起こしていくのだ。総合的社会調査（GSS）では回答者に、0を「強力な民主党支持者」、3を「支持政党なし」、6を「強力な共和党支持者」とした7段階で自己評価させている。教育年数が1年延びるごとに、人は0・071段階ずつ共和党支持になるようだ。[29] 統計上の補正を行うとこの効果は弱まるように見えるが、それでも教育は教師や教授が嫌っている政党への支持をいささか強めるようである。[30]

特定の見解に対する教育の効果を分析すると、事情はますます複雑だ。教育が自由の権利と寛容さへの支持を高め、人種差別や性差別を減少させることは多数の研究で確認されている。[31] このような効果が人為的な働きかけによって生まれるのは一部にすぎない。知力で補正すると教育の影響は約3分の1減少する。[32] 知力、所得、職業、家族歴で補正すると教育の影響は半分に減少する。[33] すべての補正を行った後では、教育が醸成する社会へのリベラルな見解はこぢんまりした規模になる。

一方で、教育が資本主義、自由市場、グローバル化への支持を強めることも多数の研究で確認されている。[34] こうした効果も、人為的な働きかけによって生まれるのは一部にすぎない。知力で補正すると教育の影響は約40％減少する。知力、所得、デモグラフィック特性、支持政党、イデオロギーで補正すると教育の影響は半分に減少する。[35] しかしすべての補正を行った後では、教育が醸成する経済への保守的な見解はこぢんまりした規模になる。[36]

教育者がデータに見られる通りの左派だとしたら、なぜ教育は学生の態度にこのような逆の効果を及ぼすのだろうか。親切な解釈をすれば、教育者は教室に自分の政治姿勢を持ち込まないとも考えられる。しかしもっと現実的な解釈は、教育者が説得に失敗しているということだ。イエズス会に「子供を7歳まで預けてくれれば一人前の人間に育てましょう」という言葉がある。(37) 社会はリベラルな教育者に子供を15歳、18歳、22歳、あるいは30歳まで預ける。しかし項目ごとに見ると、教師が学生にそっぽを向かれる確率は惹きつける確率と同程度である。教育者は「問題は私たちの説得力不足ではなく、学生の頑固さだ」と抗議するかもしれないが、学生はたえず意見を変えていくものだ。学校にいる期間が長いほど、意見も変わる。確実にリベラルな方向に変えはしないだけである。

教育者の左寄りの傾向に目をつけて批判する者は、たいてい（自分に寄せた）イデオロギー上の下心をひそませて次のように言う。「政治的な正しさ（ポリティカル・コレクトネス）」の理想を振り回す人間に若者の教育を委ねては民主主義が危機に陥る。学校は特定の思想を植えつける機関ではなく、さまざまな思想が活発に流通する市場であるべきだ」。バランスの悪さについての指摘こそ当たっているが、左派の脅威などこけおどしである。教師に極端に左派が多くても、学生にはほとんど影響が残らない。思想植えつけ説とは裏腹に、教育が学生を徐々に赤く染めていくことはないのだ。(38)

教育は社会的なリベラル主義と経済的な保守主義の両方を高めるため、リベラル派も保守派も、わが国の政治文化に対する教育の効果に声援を送る必要もなければ野次を飛ばす必要もない。社会的にリベラルでなおかつ経済的には保守である人々についてはどうか。教育は結局、本当に「魂を涵養する」と認めるべきなのだろうか。判断は難しい。もし教師が学生の思想を形成しているのでないとすれば、学生同士がお互いの思想を形成しているというのが論理的な推論である。しかしピア効果は、繰り返すが、両刃の剣だ。学校が象牙の塔の中に社会的にリベラルで経済的に保守である若者を集めれば、意図せずとも自動的に、象牙の塔の外には社会的に保守で経済的にはリベラルな若者の集団ができる。教育が前者の魂を涵養するなら、後者の魂は涵養されない。国の政治への正味の効果は？　不明だ。

しかし歴史を知っていれば国内外のより賢明な政策を支持するようになるのではないか。定義上はほぼその通りだ。歴史を十分に深く理解している人なら、過去についての知識に分け入って並行事例を見つけ、今の問題に巧みに応用できるだろう。だがこれは、既存の歴史教育に実際にそんなすばらしい効果があるという証明にはまったくならない。むしろ歴史の授業に政治的な便益があることを疑うべき強力な理由がすでに二つある。[39]第一に、何年も勉強したにもかかわらず、大半の成人が歴史について無知である。基本的な歴史をそもそも学ばなかったか、学んだことをすぐ忘れているのだ。歴史に無知な世界が恐ろしいなら、すでに恐ろしがってしかるべきだ。今私たちが暮らしているのがその世界なのだから。第二に、人間はある分野の知識を別の分野に――例えば歴史から政治に――移しかえる能力に乏しい。ブッシュはイラクに侵攻したとき、ベトナム戦争の、あるいは朝鮮戦争の教訓を無視していたのだろうか。このようにたとえ国民が歴史に詳しくても、その知識を応用して役立てるかどうかはまったく定かではないのだ。

有権者の動員

投票は世俗社会における宗教ともいうべき、党派を超えた信条だ。「どこに投票するかは問わない、でも投票には行きなさい」、教育者は声高に、得々と、早くから、そして口うるさくこう言う。熱心な支持政党を持つ教師は生徒が「正しく票を投じる」ことを言葉に出さずに願いながら、投票に行くよう訴える。政治にまったく関心のない教師も、投票という行為に民主主義の存亡がかかっているのだからと同じようにしつこく投票を迫る。おそらく高校以下の先生の方が大学教授よりも精力的に投票の義務を説くだろうが、ともかく学校という学校が上から下までみな同じお題目を唱える。

その説教は奏功しているか。判断は難しい。投票率は学歴に比例して急上昇する。投票率に対する教育の多大な効果は、所得、デモグラフィック特性、知力などで統計上の補正を行った後も通常は残る。[40] 用心深い否定派もいるが、限られた実験データでも教育を受けるほど投票率が上がることが示されている。[41]

問題は、教育水準が前世紀に大きく上がったのに、投票率はゆるやかに下がったことだ。つまり、相殺要因が教育の投票促進効果を隠してしまった可能性がある。[42] しかし何人かの著名な研究者が、そうではなく、投票率は相対的な学歴に依存すると結論づけている。[43] 人々が投票するのは教育を受けたからではなく、他の人々よりも高い教育を受けたからだというのだ。ここにもピア効果がうかがえる。在学期間が長くなるほど、その人の社会圏は政治的な行動が活発になり、その人は周囲になじむために政治的な行動が活発になる。

投票は魂を涵養するとあなたが納得したとして話を進める。相対的な学歴こそ重要なのだとすれば、教育は魂の養分を生み出すのではなく再分配していることになる。一人教育するごとに、その人が民主主義に参加するすばらしさを経験する可能性は高まるが、残りの国民がそのすばらしいことに参加する可能性は下がってしまうのだ。

現代のライフスタイル

文化と政治はさておき、私たちは教育がライフスタイルに与える効果についてのステレオタイプにとらわれている。教育程度の高い人は「現代的な」生き方を好み、教育程度の低い人は「伝統的な」生き方を好むというやつだ。現代的な生き方は無宗教で自由奔放で子供の数は少ない。伝統的な生き方は信仰に篤く退屈で子だくさんである。学校は現代風を伝統主義よりあからさまにひいきしたりはしないかもしれないが、それでもおそらく学生をこっそりと現代風の男女にしている。教育は過去のくびきから私たちを解放してくれるという意味で魂を涵養しているとは言えないか。

いや、言えないかもしれない。教育と現代性についてのステレオタイプは魅力的ではあるが、あてにならない。これから順番に見ていくが、学歴の高い人の方が現代的な部分もあれば、逆に伝統的な部分もある。

宗教

ステレオタイプでは高学歴の人ほど宗教と縁遠いが、これは半分しか当たっていない。高学歴の人が宗教と縁遠くなるのは神学的な意味においてである。教育程度が上がるにつれ、神や聖書に書いてあることを文字通りに信じる気持ちは薄れていく。しかし高学歴者の方が社会的な意味においては宗教との縁が強まる。教育程度が高いほど、教会に所属して通っている人が多い。これは少なくともアメリカですっかり定着したパターンだ。[44]

統計上の補正を行うと、教育の神学的な効果は弱まるが、社会学的な効果は強まるように見える。総合的社会調査（GSS）が、アメリカ人の神の存在を信じる度合いを1―6の段階評価で（1＝「私は神を信じない」、6＝「私は神が実在すると知っており、そのことにまったく疑いを持っていない」）、宗教儀式への参加を0―8の段階評価で（0＝「まったく参加しない」、8＝「週1回以上参加する」）測定した。所得、知力、社会的地位、デモグラフィック特性、時期で補正すると、教育期間が1年延びるごとに神を信じる気持ちは0・04段階減少するが、宗教儀式への参加は0・06段階増加する。[45] 宗教に関する世界的な調査では知力はどちらも減少させるというのが典型的な結論だが、宗教に対する教育の効果はどちらとも判断できない。教育が宗教心を大きく低下させるとする唯一の明確なエビデンスは旧共産圏から出ているが、これらの国々では政府はもちろん、学校のカリキュラムにも徹底的に無神論が貫かれていた[46]。

教育——大学を含む——が宗教にこれほど影響が少ないのはなぜだろう。社会学者のユッカー、レグネラス、ヴァーラーはシニカルだが現実味のある説明をしている。

一部の学生は自分を取り巻く知的な生活に参加しないことを選択した。彼らが大学にいるのは、他のもっと現世的な取り組みの中から「つぶしがきく」学位を取ることを選んだからであって、道徳や意味の問題に挑むためではない。それどころか彼らは自分が「知る必要のあること」——すなわち試験に出そうなことしか勉強しない。こういう学生はたくさんいて、その結果、学生たちの信仰（あるいは無信仰）はほとんど議論の俎上に載らない。［…］勝負を求められなければ、負けるはずなどないのである。［傍点は筆者］

それも、若者がそもそも自分の宗教についてどれだけ無知かを踏まえれば驚くほどではない。

高等教育は勉強に打ち込む学生たちに新しい世界を切り拓いてくれるが、古い（宗教的な）世界に対する懐疑心を生む場合もある。ただしそのようなことはあまり多くない、少なくとも大半のアメリカの若者は古い世界に懐疑心を持たない。これには、学生自身が高等教育と信仰の対立をあまり感じないという理由もあるし、非常に多くの若いアメリカ人が（大学入学前から）宗教信仰においてあまりに過小社会化されているため、信仰に勝負を挑んでくるような教材を前にしても気づきにくいという理由もあるだろう[47]。

これらはいずれも教育が本質的に宗教に対して無力であると証明しているわけではない。強圧的な宗教教育あるいは無神論教育を行えば、おそらく国民が入信したり信仰を捨てたりする現象が広まるだろう。しかし既存の教育が宗教に及ぼす効果は、プラスマイナスが混在していてしかも弱い。

結婚と離婚

1940年代以降、高学歴化にともない生涯添い遂げる夫婦は減っていった。[48] 学校が自由奔放さの許容を優先して伝統的な価値観を骨抜きにしたのだろうか。その可能性は低い。自由奔放な風潮をよそに、教育と結婚と離婚の関連性は薄いのだ。

現代のアメリカでは、結婚する人は男性の大卒者でわずかに増え、女性の大卒者でわずかに減っている。結婚生活を継続している人は男女の大卒者で増えた。男女とも大卒者の離婚率が今は減っているからだ。しかしこまかく見ると、一定のパターンが存在するかどうかはあやふやになってくる。大学に進学するが卒業できないアメリカ人は、最初から大学に進学しないアメリカ人より結婚する確率が低く、離婚する確率が高い。修士号以上の学位を持つアメリカ人女性は学士号止まりのアメリカ人女性より結婚生活を継続する確率が低い。[49] 歴史をさかのぼり、世界に視野を広げると、ますます一定の説が立てられなくなってくる。[50] 数十年前までは、高学歴のアメリカ人女性は生涯独身である傾向が高かった。[51] 国際的に見ると、高学歴者が結婚する確率は一部の国では低いが、逆に高くなる国もある。離婚についても同様だ。[52]

教育の表面上の効果のどれだけが本物なのだろうか。エビデンスは少ないが、教育の効果を統計的に特定しようとした研究者たちはだいたいにおいて——少なくとも現代のアメリカにおいては——教育が本当に結婚にプラスになることを発見している。[53] 総合的社会調査（ＧＳＳ）では、推定された効果は小さいが確実にある——少なくとも過去20年間は。デモグラフィック特性、知力、教会に通う習慣、時代で補正すると、教育年数が1年延びるごとに結婚する確率は0・7パーセンテージポイント上がり、離婚する確率は0・3パーセンテージポイント下がる。[54]

ということは、総論として、伝統的な結婚を支持する人が教育を恐れる必要はほとんどない。効果はまちまちだが、教育は今ではアメリカ人の自由奔放度合いを下げるように見える。例によってピア効果でそのメカニズムが説明できそうだ。人は教師が何年も前に言ったりほのめかしたりしたことより、自分と「社会的に同等の人たち」が今どのように生きているかの方をずっと気にする。この説を裏づけるのが、現代アメリカでは結婚と離婚に対する教育の効果が社会階層によって完全に説明できることだ。[55] 高学歴になればエリートクラブに入ることができ、それによって結婚したり離婚を回避したりしやすくなる。しかし全員が高学歴化すると、エリートクラブは入会の条件を引き上げるため、結婚の普及率は変わらない。

出生率

高学歴の人々の子供の数は少ない。これほど確実に実現している人口動態の法則はそうあるものではない。この法則があてはまるのは現代アメリカだけではない。[56] 高学歴の国々は低学歴の国々より出生率が低く、少なくとも1900年以降、国の出生率は高学歴化するにつれ下がっている。[57] 出生率の差は大きい。世界で均すと、低学歴女性が産む子供の数は高学歴女性より約3分の1人多い。[58] 国別に見れば、子供の数に1人以上の差があることもめずらしくない。[59]

原理上は、教育の陰に所得、知力、地位、民主化、あるいは近代化という要因が隠れている可能性がある。しかし統計をぶつけてみても、教育は強い要因として残る。[60] 1972年から2012年までのアメリカを例にとって説明しよう。この期間には、教育年数が1年延びるごとにアメリカの出生数は0・12人ずつ減っているように見える。所得、知力、デモグラフィック特性、時代で統計上の補正を行っても、1年の教育で0・10人の誕生が阻まれるように見える。[61] 男女とも教育によって出生数が抑制されるが、女性の方が抑制の度合いが大きい。妻の学歴は夫の学歴の3、4倍関係が強い。[62]

教育が出産を左右するのは指導によるものだろうか、それともピア効果だろうか。指導説は単純な解釈だ。ほぼすべての学校が――避妊の話に一切触れない学校でさえ――学生に子供を持つ時期を遅らせることをはっきりと奨めている。そして大半の学校で、大家族より立派な仕事を持つ方が良いと少なくとも暗に伝えている。一方、ピア効果でも筋が通る。ベビーブームを見ればいい。世界的に見ると、両者の強弱は定かではない。[63] しかし少なくとも現代アメリカでは、ピア効果は弱く見える。結婚と離婚に対する教育の効果は社会階層で完全に説明がつくが、出生率に対する教育の効果は社会階層ではまったく説明がつかない。[64] 高校中退者は上の階層にのしあがっても子供の数は高校中退者並みであり、博士号取得者は低い階層に転落しても子供の数は博士号取得者並みなのである。

学校が学生に子供の数を減らすよう奨めるということは、社会の少子化にも当然加担していることになる。教育は社会を人口減の未来に向かわせているのだ。ここまで検証してきた教育の成果の中でも、これは最も顕著だ。そこで大きく浮かび上がる疑問は、この効果は顕著に良いものなのか、それとも顕著に悪いものなのかである。

もし地球上のすべての国が人口過剰だとあなたが確信しているなら、教育は出生抑制効果で大きく得点を稼いだことになる。しかし低出生率を危機ととらえる人にとっては震撼すべき事態だ。ほぼすべての先進国は少子化になっている。ドイツと日本とロシアの人口はすでに減少に転じた。[65] 他の多くの国も今後数十年のうちに人口減少国の仲間入りをする。さらに憂慮すべきは、教育が単純に全国民を減らすわけではないことだ。ターゲットとなるのは教育エリートである。学校に長く在籍する傾向が最も高い人々ほど出産を最も制限するからだ。人的資本とシグナリング、あるいは生まれと育ちのどちらをあなたが重視しようと、これは人口動態的にはよからぬ結果をもたらす。しかし裏を返せば、幸いなことに、政府は教育予算の削減によって子供の数を増やせるとも考えられる。お金をかけずに人口動態の問題をストップできるわけだ。[66]

視野を広げる

私は幼稚園のときからカリキュラムに文句を垂れてきた。先生から「バカバカしい」課題を与えられると、私は先生にも親にも不満を口にした。彼らのお決まりの答えは、「どんなにバカバカしい」課題も視野を広げるというもっと次元の高い目的の役に立つ、だった。世界は可能性に満ちあふれているのに、ほとんどの学生は好奇心が乏しい。食わず嫌いの子供たちにこの豊穣な世界の一端を味わわせてやるのが先生の神聖な務めである。学問の「シェフおまかせコース」は学生の情操を豊かにするだけではない。視野に入っていなかったキャリアパスを示すことによって、学生の職業選択の幅も豊かにする。

今思えば、先生や親の言い分にも一理ある。子供はたしかに食わず嫌いだし、学校が新しいことへの挑戦を促すという形で子供たちを手助けできるのもまたたしかだ。しかし残念ながら、教育者はこの尊い理想の実践方法をまちがっている。はばかりながら、教育者の視野の狭さだって子供とさして変わらない。学問の「シェフおまかせコース」に並ぶ品目のほとんどは、十年一日のごときかわりばえのしない味ばかり――先生はたいがい自分が教わった内容を教えているのだからあたりまえだ。学校が「視野の狭さ」を嘆くなら、その対象は学生の視野の狭さではなく自分たちの視野の狭さであってしかるべきだろう。

何が「学生の視野を広げる」ものと見なされているか、考えてみよう。先生が学生に教える科目には大昔からまったく変化のないラインナップが並ぶ。音楽、美術、詩、演劇、外国語、歴史、政治、ダンス、スポーツ。熱心に応える子供も、特に音楽やスポーツであればいる。しかし熱中するほど、やがて来る失意も大きい。大人になってバイオリニスト、画家、詩人、俳優、歴史家、政治家、バレエダンサー、プロアスリートになる者などほとんどいないからだ。さらに前述の科目のどれにも夢中になれない子供たちはみな、「視野の拡大」の強制が弱まるのを大学まで待たねばならず、こちらの方が問題は大きい。

代案？　まずは学生にたくさんの多様な選択肢を与えよう。アメリカの詩をさらにまた一つ勉強させるかわりに、日本の漫画に触れさせよう。子供たちにまた別の演劇を強いるより、１９８０年代の映画をいくつか見せよう。アイデアが尽きたら、無作為に選んだウィキペディアの記事を課題に出そう。子供が「これだ」と琴線に触れる何かを見つける手助けをしたいなら、学問の伝統より断然トライアル・アンド・エラーだ。日本の漫画本や昔の映画を「無益」だと言う人は、自分のダブルスタンダードを見直してほしい。漫画や映画が詩や演劇と比べてどれだけより無益だろうか。

もちろん、他の条件が同じならば、学生を現実性のある職業に触れさせる方が単なる趣味に触れさせるよりいい。「好きなことを仕事にしなさい、そうすれば一生のあいだ一日たりとも働かずに暮らせる」ということわざ通りの人生を送るためには、自分が好きになれるどんな仕事が世の中にあるのかを知らなくてはならない。学生にたくさんの、多様な、だが現実的な選択肢を与えよう。手始めは労働統計局の「主要職業群別雇用率」と「雇用拡大率の最も高い職業」の数値だ。[67] 男子を看護の仕事に触れさせよう。数学に強い学生には保険業を紹介しよう。アッパーミドル階層の学生には配管工や電気技師がどんな仕事でどれくらいの収入があるのかを教えよう。外国語の単位に充当できるとしたら何人の学生がプログラミング言語「Python（パイソン）」に挑戦するか見てみようではないか。アイデアが尽きたら、労働統計局の『職業展望ハンドブック *Occupational Outlook Handbook*』から知らない仕事を調べさせよう。[68]

学校がこのような改革のどれもおそらくは試そうとしないという事実が、既存の教育の悲しい真実を教えてくれる。すなわち、「視野を広げる」は教育者が学生のもっともな疑いを握りつぶすために使うスローガンであることを。教育者に本気で学生の視野を広げるつもりがあるなら、カリキュラムは学生に世の中の実情を案内するものになるはずだ――教育者が学生時代に学ばされたものを案内するのではなく。

遊びの効用

子供に30分好き勝手に過ごす時間を与えるより、ダンスや体操のような技術を教える方が理にかなっている、と彼は言った。
――アトランタ市教育長ベンジャミン・カナダ博士、『ニューヨーク・タイムズ』の記事[69]

教育にはすばらしい可能性が秘められている。最高の教育の形は、古代ローマの哲学者ルクレティウスの言葉を借りれば「無限の時空をゆく心の旅」だ。[70] だが教育だけがすばらしい経験ではない。学生には1日24時間しかないのだから、最高の勉強にも、それ以上の価値がある他の経験を閉め出してしまうリスクがある。

教育のすばらしさを超えうるのは何だろうか。キラーアプリを書いたりオリンピックを目指して練習したりといった華々しい活動についい注目したくなる。しかし学生にとって最も身近な、勉強と競合する経験は遊び、——若さを存分に謳歌することだ。学生が時間とエネルギーを勉強に注ぎ込むほど、自分の世界を気ままに探索する時間とエネルギーは残らなくなる。「私が夏休みにしたこと」という学期初めに書かされる定番の作文を思い出そう。自由な数カ月を地下室で一人きりでリアリティ番組を観て浪費する子もいる。だが多くの子供は祖父母やいとこたちと交流したり、貝殻を集めたり、友達とダンジョンズ&ドラゴンズ〔ロールプレイングゲーム〕で遊んだり、旅行したりする。子供が学校で過ごす時間が増えたら、こうした豊かな経験は失われてしまうだろう。子供が学校で過ごす時間が減ったら、こうした豊かな経験は絶対に増えるはずではないか。

自由な遊びの効用を語らせるなら、世界で心理学者のピーター・グレイの右に出る者はないだろう。大人が干渉しなければ子供たちはもっと楽しみ、生きるための大切な教訓を学ぶ。

> 「精一杯プレーして楽しむ方が勝つより大事だ」はリトルリーグの監督が負け試合の後によく使うが、勝った後にはめったに言わないセリフだ。だが観客に見守られ、トロフィーがかかり、得点に注目が集まるなかで、どれだけの選手がそんなセリフを信じているのか、ヴィンス・ロンバルディ〔アメリカンフットボールの有名コーチ〕の考えこそ正しいとひそかに考える選手がどれだけいるかと思わずにはいられない。「勝利がすべて」という考え方は、高校に上がり、その後大学スポーツへと活動の舞台を移せばさらに目立ってくる。[…]
>
> だが非公式スポーツの世界では本当に、精一杯プレーして楽しむことの方が勝つよりも大事だ。こんこんと説いて納得させるまでもなく、みんながそれを知っている。また上手い下手に関係なくプレーできる。非公式試合の醍醐味は、楽しみながら力を伸ばすこと、時には、公式試合であれば許されないか罵声を浴びてしまうような新規で思いきった技を試してみることである。[…]他の選手たちより自分の力が上であれば、これは自分にハンディキャップを課す方法ともなり、試合が全員にとってより面白くなる。勝ち負けが重要な公式試合

でこんなことは決してできない。チームを裏切ったと責められてしまうだろう[71]。

教訓は、遊びだけさせて学校に行かせないのが子供にとってベストだということではない。魂を陶冶する場として学問を擁護する人は、教育だけに固執すべきではないということだ。それより、学校と遊びをどうミックスさせたら魂の育成にベストかを追求すべきだ。残念ながら、教育の地位が高く遊びの地位が低いために、私たちは学校の一番いい部分を遊びの一番くだらない部分とつい比較してしまう。スマホゲーム「アングリーバード」に興じる1時間と、映画『いまを生きる』でロビン・ウィリアムズ演じる教師が行ったシェイクスピアの授業を比べても、まるで勝負にならない。だが学校と遊びのベストミックスを見つけるには、学校と遊びの等身大の姿を比較するのが賢いやり方だ。どちらもそれぞれが称する理想には及ばないが、どちらの方が理想から遠いかなどわからない。

それでも、教育を遊びより優位に置く理由はほとんどない――ところが私たちの社会では、教育が子供の日々を支配している。この何十年というもの、学校と勉強の時間は長く、さらに延びる一方だ。6―12歳の生活時間の主要な集計調査によれば、週当たりの学校と勉強の時間は1981年の約31時間から1997年と2003年には37時間に増加した。それに対して遊びの時間は週約10時間と少ない。「遊び」にはコンピュータゲームは含まれるがテレビ視聴は除外されており、テレビ視聴時間は1981年の18時間以上から2003年には14時間に減少した[72]。屋外での遊びも過去30年ほどで衰退した。自分が子供のころ毎日外で遊んでいたという母親は70％いるが、わが子が毎日外遊びをするという母親はわずか31％だ[73]。休み時間を廃止した小学校はごく少数派だが、「落ちこぼれ防止法」が施行されてから5年以内に20％の学区が休み時間を縮小したことが、ある大規模調査でわかっている。休み時間を延長した学区はほぼ一つもない[74]。

学校で過ごす時間が延びたことは一つ社会的に有益な役割を果たしている。子供を預かって共働きを可能にしたことだ。しかし学校での時間を増やしたからといって学校のための時間を増やす必要はない。子供たちが学校にいる時間が延びた分を休み時間の延長に充てられたはずだ。むしろ、子供の自立心を養いたいなら、授業時間を延長するかわりにお金のかからない遊びの選択肢をいろいろ用意できたはずである。私の持論は学校の図書館を常に開放して、勉強好きで知的好奇心の旺盛な子供たちが好きなだけ静かに本が読める場所を作ってやることだ。大学に入るまで私が在籍した学校にはすべて蔵書の豊富な図書館があったのに、全学生に開放されていることはほとんどなかった。自由な遊びにはいろいろな形があってよい。図書館を本の虫たちの自然保護区にしてはどうか。

大学生の場合は、ご記憶かもしれないが、遊びの時間がかつてなく長くなった。[75] 高校までの勉強量が増えたのとは逆に大学での勉強量は減った。現代教育を批判する人のほとんどが、これを嘆かわしい教育水準の低下ととらえる。しかし遊びの効用を理解すれば、アメリカの大学のレジャーランド化は悪いようで実は良いことだ。大学は学生に気ままな探索の時間をたっぷり与える——子供時代はほとんど持てなかった時間を。学部生の多くは、与えられた機会を飲み会で前後不覚になって浪費する。だが魅力的な選択肢を次々と試して、一生のテーマを見つける者もいる。学部生時代は良かったと私が思うのは、授業の負担が軽かったからにほかならない。毎日遊ぶ時間がふんだんにあり、私は遊び倒した。哲学書を読みふけり、オペラを聴き、友人たちとウォーゲーム〔戦争をシミュレーションしたボードゲーム〕をやり、見知らぬ人たちと深夜まで政治を論じ合った。私の人格が形成されたのは緩い学問水準に負うところが大きい。

シニカルな理想主義者

経済学者とはシニカルな人間の集団である。教育は魂を涵養するという人文主義者の論文は大半の経済学者にはさっぱりピンとこない。経済学者はキャリアに対する教育の便益を緻密に測定する。教育に消費に対する便益があることは認める。しかし教育そのものに本来的な価値があるとする主張には大半の経済学者が顔をしかめる。私が教育の利己的なリターンと社会的なリターンを計算したり、教育財政の削減と職業教育を求めたりするのを見て、人文主義者は私が多くの教育者が大事にしている人間を変えるという理想を無視した、シニカルな経済学者の典型だと思うだろう。

私は経済学者でありシニカルな人間だが、シニカルな経済学者の典型ではない。私はシニカルな理想主義者だ。教育が人間を変えるという理想を信じている。知的な生活の力に心から信頼を置いている。私がシニカルなのは人間に関してだ。

私は学生に関してシニカルだ。その大多数は俗物だ。世界最高の教師でも、思想や文化への生涯続く真摯な愛の火を彼らの心に熾すことはできないだろう。私は教師に関してシニカルだ。その大多数には感化力がない。自分自身にさえ思想や文化への愛を説得できていないのに、まして教え子を説得できるはずもない。私は「意思決定者」――学生の勉強内容を決める学校関係者に関してシニカルだ。その大多数は、学生が従いさえすれば自分の仕事は果たしたと考えている。

記憶を探れば誰でも、こんな情けない世の習いにあてはまらない立派な例外は見つかるだろう。私も意欲的な学生や熱意のある教育者をたくさん、賢い意思決定者を数人知っている。彼らは世の鑑だ。しかし教育界で40年間――その多くを「世界最高の学校」で――過ごしてきて、意欲的な生徒や熱意ある教育者や賢い意思決定者は絶望的に少数派であると私は確信している。称賛に値する教育は命脈を保っているが、隆盛を誇ってはいない。

私は教育を憎んでいるわけではない。むしろ教育を愛しすぎるあまり、オーウェルの世界をほうふつとさせる今の教育もどきを受け入れられずにいる。今の教育のどこがオーウェル的なのか？　最も根本的な点は、啓蒙を強制する考え方だ。教育者は決まって、思想や文化の探求を望む学生がほとんどいないことを根拠に、強制を擁護する。学生の好みについてはその通りだが、教育者はもっと深い真実を忘れている。本来的に価値のある教育には学生の意欲が不可欠なことだ。思想や文化を強制的に勉強させたのでは探求の価値が損なわれる。

目的が手段を正当化するとやせがまんしても、強制的な啓蒙では蒙はろくに啓かれない。学校はオーウェルの世界風に自画自賛するが、学生の心に働きかける力はない。好条件が整っているのに、教育はハイカルチャーやリベラル政治の人気を目に見えるほど高めることに失敗している。一カ所に集めて管理するのはうわべの行動を型にはめるには優れた方法かもしれないが、心と頭をなびかせるには愚かな方法であり——自覚的に取り組む姿勢を醸成する方法としては大失敗である。スタンフォード大学の教育学教授デービッド・ラバリーが述べているように、「心理療法士なら誰でも証言できるように、みずから望んで来た人に人間的な向上に取り組む動機づけを行うのも非常に難しいものだが、強制的に来させられた人の動機づけを行うのはそれとはまたまったく質の異なる仕事である。そして教師が毎日教室で向き合うのは強制的に来させられた人なのである[76]」。

トップクラスの学生さえ、優先順位を見直すのではなく制度の抜け穴を利用するというやり方で、ニンジンをぶらさげた学び舎に対応してくる。イギリスの大学はアメリカとは違い、基本的に学業成績を入学の合否基準にしている。イギリス人のグレッグ・クラーク教授がスタンフォード大学で教えるようになった当初、教え子のアメリカ人エリート学生たちはイギリスの大学生より人間的に優れているように見えた。まもなく彼はアメリカ人の優秀さには裏があることを知る。

スタンフォード大学の助教授になって2年目に、私は6人の1年生のメンターを担当した。どの学生も書類上は18歳とは思えないほど多方面に関心を持っているように見えた。チェスクラブ、ディベートクラブ、歴史クラブ、ランニングチーム、ホームレスシェルターでのボランティア。まもなく私はこれらの関心と思われたものがアメリカの大学入試プロセスの産物にすぎないと気がついた。願書に書く内容を作るために手をつけて、入試で奏功したらすぐやめてしまうのだ。(77)

とはいえ、人文主義者は絶望すべきではない。人間を変える教育の救世主が現れた。価値製造機たるインターネットだ。オンライン教育はまだ既存の学校を廃業させるまでには至っていないが、人を啓蒙するという点で従来の教育にすでに勝っている。インターネットはお金のない人々を啓蒙する。自己負担費用がゼロに近いからだ。時間のない人々を啓蒙する。通学時間も通常はゼロだからだ。インターネットは知的に孤立した人々を啓蒙する。検索エンジンと検索順位が、最もまちがいのない道筋を独学者に示してくれる。

多くの理想主義者は、インターネットが啓蒙するのはみずからそれを求める人だけだと反論する。その通りだが、彼らは多くを求めすぎではないか。啓蒙とは精神の状態であってスキルではない――そして精神の状態は、スキルとは異なり、簡単に偽装できる。学校が啓蒙を求めれば、学生は思想や文化への関心を装うという形で対応し、教育者が誤った達成感を得てしまうのは予想がつく。

それに対して、啓蒙が選択自由なものであったら、教育者が学生を変えられないことが白日の下にさらされる。ここでシニカルな人間は残された希望をすべて失うかもしれないが、シニカルな理想主義者はここから「改善するためには何ができるか」と考え始める。答えは明白で、教え方とマーケティングの改善だ。これは希望的観測などではない。広義のオンライン教育は毎日のように教え方とマーケティングを洗練させてきている。教育者の対応が今ひとつ弱く見えるのは対象の拡大という部分だ。抽象的な思想とハイカルチャーに最も関心が高い人間は働く大人だ。熱意ある教育者は若者の無関心を嘆くのではなく、そのエネルギーを啓蒙の素地がある人間に向け直すべきなのである。ブログ、ポッドキャスト、あるいはユーチューブに講義動画を掲載してもほとんどお金にはならない。だがもしあなたが私のように心の底から教育を愛しているなら、そうした活動のやりがいそのものが報酬になる。

10

教育と啓蒙をめぐる五つの座談会

私は経験によって教育について多くを学んだ。研究論文を読んでさらに学んだ。しかし経験や研究だけで、人と意見を交え戦わせることがなくては不完全な気がする。教育についての会話には確実に誰でも参加できる――例えば海底油田掘削についての会話とは違って――この話題に不案内な人はいないからだ。教育学の論文を読む人は少なくても、ほぼすべての大人は学校に行き、職を持った経験がある。

残念ながら、教育をめぐる議論はほとんどが孤立した状態で行われている。研究者は素人の実体験にあまり関心を払わない。むしろ否定的な立場を取っている。「人々が口で言うことなど信じてはいけない」というわけだ。素人は研究者の高度に専門的な分析になおさら関心を払わない。いわく「統計なんかでは何も証明できない」。私が本書で果たそうとしている野望は、あらゆるエビデンス――学生、親、労働者、教師、雇用主の証言に加えて、経済学、心理学、社会学、教育学の研究――を融合することである。

全員に配慮はできても、全員を喜ばせることはできない。本章では特定の派閥の懐柔を試みるより、全員にご登場願ってバトルロワイヤルを展開させる。次のシナリオは教育をめぐる30年分の議論を参考にして書き起こしたものだ。実在の登場人物は私だけである。残りは典型モデル、私のお気に入りの批判派を合成して作り上げた──カリカチュアになっていないことを願うが──人物たちだ。

キャスト

ブライアン・カプラン──ジョージ・メイソン大学経済学部教授。最高学歴はプリンストン大学経済学博士号。

ジェームズ・クーパー──カンザス大学1年生、専攻は不明。最高学歴はトピカ高校〔カンザス州〕卒業。

フレデリック・ドッド──『ウォールストリート・ジャーナル』紙コラムニスト。『クロニクル・フォー・ハイヤー・エデュケーション』〔高等教育専門紙・ウェブサイト〕にもブログを寄稿。最高学歴はニューヨーク大学ジャーナリズム修士号。

アラン・ラング──カリフォルニア大学バークレー校経済学部教授。最高学歴はMIT経済学博士号。

ジリアン・モーガン──フリーランス技術ジャーナリスト。最高学歴はUCLAコンピュータサイエンス学士号。

シンシア・レイガン──ニュージャージー州ウッドロー・ウィルソン高校の英語教師。最高学歴はニュージャージー大学英語学士号。

デレック・ロマーノ──高校を中退したばかり。最高学歴はなし。

グレッチェン・シンプソン──学生ローン問題活動家。最高学歴はフロリダ大学社会学修士号。

ダリア・スタイン──起業家、高校3年生の子供あり。最高学歴はテキサス大学工学学士号。

座談会1　教育って何の役に立つの

デレック　確認しときたいんだけど。あんたは先生なのに学校はとんでもない時間の無駄だと認めてるんだよな。周りの大人たちから反対されても高校をやめた俺はアタマいいってことかい。

ブライアン　とは言い切れない。利己的な立場から言えば、君は自分の首を絞めたようなものだ。学校で学び損ねたことのほとんどは一生知る必要がないけど、就職市場で大きなマイナスの印象を背負うのはたしかだからね。

アラン　彼が「大きなマイナスの印象を背負う」のは、現代の経済の中で働く上で必要な基本スキルを学ばずに学校をやめたからだよ。

シンシア　おっしゃる通りよ、アラン。ブライアンの立場は無責任きわまりない。デレックのような子は学校が貧困から抜け出す道だと知るべきよ。

ブライアン　学校教育を受けておくと就職市場でそれなりの報酬が得られることは否定しない。むしろ私の主張は、学校教育に見返りがあるのは主にエンプロイアビリティをシグナリングするからであって、エンプロイアビリティを高めるからではないということなんだ。かりにデレックが新しいことを何も学ばないで高校の卒業証書を手に入れたとしても、就職の見通しはずっと明るくなるだろう。

シンシア　プリンストンで博士号をお取りになった教授にしては妙な主張ですこと。

ブライアン　私は内部告発しているんですよ。名門大学の学歴がない人間の「教育反対論」に耳を貸そうとは思わないでしょ。それに私が言っていることは妙でも何でもない。あなたも目のあたりにしてるじゃないですか。シンシア、今週何を生徒に教えた？

シンシア　［間を置いて］T・S・エリオットの詩よ。

ブライアン　ああ、「うつろなる人々」ね。生徒はT・S・エリオットを仕事でいつ使う？

シンシア　そんなのわからないわよ？　誰かが詩人か文芸批評家になるかもしれない。

ブライアン　あなたがのべ約3500人の生徒を教えてきたとしましょう。あなたが聞いた範囲で、詩でも文芸批評でも何でも、エリオットの作品の知識を使う職業に就いた生徒が一人でもいる？

アラン　それはフェアな質問じゃないな。詩によってどんな仕事のスキルが育つかわからないだろう？　どの科目が「有益」か、直観に頼らないで、何が市場のテストに合格するかを見るべきだ。雇用主が英語の成績の良い就職希望者に関心が高いとすれば、エリオット作品の「有益性」を否定する君の方こそおかしい。

ブライアン　エリオットの詩は一つの市場テストに合格はしている。でもテストの性格自体があいまいだ。エリオットの詩の知識は有益な仕事スキルと考えられているが、それはすでに持っている仕事スキルのシグナリングである可能性の方が高い。

シンシア　なぜそこにこだわるの？　私の教え子は仕事でエリオットを使わないだろうけど、就職するためには良い成績が必要で、課題をこなさなければ良い成績はとれないのよ。

アラン　そこは学生にはどうでもよくても、社会はこだわりたいところだ。教師が学生のおでこに品質保証ラベルを貼り付けるだけだったら、ラベルを貼るプロセスを短縮して多大な時間とお金を節約し、学生にもっと早く大人の役割を負わせたっていいことになる。ブライアンのナンセンスなシグナリング説を認めてしまったら、そこでゲームオーバーだよ。

ブライアン　なぜナンセンスなんだい？

アラン　学校には有益な授業内容がたくさんある。読み書き計算。「全部シグナリング」じゃないよ。

ブライアン　私は「全部」なんて言ったことないよ！　私が命題として掲げているのは教育プレミアムがほとんどシグナリングだということであって、完全にシグナリングだということではない。だからこそ人的資本とシグナリングの内訳を数量化しようとさんざん紙幅を割いてきた。

デレック　あーなんで俺が中退したのか思い出しちゃったよ。先生、ふつうの英語でしゃべってくんない？

ブライアン　ごめんよ、恩師から悪い癖がうつっちゃってね。デレック、君はもっと教育を受ければもっと良い仕事に就けてもっとお金を稼げることには同意するよね？

デレック　うん、雇う側は実力よりも紙切れ一枚の方を気にするからでしょ。

ブライアン　私が言おうとしてたことの先を越されたな。教育によって君の所得が上がった場合、経済学ではそれを「教育プレミアム」と言うんだ。

プレミアムの一部は、学校のおかげで生産性が上がるから。これが人的資本の割合。

残りのプレミアムは、学校のおかげで生産性が高いように見えるから。これがシグナリングの割合。

「人的資本とシグナリングの内訳」は、両方の割合を並べてみたものだ。70対30なら「70％が人的資本で、30％がシグナリング」になる。

シンシア　つまり、雇用主は学業成績をYelp（イェルプ）〔口コミサイト〕のレビューみたいに使ってるってこと？

ブライアン　大体そういうこと。

デレック　先生は「Yelpのレビュー」って言うけど、俺に言わせりゃ差別だね。高校中退したヤツがまともな仕事に就けないのは雇う側が俺たちを見下してるからだよ。

ブライアン　それも考えられるけど、あやしいな。もしほとんどの雇用主が単に気取ってるから高校中退者を採用しないんだとしたら、公平な雇用主はあっという間に得をするはずだよ。学歴があるだけで給料をもらいすぎの社員を全員クビにして、同じ能力がある中退者に入れ替えれば、差額が儲かる。

シンシア　そんなうまい話があるかしら。

ブライアン　と、思うのが正解。能力の高い中退者はいるけど、採用プロセスで見抜くのは難しいから、雇用主は学歴に頼る。たしかに少数のダイヤモンドの原石を採り損ねはするが、就職希望者全員に実力を示すチャンスを認めるのは手間がかかりすぎる。

アラン　ちょっと待ってよ。それが実態なら、もっと安上がりな方法があるはずだ。
ブライアン　連邦政府、州政府、地方自治体は現状維持に大きく偏っている。年間数千億ドルという助成金がなかったら、他にどんな労働者資格認定制度が現れるだろうね。
アラン　［疑わしげに］じゃあ悪いのは政府か？
ブライアン　そうじゃないけど、政府の助成金がより深刻な問題を悪化させている。
シンシア　少なくとも公教育がすべて悪いわけじゃないのね。その「より深刻な問題」って何？
ブライアン　大前提として、信用のおけるシグナルは高価でなければならない。欽定訳聖書風に言えば、「シグナリングは常に汝らと共に居る」。ダイヤモンドの価値がいきなりプラスチック並みに安くなったら、結婚を申し込もうとする人は愛を証明するために結婚指輪をもっと高い宝石に変えるはずだ。普通教育の半分の費用しかからない斬新な試験サービスが現れたら、学生は自分にふさわしい資質があると雇用主を納得させるために、さらに何年もかけてテストを受けなければならなくなる。
アラン　君のような人たちっていつも、法律で許されれば雇用主はIQテストで人を採るはずだって言うよね。
ブライアン　じゃあ「私のような人たち」と私は意見が違うな。「差別的効果」のある採用慣行を禁じる法律はあいまいだし、施行も緩い。学歴はなくても質の高い労働者を見つける方法としてIQテストが良いと企業が思えば、とっくに使っているよ。
アラン　でもすべてシグナリングだとしたら、IQテストが決め手になるんじゃないの。
ブライアン　すべてがシグナリングではないってさっきから言ってるじゃないですか。80％がシグナリングだろうというのが私の最善の推測値ですよ。とはいうものの、教育が知力だけのシグナルを発信するのであれば、あなたの言う通り。しかし現実には、教育は雇用主が求める特性をセットでシグナリングしている。代表的なのが知力、仕事に対する姿勢、嘘偽りのない協調性だ。

アラン　なるほどわかった。じゃあなぜゴールドマン・サックスのようなエリート企業はハーバード大学に受かったばかりの高校4年生を、卒業まで4年間待たずに青田買いしないの？[1]　ハーバードの修了率はほぼ100％なんだから、入学と卒業は実質イコールだ。

ブライアン　そう急がないで。もしゴールドマン・サックスが青田買いしようとしたら、ハーバードの中のカスをつかむだろう。ハーバードに入るような学生は一流大学に入ることを目標にそれまで頑張ってきた。彼らが生きている世界ではアイビーリーグだけが人生の本道なわけ。前途洋々のハーバードの1年生で大学に行くこと自体をやめようなどと考えるのはどんな奴？　不適合者、変わり者だよ。ゴールドマン・サックスは不適合者や変わり者を欲しがらない。欲しいのは優秀で協調性のある人物だ。[2]

アラン　逆選抜〔経済学用語で、売り手と買い手の間に情報格差がある場合に起きる市場の失敗〕か。君の言う通りなら、労働市場はとっくの昔にこの問題を解決しているよ。

ブライアン　本当？　前回確認したとき、あなたはまだ1000万人の健常な労働者が本人の意思に反して失業していると考えていたよね。労働市場が急に大量失業の問題を解決したの？

アラン　［ため息をついて］高学歴の失業者だって自分には採用する価値があると雇用主を説得するのに苦労してるんだよ。

ブライアン　逆選抜を持ち出しているのはそっちじゃないか……それが悪いというんじゃないよ。逆選抜のせいで健常な労働者が就職できないなら、逆選抜のせいで能力がある労働者が立派な学歴がないと良い仕事に就けないのだっておかしくないだろう。

ジリアン ［あきれたように］なかなか面白い議論だけど、みんな頭が古いわ。今こうしている間にもオンライン教育は大発展しているのよ。仕事スキルの科学的な測定法もね。あと数年もすれば、IQテストなんて8ミリビデオみたいな過去の遺物になってるわよ。

アラン その手の予測は何年も前から耳にしてきた。オンライン教育はそれなりのニッチ市場を獲得しているが、革命を起こすとは思えないね。

ジリアン レコード会社も書店もそう思ってたわ。絶対に、これからオンライン教育が業界を席巻するから。

ブライアン その自信の根拠は？

ジリアン 経済の論理よ。インターネットは画一的な従来の学校とは比べものにならない低コストで、一人ひとりに合わせた教育を提供できる。インターネットならタダみたいな金額で学べるような仕事スキルを身につけるために、借金する必要ある？

ブライアン 私の答えはもう聞いたでしょ。シグナリングですよ。教育に見返りがあるのは主に労働者の資質を保証するからであって、仕事のトレーニングをするからじゃないんだ。

ジリアン 今はそうかもね、でもこれからは変わっていくわ。

ブライアン 親族に高校在学中の人はいる？

ジリアン ええ、17歳の弟がいるわ。

ブライアン 弟さんに大学に進学するよりオンライン教育を受けなさいと奨める？

ジリアン 今はまだ奨められない。5年後はわからないけど。

ブライアン　でも君の考えでは、オンライン教育の方が従来型の教育よりすでに優れているんでしょ？

ジリアン　オンライン教育の方が学習法として優れているけど、雇用主からはまだうさんくさく見られているもの。

ブライアン　そこだよ。雇用主がうさんくさく見るのは「アーリー・アドプター〔新しいものを世間に先駆けて採り入れる人〕」が社会の慣例に従わないからだ。

ジリアン　過渡期の問題よ。オンライン教育が市場で主流になったら、従来型の学校に通う学生の方が「協調性がない」という烙印を押されるわ。

ブライアン　残念ながら、ジレンマがあるんだ。オンライン教育は市場で主流になるまでは協調性がないという烙印を免れないが、協調性がないという烙印が消えるまでは市場の主流になれない。

ジリアン　自分に都合のいいこと言ってますよ、先生。破壊的イノベーションから無傷でいられる業界はないのよ。先生のいる教育界もね。

ブライアン　「無傷でいられる」とはきつい言葉だな。でも学校は何百年も前からそんな嵐に耐えてきたんだよ。なぜ耐えられたかは協調性のシグナリングであざやかに説明がつく。君の未来予測が正しければいいのにと私も思うけど、自分に都合のいいことを言ってるのは君の方だ。

シンシア　あなたは学校が「協調性のシグナルを発信する」とさっきからずっと言ってるけど、それはまちがいよ。私のような教師は常に教え子たちに「自分をしっかり持ちなさい」と言っているわ。エマソンの「自己信頼」を期末レポートの課題に出したことだってある。「一人前の人間であるためには、他人に迎合してはならない」

ブライアン　私もその随筆は大好きですよ。〔間を置いて〕では、生徒がエマソンの言葉を信じて、許可もなく離席したらどうなります？　あるいは期末レポートを書こうとしなかったら？　デレックならわかるよね。

デレック　まじウケるわ。学校で一番ムカつくのはアホな校則。二番目にムカつくのが口先だけの「自分らしく」

だよ。

アラン　分別くさいことを言うのは嫌だがね、デレック、そういう反抗的な態度をとっていても何の得にもならないぞ。ブライアン、君だったら彼を雇いたいと思う?

ブライアン　デレックはこの10年間さんざん嫌な思いをしてきたからね。でもアランの言い分はもっともだ。企業は協調性がなければうまく回らない。それでもデレックを擁護させてもらえば、もし彼が学校で苦しむかわりに12歳から徒弟修業をしていたら、協調性に意味があるなんて彼に言って聞かせる必要はなかった。経験でわかったはずだから。

フレデリック　横から失礼。ブライアンとアランの話はかみあっていないよ。ブライアンは学生が17世紀のデンマークの詩を学ぶような大学の話をしている。アランは学生が読み書き計算を学ぶ高校までの教育の話をしている。高校までの教育が人的資本を形成するという点はみんな異論はないと思う。大学教育のどれくらいがシグナリングなのかに話を絞りませんか。

アラン　ブライアンは君が思っているより極端だよ。どのレベルの学校にもシグナリングがあると考えている。

ブライアン　いかにも。高校以下の学校で必修の学問以外の授業、音楽、ダンス、美術、体育を考えてごらんよ。高校以下の学校の学問的な授業で仕事にはほとんど使わない授業、歴史、外国語、詩、公民を考えてごらんよ。私の本は『教育反対論』であって『高等教育反対論』ではない。でも大学教育に話を絞るのはやぶさかじゃないよ。

フレデリック　［あっけにとられて］まあ、たしかに大学には役に立たない授業がたくさんあるが、今だって教育改革は行われてないかい? リベラルアーツは急速にすたれてきてるし。今の大学生は仕事のスキルを教えてくれる専攻を取りますよ。STEMは将来有望だよね。

ブライアン　STEMを専攻した人はSTEM以外を専攻した人より多少収入が多いが、それは優れた仕事スキルを獲得したからじゃない。STEMを専攻した人の大半はSTEMとは関係ない仕事に就いている。理由はシグナリングで明快に説明がつく。STEMで学位を取得したことが、仕事に必要な具体的なスキルとは関係なく、雇用主に良い印象を与えるからだ。

フレデリック　もし「シグナリングで明快に説明がつく」なら、なぜあなたの見解はこんなに人気がないんです?

ブライアン　社会的望ましさのバイアスですよ。教育はリベラルにも保守にも受けがいい。イデオロギーを超えた盲目の愛によって人は教育を賛美する説に走り、教育を批判する説を拒否する。

フレデリック　心理学の話になってきたね。シグナリング・モデルに対する最大の反論だけ教えてくださいよ。

ブライアン　率直に言うと、批判派はシグナリング・モデルをよくわかってないから、「反論」のほとんどは、シグナリング・モデルがすでに見越している事実を指摘するだけなんだ。「シグナリング・モデルでは教育は重要ではないと言っている」とか「シグナリング・モデルでは学生が授業をさぼってもかまわないと言っている」とか聞かされるたびに5セントもらえてたら私は今ごろ大金持ちになってるよ。

アラン　「皮肉っぽく」「すでに見越している事実」ね。ハッ。シグナリングで何でも説明がつくんだな。

ブライアン　「人的資本で何でも説明がつくんだな」と返したいところだが、両方まちがいだ。人的資本とシグナリングを見分ける方法はたくさんあるよ。

フレデリック　例えば?

ブライアン　私のお気に入りはシープスキン効果だ。社会科学者は「教育年数」にばかりこだわるが、教育プレミアムのほとんどは卒業のおかげだ。これは人的資本ではうまく説明がつかない。学校は最終学年にならなければ実用的な仕事のスキルを教えないのか?　それに対して、シグナリングならずばり説明がつく。私たちの社会では、高校や大学は卒業するものとされている。卒業しないのは「私には社会の期待に応える能力かモチベーションが欠けています」と大声で言うようなものだ。

フレデリック　わかるよ。私もいまだに卒業前日の最終試験をアクシデントで受けられないって夢にうなされるからね。

アラン　今度は夢が「エビデンス」か？　シープスキン効果は選抜と言えるかもしれない。卒業した人は学位を取らなかったとしても同じくらい成功するんじゃないの。

ブライアン　そうは見えないね。研究者が元々の能力で統計上の補正を行うと、教育年数でも卒業でも教育プレミアムは下がり、両者の比率はほぼ一定になる。しかし統計を見なくたって、シープスキン効果は素人目にもわかる。博士論文提出後の口頭発表会を直前に放棄していたら、あなたのキャリアはどうなっていたと思います？　博士号がなければ、あなたはバークレーはおろかポダンク州立大学の教授にもなれなかっただろう。それに学生の進路を親身に考えるなら、あなただって良い仕事に就けるように学位は取れと教え子たちに奨めているはずだ。

アラン　「常識」を持ち出すのが好きだね。

ブライアン　その通り。研究者の大半とは違い、私は素人の実感を真面目に考慮する。10年以上も教育を受けた実体験にはそれなりの重みがある。

デレック　それじゃあ統計なんて意味ないじゃん？

ブライアン　素人の大半とは違い、私は研究も真面目に受け止めている。優秀な人たちが一つのテーマに人生を捧げているのだから、敬意を払わないとね。複雑なテーマに踏み込むには、全員の声に耳を傾けるのが一番いい。方法論を振り回して証言のほとんどを無視する言い訳を探すんじゃなくてね。

フレデリック　あなたはどんな球が飛んできてもガンガン打ち返してすごいけど、これまで私が話を聞いてきた何十人もの労働経済学者よりあなたの意見が正しいと考えるべきポイントはどこですか？

ブライアン　その人たちが語った言葉をもう一度しっかり読み返してごらんなさい。ほとんどの学者がそうだけど、彼らがその優秀な頭脳で取り組んでいる課題は数が少ないし範囲も狭いんだ。問題は、労働経済学者のシグナリング研究がまちがっているということではない。彼らがシグナリングそのものを避けて通っていることだ。

アラン　わからないことはわからないままにしておいちゃだめなのかい？

ブライアン　だって信頼のおけるエビデンスが存在するんですから。労働経済学者は点と点を結ぶことができていないだけだ。とはいえ、私だって教育の世界に40年も身を置いていなければ、不可知論の立場を取っていたかもしれない。40年分の実感と人的資本純粋主義がどうしても相容れないだけなんですよ。あなたは素直に受け入れられるの？

座談会3　教育投資は割に合うか

ダリア　もう少し下世話な話をしてもいいかしら、先生？　うちの娘が来年、大学受験なの。どうすれば娘の将来にとってベストな投資になるのか知りたいわ。

ブライアン　喜んでお手伝いしますよ。お嬢さんは客観的な第三者から見て「優秀な学生」ですか？

ダリア　［少し間を置き］と思うわ。本人が希望すれば修士号以上の学位を取るだけの実力はある。

ブライアン　お嬢さんはもう専攻は決めた？

ダリア　私は工学イチ推しなんだけど、娘は生物学に気持ちが傾いてるの。

ブライアン　それなら、利己的な立場から言えば、四年制大学の学位を取るのがお嬢さんにとって良い投資ですね。

生物学は工学ほど収入は高くないけど、インフレで補正後の期待リターンは約7%になる。

ジェームズ　僕も相談していいですか？　僕はカンザス大学に入ったばかりです。まだ1年生だけど、すでに死ぬほど退屈してて。どの授業にも心が動かない。ダリアさんは娘さんを技術者にしたがってるけど、うちの親は僕が何でもいいから専攻を決めたら喜びそうです……。

アラン　［さえぎって］ブライアンはきっと中退しろとアドバイスするだろう。聞いちゃだめだよ。

ジェームズ　だめですか？　大学に行ってもあまり得るものがなさそうに感じるんだけど。

アラン　ジェームズ、自分の感覚は現代経済を生きる上ではろくな指針にならないよ。大学をやめたくなったら、大卒と高卒の平均収入を比べてごらん。

ブライアン　ジェームズの感覚はたしかに現代経済を生きる上でろくな指針にならない。だがアランの考えはもっとダメだ。ジェームズ、自分を高校生と比較してどう評価する？　他の大学生とは？

ジェームズ　［浮かない顔で］高校では平均よりちょっと上でした。今は平均より下だと感じます。

ブライアン　では大卒の平均収入と高卒の平均収入を比較してはいけない。平均より下の大卒の収入と平均より上の高卒の収入を比較しなさい。

アラン　無駄に複雑にするなよ。

ブライアン　［憤慨して］無駄？　理屈には合わないが、あなたが正しいとしよう。それでもジェームズの期待利得は平均以下だ——なぜなら、彼のように学業の振るわない学生は卒業する可能性が低いからね。ジェームズのような学生は落第するか自分からあきらめて退学し、今までに払ってきた犠牲をすべてふいにしてしまう。

ダリア　せちがらいこと言うわね。どの子にもチャンスを与えるべきじゃないの？

ブライアン　どんな社会も結局は教育の機会を分配していますよ。「大学に一発勝負をかけ」たところで奇跡の大逆転なんて起きますか？

ダリア　月並みだけど、可能性のある若者に教育を受けさせないのは社会の損失でしょ。

ブライアン　そうですが、教育を受けさせないことだけが損失になるわけじゃないんですよ。どんな教育制度も、「可能性の見落とし」と「期待の空振り」という二つの弊害の絶妙なバランスをとらざるをえない。「可能性の見落とし」の弊害とは、水準を厳しくすると資質があるのに教育を受けられない学生が増えてしまうこと。「期待の空振り」の弊害とは、水準を緩くすると資質がないのに教育を受けて落ちこぼれる学生が増えてしまうこと。なぜ世の中は前者の弊害ばかり気にして、後者の弊害には無関心なんでしょう？

ダリア　ジェームズは言い訳をやめて努力すべきよ。

ブライアン　私がジェームズの父親であれば、同意します。しかし自分の息子が学業に身を入れる気がないなら、そもそも大学に行けとは言わないでしょう。私のアドバイスはありのままのジェームズに対してのもので、こうあってほしいと思うジェームズへのものではないんです。

アラン　ジェームズみたいな子でもたくさん大学を卒業しているよ。彼にもできるさ。

ブライアン　あなただって工場建設を検討している実業家には、ベストケースで考えない方がいいと注意するでしょ。進学を検討している十代の子にはベストケースで考えろとむしろけしかけるのはなぜですかね。アラン、あなたほどの優秀な経済学者ならどちらの投資計画も冷静に評価できるんじゃないですか。

アラン　私のプライドに訴えかけてきたよ、この人は。

ブライアン　［してやったりという笑顔で］あなたほどの優秀な経済学者ならお金がすべてではないこともわかっているはずだ。

アラン　その事実を私が忘れているとでも？

ブライアン　ある意味ね。ゴミ収集作業員の所得の中央値は年収３万４０００ドルだ。(3) その給料に満足する大卒者はたくさんいるでしょう。あなたはジェームズにゴミ収集作業員になることを奨めますか？

アラン　［腹立たしげに］いやらしい誘導質問をするなあ、答えはノーだよ。ゴミ収集は給料は良くても嫌な仕事だ。

ブライアン　ジェームズのような子にとって、学校に行くのがゴミ収集と同じように、お金を稼ぐためだけど嫌でたまらない手段である可能性を考えたことはありますか？

アラン　そんな比較はばかげている。

ブライアン　われわれのような勉強好きにはばかげているでしょう。しかし授業を退屈でつらいと感じている大勢の学生にとってはばかげた比較ではない。

ジェームズ　あのう、僕の相談がそっちのけになっちゃってるんですけど。ブライアン先生が正しいとしたら、僕の損益はどうなりますか。

ブライアン　大学に入学した時点で約３％のリターンが期待できる。利己的な立場から言えばそれほど悪くないが、もっと増やす方法はある。大学をやめて就職し、お金を貯めて株と債券に投資しなさい。

ジェームズ　株と債券で利益が出る保証はないでしょ。

ブライアン　［ここぞとばかり］大学で利益が出る保証だってないよ！　たとえ卒業したって、大学の学位があれば必ず大卒相当の職に就けるわけじゃない。職探しのスタートラインに立てるというだけだ。

アラン　ブライアンは大事なことをダリアやジェームズに言ってないぞ。大学進学がたとえ子供にとってすばらしいことでも、ブライアンは進学させたくないと思っている。彼は「教育は個人にとって得な投資だ」と言うとき、ひそかに「教育は社会にとっては損な投資だ」と思ってるんだよ。

ブライアン　私は矛盾したことは言ってないよ。ダリアのお嬢さんを大学に行かせるのはお嬢さんにとって得だ。

ジェームズを大学に行かせるのはジェームズにとって損だ。社会にとっての投資収益率は二人ともゼロ未満だ。

ダリア　「社会にとっての投資収益率」ってそもそも何？

ブライアン　いい質問です。通常の（「利己的な」）リターンは投資した人にとって投資がどれだけ有利かが評価基準。社会的なリターンはみんなにとって投資がどれだけ有利かが評価基準なんです。

ダリア　私は技術者だからか、何が「みんなにとって有利」かを評価基準にするって情緒的で気持ち悪く感じるわ。

ブライアン　投資予測はすべてそうだけど、社会的なリターンも推測と数学で出します。例えば教育の便益として考えられることの一つは、犯罪の減少。これを数字で出すには、犯罪を金額に換算して、教育が犯罪に与える効果を推定し、二つを掛ける。シグナリングが社会的なリターンを下げるのは、教育の利己的な便益の一部がゼロサムだからという面があります。

ダリア　なぜゼロサムなの？

ブライアン　教育のシグナリング・モデルでは、学生が学業を競い合って雇用主に良い印象を与えようとする。自分が実行したことを競争相手がしなければ、自分は優れて見え、相手は劣って見える。人生を振り返って、これまでに学士号の位置づけがどう変わってきたか考えてみてください。

ダリア　私が大学を出たころは、学士号があれば輝かしいキャリアチャンスが開けたわ。今、うちの会社では秘書志望でも学士号がなければ面接しないわね。

ブライアン　それが学歴インフレですよ。教育の平均レベルが上がると、雇用主は学歴条件を上げるんです。

フレデリック　それは経済がハイテク化したからでは？

ブライアン　仕事は昔と比べれば多少ハイテク化したけれど、労働者の教育水準は昔と比べて非常に上がりましたよ。研究者が「技術的変化」説と「学歴インフレ」説を分析した結果、内訳は約20％がハイテク化、80％が学歴主義となっている。

フレデリック　あなたの教育反対論は一面的だ。シグナリングの割合が大きいとはいっても、教育にはそれを相殺する大きな社会的便益がありませんか？

ブライアン　もちろん。最たるものは犯罪です。また、教育は国民が払う税金を増やし、国民が受ける社会保障給付金を減らすという形で国庫にも寄与する。

フレデリック　では、教育の最終的な収支があまりにも悪いと感じられるのはなぜです？

ブライアン　一人の高校中退者に卒業証書を勝手にあげるとしましょう。一見すると、社会的には良い効果がある。その高校中退者はもらった卒業証書のおかげで、良い仕事を見つけてもっと稼げるようになる。その結果、支払う税金も増え、福祉に頼る度合いは減る。犯罪に手を染める可能性も低くなる。失うものが多くなりますからね。

フレデリック　なるほどね。

ブライアン　ところが、すべての高校中退者に卒業証書を勝手にあげたら何が起こる？

フレデリック　学歴インフレ？

ブライアン　当たり。

フレデリック　あなたは自信たっぷりに言うが、いちいち「推定」であることを認めていますよね。そこに一番違和感がある。主要な不確定要素を解消するためにもっと研究に時間をかけるべきでは？

ブライアン　残念ながら、それには一度の人生じゃ足りません。私がこの本を書けたのは何百人もの先達の努力あってのものです。彼らがやり残した仕事を私一人で完成させることだってできない。

フレデリック　他の研究者の文献を読んでも、「推定」が書かれていることはめったにありませんよ。

ブライアン　それはほとんどの学者がことわざで言う「こっちの方が明るいからと街灯の下で鍵を探す」からですよ。

彼らは本当に重要な問いではなく、確実に答えられる問いを取り上げているんです。

ダリア　最後の質問。あなたは大家族に憧れて4人のお子さんがいるそうね。もし私が子供の学費を高校まで自己負担しなければならなかったら、正直2人で産むのをやめていたかも。教育助成金を削減したら少子化につながる懸念はないの？

ブライアン　当然ありますよ。でも明快な対策がある。教育助成金の削減で浮いたお金の一部を少子化対策に回せばいい。私は前倒しで多額の税控除をするのが良いという考えですが、児童手当は同様の役割を果たします。

ダリア　効果あるのかしら？

ブライアン　おおいにありますよ。一般に、効果的な政策は求める成果にピンポイントで照準を合わせます。例えば、子供の数を増やしたければ、生まれる子供にお金を使う。それに最も優れた研究によれば、ささやかな税控除を行えば単に出生率が目に見えて上がるだけではない。長い目で見ると、採算がとれる上におつりがくるんです。子供たちはやがて成長して納税者になるわけだから。(4)

ダリア　で、あなたの4人のお子さんについてはどんな教育計画を立てているの？　あなたが自分の子供たちに大学に行くのをやめろと言っている姿は想像できないんだけど。

ブライアン　子供に合わせたアドバイスをしますよ。上の息子2人は成績優秀だから、大学進学がベストだ。

アラン　「利己的な立場から言えば」ね。

ブライアン　ええ、利己的な立場から言えば。愛するわが子が学歴競争で棒立ちになっていたら、その競争の社会的価値なんかかまっちゃいませんよ。「走れ！」と声援を送ります。

ダリア　下の2人のお子さんについては？

ブライアン　7歳と5歳だから、見きわめるにはまだ早いですね。高校で並の成績だったら、もっと勉強しろと発破をかけるでしょう。それでも成績が並のままだったら、正直に引導を渡しますよ。カプラン家の全員が大学に行く必要はないってね。

座談会4　なぜあなたはアンチ教育の立場なの？

グレッチェン　ブライアンのおかしな持論をみんなが真面目に聞いてるのが信じられないんですけど。彼は右翼の教育「改革」運動がニセモノであることの証明じゃないですか。彼の仲間の右翼たちはまだ教育によかれと考えているフリをして、バウチャー制度で「改善」しようとしているにとどまっている。ところがブライアンは公然とアンチ教育の立場を取っているわ。『教育反対論』なんてタイトルの本を書く人の、真の意図を忖度する必要ないわよ。

シンシア　私が所属している教員組合の役員が批判派を「アンチ教育」だと言うことがある。でもそれはアンフェアよ。批判する人たちも私と同じくらい教育を大事に考えているわ。見解が違うだけなの。ブライアンは一般原則を証明する例外よ。彼自身が悪意のある人とは感じないけど、彼ほど教育に反感を持っている人はいないわね。

ブライアン　真面目に言いますが、私は教育に対して何の反感もないですよ。反感を持つわけないでしょう？　教育制度には良すぎるほど良くしてもらってきたんだから。先生に褒められ、一流校に入れてもらい、立派な大学から一生の理想の仕事をもらった。でも教育を公正な目で評価するためには、私情は脇に置かなければならない。そうしてみると、教育はあまりにも過大評価されて見えるんです。

フレデリック　教育には私も失望する点が多々あるよ、ブライアン。しかしあなたの関心は教育を改善するより破壊する方に向いているようだ。

グレッチェン　冗談じゃないわ。もし教育が彼が言うような損な取引なら、なぜ取引条件を良くするために教育支援策の撤廃を提案するの？　私が知っている大学院生たちの半数は5万ドル以上の学生ローンを抱えている。それに対するブライアンの解決策が「授業料値上げ」だなんて。

ブライアン　私は自分では穏健だと思ってますよ。教育がどの陣営からも愛されすぎている――そしてお金をジャブジャブ注ぎ込まれている――から、私の懐疑的な意見と緊縮提案は相対的にアンチに見えるんです。私がフットボールスタジアムへの政府の助成金に反対したとしたらどうですか。私をアンチフットボール派と決めつけるのはフェアだろうか？

フレデリック　ブライアン、私は穏健派を知っている。友人にもいるよ。あなたは穏健派ではまったくない。あなたが求めているのは少額の予算削減ではない。「学校と国家の分離」一択を明言してるでしょう。こんな過激な意見はないよ。

ブライアン　図星ですね。性格的に、私は過激な人間ですよ。

フレデリック　あなたが穏健な性格の人だとしようか。そうしたらどんな提案をします？

ブライアン　小学校と中学校には資産調査つきバウチャー制度。貧困家庭の子供の教育は税金でまかなう。それ以外の家庭は親が負担する。

グレッチェン　高等教育は？

ブライアン　税金による助成はやめる。貧困家庭の学生の教育の機会を確保するためには、助成金の補助のない学生ローンを政府から提供すればいい。滞納金の回収はＩＲＳ〔アメリカ合衆国歳入庁〕にアウトソースする。

グレッチェン　〔いきりたって〕あなた、気はたしか？

ブライアン　〔無言〕

グレッチェン　あなたは授業料値上げに賛成しているわね。それでなぜ教育が得な取引なの？

ブライアン　「得な」って誰にとって？　授業料の値上げは、教育を意図的に学生にとって損な取引にする。でも学生は意味のない競争に明け暮れるだけなのだから、授業料の値上げは社会にとっては得な取引になるんですよ。

フレデリック　どういうこと？

ブライアン　授業料が高くなれば、若者はシグナリングのために学校に通う無駄な年数を切り上げ、早く就職して生産活動に従事するようになる。

グレッチェン　［皮肉に］その「無駄」には私の社会学の学位も含まれているんでしょ。

ブライアン　［誠意をこめて］社会学者には学問上とてもお世話になったから、感謝してますよ。でもあなたが長年の勉学で身につけた実用的な仕事のスキルって何がある？

グレッチェン　［間を置いて］社会学を教えられるし、社会学研究もできる。高等教育が適正な財政支援を受ければ、こういうスキルを生かせる活発な市場が生まれるはずよ。

ブライアン　なるほど、あなたは社会学教授になるための勉強をしてきたわけだね。それ以外の仕事には？

グレッチェン　高校生以下に社会科を教えられるわ。国勢調査の仕事もできる。統計がわかるから、企業で金融工学の専門家にもなれると思う。

ブライアン　そういう大学教授以外の職業では、社会学者として積んだトレーニングをどれだけ使う？

グレッチェン　［しぶしぶ］ほんの少しだけ。8年生にブルデュー［フランスの社会学者］なんて教えられないもの。

ブライアン　そういう教授以外の職業に就くことがわかっていたら、学生生活をもっと早く切り上げられたよね。

グレッチェン　そうとも限らないわ。それなりのポジションに就くには修士号以上の学位が必要だから。

ブライアン　雇用主がそういう、なくてもいいような学歴を要求するのはなぜだろう？

グレッチェン　社会学の基本よ。地位の階層があって、全員がトップにはなれないから。学歴は実力主義の体裁を保ちながら地位を分配する手段なの。

ブライアン　じゃあ結局、私たちの立場は同じだね。シグナリングは社会学の基本を知的に補強したものだよ。

フレデリック　ほう、話を聞こうじゃないか。

ブライアン　修士号以上の学位を持つ労働者が、修士号以上の学位を持たない労働者と実は生産性が変わらないとする。その場合、雇用主には「手っ取り早く儲ける」確実な方法ができることになる。修士号以上の学位を持つ給料の高い労働者を解雇して、同じ能力で修士号以上の学位のない労働者に入れ替えればいい。

フレデリック　じゃあ修士号以上の学位を持つ労働者は生産性が高くなくてはならないね。

ブライアン　一般論としてね。ただし、修士号以上の学位が生産性を上げるとは限らない。労働者に元から備わっていた生産性を証明するだけかもしれない。

グレッチェン　そのどこが「社会学」なの？

ブライアン　シグナリング・モデルでは、証明は社会的に相対的なものなんだ。エリートが社会階層のトップにとどまるためには、ほとんどの人が取得しない学歴を必要とする。

グレッチェン　だからといって、若い人たちが現代経済で良い仕事に就くためには第3期教育〔高等教育〕が必要であるという事実は変わらないわ。

ブライアン　今のところはね。だが予算を大幅削減すれば、学歴インフレは下火になる。教育が高嶺の花になるほど進学する学生は減る。学生が減れば労働者に必要な学歴も下がる。

グレッチェン　つまりあなたの意見では、学生ローン危機は幻影だってこと？

ブライアン　本当の危機は別のところにある。入学した大学を卒業しない学生が毎年１００万人以上もいる。彼らの挫折は予測できるんだよ。高校時代の成績が悪く試験の得点が低かった学生が学士号までこぎつけることはめったにない。学業の振るわない学生に低金利ローンで進学をそそのかすのではなく、大学進学は彼らにとっては不利だと率直に警告すべきだ。

ダリア　その「学業の振るわない」高校生には卒業後どう生きていくことをアドバイスしたらいいの?

ブライアン　その子たちが高4になるまで待ってちゃいけない。学業に向かない子たちは12歳くらいで職業教育に誘導すべきだよ。十代で働き始めても自分の「天職」は見つからないかもしれないが、少なくともお金を稼げる仕事になじむことができる。

ダリア　階級社会への道に思えるけど。

ブライアン　［不思議そうに］今の社会って階級のない社会?

グレッチェン　今だってひどい不平等社会よ、でももっと悪くなる可能性がある。あなたの言うことを聞いたら、確実にそうなるわ。いわゆる出来の良くない学生を職業教育に追いやったら、彼らを高所得の仕事から閉め出すことになる――特に下層階級や労働階級の家庭の子供たちを。

ブライアン　社会学を修めた人が社会の現実を見失っているとは驚きだね。膨大な数のアメリカのアンダークラスを考えてごらん。そのほとんどは高校も出ていない。大学が貧困から抜け出す現実的な手段だと本気で思ってる?

グレッチェン　アンダークラスの子供たちがあなたの子供と同じ条件に恵まれれば、そうなるかもしれない。

ブライアン　成績が悪く試験の得点の低い12歳の男の子がいるとしよう。その子は学校に根強い嫌悪感がある。あなたは彼に貧困のまま一生を終えてほしくないと思っている。従来型の大学進学コースにそのまま進ませるか、職業訓練に「追いやる」か、二つの道があるとしたら、どちらを選ぶ?

グレッチェン　［長く間を置いて］負けたわ。職業教育よ。

ブライアン　その方が、彼が貧困から抜け出せる可能性が高いと思うからでしょう。

グレッチェン　わが国の教育制度は、すでに資本主義体制の中で将来担う役割に合わせて子供たちを型にはめている。職業教育はそういう企業に都合のいいバイアスを強めるわ。

ブライアン　あなたの言う通りなら、なぜ高卒者は良い仕事になかなか就けないんだろう？　自分たちに仕えるための学習を13年間してきた卒業生を雇うチャンスに、資本家は飛びつくだろうに。

グレッチェン　どんな制度も完璧ではないわ。

ブライアン　雇用主から見れば、高校以下の教育は「完璧でない」のではなく、まともに機能していない。学校は雇用主の人材ニーズなどまったく眼中にない。率直に言って、もし資本主義的な階層社会を固定化するのが私の目的なら、陸軍士官学校を学校のモデルにしますよ。規則を守って従うことを学生全員に叩き込み、過酷な修練と厳しい水準を課す。美術、文学、歴史はカリキュラムから外す。社会科を残すとしたら「企業の役に立つことは国の役に立つこと」というテーマを喧伝するものになるでしょう。

グレッチェン　悪夢だわ。

ブライアン　その通り。私はわが子をそんな学校にはやりません。でももし学校が資本主義体制の中で将来担う役割に合わせて子供たちを型にはめるように作られているとしたら、そんな学校でしょうね。

でも職業教育の主旨は、会社のボスに仕えるために子供たちを洗脳することではない。雇用主の方からラブコールを送るような市場価値のあるスキルを子供たちに教えることだ。

フレデリック　職業教育は経済的な面では良いかもしれないが、子供が子供でいられる期間が短くなってしまう。アメリカ社会は十代の子供たちに大人の仕事や責任という苦役を猶予してやれるくらいには豊かですよ。

ブライアン　*学校*だって苦役でしょう？

フレデリック　それは生きていればしょうがない。

ブライアン　ダブルスタンダードだね。子供が退屈そうにイヤイヤ働いていると、犠牲者だとかわいそうがって規制を求める。子供が退屈そうにイヤイヤ学校に通っていると、あきれて文句を言うなとたしなめる。子供が学校に通うにしろ働くにしろ、つらい思いに見合う価値があるのかどうか、そこを問うべきですよ。

フレデリック　子供にその判断をするだけの知恵はありませんよ。

ブライアン　子供に判断力がないと言われるが、子供に代わって決めてきた大人の判断だってろくな成果を出していない。今の学校はすべての子供に「大学に入る準備」を強要するが、大学卒業までこぎつけるのは3分の1しかいません。

フレデリック　あなたは自分の改革案が現実的だと言わんばかりだが、その裏にあるのはリバタリアン思想では？

ブライアン　そう単純ではありませんよ。教育に対する私の異端の考えは政治理念に関心を持つずっと以前からあった。幼稚園時代からシグナリング的なものの存在を感じていたんです。

フレデリック　［皮肉に］あなたが5歳で捏ね上げた理論に現実がことごとく合致しているとは妙ですな。

ブライアン　幼稚園で「理論」を思いついたわけじゃない。二つの発見をしただけです。

第一に、大人になって良い仕事に就くためには勉強ができなければならない。

第二に、学校で勉強したことのほとんどは仕事では使わないだろう。

この二つの発見に矛盾があるのに気づくまで数年かかりましたが、中学時代に（荒削りだけど）シグナリング説を自力で立てたんです、すでにその理論が存在することも知らずに。自己流の荒削りなシグナリング理論を武器に、私は退屈で役に立たないと見なした授業は最小限の努力でAを取るようにして、学校制度をうまいこと泳ぎ切りました。

フレデリック　つまりあなたは改革者ではなく反逆者ってわけだな？

ブライアン　そう、高校4年まではね。リバタリアニズムという思想を知ってから、教育改革のアイデアが自然に浮かびました。社会にとっては無駄な教育に、いったいなぜ政府が助成金を出す必要があるのかと。

フレデリック　自分の教育改革案がイデオロギーによるものだと認めているじゃないか。

ブライアン　違いますよ。私の政治理念——あなたのお好みに合わせるなら「イデオロギー」——が私の立てる問いに影響を与えていることを認めているだけです。

フレデリック　だがなんとなんと、現実はあなたのイデオロギーにぴったり合致しているというわけだ。

ブライアン　ほとんど合致してないですよ。リバタリアンは愛する教育セクターに異論をぶつけることなどめったにしない。かわりに「自由市場に任せれば教育はもっと良くなる」と約束する。

フレデリック　あなたがそう言わないのはなぜだい？

ブライアン　信じていないからです。私が自分の目で見てきたすべての事実と反している。私は公立校にも私立校にも通いました。どちらも同じようなものですよ。

ダリア　好むと好まざるとにかかわらず、政府の教育支援は圧倒的に人気がある。頭からそれを否定しても国民の支持は得られないわ。

ブライアン　おそらくその通りでしょう。私はまるごとそれをテーマにして本を一冊書きました。『選挙の経済学』というんですが、人気のある政策は愚策であり、優れた政策は人気がないという内容です。

ダリア　あなたがシニカルなのは教育に対してだけじゃないのね。

ブライアン　私なら「現実的」という言葉を使いますが、まあお好きに。有権者は、たとえうまくいかなくても耳に心地よい政策を好み、政府はそれを採用する。私は「社会的望ましさのバイアス政治」と呼んでいます。教育支出の削減はメリットがあるのに非道に思われてしまうから、今後も大衆の支持が得られず試されないままでしょう。

ダリア　実現不能な政策をなぜ主張するの？

ブライアン　経済学者として答えると、私たちは常に限界の概念〔今の状態を少しだけ変化させた場合どうなるか、という経済学の考え方〕で物を考えるべきです。私の主張が教育を変える可能性は天文学的に低いけど、財政緊縮論者に学者として微力なりとも加勢することで、政策を少しだけ動かせるかもしれない。

でもつきつめれば、私は一人の人文主義者としてこの課題に立ち向かっているんです。世の中を理解するのも、改善するのもともに価値あることだ。私の仕事によって社会が時間とお金を節約し、長らく苦しんできた納税者の負担を軽くできればと願っています。でもたとえ世間に聞いてもらえなくたって、最善の政策を考えることそのものにやりがいがあるんです。

座談会5　教育vs啓蒙

シンシア　ブライアンとアランの教育をめぐる議論を聞けば聞くほど、二人とも的外れだと思えてならないの。教育はＧＤＰに貢献するかどうかに関係なく大事にする価値があるわ。知に飢えた子供たちを啓蒙するのはすばらしいこと。

ブライアン　シンシア、あなたが思っているより私はあなたと近いんですよ。私も教師で、この仕事を愛しています。

シンシア　あまり伝わってこないけれど。

ブライアン　いいですか、私はふだんはアランのような人たちと議論を戦わせているんです。仲間の経済学者が教育の経済的な見返りについて過大な主張をし、私がその誤りを論証するとき、どちらも教育そのものの価値にあえて触れようとしない実利主義者に見えてしまう。GDPより大事なものがあるのはあたりまえですよ。

フレデリック　ではなぜ、あなたは本のタイトルを『教育反対論』としたんです？　経済の話に徹するべきだったのでは？

ブライアン　私の見解が世間と異なるのは経済だけではないからです。多くの経済学者とは違って、私は人を啓蒙することとそれ自体はすばらしいと思っている。

フレデリック　それなら教育反対ではなく、教育を支持する立場になりそうなものですよ。

ブライアン　現状の学校が満たしていない三つの条件さえそろえばね。

フレデリック　三つの条件とは？

ブライアン　第一に、価値のある内容。教材は本当に知る価値のあるものであるべきだ。

フレデリック　潔癖だな。

ブライアン　あなたは50州の州都を覚えさせられたことがなかったんですか？　ともかく、第二の条件は優れた教え方。

シンシア　「優れている」って誰が決めるの？

ブライアン　あなたは教師だからご判断に任せますよ……あなたの同僚の耳に入らない限りね。生徒として先生に教わった経験のある人なら誰でも、傑出した先生を何人かは知っているでしょう。でもそれ以外はよくいっても感化力がない。大学教授がよく授業「負担」について愚痴を言うのが、彼らの考えを露呈していますよね。学生の教育を使命ではなく雑用だと思っている。

シンシア　すべての先生に「感化力」を求めるのは無理よ。

ブライアン　求めてませんよ。感化力のない教育でも、役に立つスキルを教えるのであれば我慢して受ける価値がある。でもそれ自体に価値があるのは感化力のある教育だけです。
フレデリック　最後の条件は？
ブライアン　意欲のある学生です。不満たらたらの子供たちに黙って本分を果たせと命じるのは、将来のための有益な訓練にはなるかもしれません。でも知識欲のある学生がいなければ、教育本来の価値は成立しない。現実にはそんな学生は情けないほど少ない。
シンシア　あなたには苦い過去があるのでしょうけど、すべてがそうだと決めつけているわよ。
ブライアン　私自身は、たいがいの大学教授がそうであるように、授業が楽しかったですよ。でもクラスメートの顔はそうではないのを物語っていた。今の教え子の顔もね。ほとんどが退屈している。
シンシア　たしかに子供は学校を退屈だと考えているわ。啓蒙は上り坂を進むような戦いよ。
ブライアン　「上り坂」？　頂上に達することがあなたはどれくらいありますか？
シンシア　どういう意味？
ブライアン　授業の初日に、教え子のどれくらいの割合が文学を退屈だと考えていますか？
シンシア　うーん、８割かな。
ブライアン　学期末の時点で、教え子のどれくらいの割合が文学を退屈だと考えていますか？
シンシア　さあ。78％かしら。あなたの成果はもっと？
ブライアン　だといいですがね！　経験上、私の「思いが届く」のは、それを受け止めたいと望むまれな学生だけです。残りの学生はちょっと勉強して、試験を受けた後は、日々の忙しさにとりまぎれていきますね。
シンシア　他にいい方法はあるの？

ブライアン　向学心のある学生に思想や文化を教える。それ以外の学生にはおせっかいをせず、向こうから気持ちを変えてくれることを願っていればいいんですよ。

シンシア　学生が文章の読解をつまらないと思うなら、学ぶべきではないの？

ブライアン　学ぶべきですよ。読むのは実用的なスキルですから。今はつらくても、長い目でみれば本人のためになる。

シンシア　詩についても同じことが言えない？

ブライアン　詩は実用的なスキルではないですから。詩の勉強が苦痛だと思う学生の大多数は一生「苦労が報われる」ことはありません。

シンシア　物質的な見返りはなくても、人生を豊かにしてくれるわ。

ブライアン　そんなことはまずない。

シンシア　なぜわかるの？

ブライアン　詩の本の売れ行きをごらんなさい。ほとんどすべての人が学校で詩を勉強させられる。でも大人になってから自発的に詩の勉強を続ける人はほとんどいない。詩は後から身につくたしなみだけど、それが身につく人なんてほとんどいないんです。

シンシア　私は身についたわ。

ブライアン　私もですよ。でもわれわれのような飛び抜けた例外は全員に詩を押しつける理由としては弱すぎる。

シンシア　学校で教えなければ、私たちのような飛び抜けた例外もいずれいなくなってしまうわ。

ブライアン　そんなことはありません。思想や文化の多くは税金の支援など受けて*いない*。公立校では宗教を教えていないけど、宗教は存続しているでしょ。公立校でも私立校でもロックンロールをわざわざ聴かせるところなんてほとんどないけど、ロックンロールは流行っているじゃないですか。私が子供のころは何かに興味を持ったらよく図書館で調べました。今の子供たちにはインターネットという天の恵みがあるでしょう。

フレデリック　教育に反感を持っていないと言うわりにはずいぶん教育に否定的だね。

ブライアン　教育を愛するからこそ、オーウェルの世界をほうふつとさせる今の教育もどきを受け入れられないんです。

フレデリック　理想が高すぎるんだよ。

ブライアン　高くないですよ。オンライン学習を見てください。世界最高の先生たちが教えるすばらしい教材にあふれ、真剣に知識を求める人たちが学んでいる。従来型の学校で同じことができていないのであれば、従来型の学校に問題があるんです。

ジリアン　ちょっと待って。あなたはシグナリング説を理由にオンライン教育には悲観的なのかと思ってたけど。

ブライアン　シグナリングがあるがゆえにビジネスモデルとしてのオンライン教育には悲観的ですが、私はオンライン教育をおおいに評価していますよ。将来性うんぬん以前に、今すでにオンライン教育のおかげでインターネット接続があれば誰でもほぼ無料で知識が得られている。SFさながらの人類の知の勝利ですよ。

ジリアン　［不満そうに］じゃあ実質的にはオンライン教育が勝っているけど、従来型の学校はビジネスモデルの主流であり続けるんですね。

ブライアン　その通り。

シンシア　学校について何か肯定的なことを教えてくれないかしら。世間で評価されるだけの成果を実際に上げている部分だって少しはあるはずよ。

ブライアン　そうですね。私は4人の子供の父親として、子供たちの目を通して教育を再体験しているんですが、一番感心したのは何だと思います?

シンシア　数学?

ブライアン　プリスクールなんです。

シンシア　プリスクールには一生のメリットがあるというあの手の研究を信じてるの?

ブライアン　というわけじゃないですけど。それでもプリスクールでの体験には心から感心したんです。幼児たちが文字と数字、ともに有益なスキルを学んでいる。先生方は子供たちに楽しんでできそうな活動を少しずつ試させてやる。子供たちが自由に遊べる時間もたっぷりある。プリスクールに行くのを、娘は楽しみにしているんですよ——こちらも入れて良かったなと思う。

シンシア　私もプリスクールは好きよ、でも一生プリスクールが続くわけじゃない。

ブライアン　続けるべきでもないですね。私がプリスクールを評価するのは、優先順位が正しいからです。後の人生で使いそうなスキルを全員に教える。心を豊かにする機会に幅広く触れさせる。一生つきあえるものに出会えたらすばらしい。でもそうでなければ、放っておいて本人の自主性に任せる。

フレデリック　それでどうなるか。思想や文化を愛する人が今よりさらに減ってしまいますよ。

ブライアン　可能性はあるけど、どうかな。思想や文化を嫌がる子供たちに無理に押しつければ、愛する気持ちより嫌悪感を生じさせることになりやすい。ふてくされた高校生がシェイクスピアを朗読するのを聞いたことがありますか?［身震いしながら］

フレデリック　［身震いしながら］他にいい方法はないの?

ブライアン　気長に待つことです。今は目先の利害にしか興味がなくても、知への無関心を考え直す一生という長い時間が子供たちにはあるんですから。

フレデリック　それは希望的観測じゃないの。

ブライアン　人類のあらゆる知に無料で瞬時にアクセスできる時代、人文主義者は自分たちがいかに恵まれているかを考えるべきですよ。知的生活はいまやすべての人に開放されている。強制的な啓蒙にそもそも意味があるとはどうにも思えないけれど、いずれにしても、それはもう時代遅れなんですよ。

結論

私には、知恵もない、弁舌もない、権威もない。身ぶり手ぶりの心得もなければ、よく通る声の出し方すら知らず、言葉巧みに聞く者の血を沸き立たせることなど、思いもよらぬ。ただただ、まっすぐ、君ら自身もすでに知っている事実を、ただ、ありのままに話しているだけ。

——シェイクスピア『ジュリアス・シーザー』[1]

私たちの大多数には車輪を再発明するだけの知恵はない。教育がなかったら、世代が代わるたびに文明の利器をすべて再発明しなければならなくなってしまう。これは学者の空論ではない。民間セクターでも公共セクターでも雇用主は教育を受けた労働者に喜んで高い上乗せ金を支払う。このような真実がありながら、あえて「教育反対論」を掲げる人間が——まして大学教授の身で——いるのはなぜか。

一言で言えば、すばらしい面も多々あるとはいえ、教育がはなはだしく過大評価されているからである。教育はアメリカでも世界でもはなはだしく過大評価されている。それは大学教授でなくてもわかるが、説得力をもって指摘できるのは大学教授だけだ。

社会の立場から見ると、過大評価は特に著しい。学生は最終試験を受けたら学んだことの大半を忘れてしまう。実生活では一生知る必要がないからだ。喧伝される教育の社会的恩恵などほとんど幻想である。教育の主要な成果として普及するのは、広い層の繁栄ではなく学歴インフレだ。冷静にそろばんをはじいてみれば、教育に対する社会的な投資のパフォーマンスはタンス預金を下回る。

個人の立場から見れば教育の投資効率はましだが、それでも期待には遠く及ばない。高校はほぼ全員にとって見返りが大きいが、ふつうの人は大学には行くべきではない。もっと言ってしまえば、今のふつうの大学生は大学に行くべきではないのだ。

この鉄則を裏づけるもの？　第一に、能力バイアスがある。典型的な大卒者が成功しているのは、学歴、知力、モチベーション、態度がそろった「ドリームチーム」のおかげであって、大学の卒業資格だけのおかげではない。第二に、修了の確率がある。大学に入学するのは事業を立ち上げるのと同じで、ギャンブルだ――しかも勝率は「ガリ勉」と「先生のお気に入り」が有利だ。失敗する確率の高い大多数に大学進学を奨めるのは残酷な誘導ミスである。それくらいなら宝くじを買えと言った方がましだ。当たれば左うちわで暮らせるのだから。

教育は人文主義的な、あるいは「精神論」的な見方からはさらにはなはだしく過大評価されている。たまに超優秀な先生の感化によって思想や文化を愛するようになる例はあるが、超優秀な先生はごくわずかしかいない。それを証明するのに物々しく統計を持ち出す必要はない。基本的な事実を挙げるだけで十分だろう。美術作品、高尚な音楽、古典文学の消費がすべて学校のおかげだとしても、使われているお金は雀の涙だ。政治や社会への姿勢に対する教育の効果も過大評価されている。学校で過ごした時間は左翼思想の推進や伝統的な生き方の放棄にはほとんどつながらない。ピア効果は多少確認できるものの、それはむしろ逆の方向に作用することが多い。教育は人を資本主義嫌いではなく、資本主義好きにするのである。

教育の名誉を挽回する方法、私たちが子供のころから聞かされてきたプロパガンダに見合ったものにする方法はあるだろうか。考えられなくもないが、『ロード・オブ・ザ・リング』のエオメルの言葉を引用するなら「望みを託すな。ここは見捨てられた土地だ」[2]。プロパガンダはあまりにも華々しく、現実はあまりにも暗い。既知の情報に基づいて行動するのが賢いだろう。盗人に追い銭はやめよう。教育予算を削減しよう。教育費の負担を納税者から学生とその家族に移そう。職業教育には期待できるが、まずは「障害物を取り除く」のが出発点になる。今後実施できそうな職業教育はたくさんあるが、それには否定派の声が小さくなることが条件なのだ。

不審物を見かけたら通報を

なぜ学校は時間の無駄だと考えるにいたったのか。個人的な体験からだ。私たちが学校で習うことの大半が実生活と関係ないのは実感としてわかる。私の教育反対論は常識を裁判で争うものではない。学校で過ごした年月を甘い思い入れなしに語れる人なら、あなたは原告側の証人だ。

まだ納得しない？　学校で実生活と関係ない勉強にどれだけ時間を費やしたか考えてみてほしい。「どうすれば最大限に学べるか」ではなく「卒業するには何をすればいいか」を考える方が多かったのではないだろうか。自分が使ったあの手この手を思い出してほしい。試験前の一夜漬け、評価の甘い先生探し、「Aはもう確実」な授業の手抜き。仲間から「これテストに出るかな？」と聞かれた回数を数えてみよう――「これ仕事で使うかな?」と聞かれたことは皆無ではないだろうか。今までに出会った、ウェイターや書店員として働く立派な学歴の人たちを思い浮かべてみよう。教育にまつわる不思議をあなたは自分の目で山ほど見てきた。シグナリングがそのすべてをあざやかに説明する。

学術研究も世間の常識も私の味方なら、被告人席に立つのは誰だろう? 建前――教育について私たちが信じるべきとされているものだ。私たちはプリスクール時代から、不合理なのに声だけはやたらと大きい主張にからめとられてきた。「学校は将来のためになる」「学校は楽しい」「教育は何よりも大事」。みんながそう聞かされ、みんなで復唱してきた。

建前がこれほど嘘偽りなら、なぜ異論がこれほど少ないのだろう? 社会的望ましさのバイアスのせいだ。学校を意味のない競争(ラットレース)と呼ぶのは体制破壊行為に等しい。生徒が建前に盾突くと、教師と親は動転する。卒業生が盾突けば、未熟だと思われる。他人からどう思われるか気にしない人でも、世間に叩かれたくはない。教育は「テフロン・ドン」の異名を取ったあの有名なマフィアのボス、ジョン・ゴッティのようなものだ。真っ黒なのは明らかなのに、怖くて誰も証言台に立てない。

本書は証人たちを安心させることを狙いとした。社会的望ましさのバイアスに歯向かうのは本能的に怖いが、あなたは一人ではない[3]。自分の学校時代を思い出せば、ほとんどの人が心の中であなたに同意する。経済学、心理学、社会学、そして当の教育学の研究もあなたの味方だ。教育を告発する証言台に立つのは、見かけほど危険なことではない。

変な話、私にとって最も怖いシナリオは、私の告発が世論という法廷で勝つことだ。私はバージニア州最大の公立大学で教壇に立っており、教える仕事を愛している。自分の学者としての身分を「一生の理想の仕事」と称しているが、必ずしも一生の保証があるわけではない。もし納税者が私のように教育の財政緊縮策に執心する政治家を選出したら、私がおいしい仕事にさよならを言うだけではすまない。大好きなガリ勉仲間たちも散り散りになるだろう。

なぜ自分にとってそれほど恐ろしい政策を推すのか。理想主義とシニシズムが半々にある。理想主義者としては、自分の業界で今現在も大々的に行われている税金の無駄遣いに警鐘を鳴らさなければという義務感を覚えているからだ。納税者に、約束された人的資本が得られていないと知らせねばならない——私がやらずして誰がやる？　シニシストとしては、大多数の人は私の警告など聞かないだろうとも思っている。どれほど知に訴える主張をしても、典型的な有権者を不愉快な結論に転向させることはないだろうから、義務を果たしてもわが身は痛まない。(4)

結果発表

昔からのジョークに「何かができる人間は、それで生計を立てろ。何もできない人間は、教師になれ」というのがある。(5) つまり、伝授するために雇われたスキルが教師にはないのだから、教育制度が失敗なのは予想してしかるべきだというあてこすりだ。ひねくれたユーモアのセンスに恵まれている人なら、事実は奇なりと面白がるだろう。実際は、教師が自分にはできない実用的なスキルを教えることはまれだ。教師は自分にできる非実用的なスキルを教えている。学校が読み書き計算を教えているのはたしかだが、学生は自分が教師にならない限り一生使わない難解な勉強に多大な時間を費やしている。雇用主をはじめ「何かができる人間」は学歴なんてと鼻であしらうと思うかもしれない。ところが彼らは学歴を序列を決める基準にしている。

なんとも妙な話だが、これが筋は通っているのだ。雇用主はすべての就職希望者を雇ってみるわけにはいかない。どの人を面接に進ませ、どの人を採用するかを判断する手っ取り早い手段がほしい。私たちの社会では、学業が主な測定基準になる。そもそも学業が好ましいとされたのは、学業で成功するには頭脳と努力と従順さの三点セットが必要だからである。やがて時とともに、その好ましいという評価が独り歩きするようになった。教育はいまや大人の世界が子供の将来性を測る押しも押されもせぬ方法だ。学校で失敗すると、単に能力とやる気の欠如がばれるだけではない。逸脱者であるというシグナルも発してしまう。そんな烙印がつくにもかかわらず学校をやめたがる子供は実際に逸脱者である――だから雇用主は彼らを敬遠する。

ではなぜ学校はこれほど多大な時間を浪費するのだろうか。学業の成功がキャリアの成功につながる限り、親にも学生にもカリキュラムを批判する動機がさほどない。教育者は仕事に関係のない科目のうちどれに力を入れるかをどうやって決めるのだろうか。最も安易な方法、つまり自分が学生時代に学んだことを教えているのだ。学校がエリート青年を医者と法律家と聖職者に養成していた時代という死んだ過去の手垢が、今の学校の教え方にべったりとついている。

私たちは今どれほど行き詰まっているのか。現状の教育に政府が年間一兆ドル近く注ぎ込んでいることを考えたら、固まってしまいそうだ。上っ面の化粧直しがたえず行われているので、柔軟に時代に対応しているかのような幻想がある。新しい歴史教科書を採用したり、中国語を履修要覧に追加したり。テクノロジーを採り入れてみたり。大学生は教授の講義中に教室でスマホをいじるかわりに、寮の自室でインターネットでストリーミングされる教授の講義を聞き流しながらスマホをいじれるわけだ。だがどれほど化粧直しを重ねようと、学校の本質は変わらない。学生は卒業後は使わない退屈な内容を山ほど学びながら10年以上も過ごす。

この難題を一刀両断する方法がある。政府の助成金削減だ。それで仕事に即した授業内容に変わるわけではないが、学生が教室に座って過ごす期間は数年減るだろう。役に立つことをたいして学んではいないのだから、全般的に「スキルの退化（デスキリング）」ではなく学歴デフレの効果があるだろう。前例のないこの逆転は社会的なSFに聞こえるが、論理は明快だ。就職希望者の学歴が低いほど、自分に雇う価値があると雇用主を説得する必要性も少なくなる。

難問の解決は果たせるだろうか。私は悲観的だ。スタンドプレーしたがる政治家や有識者とは違って、私は将来自分の正しさが裏づけられるなどと期待していない。社会的望ましさのバイアスは政府を支配している。政策が支持され継続されるのは成功するからではない。耳に心地よいから支持され継続されるのだ。「すべての子供は最高の教育を受けさせるに値する」は社会的なリターンが壊滅的に低くても、世界中の国民に受けがいい。

なぜ政治心理学に抗うのか。たった一人で教育削減を叫ぶかわりに、教育改善の大合唱に加わってもよかった。残念ながら、私の信念はそれを許さないのだ。私はこれまで、浮世離れした教育が過大評価されていることを示してきた。ならば浮世離れした教育への財政支援を減らして、その分を価値のある別の何かに回そうというのが常識的な答えだ――その「別の何か」が教育の形を取るものとする前提抜きで。

教育はあまりに現代生活の一部になっているため、私たちはあたりまえに受け入れている。子供が大人の社会に居場所を確保するために、学業という名のサーカスの輪くぐり芸を果てしなくやらなければならないのは当然じゃないか。文明社会はそういう仕組みになっているのだと。私が言いたいのは、一行にまとめれば、文明社会は今現在は教育中心に回っているが、もっと良い――もっと文明的な――方法はあるということだ。大人みんなが自分の子供っぽい過ちを認めれば、すぐに変わる。学業で成功するのは良い仕事を獲得するにはいいが、良い仕事をするすべを学ぶ方法としては役に立たないと私たちは認めなければならない。全員が大学の学位を取ったら、全員が良い仕事にありつく結果にはならず、学歴インフレが暴走するだろう。教育によって成功を広めようとすれば、教育は普及しても成功は広まらない。

1980年代当時、通っていた中学校の事務室にある看板がかかっていた。そこにはこう書かれていた。「十代のみなさん！　理不尽な親にうるさく言われるのが嫌なら、行動を起こしなさい。親の家を出て自活しましょう、何でもわかっている今のうちに！」この看板は当時いいとは思わなかったが、今も思わない。子供には学ぶべきことがたくさんあるが、肝心かなめの事実は子供の方が年長者よりもよく理解している。何より、大人たちが自分はとっくに忘れ去ったつまらない内容を山ほど学べと強制していることを子供たちは知っている。もちろん、だからといって個々の学生が学校をさぼっても罰を免れないわけではない。だが、態度の悪い学生でさえ、被害者といっていいくらいの目に遭っている。大人たちが教育の財政緊縮政策に賛成票を投じたら、子供は数年早く大人になれる。そうしたら、「親の家を出て自活」は意地の悪い皮肉ではなく現実的な選択肢になるだろう。(6)

技術付録　修了確率と学生の質

高校の修了率

過去20年間、高校生の約25%が4年間で卒業できなかった。[1] 中退者の多くがその後GED〔高校卒業と同程度の学力を証明する資格〕を取得している。しかし就職に際して、GEDは高校卒業と同等の役割を果たさない。実際は、労働市場はGED取得者を高校中退者と同列に扱う。[2] 結局、アメリカの成人の約20%は標準的な高校の卒業証書を取得しないことになる。[3]

「秀才君」「優等生君」「凡才君」「鈍才君」は平均値と比較してどうだろうか。高校の修了率を統計的に分析した研究は何百とある。[4] しかし残念ながら、学生のタイプ別の修了確率を計算できるほど詳細なものはごくわずかしかない。[5] しかも主要なデータセットはGED取得者を通常の高卒者と一緒に扱うという不適切な処理をしていることが多い。[6] 結局私はハーンスタインとマレイによるNLSY〔青年全国縦断調査〕の高校卒業の分析に頼った。[7] 彼らの研究には正確な確率を計算できるだけの情報がそろっている——また、高校中退者とGED取得者を別々に分析している。二人の研究は賛否両論ではあるが、このトピックに関する成果は堂々たる主流である。[8]

ハーンスタインとマレイは認知能力と親の社会経済的地位を使って、**a** 高校を中退して復学せず、**b** 通常の卒業証書のかわりにGEDを取得する確率を予測した。[9] 全体の未修了率から4年での未修了率を導き出すために、全

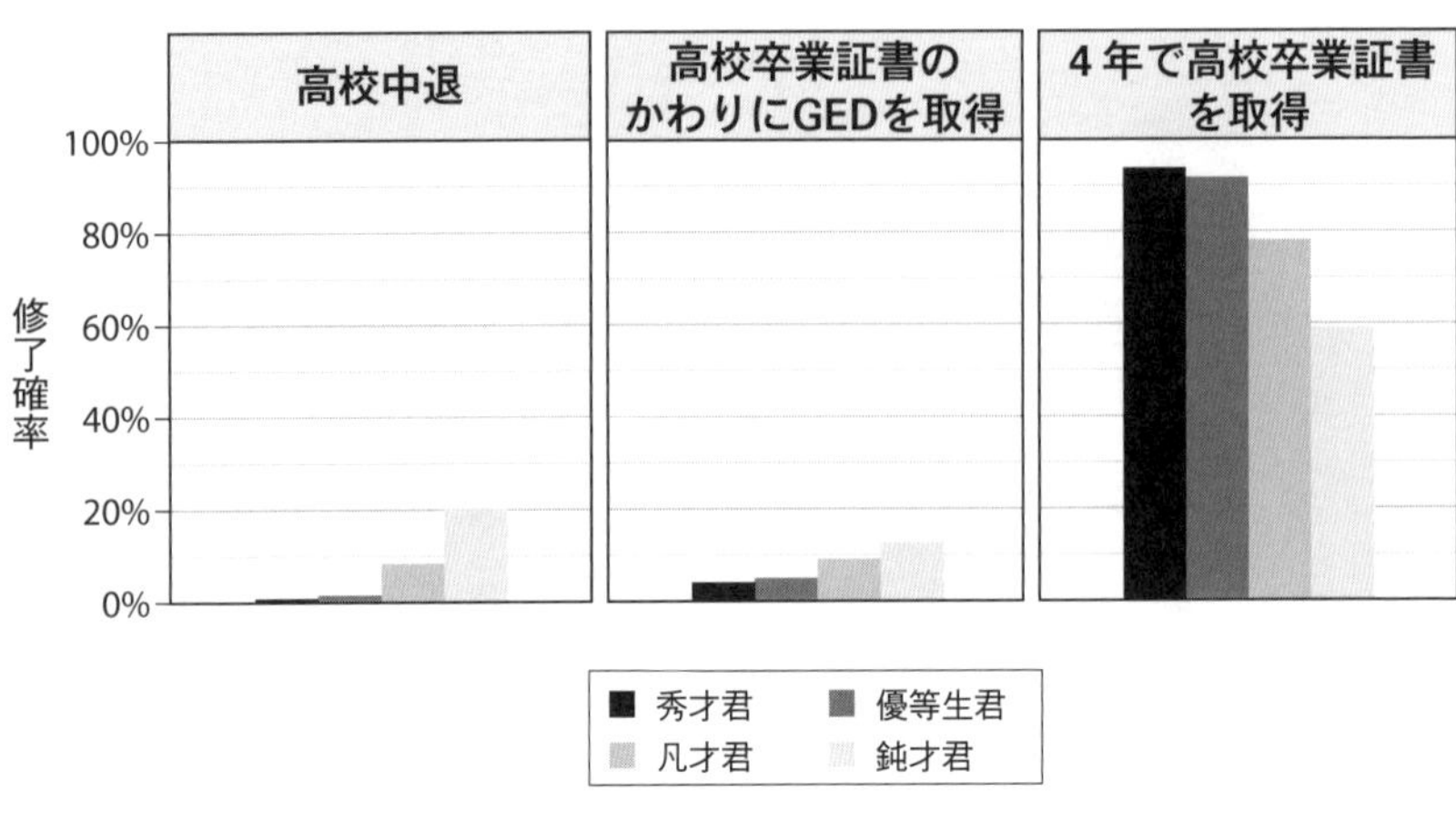

図A1　学生の能力別の高校修了確率
出典：Herrnstein and Murray 1994, pp. 146–51, 597–98.

体の未修了に対する4年での未修了の観察比（25％／20％＝1・25）は学生の能力によって変化しないと想定した。

ハーンスタインとマレイの計算式をどう使えば、私の四つの典型モデルの高校修了確率が算出できるだろうか。認知能力については、私は自分の標準のパーセンタイルをあてはめた。「秀才君」が82番目パーセンタイル、「優等生君」が73番目パーセンタイル、「凡才君」が41番目パーセンタイル、「鈍才君」が24番目パーセンタイルだ。[10] 社会経済的地位についてはどうか。NLSYでは、認知能力と社会経済的地位には0・55の相関がある。私はこの相関係数を使って、学生の認知能力から予測される社会経済的地位を割り出した。図A1はその結果をまとめたものである。

本書は原則として収益率を対象の「バランスをとって」——つまり男女半々で——分析している。若い男性の数が女性の数より若干多いため、図A1の確率は厳密には正しくない。男性と女性で別々に修了率を計算し、平均を出すべきである。ハーンスタインとマレイは高校卒業の調査結果を性別で分けていないが、彼らの予測因子——認知能力と親の社会経済的地位——はいずれも性別との相関性はない。そこで、最新コーホー

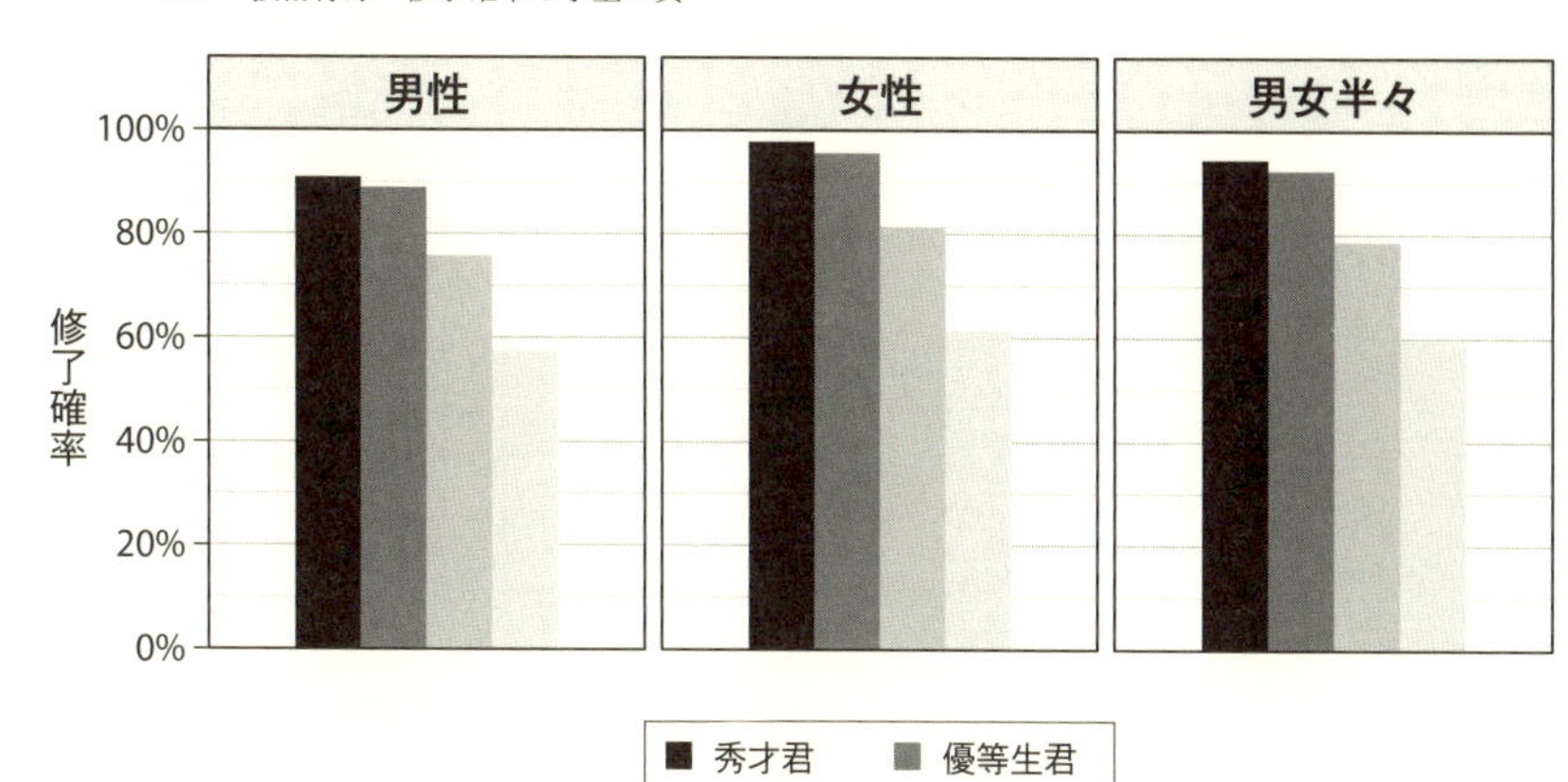

図 A2　学生の能力別および男女別に見た4年間での高校修了確率
出典：Herrnstein and Murray 1994, pp. 146–51, 597–98. 以下のジェンダーギャップのパーセントで調整。Heckman and LaFontaine 2010, p. 254, table 3, latest cohort（born 1976–80）.

トの実際のジェンダーギャップ（性差によるギャップ）に合わせて彼らが予測した修了率を調整すればよい。すなわち、男性は平均より3・9％低く、女性は平均より4・2％高くしてから、平均すれば男女をバランスした修了確率が得られる（図A2参照[11]）。

学士号の修了率

大学を修了するのは高校を修了するよりはるかに難しい。一見すると、教育省の数字は成功の確率が信じられないほど低く見える。2005年に四年制の公立大学に入学した学生のうち、4年で卒業できるのはわずか32％、6年がかりで卒業する人も56％しかいない[12]。しかしこれらの数字は二つの意味で非常にミスリーディングだ。第一に、他大学に転入学する学生が多いのに、この数字は学生が最初に入った大学からの卒業しかカウントしていない。第二に、フルタイムの学生とパートタイムの学生を一緒に扱っている。パートタイム学生が4年間で学士号を取得できると考えるのはナンセンスだ。

幸い、アメリカの高等教育機関をほぼすべて網羅している団体、ナショナル・ステューデント・クリアリングハウス（N

SC）が最近、この二つの問題に対応した大規模な包括的データセット（学生200万人以上）を作成した。2007年に公立の四年制大学に入学したフルタイム学生のうち、6年後にその大学から学士号を取得するのは72％とNSCは報告している。しかし82％はどこかの大学から学士号を取得しているのである。[13] これは56％をはるかに上回るが、それでも大半のフルタイム学生が規定の4年間では学位を取れないことがわかる。

繰り返すが、これは平均値だ。私の学生の典型モデルの修了率はどれくらいと考えるべきだろうか。これについてもやはり、大学の修了率を統計的に分析している研究は数多いが、学生のタイプ別に修了確率を計算できるような詳細がわかるものは少ない。[14] 最も優れた研究でもたいていフルタイム学生とパートタイム学生を一緒に扱っている。[15] 結局、私はカリフォルニア大学ロサンゼルス校高等教育研究所（HERI）によるNSCの数字の分析に頼った。[16] なかでも、SATの得点と高校時代のGPAの関数としてフルタイム学生の4年後の修了率を予測するHERIのシンプルなモデルを使用した。SATの得点については、私は自分の標準のパーセンタイルをあてはめた。「秀才君」が82番目パーセンタイル、「優等生君」が73番目パーセンタイル、「凡才君」が41番目パーセンタイル、「鈍才君」が24番目パーセンタイルだ。[17] GPAについては「秀才君」に「A＋／A」「優等生君」に「B＋」「凡才君」に「C＋」「鈍才君」に「D」を割り当てた。NSCのデータでは学生の転入学を考慮しているが、HERIの分析では考慮していない。[18] この問題を解決するために、私はHERIの確率を14％引き上げた。[19] 図A3は性別で分類した結果に男女半々の結果も加えたものを報告している。

修士号の修了率

修士号の修了率に関するデータは少ないが、修士号と専門職学位を合わせた修了率は50％にすぎない。[20] 研究者は法学、医学、その他の学問の博士号など特定の課程にのみ注目することが多い。[21] 対象をそれよりも広げた数少ない

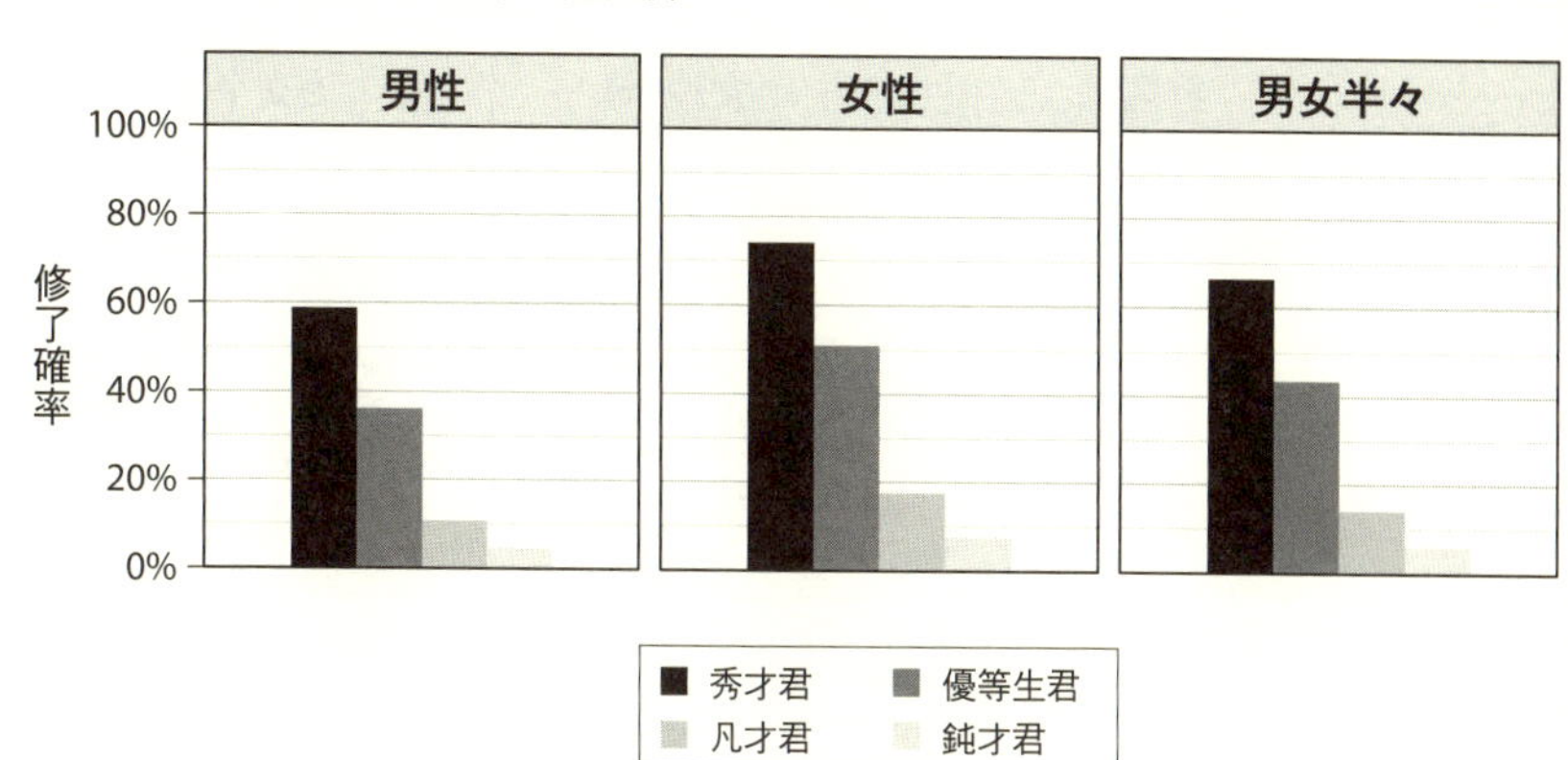

図A3　転入学で補正した学生の能力別および男女別に見た4年間での大学修了確率
出典：DeAngelo et al. 2011, p. 17, table 8, model 3 および D. Shapiro et al. 2013, p. 12.

研究で、学生のタイプ別に修了確率を計算できるような詳細がわかるものは少ない[22]。

　このような欠陥を踏まえ、私は「秀才君」に平均修了率である50%を単純にあてはめた。妙に思われるかもしれない。修士課程以上の学生に「秀才君」「優等生君」「凡才君」「鈍才君」が混じっているのなら、「秀才君」の卒業率は平均より上にすべきではないか、と。しかし思い出してほしい。この前提に従うと、「秀才君」は修士号以上の学位を取得した平均的な人物像に当てはまるため、一部の学生は「秀才君」より優秀でなければならない。残りの数字を埋めるために、私は修了確率を図A3に比例すると想定した。図A4はすべての結果をまとめたものである。

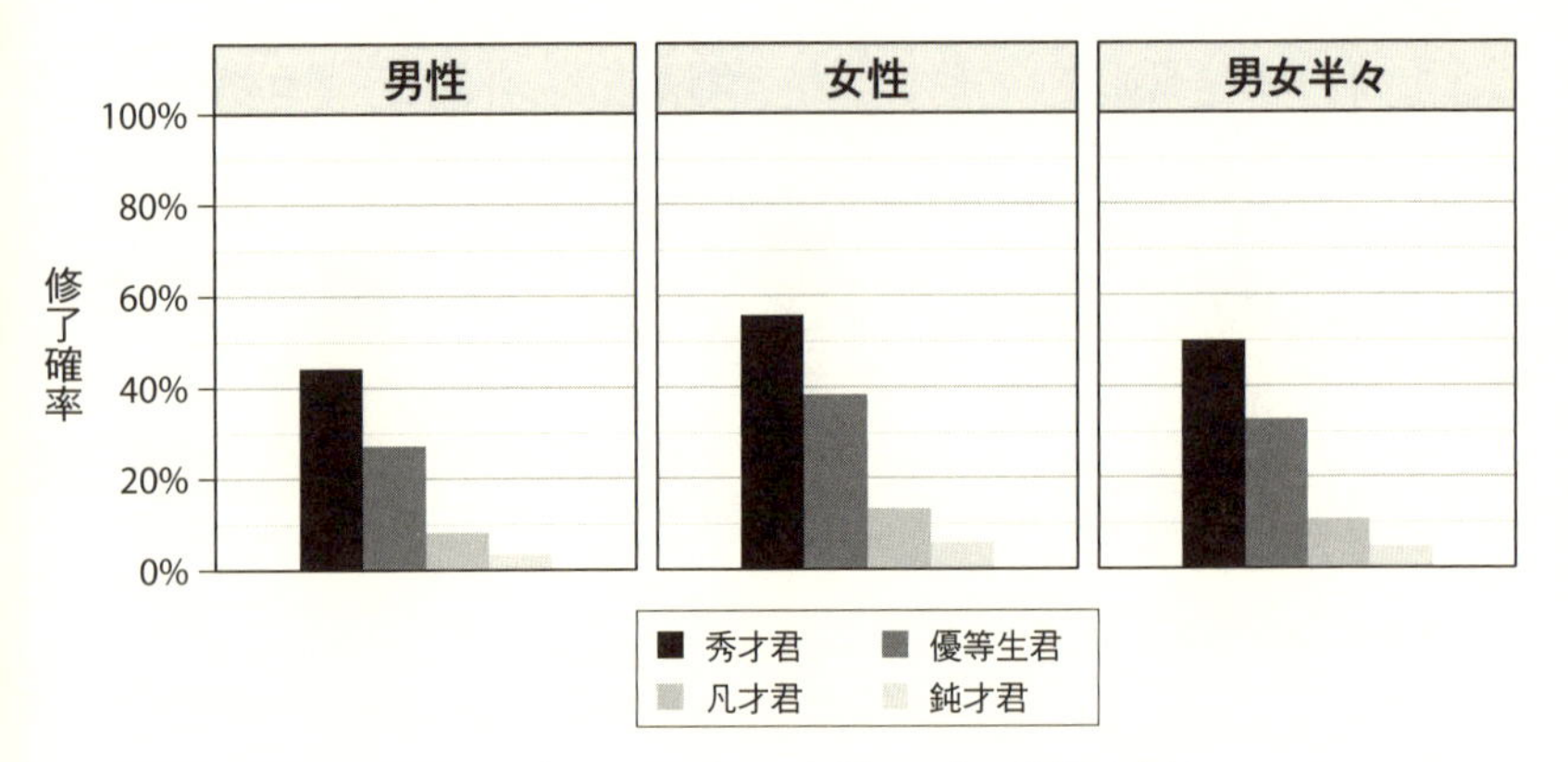

図 A4　学生の能力別および男女別に見た 2 年間での修士号修了確率
出典 :「秀才君」の男女半々のサンプルには平均値 50%を割り当てている。他の確率は図 A3 に比例させている。

索引

【あ行】

アラム，リチャード　Arum, Richard　91
アロー，ケネス　Arrow, Kenneth　19, 22, 31, 32, 167
ヴァーラ，マーガレット　Vaaler, Margaret　353
ウルフ，アリソン　Wolf, Alison　274
エリクソン，K. アンダース　Ericsson, K. Anders　87
オルーク，P. J.　O'Rourke, P. J.　303

【か行】

外部性　276–79, 305
課税　124, 125, 131, 186, 302, 305, 306, 319
カッペリ，ピーター　Capelli, Peter　294
カード・コンセンサス　107–11
ガードナー，ハワード　Gardner, Howard　78, 79
カナダ，ベンジャミン　Canada, Benjamin　359
カーネギー，アンドリュー　Carnegie, Andrew　89, 90
カバリー，エルウッド　Cubberley, Ellwood　327
カーン・アカデミー　307
カンニング　42, 43, 165
キース，トビー　Keith, Toby　335
基本スキル　316, 369
教育版ドレイクの方程式　269–71, 279
教育費用　7, 243, 281
共和党　64, 274, 346–48
ギルバート，W. S.　Gilbert, W. S.　133
クラーク，グレッグ　Clark, Greg　265
クリング，アーノルド　Kling, Arnold　38
クルーガー，アラン　Krueger, Alan　208, 209
グレイ，ケネス　Gray, Kenneth　315, 318
グレイ，ピーター　Gray, Peter　360
ケアリー，ケビン　Carey, Kevin　308
経済成長　117, 163, 166, 243, 254
ゲイツ，ビル　Gates, Bill　2, 99, 102, 326
合成の誤謬　8, 313
行動遺伝学　252, 253
コーエン，タイラー　Cowen, Tyler　33, 93
国防支出　284
コーセラ　307

【さ行】

サリバン，アーサー　Sullivan, Arthur　133
サロー，レスター　Thurow, Lester　13
シェリング，トーマス　Schelling, Thomas　19, 22
識字　57, 143, 304
資金制約論　276, 277
仕事の満足度　16, 174, 180, 186, 187, 226, 237, 238
失業率　12, 128, 185, 186, 245, 331
児童労働　321–26

シニカル理想主義　363
社会主義　298, 300
社会的望ましさのバイアス　311-14, 317, 377, 393, 404, 407
修了の確率　197, 198, 201, 209, 210, 225-27, 242, 270, 402
出生率　293, 355, 356, 385
シュナイダー，ジェームズ　Schneider, James　45
ジョンソン，リンドン　Johnson, Lyndon　298, 300
スティグリッツ，ジョセフ　Stiglitz, Joseph　19, 22
スペンス，マイケル　Spence, Michael　19, 22, 167
セーガン，カール　Sagan, Carl　269, 270
セシ，スティーブン　Ceci, Stephen　83, 84

【た行】

チェティ，ラジ　Chetty, Raj　166
チュア，エイミー　Chua, Amy　86
デターマン，ダグラス　Detterman, Douglas　72, 80
デール，ステイシー　Dale, Stacy　208, 209
統計的差別　21, 150, 156
トゥール，ジョン・ケネディ　Toole, John Kennedy　88
閉じ込め症候群　26-30
ドレイク，フランク　Drake, Frank　269

【な行】

ナイ，ジョン　Nye, John　285
ナップスター　127
認知能力試験　124
能力プレミアム　152

【は行】

バウチャー　275, 302-04, 386, 387
バスー，カウシック　Basu, Kaushik　322
ハスケル，ロバート　Haskell, Robert　72
ハヌシェク，エリック　Hanushek, Eric　166
ヒューマー，マイケル　Huemer, Michael　302
ヒューム，デービッド　Hume, David　335
ピンカー，スティーブン　Pinker, Steven　337
フェルプス，エドマンド　Phelps, Edmund　19, 22
付加価値　164, 166
フリードマン，ミルトン　Friedman, Milton　305
ベッカー，ゲイリー　Becker, Gary　34-36
ヘックマン，ジェームズ　Heckman, James　99
ベネット仮説　295
ペリー・プリスクール研究　85
ボウエン，ウィリアム　Bowen, William　333
保守派　25, 64, 301, 334, 335, 342, 347-49, 377
ポズナー，リチャード　Posner, Richard　22
ボック，デレック　Bok, Derek　270, 333

【ま行】

マルコムX　Malcolm X　334
ミルウォーキー・プロジェクト　85
民主党　64, 346-48

【や行】

ユッカー，ジェレミー　Uecker, Jeremy　353

【ら行】

ラスト，ジョナサン　Last, Jonathan　123
ラッヘルマ，エリナ　Lahelma, Elina　94
ラバリー，デービッド　Labaree, David　364
リバタリアン　302, 304, 306, 392, 393
レノ，ジェイ　Leno, Jay　118
ロウ，マイク　Rowe, Mike　331
ロクサ，ジョシパ　Roksa, Josipa　91

【わ行】

ワイス，アンドリュー　Weiss, Andrew　340
ワイルズ，ピーター　Wiles, Peter　32

原注

序章

1. 章頭引用：Wendy's Wizard of Oz 2015.
2. 例えば以下を参照されたい。Robinson and Aronica 2015, D. Goldstein 2014, Beck and Olson 2014, Ravitch 2011, Murray 2008, Horowitz 2007, Latzer 2004, B. Shapiro 2004, and D'Souza 1991.
3. アメリカにおける2011年のフルタイム通年労働者の教育プレミアム。U.S. Census Bureau 2012a.
4. 2011年時点で全労働者のうち33%が学士号以上を取得していた。U.S. Census Bureau 2012a.
5. 第７章「あなたの象の大きさは？」の項の計算を参照されたい。
6. Robert Frank の言葉であるが、彼はおそらくこれを教育に適用するのを拒むだろう（Frank 1999, pp. 146–58）。
7. 正確には83.3%。T. Snyder and Dillow 2011, p. 234.
8. 成績と給与および仕事のパフォーマンスとの相関はわずかだが確実にある（Roth and Clarke 1998, Roth et al. 1996）。

第１章　教育というマジック

1. 章頭引用：B. Collins 1997, p. 36.
2. United States Census Bureau 2012a.
3. 例えば現金所得に対する教育の効果については Card 1999 を、非現金所得、生活の質、失業に対する教育の効果については Oreopoulos and Salvanes 2011 を参照されたい。
4. Thurow 1972, p. 71.
5. Draper and Hicks 2002, p. 5.
6. Granada Hills Charter High School 2015.
7. 卒業するためには、９—12年生で最低230単位が必要である。６科目すべて履修すると１学期で30単位となる（Granada Hills Charter High School 2015）。
8. Granada Hills Charter High School 2015. 主な違いはカリフォルニア州立大学システムとカリフォルニア大学システムの大学では必修授業すべてでＣ以上が求められることである。
9. Bahrick and Hall 1991, p. 22 は、微積分以上を取った成人は仕事で代数さえ使うことがめったにないという意外な発見をしている。
10. University of California Berkeley 2015b.
11. University of California Berkeley 2015a.
12. 概要は以下を参照されたい。Angrist and Pischke 2017.

13. 概要は以下を参照されたい。Spence 2002. 影響力の大きな業績には次のものがある。Arrow 1973a, Phelps 1972, Schelling 1980, Spence 1974, 1973, and Stiglitz 1975. ノーベル賞受賞者のポール・クルーグマンはこの概念と密接な関連づけをされていないが、彼もまたシグナリングに注目するだけの価値を見出している（Krugman 2000）。
14. Nobel Prize 2015.
15. 前述した大きな業績の他にも、以下を参照されたい。Riley 2001, Stiglitz and Weiss 1990, and Weiss 1995.
16. 「もっと簡単な問いに答える」ことに関しては、以下を参照されたい。Kahneman 2011, pp. 97–108.
17. 以下を参照されたい。Arrow 1998, 1973b, Fang and Moro 2011, and Phelps 1972.
18. Posner 2008.
19. 青年全国縦断調査（NLSY）では、教育と知力の相関性は＋0.59である。知力と職業達成に関しては、例えば以下を参照されたい。Schmidt and Hunter 2004.
20. Richards 1988.
21. Belley and Lochner 2007 および Light and Strayer 2000 はいずれも、他の多くの因子で補正しても世帯所得で高学歴が予測できることを確認している。
22. 私が卒業したロサンゼルス統一学区の中学と高校はほとんど公式にこの三位一体を信奉していた。成績表では学業と「取り組み方」と「協調性」を別々に評価している。現在もそのシステムは健在だ（Pérez and Loera 2015）。
23. Heckman と共著者らは高校卒業認定試験（GED）は「混在したシグナル」を出すと詳細に論じている。すなわち、「GED 受験者は中退者より頭が良いが、性格スキルは他の中退者と同等か劣っている。市場と学校では認知スキルと性格スキルの両方が重視される。従って、GED 資格が発する正味のシグナルは本質的にプラスとマイナスが混在しているのである」（Heckman, Humphries, and Kautz 2014b, p. 179）
24. 詳細は第 4 章「シープスキン効果」の項を参照されたい。
25. 以下を参照されたい。Caplan 2012a, 2012b.
26. Hornby 2009.
27. Arrow 1973a, p. 194.
28. 例えば以下を参照されたい。Deary 2001, Jensen 1998, and Herrnstein and Murray 1994.
29. そうではないかのようによく言われているが、IQ テストによる採用は基本的に合法であり、意外に普及している。第 3 章を参照されたい。
30. 実際に Arrow は 1 ページ目からこの差異について詳述している。「形式理論の観点からは、学生の生産性がどれだけ向上したかは問題にされないが、（大半の経済学者から）暗黙のうちに学生は教育を通じて認知スキルを授かったと想定されている。他方、教育者は、教育という活動は社会化のプロセスであると長らく感じてきた。つまりそのプロセスの見えない中身、すなわち課せられたタスクの遂行、他者との協調、規則正しい習慣、時間を守るなどのスキルの獲得は、情報を伝えるという目に見える目的と少なくとも同等に重要なのだ」（1973a, p. 194）
31. Wiles 1974, p. 50.
32. Cowen 2008, p. 83.

33. Becker 2006.
34. 主要な論文としては次のものがある。Farber and Gibbons 1996, Belman and Heywood 1997, Altonji and Pierret 2001, Altonji 2005, Lange 2007, and Arcidiacono et al. 2010.
35. 以下を参照されたい。Altonji 2005, p. 112.「そのインプリケーションは、もし雇用主に入手可能な情報を前提に労働者が初期に得る最高の職の機会が、能力をあまり発揮できない低スキルの職であったら、労働者のスキルが高いことを市場が知るまでに時間がかかる可能性があるということである」
36. Hayes 1995 は「大学の学位を持たないが能力の高い人々のための戦略」を教えるともったいぶって主張しているが、それほどたいしたアドバイスはしていない。
37. 例えば以下を参照されたい。Sweet 1989, Granholm 1991, Cox and Kramer 1995, Klaas and Dell'Omo 1997, Folger and Skarlicki 1998, and Segalla et al. 2001. 多くの経営者は、アウトソースして数十億ドル規模の「再就職支援サービス」市場を創出するほどには解雇をしたがらない（Rogers 2010）。
38. Popowych 2004.
39. 例えば以下を参照されたい。Tess-Mattner 2004 and McCord 1999.
40. Caplan 2013.
41. Kling 2006.
42. Princeton University 2015.
43. 例えば以下を参照されたい。Sabot and Wakeman-Linn 1991, and Bar et al. 2009.
44. 例えば以下を参照されたい。Epstein 2006. この点は Omar Al-Ubaydli に示唆をいただいた。
45. この点は Alex Tabarrok に示唆をいただいた。Tabarrok 2012.

第2章　実在する謎

1. 章頭引用は Schneider 1993.
2. Autor 2010.
3. T. Snyder and Dillow 2011, p. 412 を要約すると、2008―2009年度の生物学／生物医学、コンピュータサイエンス／情報科学、工学、工学技術、物理科学／科学技術の卒業者数を合わせると、科学技術系の卒業者の数は卒業者の総数1,601,368人のうち14.1％にあたる225,852人となる。同じ年にアメリカの高卒者で25歳以上の人々のうち34.0％が学士号を持ち、うち25―29歳の高卒者では同34.5％であった（T. Snyder and Dillow 2011, pp. 24-25）。
4. 総合的社会調査（GSS: General Social Survey）では、「きわめて流暢に」外国語が話せると回答した人の88％が外国語を学んだのは家庭内だったと答えている。GSS 変数名 OTHLANG、GETLANG、SPKLANG。
5. このカテゴリーには、学生がおそらく他では身につけられないであろう基本的な生活技術を教え込む特殊教育も含まれる（Hocutt 1996）。
6. 代数Ⅱが代数Ⅰより修了者が多いのは、中学校で代数Ⅰを取っている学生が多いためである。
7. 学部生向けの「厳格な」経済学プログラムでは微分積分を多用するが、ほとんどの

プログラムは厳格ではない。

8. Kahneman 2011.
9. 経済史家の Mark Koyama の考察を参考にさせていただいた。
10. Bureau of Labor Statistics 2014f. 雇用データは2014年のものなので、学位取得者数と仕事の数のミスマッチはおそらくここに出ているよりさらに悪化しているだろう。実際問題として、心理学者として職を得るには大学院以上の学位が必要になる。労働統計局によれば「心理学者になるには通常、心理学の博士号が必要であるが、職によっては修士号を持っていればなれる」
11. Bureau of Labor Statistics 2015g.
12. Bureau of Labor Statistics 2014c.
13. K-12〔幼稚園から高校卒業までの義務教育〕までの学習を評価する研究は数多い。例えば以下を参照されたい。Glewwe et al. 2014, Pritchett 2013, Hanushek and Woessmann 2011, Hanushek 2003, Pithers and Soden 2000, and Ceci 1991. 大学での学習については、Pascarella and Terenzini 2005, pp. 65-212（包括的だが少し古い）および Arum and Roksa 2011 and Lederman 2013 を参照されたい。
14. 学習に関する主要な実験研究ないし準実験研究には以下のものがある。Carlsson et al. 2015 and Chetty, Friedman, Hilger, et al. 2011.
15. おおむね以下を参照されたい。Cooper et al. 1996.
16. 例えば以下を参照されたい。Jacob et al. 2010 および E. Cascio and Staiger 2012 の文献レビュー。Dickens and Flynn 2001 は、習得した知識を継続させるには継続的に強化された認知環境が必要であるというモデルを提案している。
17. Bahrick and Hall 1991.
18. Kutner et al. 2007. 1992年にも調査が実施され、同様の結果が出ている（Kirsch 1993）。
19. Kutner et al. 2007, p. iii.
20. Kutner et al. 2007, pp. 87, 88-89.
21. 学歴別の「総合点」とは単純に文章、図表、計算の平均点を習熟度ごとに出したものである。例えば高卒者は文章の中庸レベルが44%、図表が52%、計算が29%だったので、中庸レベルの総合点は（44＋52＋29）%／3＝42%となる。
22. 25—34歳のアメリカ生まれのアメリカ人で9年生に上がる前に中退する者は1%しかいない（U.S. Census Bureau 2012b）。
23. Berry et al. 2009, p. 8.
24. Cribb 2008, p. 2.
25. Romano 2011, p. 56.
26. Somin 2013, pp. 33-34. Somin は平均的な回答者は30問中14.3（48%）に正解していると報告している——30問中あてずっぽうで正解できる8.3（28%）を6問上回る。
27. 調査については以下を参照されたい。Somin 2013, Caplan 2007, and Delli Carpini and Keeter 1996.
28. 補正は次のように行った。x＝正解を知っている人数の割合、y＝正解は知らないがあてずっぽうで回答する人数の割合、z＝「わからない」と回答する人数の割合、R＝正解する人数の割合、N＝回答の選択肢の数とする。正解を知らない人があてず

っぽうで選ぶ選択肢の数が均等にばらけていると考える。すると

x＋y＋z＝1（三つのグループは重複せず、合計すると全員が網羅される）

かつ

x＋y／N＝R

よって、代入すると

x＋（1－x－z）／N＝R

したがって

x＝（RN－1＋z）／（N－1）

調査が「わからない」という回答を報告していない場合はz=0とする。権利章典の設問ではR＝0.57, N＝4, z＝0.06、したがってx＝0.447。この方程式の解説はJim Schneiderによる。

29. 詳しくは以下を参照されたい。National Science Board 2012, pp. 7-19 to 7-27.
30. この数値は正解がわかっている質問の数を、高校生が科学を勉強する平均年数である3.3で単純に割ったものである（T. Snyder and Dillow 2011, pp. 228-30）。
31. GSS変数名BIBLE.
32. GSS変数名OTHLANG、SPKLANG、GETLANG。以下も参照されたい。Caplan 2012c.
33. 概要は以下を参照されたい。Singley and Anderson 1989, Detterman and Sternberg 1993, McKeough et al. 1995, and Haskell 2001. Susan Barnett and Ceci 2002はこの膨大な文献の批判的レビューとして優れている。
34. Perkins and Salomon 2012, p. 248.
35. 概論については以下を参照されたい。Gick and Holyoak 1983 and Reed 1993. さらに詳しくは以下を参照されたい。Gick and Holyoak 1983, pp. 3-5.
36. Gick and Holyoak 1983, p. 3.
37. Gick and Holyoak 1983, p. 4.
38. Detterman 1993, p. 10.
39. Chi and VanLehn 2012, p. 178.
40. 以下を参照されたい。Arthur et al. 1998, Baldwin and Ford 1988, Cormier and Hagman 1987, and L. Burke and Hutchins 2007、特にp. 275. 心理学ではこれを「減衰」と呼ぶ。概論については以下を参照されたい。Georghiades 2000.
41. L. Burke and Hutchins 2007、特にpp. 275-76およびCormier and Hagman 1987. 心理学ではこれを「干渉」と呼ぶ。概論については以下を参照されたい。M. Anderson 2003.
42. Ceci 2009, pp. 36-40.
43. Spencer and Weisberg 1986, pp. 445-47.
44. Haskell 2001, p. xiii.
45. Huber and Kuncel 2016. しかし過去50年間で、批判的思考に対する大学の効果は大きく下がったようである（Huber and Kuncel 2016, pp. 452-55）。
46. Huber and Kuncel 2016, p. 458の網羅的な文献レビューは次の文章で終わっている。「現在の研究では、大学生は批判的思考スキルを学習するが、そのスキルが大学卒業後にも長く保持されたり、別の文脈において応用される保証はない。[…] われ

われの研究では、後年の批判的思考スキルのレベルや活用を判断できるほどの大卒者の追跡調査は明らかになっていない」。しかしこの項でその後私が取り上げている研究の多くはそれに相当するように思われる。

47. Perkins 1985.
48. Perkins 1985, p. 564.
49. 成熟（若者の推論スキルは年齢とともに上がると考えられる）と選抜（出来の悪い学生は中退する可能性が高い）によって、測定された向上の度合いは実際より大きくなりやすい。しかし、パーキンスの実験結果は、年齢とIQで統計的な補正をかけた後もほとんど変わらない。
50. Leshowitz 1989, p. 1160.
51. Leshowitz 1989, p. 1160.
52. Bassok and Holyoak 1989.
53. Fong et al. 1986.
54. スポーツについての知識がほとんどない、もしくは皆無だと申告した学生は実験から除外された。
55. Fong et al. 1986, p. 280.
56. 「人々が統計の原理が使えていないことを示す従来の多くの研究は、統計的推論を適用できる被験者がほぼ、もしくはまったくいない問題を基にしていた。[…] 現在の調査では、そのような難しい問題を避けるようにかなり配慮した」（Fong et al. 1986, p. 281）
57. Lehman and Nisbett 1990. 165名の学生が1回目のテストを受けたが、自然減と専攻の変更により2回目のテストを受けた者は121名しかいなかった（p. 955）。そのため、報告された教育の効果は過大評価されている可能性がある。
58. Lehman and Nisbett 1990, p. 959.
59. Lehman et al. 1988.
60. Lehman et al. 1988, p. 441.
61. Perkins and Salomon 2012, p. 255 に引用。
62. Gardner 1991, p. 3.
63. 厳密にいえば空気抵抗も少しだけある。
64. Clement 1982, p. 67.
65. Gardner 1991, pp. 152–72, Voss et al. 1986.
66. Gardner 1991, p. 18.
67. Detterman 1993, p. 17.
68. Susan Barnett and Ceci 2002 と Salomon and Perkins 1989 が例として有名だ。
69. 例えば以下を参照されたい。Haskell 2001, Perkins and Salomon 2012, and Salomon and Perkins 1989.
70. スポーツ医学ではこれを「ディトレーニング〔トレーニングの中断〕」という。概要については以下を参照されたい。Mujika and Padilla 2000a, 2000b.
71. 特に以下を参照されたい。Ceci 1991, pp. 705–8.
72. Jensen 1998, pp. 333–44.

73. 完全な説明は以下を参照されたい。Winship and Korenman 1997.
74. 以下を参照されたい。Carlsson et al. 2015 and Stelzl et al. 1995.
75. Hausknecht et al. 2007, p. 381.
76. Hausknecht et al. 2007, pp. 380–81. とはいうものの、SAT 対策の授業に効果があるという受験産業の主張は過大である。例えば以下を参照されたい。Powers and Rock 1999.
77. 例えば以下を参照されたい。Jensen 1998, pp. 333–44, Te Nijenhuis et al. 2001, and Williams 2013, pp. 759–60.
78. Freund and Holling 2011.
79. Ceci 1991, p. 717（省略あり）。
80. Ceci 1991, p. 718.
81. Carlsson et al. 2015.
82. Keyes 2005.
83. Jensen 1998, p. 341.
84. Steven Barnett 2011, p. 975.
85. Steven Barnett 2011, p. 976.
86. Cooper et al. 1996. この研究の大半が「IQ テスト」ではなく「学習達成度テスト」に注目しているが、中身は緊密に重複している。どちらのテストも数学と読解力の質問が大きな割合を占めているからだ。
87. Cooper et al. 1996, p. 259.
88. Chua 2011, p. 86. チュアの言葉は娘のバイオリンの先生の発言を引用したものである。
89. G. Jones and Schneider 2010, p. 746. 文献の部分的なレビューである。教育で補正すると、IQ スコア1点が所得に及ぼす影響は＋0.7%から＋1.4%の間と推定される。Jones and Schneider のレビューから除外された論文でも IQ に同程度の効果を認めている。Zagorsky 2007, pp. 493, 496 では、IQ スコア1点で平均的な人の所得は0.9%上がる。Cebi 2007, pp. 923, 930 では、IQ スコア1点で所得は0.8%上がる。外れ値である Gould 2005, pp. 173, 175 では、IQ スコア1点で所得が0.3—0.5%上がる。いずれの計算でも IQ の標準偏差15を採用している。
90. Kambourov and Manovskii 2009 が、同じ職業にこだわると金銭的な報酬は高くなるが、同じ会社や業界にこだわっても金銭的報酬はわずかであるという興味深い報告をしている。
91. Ericsson 2008, p. 991.
92. Ericsson, Prietula, and Cokely 2007, p. 116.
93. Ericsson, Krampe, and Tesch-Romer 1993, pp. 366, 391–92. 著者らは意識的な練習が実質的に唯一、専門性が身につく要因だと強く主張してもいる。「専門家とアマチュアや素人のパフォーマンスの圧倒的な差は、記録されている意識的な練習量の同様に大きな差にあると私たちは考えている。さらに、意識的な練習を行っている個人同士の差が縮まらないのも、意識的な練習量の蓄積とパフォーマンスの現在レベルの単純な関係を指摘すれば説明がつく」（p. 392）。この研究がマルコム・グラッドウ

ェルの有名な「１万時間ルール」（Gladwell 2008）のヒントになった。しかしその後の研究によって、意識的な練習は数多い決定要因の一つにすぎないことが明らかになっている。開始年齢、知力、性格、ワーキングメモリ能力その他も影響する（Hambrick et al. 2014, Macnamara et al. 2014）。

94. McDaniel et al. 1988 は仕事経験が仕事のパフォーマンスに及ぼす効果は経験３年未満の労働者において特に高いことを発見している。もっと経験の長いサンプルにおいては効果が大きく縮小しており、大半の労働者が数年の練習でピークパフォーマンスに至ることを示唆している。
95. Quiñones et al. 1995 では、仕事経験のあらゆる測定値で仕事のパフォーマンスが予測できるが、練習量の直接的な測定値は、単に仕事に従事した時間よりも予測の精度が高い。
96. Toole 1980, p. 44.
97. Quoted in Kirkland 1964, p. 86.
98. Babcock and Marks 2010, 2011.
99. Babcock and Marks 2011, p. 475.
100. Arum and Roksa 2011, p. 98.
101. Arum and Roksa 2011, p. 98.
102. Arum and Roksa 2011, p. 76.
103. Mincer 1974, pp. 64–82 は影響力の大きい情報源である。現代の推定にはほぼ必ず２次以上の項が含まれ、経験年数が所得に及ぼす効果が当初は大きいが徐々に落ちていくことがわかっている。特に以下を参照されたい。Heckman, Lochner, and Todd 2003, and Murphy and Welch 1990.
104. 例えば以下を参照されたい。Mouw 2003 and Ioannides and Loury 2004.
105. 例えば以下を参照されたい。Obukhova 2012.
106. Mouw 2003, pp. 882–88.
107. Loury 2006, esp. pp. 308–12.
108. 例えば以下を参照されたい。Montgomery 1991, Mouw 2003, Ioannides and Loury 2004, Loury 2006, Pellizzari 2010, and Obukhova and Lan 2013.
109. Marmaros and Sacerdote 2002.
110. Lahelma 2002, p. 369. 出版社 Taylor & Francis, Ltd. の許可を得て再掲した。http://www.tandfonline.com.

第３章　実在する謎

1. United States Census Bureau 2012a. フルタイムの通年雇用者を比較している。
2. Heckman 1995, p. 1111.
3. 概論については以下を参照されたい。Jencks and Phillips 1999.
4. Wikipedia 2015a.
5. 例えば以下を参照されたい。Jensen 1998, Sternberg et al. 2001, Deary 2001, and Gottfredson 1997.
6. 第２章の注89参考文献を参照されたい。

7. Bowles et al. 2001, pp. 1149–51.
8. Heckman 1995, p. 1111 は、AFQT で補正した後「教育への見返りは場合によっては35%も落ちるが、ゼロにはならない」と報告している。Blackburn and Neumark 1995, p. 221 は ASVAB（AFQT に他の入隊試験を加えたもの）で補正すると、教育プレミアムが28%縮小することを突き止めている。Cebi 2007, p. 930 は AFQT で補正すると教育プレミアムが32%落ちると報告している。Gould 2005, p. 175 が報告する AFQT による補正の効果はもっと小さい。1978年は13%、1992年に20%教育プレミアムが下がっている。Taber 2001, p. 669 では、AFQT の得点による補正で、大卒プレミアムが1982—1984年に29%、1985—1987年に26%、1988—1990年に21%下がっている。注：統計家は通常、対数化した変数とパーセンテージをほぼ同じと近似する。しかし係数が大きい場合この近似が崩れるので、私は明確にするために結果をパーセンテージに変換した。
9. Murnane, Willett, and Levy 1995, pp. 257–58. ただしそれ以前の研究（Taubman and Wales 1973, p. 36）では数学能力で補正した場合、教育プレミアムの低下は15—25%にすぎないとしている。
10. Hanushek, Schwerdt, et al. 2015, p. 112.
11. Altonji 1995, pp. 422–23（columns 0 and 7）は、これら五つの能力尺度で補正した後、数学、科学、外国語の授業を10時間受けたことへの金銭的見返りは50%縮小すると報告している。Altonji 1995, p. 417 は、自分が用いた能力と成果の尺度を説明し、「9年生と12年生の試験の得点情報を含むこれまでの研究は、12年生の試験の得点には高校在学中の経験よりもそれ以前の能力と成果の影響が圧倒的に大きいことを示唆している」ため、高校のカリキュラムとの逆因果関係は大きな問題ではないと述べている。
12. 性格と仕事のパフォーマンスの関係に関する意識調査については、以下を参照されたい。Barrick and Mount 1991.
13. Heckman, Stixrud, and Urzua 2006, p. 418 を著者 Sergio Urzua とのメールの内容で補足。「運命論」の尺度は簡便なロッター・ローカス・オブ・コントロール・テスト〔被験者が物事をコントロールする力が自分にあると考えているか外部にあると考えているかを調べる心理テスト。ロッターは提唱者〕である。
14. Gensowski 2014, p. 25. このデータセットの被験者は全員高い IQ の持ち主であるため、IQ および性格で補正した場合の教育プレミアムの減少は16%にすぎない。性格が収入に及ぼす効果を推定した調査は数多いが、私の知る限り性格尺度フルセットで補正した場合に教育プレミアムにどのような影響があるかを推定しているのは Gensowski のみである。
15. Bowles et al. 2001, p. 1164. これらの態度と行動の尺度の効果を調査した元の論文 Duncan and Dunifon 1998 に37%という数字は報告されていない。Duncan と Dunifon が Bowles らの要請を受けて37%という数字を提供した。Dunifon にメールで問い合わせたところ、教育プレミアム減少の37%という推定値は、認知能力に加え他の経歴変数で調整を行った後の推定値に対してのものであると確認がとれた。これは、例えば認知能力と経歴で補正した場合に教育プレミアムが25%縮小するとすれば、

認知能力、経歴、非認知能力で補正すると教育プレミアムが合計（1-[1-0.25]×[1-0.37]）=53%縮小するということになる。

16. Bowles et al. 2001, p. 1155. 著者らはレビューの対象となった研究の3分の2について、テストが学業修了前に行われたか修了後に行われたかを特定できた。
17. Blackburn and Neumark 1995, p. 228. Neal and Johnson 1996, p. 893 はこの結果を裏づけている。AFQT で補正すると、テスト前の学校教育が1年多い場合の方がテスト後の学校教育が1年多い場合よりも収入への効果が大きい。Taber 2001, p. 673も同様に、「特に、大学教育が AFQT の得点を上昇させるとした場合、年齢の高い学生群はテスト前に大学に入学している可能性が高いため、年齢の低い集団よりも年齢の高い集団に対して AFQT は高い予測力を持つと予想される。しかし、少なくともここに報告されていないプロビットでは、これはあてはまらないようだ」と述べている。
18. Murnane, Willett, Duhaldeborde, and Tyler 2000, p. 559. 結果は対数ドルをパーセンテージに変換した。女性の3%という数値が逆因果関係を支持するエビデンスとして最も強い。しかし、研究者が二つのデータセットを使用したことに注意されたい。一つは女性の能力バイアスがわずか3%、もう一つは18%と示唆している。
19. Cebi 2007, p. 930 は10年生と11年生の運命論を成人後の賃金予測に使用している。認知能力だけで補正すると教育プレミアムは32%減少し、非認知能力だけで補正すると教育プレミアムは3%減少し、両方で補正すると教育プレミアムは34%減少する。Groves 2005, pp. 835, 839 は（a）アメリカでは子供の時の運命論で補正すると教育プレミアムが7%減少し、（b）イギリスでは子供時代の攻撃性と引きこもりで補正すると教育プレミアムが4%減少することを示している。以下も参照されたい。Heckman, Stixrud, and Urzua 2006.
20. Card 1999, pp. 1843–44.
21. 例えば以下を参照されたい。Caplan 2011b, Jensen 1998, and Harris 1998.
22. 例えば以下を参照されたい。Altonji and Dunn 1996.
23. Light 2001 はもう一つの一見して大きな、しかしおおむね無視されている能力バイアスに注目している。つまり、大半の研究者は入学前に学生が得た仕事の経験を無視しているのだ。その結果、（学校教育と仕事という）複合的なキャリア上の便益を、学校教育だけによるものと見なす過ちを犯している。
24. 最も顕著な例として、「運命論」の標準的な尺度であるロッターの内外ローカス・オブ・コントロール・スケールは四つの質問で性格をテストする（Heckman, Stixrud, and Urzua 2006, p. 432）。
25. 例えば以下を参照されたい。Bowles et al. 2001, p. 1140.
26. 概要は以下を参照されたい。Card 1999, p. 1855. Card の論文は現時点で3500回以上引用されている。以下も参照されたい。Card 2001. とっつきやすいレビューとしては以下を参照されたい。Angrist and Pischke 2015, pp. 209–9, and Oreopoulos and Petronijevic 2013.
27. A. Krueger and Lindahl 2001, p. 1106. Alan Krueger と David Card は何度も共同研究を行っているが、教育研究の論文はほとんど別々に執筆されている。
28. Greenstone and Looney 2011, p. 5.

29. おそらく最も有名なものとして、ジョージタウン大学のセンター・オン・エデュケーション・アンド・ワークフォース〔教育と労働者センター〕が一連の政策分析を発表してきたが、能力バイアスを暗に0%に設定している。特に以下を参照されたい。Carnevale and Rose 2011 and Carnevale, Rose, and Cheah 2011. 米国国勢調査局も同様である。例えば以下を参照されたい。Julian and Kominski 2011, 2012.
30. Card's 1999, p. 1834 で、他の点では包括的に目配りしている文献レビューが明示的にこのような選択をしている。「学校教育のリターンに関して、実測したテストの得点を使って能力による調整を行おうと試みた研究については、文献を考慮の対象から外している」
31. Angrist and Pischke 2015, p. 213.
32. 以下を参照されたい。Card 1999, pp. 1846–52, and Angrist and Pischke 2015, pp. 219–22.
33. 以下を参照されたい。Card 1999, pp. 1837–38, and Angrist and Pischke 2015, pp. 228–34.
34. 以下を参照されたい。Angrist and Pischke 2015, pp. 223–27, and Oreopoulos and Salvanes 2011.
35. Sandewall et al. 2014, Bound and Solon 1999, and Neumark 1999.
36. Bound, Jaeger, and Baker 1995, pp. 446–47.
37. Stephens and Yang 2014, esp. pp. 1784–88. p. 1789 で著者らはアメリカ以外の国での義務教育法の疑似実験研究では決定的事実がほとんどもしくはまったく見つからなかったと述べている。
38. Ashenfelter et al. 1999 も、教育の便益を大きく報告している疑似実験研究の方が発表されやすい傾向に気づいている。
39. 以下の文献で参考になる要約が読める。Altonji et al. 2012a, pp. 197–202.
40. Altonji 1995, pp. 422–23, columns（5）and（7）.
41. Levine and Zimmerman 1995.
42. Rose and Betts 2004, p. 505, column 1. Table 3 は全般的には個別の科目の効果を報告している。ただし外国語については、1—2ないし3—4課程取った効果を報告している。私が出した1.6%の効果は column 1 の外国語3—4課程の係数（5.6%）を3.5で割ったものである。
43. Dolton and Vignoles 2002, p. 426.
44. Joensen and Nielsen 2009, p. 191.
45. Altonji et al. 2012a, p. 217. ここでも対数ドルをパーセンテージに変換している。
46. 1.78／1.40＝1.27となるから。
47. Arcidiacono 2004, p. 347.
48. もっと厳密に言うと、収入の**対数**に対する専攻科目の効果は約50%減少する。Hamermesh and Donald 2008, p. 489 では、多数ある他の特性で補正すると、対数ドルでの差は50%近く消えることがわかっている。Altonji et al. 2012a, pp. 210–15 にこの文献の内容が要約されている。
49. 以下を参照されたい。Stinebrickner and Stinebrickner 2014, Ost 2010, and Arcidiacono 2004, pp. 348–51.
50. より詳細な分析については以下を参照されたい。Black, Sanders, and Taylor 2003.

51. 以下を参照されたい。Robst 2007, pp. 402–5.
52. Robst 2007, pp. 405–6.
53. Hamermesh and Donald 2008, p. 489 がこのジョークに言及している。正確なセリフは以下を参照されたい。Villain Instructional 2016.
54. Altonji et al. 2012b, p. 8 では、「哲学と宗教学」を専攻した者は教育学を専攻した者より0.086対数ドル収入が多いと推定している。因果関係があるのがこの半分だとすれば、教育学専攻より約４％収入が多いことになる。
55. Assaad 1997, p. 94.
56. Gregory and Borland 1999, pp. 3580–82.
57. Mayer 2011, p. 10.
58. Borjas 2002, p. 42.
59. 以下を参照されたい。Falk 2012, Borjas 2002, pp. 14–16, Katz and Krueger 1991, and Bender 1998. ただし Bender 2003, pp. 62–75 では、イギリスの公共セクターにおける賃金の平準化についてはエビデンスが混在しているとしている。
60. 以下を参照されたい。Gyourko and Tracy 1988, pp. 238–39, Disney and Gosling 1998, pp. 353–63, Melly 2005, pp. 513–14, and Katz and Krueger 1991.
61. 労働組合は賃金を平準化する。公務員は現在、民間セクターの労働者より５倍も労組の組織率が高い――民間の6.9％に対して37％である（Bureau of Labor Statistics 2015a）。Gyourko and Tracy 1988は（a）労働組合に加入していない民間企業労働者、（b）労働組合に加入していない公務員、（c）労働組合に加入している民間企業労働者、（d）労働組合に加入している公務員、で教育プレミアムを別々に検証している。労組加入の有無で補正すると、教育プレミアムは公共セクターでわずかに高く、労働組合が大きな要因であることを示唆している。
62. Mayer 2011, pp. 2, 9 に公共と民間のセクター別の学歴分布がある。ここから公共セクターに雇用されている大卒者の割合が算出できる。
63. 労働組合加入率については Mayer 2004, p. 11、資格取得率については Kleiner and Krueger 2010, pp. 679–81 を参照されたい。
64. 以下を参照されたい。Kleiner 2006, pp. 75–84, and Kleiner and Krueger 2010, pp. 681–84.
65. Kleiner and Krueger 2010, p. 680.
66. 32％×15％で約５％になる。
67. 図3–1の「妥当な」推定値より。私の知る限り、資格で補正した教育プレミアムの推定をした研究者は Kleiner and Krueger 2010, p. 683 だけである。彼らが行った資格による補正の影響はゼロだ。しかし後の研究で異なる結果が出たとしても、教育プレミアムは形を変えた資格プレミアムというにはあまりにも大きすぎる。
68. 1991年の公民権法では平均 IQ が低い集団に対する「差別的効果」を回避しつつ IQ テストを維持する最も低コストな方法である人種別採点補正も禁止している。以下を参照されたい。Wax 2011, pp. 704–7, and W. Cascio et al. 2009, pp. 282–84.
69. Last 2013, p. 164. IQ ロンダリング説をさらに学問的に擁護した詳細な文献については、以下を参照されたい。O'Keefe and Vedder 2008.

70. IQテスト実施の差別的効果については以下を参照されたい。Wax 2011, Sackett et al. 2008, and Murphy 2002. 1970年代に目立った業務上の必要性の基準の文字通りの解釈については以下を参照されたい。Committee on Ability Testing 1982, and Wigdor 1982.
71. グリッグス裁判の主な批判派はこの点を認識している。以下を参照されたい。O'Keefe and Vedder 2008, p. 4-7, 19, and Wax 2011.
72. 今ではEEOC〔雇用機会均等委員会〕ですら学歴に屈している。グリッグスの判例にもかかわらず、EEOCの禁止の可能性がある方針／慣行のリストに学歴要件は入っていない（United States Equal Opportunity Commission 2015）。
73. Wang and Yancey 2012, pp. 45-47.
74. L. Nielsen, Nelson, et al. 2008, p. 7, Koppel 2009.
75. L. Nielsen and Beim 2004, p. 252は平均賠償金額を1,077,953ドルとしている。しかし中間値は125,000ドルにすぎない。まれにしかない巨額判決が平均賠償額を中間値から大きく引き上げている。
76. 年間23,000件×1件当たり110万ドル×勝訴率2％＝5億600万ドル。
77. L. Nielsen, Nelson, and Lancaster 2010, pp. 187-88.
78. Kotkin 2007, pp. 144-45は1999―2005年の平均和解金額を54,651ドルと報告しており、これはL. Nielsen and Beim 2004が報告している裁判による平均賠償金額の約5％である。
79. 年間23,000件×和解1件当たり54,651ドル×和解成功率58％＝7億2900万ドル。
80. L. Nielsen, Nelson, et al. 2008, p. 11. 他の文献はもっと低い数字を出している。1970年から1989年にかけて、連邦裁判所に提訴された雇用における公民権侵害案件のうち、グリッグス事件を引き合いに出したものは1.4％である（Donohue and Siegelman 1991, p. 989）。IQテスト実施擁護論として有名なSchmidt（2009, p. 9）は、「現状、雇用関連の訴訟のうち選抜試験その他の採用手続きに異議を申し立てるものは1％未満である」と述べている。
81. こまかいタイプの経済理論家であればこのエビデンスの適切性を否定するかもしれない。理論上、雇用主はIQテストを利用すれば訴訟を起こされることを100％予想し、したがってほぼ絶対に実施しないから、「試験税」は低いと考えられる。しかし現実の世の中には戦略なき被告と気まぐれな陪審があふれているから、現状の雇用主の行動があっても試験税が低いという事実も、雇用主によるIQテスト実施が増えたとしても試験税は低いままだろうという優れたエビデンスになる。概論についてはShavell 1987を参照されたい。
82. 以下も参照されたい。Schmidt 2009, pp. 9-10.
83. O'Keefe and Vedder 2008, p. 18. 著者らは、このような遅れは予想すべきことだと主張している。「判決が出てから労働市場に大きな影響を及ぼすまでには数年の時差が発生しやすい。さらに、グリッグス判決が大学の需要に影響したとすれば、大学進学の決断から学位を取得して労働市場に参入するまでの4―5年の遅れを加えて予想すべきである」（p. 17）。しかしもしIQロンダリング説が本当なら、パターンはまったく異なるはずである。まず、グリッグス判決によって大卒者の供給は増え

ないのに需要が高まるから、大学プレミアムは急増するはずだ。高い大学プレミアムによって大学進学者が増えるため、当初の増加分はやがて徐々に消えていく。

84. Goldin and Katz 2009, pp. 84–85.

85. Weiss 1983, p. 422.

86. Terpstra and Rozell 1997, p. 490 は大企業の人事部に意識調査を行い、さまざまな採用方法を示してそれを使わない理由をたずねた。認知能力試験は企業が「法律上の懸念」から最も避ける採用方法だった。しかし法的な理由を表明したのは16%にすぎない。それよりも企業が有用性を疑ってこのような試験を避けた可能性の方がはるかに高い。

87. A. Ryan et al. 1999, pp. 375-77 が20カ国の企業に採用方法の調査を行った。1—5の段階評価で1＝「認知力試験をまったく使わない」、5＝「ほぼ必ず、あるいは必ず認知力試験を使う」とした場合、平均的なアメリカ企業は2.08、サンプル全体では2.98という結果になった。

88. 例えば Hersch 1991, pp. 148–51 によれば、雇用をめぐる集団訴訟を起こされた企業は訴訟の時期に平均15.6%株価が下がる。

89. Oreopoulos and Salvanes 2011, p. 163.

90. 例えば以下を参照されたい。McArdle 2013, Hope 2012, and Rampell 2011.

91. Ritter and Taylor 2011, pp. 33–34.

92. 例えば以下を参照されたい。Bureau of Labor Statistics 2015b, and Falk 2012, pp. 6, 10.

93. Falk 2012, p. 10.

94. 未発表の2本の論文（Leping 2007, Mok and Siddique 2011）が NLSY を使って、学歴と AFQT の得点で補正し、人種と民族が従業員給付に与える影響を推定している。しかしどちらも学歴が従業員給付に影響するとは報告していない。

95. 筆者が NLSY を基に算出した。

96. 例えば以下を参照されたい。Card 1999, pp. 1815–16.

97. 測定された教育程度の信頼性の標準的な推定値は0.9で、希釈バイアスは約10%ということになる（Card 1999, p. 1816）。

98. Bronars and Oettinger 2006, p. 29 は複数の測定誤差の問題をはっきり認識しているが、「現実味のある」解決策がないとしてこれを無視している。本格的な知力テストはきわめて信頼性が高い。例えば AFQT の信頼性は0.94である（ASVAB 2015）。それに対して簡易版の知力テストは信頼性が大きく低下し、総合的社会調査（GSS）の10ワードの IQ テストの場合0.74である（Caplan and Miller 2010, p. 645）。

99. 注目に値する例外に Drago 2011 and Groves 2005がある。本格的な性格テストの信頼性は約0.8で、簡易版テストの信頼性はそれよりわずかに低下する（Donnellan et al. 2006, p. 199）。

100. 複数の変数に測定誤差がある状況で変数一つの測定誤差値で補正を行う危険性については、以下を参照されたい。Garber and Klepper 1980 and Bound, Brown, and Mathiowetz 2001, pp. 3715–16.

101. 特に以下を参照されたい。Blackburn and Neumark 1995, pp. 222–24, and Bishop 1989, pp. 180–82. 後者は IQ、教育、家族歴の測定誤差を同時に調整し、「測定誤差で補正

すると推定された（IQ の）影響は74％増加し、教育年数の直接的な影響の低下はごくわずかである」ことを発見した。

第4章　シグナリングの証拠

1. 章頭引用は International Lyrics Playground 2016。
2. 公正を期して言えば、多くのデータセットは学位修了の測定をせず、修了した教育の年数のみ測定している。しかしこのようなデータセットを使っても、典型的な卒業年次（高校なら12年、大学なら16年）で収入が急上昇するかどうかはわかる。このアプローチを試みた主要な論文はすべて、12年と16年で収入が急上昇することを発見している。

表 E1　シープスキン効果の推定（明確な学位の測定なし）

データ	9－11 年の平均プレミアム	12 年のプレミアム	13－15 年の平均プレミアム	16 年のプレミアム
Hungerford and Solon 1987, p. 177.				
米国人口動態調査、1978 年	＋3.7％	＋8.6％	＋3.3％	＋17.6％
Frazis 2002, p. 302.				
米国人口動態調査、1977－1991 年	＋5.5％	＋15.1％	＋5.2％	＋22.0％
Lange and Topel 2006, p. 493.				
青年全国縦断調査（NLSY）、1999 年	＋6.0％	＋16.2％	＋5.9％	＋36.5％
平均	＋5.0％	＋12.7％	＋5.5％	＋23.1％

3. 主な例外は Kane and Rouse 1995, pp. 605-6 と D. Clark and Martorell 2014 である。Kane and Rouse は単位認定と卒業資格を測定し、学士号を取得した男性と文系の準学士号を取得した女性には大きなシープスキン効果があるが、学士号を取得した女性と文系の準学士号を取得した男性にはないことを発見した。Clark and Martorell は高校卒業試験に合格した直後の高校生と落第した直後の高校生の収入を調べ、高校卒業資格にはシープスキン効果がほとんどないことを発見した。Clark and Martorell への批判は以下を参照されたい。Caplan 2011a.
4. 卒業資格と教育年数の金銭的見返りを「対戦」させた主要な論文をすべてここに紹介しよう。

表 E2　シープスキン効果の推定（明確な学位の測定あり）

データ	9－11年の平均プレミアム	12年のプレミアム	13－15年の平均プレミアム	16年のプレミアム
Park 1994, p. 17, Park 1999, p. 239.				
米国人口動態調査、1990年	＋8.0%	＋18.1%	＋3.9%	＋26.2%
Jaeger and Page 1996, p. 735, column 2.				
米国人口動態調査、1991－1992年	＋5.5%	＋17.4%	＋5.9%	＋39.1%
Arkes 1999, p. 139, column 1.				
青年全国縦断調査（NLSY）、1993年	＋6.9%	＋13.0%	＋7.4%	＋30.1%
Ferrer and Riddell 2002, p. 893, column 3.				
カナダの国勢調査、1996年（男性）	＋3.4%	＋8.9%	＋3.4%	＋29.8%
Ferrer and Riddell 2002, p. 893, column 4.				
カナダの国勢調査、1996年（女性）	＋5.7%	＋12.3%	＋5.7%	＋35.9%
Riddell 2008, p. 26, column OLS 3.				
国際成人識字・スキル調査、2003年	＋3.4%	＋27.0%	＋3.4%	＋58.2%
Bitzan 2009, p. 762, column 2.				
米国人口動態調査 Merged Outgoing Rotation Groups、1999－2003年（白人男性）	＋3.8%	＋20.5%	＋6.5%	＋30.4%
Bitzan 2009, p. 762, column 3.				
米国人口動態調査 Merged Outgoing Rotation Groups、1999－2003年（黒人男性）	＋1.2%	＋16.0%	＋7.8%	＋23.6%
Flores–Lagunes and Light 2010, pp. 456–57, column 1.				

青年全国縦断調査（NLSY）、1979－2004年（初任給）	＋2.1%	＋2.6%	＋2.1%	＋33.2%
平均値	＋4.4%	＋15.1%	＋5.1%	＋34.1%
中間値	＋3.8%	＋16.0%	＋5.7%	＋30.4%

Chevalier et al. 2004, p. F510 もイギリスの教育制度における主要な節目に大きなシープスキン効果があることを発見している。Kane et al. 1999 は学位の方が教育年数よりも測定しやすいため、シープスキンの推定値が教育年数と比較した学位の効果を過大に見せていると主張している。しかし絶対値で教育年数の測定は信頼性が高い（Card 1999, p. 1816）ため、これは重大な欠陥とは考えにくい。

5. Park 1994, p. 17 は教育年数18年以上の人をすべて対象にしているため、シープスキンの算出に問題がある。しかし Park は、卒業資格を取らなかった場合、大学院で１年間教育を受けた分の収入増は１%にすぎないのに対し、修士号を取得した場合は大学院での１年分の教育で収入は14%増加するとしている。Jaeger and Page 1996 は専門職学位には大きなシープスキン効果があると報告しているが、修士号や博士号にはないとしている。Arkes 1999 and Bitzan 2009 は修士号以上の学位の金銭的な見返りはすべてシープスキン効果によるものであるとしている。Ferrer and Riddell 2002 は修士号と博士号の修了学年は通常学年の２―４倍に相当する価値があると結論づけている。Riddell 2008 は大学院の修了学年は通常学年の約３倍に相当する価値があるとしている。Flores-Lagunes and Light's 2010 の結果は大学院の学位の修了学年は通常学年の15倍以上に相当する価値があるとしている。総合的社会調査（GSS）では、修士号以上の学位の修了学年は通常学年の少なくとも５倍に相当する価値があるとしている。
6. これらの数字は1991―1992年の米国人口動態調査のものだが、現代のアメリカのデータセットすべての典型といえる数字である（Jaeger and Page 1996, p. 734）。
7. 卒業資格の測定は（a）大学卒業資格を持っている全員が高校卒業資格を取得している、（b）大学院卒業資格を持っている全員が学士号を取得している、と想定している。
8. 例えば以下を参照されたい。Lange and Topel 2006, pp. 492–96.
9. Light and Strayer 2004, p. 762, column 5 は、AFQT の得点で補正しても準学士号と学士号の大きなシープスキン効果が残ることを示している。Kane and Rouse 1995, p. 606 は、標準試験の得点、高校のランク、親の所得で補正しても女性の準学士号と男性の学士号のシープスキン効果は残ることを示している。Kane and Rouse のシープスキン研究の結果は必ずこれらの能力調整を含むため、能力で補正した場合に男性の準学士号と女性の学士号のシープスキン効果はなくなるのか、それとも元からなかったのかは不明である。
10. Arkes, 1999, p. 139, column 2 と Riddell 2008, p. 26, column OLS 6 はいずれも、学位取得のない年と学位を取得する年の相対的な金銭的見返りは、能力で補正した後もほ

ぼ同じであるとしている。Frazis 1993, p. 546 では、大学のシープスキン効果は IQ と高校の GPA で調整後にむしろ大きくなった。

11. Raudenbush and Kasim 1998, pp. 48–50 はさらに強力な発見に至っている。読み書き能力で補正を行うと、教育年数12年間の金銭的見返りは約 3 分の 2 減少するが、高校卒業の金銭的見返りの減少分は約 3 分の 1 である。
12. 以下の集計より。Jaeger and Page 1996, p. 734.
13. Attewell et al. 2006, p. 886.
14. もちろん、能力バイアスで補正を行ってからである！　本来ないはずのものは分けられない。
15. Wood 2009 は全体として優れた論文だが、この点において過ちを犯している。「教育の純粋なスクリーニングないし資格認定理論は、前述したように、たしかにシープスキン効果を予測しており、これが反証されるのはその不在によってであろう」
16. レビューについては以下を参照されたい。Hérault and Zakirova 2015.
17. 例えば以下を参照されたい。Fogg and Harrington 2011, Harrington and Sum 2010a, and Vedder et al. 2013.
18. さらに詳しくは Hartog 2000 および Groot and Van den Brink 2000, p. 150–53、多少異なる分類については Fogg and Harrington 2011, pp. 54–55 を参照されたい。
19. この方法では通常、就いた仕事の平均ないし最頻の教育より、受けた教育が最低でも一標準偏差高い場合に、「学歴過剰」と分類する。
20. 以下を参照されたい。Groot and Van den Brink 2000, p. 154.
21. Groot and Van den Brink 2000, p. 154.
22. 多くの場合、政府の労働統計担当者が職業スキル要件を評価している。研究者はそのスキル要件を求められる教育程度に変換している。
23. Groot and Van den Brink 2000, p. 154.
24. この定義的アプローチの最も顕著な例が Carnevale, Smith, and Strohl 2010a である。以下で批判的なやりとりが参照できる。Harrington and Sum 2010a, 2010b, and Carnevale, Smith, and Strohl 2010b.
25. Fogg and Harrington 2011, pp. 56–58. 労働者の一生の就業期間のうちに不完全就業率は確実に下がっていくが、問題は消えない。例年、自身が受けたトレーニングに見合った仕事に転職する不完全就業労働者は20%に満たない（Rubb 2003, pp. 391–92）。
26. F. Pryor and Schaffer 2000, pp. 41–45. さらに長期を追った数字については、以下を参照されたい。Van de Werfhorst and Andersen 2005, pp. 328–29.
27. Vaisey 2006, pp. 844–46. Rodriguez 1978, pp. 61–63 は1940—1970年についてほぼ同じパターンを報告している。
28. Ehrenberg 2012, pp. 195–96.
29. 不完全就業の強硬な否定派は、過去には「スキル不要」だった仕事さえ、現代のハイテク経済においてはスキルを要するようになっている、ともよく主張する。「技術的変化という容赦ないエンジンにグローバル競争が拍車をかけ、スキル要件と中等後教育および職業内訓練の需要を引き上げた——それも「専門職、技術職、管理職、高度な営業職」だけではなく、あらゆる職業においてである」（Carnevale,

Smith, and Strohl 2010b)。しかし職業上のスキル要件を直接研究した研究者はそのようなエビデンスをほとんど発見していない（例えば以下を参照されたい。F. Pryor and Schaffer 2000, pp. 52-59)。直観的に言えば、より複雑化した仕事もあれば、以前より単純化した仕事もある。例えば、バーコードを読み取らせる方が昔ながらのレジを操作するより頭を使わない。Livingstone 1998, pp. 139-48 は、アメリカで客観的なスキル要件が1940年代と1950年代に大きく上昇した後、1960年から1990年にかけてはほぼ変化がなかったことを実証している。

30. Vedder et al. 2013, p. 28 から拝借したジョーク。
31. Van de Werfhorst and Andersen 2005, pp. 322-23.
32. 主要な結果は Carnevale, Rose, and Cheah 2011 に掲載されている。著者の一人である Stephen Rose のご厚意によりその基礎データをご提供いただいた。Leonhardt 2011 はそれ以前の、Rose の基礎データの不完全版を基にしている。
33. 大学教育を受けたバーテンダーとウェイターはほぼ確実に「洗練されて」いるので、高級店で採用されやすい。だが学生を高級な給仕係に変身させるのを大学の功績とすることに、私たちは通常以上に慎重であるべきだ。学校教育が仕事そのものよりも、労働者の社会性の醸成に優れているとは信じがたい。能力バイアス（そもそも、より洗練された者の方が大学に進学する可能性が高い）とシグナリング（雇用主は大卒者の方が洗練されている可能性が高いと正しく推測する）の方がいずれも説得力がある。
34. 職業分類は請求すれば入手できる。
35. Carnevale and Rose 2011, p. 30. この後、著者らは少しだけシグナリングを認めているが、短期的にしか有効ではないと主張している。「採用活動では最も優秀な労働者の発見に成功することも失敗することもあるため、雇用主はスキルの高い従業員を見つける確率を最大化するために学歴を利用することが多い。[…] しかし採用後は、個々の労働者の成果物を見て昇進や昇給を決めている。雇用主がパフォーマンスの指標として学位を使い続けることは、それによって望む成果が継続的に得られないとすれば、可能性は低い」。この立場の理論的な弱点については第1章「シグナリングは「理屈に合わない」」の項を、雇用主の学習の実証については第4章「雇用主の学習速度」の項を参照されたい。
36. 不完全就業の研究者は自分たちの調査結果の説明をシグナリングに頼ることが多いのに、Carnevale and Rose がこれを省略しているのは驚くべきことだ。特に以下を参照されたい。Vedder et al. 2013, pp. 7-9, and F. Pryor and Schaffer 2000, pp. 72-73.
37. 学業と関係のない分野で教育に金銭的見返りがあるように見えるのは、単に場所によるものである可能性もある。例えばニューヨークやボストンのような教育水準の高い地域は、給与水準も通常より高い。ジョージタウン大学のデータではテストできないが、教育のおかげとされるものの一部は、実は場所のおかげかもしれない。この点を指摘してくれた Greg Mankiw に感謝する。
38. 例えば Chevalier 2003 を参照されたい。この文献は、不完全就業者の方が学力が低く、あまり高い学力を求めない科目を専攻していることを発見した。Robst 1995 も同様に、不完全就業者が難易度の高くない学校の学位を持っていると報告している。

39. Farber and Gibbons 1996, pp. 1026–27, column 6, and Altonji and Pierret 2001, p. 330, columns 2 and 4.
40. Lange 2007, p. 16.
41. Bishop 1992.
42. Arcidiacono et al. 2010, p. 77.
43. Arcidiacono et al. 2010, pp. 86–88. 同様の方法を使った別の研究では、イスラエルの難関大学、ヘブライ大学（HU）の卒業生と、それより難易度が落ちる経営学術研究大学（COMAS）の卒業生を比較している。卒業後、試験の成績が良かったCOMAS卒業生がHU卒業生と同じ収入になるまでに7年かかっている（Lang and Siniver 2011, p. 776）。
44. これはIQをはじめ、雇用主には明らかになっていない能力の尺度で統計上の補正を行う限りにおいてあてはまる（Farber and Gibbons 1996, pp. 1010–18, Altonji and Pierret 2001, pp. 316–23）。そのため、雇用主が当初は労働者の学歴のみ知っており、本当は何年分の教育が身についているのかをだんだん推し量っていく場合に限り、シープスキン効果は徐々に落ちていくと考えるべきである。
45. Belman and Heywood 1997. この論文は一般的に学位を取得する年を学歴の代わりに用いており、このアプローチではシープスキン効果の本当の大きさが過小評価されてしまう。
46. Arcidiacono et al. 2010, pp. 86–88.
47. 注目に値する例外が二つある。Farber and Gibbons 1996は二つの能力尺度を用いている。AFQTの得点と、子供の頃に図書館カードが家にあったかどうかである。Pasche 2009はAFQTと自尊心と運命論の三つの尺度を用いた。これらの事実をすべて知っている雇用主でも、労働者の生産性はきわめて不完全にしかわからないだろう。
48. Hanushek and Zhang 2009, pp. 132–33を参照されたい。さらに詳細な説明は以下の文献で読める。Hanushek and Zhang 2006, pp. 21–23, Bauer and Haisken-DeNew 2001.
49. この説に関する研究はあまりないが、Heisz and Oreopoulos 2006が格付けの高い大学院のMBAと法律の学位に対する金銭的見返りは、個人の能力で補正しても、経験とともに増加すると報告している。高ランク大学の学位があれば最初に良い仕事にありつけ、それが起点となって将来的にさらに良い仕事につながっていくからだ。
50. 概要は以下を参照されたい。Bewley 1999, 特に pp. 70–75, Fehr and Gächter 1998, Rees 1993, Akerlof and Yellen 1990, and Baker et al. 1988.
51. 以下を参照されたい。Roehling and Boswell 2004, Roehling 2002, Segalla et al. 2001, Lind et al. 2000, Bewley 1999, 特に pp. 170–262, Folger and Skarlicki 1998, Klaas and Dell'Omo 1997, Akerlof et al. 1996, and Cox and Kramer 1995.
52. Bewley 1999, pp. 70–85.
53. Bewley 1999, pp. 153–69.
54. Altonji and Pierret 1998, p. 187. 同論文のtable 8.7の混合モデルブロックの0.5と0.75の列を計算の根拠とした。
55. Lange 2007, pp. 28–32. Pasche 2009は、Langeの認知能力と非認知能力双方に関する

雇用主の学習へのアプローチを発展させ、人的資本とシグナリングの生涯分割比を39対61から95対5の間と推定している。Lange が選好した5％の利率をかけると、Pasche の人的資本とシグナリングの生涯分割比は59対41から78対22の間になる。

56. Fang 2006, p. 1180 は給与、経験、教育、能力の相互作用を根拠とするかわりに、人的資本とシグナリングの内訳を若い大卒者で70対30、年配の大卒者で75対25とする複雑な理論モデルに依拠している。

57. Altonji and Pierret 1998, p. 187, table 8.7 から始めよう。当初の人的資本とシグナリングの分割比が50対50とする。15年の経験後の生産性の加重がわずか0.25とすると、生涯のシグナリングのシェアは最低でも43％となる。

 Lange 2007の推定値も同様だが、彼が選好した5％の利率に大きく依存している。もっと一般的な3％の利率を採用した場合、シグナリングは教育プレミアムの26—47％を占めるはずだ。Lange のモデルでは、利率を低くするとシグナリングの役割が直観に反して大きくなる。なぜなら彼は「労働者が生涯収入の現在価値を最大化するために学校教育を選択している」（2007, p. 3）と想定しているからだ。

58. 学校が社会にとって無益なスキルを教えることに成功する場合も、教育の個人への効果と国家への効果は異なる（Wolf 2002, Pritchett 2001, pp. 382–84）。犯罪、収賄、競合他社の訴訟、破綻した会社の救済を求めるロビー活動を教える学校を想像してほしい。しかし世界規模で見て、学校が基本的な読み書き計算を教える使命にも限定的な成功しかおさめていない（Pritchett 2013）ことを考えると、学校が反社会的な能力を大幅に向上させるとは信じがたい。この問題を指摘してくれた David Balan に感謝する。

59. 労働経済学者は個人の教育が個人の所得に及ぼす効果を「ミクロ・ミンサー型教育収益率」、国民の教育が国民所得に及ぼす効果を「マクロ・ミンサー型教育収益率」と呼んでいる。入門的内容として以下が参考になる。Pritchett 2006, and A. Krueger and Lindahl 2001.

60. OECD 2014, p. 146.

61. 以下を参照されたい。D. Krueger et al. 2010, p. 4, and Acemoglu 2003, p. F123.

62. Trostel et al. 2002, p. 5. フィリピンは所得が異常に低く教育プレミアムが異常に高い。フィリピンをサンプルから外すと、アメリカはいっそう突出する。

63. Psacharopoulos and Patrinos 2004, p. 115, table 3.

64. 国際的な教育プレミアム研究はほぼすべてそうだが、Psacharopoulos and Patrinos 2004 も能力バイアスの補正をまったく行っていない。能力バイアスの度合いが世界中で同等と仮定すると、本当の教育プレミアムは見かけより25％は小さくなる。アメリカ、チリ、ヨーロッパ11カ国のデータを用いた Hanushek and Zhang 2009, pp. 133–35 は、認知能力と家族歴で補正すると教育プレミアムが39％減少するとしている。

65. 概要は以下を参照されたい。Pritchett 2006, Bosworth and Collins 2003, and A. Krueger and Lindahl 2001.

66. 例えば以下を参照されたい。Pritchett 2001, pp. 367–91, Islam 1995, and Benhabib and Spiegel 1994.

67. A. Krueger and Lindahl 2001, p. 1125, columns（2),（3), and（5).
68. 調査については、以下を参照されたい。Lange and Topel 2006, pp. 462–70.
69. 一つ大きな例外がある。D. Cohen and Soto 2007は、自分たちのデータの質は高く結果の不確実性は低いと強調している。だが彼らの研究結果でさえ、サンプルへの依存度が非常に高い。1960―1990年の59カ国を見た場合、1年分の教育によって国民所得は4.9%増える。1970―1990年の81カ国を見た場合、1年分の教育によって国民所得は9.0%増える（D. Cohen and Soto 2007, p. 68, columns 5 and 10)。
70. De la Fuente and Doménech 2006a. De la Fuenteのご厚意により、国民の教育が国民所得に及ぼす効果の測定値を報告している未公開の補遺（de la Fuente and Doménech 2006b）を提供いただいた。
71. 教育の尺度＃6はD. Cohen and Soto 2007によるものである。教育の尺度＃7はde la Fuente and Doménech 2000によるものである。教育の尺度＃8はde la Fuente and Doménech 2006aによるものである。
72. Bosworth and Collins 2003, p. 140. データ競争に新たに名乗りを上げたのはBarro and Lee 2013である。私の知る限り、国民の教育が国民所得に及ぼす効果の推定に彼らのデータを用いた者はまだ誰もいない。
73. Bosworth and Collins 2003, p. 139は次のように述べている。「他の因子を制御した研究でさえ、マクロ経済分析で学校教育の平均年数の増加と経済成長にプラスの相関を見出すのがこれほど困難なのは不可解である」。De la Fuente and Doménech 2006a, p. 1は次のように認めている。「人的資本の蓄積による経済成長への寄与を実証調査すると失望するような結果になることが多い。教育変数はしばしば成長回帰に重要ではないか、むしろ「負の」意味を持つという結果が出るのである」
74. 「Good Data, Good Results（優れたデータが優れた成果をもたらす)」というサブタイトルのついたD. Cohen and Soto 2007, p. 72が最も わかりやすいケースである。著者らは、国の繁栄に教育が異例に大きな効果をもたらすのを発見したことを理由に、自分たちの成果を「より優れている」とそのままの言葉を使って主張している。「われわれのデータは、先行文献において標準的なクロスカントリー成長回帰分析で推定されたBarro and Lee（2001）の一連のデータより優れている。われわれのデータをこの回帰分析にかけたところ、Barro and Lee（2001）のデータとは逆に効果が大きいことがわかった」。しかも彼らは「優れた結果」が出たことをもって自分たちが「優れたデータ」を持っていると考える理由としている。「成長回帰分析における学校教育変数の重要性は、データの質の高さを示すもう一つの証明である」（D. Cohen and Soto 2007, p. 64)。
75. 公平を期して言えば、何人かの著名な研究者は、――少なくともアメリカ国内で――州民および市民の所得に対する教育の効果は個人の所得に対する教育の効果と同等もしくは上回ると報告している（Acemoglu and Angrist 2001, Moretti 2004, Ciccone and Peri 2006)。有能な労働者が高所得地域に移住するのは国外より国内の方がはるかに容易なので、私はこのような結果はあまり重視しない。義務教育法の「疑似実験」の脆弱性からAcemoglu and Angristについてはさらに疑念が生じる（Stephens and Yang 2014)。

76. 特に以下を参照されたい。Lange and Topel 2006, pp. 467–69, A. Krueger and Lindahl 2001, pp. 1112–26, and de la Fuente and Doménech 2006a, pp. 21–29.
77. A. Krueger and Lindahl 2001, p. 1125, columns（5）and（6）.
78. A. Krueger and Lindahl 2001, p. 1115 が明示的にそのように仮定している。「よく知られている通り、もしある説明変数が加法ホワイトノイズ誤差とともに測定された場合、この変数の係数は単回帰分析においてゼロに向かって減衰する。［…］重回帰分析においても同様の結果となる（共変量の測定が正しければ）」（強調は筆者による追加）。de la Fuente and Doménech 2006a ではこれほど露骨に想定していないが、de la Fuente との個人的なやりとりでそうであることを確認した。
79. 以下を参照されたい。Garber and Klepper 1980, Bound, Brown, and Mathiowetz 2001, and Chapter 2, section “Underrating the Benefits of Education?”
80. T. Snyder and Dillow 2011, pp. 15, 53 は K–12〔幼稚園から高校卒業までの義務教育〕の総在籍者数が55,282,000名、公立校の総支出が6000億ドル、私立校の総支出が490億ドルであると報告している。生徒1人当たりの民間支出は886ドル、生徒1人当たりの公共支出は10,853ドルである。
81. 因果の逆転に関する研究の不在に関しては、以下を参照されたい。Sianesi and Van Reenen 2003, p. 193.
82. Bils and Klenow 2000, p. 1177.
83. 方法論として、著者らは多数の慣習的だがほとんど検証されていない数学的前提に頼っている。実質的に著者らは、国が教育支出を増やすのは所得が成長したからではなく所得の成長を見越しているためである、というおよそありえない想定をしている。
84. 以下を参照されたい。Lange and Topel 2006, pp. 466–49, 482–88, and A. Krueger and Lindahl 2001, pp. 1118–21. ほとんどの研究者はこれを、測定誤差が長期的にはそれほど重要でないエビデンスと解釈するのを好む。しかし A. Krueger and Lindahl 2001, p. 1120 は自分たちの結果が因果の逆転を明らかにする可能性もあることを認めている。「時間間隔が長くなるほど同時性バイアス（因果の逆転）が大きくなりうるため、測定誤差バイアスと同時性バイアスを変化させた組み合わせによって結果の時間パターンの説明がつく可能性がある」。注意：どちらの研究チームもこれらの推定において物的資本を無視しているため、教育の見かけ上の重要性が大きく膨れ上がっている。
85. 可能性としてありそうな補正を行ったとしたらどうなるだろうか。能力バイアスで控えめな補正を行った場合、個人のプレミアムは6—9％減少する。因果の逆転で控えめな補正を行った場合、国のプレミアムが1—2％減少する。幅は大きいままだが、シグナリングが必ず人的資本を上回る。
86. 特に以下を参照されたい。Pritchett 2006.
87. Los Angeles Times 2016. 付加価値は相対的に測定されているため、「最も効果が低い」教師は受け持ち生徒の得点をそれに相応する分だけ下げている。
88. Chetty, Friedman, Hilger, et al. 2011. Chetty が個人的にファクトチェックを行った部分的な批評については、以下を参照されたい。Caplan 2011e.

89. Chetty, Friedman, and Rockoff 2014. 批判については以下を参照されたい。J. Rothstein 2015.
90. 入門的な内容は Hanushek, Peterson, and Woessmann 2013 を、より専門的な議論は Hanushek and Woessmann 2008 を参照されたい。
91. Hanushek and Kimko 2000. Hanushek, Peterson, and Woessmann 2013, pp. 21-25 が、全国テストの得点で補正すると教育は経済成長に何の効果もないと報告している。
92. Hanushek, Peterson, and Woessmann 2013, pp. 59-66.
93. Hanushek and Woessmann 2012.
94. 数学については以下を参照されたい。Bahrick and Hall 1991.
95. G. Jones 2016 は、IQ はテストの得点と同様、個人よりも国にはるかに大きな金銭的見返りをもたらすと報告している。Schmidt 2009 は知力と仕事のパフォーマンスの強い関連性を考証している。
96. Hanushek 2003, Hanushek, Schwerdt, et al. 2015.
97. 社会学には長い「学歴主義」——企業はスキルより正規の学歴に注目するという考え方——の伝統がある。しかし社会学者は企業が学歴を気にするのを、不完全な情報に対する利益の最大化ではなく、代償の高い俗物根性と扱いがちである（Berg 1970, R. Collins 1979）。経済学者のシグナリング・モデルは社会学者に新たな方向性を示した。例えば以下を参照されたい。Labaree 1997, 2012, Bills 1988, 2003, 2004, David Brown 2001, 1995, Rosenbaum and Jones 2000, Kerckhoff 2000, and Spilerman and Lunde 1991. 実は Arrow と Spence にわずかに先行する Thurow 1972 は、経済学的アプローチと社会学的アプローチをまたぐものだ。心理学に対するシグナリングの影響については、例えば以下を参照されたい。Bangerter et al. 2012. 教育研究に対するシグナリングの影響については、以下を参照されたい。Pascarella and Terenzini 2005, pp. 460-63.
98. 私の二人のメンター、William Dickens と Tyler Cowen も同様だ。彼らの言い分については、以下を参照されたい。Dickens 2010, and Cowen 2013, 2011a, 2011b, 2010. しかし経済学者ブロガーたちはシグナリングに理解を示している（Caplan 2011c）。
99. Lange and Topel 2006, p. 505.
100. シグナリングの検証を行った最初期の論文の一つ Layard and Psacharopoulos 1974, pp. 989-90 は「スクリーニング仮説は、雇用主にとって教育歴の一部の要素が他の要素よりも有益であることを示唆する。[…] これはスクリーニング仮説の「シープスキン」版の根拠である。この仮説に従えば、教育の年数が増えると同時に増えた分の年数に証明書が伴う場合、賃金の上がり方は早いはずである」と述べている。彼らがシープスキン効果を発見できないのは「仮説が雇用主は証明書よりも教育の年数を利用するとしているのでない限り、壊滅的である」。その後の批評論文である Hungerford and Solon 1987, p. 175 は「引用されることが多い Layard and Psacharopoulos の論文は [⋯] スクリーン仮説が行っている反駁可能な予測のいくつかについて入手可能なエビデンスの裏付けがないことを理由に、スクリーン仮説の重要性を退けた。その一つが「シープスキン」予測である」と述べている。
101. Lange and Topel 2006, pp. 492-95 がおそらくこの否定論の最も発展した例だろう。彼

らは「卒業証書効果の存在は、労働経済学において最も根強い実証的な発見の一つに数えられる」と認めた後で、彼らは「学校教育から得る利益が最も少ないのは、学位を修了する年の前に中退する人々である」と述べている。その後 Lange and Topel は自分たちの説のよく考えられた理論的モデルを提示しているが、実証的な裏づけはまったくない。Stinebrickner and Stinebrickner 2012 は成績が低いと大学中退率は大幅に上がるが、だからといってそのような学生の仕事の生産性の向上率が通常より低いわけではないことを発見している。

第 5 章　それがシグナリングかどうか、誰が気にするのか

1. 有権者のモチベーション研究の概要については以下を参照されたい。Caplan 2007, pp. 148–51.
2. J. Pryor et al. 2012, pp. 4, 43.
3. 例えば以下を参照されたい。Krumpal 2013 and Randall and Fernandes 1991.
4. 背景については以下を参照されたい。Heckman, Lochner, and Todd 2008, 2003.
5. Heckman, Lochner, and Todd 2008, 2003 はこの慣習を批判している。
6. 2014年 1 月現在。United States Department of the Treasury 2016.
7. 並外れて徹底したブレーンストーミングが以下で参照できる。McMahon 1998.
8. 二重計算について詳しくは、以下を参照されたい。McMahon 1998.
9. 1976—2012年の総合的社会調査（GSS）では、学士号で教育を終了した18—39歳の人々は認知力テストの得点が0.61の標準偏差で平均より高く、同世代群の73番目パーセンタイルに位置した。低いと思うなら、トップの学生は大学院か専門職学位のために進学する傾向が高いことを思い出そう。NLS-72と NELS-88でも、学士号取得者の平均的な数学のパーセンタイルはほぼ同じである（それぞれ71番目パーセンタイルと72番目パーセンタイル）（Bound, Lovenheim, and Turner 2010, p. 138）。
10. CPS が高校中退者全員の平均所得を報告している。 9 年生、10年生、11年生を修了した場合の見返りを計算するために、私は平均的な高校中退者が10年生まで修了していると想定した。近年の高校中退者に関しては、これでおおむね正確である（T. Snyder and Dillow 2015, p. 218）。
11. 第 3 章「認めるべきは認めよ」および「能力バイアスの補正」の項。
12. 第 4 章「シープスキン効果」の項。修士号以上の学位のリターンはまるごとシープスキン効果であるとする研究報告も散見されるので、この想定は控えめな方だ。
13. Bureau of Labor Statistics 2012, p. 3 は現金対福利厚生の内訳を軍人を除く全労働者で69.4%対30.6%と計算しており、従って福利厚生は金銭的な報酬の44%となる。
14. 以下を参照されたい。Falk 2012, pp. 6, 10.
15. この手順を、ある事例でやってみよう。2011年の国勢調査で、フルタイムの通年労働者の平均収入は、男性高卒者で46,038ドル、女性高卒者で32,249ドル、男性大卒者で80,508ドル、女性大卒者で58,229ドルである。「優等生君」は男性でも女性でもありうるので、平均すると高卒分の収入は高卒者で39,144ドル、大卒者で69,369ドルとなる。従って大卒プレミアムの観測値は77.2%である。しかし45%の能力バイアスで補正すると、本当のプレミアムは0.55×77.2%＝42.5%しかない。さらに、

収入増効果は最初の３学年は同じ割合で、卒業学年は通常学年の6.7倍になるという私のシープスキンの仮定を思い出してほしい。複利計算すると、最初の３年間で所得は毎年４％ずつ上がり、最終学年で所得は26.7％上がるので、累計すると42.5％の増加となる。

16. 以下を参照されたい。Falk 2012, pp. 6, 10. 民間セクターの便益／所得比は高卒以下の労働者で0.46、学士号を持つ労働者で0.43、修士号を持つ労働者で0.41である。
17. CPS では「フルタイム」労働者は失業者も含むが、「通年労働者」は年間50—52週働いていなければならない。Bureau of Labor Statistics 2015j, p. 3.
18. 特に以下を参照されたい。Greenstone and Looney 2011, 2012.
19. さらに詳しい論考は、以下を参照されたい。Caplan 2014a.
20. 25—64歳の労働人口の失業率はすべて、セントルイス連邦準備銀行（FRED）のウェブサイトのものを使用した。変数識別子は男性 LNU04027675、LNU04027676、CGBD2564M、CGMD2564M、女性 LNU04027679、LNU04027680、CGBD2564W、CGMD2564W である。計算ではこれまでと同様、男女比50対50と想定している。2011年の失業率は世界的な不況によって変則的に高かったため、2000—2013年の平均失業率を使用している。
21. 以下を参照されたい。Ritter and Taylor 2011 and Riddell and Song 2011.
22. Internal Revenue Service 2011, p. 273. 累進税法（Congressional Budget Office 2013）により、平均収入への税額は平均税額より低い。そのため、教育のリターンに対する税金の抑制効果は若干過小評価されている。給与税は2011年に一時的に２パーセンテージポイント減税されたが、私の計算では標準的な7.65％の税率を使用している。
23. 独身で子供のいない個人の2011年の勤労所得税額控除（EITC）は調整後総所得13,660ドルから資格が発生した（Internal Revenue Service〔国税庁〕2015）。また、独身で子供のいない25歳未満もしくは65歳以上の成人は EITC の対象とはならない（Internal Revenue Service 2016）。医療費負担適正化法案が通過してからも、子供のいないフルタイム労働者はメディケイド〔公的医療保険制度〕の受給資格はほとんどの場合ない（Kaiser Family Foundation 2013, Sebelius 2012）。
24. Stone and Chen 2014 によれば、「2010、2011、2012年の平均的な失業給付額は週約300ドルだった」
25. 受給資格のルールは州ごとでも異なる。実際は通常、資格を得るためには最低でも２四半期のフルタイム雇用の実績が必要であり、フルタイム雇用の実績が４四半期に満たない場合には支給額が減額される（United States Department of Labor〔労働省〕2014）。私の計算では、１年間フルタイム労働をした後、失業給付の受給資格が発生すると想定している。
26. 仕事の満足度に対する教育の効果についての研究のレビューは、以下を参照されたい。Fabra and Camisón 2009, pp. 601-2. Oreopoulos and Salvanes 2011, pp. 163-64 は特筆すべき例外である。総合的社会調査（GSS）から、彼らは大卒者が高卒者よりも仕事への満足度が所得による調整後約３パーセンテージポイント高いことを発見している。
27. 例えば以下を参照されたい。Ferrante 2009, Fabra and Camisón 2009, and A. Clark and

Oswald 1996. Ganzach 2003 は、所得ではなく知力で補正すると、教育は給与への満足度を下げるが、仕事への本質的な、あるいは全体的な満足度は下げないとしている。

28. 例えば以下を参照されたい。Argyle 1999, p. 355.
29. 以下を参照されたい。Oreopoulos and Salvanes 2011, pp. 160–61. Di Tella et al. 2001, p. 340 は効果はもっと小さいとしている。
30. Helliwell 2003. 総合的社会調査（GSS）では、所得と健康で補正を行うと教育の幸福度に対する効果は消えてしまうが、知力で補正を行うと復活する。いずれにせよ、効果はごく小さい。
31. Yazzie-Mintz 2010, pp. 6–7.
32. Larson and Richards 1991, pp. 427–29.
33. Bridgeland et al. 2006, pp. 3–4. 以下も参照されたい。Eckstein and Wolpin 1999.「中退リスクのある」高校生との率直なインタビューは以下で参照できる。Farrell et al. 1988.
34. Mann and Robinson 2009, pp. 249–50.
35. 以下を参照されたい。Romer 1993, pp. 168–70.
36. Simpsons Archive 1997.
37. A. Krueger et al. 2009, p. 47.
38. Csikszentmihalyi and Hunter 2003 が同様の結果を報告している。
39. 例えば以下を参照されたい。Cutler and Lleras-Muney 2008, p. 39, and Ross and Mirowsky 1999. まれに存在する反証例には以下のものがある。Liu, Buka, Kubzansky, et al. 2013, Liu, Buka, Linkletter, et al. 2011, and Backlund et al. 1999.
40. 特に以下を参照されたい。Cutler and Lleras-Muney 2008, Deaton and Paxson 2001, Backlund et al. 1999, and Elo and Preston 1996.
41. 死亡研究は通常、死亡リスクに対する教育の効果を報告する。そこで私は標準的な米国国勢調査の平均余命表を使って平均余命へのインプリケーションをシミュレートした。例えば、Deaton and Paxson 2001 によれば、教育年数１年は所得で補正した後の死亡率を1.2%下げる。教育年数を１年延長した場合の平均余命への効果を計算するために、私は観察された死亡統計情報に（1−0.012）＝0.988を掛けてから、シミュレーションで出した平均余命から実際の平均余命を引いた。
42. Lantz et al. 1998. 生活習慣で調整しない場合は、この研究でも教育が寿命を延ばすという通常の結果が出る。いずれの結果においても、教育は死亡率に統計的に重要な効果を及ぼさない。
43. Lleras-Muney 2005, p. 215. これらの結果は所得による制御を行っていない点に留意されたい。
44. Backlund et al. 1999.
45. 繰り返しになるが、測定の不備が本当の重要性を隠してしまうことがよくある。第３章「教育の便益を見くびっている？」の項を参照されたい。
46. 例えば以下を参照されたい。A. Case et al. 2005, and Smith 1999.
47. 例えば以下を参照されたい。Cutler and Lleras-Muney 2010.

48. 例えば以下を参照されたい。Cutler and Lleras-Muney 2010, pp. 9–11, and 2008, pp. 47–48. 主要なデータセットには健康知識とIQの両方を測定したものがないにもかかわらず、測定された健康知識の効果は小さい。IQは健康に関わる行動への効果が大きいため、IQで補正した場合、健康知識が健康に関わる行動に及ぼす効果はゼロである可能性が高い。
49. 例えば以下を参照されたい。Quesnel-Vallée 2007, and DeSalvo et al. 2006.
50. GSS変数名HEALTHを実質家計所得（CONINCの対数）、教育年数、IQ、年齢、年齢の二乗、年度、人種、性別に回帰した、著者による計算。
51. 高い推定値については、以下を参照されたい。Ross and Wu 1995, p. 732, equation 3. 低い推定値については、以下を参照されたい。Leigh 1983, p. 232, last column. 所得、デモグラフィック特性、その他の交絡因子で補正を行った健康の自己評価に対する教育の効果を推定した他の主要な研究には、以下のものがある。Van der Pol 2011, Cutler and Lleras-Muney 2008, and Ross and Mirowsky 1999.
52. 以下を参照されたい。Smith 1999.
53. Ross and Mirowsky 1999, pp. 453–54では、教育年数1年の効果は、喫煙、飲酒、肥満、運動で補正を行うと5段階評価で0.03から0.02に減少する。Ross and Wu 1995, pp. 731–32では、喫煙と運動で補正を行うと教育年数1年の効果は5段階評価で0.04から0.03（1990年のデータ）、0.07から0.05（1979年のデータ）に減少する。
54. 例えば以下を参照されたい。Braithwaite et al. 2008, and Murphy and Topel 2006.
55. 研究者らは質調整生存年（Quality-adjusted life year、QALY）に対する教育年数の効果も推定している。この研究の平均値を出したある主要な文献レビューは、1年の教育が0.036から0.061のQALYを生み出すとしている。以下を参照されたい。Furnée et al. 2008.
56. Phillips Exeter Academy 2015.
57. Harvard College 2015.
58. 2011年の四年制公立大学の公式の授業料と諸経費は平均8,244ドル、加えて教科書代と学用品に1,168ドルかかった。同年の学資援助——奨学金、補助金、税の優遇措置で、学生ローンは含まず——は5,750ドルにのぼった（S. Baum and Ma 2011, p. 6）。
59. S. Baum and Ma 2011, p. 15.
60. 学士号取得後のフルタイム学生全員を対象に見ると、85%以上が何らかの学資援助を受けており、24%が研究奨励金ないし助成金を受け、幸運な12%が授業料を免除されている。博士課程の学費支援は特に充実している。公立大学では40%近くの博士課程の学生が授業料を免除されている（T. Snyder and Dillow 2013, p. 562）。
61. Mincer 1974に加え、以下を参照されたい。Munasinghe et al. 2008, Belzil and Hansen 2002, Goldsmith and Veum 2002, Altonji and Williams 1998, Neumark and Taubman 1995, and Topel 1991. Dickens and Lang 1985は経験の直線的なリターンを通常より低い1.0—1.3%としている。
62. 経験のリターンの非直線性に関する詳細な議論については、特に以下を参照されたい。Heckman, Lochner, and Todd 2003 and Murphy and Welch 1990.
63. 一律2.5%の経験プレミアムを典型的な二次プレミアム（経験に係数0.08を、経験の

二乗に－0.01をかける）に置き換えると、測定されたリターンは高校の1年につき約1パーセンテージポイント、大学卒業で0.5パーセンテージポイント減少し、修士課程の1年につき約0.7パーセンテージポイント上がる。

64. 0.95×1.1＋0.05×0＝1.045なので、リターンは4.5%となる。インフレを加味すると、計算上この結果はさらに厳しくなる。インフレが3%で銀行が10%の利息を請求する場合、債務不履行の確率が5%であれば銀行の実際のリターンは7%から1.5%に落ちる。

65. 大半の労働経済学者がこの点を無視しているが、注目すべき例外もある。影響力が大きいのはAltonji 1993であり、最近のものとしては以下がある。Webber 2016, Hendricks and Leukhina 2014, M. Johnson 2013, Athreya and Eberly 2013, 2010, Stange 2012, Chatterjee and Ionescu 2012, and Akyol and Athreya 2005. Hartog and Diaz-Serrano 2015は経済学者が教育のリスクをおろそかにしていることについて論じている。

66. 「技術付録」を参照されたい。

67. 高校の場合、中退率を一律と考えるのは若干不正確である。高校では中退率が次第に上昇していくからだ。2009—2010年度の公表データでは、9年生の2.6%、10年生の3%、11年生の3.3%、12年生の5.1%が中退している（T. Snyder and Dillow 2013, p. 193）。それに対して、大学生の中退率は実際かなり一律に見える。特に以下を参照されたい。Berkner et al. 2003.

68. 学位のリターンは、卒業するか、今いる課程の1年の修了に失敗するまで、学位を目指して学業を継続しているフルタイム学生の年換算したリターンの期待値である。

69. Caplan 2017.

70. 例えばGSSの教育達成度別認知能力テスト結果を参照されたい。

表E3　総合的社会調査（GSS）教育達成度別認知能力（1972－2012年）

学歴	平均点（標準偏差）	パーセンタイル
高校中退	－0.71	24番目
高校卒業	－0.22	41番目
学士号	0.61	73番目
修士号以上	0.91	82番目
平均	0.00	50番目

18－39歳の結果。

71. 例えば以下を参照されたい。Greenstone and Looney 2011, 2012, 2013, Carnevale and Rose 2011, and Carnevale, Rose, and Cheah 2011. Card 2002, 2001, 1999は推奨は避けているものの、最低レベルの学生でも能力の高い学生と少なくとも同等の利益を教育から得ていると繰り返し断定している。

72. ただしこれは、「凡才君」や「鈍才君」にとって従来の高校が最善の選択肢であるという意味ではない。手に職をつけた方がリターンが大きい可能性がある。第8章

「なぜ職業教育の勝ちなのか」の項を参照されたい。

73. 詳細については第3章「小麦 vs もみ殻?」の項を参照されたい。

74. Altonji et al. 2012a は男性と女性の収入を別々に報告している。しかし男女とも推定値はほぼ同じであるため、私の計算では男性の推定値だけを使用している。T. Snyder and Dillow 2013, pp. 649-51 には専攻別の失業率が示されている。平均的な大卒者に対して、美術を専攻した人の失業率は54%高く、電気工学を専攻した人の失業率は23%低い。

 修了の確率はどうだろうか。直観に反して、「易しい」専攻に比べて「難しい」専攻の修了確率が低いという結果は——学生の元々の特性で補正を行っても——出ていない(St. John et al. 2004, Montmarquette et al. 2002, Leppel 2001)。とはいうものの、トレードオフがあると大学生が考えていることはたしかである。数学と科学の成績が低い学部生は決まって技術系の専攻をあきらめている。以下を参照されたい。Stinebrickner and Stinebrickner 2014, Ost 2010, and Arcidiacono 2004.

75. 大学の難易度についての世間の誤解に対する批評は、以下を参照されたい。Hoxby 2009.

76. James et al. 1989, pp. 251-52. 後続のエビデンスのサマリーは以下を参照されたい。Ma and Savas 2014.

77. Dale and Krueger 2002, 2014.

78. Dale and Krueger 2002 は範囲を限定した大学以上の学校のデータと全国を代表するNLS-72データセットにこの手法を適用している。Dale and Krueger 2014 は大学以上の学校のデータをさらに分析している。Dale and Krueger 2014, p. 351 は自分たちの研究結果の一般化は可能であると主張している。

79. Dale and Krueger 2014 では、大学の質を SAT の平均点、『バロンズ』誌の格付け、実質授業料のどれで測定してもこの結果になる。しかし Dale and Krueger 2002 では、すべての条件で補正すると、実質授業料の高い大学ほど大きな成功をもたらすようである。Dale and Krueger 2014 は初期の研究で出た異常な結果を再度分析し、これはおそらくまぐれだったと結論している。

80. 大半の研究者は『バロンズ』誌の6段階の格付け(「競争力がない」「競争力が低い」「競争力がある」「競争力が高い」「非常に競争力が高い」「競争力が最大」)をもっとおおまかに三つのカテゴリーにまとめている。すなわち、底辺校(競争力がない、または低い、全大学の約30%)、中間校(競争力がある、または高い、全大学の約60%)、トップ校(非常に競争力が高い、または最も高い、全大学の約10%)である。Zhang 2005, p. 579 は、トップの公立大学および私立大学の卒業生は比較対象となる質の低い公立大学の卒業生より19—20%収入が多いとしている。大学の出願データを無視すれば、Dale and Krueger 2002, p. 1517 (column 4) はトップの公立大学および私立大学の卒業生は比較対象となる質の低い公立大学の卒業生より16—24%収入が多いとしている。Monks 2000, p. 285 (specification 3) はトップ校の卒業生が底辺校の卒業生より19%収入が多いと報告している。Brewer et al. 1999, p. 113 (annual earnings columns) は底辺の公立校の卒業生と比較すると、トップの公立校の卒業生は28—30%多く稼ぎ、トップの私立校の卒業生は21—48%多く稼ぐとしている。Brand and

Halaby 2006, p. 762（model 2）は底辺校と中間校をまとめてトップ校と比較している。トップ校の卒業生が30代に入ると、レベルの落ちる大学の卒業生との差はわずか3％になった。しかし50代半ばになると差は20％に拡大した。

81. 出願数の測定結果を無視すれば、Dale and Krueger 2014, p. 341（column 6）and p. 345（column 2）はSATが100点高くて大学を卒業すると収入が5―8％上がると報告している。Dale and Krueger 2002, p. 1507（column 1）も同様にSATが100点上がると収入が8％上がるとしている。M. Long 2008, p. 596（column 1）では、SATが100点上がると収入が2―3％増える。Zhang 2005, p. 586は、公立の底辺校の学位に比べ、公立のトップ校の学位は金銭的見返りが6％高く、私立のトップ校の学位は11％高いとしている。
82. M. Long 2008, p. 597（column 1）では、実質授業料が3,132ドル上がると男性で4.7％、女性で0.1％収入が上がる。データは1992年のものなので、2011年現在の価値に換算すれば、1000ドル上がると男性の所得を1.1％上げることになる。Zhang 2005, p. 589は授業料が1000ドル上がると収入が1.8％上がるとしている。この数字も1992―1993年のものなので、2011年現在の価値に換算すると、同じく1000ドル上がれば1.1％の収入増となる。出願数のデータを無視すれば、Dale and Krueger 2014, p. 343（column 2）は実質授業料が10％上がると1976年のコホートの収入は0.8―1.4％上がるとしている（1983―1987年は0.1％の外れ値が出ている）が、1989年のコホートの便益はゼロだった。Dale and Krueger 2002, p. 1521（column 1）では、授業料が10％以上上がると卒業生の収入は1.2％増えている。
83. 私立校のプレミアムの測定を試みた主要な研究は、私立校の学生の方が収入が多いのは裕福な家庭の出身だからではないかという懸念を予想し、対処している。以下を参照されたい。Zhang 2005, pp. 579, 586, Dale and Krueger 2002, p. 1517（column 4), Monks 2000, and Brewer et al. 1999.
84. 特に以下を参照されたい。Black, Smith, and Daniel 2005, and Black and Smith 2006, 2004.
85. Black, Smith, and Daniel 2005, p. 429（columns 4 and 8, quartile estimates), and Black and Smith 2004, p. 114,（column 5, results with years of education controls).
86. 例えば以下を参照されたい。Horn 2006.
87. 概論と詳細な参考資料については以下を参照されたい。Pascarella and Terenzini 2005, pp. 387-89. Alon and Tienda 2005 and Titus 2004が典型的な結果を提示している。
88. Heil et al. 2014は、学生が元々持っている多くの特性と選択バイアスで補正すると、大学の難易度は少なくとも修了の確率を上げはしないと報告している。
89. 私の推定では、大学の質が失業率にも同じ比率で影響を及ぼすと仮定している。例えば、質の高い大学が報酬を10％上げるとすれば、失業率も10％下げる。
90. 修士号の計算でも、修士課程の年間費用は学士課程と同じと想定する。
91. ここでも学費の数字はすべて、自宅通学を想定している。学生が寮生活をし、寮体験を費用と評価した場合は、リターンは同じになる。
92. United States Department of Education 2017. 詳細は以下を参照されたい。Hoxby 2009, pp. 17-20.
93. ただし……学士課程の大学の質を測る唯一本当の尺度は授業料であることがわかっ

ている。年間授業料が1,000ドル上がるごとに卒業生の収入が1％上がるのなら、通常の学資援助のある私立大学は、特に「秀才君」と「優等生君」にとっては得な取引である。

94. 以下を参照されたい。Heckman and LaFontaine 2010, p. 254, table 3, latest cohort (born 1976–80), and DeAngelo et al. 2011, p. 8.
95. 「技術付録」を参照されたい。
96. この名言は以下から拝借した。Kalmijn and Flap 2001, p. 1289.
97. 例えば以下を参照されたい。Schwartz and Mare 2005, p. 630.
98. 例えば以下を参照されたい。Gruber-Baldini et al. 1995, pp. 191, 196, Feng and Baker 1994, p. 361, and Buss 1985, p. 47.
99. 総合的社会調査（GSS）では教育年数が1年延びると、配偶者の教育年数は0.63年延びるように見える。回答者の知力、年齢、年齢の二乗、年度、性別、人種、教会に通う習慣、聖書直解主義で補正すると、測定された効果は0.51年に減少する。
100. Kalmijn 1998, p. 409 がこれをうまく述べている。「しかし一部の地位の境界線は他に比べて越えるのが困難である。教育に関しては、大卒者とそれより学歴の低い人の間の境界線が最も強固である」
101. しかし Jepsen 2005 は女性の教育と夫の収入の相関性は時間の経過とともに減少していくとしている。
102. 私の知る限り、男性の結婚に対する教育のリターンを測定した唯一の論文は Bruze 2015 である。
103. 例えば以下を参照されたい。Schwartz 2010, Arum et al. 2008, Sweeney and Cancian 2004, Sweeney 2002, Burtless 1999, Pencavel 1998, and Juhn and Murphy 1997.
104. 特に以下を参照されたい。Goldin 1997, p. 398, and Lefgren and McIntyre 2006, pp. 799–802. Ge 2011 and Gould 2008 は男女ともに結婚に対するリターンが大学進学の動機になるとしているが、いずれも金銭的見返りをドル換算した計算はしていない。
105. Buhmann et al. 1988 はいまだに調査として優れている。以下も参照されたい。Cowell and Jenkins 1992, Van Praag and Van der Sar 1988, Danziger et al. 1984, and Van der Gaag and Smolensky 1982.
106. Buhmann et al. 1988, pp. 119–22. Caplan 2014e でさらに詳しいコメントをつけている。
107. 単純化するために、大学院以上の学位取得者には修士号取得者の収入を想定した。
108. Black, Smith, and Daniel 2005, p. 431 は女性の大学の質によって上がる本人の収入と配偶者の収入の増加割合は同じであるとしている。夫の収入は妻を上回り続けるため、結婚市場における女性の金銭的見返りは労働市場における女性の金銭的見返りを凌駕する。
109. 世界不況にもかかわらず、2011年の労働参加率は近年の水準に照らしてまあまあ正常だった。2008年から2013年までの学歴別および性別の分類が入手可能だ（T. Snyder and Dillow 2012, p. 620, T. Snyder and Dillow 2016, p. 750）。2011年の労働参加率はこの期間の平均をわずかに下回った程度である。
110. 2011年は、25歳以上でパートタイムで雇用されているかパートタイムの仕事を探している労働参加者が男性の9.3％、女性の21.8％いた（Bureau of Labor Statistics 2015c）。

私の知る限り、労働統計局は学歴別のパートタイム労働者とフルタイム労働者の分類を公表していないため、上と同じ割合を仮定している。

111. 2011年に、25歳以上の労働者のフルタイム収入に対するパートタイム収入の比率は男性で31%、女性で38%だった（Bureau of Labor Statistics 2015d, 2015e）。
112. 補正後の労働参加率は次のようになる。

表E4　25－64歳の学歴別労働参加率、パートタイム労働を調整後（2011年）

	男性	女性
高卒未満	65.6%	43.3%
高卒	74.2%	58.1%
大卒以上	85.3%	70.1%
全体	77.5%	62.5%

出典：Snyder and Dillow 2012, p. 620. パートタイム労働者を部分的なフルタイム労働者として扱っている。

113. 私の知る限り、労働時間におけるシープスキン効果のテストを行っている（そして確認している）のはTrostel and Walker 2004だけである。
114. 特に以下を参照されたい。Heckman, Humphries, and Kautz 2014a.
115. D. Shapiro et al. 2013, p. 36.
116. As Kane and Rouse 1999, p. 77は「女性の准学士号の重要性の大部分は看護学位によるものである」と考察している。
117. Garrison et al. 2007, p. 1. 法学博士号の利己的なリターンについての鋭い反論は、以下を参照されたい。Campos 2012.
118. 競合する論文で私が評価しているのはOwen and Sawhill 2013で、こちらでは教育のリターンを学校の種類、専攻科目、職業別に分析し、修了確率を学校の難易度の関数として論じている。しかしこの傑出した論文さえ、卒業生のみのリターンを報告しており、能力と修了確率の相互作用を含め、能力バイアスを無視している。
119. もちろん将来の便益と費用を利率で慎重に調整している。

第6章　シグナリングなのかどうか、そこが気になる

1. 例えば以下を参照されたい。Wolf 2002, pp. 24–28, and Psacharopoulos and Patrinos 2004.
2. シグナリングはさておき、教育の人脈面の便益もおおむねゼロサムであると思われる。ハーバード大卒業生の所得が高く失業率が低いのは、彼らがビジネスの世界で互いに助け合っているからだとしよう。社会的な立場からいえば、彼らが互いを優遇することでどれだけ人類が豊かになっているかはよくわからない。
3. シグナリングに関する初期の論文が次のように述べている通りである。「教育によるふるい分けが許されていなかったら、企業は人を選別するために追加的なリソー

スを使わなければならなかっただろう。従って、教育をふるいとして使うことによって節減された選別費用は社会にとっては便益であり、社会的なリターンと個人的なリターンを比較する際に考慮しなければならない」(Taubman and Wales 1973, p. 44)。

4. Spence 1973, pp. 364–68. Stiglitz 1975 and Weiss 1995 は個人の発するシグナルが過小である特殊な状況を重視しているが、「学校教育と相関した能力はあらゆる仕事において生産性にプラスの効果を及ぼす」(Weiss 1995, p. 136) とする通常の想定の下では、標準的な過剰投資の結果が適用される。
5. 先に行ったシープスキンの計算では、パーセンテージで、高校の最終学年は通常学年の3.4倍、学士課程と修士課程の最終学年は6.7倍の価値があると想定しているので、シグナリングの割合は高校で2.4対6.4、学士課程で5.7対9.7、修士課程で5.7対7.7である。
6. 雇用主側が支払う税金についてはどうか。これはすでにCBO(連邦議会予算局)の従業員給付の価値の測定尺度に含まれている (Falk 2012, p. 16)。
7. 第5章「教育の利己的なリターン——優等生君の場合」の項。
8. 例えば以下を参照されたい。Beeghley 2016.
9. 例えば総合的社会調査 (GSS) は、CLASS (階層) と RANK (階級) という二つの優れた地位の測定尺度を用いている。CLASS (階層) (1972年から2012年まで定期的に質問) では「あなたの社会階層を下層、労働者層、中流層、上流層の四つのうち一つで表すとすれば、あなたはどこに属していますか」と尋ねている。RANK (階級) (1983年から2012年まで散発的に質問) では「私たちの社会ではどちらかといえば頂点に近い集団とどちらかといえば底辺に近い集団がいます。頂点を1、底辺を10とした段階的尺度で、あなたはどこにあてはまりますか」と尋ねている。いずれの測定尺度でも、平均的な地位は時間が推移しても非常に安定している。平均所得と教育程度が上がると、地位が上昇するためには所得と教育がより多く必要になる (Caplan 2014b)。
10. 比較ではまず、仕事の満足度 (SATJOB) と幸福度 (HAPPY) を一定のデモグラフィック特性、年度、実質個人所得 (対数 CONRINC)、教育で回帰する。教育年数が1年増えると仕事の満足度は4段階尺度で0.007段階上がり、幸福度は3段階尺度で0.015段階上がる。しかし説明変数に CLASS (階層) を加えた後は、教育年数の1年増が仕事の満足度に与える効果は0.000、幸福度は0.005段階しか上がらない。
11. 例えば以下を参照されたい。Sapolsky 2005, Tamashiro et al. 2005, and Blanchard et al. 1993. より幅広い議論については以下を参照されたい。Adler, Boyce, et al. 1994, pp. 20–21, and Smith 1999, pp. 163–65.
12. 概要は以下を参照されたい。Euteneuer 2014, and Marmot 2006.
13. 例えば以下を参照されたい。Wolff et al. 2010, Singh-Manoux, Marmot, and Adler 2005, Singh-Manoux, Adler, and Marmot 2003, and Adler, Epel, et al. 2000.
14. Demakakos 2008 et al., p. 338 は、社会的地位で補正すると、教育の健康に対する便益は女性で20%、男性で25%減少すると報告している。Operario et al. 2004, p. 243 は、地位と所得で補正すると、教育の健康に対する効果は60%減少すると報告している。

15. 1年当たり0.04という推定値はGSS変数名HEALTHを実質世帯所得、教育年数、IQ、年齢、年齢の二乗、年度、人種、性別に回帰して出している。1年当たり0.02という推定値はGSS変数名CLASSおよびRANKを説明変数に加えて出している。
16. 第5章「教育の利己的なリターン——優等生君の場合」の項。
17. T. Snyder and Dillow 2013, p. 300.『教育統計ダイジェスト *Digest of Education Statistics*』では初等教育と中等教育を一緒にしているので、教育の費用は学年によって変わらないものと想定している。
18. この数字には潜在的な地代——学校が所有している土地を賃借人に貸して稼げたはずのお金——は通常入っていない。しかし家賃の高い地域でさえ、この費用はかなり小さい。生徒数1,000人の高校は通常、約20エーカー〔約0.08平方キロメートル〕の土地を持っている（Schrader 1963）。平均的な賃料は売価の5％前後だ（Lincoln Institute of Land Policy 2015）。そこで、土地の単価が1エーカー当たり10万ドルとすると、生徒1人当たりの追加費用は年間100ドルにしかならない。あまりに小さな金額なので私は無視している。さらに詳しい議論については、Caplan 2014d を参照されたい。
19. T. Snyder and Dillow 2013, p. 89 は、最新データとして入手可能な2010—2011年に公立校に在学していた生徒の13％に障害があると公式に認められていると述べている。Apling 2004 は、現行法は概算で「2倍の費用がかかる」ことを前提としていると述べ、この概算がおおむね正確であるエビデンスを示している。Chambers et al. 1998, pp. 4-5 は比率を1.90と2.08の間と推定している。
20. もし生徒の13％に障害があり、特別教育の費用が2倍であるとすれば、基礎的な代数で計算すると（$0.87x+2\times 0.13x=1$）、すなわち普通児への支出は平均支出の88％に等しいことになる。
21. 例えば以下を参照されたい。Greene and Forster 2002.
22. T. Snyder and Dillow 2013, p. 89 は、最新データとして入手可能な2010—2011年に公立校に在学している生徒の4.8％に「特定の学習障害」があると報告している。
23. もし生徒の8.2％に障害があり、特別教育の費用が2倍であるとすれば、基礎的な代数で計算すると（$0.918x+2\times 0.082x=1$）、すなわち普通児への支出は平均支出の92％となる。
24. T. Snyder and Dillow 2013, pp. 298-99. 元の数字が2009年のものなので、インフレ調整が必要である。
25. 例えば以下を参照されたい。Winston 1999.
26. この数字は、S. Baum and Payea 2012, p. 30 の公立の四年制大学の四つの四分位数それぞれについて2011—2012年度の大学独自の給付型奨学金を平均して出した。
27. 図5-10の正価。
28. 第7章「修了率を上げる？」の項。
29. エビデンスのレビューについてはC. Jones 2005 and Simon 1996 を、概論についてはCaplan 2011b, pp. 126-29 を参照されたい。
30. 二つの所得の流れを想定してみよう。一つは100から始まって年間1％成長し、もう一つは90から始まって年間2％成長する。この二つの所得の流れを等しくする割

引率は約11%である。

31. 第4章「教育プレミアム——個人 vs 国家」の項。
32. 以下を参照されたい。A. Krueger and Lindahl 2001, pp. 1124-29, Pritchett 2001, pp. 379-81, C. Jones 1995, and Pack 1994, esp. p. 60.
33. 2008—2009年現在（T. Snyder and Dillow 2011, p. 412）。
34. 学問としての科学と技術的イノベーションの断絶については、例えば以下を参照されたい。Niskanen 1997.
35. 第5章「教育の利己的なリターン——他のみんなの場合」の項。
36. 厳密には、社会的な便益とは報酬ではなく生産性の一部としての「支払うようになるすべての税金と、受給しなくなるすべての所得移転」である。あなたが年5万ドルの給与をもらっていて生産性は0ドルという極端なケースを想像してほしい。税率がいくらだろうと、あなたが労働参加したことは社会に何の便益ももたらさない。例えば税率50%であっても、あなたが生産するものはゼロなので、社会が獲得するのもゼロの半分である。

    単純化するために、私の計算はここでもパートタイム労働者を部分的なフルタイム労働者として扱っている。
37. 学校に通うことは明らかに、学生の在学中の労働参加率を下げる。しかし学生の失われた生産性をすでに差し引いているので、労働参加率の低下によって社会的な費用が増えるわけではない。
38. Sebelius 2012, p. 15. ACA によるメディケイドの適用範囲拡大は2011年時点では完了していないが、単純化するために、長期的に見た受給資格規定を用いる。
39. 2014年の、単身で子供のいない成人への SNAP 支給最高額は月額194ドルだった（United States Department of Agriculture 2014）。インフレで補正すると、2011年当時の金額に換算して2,192ドルになる。
40. 過去の高校修了率については United States Census Bureau 2015 を、過去の労働参加率については Bureau of Labor Statistics 2011, 2015f を参照されたい。
41. Harlow 2003, p. 1 は受刑者の41.3%が「高卒未満の教育」を受け、23.4%が GED〔高等学校卒業程度認定試験〕を取得していると報告している。
42. Sum et al. 2009, pp. 10-11 は男性の高校中退者の9.4%が施設に収容されており、そのうちの93%が成人矯正施設〔刑務所〕ないし少年鑑別所であると報告している。
43. Western and Wildeman 2009, p. 231.
44. 例えば以下を参照されたい。Sweeten et al. 2009, and Hjalmarsson 2008.
45. Agan 2011, Arum and Beattie 1999, Fischer et al. 1996, pp. 236-37 はいずれも、IQ で補正すると教育の重要性が低下するとしている。Lochner and Moretti 2004, pp. 177-80 の報告では結果は混在している。
46. 例えば以下を参照されたい。Webbink et al. 2012, Natsuaki et al. 2008, Arum and Beattie 1999, Cullen et al. 1997, Jarjoura 1996, 1993, and White et al. 1994.
47. 例えば以下を参照されたい。Lochner 2004, Grogger 1998, and Tauchen et al. 1994.
48. Webbink et al. 2012, pp. 116-17, 119, and Arum and Beattie 1999, pp. 528-32. 生徒が中退する理由も重要かもしれない。特に、経済的な理由による中退は犯罪の増加にはつ

ながらないと思われる（Sweeten et al. 2009, Jarjoura 1993）。Apel, Bushway, et al. 2008は児童労働法が高校修了だけでなく少年犯罪の増加要因になっているとしている。

49. 犯罪と教育の研究者らは主に青年全国縦断調査（NLSY）に頼っている。これまでの研究には私が求めるものにぴったり該当する情報の推定値がないため、過去の研究者の成果を発展させることにした。私の素朴な推定値は（a）収監年数、（b）収監経験の有無を教育の年数に回帰させて出した。改訂版の推定値は（a）（b）を教育の年数、人種、性別、年齢、AFQT、在学した学校の最終年度のクラス内パーセンタイル、ペアリン・マスタリー・スコア〔自己効力感の測定テスト〕、少年時の停学、飲酒、マリファナ使用、性行動、家出で回帰させて出した。推定値には男女を含めている。男性だけを対象にすると、推定される効果は約2倍になる。

50. Schmitt et al. 2010, and Henrichson and Delaney 2012.

51. おおまかな内訳は以下を参照されたい。Lochner 2004, pp. 836–38.

52. D. Anderson 1999が1997年のドル価値で1人当たりの費用を4,118ドルと報告している。彼が算出したドラッグ売買、ドラッグによる死、ドラッグに関連したAIDSの費用を差し引くと、1人当たりの費用は2,661ドルに下がる。1997年と2011年のインフレ調整を行うと、1人当たりの社会的費用は3,729ドルとなる。

1997年の暴力犯罪率は2011年より約50％高かった（Federal Bureau of Investigation 2011）。しかし過去30年間で相対的に見ると、1997年の犯罪率はほぼ平均的だった（United States Census Bureau 2012c）。犯罪率が永久に現在の低率にとどまり、法の執行と犯罪防止が同じであれば、犯罪の社会的費用は約16％下がる。

犯罪の社会的費用の他の計算法については、例えば以下を参照されたい。McCollister et al. 2010, M. Cohen 1998, Lochner and Moretti 2004, pp. 180–83, and Machin et al. 2011, pp. 477–79.

53. Infoplease 2015.

54. Lochner and Moretti 2004, pp. 160–61.

55. 私の知る限り、教育と犯罪に関する公開論文でシープスキン効果のテストを行ったものはない。そこで青年全国縦断調査（NLSY）を使用した過去の研究論文を発展させ、（a）収監年数と、（b）収監経験の有無を教育の年数、12年生の修了、私のその他の制御因子に回帰させた。その結果、12年生修了によって犯罪はさらに減少するが、通常学年では減少しない。Lochner and Moretti's 2004 のデータ（著者らのご厚意によりご提供いただいた）は少年時の態度と行動を無視しているが、それでもほぼ同等に大きなシープスキン効果が見られた。犯罪に対する高校の効果の80％は最終学年のものである。

56. H. Snyder 2012 は年齢別の逮捕件数を提供している。Howden and Meyer 2011, p. 4 は現代のアメリカの人口の年齢別内訳を提供している。犯罪は性別によっても大きく異なるが、それについては性別と社会的なリターンについての項で取り上げる。

57. 例えば Lochner 2011, pp. 261–68 の文献レビューを参照されたい。

58. 特に以下を参照されたい。Brennan 2012.

59. 総合的社会調査（GSS）の統計。変数名 DEGREE、PADEG、MADEG。

60. 長期的、グローバルに見た地位の世代間継承については以下を参照されたい。G.

Clark 2014.

61. 双子と養子研究の入門的内容として以下が参考になる。Caplan 2011b, Segal 2000, Harris 1998, and D. Rowe 1994.
62. 成功に関する行動遺伝学のレビューについては以下を参照されたい。Caplan 2011b, pp. 53–58.
63. 主要な研究としては以下がある。Sacerdote 2007, Björklund et al. 2006, Behrman and Taubman 1989, and Miller et al. 2001, 1995.
64. Gill et al. 1985, Olson et al. 2001, and F. Nielsen 2006.
65. 以下を参照されたい。Sacerdote 2007, Björklund et al. 2006, D. Rowe et al. 1998, and Miller et al. 1995.
66. 2006—2010年の第一子誕生時の親の平均年齢は女性が23歳、男性が25歳だった。教育程度が上がるにつれ第一子誕生時の親の年齢は急激に上がるため、どれだけ在学年数が長かろうと、子供が労働市場で利益を得るまでには概して数十年かかる（Martinez et al. 2012, pp. 6–7）。
67. Monte and Ellis 2014, p. 6.「大卒者」とは学士号以上を取得した女性を意味する。
68. 見逃されている人口増の社会的便益の概要については Caplan 2011b, pp. 123–36 を参照されたい。また Simon 1996 は書籍 1 冊分を使って論じている。
69. 第 9 章「現代のライフスタイル」の項。
70. Caplan 2017.
71. 妥当な推定値と同様、変化させたこれらの想定でもシープスキン効果は無視している。そのかわり、教育はそれぞれの学位取得課程で一定の比率で生産性を上げると想定している。
72. 例えば以下を参照されたい。United States Census Bureau 2014.
73. STEM に特に社会的な価値があるのかを疑うもう一つの理由は、大学が社会科学、歴史学、心理学のような費用の安い専攻を、工学のような費用の高い専攻の赤字の穴埋めに使っているように見えることだ（Stange 2015, Delta Cost Project 2013）。もちろん利己的なリターンにとって重要なのは、大学の請求額だけである。しかし社会的なリターンの観点からすると、高額な専攻科目の社会的なリターンは過大評価され、安価な専攻科目の社会的なリターンは過小評価されていることになる。
74. 結果は著者より入手可能。
75. Harlow 2003, p. 5.
76. Sagan 1985, p. 5.
77. Sagan 1985, pp. 247–51.
78. F. Shapiro 2006, p. 93. この名言の出所はコラムニストのアン・ランダースのようだ（Quora 2015）。

第 7 章　部屋の中の白い象

1. 章頭引用は Merriam-Webster's Collegiate Dictionary 2003, p. 1428, Merriam-Webster Dictionary 2015.
2. Mulligan et al. 2004, pp. 58–59.

3. Bartels 2008, pp. 12–13.
4. GSS 変数名 NATEDUCY and PARTYID。
5. Richman 1995, Rothbard 1999, and Leef 2006 は特筆すべき例外である。
6. Wolf 2002, p. 46.
7. Strauss 2011.
8. The Onion 2003.
9. 以下を参照されたい。Koch et al. 2015, and Lavecchia et al. 2016.
10. 以下を参照されたい。Lochner and Monge-Naranjo 2011, 2012. 概論については以下を参照されたい。Carneiro and Heckman 2002.
11. 例えば以下を参照されたい。Jerrim 2014.
12. 国防費は Office of Management and Budget 2014, pp. 50–81、教育支出と GDP については T. Snyder and Dillow 2015, p. 58 を参照されたい。2010―2011年の結果は Office of Management and Budget 2014 の2011年の列からとったが、2010年の行は T. Snyder and Dillow 2015 のものである。
13. T. Snyder and Dillow 2015, p. 61.
14. Congressional Budget Office 2010, p. 10.
15. 米国国勢調査の数字はおそらく最も透明性と信頼性が高いが、国際機関の報告書ではアメリカ政府の教育支出はもう少し低い。最新版で、OECD は GDP の4.7%、世界銀行は5.4%としている（OECD 2014, p. 232, World Bank 2015）。
16. 図7–1および T. Snyder and Dillow 2015, p. 61.「少なくとも」と断り書きを入れているのは、T. Snyder and Dillow 2015 は「その他の」支出に使われた440億ドルを学校の種類別に分けていないためだ。
17. Wikiquote 2016.
18. 引用は Nye 2014, p. 101 より。この論文の項は以下の出版社の許可を得て再掲した。*The Independent Review: A Journal of Political Economy*（Summer 2014, vol. 19, no. 1, p. 105）. © Copyright 2004, Independent Institute, 100 Swan Way, Oakland, CA 94621–1428 USA; info@independent.org; www.independent.org.
19. Goldin and Katz 2009, pp. 293–308 は長期的な大学の賃金プレミアムと高校の賃金プレミアムを相対供給関数を制御して推計している。私は25―64歳の2011年の国勢調査のデータを用い、Goldin らの選択した統計仕様（論文の tables 8.2 および8.4の columns 3）の推定値を逆算し、相対供給は高校プレミアム100%、大学プレミアム200%と一致することを発見した。目標とする賃金プレミアムがこれだけ大きく異なるのに、必要な変化の値がこれだけ近いのはなぜか。Goldin and Katz は、大学の賃金プレミアムは高校の賃金プレミアムより労働者の供給量に対してはるかに感度が高いことを発見しているからだ。私は Goldin and Katz とは異なり、大学中退者、準学士号取得者、修士号以上の学位取得者を無視して計算を単純化した。
20. いくつかの論文、特に有名な Dynarski et al. 2011, and J. Long and Toma 1988 では、高校までの私立校の入学に対する授業料の効果を測定している。しかし親には無料で公立校に進学するという選択肢があるため、この研究では高校までの助成金を削減した場合の学業達成への効果についてはほとんどわからない。

21. Dynarski 2000, pp. 632–33 が初期の研究のまとめを行っている。この論文が発表された時、実質授業料が1,000ドル下がると卒業率は 3 — 5 %上がった。1999—2011年の累積インフレ率は35%だったので、2011年当時の1,000ドルは卒業率を2.2—3.7%上げたことになる。もっと最近の研究については、以下を参照されたい。Hemelt and Marcotte 2011, Dynarski 2008, 2003, Bettinger 2004, and B. Long 2004. Stanley 2003 は戦後の復員兵援護法が学業達成に大きな効果があったとしているが、この時の財政支援はあまりに気前が良く、経済状況も今とはかなり違っていたため、その結果を現在に当てはめるのは妥当ではない。
22. Dynarski 2003, pp. 21–22 は、ローンに含まれる形で目立たずに提供されている助成金1,000ドルには、給付型奨学金としてはっきりわかる形で提供されている助成金とほぼ同等の効果があるとしている。
23. Cameron and Heckman 1999, pp. 114–17 は、資金制約が学業達成に与える効果に関する研究のレビューを行い、一貫してほとんど効果がないことを発見した。
24. 最もわかりやすい例は Dynarski 2008 である。
25. Caplan 2011d で、児童税額控除が結局は何倍にもなる形で採算がとれると計算している。
26. Capelli 2015, p. 132.
27. Avery and Turner 2012 が学生ローンにまつわるよくある誤解の多くを批評している。
28. その概念とエビデンスのレビューとしては、以下を参照されたい。Gillen 2012.
29. 詳細なレビューについては以下を参照されたい。Pascarella and Terenzini 2005, pp. 398–429.
30. 例えば以下を参照されたい。Astin 2005–6, and Rumberger 2011.
31. Pascarella and Terenzini 2005, p. 409.
32. Dynarski and Scott-Clayton 2013, pp. 24–26.
33. Dynarski 2008 は、特定の GPA を維持した学生の授業料のほとんどまたは全額をまかなうアーカンソー州とジョージア州の成績連動型プログラムを検証している。Scott-Clayton 2010 は、資格対象者の学生の授業料を無料にするウェストバージニア州の同様のプログラムを検証している。
34. American Presidency Project 2015.
35. 特に以下を参照されたい。Labaree 2012, 1997, Marsh 2011, F. Pryor and Schaffer 2000, and Ware 2015.
36. この例は Jason Brennan にアイデアをいただいた。
37. 教育への民間の寄付にも同じことが言える。寄付したお金が最大限に活用されることを望む慈善家は、エビデンスに基づいて慈善活動の評価を行う GiveWell を参考にすべきだ。GiveWell が現在最高点を与えているのはマラリア撲滅活動を行っている 1 団体、寄生虫駆除に取り組む 2 団体、第三世界の貧困家庭に現金を送る Give Directly という団体だ。学校教育を推進している団体で GiveWell から高い格付けを受けたところはない（GiveWell 2015）。
38. 全文を引用すると「自分が多数派の側に立っていることに気づいたら、改革する（あるいは一息入れてよく考える）頃合いだ」（Rasmussen 1998, p. 169）。

39. Huemer 2013.
40. 概論は以下を参照されたい。Richman 1995 and Rothbard 1999.
41. 例えば以下を参照されたい。Enlow and Ealy 2006, Friedman 1982, pp. 85-107.
42. O'Roarke 2007, p. xxiv.
43. 例えば以下を参照されたい。Tooley and Stanfield 2003, 特に pp. 34-45.
44. Tooley and Stanfield 2003, pp. 37-38, 43.
45. Friedman 2003.
46. 例えば以下を参照されたい。Carey 2015a, Craig 2015, Selingo 2013, and Christensen et al. 2011. ただし専門家として、彼らの論調は一般のテクノロジー至上主義者の論調よりも強い。以下も参照されたい。Lacy 2011.
47. マージナル・レボリューション大学は私の大学のスター教授であるタイラー・コーエンとアレックス・タバロックが運営している。
48. Carey 2015b.
49. 詳しい議論は以下を参照されたい。Caplan 2007.
50. 社会的望ましさのバイアス研究のレビューについては以下を参照されたい。King and Bruner 2000, and Nederhof 1985.
51. 例えば以下を参照されたい。Donald Brown 1991.

第8章　1 > 0

1. エピグラフは K. Gray 2004, p. 131. Phi Delta Kappa International の許可を得て再掲した。www.pdkintl.org. All rights reserved.
2. 特に以下を参照されたい。Chetty, Friedman, and Rockoff 2014 and Hanushek, Peterson, and Woessmann 2013.
3. 第2章「学習を測定すると」の項。
4. 以下を参照されたい。Chetty, Friedman, and Rockoff 2014, pp. 2671-73, and Hanushek 2009.
5. 1995年から2009年にかけてアメリカで試験の得点が伸びているエビデンスについては、以下を参照されたい。Hanushek, Peterson, and Woessmann 2013, pp. 69-84.
6. ドイツの職業教育の説明については、以下を参照されたい。Witte and Kalleberg 1995.
7. このわかりきった道理の巧みな擁護を、以下で読むことができる。Rosenbaum 1998.
8. K. Gray 2004, p. 129. Phi Delta Kappa International の許可を得て再掲した。www.pdkintl.org. All rights reserved.
9. Altonji 1995, pp. 421-27 は学生の能力と実績で補正すると（p. 422, columns［7］and［9］）、工業技術を1年間学んだ方が、科学、外国語、社会学、英語、数学、商業美術、美術を1年間学ぶよりも賃金にプラスの効果があるとしている。Bishop and Mane 2004, pp. 387-92 は学生の能力、経歴その他の特性で補正すると、職業教育の上級コースの方が普通課程よりも報酬が多くなると報告している（コンピュータのコースは当初は見返りが得られないが、最終的には最も収益率が高い）。Mane 1999 は、大学進学を希望していない学生は普通課程より職業課程を履修した方がはるか

に利益を得られると記している。Meer 2007 は、いま職業科にいる学生にとっては職業課程を履修し続ける方がよいという穏当な結論に達している。平均的な普通科の学生が職業科に進路変更すると収入が減るが、平均的な職業科の学生が普通科に進路変更しても収入が減るだろうという。Hotchkiss 1993 によれば、労働者の職業で補正後は職業教育の便益が消えてしまうが、職業教育によって学生が高収入の職業に就きやすくなると解釈するのが自然である。

研究者の間で最も議論になる問題は、開発途上国における職業教育の効果である。Psacharopoulos 1987 は学問教育の方が効果が高いと論じているが、Bennell 1996 は Psacharopoulos が自身のデータの解釈ミスをしていると主張している。Bennell 1996 と Bennell and Segerstrom 1998 はいずれも、職業教育の社会的なリターンは少なくとも普通程度には良いと述べている。

10. Bishop and Mane 2004 および Mane 1999 に加え、以下を参照されたい。Shavit and Müller 2000, and Arum and Shavit 1995. Hanushek, Woessmann, and Zhang 2011 は、職業教育は労働者が50代になるまで就職可能性を高めると報告している。
11. 特に Kulik 1998, pp. 82-93 の研究概要および Plank 2001, pp. 22-28, Arum 1998, Rasinski and Pedlow 1998, pp. 187-89 を参照されたい。
12. Arum and Beattie 1999.
13. 例えば以下を参照されたい。Kang and Bishop 1989.
14. Hanushek, Woessmann, and Zhang 2011.
15. 職業教育を受けた学生が負うマイナスの印象を論じたものについては、例えば以下を参照されたい。K. Gray and Herr 2006, Shavit and Müller 2000, and Arum and Shavit 1995.
16. Bureau of Labor Statistics 2014a, 2014b, 2014c, 2014d, 2014e, 2014g.
17. Bishop 1988 は有望な職業教育改革を多数提案している。
18. K. Basu 1999, p. 1089.
19. United States Department of Labor 2013, pp. 3-4.
20. State of California Department of Industrial Relations 2013, pp. 8, 11.
21. しかし現代の第三世界においても、この負の側面はかなり誇張されている。大規模な調査によれば、週40時間以上働いている児童は年少の子供（5—９歳）の３%、年長の子供（10—14歳）の10%しかいない。週の平均労働時間は年少の子供で12時間、年長の子供で19時間である。児童労働者の大多数は家族の下で農業または家事労働に従事している（Edmonds and Pavcnik 2005, pp. 202-8）。
22. 子供の未熟さを考えると、もっと現実的な懸念は児童労働者が手っ取り早く現金を手にできる仕事を好み、賃金は安くてもトレーニングになる仕事を避けてしまうことだろう。
23. United States Department of Labor 2013, p. 3. それでも、親が16、17歳の子供を危険職種に雇用する場合、および16歳未満の子供を製造業、採鉱業、危険職種に雇用する場合は、連邦規則集が適用される。
24. Light 1999, p. 308 は、11、12年生で週25時間働いている若い男性は高校卒業後６年にわたって、労働経験以外は同じ条件の若者より６%収入が多いと推定している。

Ruhm 1997, p. 767 は、高校3年生の時に週20時間働いていた人は卒業から10年後に、高校3年生でまったく働いていなかった人よりも22%収入が多かったとしている。高校3年生の時の労働時間が10時間ないし40時間だった人の場合は便益がそれよりも小さかった。Carr et al. 1996 は、高校時代の労働経験による労働市場での金銭的見返りは少なくとも10年間持続することを確認している。C. Baum and Ruhm 2014 は、高校時代の労働経験に対する中期の金銭的見返りは過去20年間でおよそ半減したと報告している。1979年に高校3年生で週20時間働いていた人は、1987—1989年に8.3%多く稼いでいた。1997年に同様の労働をしていた人は2009—2010年に4.4%多く稼いでいた。高校時代に働いた経験が成人してからの雇用に及ぼす効果に関する研究は数が少ないが、Carr et al. 1996, pp. 74-76 によれば、高校時代の仕事は卒業から10年間は失業率を下げ、労働参加率を上げる。

第三世界の児童労働に関する数少ない研究では、成人後の収入への効果は結果が混在しているかマイナスである（Edmonds 2007, pp. 29-30）。効果はおそらく年齢によって変わる。ブラジルの児童労働に関するある研究では、男性が成人後の賃金を最大化するためには12—14歳の間に働き始めなければならない（Emerson and Souza 2011）。

25. Ruhm 1997, pp. 737-43 は高校時代の仕事経験が学業に及ぼす効果についての過去の研究を調査し、「学生の仕事経験が学業に良い効果を与えるか、悪い効果を与えるかについて、現状では一致した見解が存在しないが、労働時間が少ないか中程度である場合に良い効果は最大化し、仕事の比重が高いと悪い影響が出ることをデータは示唆している」と結論づけている。続けて彼は週10—20時間の仕事であれば学業に支障はまず出ないと述べている（pp. 766-68）。Carr et al. 1996, pp. 72-74 は、同様に穏やかな効果があるとしている。D. Rothstein 2007、Warren et al. 2000、Schoenhals et al. 1998 および Mortimer et al. 1996 は、仕事によって GPA が下がる効果はほとんどもしくはまったくないとしているが、Tyler 2003 は数学の得点が多少下がるとしている。
26. Apel, Paternoster, et al. 2006 および Paternoster et al. 2003 が、仕事経験が非行と薬物使用を悪化させると全般的に結論づけた先行研究のレビューを行っている。その上で、両論文とも学生の仕事経験前の特性で補正を行い、この悲観的な結論を否定している。Mortimer et al. 1996 も同様に飲酒、喫煙、素行問題に対する仕事の影響はほとんどないとしている。ただし長時間労働はアルコールの消費量を上げるようである。
27. Apel, Bushway, et al. 2008. 著者らは自分たちの結果が、働くために学校を中退しても犯罪行為は増えないとした Jarjoura 1993 と合致すると記している。
28. Bureau of Labor Statistics 2015i.
29. Bishop 1996, pp. 14-29 は、雇用主のトレーニング、賃金、生産性に関する研究を検証している。経済学者とは異なり、産業心理学者はオン・ザ・ジョブ・トレーニングによって賃金だけでなく生産性も上がることをじかに確認している。
30. 唯一の大きな抜け穴は「20歳未満の被雇用者は採用から暦日で90日間は時給4.25ドルでもよい」（United States Department of Labor 2013, p. 3）ことである。
31. オン・ザ・ジョブ・トレーニングの妨げとなる他の規制を論じたものとしては、以

下を参照されたい。Bishop 1996, especially pp. 36-38.
32. United States Department of Labor 2010, p. 1.
33. 以下を参照されたい。P. Ryan 1998, esp. pp. 301-5.
34. Cubberley 1911, p. 463.
35. 以下を参照されたい。Bahrick and Hall 1991 および第2章「カリキュラムの内容」の項。
36. Rosenbaum 1998, pp. 75-76.
37.「技術付録」。
38. 例えば以下を参照されたい。Arum and Shavit 1995.
39. M. Rowe 2012.

第9章　母なる学び舎

1. Bowen and Bok 1998, p. xxii.
2. 入門的内容として以下が参考になる。Musgrave 2008.
3. X et al. 1964, pp. 174-76.
4. Confucius 1893, book 14.
5. Pinker 2014.
6. 第5章「教育の利己的なリターン——優等生君の場合」を参照されたい。
7. Internet World Stats 2015.
8. 概要は以下を参照されたい。Carey 2015a.
9. 2016年2月15日現在で「キム・カーダシアン」はグーグル検索で1億3500万件ヒットした。それに対して「リヒャルト・ワーグナー」は800万件、「デービッド・ヒューム」は80万件だった。
10. Weiss 1995, p. 151.
11. この「ゼロサム」問題を乗り越えるためには、ピアは正しい方向に向かう非線形の効果を持たなくてはならない。M. Burke and Sass 2013, p. 58 が述べているように、「ピア効果が非線形であり、従って成果への影響がゼロサムではない場合に限り、政策は集団としての成果を生むと期待できる」。以下も参照されたい。Lavy and Schlosser 2011, p. 4. Hoxby 2002 は非線形ピア効果の複雑な実証結果を論じている。
12. Bureau of Labor Statistics 2013, pp. 2-3.
13. United States Census Bureau 2011, p. 448.
14. Bureau of Labor Statistics 2013, p. 3.
15. Caplan 2014c.
16. Angel 2011.
17. Wikipedia 2015b.
18. Nielsen 2015.
19. Ovum 2014.
20. Moe 2011, pp. 84-87. 残念ながら、私の知る限りこれがK-12〔幼稚園から高校卒業までの義務教育〕の先生たちの支持政党に関する唯一の最近の系統的なデータである。

21. Gross and Simmons 2007, pp. 31-32.
22. Rothman et al. 2005, pp. 5-6.
23. Cardiff and Klein 2005, p. 243. Gross and Simmons 2007 も同様に、自己申告によるリベラルの保守に対する割合はコミュニティカレッジで最も低く、四年制のリベラルアーツ系大学と博士課程を有するエリート大学で最も高いと報告している。
24. Gross and Simmons 2007, p. 33, Rothman et al. 2005, p. 6. 文学部を対象とした優れた調査については以下を参照されたい。Klein and Stern 2009.
25. Gross and Simmons 2007, p. 41.
26. Zipp and Fenwick 2006, Gross and Simmons 2007. Rothman et al. 2005 は目立った例外で、彼らが出した保守に対するリベラルの割合は同じく彼らによる共和党支持に対する民主党支持の割合とほぼ同じくらい高い。
27. 定数と教育年数に GSS 変数名 POLVIEWS を回帰した結果。
28. この単純な手法の主な問題点は、教育程度の高い人の方が裕福であり、裕福な人の方が保守的であることだ。その結果、所得によって教育の効果の一部が隠蔽されてしまう。定数と教育年数と対数世帯所得に GSS 変数名 POLVIEWS を回帰した場合、1年間の教育は人を0.028単位リベラル寄りにする——単純な手法による推定値の2倍だ。さらに人種、性別、年齢、年度で補正すると、1年間の教育は人を0.024単位リベラル寄りにする。
29. 定数と教育年数に GSS 変数名 PARTYID を回帰し、二大政党以外を支持する回答者を除外した結果。
30. 定数、教育年数、対数世帯所得、人種、性別、年齢、年度に GSS 変数名 PARTYID を回帰すると、1年間の教育は人を0.029単位共和党寄りにする。
31. 例えば以下を参照されたい。Coenders and Scheepers 2003, Weakliem 2002, Nie et al. 1996, Golebiowska 1995, and C. Case and Greeley 1990.
32. Nie et al. 1996, and Bobo and Licari 1989.
33. Kingston et al. 2003.
34. Caplan 2007, 2001, Weakliem 2002. Althaus 2003, pp. 97-144 がいずれも同様に、他の条件が同等であれば、知識が豊富な人々の方が経済に関して保守的であるとしている。
35. Caplan and Miller 2010 および著者らからの補足計算。
36. 項目別に効果を測定すると、教育がイデオロギーと支持政党に意外なほど小さな影響しか及ぼさない理由は明快に説明できる。教育は社会的なリベラル主義と経済的な保守主義を同時に増加させるため、「リベラル主義」に及ぼす効果は不明瞭だ。また教育程度の高い者は社会的なリベラル主義から民主党支持に傾く反面、経済的な保守主義から共和党支持に傾くので、結局、支持政党はほとんど影響を受けない。
37. AzQuotes 2016.
38. Lott 1990 は独裁政権が国民を教化するため教育への支出が多いと論じている。Pritchett 2002 は、この教化という動機があらゆる国の政府が学校教育を行う理由だと論じている。現実味のある主張だが、これらは教化にきわめて高い効果があるという証明にはあまりなっていない。

39. 以下を参照されたい。第2章「学習を測定すると」および「実生活との関係を問う意味」の項。
40. 研究の概要と基本的な結果については、例えば以下を参照されたい。Burden 2009, Nagler 1991, and Powell 1986.
41. 特に有名な否定派は次の通り。Kam and Palmer 2008, p. 612 は、「高校4年時の前成人期の経験と影響」をフルに考慮すると、高学歴は投票率にまったく効果がないと報告している。Tenn 2007 は教育をもう1年受けた直後の投票率は前年と変わらないとしている。Sondheimer and Green 2010 は教育と投票率の実験的エビデンスを3件検証している。
42. Burden 2009 がミクロレベルとマクロレベルのエビデンスの差をレビューし、せめぎあう最大の「相殺要因」をまとめている。
43. 相対的な学歴説を擁護する主な論文は以下の通り。Tenn 2005, and Nie et al. 1996.
44. Glaeser and Sacerdote 2008, and Iannaccone 1998, pp. 1470–74.
45. 総合的社会調査（GSS）で私は GOD と ATTEND を教育年数、実質世帯所得の対数、認知能力、社会階層（CLASS）、年齢、年齢の二乗、人種、性別、年度に回帰した。
46. Zuckerman et al. 2013 は大規模な研究文献のレビューを行った後、知力は一貫して宗教性、特に信仰心を減少させると結論づけた。それに対して教育は、知力で補正すると宗教性への効果が明確ではない。Meisenberg et al. 2012, pp. 110–13 は、宗教性に対して知力には大きなマイナス効果がある——しかし教育の効果は明確ではない——としている。McCleary and Barro 2006 は、教育がグローバルレベルでは信仰心と宗教的行動の両方を増加させるように見えると結論している。後者二つの研究では、旧共産圏の国々が他の特性を踏まえて予想される以上に顕著に宗教性が薄いことを発見している。
47. Uecker et al. 2007, p. 1683.
48. 以下を参照されたい。Ono 2009 and Torr 2011.
49. 以下を参照されたい。Schoen and Cheng 2006, pp. 5–6, Isen and Stevenson 2011, pp. 111–24, Lefgren and McIntyre 2006, pp. 793–95, and Torr 2011.
50. 例えば以下を参照されたい。Tzeng and Mare 1995.
51. 以下を参照されたい。J. Goldstein and Kenny 2001, pp. 512–16, and Torr 2011, pp. 490–91.
52. 以下を参照されたい。Härkönen and Dronkers 2006, and Kalmijn 2013.
53. Musick et al. 2012, Heaton 2002, Heaton and Blake 1999, Lefgren and McIntyre 2006, Martin 2004, Ono 2009 および Torr 2011 は、現代アメリカの結婚歴に対する教育の効果を、デモグラフィック特性、時代の風潮、結婚年齢、結婚の継続期間、子供の数、家族歴、所得でさまざまに制御しながら推定している。
54. 総合的社会調査（GSS）で私はサンプルを1994—2012年に限定し、「現在結婚している」および「現在離婚している」のダミー変数を年齢、年齢の二乗、年度、人種、性別、IQ テスト、教会に通う習慣に回帰した。1972—1992年の GSS データで同じ回帰を行っても、教育が結婚や離婚に及ぼす効果は見られなかった。
55. 前述の総合的社会調査（GSS）の回帰に社会階層を加えても、教育が結婚や離婚に

及ぼす効果はほぼゼロである。

56. 以下を参照されたい。Monte and Ellis 2014, and Isen and Stevenson 2011, pp. 129-32.
57. 以下を参照されたい。Balbo et al. 2013, Meisenberg 2008, and Skirbekk 2008.
58. Skirbekk 2008, p. 161.
59. Lutz and Samir 2011, p. 590.
60. 概論は以下を参照されたい。Meisenberg 2008 and Skirbekk 2008.
61. 最初の結果は子供の数（GSS 変数名 CHILDS）を教育年数に回帰して出している。補正後の結果は子供の数を教育年数、IQ、対数実質世帯所得、年齢、年齢の二乗、人種、性別に回帰して出した。配偶者の学歴で制御すると、回答者の1年の教育の効果は－0.10人から－0.06人に下がる。
62. 前述の回帰に配偶者の学歴を加えてから、男性と女性の総合的社会調査（GSS）の回答を別々に分析した結果。
63. 特に以下を参照されたい。A. Basu 2002.
64. 前述の回帰に GSS 変数名 CLASS を加えた結果。
65. United Nations 2016. ドイツとロシアはともにわずかに回復したが、ドイツの人口は2003年にピークを過ぎ、ロシアのピークは数十年前に過ぎている。
66. 費用に対する教育達成度への反応については第7章「教育の削減――なぜ、どこで、どのように」の項を参照されたい。
67. Bureau of Labor Statistics 2015k, 2015l.
68. Bureau of Labor Statistics 2015m.
69. D. Johnson 1998.
70. Lucretius 1997, p. 5
71. P. Gray 2013, pp. 162-63.
72. Hofferth and Sandberg 2001, p. 206, Hofferth 2009, pp. 17-18.
73. Clements 2004, p. 72.
74. McMurrer 2007, p. 7.
75. Babcock and Marks 2011, 2010.
76. Labaree 2012, pp. 137-38.
77. G. Clark 2014, p. 280.

第10章　教育と啓蒙をめぐる五つの座談会

1. この質問は William Dickens からアイデアをもらった。
2. 80%がシグナリングだとしても、ハーバードで4年間金融学の勉強をすれば生産性は約25%上がると考えれば、これはいっそう明らかだ。従って、ハーバードに入学が決まった高校生を青田買いするのは、ゴールドマン・サックスがハーバード卒業生より20%低い給料を支払う場合に限り得になる。ハーバードに受かったのに、ゴールドマンの「補欠チーム」に入るために進学をあきらめるような人間はどんな奴だろうか。やはり不適合者だ。
3. Bureau of Labor Statistics 2015h.
4. 参考文献と計算式については以下を参照されたい。Caplan 2011d.

結論

1. 章頭引用は Shakespeare 2004, p. 71〔訳文は邦訳より〕。
2. IMDB 2015.
3. 選好の改ざんについては以下を参照されたい。Kuran 1997.
4. 詳しい説明は以下を参照されたい。Caplan 2007.
5. 「教える能もない人間は、体育教師になれ」というバージョンもある（Allen and Brickman 1977）。
6. この段落のメインテーマは Robin Hanson の貴重な示唆からいただいた。

技術付録

1. T. Snyder and Dillow 2013, p. 191, Heckman and LaFontaine 2010, pp. 253–59.
2. 特に以下を参照されたい。Heckman, Humphries, and Kautz 2014a.
3. Heckman and LaFontaine 2010, pp. 253–59.
4. 概要は以下を参照されたい。Rumberger 2011. 広範な文献レビューは以下を参照されたい。Rumberger and Lim 2008.
5. 障害となっているのは、ほとんどの論文が自分たちの使った係数を報告していないため、定数つまり学生の特性（学業成績を含む）による制御を報告していないことだ。著者の研究の焦点を考慮すれば理解できるが、そのせいで彼らの研究は修了確率の計算には使えない。
6. 通常の高卒者と GED 取得者を一緒にしてしまっているデータセットには、例えば米国人口動態調査や総合的社会調査（GSS）がある。
7. Herrnstein and Murray 1994, pp. 146–51, 597–98.
8. 例えば、Belley and Lochner 2007, p. 47 は青年全国縦断調査（NLSY）の結果を AFQT の四分位数で分類し、かなり似た結果が出ている。
9. ハーンスタインとマレイによる GED の結果は、高校の卒業証書も GED も取得しなかった回答者——人口の約10%——を除外している。そこで GED を取得した人が全人口に占める割合を出すために、私は二人の推定値に0.9を掛けた。
10. より厳密には、これらのパーセンタイルに関連した Z スコアをあてはめた。
11. Heckman and LaFontaine 2010, p. 254, table 3, column for cohort born 1976–80 は最新コーホートに性差による卒業確率のギャップがあることを報告している。
12. T. Snyder and Dillow 2013, pp. 527–31.
13. D. Shapiro et al. 2013, p. 12.
14. ここでも問題は、各論文が自分たちの使った係数を報告していないため、定数つまり学生の特性（学業成績を含む）による制御を報告していないことだ。
15. 特に以下を参照されたい。Bound, Lovenheim, and Turner et al. 2010, and Light and Strayer 2000.
16. DeAngelo et al. 2011.
17. DeAngelo et al. 2011 は言語能力と数学能力の SAT の得点を合算して使っている。私は College Board 2013 を用い、彼らの SAT 得点に合わせて私のパーセンタイルを変

換した。

18. DeAngelo et al. 2011, p. 6.
19. NSCのデータでは、82％という6年間でのトータルの修了率は「最初に入学した大学での修了」の72％を14％上回っている。
20. Strayhorn 2010, p. 4 がエビデンスの要約を行っている。Perna 2004 および Mullen et al. 2003 はともに、成績優秀な学部生の方が大学院に進む可能性がはるかに高いことを確認している。50％という卒業率には、ほぼ確実に平均未満の修了率であるパートタイム学生が含まれている。しかし同時に、最終的な修了率が50％であることからは、規定の4年間で修了する率がはるかに低いのもわかる。こうした相殺要因とエビデンスの不十分さを踏まえ、私は50％を規定年数内の修了率として扱っている。
21. 例えば以下を参照されたい。J. Rothstein and Yoon 2008, Callahan et al. 2010, and Bair and Haworth 2004.
22. Strayhorn 2010, pp. 8-13 は、学部時代の成績の悪さが大学院中退の強力な予測因子になることを確認しているが、そのロジスティック回帰分析の定数を報告していない。Luan and Fenske 1996 は定数を報告しているが、学生の質の尺度が書かれていない。

参考文献

Acemoglu, Daron. 2003. "Cross-Country Inequality Trends." *Economic Journal* 113 (485): F121–F149.

Acemoglu, Daron, and Joshua Angrist. 2001. "How Large Are Human-Capital Externalities? Evidence from Compulsory Schooling Laws." *NBER Macroeconomics Annual* 15: 9–74.

Adler, Nancy, Thomas Boyce, Margaret Chesney, Sheldon Cohen, Susan Folkman, Robert Kahn, and S. Leonard Syme. 1994. "Socioeconomic Status and Health: The Challenge of the Gradient." *American Psychologist* 49 (1): 15–24.

Adler, Nancy, Elissa Epel, Grace Castellazzo, and Jeannette Ickovics. 2000. "Relationship of Subjective and Objective Social Status with Psychological and Physiological Functioning: Preliminary Data in Healthy, White Women." *Health Psychology* 19 (6): 586–92.

Agan, Amanda. 2011. "Non-cognitive Skills and Crime." IZA *Conference Paper*. http://www.iza.org/conference_files/CoNoCoSk2011/agan_a6558.pdf.

Akerlof, George, William Dickens, George Perry, Robert Gordon, and N. Gregory Mankiw. 1996. "The Macroeconomics of Low Inflation." *Brookings Papers on Economic Activity* 1996 (1): 1–76.

Akerlof, George, and Janet Yellen. 1990. "The Fair Wage-Effort Hypothesis and Unemployment." *Quarterly Journal of Economics* 105 (2): 255–83.

Akyol, Ahmet, and Kartik Athreya. 2005. "Risky Higher Education and Subsidies." *Journal of Economic Dynamics and Control* 29 (6): 979–1023.

Allen, Woody, and Marshall Brickman. 1977. *Annie Hall*. http://www.dailyscript.com/scripts/annie_hall.html.

Alon, Sigal, and Marta Tienda. 2005. "Assessing the 'Mismatch' Hypothesis: Differences in College Graduation Rates by Institutional Selectivity." *Sociology of Education* 78 (4): 294–315.

Althaus, Scott. 2003. *Collective Preferences in Democratic Politics: Opinion Surveys and the Will of the People*. Cambridge, MA: Cambridge University Press.

Altonji, Joseph. 1993. "The Demand for and Return to Education When Education Outcomes Are Uncertain." *Journal of Labor Economics* 11 (6): 48–83.

———. 1995. "The Effects of High School Curriculum on Education and Labor Market Outcomes." *Journal of Human Resources* 30 (3): 409–38.

———. 2005. "Employer Learning, Statistical Discrimination and Occupational Attainment." *American Economic Review* 95 (2): 112–17.

Altonji, Joseph, Erica Blom, and Costas Meghir. 2012a. "Heterogeneity in Human Capital Investments: High School Curriculum, College Major, and Careers." *Annual Review of Economics* 4 (1): 185–223.

———. 2012b. "Supplementary Tables and Figures." http://www.nber.org/data-appendix/w17985/

Appendix%20tables%20and%20figures.pdf.

Altonji, Joseph, and Thomas Dunn. 1996. "The Effects of Family Characteristics on the Return to Education." *Review of Economics and Statistics* 78 (4): 692–704.

Altonji, Joseph, and Charles Pierret. 1998. "Employer Learning and the Signaling Value of Education." *In Internal Labour Markets, Incentives, and Employment*, edited by Isao Ohashi, and Toshiaki Tachinanaki, 159–95. New York: St. Martin's.

———. 2001. "Employer Learning and Statistical Discrimination." *Quarterly Journal of Economics* 116 (1): 313–50.

Altonji, Joseph, and Nicolas Williams. 1998. "The Effects of Labor Market Experience, Job Seniority and Mobility on Wage Growth." *Research in Labor Economics* 17: 233–76.

American Presidency Project. 2015. "Lyndon B. Johnson: 'Remarks at Southwest Texas State College upon Signing the Higher Education Act of 1965.'" http://www.presidency.ucsb.edu/ws/?pid=27356.

Anderson, David. 1999. "The Aggregate Burden of Crime." *Journal of Law and Economics* 42 (2): 611–42.

Anderson, Michael. 2003. "Rethinking Interference Theory: Executive Control and the Mechanisms of Forgetting." *Journal of Memory and Language* 49 (4): 415–45.

Angel, Amanda. 2011. "Top Five Classical Record Holders." WQXR. 2019年4月25日アクセス。http://www.wqxr.org/#!/story/161365-top-five-classical-record-holders.

Angrist, Joshua, and Jörn-Steffen Pischke. 2015. *Mastering 'Metrics: The Path from Cause to Effect.* Princeton, NJ: Princeton University Press.

———. 2017. "Undergraduate Econometrics Instruction: Through Our Classes, Darkly." NBER Working Paper No. 23144. http://www.nber.org/papers/w23144.

Apel, Robert, Shawn Bushway, Raymond Paternoster, Robert Brame, and Gary Sweeten. 2008. "Using State Child Labor Laws to Identify the Causal Effect of Youth Employment on Deviant Behavior and Academic Achievement." *Journal of Quantitative Criminology* 24 (4): 337–62.

Apel, Robert, Raymond Paternoster, Shawn Bushway, and Robert Brame. 2006. "A Job Isn't Just a Job: The Differential Impact of Formal versus Informal Work on Adolescent Problem Behavior." *Crime and Delinquency* 52 (2): 333–69.

Apling, Richard. 2004. "Individuals with Disabilities Education Act (IDEA): State Grant Formulas." In *Individuals with Disabilities Education Act (IDEA): Background and Issues*, edited by Nancy Jones, Richard Apling, and Bonnie Mangan, 73–96. New York: Nova Science.

Arcidiacono, Peter. 2004. "Ability Sorting and the Returns to College Major." *Journal of Econometrics* 121 (1): 343–75.

Arcidiacono, Peter, Patrick Bayer, and Aurel Hizmo. 2010. "Beyond Signaling and Human Capital: Education and the Revelation of Ability." *American Economic Journal: Applied Economics* 2 (4): 76–104.

Argyle, Michael. 1999. "Causes and Correlates of Happiness." In *Well-Being: The Foundations of Hedonic Psychology*, edited by Daniel Kahneman, Edward Diener, and Nobert Schwarz, 353–73. New York: Russell Sage.

Arkes, Jeremy. 1999. "What Do Educational Credentials Signal and Why Do Employers Value Credentials?" *Economics of Education Review* 18 (1): 133–41.

Arrow, Kenneth. 1973a. "Higher Education as a Filter." *Journal of Public Economics* 2 (3): 193–216.

———. 1973b. "The Theory of Discrimination." In *Discrimination in Labor Markets*, edited by Orley Ashenfelter and Albert Rees, 3–33. Princeton, NJ: Princeton University Press.

———. 1998. "What Has Economics to Say about Racial Discrimination?" *Journal of Economic Perspectives* 12 (2): 91–100.

Arthur, Winfred, Winston Bennett, Pamela Stanush, and Theresa McNelly. 1998. "Factors That Influence Skill Decay and Retention: A Quantitative Review and Analysis." *Human Performance* 11 (1): 57–101.

Arum, Richard. 1998. "Invested Dollars or Diverted Dreams: The Effect of Resources on Vocational Students' Educational Outcomes." *Sociology of Education* 71 (2): 130–51.

Arum, Richard, and Irenee Beattie. 1999. "High School Experience and the Risk of Adult Incarceration." *Criminology* 37 (3): 515–40.

Arum, Richard, and Josipa Roksa. 2011. *Academically Adrift: Limited Learning on College Campuses*. Chicago: University of Chicago Press.

Arum, Richard, Josipa Roksa, and Michelle Budig. 2008. "The Romance of College Attendance: Higher Education Stratification and Mate Selection." *Research in Social Stratification and Mobility* 26 (2): 107–21.

Arum, Richard, and Yossi Shavit. 1995. "Secondary Vocational Education and the Transition from School to Work." *Sociology of Education* 68 (3): 187–204.

Ashenfelter, Orley, Colm Harmon, and Hessel Oosterbeek. 1999. "A Review of Estimates of the Schooling/Earnings Relationship, with Tests for Publication Bias." *Labour Economics* 6 (4): 453–70.

Assaad, Ragui. 1997. "The Effects of Public Sector Hiring and Compensation Policies on the Egyptian Labor Market." *World Bank Economic Review* 11 (1): 85–118.

Astin, Alexander. 2005–6. "Making Sense out of Degree Completion Rates." *Journal of College Student Retention* 7 (1–2): 5–17. ASVAB. 2015. "Test Score Precision." 2019年4月25日アクセス。http://official-asvab.com/reliability_res.htm.

Athreya, Kartik, and Janice Eberly. 2010. "The Education Risk Premium." Last updated December 22. http://citeseerx.ist.psu.edu/viewdoc/download?doi=10.1.1.364.5315&rep=rep1&type=pdf.

———. 2013. "The Supply of College-Educated Workers: The Roles of College Premia, College Costs, and Risk." Federal Reserve Bank of Richmond Working Paper 13–02. http://www.richmondfed.org/publications/research/working_papers/2013/pdf/wp13-02.pdf.

Attewell, Paul, David Lavin, Thurston Domina, and Tania Levey. 2006. "New Evidence on College Remediation." *Journal of Higher Education* 77 (5): 886–924.

Autor, David. 2010. "Lecture Note 18 — Education, Human Capital, and Labor Market Signaling." 2019年4月25日アクセス不可。http://ocw.mit.edu/courses/economics/14-03-microeconomic-theory-and-public-policy-fall-2010/lecture-notes/MIT14_03F10_lec18.pdf.

Avery, Christopher, and Sarah Turner. 2012. "Student Loans: Do College Students Borrow Too Much

— or Not Enough?" *Journal of Economic Perspectives* 26 (1): 165–92.

AzQuotes. 2016. "Francis Xavier Quotes." 2019年 4 月25日アクセス。http://www.azquotes.com/author/26122-Francis_Xavier.

Babcock, Phillip, and Mindy Marks. 2010. "Leisure College, USA." *American Enterprise Institute Education Outlook* 8. August. https://www.aei.org/wp-content/uploads/2011/10/07-EduO-Aug-2010-g-new.pdf.

———. 2011. "The Falling Time Cost of College: Evidence from Half a Century of Time Use Data." *Review of Economics and Statistics* 93 (2): 468–78.

Backlund, Eric, Paul Sorlie, and Norman Johnson. 1999. "A Comparison of the Relationships of Education and Income with Mortality: The National Longitudinal Mortality Study." *Social Science and Medicine* 49 (10): 1373–84.

Bahrick, Harry, and Lynda Hall. 1991. "Lifetime Maintenance of High School Mathematics Content." *Journal of Experimental Psychology*: General 120 (1): 20–33.

Bair, Carolyn, and Jennifer Haworth. 2004. "Doctoral Student Attrition and Persistence: A Meta-synthesis of Research." In *Higher Education: Handbook of Theory and Research*, edited by John Smart, 481–534. Dordrecht: Springer.

Baker, George, Michael Jensen, and Kevin Murphy. 1988. "Compensation and Incentives: Practice vs. Theory." *Journal of Finance* 43 (3): 593–616.

Balbo, Nicoletta, Francesco Billari, and Melinda Mills. 2013. "Fertility in Advanced Societies: A Review of Research." *European Journal of Population* 29 (1): 1–38.

Baldwin, Timothy, and J. Ford. 1988. "Transfer of Training: A Review and Directions for Future Research." *Personnel Psychology* 41 (1): 63–105.

Bangerter, Adrian, Nicolas Roulin, and Cornelius König. 2012. "Personnel Selection as a Signaling Game." *Journal of Applied Psychology* 97 (4): 719–38.

Bar, Talia, Vrinda Kadiyali, and Asaf Zussman. 2009. "Grade Information and Grade Inflation: The Cornell Experiment." *Journal of Economic Perspectives* 23 (3): 93–108.

Barnett, Steven. 2011. "Effectiveness of Early Educational Intervention." *Science* 333 (6045): 975–78

Barnett, Susan, and Stephen Ceci. 2002. "When and Where Do We Apply What We Learn? A Taxonomy for Far Transfer." *Psychological Bulletin* 128 (4): 612–37.

Barrick, Murray, and Michael Mount. 1991. "The Big Five Personality Dimensions and Job Performance: A Meta-analysis." *Personality Psychology* 44 (1): 1–26.

Barro, Robert, and John-Wha Lee. 2001. "International Data on Educational Attainment: Updates and Implications." *Oxford Economic Papers* 53 (3): 541–63.

———. 2013. "A New Data Set of Educational Attainment in the World, 1950–2010." *Journal of Development Economics* 104: 184–98.

Bartels, Larry. 2008. "The Opinion-Policy Disconnect: Cross-National Spending Preferences and Democratic Representation." 2019年 4 月25日アクセス。http://www.researchgate.net/publication/237653519_The_Opinion-Policy_Disconnect_Cross-National_Spending_Preferences_and_Democratic_Representation.

Bassok, Miriam, and Keith Holyoak. 1989. "Interdomain Transfer between Isomorphic Topics in Algebra and Physics." *Journal of Experimental Psychology: Learning, Memory, and Cognition* 15 (1): 153–66.

Basu, Alaka. 2002. "Why Does Education Lead to Lower Fertility? A Critical Review of Some of the Possibilities." *World Development* 30 (10): 1779–90.

Basu, Kaushik. 1999. "Child Labor: Cause, Consequence, and Cure, with Remarks on International Labor Standards." *Journal of Economic Literature* 37 (3): 1083–119.

Bauer, Thomas, and John Haisken-DeNew. 2001. "Employer Learning and the Returns to Schooling." *Labour Economics* 8 (2): 161–80.

Baum, Charles, and Christopher Ruhm. 2014. "The Changing Benefits of Early Work Experience." NBER Working Paper No. 20413. http://www.nber.org/papers/w20413.

Baum, Sandy, and Jennifer Ma. 2011. *Trends in College Pricing, 2011*. New York: College Board and Advocacy Center. http://trends.collegeboard.org/sites/default/files/College_Pricing_2011.pdf.

Baum, Sandy, and Kathleen Payea. 2012. *Trends in Student Aid, 2012*. New York: College Board Advocacy and Policy Center. http://trends.collegeboard.org/sites/default/files/student-aid-2012-full-report.pdf.

Beck, Glen, and Kyle Olson. 2014. *Conform: Exposing the Truth about Common Core and Public Education*. New York: Threshold Editions.

Becker, Gary. 2006. "On For-Profit Colleges Again." *Becker-Posner Blog*. Last modified January 29. http://www.becker-posner-blog.com/2006/01/on-for-profit-colleges-again-becker.html.

Beeghley, Leonard. 2016. *The Structure of Social Stratification in the United States*. New York: Routledge.

Behrman, Jere, and Paul Taubman. 1989. "Is Schooling 'Mostly in the Genes'? Nature-Nurture Decomposition Using Data on Relatives." *Journal of Political Economy* 97 (6): 1425–46.

Belley, Philippe, and Lance Lochner. 2007. "The Changing Role of Family Income and Ability in Determining Educational Achievement." *Journal of Human Capital* 1 (1): 37–89.

Belman, Dale, and John Heywood. 1997. "Sheepskin Effects by Cohort: Implications of Job Matching in a Signaling Model." *Oxford Economic Papers* 49 (4): 623–37.

Belzil, Christian, and Jörgen Hansen. 2002. "Unobserved Ability and the Return to Schooling." *Econometrica* 70 (5): 2075–91.

Bender, Keith. 1998. "The Central Government-Private Sector Wage Differential." *Journal of Economic Surveys* 12 (2): 177–220.

———. 2003. "Examining Equality between Public-and Private-Sector Wage Distributions." *Economic Inquiry* 41 (1): 62–79.

Benhabib, Jess, and Mark Spiegel. 1994. "The Role of Human Capital in Economic Development: Evidence from Aggregate Cross-Country Data." *Journal of Monetary Economics* 34 (2): 143–73.

Bennell, Paul. 1996. "Using and Abusing Rates of Return: A Critique of the World Bank's 1995 Education Sector Review." *International Journal of Educational Development* 16 (3): 235–48.

Bennell, Paul, and Jan Segerstrom. 1998. "Vocational Education and Training in Developing Countries: Has the World Bank Got It Right?" *International Journal of Educational Development*

18 (4): 271–87.

Berg, Ivar. 1970. *Education and Jobs: The Great Training Robbery*. New York: Praeger.

Berkner, Lutz, Shirley He, and Emily Cataldi. 2003. “Descriptive Summary of 1995–96 Beginning Postsecondary Students: Six Years Later.” *Education Statistics Quarterly* 5 (1): 62–67.

Berry, Mindy, ZeeAnn Mason, Scott Stephenson, and Annie Hsiao. 2009. *The American Revolution: Who Cares?* Philadelphia: American Revolution Center.

Bettinger, Eric. 2004. “How Financial Aid Affects Persistence.” In *College Choices: The Economics of Where to Go, When to Go, and How to Pay for It*, edited by Caroline Hoxby, 207–33. Chicago: University of Chicago Press.

Bewley, Truman. 1999. *Why Wages Don't Fall during a Recession*. Cambridge, MA: Harvard University Press.

Bills, David. 1988. “Educational Credentials and Promotions: Does Schooling Do More Than Get You in the Door?” *Sociology of Education* 61 (1): 52–60.

———. 2003. “Credentials, Signals, and Screens: Explaining the Relationship between Schooling and Job Assignment.” *Review of Educational Research* 73 (4): 441–69.

———. 2004. *The Sociology of Education and Work*. Malden, MA: Blackwell.

Bils, Mark, and Peter Klenow. 2000. “Does Schooling Cause Growth?” *American Economic Review* 90 (5): 1160–83.

Bishop, John. 1988. “Vocational Education for At-Risk Youth: How Can It Be Made More Effective?” CAHRS Working Paper No. 88–11. http://digitalcommons.ilr.cornell.edu/cgi/viewcontent.cgi?article=1431&context=cahrswp.

———. 1989. “Is the Test Score Decline Responsible for the Productivity Growth Decline?” *American Economic Review* 79 (1): 178–97.

———. 1992. “The Impact of Academic Competencies on Wages, Unemployment, and Job Performance.” *Carnegie-Rochester Conference Series on Public Policy* 37 (1): 127–94.

———. 1996. “What We Know about Employer-Provided Training: A Review of the Literature.” CAHRS Working Paper No. 96–09. http://digitalcommons.ilr.cornell.edu/cgi/viewcontent.cgi?article=1179&context=cahrswp.

Bishop, John, and Ferran Mane. 2004. “The Impacts of Career-Technical Education on High School Labor Market Success.” *Economics of Education Review* 23 (4): 381–402.

Bitzan, John. 2009. “Do Sheepskin Effects Help Explain Racial Earnings Differences?” *Economics of Education Review* 28 (6): 759–66.

Björklund, Anders, Mikael Lindahl, and Erik Plug. 2006. “The Origins of Intergenerational Associations: Lessons from Swedish Adoption Data.” *Quarterly Journal of Economics* 121 (3): 999–1028.

Black, Dan, Seth Sanders, and Lowell Taylor. 2003. “The Economic Reward for Studying Economics.” *Economic Inquiry* 41 (3): 365–77.

Black, Dan, and Jeffrey Smith. 2004. “How Robust Is the Evidence on the Effects of College Quality? Evidence from Matching.” *Journal of Econometrics* 121 (1): 99–124.

———. 2006. “Estimating the Returns to College Quality with Multiple Proxies for Quality.” *Journal of Labor Economics* 24 (3): 701–28.

Black, Dan, Jeffrey Smith, and Kermit Daniel. 2005. "College Quality and Wages in the United States." *German Economic Review* 6 (3): 415–43.

Blackburn, McKinley, and David Neumark. 1995. "Are OLS Estimates of the Return to Schooling Biased Downward? Another Look." *Review of Economics and Statistics* 77 (2): 217–30.

Blanchard, Caroline, Randall Sakai, Bruce McEwen, Scott Weiss, and Robert Blanchard. 1993. "Subordination Stress: Behavioral, Brain, and Neuroendocrine Correlates." *Behavioural Brain Research* 58 (1): 113–21.

Bobo, Lawrence, and Frederick Licari. 1989. "Education and Political Tolerance: Testing the Effects of Cognitive Sophistication and Target Group Affect." *Public Opinion Quarterly* 53 (3): 285–308.

Borjas, George. 2002. "The Wage Structure and the Sorting of Workers into the Public Sector." NBER Working Paper No. 9313. http://www.nber.org/papers/w9313.

Bosworth, Barry, and Susan Collins. 2003. "The Empirics of Growth: An Update." *Brookings Papers on Economic Activity* 2003 (2): 113–206.

Bound, John, Charles Brown, and Nancy Mathiowetz. 2001. "Measurement Error in Survey Data." In *Handbook of Econometrics*, vol. 5, edited by James Heckman and Edward Leamer, 3705–843. Amsterdam: Elsevier.

Bound, John, David Jaeger, and Regina Baker. 1995. "Problems with Instrumental Variables Estimation When the Correlation between the Instruments and the Endogenous Explanatory Variable Is Weak." *Journal of the American Statistical Association* 90 (430): 443–50.

Bound, John, Michael Lovenheim, and Sarah Turner. 2010. "Why Have College Completion Rates Declined? An Analysis of Changing Student Preparation and Collegiate Resources." *American Economic Journal: Applied Economics* 2 (3): 129–57.

Bound, John, and Gary Solon. 1999. "Double Trouble: On the Value of Twins-Based Estimation of the Return to Schooling." *Economics of Education Review* 18 (2): 169–82.

Bowen, William, and Derek Bok. 1998. *The Shape of the River: Long-Term Consequences of Considering Race in College and University Admissions*. Princeton, NJ: Princeton University Press.

Bowles, Samuel, Herbert Gintis, and Melissa Osborne. 2001. "The Determinants of Earnings: A Behavioral Approach." *Journal of Economic Literature* 39 (4): 1137–76.

Braithwaite, Scott, David Meltzer, Joseph King, Douglas Leslie, and Mark Roberts. 2008. "What Does the Value of Modern Medicine Say about the $50,000 per Quality-Adjusted Life-Year Decision Rule?" *Medical Care* 46 (4): 349–56.

Brand, Jennie, and Charles Halaby. 2006. "Regression and Matching Estimates of the Effects of Elite College Attendance on Educational and Career Achievement." *Social Science Research* 35 (3): 749–70.

Brennan, Jason. 2012. *The Ethics of Voting*. Princeton, NJ: Princeton University Press.

Brewer, Dominic, Eric Eide, and Ronald Ehrenberg. 1999. "Does It Pay to Attend an Elite Private College? Cross- Cohort Evidence on the Effects of College Type on Earnings." *Journal of Human Resources* 34 (1): 104–23.

Bridgeland, John, John DiIulio Jr., and Karen Morison. 2006. *The Silent Epidemic: Perspectives of High School Dropouts*. Washington, DC: Civic Enterprises. http://files.eric.ed.gov/fulltext/

ED513444.pdf.

Bronars, Stephen, and Gerald Oettinger. 2006. "Estimates of the Return to Schooling and Ability: Evidence from Sibling Data." *Labour Economics* 13 (1): 19–34.

Brown, David. 1995. *Degrees of Control: A Sociology of Educational Expansion and Occupational Credentialism*. New York: Teachers College Press.

———. 2001. "The Social Sources of Educational Credentialism: Status Cultures, Labor Markets, and Organizations." *Sociology of Education* 74 (extra issue): 19–34.

Brown, Donald. 1991. *Human Universals*. New York: McGraw-Hill〔邦訳　ドナルド・E・ブラウン『ヒューマン・ユニヴァーサルズ――文化相対主義から普遍性の認識へ』鈴木光太郎、中村潔訳、新曜社、2002年〕

Bruze, Gustaf. 2015. "Male and Female Marriage Returns to Schooling." *International Economic Review* 56 (1): 207–34.

Buhmann, Brigitte, Lee Rainwater, Guenther Schmaus, and Timothy Smeeding. 1988. "Equivalence Scales, Well-Being, Inequality, and Poverty: Sensitivity Estimates across Ten Countries Using the Luxembourg Income Study (LIS) Database." *Review of Income and Wealth* 34 (2): 115–42.

Burden, Barry. 2009. "The Dynamic Effects of Education on Voter Turnout." *Electoral Studies* 28 (4): 540–49.

Bureau of Labor Statistics 2011. "Household Data Annual Averages." http://www.bls.gov/cps/cpsa2011.pdf.

———. 2012. "Employer Costs for Employee Compensation — December 2011." Last modified March 14. http://www.bls.gov/news.release/archives/ecec_03142012.pdf.

———. 2013. "Consumer Expenditures in 2011." 2019年4月25日アクセス不可。http://www.bls.gov/opub/reports/cex/consumer_expenditures2011.pdf.

———. 2014a. "Occupational Outlook Handbook: Automotive Service Technicians and Mechanics." 2019年4月25日アクセス。http://www.bls.gov/ooh/installation-maintenance-and-repair/automotive-service-technicians-and-mechanics.htm.

———. 2014b. "Occupational Outlook Handbook: Carpenters." 2019年4月25日アクセス。http://www.bls.gov/ooh/construction-and-extraction/carpenters.htm.

———. 2014c. "Occupational Outlook Handbook: Historians." 2019年4月25日アクセス。http://www.bls.gov/ooh/life-physical-and-social-science/historians.htm.

———. 2014d. "Occupational Outlook Handbook: Interpreters and Translators." 2019年4月25日アクセス。http://www.bls.gov/ooh/media-and-communication/interpreters-and-translators.htm.

———. 2014e. "Occupational Outlook Handbook: Plumbers, Pipefitters, and Steamfitters." 2019年4月25日アクセス。http://www.bls.gov/ooh/construction-and-extraction/plumbers-pipefitters-and-steamfitters.htm.

———. 2014f. "Occupational Outlook Handbook: Psychologists." 2019年4月25日アクセス。http://www.bls.gov/ooh/Life-Physical-and-Social-Science/Psychologists.htm.

———. 2014g. "Occupational Outlook Handbook: Writers and Authors." 2019年4月25日アクセス。http://www.bls.gov/ooh/media-and-communication/writers-and-authors.htm.

———. 2015a. "Economic News Release — Table 1: Union Affiliation of Employed Wage and

Salary Workers by Selected Characteristics." Last modified January 23. http://www.bls.gov/news.release/union2.t01.htm.

———. 2015b. "Employer Costs for Employee Compensation — September 2015." Last modified December 9. http://www.bls.gov/news.release/archives/ecec_12092015.pdf.

———. 2015c. "Household Data Annual Averages — Employed and Unemployed Full and Part Time Workers by Age, Sex, Race, and Hispanic or Latino Ethnicity." 2019年 4 月25日アクセス。http://www.bls.gov/cps/aa2011/cpsaat08.pdf.

———. 2015d. "Household Data Annual Averages — Median Weekly Earnings of Full-Time Wage and Salary Workers by Selected Characteristics." 2019年 4 月25日アクセス。http://www.bls.gov/cps/aa2011/cpsaat37.pdf.

———. 2015e. "Household Data Annual Averages — Median Weekly Earnings of Part-Time Wage and Salary Workers by Selected Characteristics." 2019年 4 月25日アクセス。http://www.bls.gov/cps/aa2011/cpsaat38.pdf.

———. 2015f. "Labor Force Statistics from the Current Population Survey." 2019年 4 月25日アクセス。http://data.bls.gov/timeseries/LFS600001.

———. 2015g. "Occupational Outlook Handbook: Reporters, Correspondents, and Broadcast News Analysts." 2019年 4 月25日アクセス。http://www.bls.gov/ooh/media-and-communication/reporters-correspondents-and-broadcast-news-analysts.htm.

———. 2015h. "Occupational Employment and Wages: Refuse and Recyclable Material Collectors." Last modified March 25. http://www.bls.gov/oes/current/oes537081.htm.

———. 2015i. "Table A-1. Employment Status of the Civilian Population by Sex and Age." 2019年 4 月25日アクセス。http://www.bls.gov/news.release/empsit.t01.htm.

———. 2015j. "Work Experience of the Population — 2014." 2019年 4 月25日アクセス。http://www.bls.gov/news.release/pdf/work.pdf.

———. 2015k. "Employment by Major Occupational Group." Last modified December 8. http://www.bls.gov/emp/ep_table_101.htm.

———. 2015l. "Occupations with the Most Job Growth." Last modified December 8. http://www.bls.gov/emp/ep_table_104.htm.

———. 2015m. *Occupational Outlook Handbook*. Last modified December 17. http://www.bls.gov/ooh.

Burke, Lisa, and Holly Hutchins. 2007. "Training Transfer: An Integrative Literature Review." *Human Resource Development Review* 6 (3): 263–96.

Burke, Mary, and Tim Sass. 2013. "Classroom Peer Effects and Student Achievement." *Journal of Labor Economics* 31 (1): 51–82.

Burtless, Gary. 1999. "Effects of Growing Wage Disparities and Changing Family Composition on the US Income Distribution." *European Economic Review* 43 (4): 853–65.

Buss, David. 1985. "Human Mate Selection: Opposites Are Sometimes Said to Attract, but in Fact We Are Likely to Marry Someone Who Is Similar to Us in Almost Every Variable." *American Scientist* 73 (1): 47–51.

Callahan, Clara, Mohammadreza Hojat, Jon Veloski, James Erdmann, and Joseph Gonnella. 2010.

"The Predictive Validity of Three Versions of the MCAT in Relation to Performance in Medical School, Residency, and Licensing Examinations: A Longitudinal Study of 36 Classes of Jefferson Medical College." *Academic Medicine* 85 (6): 980-87.

Cameron, Stephen, and James Heckman. 1999. "Can Tuition Policy Combat Rising Inequality?" In *Financing College Tuition: Government Policies and Educational Priorities*, edited by Marvin Kosters, 76-124. Washington, DC: AEI.

Campos, Paul. 2012. *Don't Go to Law School (Unless): A Law Professor's Inside Guide to Maximizing Opportunity and Minimizing Risk*. Seattle: Amazon Digital Services.

Capelli, Peter. 2015. *Will College Pay Off? A Guide to the Most Important Financial Decision You'll Ever Make*. New York: Public Affairs.

Caplan, Bryan. 2001. "What Makes People Think Like Economists? Evidence on Economic Cognition from the 'Survey of Americans and Economists on the Economy.'" *Journal of Law and Economics* 44 (2): 395-426.

———. 2007. *The Myth of the Rational Voter: Why Democracies Choose Bad Policies*. Princeton, NJ: Princeton University Press〔邦訳 ブライアン・カプラン『選挙の経済学——投票者はなぜ愚策を選ぶのか』長峯純一・奥井克美監訳、日経 BP 出版センター、2009年〕

———. 2011a. "Martorell and Clark's 'The Signaling Value of a High School Diploma.'" *EconLog*. July 20. http://econlog.econlib.org/archives/2011/07/martorell_and_c.html.

———. 2011b. *Selfish Reasons to Have More Kids: Why Being a Great Parent Is Less Work and More Fun Than You Think*. New York: Basic Books.

———. 2011c. "I Am Not Alone: Kauffman Econ Bloggers on Educational Signaling." *EconLog*. November 2. http://econlog.econlib.org/archives/2011/11/kauffman_econ_b.html.

———. 2011d. "Population, Fertility, and Liberty." *Cato Unbound*. May 2. http://www.cato-unbound.org/2011/05/02/bryan-caplan/population-fertility-liberty.

———. 2011e. "Teachers and Income: What Did the Kindergarten Study Really Find?" *EconLog*. October 14. http://econlog.econlib.org/archives/2011/10/teachers_and_in.html.

———. 2011f. "Proving You're Qualified; or Not." *EconLog*. December 22. http://econlog.econlib.org/archives/2011/12/proving_youre_q.html.

———. 2012a. "Why Don't Applicants Volunteer Their Test Scores?" *EconLog*. May 10. http://econlog.econlib.org/archives/2012/05/why_dont_applic.html.

———. 2012b. "Why Applicants Don't Volunteer Their Test Scores." *EconLog*. May 14. http://econlog.econlib.org/archives/2012/05/why_applicants.html.

———. 2012c. "The Degree and Origin of Foreign Language Competence." *EconLog*. August 11. http://econlog.econlib.org/archives/2012/08/the_degree_and.html.

———. 2013. "Dehiring: Win-Win-Lose." *EconLog*. August 20. http://econlog.econlib.org/archives/2013/08/dehiring_win-wi.html.

———. 2014a. "Employment and the Return to Education: The Right Way to Count." *EconLog*. January 2. http://econlog.econlib.org/archives/2014/01/employment_and.html.

———. 2014b. "40 Years on the Status Treadmill." *EconLog*. March 7. http://econlog.econlib.org/archives/2014/03/40_years_on_the.html.

———. 2014c. "What to Learn from The Catcher in the Rye." *EconLog*. July 23. http://econlog.econlib.org/archives/2014/07/what_to_learn_f_1.html.

———. 2014d. "How High Is Schools' Implicit Land Rent?" *EconLog*. September 19. http://econlog.econlib.org/archives/2014/09/how_high_is_sch.html.

———. 2014e. "How Rival Marriage Is." *EconLog*. February 7. http://econlog.econlib.org/archives/2014/02/how_rival_marri.html.

———. 2017. "Education's Selfish and Social Returns." http://www.bcaplan.com/returns.htm.

Caplan, Bryan, and Stephen Miller. 2010. "Intelligence Makes People Think Like Economists: Evidence from the General Social Survey." *Intelligence* 38 (6): 636–47.

Card, David. 1999. "The Causal Effect of Education on Earnings." In *Handbook of Labor Economics*, vol. 3A, edited by Orley Ashenfelter and David Card, 1801–63. Amsterdam: Elsevier.

———. 2001. "Estimating the Return to Schooling: Progress on Some Persistence Econometric Problems." *Econometrica* 69 (5): 1127–60.

———. 2002. "Education Matters." *Milken Institute Review* 4th quarter: 73–77.

Cardiff, Christopher, and Daniel Klein. 2005. "Faculty Partisan Affiliations in All Disciplines: A Voter-Registration Study." *Critical Review* 17 (3–4): 237–55.

Carey, Kevin. 2015a. *The End of College: Creating the Future of Learning and the University of Everywhere*. London: Penguin.

———. 2015b. "Here's What Will Truly Change Higher Education: Online Degrees That Are Seen as Official." *New York Times*. March 5. http://www.nytimes.com/2015/03/08/upshot/true-reform-in-higher-education-when-online-degrees-are-seen-as-official.html.

Carlsson, Magnus, Gordon Dahl, Björn Öckert, and Dan-Olof Rooth. 2015. "The Effect of Schooling on Cognitive Skills." *Review of Economics and Statistics* 97 (3): 533–47.

Carneiro, Pedro, and James Heckman. 2002. "The Evidence on Credit Constraints in Post-secondary Education." *Economic Journal* 112 (482): 705–34.

Carnevale, Anthony, and Stephen Rose. 2011. *The Undereducated American*. Washington, DC: Georgetown University Center on Education and the Workforce. http://files.eric.ed.gov/fulltext/ED524302.pdf.

Carnevale, Anthony, Stephen Rose, and Ban Cheah. 2011. *The College Payoff: Education, Occupations, Lifetime Earnings*. Washington, DC: Georgetown University Center on Education and the Workforce. https://www2.ed.gov/policy/highered/reg/hearulemaking/2011/collegepayoff.pdf.

Carnevale, Anthony, Nicole Smith, and Jeff Strohl. 2010a. *Help Wanted: Projections of Job and Education Requirements through 2018*. Washington, DC: Georgetown University Center on Education and the Workforce. http://files.eric.ed.gov/fulltext/ED524310.pdf.

———. 2010b. "The Real Education Crisis: Are 35% of All College Degrees in New England Unnecessary?" *New England Journal of Higher Education*. http://www.nebhe.org/thejournal/the-real-education-crisis-are-35-of-all-college-degrees-in-new-england-unnecessary.

Carr, Rhoda, James Wright, and Charles Brody. 1996. "Effects of High School Work Experience a Decade Later: Evidence from the National Longitudinal Survey." *Sociology of Education* 69 (1): 66–81.

Cascio, Elizabeth, and Douglas Staiger. 2012. "Knowledge, Tests, and Fadeout in Educational Interventions." NBER Working Paper No. 18038. http://www.nber.org/papers/w18038.

Cascio, W., Rick Jacobs, and Jay Silva. 2009. "Validity, Utility, and Adverse Impact: Practical Implications from 30 Years of Data." In *Adverse Impact: Implications for Organizational Staffing and High Stakes Selection*, edited by James Outtz, 271–88. London: Routledge.

Case, Anne, Angela Fertig, and Christina Paxson. 2005. "The Lasting Impact of Childhood Health and Circumstance." *Journal of Health Economics* 24 (2): 365–89.

Case, Charles, and Andrew Greeley. 1990. "Attitudes toward Racial Equality." *Humboldt Journal of Social Relations* 16 (1): 67–94.

Cebi, Merve. 2007. "Locus of Control and Human Capital Investment Revisited." *Journal of Human Resources* 42 (4): 919–32.

Ceci, Stephen. 1991. "How Much Does Schooling Influence General Intelligence and Its Cognitive Components? A Reassessment of the Evidence." *Developmental Psychology* 27 (5): 703–22.

———. 2009. *On Intelligence . . . More or Less: A Biological Treatise on Intellectual Development*. Cambridge, MA: Harvard University Press.

Chambers, Jay, Thomas Parrish, Joanne Lieberman, and Jean Wolman. 1998. "What Are We Spending on Special Education in the US?" Center for Special Education Finance Brief No. 8. http://www.csef-air.org/publications/csef/briefs/brief8.pdf.

Chatterjee, Satyajit, and Felicia Ionescu. 2012. "Insuring Student Loans against the Financial Risk of Failing to Complete College." *Quantitative Economics* 3 (3): 393–420.

Chetty, Raj, John Friedman, Nathaniel Hilger, Emmanuel Saez, and Diane Schanzenbach. 2011. "How Does Your Kindergarten Classroom Affect Your Earnings? Evidence from Project STAR." *Quarterly Journal of Economics* 126 (4): 1593–660.

Chetty, Raj, John Friedman, and Jonah Rockoff. 2014. "Measuring the Impacts of Teachers II: Teacher Value-Added and Student Outcomes in Adulthood." *American Economic Review* 104 (9): 2633–79.

Chevalier, Arnaud. 2003. "Measuring Over-education." *Economica* 70 (279): 509–31.

Chevalier, Arnaud, Colm Harmon, Ian Walker, and Yu Zhu. 2004. "Does Education Raise Productivity, or Just Reflect It?" *Economic Journal* 114 (499): F499–F517.

Chi, Michelene, and Kurt VanLehn. 2012. "Seeing Deep Structure from the Interactions of Surface Features." *Educational Psychologist* 47 (3): 177–88.

Christensen, Clayton, Michael Horn, Louis Caldera, and Louis Soares. 2011. *Disrupting College: How Disruptive Innovation Can Deliver Quality and Affordability to Postsecondary Education*. Washington DC: Center for American Progress. https://cdn.americanprogress.org/wp-content/uploads/issues/2011/02/pdf/disrupting_college.pdf.

Chua, Amy. 2011. *Battle Hymn of the Tiger Mother*. London: Bloomsbury〔邦訳 エイミー・チュア『タイガー・マザー』齋藤孝訳、朝日出版社、2011年〕

Ciccone, Antonio, and Giovanni Peri. 2006. "Identifying Human-Capital Externalities: Theory with Applications." *Review of Economic Studies* 73 (2): 381–412.

Clark, Andrew, and Andrew Oswald. 1996. "Satisfaction and Comparison Income." *Journal of Public*

Economics 61 (3): 359–81.

Clark, Damon, and Paco Martorell. 2014. “The Signaling Value of a High School Diploma.” *Journal of Political Economy* 122 (2): 282–318.

Clark, Gregory. 2014. *The Son Also Rises: Surnames and the History of Social Mobility*. Princeton, NJ: Princeton University Press〔邦訳　グレゴリー・クラーク『格差の世界経済史』久保恵美子訳、日経 BP マーケティング、2015年〕

Clement, John. 1982. “Students’ Preconceptions in Introductory Mechanics.” *American Journal of Physics* 50 (1): 66–71.

Clements, Rhonda. 2004. “An Investigation of the Status of Outdoor Play.” *Contemporary Issues in Early Childhood* 5 (1): 68–80.

Coenders, Marcel, and Peer Scheepers. 2003. “The Effect of Education on Nationalism and Ethnic Exclusionism: An International Comparison.” *Political Psychology* 24 (2): 313–43.

Cohen, Daniel, and Marcelo Soto. 2007. “Growth and Human Capital: Good Data, Good Results.” *Journal of Economic Growth* 12 (1): 51–76.

Cohen, Mark. 1998. “The Monetary Value of Saving a High-Risk Youth.” *Journal of Quantitative Criminology* 14 (1): 5–33.

College Board. 2013. “Interpreting and Using SAT Scores.” 2019年 4 月25日 アクセス不可。http://www.collegeboard.com/prod_downloads/counselors/hs/sat/resources/handbook/4_InterpretingScores.pdf.

Collins, Brian, ed. 1997. *When In Doubt, Tell the Truth, and Other Quotations from Mark Twain*. New York: Columbia University Press.

Collins, Randall. 1979. *The Credential Society: An Historical Sociology of Education and Stratification*. New York: Academic Press〔邦訳　R・コリンズ『資格社会——教育と階層の歴史社会学』新堀通也監訳、有信堂高文社、1984年〕

Committee on Ability Testing. 1982. “Historical and Legal Context of Ability Testing.” In *Ability Testing: Uses, Consequences, and Controversies, Part 1; Report of the Committee*, edited by Alexandra Wigdor, and Wendell Garner, 81–118. Washington DC: National Academy Press.

Confucius. 1893. *The Analects*. Translated by James Legge. https://en.wikisource.org/wiki/The_Analects.

Congressional Budget Office. 2010. “Costs and Policy Options for Federal Student Loan Programs.” https://www.cbo.gov/sites/default/files/111th-congress-2009-2010/reports/03-25-studentloans.pdf.

———. 2013. “The Distribution of Household Income and Federal Taxes, 2010.” https://www.cbo.gov/sites/default/files/113th-congress-2013-2014/reports/44604-Average TaxRates.pdf.

Cooper, Harris, Barbara Nye, Kelly Charlton, James Lindsay, and Scott Greathouse. 1996. “The Effects of Summer Vacation on Achievement Test Scores: A Narrative and Meta- Analytic Review.” *Review of Educational Research* 66 (3): 227–68.

Cormier, Stephen, and Joseph Hagman, eds. 1987. *Transfer of Learning: Contemporary Research and Applications*. San Diego, CA: Academic Press.

Cowell, Frank, and Stephen Jenkins. 1992. “Equivalence Scale Relativities and the Extent of Inequal-

ity and Poverty." *Economic Journal* 102 (414): 1067–82.

Cowen, Tyler. 2008. *Discover Your Inner Economist: Use Incentives to Fall in Love, Survive Your Next Meeting, and Motivate Your Dentist*. London: Penguin〔邦訳　タイラー・コーエン『インセンティブ――自分と世界をうまく動かす』高遠裕子訳、日経 BP 出版センター、2009 年〕

———. 2010. "My Debate with Bryan Caplan on Education." *Marginal Revolution*. September 9. http://marginalrevolution.com/marginalrevolution/2010/09/my-debate-with-bryan-caplan-on-education.html.

———. 2011a. "More on the Returns to Education." *Marginal Revolution*. June 28. http://marginalrevolution.com/marginalrevolution/2011/06/more-on-the-returns-to-education.html.

———. 2011b. "When Are Signaling and Human Capital Theories of Education Observationally Equivalent?" *Marginal Revolution*. July 5. http://marginalrevolution.com/marginalrevolution/2011/07/when-are-signaling-and-human-capital-theories-of-education-observationally-equivalent.html.

———. 2013. "How Much of Education and Earnings Variation Is Signalling? (Bryan Caplan Asks)?" *Marginal Revolution*. July 12. http://marginalrevolution.com/marginalrevolution/2013/07/how-much-of-education-is-signalling-bryan-caplan-asks.html.

Cox, Stephen, and Michael Kramer. 1995. "Communication during Employee Dismissals: Social Exchange Principles and Group Influences on Employee Exit." *Management Communication Quarterly* 9 (2): 156–90.

Craig, Ryan. 2015. *College Disrupted: The Great Unbundling of Higher Education*. New York: Palgrave Macmillan.

Cribb, Kenneth. 2008. *Our Fading Heritage: Americans Fail a Basic Test on Their History and Institutions*. Wilmington: Intercollegiate Studies Institute.

Csikszentmihalyi, Mihaly, and Jeremy Hunter. 2003. "Happiness in Everyday Life: The Uses of Experience Sampling." *Journal of Happiness Studies* 4 (2): 185–99.

Cubberley, Ellwood. 1911. "Does the Present Trend toward Vocational Education Threaten Liberal Culture?" *School Review* 19 (7): 455–65.

Cullen, Francis, Paul Gendreau, G. Jarjoura, and John Wright. 1997. "Crime and the Bell Curve: Lessons from Intelligent Criminology." *Crime and Delinquency* 43 (4): 387–411.

Cutler, David, and Adriana Lleras-Muney. 2008. "Education and Health: Evaluating Theories and Evidence." In *Making Americans Healthier: Social and Economic Policy as Health Policy*, edited by James House, Robert Schoeni, George Kaplan, and Harold Pollack, 29–60. New York: Russell Sage.

———. 2010. "Understanding Differences in Health Behaviors by Education." *Journal of Health Economics* 29 (1): 1–28.

Dale, Stacy, and Alan Krueger. 2002. "Estimating the Payoff to Attending a More Selective College: An Application of Selection on Observables and Unobservables." *Quarterly Journal of Economics* 117 (4): 1491–527.

———. 2014. "Estimating the Effects of College Characteristics over the Career Using Administra-

tive Earnings Data." *Journal of Human Resources* 49 (2): 323–58.

Danziger, Sheldon, Jacques Van der Gaag, Michael Taussig, and Eugene Smolensky. 1984. "The Direct Measurement of Welfare Levels: How Much Does It Cost to Make Ends Meet?" *Review of Economics and Statistics* 66 (3): 500–505.

DeAngelo, Linda, Ray Frank, Sylvia Hurtado, John Pryor, and Serge Tran. 2011. *Completing College: Assessing Graduation Rates at Four-Year Institutions*. Los Angeles: Higher Education Research Institute. http://heri.ucla.edu/DARCU/CompletingCollege2011.pdf.

Deary, Ian. 2001. *Intelligence: A Very Short Introduction*. Oxford: Oxford University Press〔邦訳 イアン・ディアリ『知能』繁桝算男訳、岩波書店、2004年〕

Deaton, Angus, and Christina Paxson. 2001. "Mortality, Education, Income, and Inequality among American Cohorts." In *Themes in the Economics of Aging*, edited by David Wise, 129–70. Chicago: University of Chicago Press.

de la Fuente, Angel, and Rafael Doménech. 2000. "Human Capital in Growth Regressions: How Much Difference Does Data Quality Make?" OECD Economics Department Working Paper No. 262. http://www.oecd.org/innovation/research/1825500.pdf.

———. 2006a. "Human Capital in Growth Regressions: How Much Difference Does Data Quality Make?" *Journal of the European Economic Association* 4: 1–36.

———. 2006b. "Human Capital in Growth Regressions: How Much Difference Does Data Quality Make? Appendix." Unpublished manuscript.

Delli Carpini, Michael, and Scott Keeter. 1996. *What Americans Know about Politics and Why It Matters*. New Haven, CT: Yale University Press.

Delta Cost Project. 2013. "How Much Does It Cost Institutions to Produce STEM Degrees?" *American Institutes for Research*. September. http://www.deltacostproject.org/sites/default/files/products/Cost%20to%20Institutions%20of%20STEM%20Degrees.pdf.

Demakakos, Panayotes, James Nazroo, Elizabeth Breeze, and Michael Marmot. 2008. "Socioeconomic Status and Health: The Role of Subjective Social Status." *Social Science and Medicine* 67 (2): 330–40.

DeSalvo, Karen, Nicole Bloser, Kristi Reynolds, Jiang He, and Paul Muntner. 2006. "Mortality Prediction with a Single General Self-Rated Health Question." *Journal of General Internal Medicine* 21 (3): 267–75.

Detterman, Douglas. 1993. "The Case for the Prosecution: Transfer as an Epiphenomenon." In *Transfer on Trial: Intelligence, Cognition, and Instruction*, edited by Douglas Detterman and Robert Sternberg, 1–24. New York: Ablex.

Detterman, Douglas, and Robert Sternberg, eds. 1993. *Transfer on Trial: Intelligence, Cognition, and Instruction*. New York: Ablex.

Dickens, William. 2010. "Bill Dickens versus the Signaling Model of Education." *EconLog*. August 25. http://econlog.econlib.org/archives/2010/08/bill_dickens_ve.html.

Dickens, William, and James Flynn. 2001. "Heritability Estimates versus Large Environmental Effects: The IQ Paradox Resolved." *Psychological Review* 108 (2): 346–69.

Dickens, William, and Kevin Lang. 1985. "A Test of Dual Labor Market Theory." *American Econom-*

ic Review 75 (4): 792–805.

Disney, Richard, and Amanda Gosling. 1998. "Does It Pay to Work in the Public Sector?" *Fiscal Studies* 19 (4): 347–74.

Di Tella, Rafael, Robert MacCulloch, and Andrew Oswald. 2001. "Preferences over Inflation and Unemployment: Evidence from Surveys of Happiness." *American Economic Review* 91 (1): 335–41.

Dolton, Peter, and Anna Vignoles. 2002. "Is a Broader Curriculum Better?" *Economics of Education Review* 21 (5): 415–29.

Donnellan, Brent, Frederick Oswald, Brendan Baird, and Richard Lucas. 2006. "The Mini-IPIP Scales: Tiny-Yet-Effective Measures of the Big Five Factors of Personality." *Psychological Assessment* 18 (2): 192–203.

Donohue, John, and Peter Siegelman. 1991. "The Changing Nature of Employment Discrimination Litigation." *Stanford Law Review* 43 (5): 983–1033.

Drago, Francesco. 2011. "Self-Esteem and Earnings." *Journal of Economic Psychology* 32 (3): 480–88.

Draper, Jamie, and June Hicks. 2002. "Foreign Language Enrollments in Public Secondary Schools, Fall 2000." American Council on the Teaching of Foreign Languages. http://aappl.actfl.org/sites/default/files/pdfs/public/Enroll2000.pdf.

D'Souza, Dinesh. 1991. *Illiberal Education: The Politics of Race and Sex on Campus*. New York: Free Press.

Duncan, Greg, and Rachel Dunifon. 1998. "'Soft Skills' and Long-Run Labor Market Success." *Research in Labor Economics* 17: 123–49.

Dynarski, Susan. 2000. "Hope for Whom? Financial Aid for the Middle Class and Its Impact on College Attendance." *National Tax Journal* 53 (3): 629–61.

———. 2003. "Loans, Liquidity, and Schooling Decisions." Kennedy School of Government Working Paper. http://users.nber.org/~dynarski/Dynarski_loans.pdf.

———. 2008. "Building the Stock of College-Educated Labor." *Journal of Human Resources* 43 (3): 576–610.

Dynarski, Susan, Jonathan Gruber, and Danielle Li. 2011. "Cheaper by the Dozen: Using Sibling Discounts to Estimate the Price Elasticity of Private School Attendance." *Center for Economic Studies Discussion Paper* 11-34. 2019年 4 月25日 アクセス。http://www2.census.gov/ces/wp/2011/CES-WP-11-34.pdf.

Dynarski, Susan, and Judith Scott- Clayton. 2013. "Financial Aid Policy: Lessons from Research." NBER Working Paper No. 18710. http://www.nber.org/papers/w18710.

Eckstein, Zvi, and Kenneth Wolpin. 1999. "Why Youths Drop Out of High School: The Impact of Preferences, Opportunities, and Abilities." *Econometrica* 67 (6): 1295–339.

Edmonds, Eric. 2007. "Child Labor." NBER Working Paper No. 12926. http://www.nber.org/papers/w12926.

Edmonds, Eric, and Nina Pavcnik. 2005. "Child Labor in the Global Economy." *Journal of Economic Perspectives* 19 (1): 199–220.

Ehrenberg, Ronald. 2012. "American Higher Education in Transition." *Journal of Economic Perspectives* 26 (1): 193–216.

Elo, Irma, and Samuel Preston. 1996. "Educational Differentials in Mortality: United States, 1979–1985." *Social Science and Medicine* 42 (1): 47–57.

Emerson, Patrick, and André Souza. 2011. "Is Child Labor Harmful? The Impact of Starting to Work as a Child on Adult Earnings." *Economic Development and Cultural Change* 59 (2): 345–85.

Enlow, Robert, and Lenore Ealy, eds. 2006. *Liberty and Learning: Milton Friedman's Voucher Idea at Fifty*. Washington, DC: Cato Institute.

Epstein, David. 2006. "'Hotness' and Quality." *Inside Higher Education*. May 8. https://www.insidehighered.com/news/2006/05/08/rateprof.

Ericsson, K. 2008. "Deliberate Practice and Acquisition of Expert Performance: A General Overview." *Academic Emergency Medicine* 15 (11): 988–94.

Ericsson, K., Ralf Krampe, and Clemens Tesch-Romer. 1993. "The Role of Deliberate Practice in the Acquisition of Expert Performance." *Psychological Review* 100 (3): 363–406.

Ericsson, K., Michael Prietula, and Edward Cokely. 2007. "The Making of an Expert." *Harvard Business Review* 85 (7–8): 114–21.

Euteneuer, Frank. 2014. "Subjective Social Status and Health." *Current Opinion in Psychiatry* 27 (5): 337–43.

Fabra, Eugenia, and Cesar Camisón. 2009. "Direct and Indirect Effects of Education on Job Satisfaction: A Structural Equation Model for the Spanish Case." *Economics of Education Review* 28 (5): 600–610.

Falk, Justin. 2012. "Comparing the Compensation of Federal and Private-Sector Employees." Congressional Budget Office. January. http://www.cbo.gov/sites/default/files/cbofiles/attachments/01-30-FedPay.pdf.

Fang, Hanming. 2006. "Disentangling the College Wage Premium: Estimating a Model with Endogenous Education Choices." *International Economic Review* 47 (4): 1151–85.

Fang, Hanming, and Andrea Moro. 2011. "Theories of Statistical Discrimination and Affirmative Action: A Survey." In *Handbook of Social Economics*, vol. 1A, edited by Jess Benhabib, Matthew Jackson, and Alberto Bisin, 133–200. Amsterdam: Elsevier.

Farber, Henry, and Robert Gibbons. 1996. "Learning and Wage Dynamics." *Quarterly Journal of Economics* 111 (4): 1007–47.

Farrell, Edwin, George Peguero, Rasheed Lindsey, and Ronald White. 1988. "Giving Voice to High School Students: Pressure and Boredom, Ya Know What I'm Sayin'?" *American Educational Research Journal* 25 (4): 489–502.

Federal Bureau of Investigation. 2011. "Crime in the United States 2011 — Table 1." 2019年4月25日アクセス。http://www.fbi.gov/about-us/cjis/ucr/crime-in-the-u.s/2011/crime-in-the-u.s.-2011/tables/table-1.

Federal Reserve Bank of St. Louis. 2015. "Federal Reserve Economic Data." 2019年4月25日アクセス。https://fred.stlouisfed.org/

Fehr, Ernst, and Simon Gächter. 1998. "Reciprocity and Economics: The Economic Implications of

Homo Reciprocans." *European Economic Review* 42 (3): 845–59.

Feng, Du, and Laura Baker. 1994. "Spouse Similarity in Attitudes, Personality, and Psychological Well-Being." *Behavior Genetics* 24 (4): 357–64.

Ferrante, Francesco. 2009. "Education, Aspirations and Life Satisfaction." *Kyklos* 62 (4): 542–62.

Ferrer, Ana, and W. Riddell. 2002. "The Role of Credentials in the Canadian Labour Market." *Canadian Journal of Economics/Revue Canadienne D'économique* 35 (4): 879–905.

Fischer, Claude, Michael Hout, Martin Sanchez Jankowski, Samuel Lucas, Ann Swidler, Kim Voss, and Lawrence Bobo. 1996. *Inequality by Design: Cracking the Bell Curve Myth*. Princeton, NJ: Princeton University Press.

Flores-Lagunes, Alfonso, and Audrey Light. 2010. "Interpreting Degree Effects in the Returns to Education." *Journal of Human Resources* 45 (2): 439–67.

Foer, Joshua. 2006. "Kaavya Syndrome: The Accused Harvard Plagiarist Doesn't Have a Photographic Memory. No One Does." *Slate*. April 27. http://www.slate.com/articles/health_and_science/science/2006/04/kaavya_syndrome.single.html.

Fogg, Neeta, and Paul Harrington. 2011. "Rising Mal-Employment and the Great Recession: The Growing Disconnection between Recent College Graduates and the College Labor Market." *Continuing Higher Education Review* 75: 51–65.

Folger, Robert, and Daniel Skarlicki. 1998. "When Tough Times Make Tough Bosses: Managerial Distancing as a Function of Layoff Blame." *Academy of Management Journal* 41 (1): 79–87.

Fong, Geoffrey, David Krantz, and Richard Nisbett. 1986. "The Effects of Statistical Training on Thinking about Everyday Problems." *Cognitive Psychology* 18 (3): 253–92.

Frank, Robert. 1999. *Luxury Fever: Money and Happiness in An Age of Excess*. Princeton, NJ: Princeton University Press.

Frazis, Harley. 1993. "Selection Bias and the Degree Effect." *Journal of Human Resources* 28 (3): 538–54.

———. 2002. "Human Capital, Signaling, and the Pattern of Returns to Education." *Oxford Economic Papers* 54 (2): 298–320.

Freund, Philipp, and Heinz Holling. 2011. "How to Get Really Smart: Modeling Retest and Training Effects in Ability Testing Using Computer-Generated Figural Matrix Items." *Intelligence* 39 (4): 233–43.

Friedman, Milton. 1982. *Capitalism and Freedom*. Chicago: University of Chicago Press〔邦訳　ミルトン・フリードマン『資本主義と自由』村井章子訳、日経BP出版センター、2008年〕

———. 2003. "Letter to Richard Vedder." September 12. Unpublished.

Furnée, Carin, Wim Groot, and Henriëtte Maassen van Den Brink. 2008. "The Health Effects of Education: A Meta-analysis." *European Journal of Public Health* 18 (4): 417–21.

Ganzach, Yoav. 2003. "Intelligence, Education, and Facets of Job Satisfaction." *Work and Occupations* 30 (1): 97–122.

Garber, Steven, and Steven Klepper. 1980. "Extending the Classical Normal Errors-in-Variables Model." *Econometrica* 48 (6): 1541–46.

Gardner, Howard. 1991. *The Unschooled Mind: How Children Learn and How Schools Should Teach*. New York: Basic Books.

Garrison, G., C. Mikesell, and D. Matthew. 2007. "Medical School Graduation and Attrition Rates." *AAMC Analysis in Brief* 7（2）: 1–2.

Ge, Suqin. 2011. "Women's College Decisions: How Much Does Marriage Matter?" *Journal of Labor Economics* 29（4）: 773–818.

Gensowski, Miriam. 2014. "Personality, IQ, and Lifetime Earnings." IZA Discussion Paper Series No. 8235. http://ftp.iza.org/dp8235.pdf.

Georghiades, Petros. 2000. "Beyond Conceptual Change in Science Education: Focusing on Transfer, Durability, and Metacognition." *Educational Research* 42（2）: 119–39.

Gick, Mary, and Keith Holyoak. 1983. "Schema Induction and Analogical Transfer." *Cognitive Psychology* 15（1）: 1–38.

Gill, C., R. Jardine, and N. Martin. 1985. "Further Evidence for Genetic Influences on Educational Achievement." *British Journal of Educational Psychology* 55（3）: 240–50.

Gillen, Andrew. 2012. *Introducing Bennett Hypothesis 2.0*. Washington, DC: Center for College Affordability and Productivity. http://files.eric.ed.gov/fulltext/ED536151.pdf.

GiveWell. 2015. "GiveWell: Top Charities." 2019年４月25日アクセス。http://www.givewell.org/charities/top-charities.

Gladwell, Malcolm. 2008. *Outliers: The Story of Success*. Hachette: Back Bay Books〔邦訳　マルコム・グラッドウェル『天才！　成功する人々の法則』勝間和代訳、講談社、2014年〕

Glaeser, Edward, and Bruce Sacerdote. 2008. "Education and Religion." *Journal of Human Capital* 2（2）: 188–215.

Glewwe, Paul, Eric Hanushek, Sarah Humpage, and Renato Ravina. 2014. "School Resources and Educational Outcomes in Developing Countries: A Review of the Literature from 1990 to 2010." In *Education Policy in Developing Countries*, edited by Paul Glewwe, 13–64. Chicago: University of Chicago Press.

Goldin, Claudia. 1997. "Exploring the 'Present through the Past': Career and Family across the Last Century." *American Economic Review* 87（2）: 396–99.

Goldin, Claudia, and Lawrence Katz. 2009. *The Race between Education and Technology*. Cambridge, MA: Harvard University Press.

Goldsmith, Arthur, and Jonathan Veum. 2002. "Wages and the Composition of Experience." *Southern Economic Journal* 69（2）: 429–43.

Goldstein, Dana. 2014. *The Teacher Wars: A History of America's Most Embattled Profession*. New York: Doubleday.

Goldstein, Joshua, and Catherine Kenney. 2001. "Marriage Delayed or Marriage Forgone? New Cohort Forecasts of First Marriage for US Women." *American Sociological Review* 66（4）: 506–19.

Golebiowska, Ewa. 1995. "Individual Value Priorities, Education, and Political Tolerance." *Political Behavior* 17（1）: 23–48.

Gottfredson, Linda. 1997. "Why g Matters: The Complexity of Everyday Life." *Intelligence* 24（1）: 79–132.

Gould, Eric. 2005. "Inequality and Ability." *Labour Economics* 12 (2): 169–89.

———. 2008. "Marriage and Career: The Dynamic Decisions of Young Men." *Journal of Human Capital* 2 (4): 337–78.

Granada Hills Charter High School. 2015. "Graduation Requirements." 2019年4月25日アクセス不可。http://www.ghchs.com/offices/counseling/graduation_requirements.

Granholm, Axel. 1991. *Handbook of Employee Termination*. New York: Wiley.

Gray, Kenneth. 2004. "Is High School Career and Technical Education Obsolete?" *Phi Delta Kappan* 86 (2): 129–34.

Gray, Kenneth, and Edwin Herr. 2006. *Other Ways to Win: Creating Alternatives for High School Students*. Thousand Oaks, CA: Corwin.

Gray, Peter. 2013. *Free to Learn: Why Unleashing the Instinct to Play Will Make Our Children Happier, More Self-Reliant, and Better Students for Life*. New York: Basic Books〔邦訳　ピーター・グレイ『遊びが学びに欠かせないわけ——自立した学び手を育てる』吉田新一郎訳、築地書館、2018年〕

Greene, Jay, and Greg Forster. 2002. *Effects of Funding Incentives on Special Education Enrollment*. New York: Manhattan Institute for Policy Research. http://www.manhattan-institute.org/pdf/cr_32.pdf.

Greenstone, Michael, and Adam Looney. 2011. "Where Is the Best Place to Invest $102,000 — in Stocks, Bonds, or a College Degree?" *Hamilton Project*. June 25. http://www.hamiltonproject.org/blog/where_is_the_best_place_to_invest_102000_in_stocks_bonds_or_a_college_.

———. 2012. "Regardless of the Cost, College Still Matters." *Hamilton Project*. October 5. http://www.hamiltonproject.org/papers/regardless_of_the_cost_college_still_matters.

———. 2013. "Is Starting College and Not Finishing Really That Bad?" *Hamilton Project*. June 7. http://www.hamiltonproject.org/assets/legacy/files/downloads_and_links/May_Jobs_Blog_20130607_FINAL_2.pdf.

Gregory, Robert, and Jeff Borland. 1999. "Recent Developments in Public Sector Labor Markets." In *Handbook of Labor Economics*, vol. 3C, edited by Orley Ashenfelter and David Card, 3573–630. Amsterdam: Elsevier.

Grogger, Jeff. 1998. "Market Wages and Youth Crime." *Journal of Labor Economics* 16 (4): 756–91.

Groot, Wim, and Henriëtte Van den Brink. 2000. "Overeducation in the Labor Market: A Meta-analysis." *Economics of Education Review* 19 (2): 149–58.

Gross, Neil, and Solon Simmons. 2007. "The Social and Political Views of American Professors." Working Paper, Harvard University. 2019年4月25日アクセス。http://citeseerx.ist.psu.edu/viewdoc/download?doi=10.1.1.147.6141&rep=rep1&type=pdf.

Groves, Melissa. 2005. "How Important Is Your Personality? Labor Market Returns to Personality for Women in the US and UK." *Journal of Economic Psychology* 26 (6): 827–41.

Gruber-Baldini, Ann, K. Warner, and Sherry Willis. 1995. "Similarity in Married Couples: A Longitudinal Study of Mental Abilities and Rigidity-Flexibility." *Journal of Personality and Social Psychology* 69 (1): 191–203.

Gyourko, Joseph, and Joseph Tracy. 1988. "An Analysis of Public and Private Sector Wages Allowing

for Endogenous Choices of Both Government and Union Status." *Journal of Labor Economics* 6 (2): 229–53.

Hambrick, David, Frederick Oswald, Erik Altmann, Elizabeth Meinz, Fernand Gobet, and Guillermo Campitelli. 2014. "Deliberate Practice: Is That All It Takes to Become an Expert?" *Intelligence* 45: 34–45.

Hamermesh, Daniel, and Stephen Donald. 2008. "The Effect of College Curriculum on Earnings: An Affinity Identifier for Non-ignorable Non-response Bias." *Journal of Econometrics* 144 (2): 479–91.

Hanushek, Eric. 2003. "The Failure of Input-Based Schooling Policies." *Economic Journal* 113 (485): F64–F98.

———. 2009. "Deselecting Teachers." In *Creating a New Teaching Profession*, edited by Dan Goldhaber and Jane Hannaway, 165–80. Washington DC: Urban Institute Press.

Hanushek, Eric, and Dennis Kimko. 2000. "Schooling, Labor-Force Quality, and the Growth of Nations." *American Economic Review* 90 (5): 1184–208.

Hanushek, Eric, Paul Peterson, and Ludger Woessmann. 2013. *Endangering Prosperity: A Global View of the American School*. Washington, DC: Brookings Institution.

Hanushek, Eric, Guido Schwerdt, Simon Wiederhold, and Ludger Woessmann. 2015. "Returns to Skill around the World: Evidence from PIAAC." *European Economic Review* 73: 103–30.

Hanushek, Eric, and Ludger Woessmann. 2008. "The Role of Cognitive Skills in Economic Development." *Journal of Economic Literature* 46 (3): 607–68.

———. 2011. "Economics of International Differences in Educational Achievement." In *Handbook of the Economics of Education*, vol. 3, edited by Eric Hanushek, Stephen Machin, and Ludger Woessmann, 89–200. Amsterdam: Elsevier.

———. 2012. "Do Better Schools Lead to More Growth? Cognitive Skills, Economic Outcomes, and Causation." *Journal of Economic Growth* 17 (4): 266–321.

Hanushek, Eric, Ludger Woessmann, and Lei Zhang. 2011. "General Education, Vocational Education, and Labor-Market Outcomes over the Life-Cycle." NBER Working Paper No. 17504. http://www.nber.org/papers/w17504.

Hanushek, Eric, and Lei Zhang. 2006. "Quality- Consistent Estimates of International Returns to Skill." NBER Working Paper No. 12664. http://www.nber.org/papers/w12664.

———. 2009. "Quality-Consistent Estimates of International Schooling and Skill Gradients." *Journal of Human Capital* 3 (2): 107–43.

Härkönen, Juho, and Jaap Dronkers. 2006. "Stability and Change in the Educational Gradient of Divorce. A Comparison of Seventeen Countries." *European Sociological Review* 22 (5): 501–17.

Harlow, Caroline. 2003. "Education and Correctional Populations." Bureau of Justice Statistics. 2019年4月25日アクセス。http://www.bjs.gov/content/pub/pdf/ecp.pdf.

Harrington, Paul, and Andrew Sum. 2010a. "College Labor Shortages in 2018?" *New England Journal of Higher Education*. http://www.nebhe.org/thejournal/college-labor-shortages-in-2018.

———. 2010b. "College Labor Shortages in 2018? Part Deux." *New England Journal of Higher Education*. http://www.nebhe.org/thejournal/college-labor-shortages-in-2018-part-two.

Harris, Judith. 1998. *The Nurture Assumption: Why Children Turn Out the Way They Do*. New York: Simon and Schuster〔邦訳　ジュディス・リッチ・ハリス『子育ての大誤解——子どもの性格を決定するものは何か』石田理恵訳、早川書房、2000年〕

Hartog, Joop. 2000. "Over-education and Earnings: Where Are We, Where Should We Go?" *Economics of Education Review* 19 (2): 131-47.

Hartog, Joop, and Luis Diaz-Serrano. 2015. "Why Do We Ignore the Risk in Schooling Decisions?" *De Economist* 163 (2): 125-53.

Harvard College. 2015. "Cost of Attendance." 2019年4月25日アクセス。https://college.harvard.edu/financial-aid/how-aid-works/cost-attendance.

Haskell, Robert. 2001. *Transfer of Learning: Cognition, Instruction, and Reasoning*. San Diego, CA: Academic Press.

Hausknecht, John, Jane Halpert, Nicole Di Paolo, and Meghan Gerrard. 2007. "Retesting in Selection: A Meta-analysis of Coaching and Practice Effects for Tests of Cognitive Ability." *Journal of Applied Psychology* 92 (2): 373-85.

Hayes, Charles. 1995. *Proving You're Qualified: Strategies for Competent People without College Degrees*. Wasilla, AK: Autodidact Press.

Heaton, Tim. 2002. "Factors Contributing to Increasing Marital Stability in the United States." *Journal of Family Issues* 23 (3): 392-409.

Heaton, Tim, and Ashley Blake. 1999. "Gender Differences in Determinants of Marital Disruption." *Journal of Family Issues* 20 (1): 25-45.

Heckman, James. 1995. "Lessons from the Bell Curve." *Journal of Political Economy* 103 (5): 1091-120.

Heckman, James, John Humphries, and Tim Kautz, eds. 2014a. *The Myth of Achievement Tests: The GED and the Role of Character in American Life*. Chicago: University of Chicago Press.

———. 2014b. "The Economic and Social Benefits of GED Certification." In *The Myth of Achievement Tests: The GED and the Role of Character in American Life*, edited by James Heckman, John Humphries, and Tim Kautz, 171-267. Chicago: University of Chicago Press.

Heckman, James, and Paul LaFontaine. 2010. "The American High School Graduation Rate: Trends and Levels." *Review of Economics and Statistics* 92 (2): 244-62.

Heckman, James, Lance Lochner, and Petra Todd. 2003. "Fifty Years of Mincer Earnings Regressions." NBER Working Paper No. 9732. http://www.nber.org/papers/w9732.

———. 2008. "Earnings Functions and Rates of Return." *Journal of Human Capital* 2 (1): 1-31.

Heckman, James, Jora Stixrud, and Sergio Urzua. 2006. "The Effects of Cognitive and Noncognitive Abilities on Labor Market Outcomes and Social Behavior." NBER Working Paper No. 12006. http://www.nber.org/papers/w12006.

Heil, Scott, Liza Reisel, and Paul Attewell. 2014. "College Selectivity and Degree Completion." *American Educational Research Journal* 51 (5): 913-35.

Heisz, Andrew, and Philip Oreopoulos. 2006. "The Importance of Signalling in Job Placement and Promotion." Statistics Canada, Analytical Studies Branch Research Paper Series No. 236. http://www.statcan.gc.ca/pub/11f0019m/11f0019m2006236-eng.pdf.

Helliwell, John. 2003. "How's Life? Combining Individual and National Variables to Explain Subjective Well- Being." *Economic Modelling* 20 (2): 331–60.

Hemelt, Steven, and Dave Marcotte. 2011. "The Impact of Tuition Increases on Enrollment at Public Colleges and Universities." *Educational Evaluation and Policy Analysis* 33 (4): 435–57.

Hendricks, Lutz, and Oksana Leukhina. 2014. "The Return to College: Selection Bias and Dropout Risk." CESifo Working Paper Series 4733. Last modified April 5. http://ssrn.com/abstract=2432905.

Henrichson, Christian, and Ruth Delaney. 2012. "The Price of Prisons: What Incarceration Costs Taxpayers." *Federal Sentencing Reporter* 25 (1): 68–80.

Hérault, Nicolas, and Rezida Zakirova. 2015. "Returns to Education: Accounting for Enrolment and Completion Effects." *Education Economics* 23 (1): 84–100.

Herrnstein, Richard, and Charles Murray. 1994. *The Bell Curve: Intelligence and Class Structure in American Life*. New York: Free Press.

Hersch, Joni. 1991. "Equal Employment Opportunity Law and Firm Profitability." *Journal of Human Resources* 26 (1): 139–53.

Hjalmarsson, Randi. 2008. "Criminal Justice Involvement and High School Completion." *Journal of Urban Economics* 63 (2): 613–30.

Hocutt, Anne. 1996. "Effectiveness of Special Education: Is Placement the Critical Factor?" *Future of Children* 6 (1): 77–102.

Hofferth, Sandra. 2009. "Changes in American Children's Time — 1997 to 2003." *Electronic International Journal of Time Use Research* 6 (1): 26–47.

Hofferth, Sandra, and John Sandberg. 2001. "Changes in American Children's Time, 1981–1997." In *Children at the Millennium: Where Have We Come From, Where Are We Going*?, vol. 6, edited by Timothy Owens and Sandra Hofferth, 193–229. Amsterdam: Elsevier.

Hope, Yen. 2012. "In Weak Job Market, One in Two College Graduates Are Jobless or Underemployed." *Huffington Post*. April 22. http://www.huffingtonpost.com/2012/04/22/job-market-college-graduates_n_1443738.html.

Horn, Laura. 2006. *Placing College Graduation Rates in Context: How 4-Year College Graduation Rates Vary with Selectivity and the Size of Low-Income Enrollment*. Washington, DC: National Center for Education Statistics. http://nces.ed.gov/pubs2007/2007161.pdf.

Hornby, Nick. 2009. "An Education." Internet Movie Script Database. 2019年4月25日アクセス。http://www.imsdb.com/scripts/An-Education.html.

Horowitz, David. 2007. *Indoctrination U: The Left's War against Academic Freedom*. New York: Encounter Books.

Hotchkiss, Lawrence. 1993. "Effects of Training, Occupation, and Training-Occupation Match on Wage." *Journal of Human Resources* 28 (3): 482–96.

Howden, Lindsay, and Julie Meyer. 2011. "Age and Sex Composition: 2010." United States Census Bureau. http://www.census.gov/prod/cen2010/briefs/c2010br-03.pdf.

HowStuffWorks. 2015. "The 21 Best-Selling Books of All Time." 2019年4月25日アクセス。http://entertainment.howstuffworks.com/arts/literature/21-best-sellers.htm.

Hoxby, Caroline. 2002. "The Power of Peers." *Education Next* 2 (2): 57–63.

———. 2009. "The Changing Selectivity of American Colleges." *Journal of Economic Perspectives* 23 (4): 95–118.

Huber, Christopher, and Nathan Kuncel. 2016. "Does College Teach Critical Thinking? A Meta-analysis." *Review of Educational Research* 86 (2): 431–68.

Huemer, Michael. 2013. *The Problem of Political Authority: An Examination of the Right to Coerce and the Duty to Obey.* New York: Palgrave Macmillan.

Hungerford, Thomas, and Gary Solon. 1987. "Sheepskin Effects in the Returns to Education." *Review of Economics and Statistics* 69 (1): 175–77.

Iannaccone, Laurence. 1998. "Introduction to the Economics of Religion." *Journal of Economic Literature* 36 (3): 1465–96.

IMDB. 2015. "Quotes for Eomer from *The Lord of the Rings: The Two Towers.*" 2019年 4 月25日アクセス不可。http://www.imdb.com/character/ch0000144/quotes.

Infoplease. 2015. "Homicide Rate (per 100,000), 1950–2013." 2019年 4 月25日アクセス。http://www.infoplease.com/ipa/A0873729.html.

Internal Revenue Service. 2011. *Tax Guide 2011.* Washington, DC: Internal Revenue Service. 2019年 4 月25日アクセス不可。http://www.irs.gov/pub/irs-prior/p17-2011.pdf.

———. 2015. "2011 Tax Year EITC Income Limits, Maximum Credit Amounts and Tax Law Updates." 2019年 4 月25日アクセス不可。http://www.irs.gov/Individuals/2011-Tax-Year-EITC-Income-Limits,-Maximum-Credit-Amounts-and-Tax-Law-Updates.

———. 2016. "EITC, Earned Income Tax Credit, Questions and Answers." 2019年 4 月25日アクセス不可。https://www.irs.gov/Credits-&-Deductions/Individuals/Earned-Income-Tax-Credit/EITC,-Earned-Income-Tax-Credit,-Questions-and-Answers.

International Lyrics Playground. 2016. "There Lived a King." 2019年 4 月25日アクセス。https://www.lyricsplayground.com/alpha/songs/t/therelivedaking.html.

Internet World Stats. 2015. "Internet Usage Statistics — World Internet Users and 2014 Population Stats." Last modified March 19, 2015. http://www.internetworldstats.com/stats.htm.

Ioannides, Yannis, and Linda Loury. 2004. "Job Information Networks, Neighborhood Effects, and Inequality." *Journal of Economic Literature* 42 (4): 1056–93.

Isen, Adam, and Betsey Stevenson. 2011. "Women's Education and Family Behavior." In *Demography and the Economy*, edited by John Shoven, 107–40. Chicago: University of Chicago Press.

Islam, Nazrul. 1995. "Growth Empirics: A Panel Data Approach." *Quarterly Journal of Economics* 110 (4): 1127–70.

Jacob, Brian, Lars Lefgren, and David Sims. 2010. "The Persistence of Teacher-Induced Learning." *Journal of Human Resources* 45 (4): 915–43.

Jaeger, David, and Marianne Page. 1996. "Degrees Matter: New Evidence on Sheepskin Effects in the Returns to Education." *Review of Economics and Statistics* 78 (4): 733–40.

James, Estelle, Nabeel Alsalam, Joseph Conaty, and Duc-Le To. 1989. "College Quality and Future Earnings: Where Should You Send Your Child to College?" *American Economic Review* 79 (2): 247–52.

Jarjoura, Roger. 1993. "Does Dropping Out of School Enhance Delinquent Involvement? Results from a Large-Scale National Probability Sample." *Criminology* 31 (2): 149–72.

———. 1996. "The Conditional Effect of Social Class on the Dropout-Delinquency Relationship." *Journal of Research in Crime and Delinquency* 33 (2): 232–55.

Jencks, Christopher, and Meredith Phillips. 1999. "Aptitude or Achievement: Why Do Test Scores Predict Educational Attainment and Earnings?" In *Earning and Learning: How Schools Matter*, edited by Susan Mayer and Paul Peterson, 15–47. Washington, DC: Brookings Institution; New York: Russell Sage.

Jensen, Arthur. 1998. *The g Factor: The Science of Mental Ability*. Westport: Praeger.

Jepsen, Lisa. 2005. "The Relationship between Wife's Education and Husband's Earnings: Evidence from 1960 to 2000." *Review of Economics of the Household* 3 (2): 197–214.

Jerrim, John. 2014. "The Unrealistic Educational Expectations of High School Pupils: Is America Exceptional?" *Sociological Quarterly* 55 (1): 196–231.

Joensen, Juanna, and Helena Nielsen. 2009. "Is There a Causal Effect of High School Math on Labor Market Outcomes?" *Journal of Human Resources* 44 (1): 171–98.

Johnson, Dirk. 1998. "Many Schools Putting an End to Child's Play." *New York Times*. April 7. http://www.nytimes.com/1998/04/07/us/many-schools-putting-an-end-to-child-s-play.html.

Johnson, Matthew. 2013. "Borrowing Constraints, College Enrollment, and Delayed Entry." *Journal of Labor Economics* 31 (4): 669–725.

Jones, Charles. 1995. "Time Series Tests of Endogenous Growth Models." *Quarterly Journal of Economics* 110 (2): 495–525.

———. 2005. "Growth and Ideas." In *Handbook of Economic Growth*, vol. 1, edited by Philippe Aghion and Steven Durlauf, 1063–111. Amsterdam: Elsevier.

Jones, Garett. 2016. *Hive Mind: How Your Nation's IQ Matters So Much More Than Your Own*. Stanford, CA: Stanford University Press.

Jones, Garett, and W. Schneider. 2010. "IQ in the Production Function: Evidence from Immigrant Earnings." *Economic Inquiry* 48 (3): 743–55.

Juhn, Chinhui, and Kevin Murphy. 1997. "Wage Inequality and Family Labor Supply." *Journal of Labor Economics* 15 (1): 72–97.

Julian, Tiffany, and Robert Kominski. 2011. "Education and Synthetic Work-Life Earnings Estimates: American Community Survey Reports; ACS-14." United States Census Bureau. September. http://files.eric.ed.gov/fulltext/ED523770.pdf.

———. 2012. "Work-Life Earnings by Field of Degree and Occupation for People with a Bachelor's Degree: 2011. American Community Survey Reports." United States Census Bureau. October. http://files.eric.ed.gov/fulltext/ED537269.pdf.

Kahneman, Daniel. 2011. *Thinking, Fast and Slow*. London: Macmillan〔邦訳　ダニエル・カーネマン『ファスト＆スロー——あなたの意思はどのように決まるか？』村井章子訳、早川書房、2012年〕

Kaiser Family Foundation. 2013. "Medicaid Eligibility for Adults as of January 1, 2014." October 1. http://kff.org/medicaid/fact-sheet/medicaid-eligibility-for-adults-as-of-january-1-2014.

Kalmijn, Matthijs. 1998. "Intermarriage and Homogamy: Causes, Patterns, Trends." *Annual Review of Sociology* 24: 395–421.

———. 2013. "The Educational Gradient in Marriage: A Comparison of 25 European Countries." *Demography* 50 (4): 1499–520.

Kalmijn, Matthijs, and Henk Flap. 2001. "Assortative Meeting and Mating: Unintended Consequences of Organized Settings for Partner Choices." *Social Forces* 79 (4): 1289–312.

Kam, Cindy, and Carl Palmer. 2008. "Reconsidering the Effects of Education on Political Participation." *Journal of Politics* 70 (3): 612–31.

Kambourov, Gueorgui, and Iourii Manovskii. 2009. "Occupational Specificity of Human Capital." *International Economic Review* 50 (1): 63–115.

Kane, Thomas, and Cecilia Rouse. 1995. "Labor-Market Returns to Two- and Four-Year College." *American Economic Review* 85 (3): 600–614.

———. 1999. "The Community College: Educating Students at the Margin between College and Work." *Journal of Economic Perspectives* 13 (1): 63–84.

Kane, Thomas, Cecilia Rouse, and Douglas Staiger. 1999. "Estimating Returns to Schooling When Schooling Is Misreported." NBER Working Paper No. 7235. http://www.nber.org/papers/w7235.

Kang, Suk, and John Bishop. 1989. "Vocational and Academic Education in High School: Complements or Substitutes." *Economics of Education Review* 8 (2): 133–48.

Katz, Lawrence, and Alan Krueger. 1991. "Changes in the Structure of Wages in the Public and Private Sectors." NBER Working Paper No. 3667. http://www.nber.org/papers/w3667.

Kerckhoff, Alan. 2000. "Transition from School to Work in Comparative Perspective." In *Handbook of the Sociology of Education*, edited by Maureen Hallinan, 453–74. New York: Kluwer.

Keyes, Daniel. 2005. *Flowers for Algernon*. Orlando, FL: Harcourt Books〔邦訳　ダニエル・キイス『アルジャーノンに花束を』小尾芙佐訳、早川書房、2015年〕

King, Maryon, and Gordon Bruner. 2000. "Social Desirability Bias: A Neglected Aspect of Validity Testing." *Psychology and Marketing* 17 (2): 79–103.

Kingston, Paul, Ryan Hubbard, Brent Lapp, Paul Schroeder, and Julia Wilson. 2003. "Why Education Matters." *Sociology of Education* 76 (1): 53–70.

Kirkland, Edward. 1964. *Dream and Thought in the Business Community, 1860–1900*. Chicago: Quadrangle Books.

Kirsch, Irwin. 1993. *Adult Literacy in America: A First Look at the Results of the National Adult Literacy Survey*. Washington, DC: National Center for Education Statistics. http://nces.ed.gov/pubs93/93275.pdf.

Klaas, Brian, and Gregory Dell'Omo. 1997. "Managerial Use of Dismissal: Organizational-Level Determinants." *Personnel Psychology* 50 (4): 927–53.

Klein, Daniel, and Charlotta Stern. 2009. "By the Numbers: The Ideological Profile of Professors." In *The Politically Correct University: Problems, Scope, and Reforms*, edited by Robert Maranto, Richard Redding, and Frederick Hess, 15–37. Washington, DC: American Enterprise Institute Press.

Kleiner, Morris. 2006. *Licensing Occupations: Ensuring Quality or Restricting Competition?* Kalamazoo, MI: W. E. Upjohn Institute. http://research.upjohn.org/up_press/18.

Kleiner, Morris, and Alan Krueger. 2010. "The Prevalence and Effects of Occupational Licensing." *British Journal of Industrial Relations* 48 (4): 676–87.

Kling, Arnold. 2006. "College Customers vs. Suppliers." *EconLog*. August 16. http://econlog.econlib.org/archives/2006/08/college_custome.html.

Koch, Alexander, Julia Nafziger, and Helena Nielsen. 2015. "Behavioral Economics of Education." *Journal of Economic Behavior and Organization* 115: 3–17.

Koppel, Nathan. 2009. "Job Discrimination Cases Tend to Fare Poorly in Court." *Wall Street Journal*. February 19. http://www.wsj.com/articles/SB123500883048618747.

Kotkin, Minna. 2007. "Outing Outcomes: An Empirical Study of Confidential Employment Discrimination Settlements." *Washington and Lee Law Review* 64 (1): 111–63.

Krueger, Alan, Daniel Kahneman, David Schkade, Norbert Schwarz, and Arthur Stone. 2009. "National Time Accounting: The Currency of Life." In *Measuring the Subjective Well-Being of Nations: National Accounts of Time Use and Well-Being*, edited by Alan Krueger, 9–86. Chicago: University of Chicago Press.

Krueger, Alan, and Mikael Lindahl. 2001. "Education for Growth: Why and for Whom?" *Journal of Economic Literature* 39 (4): 1101–36.

Krueger, Dirk, Fabrizio Perri, Luigi Pistaferri, and Giovanni Violante. 2010. "Cross-Sectional Facts for Macroeconomists." *Review of Economic Dynamics* 13 (1): 1–14.

Krugman, Paul. 2000. "And Now for Something Completely Different: An Alternative Model of Trade, Education, and Inequality." In *The Impact of International Trade on Wages*, edited by Robert Feenstra, 15–36. Chicago: University of Chicago Press.

Krumpal, Ivar. 2013. "Determinants of Social Desirability Bias in Sensitive Surveys: A Literature Review." *Quality and Quantity* 47 (4): 2025–47.

Kulik, James. 1998. "Curricular Tracks and High School Vocational Education." In *The Quality of Vocational Education: Background Papers from the 1994 National Assessment of Vocational Education*, edited by Adam Gamoran, 65–131. Washington, DC: U.S. Department of Education.

Kuran, Timur. 1997. *Private Truths, Public Lies: The Social Consequences of Preference Falsification*. Cambridge, MA: Harvard University Press.

Kutner, Mark, Elizabeth Greenberg, Ying Jin, Bridget Boyle, Yung-chen Hsu, and Eric Dunleavy. 2007. "Literacy in Everyday Life: Results From the 2003 National Assessment of Adult Literacy." Washington, DC: National Center for Education Statistics. http://nces.ed.gov/pubs2007/2007480.pdf.

Labaree, David. 1997. *How to Succeed in School without Really Learning*. New Haven, CT: Yale University Press.

———. 2012. *Someone Has to Fail: The Zero-Sum Game of Public Schooling*. Cambridge, MA: Harvard University Press〔邦訳　デイヴィッド・ラバリー『教育依存社会アメリカ——学校改革の大義と現実』倉石一郎、小林美文訳、岩波書店、2018年〕

Lacy, Sarah. 2011. "Peter Thiel: We're in a Bubble and It's Not the Internet. It's Higher Education." *TechCrunch*. April 10. http://techcrunch.com/2011/04/10/peter-thiel-were-in-a-bubble-and-its-not-the-internet-its-higher-education.

Lahelma, Elina. 2002. "School Is for Meeting Friends: Secondary School as Lived and Remembered." *British Journal of Sociology of Education* 23 (3): 367–81.

Lang, Kevin, and Erez Siniver. 2011. "Why Is an Elite Undergraduate Education Valuable? Evidence from Israel." *Labour Economics* 18 (6): 767–77.

Lange, Fabian. 2007. "The Speed of Employer Learning." *Journal of Labor Economics* 25 (1): 1–35.

Lange, Fabian, and Robert Topel. 2006. "The Social Value of Education and Human Capital." In *Handbook of the Economics of Education*, vol. 1, edited by Eric Hanushek and Finis Welch, 459–509. Amsterdam: Elsevier.

Lantz, P., J. House, J. Lepkowski, D. Williams, R. Mero, and J. Chen. 1998. "Socioeconomic Factors, Health Behaviors, and Mortality: Results from a Nationally Representative Prospective Study of US Adults." JAMA 279 (21): 1703–8.

Larson, Reed, and Maryse Richards. 1991. "Boredom in the Middle School Years: Blaming Schools versus Blaming Students." *American Journal of Education* 99 (4): 418–43.

Last, Jonathan. 2013. *What to Expect When No One's Expecting: America's Coming Demographic Disaster*. New York: Encounter Books.

Latzer, Barry. 2004. "The Hollow Core: Failure of the General Education Curriculum." Washington, DC: American Council of Trustees and Alumni.

Lavecchia, Adam, Heidi Liu, and Philip Oreopoulos. 2016. "Behavioral Economics of Education: Progress and Possibilities." In *Handbook of the Economics of Education*, vol. 5, edited by Eric Hanushek, Stephen Machin, and Ludger Woessmann, 1–74. Amsterdam: Elsevier.

Layard, Richard, and George Psacharopoulos. 1974. "The Screening Hypothesis and the Returns to Education." *Journal of Political Economy* 82 (5): 985–98.

Lavy, Victor, and Analia Schlosser. 2011. "Mechanisms and Impacts of Gender Peer Effects at School." *American Economic Journal: Applied Economics* (2): 1–33.

Lederman, Doug. 2013. "Less Academically Adrift?" *Inside Higher Ed*. May 20. https://www.insidehighered.com/news/2013/05/20/studies-challenge-findings-academically-adrift.

Leef, George. 2006. "The Overselling of Higher Education." *Academic Questions* 19 (2): 17–34.

Lefgren, Lars, and Frank McIntyre. 2006. "The Relationship between Women's Education and Marriage Outcomes." *Journal of Labor Economics* 24 (4): 787–830.

Lehman, Darrin, Richard Lempert, and Richard Nisbett. 1988. "The Effects of Graduate Training on Reasoning: Formal Discipline and Thinking about Everyday-Life Events." *American Psychologist* 43 (6): 431–42.

Lehman, Darrin, and Richard Nisbett. 1990. "A Longitudinal Study of the Effects of Undergraduate Training on Reasoning." *Developmental Psychology* 26 (6): 952–60.

Leigh, Paul. 1983. "Direct and Indirect Effects of Education on Health." *Social Science and Medicine* 17 (4): 227–34.

Leonhardt, David. 2011. "Even for Cashiers, College Pays Off." *New York Times*. June 25. http://www.nytimes.com/2011/06/26/sunday-review/26leonhardt.html?_r=0.

Leping, Kristjan-Olari. 2007. "Racial Differences in Availability of Fringe Benefits as an Explanation for the Unexplained Black-White Wage Gap for Males in the U.S." University of Tartu — Faculty

of Economics and Business Administration Working Paper Series 57: 3–39.

Leppel, Karen. 2001. "The Impact of Major on College Persistence among Freshmen." *Higher Education* 41 (3): 327–42.

Leshowitz, Barry. 1989. "It Is Time We Did Something about Scientific Illiteracy." *American Psychologist* 44 (8): 1159–60.

Levine, Phillip, and David Zimmerman. 1995. "The Benefit of Additional High-School Math and Science Classes for Young Men and Women." *Journal of Business and Economic Statistics* 13 (2): 137–49.

Light, Audrey. 1999. "High School Employment, High School Curriculum, and Post-school Wages." *Economics of Education Review* 18 (3): 291–309.

———. 2001. "In-School Work Experience and the Returns to Schooling." *Journal of Labor Economics* 19 (1): 65–93.

Light, Audrey, and Wayne Strayer. 2000. "Determinants of College Completion: School Quality or Student Ability?" *Journal of Human Resources* 35 (2): 299–332.

———. 2004. "Who Receives the College Wage Premium? Assessing the Labor Market Returns to Degrees and College Transfer Patterns." *Journal of Human Resources* 39 (3): 746–73.

Lincoln Institute of Land Policy. 2015. "Gross Rent-Price Ratio, U.S. Stock of Owner-Occupied Housing 1960–2014." 2019年4月25日アクセス不可。https://www.lincolninst.edu/subcenters/land-values/data/dlm-rents-prices-2014q1.xls.

Lind, Allan, Jerald Greenberg, Kimberly Scott, and Thomas Welchans. 2000. "The Winding Road from Employee to Complainant: Situational and Psychological Determinants of Wrongful-Termination Claims." *Administrative Science Quarterly* 45 (3): 557–90.

Liu, Sze, Stephen Buka, Crystal Linkletter, Ichiro Kawachi, Laura Kubzansky, and Eric Loucks. 2011. "The Association between Blood Pressure and Years of Schooling versus Educational Credentials: Test of the Sheepskin Effect." *Annals of Epidemiology* 21 (2): 128–38.

Liu, Sze, Stephen Buka, Laura Kubzansky, Ichiro Kawachi, Stephen Gilman, and Eric Loucks. 2013. "Sheepskin Effects of Education in the 10-Year Framingham Risk of Coronary Heart Disease." *Social Science and Medicine* 80: 31–36.

Livingstone, David. 1998. *The Education-Jobs Gap: Underemployment or Economic Democracy*. New York: Westview.

Lleras-Muney, Adriana. 2005. "The Relationship between Education and Adult Mortality in the United States." *Review of Economic Studies* 72 (1): 189–221.

Lochner, Lance. 2004. "Education, Work, and Crime: A Human Capital Approach." *International Economic Review* 45 (3): 811–43.

———. 2011. "Nonproduction Benefits of Education: Crime, Health, and Good Citizenship." In *Handbook of the Economics of Education*, vol. 4, edited by Eric Hanushek, Stephen Machin, and Ludger Woessmann, 183–282.

Lochner, Lance, and Alexander Monge-Naranjo. 2011. "The Nature of Credit Constraints and Human Capital." *American Economic Review* 101 (6): 2487–529.

———. 2012. "Credit Constraints in Education." *Annual Review of Economics* 4: 225–56.

Lochner, Lance, and Enrico Moretti. 2004. "The Effect of Education on Crime: Evidence from Prison Inmates, Arrests, and Self- Reports." *American Economic Review* 94 (1): 155–89.

Long, Bridget. 2004. "How Have College Decisions Changed over Time? An Application of the Conditional Logistic Choice Model." *Journal of Econometrics* 121 (1–2): 271–96.

Long, James, and Eugenia Toma. 1988. "The Determinants of Private School Attendance, 1970–1980." *Review of Economics and Statistics* 70 (2): 351–57.

Long, Mark. 2008. "College Quality and Early Adult Outcomes." *Economics of Education Review* 27 (5): 588–602.

Los Angeles Times. 2016. "Los Angeles Teacher Ratings: FAQ and About." 2019年4月25日アクセス。http://projects.latimes.com/value-added/faq/.

Lott, John. 1990. "An Explanation for the Public Provision of Schooling: The Importance of Indoctrination." *Journal of Law and Economics* 33 (1): 199–231.

Loury, Linda. 2006. "Some Contacts Are More Equal Than Others: Informal Networks, Job Tenure, and Wages." *Journal of Labor Economics* 24 (2): 299–318.

Luan, Jing, and Robert Fenske. 1996. "Financial Aid, Persistence, and Degree Completion in Masters Degree Programs." *Journal of Student Financial Aid* 26 (1): 17–31.

Lucretius. 1997. *On the Nature of the Universe*. Oxford: Oxford University Press〔邦訳　ルクレーティウス『物の本質について』樋口勝彦訳、岩波書店、2017年〕

Lutz, Wolfgang, and K. Samir. 2011. "Global Human Capital: Integrating Education and Population." *Science* 333 (6042): 587–92.

Ma, Yingyi, and Gokhan Savas. 2014. "Which Is More Consequential: Fields of Study or Institutional Selectivity?" *Review of Higher Education* 37 (2): 221–47.

Machin, Stephen, Olivier Marie, and Sunčica Vujić. 2011. "The Crime Reducing Effect of Education." *Economic Journal* 121 (552): 463–84.

Macnamara, Brooke, David Hambrick, and Frederick Oswald. 2014. "Deliberate Practice and Performance in Music, Games, Sports, Education, and Professions: A Meta-analysis." *Psychological Science* 25 (8): 1608–18.

Mane, Ferran. 1999. "Trends in the Payoff to Academic and Occupation-Specific Skills: The Short and Medium Run Returns to Academic and Vocational High School Courses for Non-College Bound Students." *Economics of Education Review* 18 (4): 417–37.

Mann, Sandi, and Andrew Robinson. 2009. "Boredom in the Lecture Theatre: An Investigation into the Contributors, Moderators and Outcomes of Boredom amongst University Students." *British Educational Research Journal* 35 (2): 243–58.

Marmaros, David, and Bruce Sacerdote. 2002. "Peer and Social Networks in Job Search." *European Economic Review* 46 (4): 870–79.

Marmot, Michael. 2006. "Status Syndrome: A Challenge to Medicine." *Journal of the American Medical Association* 295 (11): 1304–7.

Marsh, John. 2011. *Class Dismissed: Why We Cannot Teach or Learn Our Way Out of Inequality*. New York: Monthly Review Press.

Martin, Steven. 2004. "Growing Evidence for a 'Divorce Divide'? Education and Marital Dissolution

Rates in the U.S. since the 1970's." Working Paper, University of Maryland. 2019年 4 月25日 アクセス。https://www.russellsage.org/sites/all/files/u4/Martin_0.pdf.

Martinez, Gladys, Kimberly Daniels, and Anjani Chandra. 2012. "Fertility of Men and Women Aged 15–44 Years in the United States: National Survey of Family Growth, 2006–2010." *National Health Statistics Reports* 51: 1–28.

Mayer, Gerald. 2004. *Union Membership Trends in the United States*. Washington, DC: Congressional Research Service. http://digitalcommons.ilr.cornell.edu/cgi/viewcontent.cgi?article=1176&context=key_workplace.

———. 2011. *Selected Characteristics of Private and Public Sector Workers*. Washington, DC: Congressional Research Service. July 1. http://www.govexec.com/pdfs/071911kl1.pdf.

McArdle, Megan. 2013. "Why a BA Is Now a Ticket to a Job in a Coffee Shop." *Daily Beast*. March 27. http://www.thedailybeast.com/articles/2013/03/27/why-a-ba-is-now-a-ticket-to-a-job-in-a-coffee-shop.html.

McCleary, Rachel, and Robert Barro. 2006. "Religion and Political Economy in an International Panel." *Journal for the Scientific Study of Religion* 45 (2): 149–75.

McCollister, Kathryn, Michael French, and Hai Fang. 2010. "The Cost of Crime to Society: New Crime-Specific Estimates for Policy and Program Evaluation." *Drug and Alcohol Dependence 108* (1): 98–109.

McCord, Linnea. 1999. "Defamation vs. Negligent Referral: A Policy of Giving Only Basic Employee References May Lead to Liability." *Graziadio Business Review* 2 (2). https://gbr.pepperdine.edu/2010/08/defamation-vs-negligent-referral.

McDaniel, Michael, Frank Schmidt, and John Hunter. 1988. "Job Experience Correlates of Job Performance." *Journal of Applied Psychology* 73 (2): 327–30.

McKeough, Anne, Judy Lupart, and Anthony Marini, eds. 1995. *Teaching for Transfer: Fostering Generalization in Learning*. Mahwah, NJ: Lawrence Erlbaum Associates.

McMahon, Walter. 1998. "Conceptual Framework for the Analysis of the Social Benefits of Lifelong Learnings." *Education Economics* 6 (3): 309–46.

McMurrer, Jennifer. 2007. *Choices, Changes, and Challenges: Curriculum and Instruction in the NCLB Era*. Washington, DC: Center on Education Policy. http://www.cep-dc.org/cfcontent_file.cfm?Attachment=McMurrer%5FFullReport%5FCurricAndInstruction%5F072407%2Epdf.

Meer, Jonathan. 2007. "Evidence on the Returns to Secondary Vocational Education." *Economics of Education Review* 26 (5): 559–73.

Meisenberg, Gerhard. 2008. "How Universal Is the Negative Correlation between Education and Fertility?" *Journal of Social Political and Economic Studies* 33 (2): 205–29.

Meisenberg, Gerhard, Heiner Rindermann, Hardik Patel, and M. Woodley. 2012. "Is It Smart to Believe in God? The Relationship of Religiosity with Education and Intelligence." *Temas em Psicologia* 20 (1): 101–20.

Melly, Blaise. 2005. "Public-Private Sector Wage Differentials in Germany: Evidence from Quantile Regression." *Empirical Economics* 30 (2): 505–20.

Merriam-Webster Dictionary. 2015. 2019年 4 月25日 アクセス。https://www.merriam-webster.

com/.

Merriam-Webster's Collegiate Dictionary. 2003. 11th ed. Springfield, MA: Merriam-Webster.

Miller, Paul, Charles Mulvey, and Nick Martin. 1995. "What Do Twins Studies Reveal about the Economic Returns to Education? A Comparison of Australian and US Findings." *American Economic Review* 85 (3): 586–99.

———. 2001. "Genetic and Environmental Contributions to Educational Attainment in Australia." *Economics of Education Review* 20 (3): 211–24.

Mincer, Jacob. 1974. *Schooling, Experience, and Earnings*. New York: Columbia University Press.

Moe, Terry. 2011. *Special Interest: Teachers Unions and America's Public Schools*. Washington, DC: Brookings Institution.

Mok, Wallace, and Zahra Siddique. 2011. "Racial and Ethnic Inequality in Employer-Provided Fringe Benefits." IZA Discussion Paper Series No. 6255. http://ftp.iza.org/dp6255.pdf.

Monks, James. 2000. "The Returns to Individual and College Characteristics: Evidence from the National Longitudinal Survey of Youth." *Economics of Education Review* 19 (3): 279–89.

Monte, Lindsay, and Renee Ellis. 2014. *Fertility of Women in the United States: 2012*. Washington, DC: United States Census Bureau. https://www.census.gov/content/dam/Census/library/publications/2014/demo/p20-575.pdf.

Montgomery, James. 1991. "Social Networks and Labor-Market Outcomes: Toward an Economic Analysis." *American Economic Review* 81 (5): 1408–18.

Montmarquette, Claude, Kathy Cannings, and Sophie Mahseredjian. 2002. "How Do Young People Choose College Majors?" *Economics of Education Review* 21 (6): 543–56.

Moretti, Enrico. 2004. "Estimating the Social Return to Higher Education: Evidence from Longitudinal and Repeated Cross-Sectional Data." *Journal of Econometrics* 121 (1): 175–212.

Mortimer, Jeylan, Michael Finch, Seongryeol Ryu, Michael Shanahan, and Kathleen Call. 1996. "The Effect of Work Intensity on Adolescent Mental Health, Achievement, and Behavioral Adjustments." *Child Development* 67 (3): 1243–61.

Mouw, Ted. 2003. "Social Capital and Finding a Job: Do Contacts Matter?" *American Sociological Review* 68 (6): 868–98.

Mujika, Iñigo, and Sabino Padilla. 2000a. "Detraining: Loss of Training-Induced Physiological and Performance Adaptations: Part I; Short Term Insufficient Training Stimulus." *Sports Medicine* 30 (2): 79–87.

———. 2000b. "Detraining: Loss of Training-Induced Physiological and Performance Adaptations: Part II; Long Term Insufficient Training Stimulus." *Sports Medicine* 30 (3): 145–54.

Mullen, Ann, Kimberly Goyette, and Joseph Soares. 2003. "Who Goes to Graduate School? Social and Academic Correlates of Educational Continuation after College." *Sociology of Education* 76 (2): 143–69.

Mulligan, Casey, Ricard Gil, and Xavier Sala-i-Martin. 2004. "Do Democracies Have Different Public Policies than Nondemocracies?" *Journal of Economic Perspectives* 18 (1): 51–74.

Munasinghe, Lalith, Tania Reif, and Alice Henriques. 2008. "Gender Gap in Wage Returns to Job Tenure and Experience." *Labour Economics* 15 (6): 1296–316.

Murnane, Richard, John Willett, Yves Duhaldeborde, and John Tyler. 2000. "How Important Are the Cognitive Skills of Teenagers in Predicting Subsequent Earnings?" *Journal of Policy Analysis and Management* 19 (4): 547–68.

Murnane, Richard, John Willett, and Frank Levy. 1995. "The Growing Importance of Cognitive Skills in Wage Determination." *Review of Economics and Statistics* 77 (2): 251–66.

Murphy, Kevin. 2002. "Can Conflicting Perspectives on the Role of g in Personnel Selection Be Resolved?" *Human Performance* 15 (1–2): 173–86.

Murphy, Kevin, and Robert Topel. 2006. "The Value of Health and Longevity." *Journal of Political Economy* 114 (5): 871–904.

Murphy, Kevin, and Finis Welch. 1990. "Empirical Age- Earnings Profiles." *Journal of Labor Economics* 8 (2): 202–29.

Murray, Charles. 2008. *Real Education: Four Simple Truths for Bringing America's Schools Back to Reality*. New York: Crown Forum.

Musgrave, Richard. 2008. "Merit Goods." In *The New Palgrave: A Dictionary of Economics*, edited by Steven Durlauf and Lawrence Blume. New York: Palgrave Macmillan. http://www.palgraveconnect.com/pc/doifinder/view/10.1057/9781137336583.1168.

Musick, Kelly, Jennie Brand, and Dwight Davis. 2012. "Variation in the Relationship Between Education and Marriage: Marriage Market Mismatch?" *Journal of Marriage and Family* 74 (1): 53–69.

Nagler, Jonathan. 1991. "The Effect of Registration Laws and Education on US Voter Turnout." *American Political Science Review* 85 (4): 1393–405.

National Science Board. 2012. "Science and Engineering Indicators 2012." http://www.nsf.gov/statistics/seind12/pdf/seind12.pdf.

Natsuaki, Misaki, Xiaojia Ge, and Ernst Wenk. 2008. "Continuity and Changes in the Developmental Trajectories of Criminal Career: Examining the Roles of Timing of First Arrest and High School Graduation." *Journal of Youth and Adolescence* 37 (4): 431–44.

Neal, Derek, and William Johnson. 1996. "The Role of Premarket Factors in Black-White Wage Differences." *Journal of Political Economy* 104 (5): 869–95.

Nederhof, Anton. 1985. "Methods of Coping with Social Desirability Bias: A Review." *European Journal of Social Psychology* 15 (3): 263–80.

Neumark, David. 1999. "Biases in Twin Estimates of the Return to Schooling." *Economics of Education Review* 18 (2): 143–48.

Neumark, David, and Paul Taubman. 1995. "Why Do Wage Profiles Slope Upward? Tests of the General Human Capital Model." *Journal of Labor Economics* 13 (4): 736–61.

Nie, Norman, Jane Junn, and Kenneth Stehlik-Barry. 1996. *Education and Democratic Citizenship in America*. Chicago: University of Chicago Press.

Nielsen. 2015. "2014 Nielsen Music U.S. Report." 2019年 4 月25日アクセス。http://www.nielsen.com/content/dam/corporate/us/en/public%20factsheets/Soundscan/nielsen-2014-year-end-music-report-us.pdf.

Nielsen, François. 2006. "Achievement and Ascription in Educational Attainment: Genetic and Envi-

ronmental Influences on Adolescent Schooling." *Social Forces* 85 (1): 193–216.

Nielsen, Laura, and Aaron Beim. 2004. "Media Misrepresentation: Title VII, Print Media, and Public Perceptions of Discrimination Litigation." *Stanford Law and Policy Review* 15 (1): 237–65.

Nielsen, Laura, Robert Nelson, and Ryon Lancaster. 2010. "Individual Justice or Collective Legal Mobilization? Employment Discrimination Litigation in the Post Civil Rights United States." *Journal of Empirical Legal Studies* 7 (2): 175–201.

Nielsen, Laura, Robert Nelson, Ryon Lancaster, and Nicholas Pedriana. 2008. *Contesting Workplace Discrimination in Court: Characteristics and Outcomes of Federal Employment Discrimination Litigation 1987–2003*. Chicago: American Bar Foundation. http://www.americanbarfoundation.org/uploads/cms/documents/nielsen_abf_edl_report_08_final.pdf.

Niskanen, William. 1997. "R&D and Economic Growth — Cautionary Thoughts." In *Science for the Twenty-First Century: The Bush Report Revisited*, edited by Claude Barfield, 81–94. Washington, DC: American Enterprise Institute.

Nobel Prize. 2015. "A. Michael Spence — Facts." 2019年4月25日アクセス。https://www.nobelprize.org/prizes/economic-sciences/2001/spence/facts/.

Nye, John. 2014. "Ronald Coase: An Appreciation." *Independent Review* 19 (1): 101–8.

Obukhova, Elena. 2012. "Motivation vs. Relevance: Using Strong Ties to Find a Job in Urban China." *Social Science Research* 41 (3): 570–80.

Obukhova, Elena, and George Lan. 2013. "Do Job Seekers Benefit from Contacts? A Direct Test with Contemporaneous Searches." *Management Science* 59 (10): 2204–16.

OECD. 2014. *Education at a Glance 2014: OECD Indicators*. Paris: OECD〔邦訳　経済協力開発機構『図表でみる教育――OECDインディケータ 2014年版』徳永優子・稲田智子・定延由紀・矢倉美登里訳、明石書店、2014年〕http://www.oecd.org/edu/Education-at-a-Glance-2014.pdf.

Office of Management and Budget. 2014. *The Budget for Fiscal Year 2015, Historical Tables*. Washington, DC: U.S. Government Printing Office. https://www.whitehouse.gov/sites/default/files/omb/budget/fy2015/assets/hist.pdf.

O'Keefe, Bryan, and Richard Vedder. 2008. *Griggs v. Duke Power: Implications for College Credentialing*. Raleigh, NC: John William Pope Center for Higher Education Policy. http://www.popecenter.org/acrobat/Griggs_vs_Duke_Power.pdf.

Olson, James, Philip Vernon, Julie Harris, and Kerry Jang. 2001. "The Heritability of Attitudes: A Study of Twins." *Journal of Personality and Social Psychology* 80 (6): 845–60.

The Onion. 2003. "U.S. Government to Discontinue Long-Term, Low-Yield Investment in Nation's Youth." Last modified September 24. http://www.theonion.com/article/us-government-to-discontinue-long-term-low-yield-i-751.

Ono, Hiromi. 2009. "Husbands' and Wives' Education and Divorce in the United States and Japan, 1946–2000." *Journal of Family History* 34 (3): 292–322.

Operario, Don, Nancy Adler, and David Williams. 2004. "Subjective Social Status: Reliability and Predictive Utility for Global Health." *Psychology and Health* 19 (2): 237–46.

Oreopoulos, Philip, and Uros Petronijevic. 2013. "Making College Worth It: A Review of the Re-

turns to Higher Education." *Future of Children* 23 (1): 41–65.

Oreopoulos, Philip, and Kjell Salvanes. 2011. "Priceless: The Nonpecuniary Benefits of Schooling." *Journal of Economic Perspectives* 25 (1): 159–84.

O'Roarke, P. J. 2007. *A Parliament of Whores: A Lone Humorist Attempts to Explain the Entire U.S. Government*. New York: Grove/Atlantic.

Ost, Ben. 2010. "The Role of Peers and Grades in Determining Major Persistence in the Sciences." *Economics of Education Review* 29 (6): 923–34.

Ovum. 2014. "Pop Still the Biggest Music Genre, but Retail Sales Slide 7.6% in 2013." *Music and Copyright*. July 15. https://musicandcopyright.wordpress.com/2014/07/15/pop-still-the-biggest-music-genre-but-retail-sales-slide-7-6-in-2013.

Owen, Stephanie, and Isabel Sawhill. 2013. *Should Everyone Go to College?* Washington, DC: Brookings Institute. http://www.brookings.edu/~/media/research/files/papers/2013/05/07-should-everyone-go-to-college-owen-sawhill/08-should-everyone-go-to-college-owen-sawhill.pdf.

Pack, Howard. 1994. "Endogenous Growth Theory: Intellectual Appeal and Empirical Shortcomings." *Journal of Economic Perspectives* 8 (1): 55–72.

Park, Jin. 1994. "Estimation of Sheepskin Effects and Returns to Schooling Using the Old and the New CPS Measures of Educational Attainment." Industrial Relations Section, Princeton University Working Paper No. 338. http://harris.princeton.edu/pubs/pdfs/338.pdf.

———. 1999. "Estimation of Sheepskin Effects Using the Old and the New Measures of Educational Attainment in the Current Population Survey." *Economics Letters* 62 (2): 237–40.

Pascarella, Ernest, and Patrick Terenzini. 2005. *How College Affects Students. Vol. 2, A Third Decade of Research*. San Francisco: Jossey-Bass Wiley.

Pasche, Cyril. 2009. "A Multiple Ability Approach to Employer Learning." University of Geneva, Economics of Education Project. http://www.educationeconomics.unige.ch/Projets/Competences/Pasche_09.pdf.

Paternoster, Raymond, Shawn Bushway, Robert Brame, and Robert Apel. 2003. "The Effect of Teenage Employment on Delinquency and Problem Behaviors." *Social Forces* 82 (1): 297–335.

Pellizzari, Michele. 2010. "Do Friends and Relatives Really Help in Getting a Good Job?" *Industrial and Labor Relations Review* 63 (3): 494–510.

Pencavel, John. 1998. "Assortative Mating by Schooling and the Work Behavior of Wives and Husbands." *American Economic Review* 88 (2): 326–29.

Pérez, Ruth, and Gerardo Loera. 2015. "Los Angeles Unified School District Reference Guide REF-4236.11." Last modified June 22. http://notebook.lausd.net/pls/ptl/docs/page/ca_lausd/fldr_organizations/fldr_instructional_svcs/ref-4236.11.pdf.

Perkins, David. 1985. "Postprimary Education Has Little Impact on Informal Reasoning." *Journal of Educational Psychology* 77 (5): 562–71.

Perkins, David, and Gavriel Salomon. 2012. "Knowledge to Go: A Motivational and Dispositional View of Transfer." *Educational Psychologist* 47 (3): 248–58.

Perna, Laura. 2004. "Understanding the Decision to Enroll in Graduate School: Sex and Racial/Ethnic Group Differences." *Journal of Higher Education* 75 (5): 487–527.

Phelps, Edmund. 1972. “The Statistical Theory of Racism and Sexism.” *American Economic Review* 62 (4): 659–61.

Phillips Exeter Academy. 2015. “Tuition and Fees.” 2019年4月25日アクセス。http://exeter.edu/admissions-and-financial-aid/tuition-financial-aid.

Pinker, Steven. 2014. “The Trouble with Harvard: The Ivy League Is Broken and Only Standardized Tests Can Fix It.” *New Republic*. September 4. http://www.newrepublic.com/article/119321/harvard-ivy-league-should-judge-students-standardized-tests.

Pithers, Robert, and Rebecca Soden. 2000. “Critical Thinking in Education: A Review.” *Educational Research* 42 (3): 237–49.

Plank, Stephen. 2001. *Career and Technical Education in the Balance: An Analysis of High School Persistence, Academic Achievement, and Postsecondary Destinations*. St. Paul, MN: National Research Center for Career and Technical Education.

Popowych, Krista. 2004. “De-hiring a Problem Employee.” *IDEA Health and Fitness Association*. Last modified January 1. http://www.ideafit.com/fitness-library/de-hiring-a-problem-employee.

Posner, Richard. 2008. “The New Gender Gap in Education — Posner's Comment.” *Becker-Posner Blog*. March 2. http://www.becker-posner-blog.com/2008/03/the-new-gender-gap-in-education-posners-comment/comments/page/2.

Powell, G. 1986. “American Voter Turnout in Comparative Perspective.” *American Political Science Review* 80 (1): 17–43.

Powers, Donald, and Donald Rock. 1999. “Effects of Coaching on SAT I: Reasoning Test Scores.” *Journal of Educational Measurement* 36 (2): 93–118.

Princeton University. 2015. “Undergraduate Admission: Fees and Payment Options.” 2019年4月25日アクセス。https://admission.princeton.edu/financialaid/fees-payment-options.

Pritchett, Lant. 2001. “Where Has All the Education Gone?” *World Bank Economic Review* 15 (3): 367–91.

———. 2002. “ ‘When Will They Ever Learn?’ Why All Governments Produce Schooling.” Unpublished manuscript. http://www.ksg.harvard.edu/fs/lpritch/Education%20-%20docs/ED%20-%20Gov%20action/whenlearn_v1.pdf.

———. 2006. “Does Learning to Add Up Add Up? The Returns to Schooling in Aggregate Data.” *Handbook of the Economics of Education* 1: 635–95.

———. 2013. *The Rebirth of Education: Schooling Ain't Learning*. Washington, DC: Center for Global Development.

Pryor, John, Kevin Eagan, Laura Blake, Sylvia Hurtado, Jennifer Berdan, and Matthew Case. 2012. *The American Freshman: National Norms Fall 2012*. Los Angeles: Higher Education Research Institute. https://www.heri.ucla.edu/monographs/TheAmericanFreshman2012.pdf.

Pryor, Frederic, and David Schaffer. 2000. *Who's Not Working and Why: Employment, Cognitive Skills, Wages, and the Changing US Labor Market*. Cambridge: Cambridge University Press.

Psacharopoulos, George. 1987. “To Vocationalize or Not to Vocationalize: That Is the Curriculum Question.” *International Review of Education* 33 (2): 187–211.

Psacharopoulos, George, and Harry Patrinos. 2004. “Returns to Investment in Education: A Further

Update." *Education Economics* 12 (2): 111–34.

Quesnel-Vallée, Amélie. 2007. "Self-Rated Health: Caught in the Crossfire of the Quest for 'True' Health?" *International Journal of Epidemiology* 36 (6): 1161–64.

Quiñones, Miguel, J. Ford, and Mark Teachout. 1995. "The Relationship between Work Experience and Job Performance: A Conceptual and Meta-analytic Review." *Personnel Psychology* 48 (4): 887–910.

Quora. 2015. "Who Said 'If You Think Education Is Expensive, Try Ignorance?' " 2019年4月25日アクセス。http://www.quora.com/Who-said-If-you-think-education-is-expensive-try-ignorance.

Rampell, Catherine. 2011. "Many with New College Degree Find the Job Market Humbling." *New York Times*. May 18. http://www.nytimes.com/2011/05/19/business/economy/19grads.html.

Randall, Donna, and Maria Fernandes. 1991. "The Social Desirability Response Bias in Ethics Research." *Journal of Business Ethics* 10 (11): 805–17.

Ranker. 2015. "The Best-Selling Books of All Time." 2019年4月25日アクセス。http://www.ranker.com/list/best-selling-books-of-all-time/jeff419?var=4&utm_expid=16418821-179.vk2gM_coRrOMcxn9T2riGQ.3.

Rasinski, Kenneth, and Steven Pedlow. 1998. "The Effect of High School Vocational Education on Academic Achievement Gain and High School Persistence: Evidence from NELS:88." In *The Quality of Vocational Education: Background Papers from the 1994 National Assessment of Vocational Education*, edited by Adam Gamoran, 177–207. Washington, DC: U.S. Department of Education.

Rasmussen, R. 1998. *The Quotable Mark Twain: His Essential Aphorisms, Witticisms and Concise Opinions*. New York: McGraw-Hill.

Raudenbush, Stephen, and Rafa Kasim. 1998. "Cognitive Skill and Economic Inequality: Findings from the National Adult Literacy Survey." *Harvard Educational Review* 68 (1): 33–80.

Ravitch, Diane. 2011. *The Death and Life of the Great American School System: How Testing and Choice Are Undermining Education*. New York: Basic Books〔邦訳　ダイアン・ラビッチ『偉大なるアメリカ公立学校の死と生――テストと学校選択がいかに教育をだめにしてきたのか』本図愛実監訳、協同出版、2013年〕

Reed, Stephen. 1993. "A Schema-Based Theory of Transfer." In *Transfer on Trial: Intelligence, Cognition, and Instruction*, edited by Douglas Detterman and Robert Sternberg, 39–67. New York: Ablex.

Rees, Albert. 1993. "The Role of Fairness in Wage Determination." *Journal of Labor Economics* 11 (1): 243–52.

Richards, Lynne. 1988. "The Appearance of Youthful Subculture: A Theoretical Perspective on Deviance." *Clothing and Textiles Research Journal* 6 (3): 56–64.

Richman, Sheldon. 1995. *Separating School and State: How to Liberate America's Families*. Fairfax, VA: Future of Freedom Foundation.

Riddell, W. 2008. "Understanding 'Sheepskin Effects' in the Return to Education: The Role of Changing Cognitive Skills." Paper presented at the CLSRN Workshop, University of Toronto, November 18–19. 2019年4月25日アクセス。http://www.clsrn.econ.ubc.ca/hrsdc/papers/Paper

%20no.%202%20-%20Craig%20Riddell%20-%20Sheepskin%20Effects.pdf.

Riddell, W., and Xueda Song. 2011. "The Impact of Education on Unemployment Incidence and Re-employment Success: Evidence from the US Labour Market." *Labour Economics* 18 (4): 453–63.

Riley, John. 2001. "Silver Signals: Twenty-Five Years of Screening and Signaling." *Journal of Economic Literature* 39 (2): 432–78.

Ritter, Joseph, and Lowell Taylor. 2011. "Racial Disparity in Unemployment." *Review of Economics and Statistics* 93 (1): 30–42.

Robinson, Ken, and Lou Aronica. 2015. *Creative Schools: The Grassroots Revolution That's Transforming Education*. New York: Viking.

Robst, John. 1995. "College Quality and Overeducation." *Economics of Education Review* 14 (3): 221–28.

———. 2007. "Education and Job Match: The Relatedness of College Major and Work." *Economics of Education Review* 26 (4): 397–407.

Rodriguez, Orlando. 1978. "Occupational Shifts and Educational Upgrading in the American Labor Force between 1950 and 1970." *Sociology of Education* 51 (1): 55–67.

Roehling, Mark. 2002. "The 'Good Cause Norm' in Employment Relations: Empirical Evidence and Policy Implications." *Employee Responsibilities and Rights Journal* 14 (2–3): 91–104.

Roehling, Mark, and Wendy Boswell. 2004. " 'Good Cause Beliefs' in an 'At-Will World'? A Focused Investigation of Psychological versus Legal Contracts." *Employee Responsibilities and Rights Journal* 16 (4): 211–31.

Rogers, Jenny. 2010. "Getting the Ax from George Clooney: Do Firing Consultants Really Exist?" *Slate*. Last modified January 7. http://www.slate.com/articles/news_and_politics/explainer/2010/01/getting_the_ax_from_george_clooney.html.

Romano, Andrew. 2011. "How Dumb Are We?" *Newsweek*. March 28/April 4. http://www.nscsd.org/webpages/jleach/files/how%20dumb.pdf.

Romer, David. 1993. "Do Students Go to Class? Should They?" *Journal of Economic Perspectives* 7 (3): 167–74.

Rose, Heather, and Julian Betts. 2004. "The Effect of High School Courses on Earnings." *Review of Economics and Statistics* 86 (2): 497–513.

Rosenbaum, James. 1998. "College-for-All: Do Students Understand What College Demands?" *Social Psychology of Education* 2 (1): 55–80.

Rosenbaum, James, and Stephanie Jones. 2000. "Interactions between High Schools and Labor Markets." In *Handbook of the Sociology of Education*, edited by Maureen Hallinan, 411–36. New York: Kluwer.

Ross, Catherine, and John Mirowsky. 1999. "Refining the Association between Education and Health: The Effects of Quantity, Credential, and Selectivity." *Demography* 36 (4): 445–60.

Ross, Catherine, and Chia-ling Wu. 1995. "The Links between Education and Health." *American Sociological Review* 60 (5): 719–45.

Roth, Philip, Craig BeVier, Fred Switzer, and Jeffery Schippmann. 1996. "Meta-analyzing the Relationship between Grades and Job Performance." *Journal of Applied Psychology* 81 (5): 548–56.

Roth, Philip, and Richard Clarke. 1998. "Meta-analyzing the Relation between Grades and Salary." *Journal of Vocational Behavior* 53 (3): 386–400.

Rothbard, Murray. 1999. *Schooling: Free and Compulsory*. Auburn, AL: Ludwig von Mises Institute.

Rothman, Stanley, Robert Lichter, and Neil Nevitte. 2005. "Politics and Professional Advancement among College Faculty." *Forum* 3 (1). http://www.cwu.edu/~manwellerm/academic%20bias.pdf.

Rothstein, Donna. 2007. "High School Employment and Youths' Academic Achievement." *Journal of Human Resources* 42 (1): 194–213.

Rothstein, Jesse. 2015. "Revisiting the Impacts of Teachers." UC Berkeley Working Paper. http://eml.berkeley.edu/~jrothst/workingpapers/rothstein_cfr.pdf.

Rothstein, Jesse, and Albert Yoon. 2008. "Mismatch in Law School." NBER Working Paper No. 14275. http://www.nber.org/papers/w14275.

Rowe, David. 1994. *The Limits of Family Influence: Genes, Experience, and Behavior*. New York: Guilford.

Rowe, David, Wendy Vesterdal, and Joseph Rodgers. 1998. "Herrnstein's Syllogism: Genetic and Shared Environmental Influences on IQ, Education, and Income." *Intelligence* 26 (4): 405–23.

Rowe, Mike. 2012. "The First Four Years Are the Hardest . . ." *Mike Rowe*. September 3. http://mikerowe.com/2012/09/the-first-four-years-are-the-hardest.

Rubb, Stephen. 2003. "Overeducation: A Short or Long Run Phenomenon for Individuals?" *Economics of Education Review* 22 (4): 389–94.

Ruhm, Christopher. 1997. "Is High School Employment Consumption or Investment?" *Journal of Labor Economics* 15 (4): 735–76.

Rumberger, Russell. 2011. *Dropping Out: Why Students Drop Out of High School and What Can Be Done about It*. Cambridge, MA: Harvard University Press.

Rumberger, Russell, and Sun Lim. 2008. "Why Students Drop Out of School: A Review of 25 Years of Research." *California Dropout Research Project*, Policy Brief 15. http://www.slocounty.ca.gov/Assets/CSN/PDF/Flyer+-+Why+students+drop+out.pdf.

Ryan, Ann, Lynn McFarland, Helen Baron, and Ron Page. 1999. "An International Look at Selection Practices: Nation and Culture as Explanations for Variability in Practice." *Personnel Psychology* 52 (2): 359–92.

Ryan, Paul. 1998. "Is Apprenticeship Better? A Review of the Economic Evidence." *Journal of Vocational Education and Training* 50 (2): 289–329.

Sabot, Richard, and John Wakeman-Linn. 1991. "Grade Inflation and Course Choice." *Journal of Economic Perspectives* 5 (1): 159–70.

Sacerdote, Bruce. 2007. "How Large Are the Effects from Changes in Family Environment? A Study of Korean American Adoptees." *Quarterly Journal of Economics* 122 (1): 119–57.

Sackett, Paul, Matthew Borneman, and Brian Connelly. 2008. "High Stakes Testing in Higher Education and Employment: Appraising the Evidence for Validity and Fairness." *American Psychologist* 63 (4): 215–27.

Sagan, Carl. 1985. *Cosmos*. New York: Random House〔邦訳　カール・セーガン『コスモス』木村繁訳、朝日新聞社、1984年〕

Salomon, Gavriel, and David Perkins. 1989. "Rocky Roads to Transfer: Rethinking Mechanism of a Neglected Phenomenon." *Educational Psychologist* 24（2）: 113–42.

Sandewall, Örjan, David Cesarini, and Magnus Johannesson. 2014. "The Co-twin Methodology and Returns to Schooling — Testing a Critical Assumption." *Labour Economics* 26: 1–10.

Sapolsky, Robert. 2005. "The Influence of Social Hierarchy on Primate Health." *Science* 308（5722）: 648–52.

Schelling, Thomas. 1980. *The Strategy of Conflict*. Cambridge, MA: Harvard University Press〔邦訳　トーマス・シェリング『紛争の戦略——ゲーム理論のエッセンス』河野勝監訳、勁草書房、2008年〕

Schmidt, Frank. 2009. "Select on Intelligence." In *Handbook of Principles of Organizational Behavior*, edited by Edwin Locke, 3–17. Hoboken, NJ: Wiley.

Schmidt, Frank, and John Hunter. 2004. "General Mental Ability in the World of Work: Occupational Attainment and Job Performance." *Journal of Personality and Social Psychology* 86（1）: 162–73.

Schmitt, John, Kris Warner, and Sarika Gupta. 2010. *The High Budgetary Cost of Incarceration*. Washington, DC: Center for Economic and Policy Research. http://www.cepr.net/documents/publications/incarceration-2010-06.pdf.

Schneider, James. 1993. "Flight into L.A." Unpublished manuscript.

Schoen, Robert, and Yen-hsin Cheng. 2006. "Partner Choice and the Differential Retreat from Marriage." *Journal of Marriage and Family* 68（1）: 1–10.

Schoenhals, Mark, Marta Tienda, and Barbara Schneider. 1998. "The Educational and Personal Consequences of Adolescent Employment." *Social Forces* 77（2）: 723–61.

Schrader, James. 1963. "School Site Selection." American Planning Association, Information Report No. 175. https://www.planning.org/pas/at60/report175.htm.

Schwartz, Christine. 2010. "Earnings Inequality and the Changing Association between Spouses' Earnings." *American Journal of Sociology* 115（5）: 1524–57.

Schwartz, Christine, and Robert Mare. 2005. "Trends in Educational Assortative Marriage from 1940 to 2003." *Demography* 42（4）: 621–46.

Scott-Clayton, Judith. 2010. "On Money and Motivation: A Quasi-Experimental Analysis of Financial Incentives for College Achievement." *Journal of Human Resources* 46（3）: 614–46.

Sebelius, Kathleen. 2012. *2012 Actuarial Report on the Financial Outlook for Medicaid*. Washington, DC: Department of Health and Human Services.

Segal, Nancy. 2000. *Entwined Lives*. London: Penguin.

Segalla, Michael, Gabriele Jacobs-Belschak, and Christiane Müller. 2001. "Cultural Influences on Employee Termination Decisions: Firing the Good, Average or the Old?" *European Management Journal* 19（1）: 58–72.

Selingo, Jeffrey. 2013. *College (Un)Bound*. Las Vegas: Amazon〔邦訳　ジェフリー・J・セリンゴ『カレッジ〈アン〉バウンド——米国高等教育の現状と近未来のパノラマ』船守美穂訳、東信堂、2018年〕

Shakespeare, William. 2004. *Julius Caesar*. New York: Simon and Schuster〔邦訳　シェイクスピ

ア『ジュリアス・シーザー』安西徹雄訳、光文社、2007年〕

Shapiro, Ben. 2004. *Brainwashed: How Universities Indoctrinate America's Youth*. Nashville: Thomas Nelson.

Shapiro, Doug, Afet Dundar, Jin Chen, Mary Ziskin, Eunkyoung Park, Vasti Torres, and Yi-Chen Chiang. 2013. *Completing College: A State-Level View of Student Attainment Rates*. Herndon, VA: National Student Clearinghouse Research Center. https://nscresearchcenter.org/wp-content/uploads/NSC_Signature_Report_6_StateSupp.pdf.

Shapiro, Fred, ed. 2006. *The Yale Book of Quotations*. New Haven, CT: Yale University Press.

Shavell, Steven. 1987. "The Optimal Use of Nonmonetary Sanctions as a Deterrent." *American Economic Review* 77 (4): 584–92.

Shavit, Yossi, and Walter Müller. 2000. "Vocational Secondary Education: Where Diversion and Where Safety Net?" *European Societies* 2 (1): 29–50.

Sianesi, Barbara, and John Van Reenen. 2003. "The Returns to Education: Macroeconomics." *Journal of Economic Surveys* 17 (2): 157–200.

Simon, Julian. 1996. *The Ultimate Resource 2*. Princeton, NJ: Princeton University Press.

Simpsons Archive. 1997. "Two Bad Neighbors." Last modified February 22. http://www.simpsonsarchive.com/episodes/3F09.html.

Singh-Manoux, Archana, Nancy Adler, and Michael Marmot. 2003. "Subjective Social Status: Its Determinants and Its Association with Measures of Ill-Health in the Whitehall II Study." *Social Science and Medicine* 56 (6): 1321–33.

Singh-Manoux, Archana, Michael Marmot, and Nancy Adler. 2005. "Does Subjective Social Status Predict Health and Change in Health Status Better Than Objective Status?" *Psychosomatic Medicine* 67 (6): 855–61.

Singley, Mark, and John Anderson. 1989. *The Transfer of Cognitive Skill*. Cambridge, MA: Harvard University Press.

Skirbekk, Vegard. 2008. "Fertility Trends by Social Status." *Demographic Research* 18 (5): 145–80.

Smith, James. 1999. "Healthy Bodies and Thick Wallets." Journal of Economic Perspectives 13 (2): 145–66.

Snyder, Howard. 2012. *Arrest in the United States, 1990–2010*. Washington, DC: Bureau of Justice Statistics. http://www.bjs.gov/content/pub/pdf/aus9010.pdf.

Snyder, Thomas, and Sally Dillow. 2011. *Digest of Education Statistics 2010*. Washington, DC: National Center for Education Statistics. https://nces.ed.gov/pubs2011/2011015.pdf.

———. 2012. *Digest of Education Statistics 2011*. Washington, DC: National Center for Education Statistics. http://nces.ed.gov/pubs2012/2012001.pdf.

———. 2013. *Digest of Education Statistics 2012*. Washington, DC: National Center for Education Statistics. http://nces.ed.gov/pubs2014/2014015.pdf.

———. 2015. *Digest of Education Statistics 2013*. Washington, DC: National Center for Education Statistics. http://nces.ed.gov/pubs2015/2015011.pdf.

———. 2016. *Digest of Education Statistics 2014*. Washington, DC: National Center for Education Statistics. http://nces.ed.gov/pubs2016/2016006.pdf.

Somin, Ilya. 2013. *Democracy and Political Ignorance: Why Smaller Government Is Smarter*. Stanford, CA: Stanford University Press〔邦訳　イリヤ・ソミン『民主主義と政治的無知——小さな政府の方が賢い理由』森村進訳、信山社出版、2016年〕

Sondheimer, Rachel, and Donald Green. 2010. "Using Experiments to Estimate the Effects of Education on Voter Turnout." *American Journal of Political Science* 54 (1): 174–89.

Spence, Michael. 1973. "Job Market Signaling." *Quarterly Journal of Economics* 87 (3): 355–74.

———. 1974. *Market Signaling: Informational Transfer in Hiring and Related Screening Processes*. Cambridge, MA: Harvard University Press.

———. 2002. "Signaling in Retrospect and the Informational Structure of Markets." *American Economic Review* 92 (3): 434–59.

Spencer, Mason, and Robert Weisberg. 1986. "Context-Dependent Effects on Analogical Transfer." *Memory and Cognition* 14 (5): 442–49.

Spilerman, Seymour, and Tormod Lunde. 1991. "Features of Educational Attainment and Job Promotion Prospects." *American Journal of Sociology* 97 (3): 689–720.

Stange, Kevin. 2012. "An Empirical Investigation of the Option Value of College Enrollment." *American Economic Journal: Applied Economics* 4 (1): 49–84.

———. 2015. "Differential Pricing in Undergraduate Education: Effects on Degree Production by Field." *Journal of Policy Analysis and Management* 34 (1): 107–35.

Stanley, Marcus. 2003. "College Education and the Midcentury GI Bills." *Quarterly Journal of Economics* 118 (2): 671–708.

State of California Department of Industrial Relations. 2013. "Child Labor Laws." 2019年 4 月25日アクセス。http://www.dir.ca.gov/DLSE/ChildLaborLawPamphlet.pdf.

Stelzl, Ingeborg, Ferdinand Merz, Theodor Ehlers, and Herbert Remer. 1995. "The Effect of Schooling on the Development of Fluid and Cristallized Intelligence: A Quasi- experimental Study." *Intelligence* 21 (3): 279–96.

Stephens, Melvin, and Dou-Yan Yang. 2014. "Compulsory Education and the Benefits of Schooling." *American Economic Review* 104 (6): 1777–92.

Sternberg, Robert, Elena Grigorenko, and Donald Bundy. 2001. "The Predictive Value of IQ." *Merrill-Palmer Quarterly* 47 (1): 1–41.

Stiglitz, Joseph. 1975. "The Theory of 'Screening,' Education, and the Distribution of Income." *American Economic Review* 65 (3): 283–300.

Stiglitz, Joseph, and Andrew Weiss. 1990. "Sorting Out the Differences between Signalling and Screening Models." In *Mathematical Models in Economics*, edited by M. Bacharach, M. Dempster, and J. Enos, 1–34. Oxford: Oxford University Press.

Stinebrickner, Ralph, and Todd Stinebrickner. 2012. "Learning about Academic Ability and the College Dropout Decision." *Journal of Labor Economics* 30 (4): 707–48.

———. 2014. "A Major in Science? Initial Beliefs and Final Outcomes for College Major and Dropout." *Review of Economic Studies* 81 (1): 426–72.

St. John, Edward, Shouping Hu, Ada Simmons, Deborah Carter, and Jeff Weber. 2004. "What Difference Does a Major Make? The Influence of College Major Field on Persistence by African Amer-

ican and White Students." *Research in Higher Education* 45 (3): 209–32.

Stone, Chad, and William Chen. 2014. *Introduction to Unemployment Insurance.* Washington, DC: Center on Budget and Policy Priorities. http://www.cbpp.org/files/12-19-02ui.pdf.

Strauss, Valerie. 2011. "Who Was the 'Best' Education President?" *Washington Post.* November 21. https://www.washingtonpost.com/blogs/answer-sheet/post/who-was-the-best-education-president/2011/11/20/gIQAL3kggN_blog.html.

Strayhorn, Terrell. 2010. "Money Matters: The Influence of Financial Factors on Graduate Student Persistence." *Journal of Student Financial Aid* 40 (3): 4–25.

Sum, Andrew, Ishwar Khatiwada, Joseph McLaughlin, and Sheila Palma. 2009. *The Consequences of Dropping Out of High School: Joblessness and Jailing for High School Dropouts and the High Cost for Taxpayers.* Boston: Center for Labor Market Studies Publications. http://www.northeastern.edu/clms/wp-content/uploads/The_Consequences_of_Dropping_Out_of_High_School.pdf.

Sweeney, Megan. 2002. "Two Decades of Family Change: The Shifting Economic Foundations of Marriage." *American Sociological Review* 67 (1): 132–47.

Sweeney, Megan, and Maria Cancian. 2004. "The Changing Importance of White Women's Economic Prospects for Assortative Mating." *Journal of Marriage and Family* 66 (4): 1015–28.

Sweet, Donald. 1989. *A Manager's Guide to Conducting Terminations: Minimizing Emotional Stress and Legal Risks.* New York: Lexington Books.

Sweeten, Gary, Shawn Bushway, and Raymond Paternoster. 2009. "Does Dropping Out of School Mean Dropping into Delinquency?" *Criminology* 47 (1): 47–91.

Tabarrok, Alex. 2012. "Cheating and Signaling." *Marginal Revolution.* June 5. http://marginalrevolution.com/marginalrevolution/2012/06/cheating-and-signaling.html.

Taber, Christopher. 2001. "The Rising College Premium in the Eighties: Return to College or Return to Unobserved Ability?" *Review of Economic Studies* 68 (3): 665–91.

Tamashiro, Kellie, Mary Nguyen, and Randall Sakai. 2005. "Social Stress: From Rodents to Primates." *Frontiers in Neuroendocrinology* 26 (1): 27–40.

Taubman, Paul, and Terence Wales. 1973. "Higher Education, Mental Ability, and Screening." *Journal of Political Economy* 81 (1): 28–55.

Tauchen, Helen, Ann Dryden Witte, and Harriet Griesinger. 1994. "Criminal Deterrence: Revisiting the Issue with a Birth Cohort." *Review of Economics and Statistics* 76 (3): 399–412.

Te Nijenhuis, Jan, Olga Voskuijl, and Natasja Schijve. 2001. "Practice and Coaching on IQ Tests: Quite a Lot of g." *International Journal of Selection and Assessment* 9 (4): 302–8.

Tenn, Steven. 2005. "An Alternative Measure of Relative Education to Explain Voter Turnout." *Journal of Politics* 67 (1): 271–82.

———. 2007. "The Effect of Education on Voter Turnout." *Political Analysis* 15 (4): 446–64.

Terpstra, David, and Elizabeth Rozell. 1997. "Why Some Potentially Effective Staffing Practices Are Seldom Used." *Public Personnel Management* 26 (4): 483–95.

Tess-Mattner, Marna. 2004. "Employer-Employee Issues: Eight Danger Areas." *GP Solo Magazine.* Last modified April/May. http://www.americanbar.org/newsletter/publications/gp_solo_magazine_home/gp_solo_magazine_index/employerem ployeeissues.html.

Thurow, Lester. 1972. "Education and Economic Equality." *Public Interest* 28: 66–81.

Titus, Marvin. 2004. "An Examination of the Influence of Institutional Context on Student Persistence at 4-Year Colleges and Universities: A Multilevel Approach." Research in *Higher Education* 45 (7): 673–99.

Toole, John Kennedy. 1980. *A Confederacy of Dunces*. Baton Rouge, LA: Louisiana State University Press.

Tooley, James, and James Stanfield, eds. 2003. *Government Failure: E. G. West on Education*. London: Institute for Economic Affairs.

Topel, Robert. 1991. "Specific Capital, Mobility, and Wages: Wages Rise with Job Seniority." *Journal of Political Economy* 99 (1): 145–76.

Torr, Berna. 2011. "The Changing Relationship between Education and Marriage in the United States, 1940–2000." *Journal of Family History* 36 (4): 483–503.

Trostel, Philip, and Ian Walker. 2004. "Sheepskin Effects in Work Behavior." *Applied Economics* 36 (17): 1959–66.

Trostel, Philip, Ian Walker, and Paul Woolley. 2002. "Estimates of the Economic Return to Schooling for 28 Countries." *Labour Economics* 9 (1): 1–16.

Tyler, John. 2003. "Using State Child Labor Laws to Identify the Effect of School-Year Work on High School Achievement." *Journal of Labor Economics* 21 (2): 381–408.

Tzeng, Jessie, and Robert Mare. 1995. "Labor Market and Socioeconomic Effects on Marital Stability." *Social Science Research* 24 (4): 329–51.

Uecker, Jeremy, Mark Regnerus, and Margaret Vaaler. 2007. "Losing My Religion: The Social Sources of Religious Decline in Early Adulthood." *Social Forces* 85 (4): 1667–92.

United Nations. 2016. "Data: Population, Total." 2019年 4 月25日アクセス。http://data.worldbank.org/indicator/SP.POP.TOTL.

United States Census Bureau. 2011. *Statistical Abstract of the United States: 2012*. Washington, DC: U.S. Department of Commerce. http://www2.census.gov/library/publications/2011/compendia/statab/131ed/2012-statab.pdf〔邦訳　アメリカ合衆国商務省センサス局『現代アメリカデータ総覧 2012』鳥居泰彦訳、柊風舎、2015年〕

———. 2012a. "PINC-04. Educational Attainment—People 18 Years Old and over, by Total Money Earnings in 2011, Work Experience in 2011, Age, Race, Hispanic Origin, and Sex." 2019年 4 月25日アクセス不可。https://www.census.gov/hhes/www/cpstables/032012/perinc/pinc04_001.xls.

———. 2012b. "Educational Attainment in the United States: 2009." 2019年 4 月25日アクセス。http://www.census.gov/prod/2012pubs/p20-566.pdf.

———. 2012c. "Law Enforcement, Courts, and Prisons — Table 306." 2019年 4 月25日アクセス。http://www.census.gov/prod/2011pubs/12statab/law.pdf.

———. 2012d. "PINC-04. Educational Attainment — People 18 Years Old and over, by Total Money Earnings in 2011, Work Experience in 2011, Age, Race, Hispanic Origin, and Sex: Male." 2019年 4 月25日アクセス不可。https://www.census.gov/hhes/www/cpstables/032012/perinc/pinc04_010.xls.

———. 2012e. "PINC-04. Educational Attainment — People 18 Years Old and over, by Total Money Earnings in 2011, Work Experience in 2011, Age, Race, Hispanic Origin, and Sex: Female." 2019年4月25日アクセス不可。https://www.census.gov/hhes/www/cpstables/032012/perinc/pinc04_019.xls.

———. 2014. "Census Bureau Reports Majority of STEM College Graduates Do Not Work in STEM Occupations." 2019年4月25日アクセス。http://www.census.gov/newsroom/press-releases/2014/cb14-130.html.

———. 2015. "Percent of People 25 Years and over Who Have Completed High School or College, by Race, Hispanic Origin and Sex: Selected Years 1940 to 2014." 2019年4月25日アクセス不可。http://www.census.gov/hhes/socdemo/education/data/cps/historical/tabA-2.xlsx.

United States Department of Agriculture. 2014. "Supplemental Nutrition Assistance Program — Fact Sheet on Resources, Income, and Benefits." Last modified October 3. http://www.fns.usda.gov/snap/fact-sheet-resources-income-and-benefits.

United States Department of Education. 2017. "College Scorecard: Harvard University." 2019年4月25日アクセス。https://collegescorecard.ed.gov/school/?166027-Harvard-University.

United States Department of Labor. 2010. "Fact Sheet #71: Internship Programs under the Fair Labor Standards Act." 2019年4月25日アクセス。http://www.dol.gov/whd/regs/compliance/whdfs71.pdf.

———. 2013. "Child Labor Bulletin 101: Child Labor Provisions for Nonagricultural Occupations." 2019年4月25日アクセス。http://www.dol.gov/whd/regs/compliance/childlabor101.pdf.

———. 2014. "State Unemployment Insurance Benefits." Last modified June 3. http://workforcesecurity.doleta.gov/unemploy/uifactsheet.asp.

United States Department of the Treasury. 2016. "Resource Center: Daily Treasury Yield Curve Rates." 2019年4月25日アクセス。https://www.treasury.gov/resource-center/data-chart-center/interest-rates/Pages/TextView.aspx?data=yield.

United States Equal Opportunity Commission. 2015. "Prohibited Employment Policies/Practices." 2019年4月25日アクセス。http://www.eeoc.gov/laws/practices/index.cfm.

University of California Berkeley. 2015a. "Berkeley Economics: Major Requirements." 2019年4月25日アクセス。https://www.econ.berkeley.edu/undergrad/current/major-requirements.

———. 2015b. "Summary of Degree Requirements." Last modified November 15. http://ls-advise.berkeley.edu/requirement/summary.html.

Vaisey, Stephen. 2006. "Education and Its Discontents: Overqualification in America, 1972–2002." *Social Forces* 85 (2): 835–64.

Van der Gaag, Jacques, and Eugene Smolensky. 1982. "True Household Equivalence Scales and Characteristics of the Poor in the United States." *Review of Income and Wealth* 28 (1): 17–28.

Van der Pol, Marjon. 2011. "Health, Education and Time Preference." *Health Economics* 20 (8): 917–29.

Van de Werfhorst, Herman, and Robert Andersen. 2005. "Social Background, Credential Inflation and Educational Strategies." *Acta Sociologica* 48 (4): 321–40.

Van Praag, Bernard, and Nico Van der Sar. 1988. "Household Cost Functions and Equivalence

Scales." *Journal of Human Resources* 23 (8): 193–210.

Vedder, Richard, Christopher Denhart, and Jonathan Robe. 2013. *Why Are Recent College Graduates Underemployed? University Enrollments and Labor-Market Realities*. Washington, DC: Center for College Affordability and Productivity. http://centerforcollegeaffordability.org/uploads/Underemployed%20Report%202.pdf.

Villain Instructional. 2016. "A Little Late for Could've's Marge — Homer Simpson." 2019年 4 月25日アクセス。https://villainplaybook.wordpress.com/2003/10/02/a-little-late-for-couldves-marge-homer-simpson.

Voss, James, Jeffrey Blais, Mary Means, Terry Greene, and Ellen Ahwesh. 1986. "Informal Reasoning and Subject Matter Knowledge in the Solving of Economics Problems by Naive and Novice Individuals." *Cognition and Instruction* 3 (3): 269–302.

Wang, Xuan, and George Yancey. 2012. "The Benefit of a Degree in IO Psychology or Human Resources." *TIP: The Industrial-Organizational Psychologist* 50 (1): 45–50.

Ware, Alan. 2015. "The Great British Education 'Fraud' of the Twentieth and Twenty-First Centuries." *Political Quarterly* 86 (4): 475–84.

Warren, John, Paul LePore, and Robert Mare. 2000. "Employment during High School: Consequences for Students' Grades in Academic Courses." *American Educational Research Journal* 37 (4): 943–69.

Wax, Amy. 2011. "Disparate Impact Realism." *William and Mary Law Review* 53 (2): 621–712.

Weakliem, David. 2002. "The Effects of Education on Political Opinions: An International Study." *International Journal of Public Opinion Research* 14 (2): 141–57.

Webber, Douglas. 2016. "Are College Costs Worth It? How Ability, Major, and Debt Affect the Return to Schooling." *Economics of Education Review* 53: 296–310.

Webbink, Dinand, Pierre Koning, Sunčica Vujić, and Nicholas Martin. 2012. "Why Are Criminals Less Educated Than Non- criminals? Evidence from a Cohort of Young Australian Twins." *Journal of Law, Economics, and Organization* 29 (1): 115–44.

Weiss, Andrew. 1983. "A Sorting-cum-Learning Model of Education." *Journal of Political Economy* 91 (3): 420–42.

———. 1995. "Human Capital vs. Signalling Explanations of Wages." *Journal of Economic Perspectives* 9 (4): 133–54.

Wendy's Wizard of Oz. 2015. "*The Wizard of Oz*: Movie Script." 2019年 4 月25日アクセス。http://www.wendyswizardofoz.com/printablescript.htm.

Western, Bruce, and Christopher Wildeman. 2009. "The Black Family and Mass Incarceration." *Annals of the American Academy of Political and Social Science* 621 (1): 221–42.

White, Jennifer, Terrie Moffitt, Avshalom Caspi, Dawn Bartusch, Douglas Needles, and Magda Stouthamer-Loeber. 1994. "Measuring Impulsivity and Examining Its Relationship to Delinquency." *Journal of Abnormal Psychology* 103 (2): 192–205.

Wigdor, Alexandra. 1982. "Psychological Testing and the Law of Employment Discrimination." In *Ability Testing: Uses, Consequences, and Controversies, Part 2; Uses, Consequences, and Controversies*, edited by Alexandra Wigdor and Wendell Garner, 39–69. Washington DC: National Academy

Press.

Wikipedia. 2015a. "Bill Gates, Early Life." 2019年 4 月25日アクセス。http://en.wikipedia.org/wiki/Bill_Gates.

———. 2015b. "List of Best-Selling Albums." 2019年 4 月25日アクセス。http://en.wikipedia.org/wiki/List_of_best-selling_albums.

———. 2015c. "List of Best-Selling Books." 2019年 4 月25日アクセス。https://en.wikipedia.org/wiki/List_of_best-selling_books.

Wikiquote. 2016. "Walt Kelly." 2019年 4 月25日アクセス。https://en.wikiquote.org/wiki/Walt_Kelly.

Wiles, Peter. 1974. "The Correlation between Education and Earnings: The External-Test-Not-Content Hypothesis (ETNC)." *Higher Education* 3 (1): 43–58.

Williams, Robert. 2013. "Overview of the Flynn Effect." *Intelligence* 41 (6): 753–64.

Winship, Christopher, and Sanders Korenman. 1997. "Does Staying in School Make You Smarter? The Effect of Education on IQ in The Bell Curve." In *Intelligence, Genes, and Success*, edited Bernie Devlin, Stephen Fienberg, Daniel Resnick, and Kathryn Roeder, 215–34. New York: Springer.

Winston, Gordon. 1999. "Subsidies, Hierarchy and Peers: The Awkward Economics of Higher Education." *Journal of Economic Perspectives* 13 (1): 13–36.

Witte, James, and Arne Kalleberg. 1995. "Matching Training and Jobs: The Fit between Vocational Education and Employment in the German Labour Market." *European Sociological Review* 11 (3): 293–317.

Wolf, Alison. 2002. *Does Education Matter? Myths about Education and Economic Growth*. London: Penguin Books.

Wolff, Lisa, S. Subramanian, Dolores Acevedo-Garcia, Deanne Weber, and Ichiro Kawachi. 2010. "Compared to Whom? Subjective Social Status, Self-Rated Health, and Referent Group Sensitivity in a Diverse US Sample." *Social Science and Medicine* 70 (12): 2019–28.

Wood, Tom. 2009. "The Sheepskin Effect." *National Association of Scholars*. Last modified July 30. http://www.nas.org/articles/The_Sheepskin_Effect.

World Bank. 2015. "Government Expenditure on Education, Total (% of GDP)." 2019年 4 月25日アクセス。http://data.worldbank.org/indicator/SE.XPD.TOTL.GD.ZS.

X, Malcolm, Alex Haley, and Attallah Shabazz. 1964. *The Autobiography of Malcolm X*. New York: Ballantine Books〔邦訳　マルコムX『完訳 マルコムX自伝』浜本武雄訳、中央公論新社、2002年〕

Yazzie-Mintz, Ethan. 2010. *Charting the Path from Engagement to Achievement: A Report on the 2009 High School Survey of Student Engagement*. Bloomington, IN: Center for Evaluation and Education Policy. http://ceep.indiana.edu/hssse/images/HSSSE_2010_Report.pdf.

Zagorsky, Jay. 2007. "Do You Have to Be Smart to Be Rich? The Impact of IQ on Wealth, Income and Financial Distress." *Intelligence* 35 (5): 489–501.

Zhang, Liang. 2005. "Do Measures of College Quality Matter? The Effect of College Quality on Graduates' Earnings." *Review of Higher Education* 28 (4): 571–96.

Zipp, John, and Rudy Fenwick. 2006. "Is the Academy a Liberal Hegemony? The Political Orientations and Educational Values of Professors." *Public Opinion Quarterly* 70 (3): 304–26.

Zuckerman, Miron, Jordan Silberman, and Judith Hall. 2013. "The Relation between Intelligence and Religiosity: A Meta-analysis and Some Proposed Explanations." *Personality and Social Psychology Review* 17 (4): 325–54.

図一覧

表一覧

著者略歴

(Bryan Caplan)

ジョージ・メイソン大学経済学部教授．プリンストン大学で博士号を取得後，ジョージ・メイソン大学助教，准教授を経て現職．専門は公共経済学，公共選択論など．経済学ブログサイト「EconLog」執筆者の一人．著書『選挙の経済学——投票者はなぜ愚策を選ぶのか』（日経BP社，2009），Selfish Reasons to Have More Kids: Why Being a Great Parent Is Less Work and More Fun than You Think（Basic Books, 2011）．

訳者略歴

月谷真紀〈つきたに・まき〉翻訳家．ボニー『自分で「始めた」女たち』（海と月社，2019）ボーザー『Learn Better』（英治出版，2018）エイヴェント『デジタルエコノミーはいかにして道を誤るか』（東洋経済新報社，2017）ほか．

ブライアン・カプラン
大学なんか行っても意味はない？
教育反対の経済学
月谷真紀訳

2019 年 7 月 16 日　第 1 刷発行

発行所　株式会社 みすず書房
〒113-0033 東京都文京区本郷 2 丁目 20-7
電話 03-3814-0131(営業) 03-3815-9181(編集)
www.msz.co.jp

本文組版　キャップス
本文印刷所　萩原印刷
扉・表紙・カバー印刷所　リヒトプランニング
製本所　誠製本

ISBN 978-4-622-08819-6
[だいがくなんかいってもいみはない]